D1569991

La vida y hechos
de
Estebanillo González
I

Letras Hispánicas

La vida y hechos de Estebanillo González,

hombre de buen humor.
Compuesto por el mesmo

I

Edición de
Antonio Carreira y Jesús Antonio Cid

CATEDRA

LETRAS HISPANICAS

Ilustración de cubierta:

Velázquez, «Vieja friendo huevos» (detalle).
Colección Cook de Richmond, Edinburgh

© Ediciones Cátedra, S. A., 1990
Josefa Valcárcel, 27. 28027-Madrid
Depósito legal: M. 6.490-1990
ISBN: 84-376-0902-X (Obra completa)
ISBN: 84-376-0881-3 (Tomo I)
Printed in Spain
Impreso en Lavel
Los Llanos, nave 6. Humanes (Madrid)

INTRODUCCIÓN

LA
VIDA I HECHOS
D E

ESTEVANILLO GONZALEZ,

Hombre de buen humor.

Compuesto por el mesmo.

Dedicada à el Excelentissimo Señor OCTAVIO
PICOLOMINI DE ARAGON, Duque
de Amalfi, Conde del Sacro Romano Imperio, Señor de Nachot, Cavallero de la Orden
del Tuson de oro, del Consejo de Estado i
guerra, Gentilhombre de la Camara, Capitan de la guardia de los archeros, Mariscal de
campo General, i Coronel de Cavalleria i In-
fanteria de la Magestad Cesarea, i Governador
General de las armas i exercitos de su Magestad
Catholica en los Estados de Flandes.

❧

EN AMBERES,
En casa de la Viuda de Iuan Cnobbart. 1646.

Portada de la edición *princeps*.

El lector de esta edición podrá —y debería— pasar a leer directamente, sin necesidad de preámbulos, el texto del *Estebanillo González*, si es la primera vez que se enfrenta al libro. Las aclaraciones que van aquí a título de introducción, al mismo tiempo que le informan de problemas y cuestiones nada imprescindibles para la comprensión y, en su caso, el disfrute de la obra literaria en cuanto tal, acaso le dificulten una lectura libre de prejuicios y de posturas críticas que de entrada habrán de resultarle poco pertinentes.

Al establecer y anotar el texto hemos procurado, a costa de algunas repeticiones, que en ningún caso fuera necesario recurrir a estas páginas. En nuestras notas intentamos proporcionar todos los elementos disponibles para facilitar el acceso al sentido literal y referentes inmediatos —lingüísticos, históricos y culturales— de una obra concebida, como todo clásico, para unos lectores, los de su tiempo, dotados de una competencia lingüística y extralingüística muy superior a la nuestra, y que en buena parte se ha convertido ya, forzosamente, en materia de erudición libresca, o en información que sólo de forma limitada puede conocerse o revivirse. Salvando ese escollo de la obligada, y siempre imperfecta, mediación de los editores entre el texto clásico y el lector moderno, nada hay en el *Estebanillo* que no pueda ser entendido, saboreado, o legítimamente rechazado, en virtud de preferencias y gustos, por lectores actuales que ya hayan frecuentado mínimamente los clásicos de lengua española.

Una vez leída la obra, habrá llegado el momento de volver —si se desea— al principio y buscar respuesta a posibles interrogantes, confrontar la interpretación personal del sentido y el valor del libro con las que aquí ofrecemos o recogemos de anteriores críticos, y completar o ampliar la información que el lector ya posea sobre el medio histórico y las circunstancias en que se vivió y se compuso el relato de esta *Vida y hechos*.

* *
*

La vida y hechos de Estebanillo González, hombre de buen humor, impresa por primera vez en 1646, es una obra sobre la que todavía hoy planea tal diversidad de problemas, y de tal magnitud, que lo convierten en uno de los libros más anómalos de la literatura clásica española. Desde su encuadre en uno u otro género (¿autobiografía?, ¿novela?, ¿simple superchería?), a su integración en la serie de la novela picaresca, su valor literario, o su propia autoría, nos hallamos ante cuestiones que podríamos llamar «disputadas», a pesar de que se supone que deben estar resueltas al iniciar el estudio de cualquier texto literario. La crítica hasta ahora existente sobre el *Estebanillo González* no ha rayado a gran altura, al contrario de lo que sucede ya con una mayoría de las obras coetáneas de importancia análoga, o incluso inferior. Aunque más adelante publicamos una bibliografía que supera los cincuenta títulos de trabajos, a los que habría que sumar las referencias y alusiones en estudios generales sobre la Picaresca y en manuales de historia literaria, lo cierto es que el lector interesado podría prescindir de la mayoría de lo escrito en torno al libro, si lo que busca es algo que no sean síntesis del «argumento» con especial énfasis en unas mismas aventuras, el «discurso sobre el discurso» crítico, o la simple reiteración de lo ya escrito antes. Como aportaciones que hicieran avanzar en su día el estado de la cuestión, es preciso confesar que los estudios significativos se limitan a los trabajos de Jones (1927), Millé (1934), y Moore (1940), en lo que se refiere al establecimiento del texto y a diversos aspectos del trasfondo histórico de la obra, a los de Goytisolo (1966) y Bataillon (1974), en cuanto revulsivos que cuestionaron la forma habitual de aproximarse a la obra, y a muy pocos más. El valor de lo restante se reduce muchas veces a su utilidad para poner de manifiesto que el *Estebanillo* es, en efecto, una obra compleja, y que en las reacciones que ha suscitado existe un consenso sólo muy relativo, al margen de cierta perplejidad ante el desenfado con que se expresa el narrador y de un sentimiento común de que el libro se escapa de las clasificaciones al uso.

Empezando por el mérito que deba atribuírsele como obra literaria, hallaremos discrepancias tan extremas como las que van de decir que es poco más que una sarta fatigosa de aventuras donde abundan los pasajes «inaguantables por su pesadez y falta de gracia», y que muestra con palmaria evidencia que «el aliento literario de la novela, canonizado [?] por el *Lazarillo,* estaba muerto» (A. Zamora), a afirmar que estamos ante «la mejor novela española escrita en el siglo XVII (si exceptuamos, claro está, el *Quijote)*», que «representa la culminación del género [picaresco] desde el punto de vista de su primitivo designio», y que «seguimos ignorando hoy, por obra y gracia de las anteojeras voluntarias de nuestra crítica, una novela que en cualquier otro país (no hablemos ya de la celosa y chovinista Francia) hubiera sido levantada, con razón, hasta los cuernos de la luna» (Goytisolo 1966). Desacuerdos parecidos afectan a casi todos los demás puntos, y más en concreto a uno tan decisivo como la fe que se debe prestar a las afirmaciones que «Estebanillo» hace de ser a un mismo tiempo el protagonista, el narrador y el autor del libro. A pesar del crédito que se ha otorgado desde antiguo (Calderón, Nicolás Antonio) a esa identificación del personaje con el escritor, y a pesar de las reafirmaciones más recientes (desde Gossart 1893, a Meregalli 1979) de esta perspectiva «realista», se ha sostenido también que no existe tal coincidencia (Bataillon 1973, Cid 1971, 1974 y 1989). Sobre el carácter de la «crítica» que se ejerce en el *Estebanillo* hacia distintos aspectos de su sociedad tampoco existe unanimidad: en la obra se ha visto desde el ataque directo más disolvente que pudiera hacerse contra la España de los Austrias (Goytisolo, y una mayoría de estudiosos), o contra la nobleza (Ayerbe-Chaux 1979), a —más o menos— todo lo contrario (Cid 1988). En fin, los desacuerdos continúan al apreciar la exactitud del libro como «crónica», su rigor cronológico en el relato, el grado de irrupción de los elementos fictivos, o incluso en aspectos más secundarios como pueden ser el significado de los episodios antijudíos o la importancia y valor de los poemas que se incluyen en la obra.

Partiendo del supuesto de que no es mucho el terreno firme que se pisaba al abordar el *Estebanillo González,* hemos preferido dedicar esta introducción a aquellos aspectos en los que podíamos aportar algunas novedades útiles para resolver los puntos más controvertidos, y a aquellos que han recibido una menor atención. Hemos considerado innecesario insistir en aspectos generales de la historia literaria española en el siglo de oro, o de la novela picaresca y la crítica en torno a ella. Difícilmente será el *Estebanillo* la primera obra de la serie picaresca a la que se aproxime un lector o estudiante de literatura española, y lo suponemos ya familiarizado con las obras anteriores más célebres y con algunos de los estudios y teorizaciones más conocidas sobre el género. Por otra parte, la crítica sobre la picaresca ha experimentado en los últimos tiempos una cierta inflación que se alimenta en buena medida de un tipo de razonamiento circular (el «discurso sobre el discurso crítico», al que ya aludíamos), de polémicas estériles muchas veces, o de servidumbres a modas de interpretación y análisis que envejecen demasiado pronto. Una aproximación voluntariamente «positivista» y una atención primaria y preferente al texto o al dato documental, sin embargo, no creemos que estén reñidas con la generalización, si viene al caso, y la búsqueda de oportunas analogías o términos de comparación. El enfoque que adoptamos no implica tampoco dejar de tener presente lo mucho y bueno, o menos bueno, que se ha escrito sobre la picaresca y la autobiografía como géneros literarios. Se trata, simplemente, de empezar por el principio; una perogrullada que no está de más recordar ante la obra que nos ocupa.

En consecuencia, nos ceñiremos a exponer aquí con mayor detenimiento los aspectos que consideramos centrales para una más ajustada comprensión de la obra que editamos, es decir, los que inciden en:

(1) La realidad histórica del personaje y presunto autor del *Estebanillo González.*

(2) El, a pesar de todo, evidente —para nosotros— falseamiento que se produce en el «punto de vista» narrativo: el personaje histórico y el «escribidor» no son una misma perso-

na, y ello se refleja en el propio texto como estructura significativa. El verdadero autor de la biografía de Esteban González, es decir, Gabriel de la Vega (según aquí sostenemos), resultaría ser un escritor «por oficio»; su intervención, adoptando el «yo» de Estebanillo González, supone eliminar de una vez por todas las reservas, varias veces formuladas, acerca de la existencia de una consciente elaboración «literaria» en el libro.

(3) El estilo, entendido como el manejo artificioso de la lengua dentro de una tradición literaria determinada con las consabidas deudas, tomas de distancia o ironías respecto a los modelos y estilos preexistentes.

Antes y después de tratar estos puntos, nos ocuparemos del medio histórico en el que la obra surge y al que responde; y de su transmisión y recepción, «neutra» o «crítica», desde el momento de su publicación a nuestros días. Terminaremos exponiendo los criterios que nos han guiado al establecer y anotar el texto.

1. La Europa de Estebanillo González. La Monarquía hispánica

1.1. Un bufón apátrida; algo menos, o algo más

La primera de las anomalías del *Estebanillo González* se encuentra ya, de entrada, en el hecho de publicarse en Amberes. Se trata de una anomalía sólo relativa, si se atiende al gran número de textos castellanos impresos en los Países Bajos hasta bien avanzado el siglo XVIII. No es tan habitual, sin embargo, que las imprentas flamencas publicasen por primera vez una obra original española en el XVII, y menos aún en libros de géneros análogos a la novela picaresca[1]. Esta primera salida *in partibus* hace juego con las declaraciones del protagonista sobre su peculiar identidad nacional y sus orígenes: un español —y gallego, por más señas—, nacido en la raya de Portugal, «trasplantado en italiano» hasta el extremo de haber tenido «siempre» a Roma «en lugar de patria» (II, p. 259), que se movía como pez en el agua en varias cortes europeas (Bruselas, Viena, Florencia, Varsovia...), y que sólo parecería ver ventajas en esa misma calidad de apátrida («tomando de cada nación algo»), pues, como aclara, «te certifico que con el

---

[1] En la década de 1640 a 1650, por ejemplo, no se imprimen en Flandes más obras originales propiamente literarias en español que el *Estebanillo* y los dos poemas épicos de Gabriel de la Vega (a los que después aludiremos, § 4), con la excepción de una comedia de circunstancias *(La reina de las flores)*, de Jacinto de Herrera, publicada en 1643. El resto son obras religiosas o políticas, salvo alguna reedición de comedias de Lope. Cf. J. Peeters-Fontainas, *Bibliographie des impressions espagnoles des Pays-Bas méridionaux* (Bruxelles: 1965), II, pp. 837-839.

alemán soy alemán; con el flamenco, flamenco; y con el armenio, armenio; y con quien voy, voy, y con quien vengo, vengo» (I, p. 38).

Ese aparente —y engañoso, según creemos, y luego veremos— internacionalismo no afecta sólo a la definición, o indefinición, del personaje. El escenario de la narración se despliega en una amplitud geográfica que supera con creces al de todo el resto de la serie picaresca en conjunto, y al de cualquier otra obra literaria española de su tiempo que no se mueva en una geografía «europea» fantástica. De hecho, las andanzas de Estebanillo en la península abarcan sólo una cuarta parte escasa del libro, y la imagen que queda en el lector es la de una biografía donde Italia, Flandes y la Europa central están mucho más próximos vitalmente a los intereses y al mundo del protagonista que una España que visita sólo de forma casual y semiturística (caps. IV y, en parte, V), o intentando en vano «dar un alcance» a su amo principal (cap. XII), a caballo entre Italia y Flandes.

La amplitud del marco geográfico poco tiene que ver, sin embargo, con la que ofrecen los libros «de viajes» en los que un observador —el viajero— describe una realidad a la que nunca deja de sentirse ajeno, en cuanto mundo exótico al que le unen sólo ciertas finalidades que lo trascienden, a él y al propio medio: conquistar, evangelizar, transitar hacia otro lugar de destino, o simplemente curiosear para, a su vez, «contar». El autor del *Estebanillo* exhibe muy escasa habilidad para describir, sin cargar la mano en estereotipos literarios, lo poco que su personaje se digna observar de lo que ve, sean paisajes o ciudades; y ello contrasta con su maestría a la hora de presentar, y escenificar, tipos o situaciones humanas. Su aversión a lo rural, salvo alusiones tópicas al mes de mayo y aves que gorjean o arroyos que murmuran, se equipara aquí a su entusiasmo por las grandes urbes, notorio pero incapaz de inspirarle otra cosa que ristras de adjetivos elogiosos fácilmente intercambiables de una a otra ciudad (cf. *infra*, § 5). Por otra parte, los viajes de Estebanillo tienen siempre un propósito instrumental inmediato y ligado a circunstancias de su propia persona. Estebanillo viaja para huir de las consecuencias de algún desaguisado, si es que no se deja llevar a donde lo llevan en el desempeño de funciones anejas a alguno de sus peculiares oficios, sea como soldado, pseudoperegrino, vivandero, correo, o servidor integrado ya en el séquito de grandes personajes en calidad de bufón y criado «entretenido», es decir, «mantenido» pero obligado también a limitar su libertad de movimientos en función de sus patronos.

Consecuente con su transhispanismo itinerante, cuando llegue la hora de hacerse definitivamente sedentario, el retiro final previsto por el bufón para acabar sus días no se cifrará en una vida próspera en su lugar natal o cualquier otra ciudad española, ni en una ensoñada emigración a Indias. El «San Yuste» donde Estebanillo pensaba abdicar de sus artes de la bufa se localiza en un garito de Nápoles, la ciudad más populosa de la Europa de su época —exceptuando París, si es que hay que exceptuarla. La elección y la preferencia por esa determinada ciudad italiana (y no, por ejemplo, la Roma que decía haber tenido siempre por patria) nos lleva a la pregunta directa de qué particular concepto de Europa es el que se proyecta en el libro, y cómo se consideraba integrado en ella el apátrida que confiesa ser Esteban González. Las respuestas posibles a esas preguntas habrán de contar, como simple punto de partida, con el hecho de que Nápoles podría ser o no en 1646 la mayor ciudad del continente, pero sí lo era sin duda dentro del peculiar sistema político conocido entonces como la «Monarquía Católica». Estebanillo —parece— viaja a todo lo largo de Italia; y sin embargo *su* Italia no es la que hoy entendemos por tal, o al menos no es *toda* ella. Sicilia, Nápoles o Milán serán escenarios que visita en repetidas ocasiones, y donde se siente «en casa», en tanto en cuanto territorios plenamente integrados en el sistema de la Monarquía hispánica; y lo mismo puede decirse de Toscana o Génova, por entonces protectorados españoles *de facto*. No se mencionará ni siquiera, en cambio, la existencia de la república de Venecia, con un peso específico importante en la política internacional de entonces. Otros estados soberanos son visitados sólo en circunstancias anómalas, como Saboya; y en los mismos territorios pontificios Estebanillo se siente extranjero: así, al pasar de Milán a Bolonia achacará la mala pasada que le juega un ventero al hecho de hallarse en «país de confines», en donde «vino a valer más su mentira, por estar en su tierra, que mi verdad, por estar en la ajena» (II, p. 253), una reflexión que nunca hubiera hecho en Milán, Nápoles, Palermo, o en la misma Florencia.

Saliendo de Italia, los viajes «voluntarios» de Estebanillo se circunscriben también al ámbito de la Europa de los Habsburgo y sus aliados. Podrá llegar, así, hasta las fronteras de la futura Rusia (Moscovia), limítrofe con una Lituania que abarcaba entonces la actual Bielorrusia y que formaba parte de un reino de Polonia ligado por intereses políticos y por unión dinástica a la rama austriaca de los Habsburgo. La misma razón explica que puedan serle territorios familiares Bohemia o la Alemania del Sur y del Rhin, y no la del Norte y el Este, cuna de luteranos, salvo cuando le toque asistir a la derrota imperial de Leipzig, a manos de unos suecos que eran el prototipo de una humanidad hostil a la Europa habitable, y concebible, para el personaje del *Estebanillo,* y para su autor. Y, por supuesto, será en Flandes y en la corte de Bruselas, «plaza de armas de la Europa», «freno de rebeldes» y «espanto de enemigos» (II, p. 26), donde Estebanillo se halle 'en su centro' como hombre-pez de aquel Mediterráneo continental (II, pp. 152-153). El personaje se aplicará literalmente, y con conocimiento de causa, un dicho proverbial *(«no hay más Flandes,* alabando cosa galana y de placer»), y lo traerá a colación, precisamente, para censurar la rancidad de costumbres que advierte en la España «nuclear» o «propiamente dicha» (II, pp. 290-291). Y todo ello pese a sus reticencias iniciales frente a un país «tan friísimo», que en primera instancia preferiría no haber visitado —«a Flandes, ni aun por lumbre» (I, p. 148)—, y en el que la misma «sutileza de ingenio y gran trato de su burgesía» eran contempladas con cierto recelo, compensado pronto por «la generosidad de sus príncipes y señores» (II, p. 22).

Fuera de la Europa «austriaca» Estebanillo se mueve en un mundo hostil del que ha de salir cuanto antes pueda. En Francia, a donde llega sin proponérselo, será saludado con «una salva de horquillazos y puntillones» (I, p. 247), y a la entrada en París habrá de sufrir las mismas rechiflas que pocos años antes sufrió, por ir vestido «a la española», el doctor Carlos García, autor de una obra con título bien significativo *(La Antipathía de españoles y franceses).* París, aunque calificada de «lauro de todo el orbe» (y, también, de «confusa Babilonia»), no recibe la sarta de ditirambos de rigor; y en su estancia Estebanillo no registra más tratos que los que tuvo con la embajada española, con judíos y moriscos también «españoles», y con un caballero de Roma al que se vende por «paisano». Invirtiendo los papeles consagrados como tópicos en la época, Estebanillo aprovecha la «ayuda de costa» de haber aprendido francés para hacerse buhonero, y acto seguido se alista en las banderas del rey Cristianísimo (porque, según aclara, apretado por el hambre serviría igualmente «al Mameluco»). Los principios son prometedores: en el ejército francés Estebanillo comprueba que también allí se practica el «vivir sobre el villano», aunque la buena vida del soldado sólo dura lo que tardan los oficiales en recibir el oportuno soborno; algo que no era nada nuevo para él, pero que en esta ocasión se añade a otras complicaciones cuando el vino y el idioma lo traicionan: «y sobre todo estaba temeroso de ver que algunas veces que me había puesto como el arco del iris cantaba en fino español, por lo cual dieron en tenerme por sospechoso y llamarme espión» (I, p. 258). Cuando Estebanillo deserta, como suele, y llega a Niza, donde se hallaban «las galeras de Nápoles», se encontrará una vez más «en casa». También a la llegada a Inglaterra, en arribada forzosa, el recurso a la lengua española y el permitirse protestar de un hurto, «como si estuviera en tierra del Rey de España», obsequiando a los ingleses con los insultos de rigor —«perros» y «luteranos»—, le hará experimentar las consecuencias de bravear «en tierra ajena y con nación contraria a nuestra fee» (II, p. 355). Además de sufrir de los ingleses, junto a sus compañeros, los insultos esperables, y también de rigor —«infames papistas y espiones»—, Estebanillo habrá de verse molido a palos y encerrado en una jaula. De nuevo, el presunto pícaro apátrida sólo se sentirá otra vez «en su centro» cuando desembarque en Dunkerque, es decir, en las «provincias obedientes» de los Países Bajos, después de salir de Inglaterra convertido, muy a su pesar, en tripulante de una fragata armada en corso, esto es, la guerra más eficaz que pudieron desplegar los «españoles» contra Holanda y Francia. Curiosamente, los contratiempos en esa «otra» Europa le sobrevienen a Esteban González cuando no había aún guerra declarada entre España y Francia, y cuando Inglaterra mantenía de hecho una alianza política con Felipe IV.

Para completar los itinerarios de Estebanillo queda sólo aludir a la expedición pirática contra los turcos en la que participa como marmitón (cap. II). Claro es que para un autor que tenía bien presente en su memoria a D. Juan de Austria, «espanto del Otomano y prodigio del mar de Levante» (I, p. 95), el imperio turco significaba sencillamente el «otro» mundo, la diferencia absoluta, que, muy al contrario que en escritores «ilustrados» precedentes, no podía contemplarse con ningún rasgo positivo. Pero tampoco los griegos «cristianos» que halla al desembarcar son vistos más que como unos taimados semisalvajes que se valen de su estatuto de «contribuyentes del Turco» para engañar impunemente a quienes los habían menester para navegar en el Mediterráneo oriental. Lo mismo opinaban otros españoles contemporáneos de Estebanillo que no hacían gala, precisamente, de ningún despego hacia su «nación», como Alonso de Contreras (v. nota II.91), aunque su grado de humanidad y «civilización» dejara también —para un observador moderno— bastante que desear. La visión del mundo de Estebanillo se cierra, por último, con algunas ocasionales alusiones a la ruta de Indias o a la «Nueva España», que, como al más rancio moralista hispánico de su tiempo, le traen automáticamente a la pluma asociaciones con el «camino de la codicia» y el espacio donde pueden lograrse enriquecimientos fáciles y noblezas ficticias.

Es fácil ya ver a dónde queríamos venir a parar. Las declaraciones «programáticas» de su merced Esteban González, en las que reivindica un anacionalismo acomodaticio y sin fronteras, no responden ni en todo ni en parte a lo que el lector halla en el propio libro de su vida. Es posible que deseara y creyera poder ser «flamenco con el flamenco» y «alemán con el alemán» (siempre que de unos determinados «alemanes» se tratase), en tanto en cuanto integrantes de un mundo común unido por la dinastía y un sistema político de gobierno y alianzas. Que «con el armenio» pudiera comportarse como armenio es más dudoso, y el relato (en donde no aparece ninguno) no permite comprobarlo —por más que la Armenia de ese tercer término de la ejemplificación tenga, claro está, un valor análogo a la Moscovia con cuyos palillos embaucará a los sevillanos. Pero, en cualquier caso, ya hemos visto las dificultades que Estebanillo tenía para relacionarse con ingleses o franceses sin ser visto a las primeras de cambio como un potencial «espión».

En cambio, ni la retórica ni la burla de bufón que se despliega en los pasajes de la batalla de Nördlingen, tantas veces mencionados por los críticos, ocultan del todo un entusiasmo bien «hispánico» ante el valor del tercio de don Martín de Idiáquez y la forma en que «los invencibles españoles rechazaron, rompieron y pusieron en huida» a los protestantes, convirtiendo la campaña en una «almadraba de atunes suecos, un matadero de novillos arrianos y una carnecería de tajadas calvinas» (I, p. 316). Aunque Estebanillo deje bien claro que no era él uno de aquellos «invencibles españoles», y aunque las águilas imperiales de la heráldica de los Austria le sirvan para retratar gráficamente su cobardía y la de otro soldado de su porte, no por ello se anula el hecho de que la batalla se celebre como «una de las mayores vitorias que se han visto en los siglos presentes» y como «la mejor ocasión que han visto los humanos» (II, p. 7). De la misma forma, no es simple y untuosa retórica de pretendiente agradecido la apología del poder de Felipe IV que se hace casi al final de la obra (II, pp. 332-334). Difícilmente pueden compaginarse con la «neutralidad» proclamada en otros lugares del libro párrafos como los que allí se leen:

> Cuando vi los rayos de su grandeza y consideré las fuerzas de su poder, eché de ver que los demás poderíos opuestos a los giros de su luz son vapores o exhalaciones abortadas de la tierra, cuya ambición las ha congelado en nubes, y cuya envidia y golpes de fortuna han solicitado obscurecer su claridad y suspender el curso de su luciente carrera, sin advertir ni considerar que al cabo ha de permanecer por ser Sol, y al fin ha de deshacer, consumir y abrasar los más altivos y remontados vapores y las más gruesas y preñadas nubes (II, p. 333).

El símil de las nubes que oscurecen, transitoriamente, al sol, para caracterizar a los enemigos de la Monarquía hispánica, se alargaba a tríada en un pasaje en verso y no menos significativo de otro capítulo anterior. Allí, los que se enfrentan al «claro Sol de el Austria» —el Cardenal Infante— son comparados también a la «nube densa atrevida / que llena de vanagloria / se opone al Sol cara a cara / y le embiste proa a proa»,

y que acabará fatalmente deshecha en lluvias o vapores; a la
mariposa que se aproxima a la llama y terminará abrasada; y al
perro que ladra a la Luna —una «Luna española»—, que, indiferente a los ladridos sigue inundando de luz la tierra y haciendo brotar plata en las minas (II, pp. 161-3). Utilizar semejante retórica al filo de 1645, en las horas más bajas del pode-
río del rey Felipe, no era para su autor (que conocía bien lo
sucedido en las Dunas y en Rocroy, en Cataluña o Portugal)
ningún sarcasmo, sino la exteriorización de un mesianismo
compartido por muchos de sus compatriotas, que no podían
creer que fuese definitivo el eclipse del «refulgente Apolo» y
«León coronado» de quien se honraban, como dice Estebanillo, en ser «leales vasallos»[2].

En un nivel de inferior solemnidad, Estebanillo González
parece convertirse en un arbitrista más cuando censura a sus
paisanos por dejarse engañar con las mercancías «contrahechas» y de procedencia fabulosa que les vende, «porque la
persona que quisiere cargar en España para vaciar en otros
reinos ha de vender sus mercancías por bohonerías de Dinamarca y invenciones de la Basilicata y curiosidades del Cuzco,
y naturalizarse el dueño por grisón o esgüízaro», ya que «desestimando los españoles lo mucho bueno que encierra su patria, sólo dan estima a raterías estranjeras» (I, p. 208). Ese
mismo «hispanismo» aflora donde menos se piensa, por ejemplo al confrontar —como bien experimentado y competente
catador que era el personaje— unos vinos evaluados según su
«idiosincrasia» nacional: «Bebía yo tan desaforadamente de
aquel licor zaragozano que mis camaradas me habían muchas
veces reñido, diciéndome que mirase que aquel vino no era
francés ni italiano, sino español puro y sin trampas» (II, página 319).

Ciertas censuras que ocasionalmente se formulan en el li-

---

[2] El Campanella antihispánico de 1632 veía aún en la «juventud de la Monarquía española buenas razones para no dejarse engañar por su aparente
debilidad: «Solo dunque l'Imperio di Spagna, che è nuovo, può crescere, e
pur sendo abbattuto da quei di Svetia e da Francesi, e da Olandesi, e da Ingle-
si, sperar può di restaurarse, come un giovane infermo, o ferito, meglio che
un vecchio infermo, o ferito», *Discorso politico... tra un venetiano, spagnolo e
francese...*, ed. L. Amabile, *Fra Tommaso Campanella ne' castelli di Napoli*, II.2
(Napoli, 1887), p. 186.

bro contra el mal estado al que se ha llegado en la milicia (II, pp. 278-179), o contra los abusos y fraudes que observa en el ejército (I, pp. 83-84, 156-157, 183, 219-220, etc.) y en los que a veces es partícipe el propio Estebanillo («...tenía cuidado de regalar al cabo de la guardia y al capitán ... con que todos callaban y amorraban, y al compás que lo pasaban mal los soldados triunfábamos nosotros», I, p. 264), aparte el mayor o menor valor que puedan tener como reflexión ética general a lo Guzmán de Alfarache, son, ante todo, críticas formuladas *desde dentro* del sistema por alguien que no era indiferente en absoluto a las lacras bien específicas que denuncia. Censuras reiteradas a propósito, por ejemplo, de las «muestras» falsas (en las que se hacía figurar un número ficticio de soldados en el «pie» de efectivos de cada compañía o tercio); o contra el defectuoso y fraudulento aprovisionamiento del «pan de munición» (porque, como dirá Estebanillo, «ya es plaga antigua ser lo peor para el soldado»); o contra los sobornos que enriquecían a algunos oficiales en los alojamientos, «sin advertir que es cosa muy fácil hallar un capitán, y muy dificultosa juntar cincuenta soldados» (I, p. 220)[3], etc. Las mismas denuncias veremos aparecer continuamente en escritos de funcionarios y militares españoles coetáneos, y en decretos del mismo rey o sus virreyes que trataban con poca fortuna de poner remedio a tal estado de cosas[4].

La manifiesta e insoluble contradicción entre puntos de vista opuestos que se reflejaría en la coexistencia de ambos discursos, 'apátrida' y 'patriótico', podría llevarnos a afirmar que la perspectiva del narrador no es única, ni coherente. Creemos que eso es, en efecto, lo que sucede en la obra, y que

---

[3] Al margen de la similitud formal, la «ideología» que refleja el inciso estebanillesco es la misma que Calderón expone por boca del hijo de Pedro Crespo: «Que no hubiera un capitán / si no hubiera un labrador» *(El alcalde de Zalamea,* I, vv. 769-770). No será esta la única coincidencia que puede advertirse entre el *Estebanillo González* y la obra de quien firmó en 1652 la aprobación para la primera edición española de la «autobiografía», y pasa por ser uno de los máximos exponentes del «aparato ornamental» del Estado en el reinado de Felipe IV.

[4] En notas al texto damos referencias, que fácilmente podrían multiplicarse, de documentos coetáneos que inciden en críticas muy similares a las que se exponen en el *Estebanillo González.* Cf. notas III.162, V.12.

las contradicciones afectan a varios otros aspectos de la narración de *La vida y hechos,* sin que ello tenga por qué suponer necesariamente ningún especial demérito[5]. La disparidad de puntos de vista tendría, sin embargo, su explicación «genética» si se admite que el personaje y el narrador del *Estebanillo* no son la misma persona. El discurso 'apátrida', al igual que toda la autodenigración del personaje, derivarían del Esteban González histórico, hipercaracterizado literariamente por un autor que revela, en la misma crueldad con que trata a su criatura —reforzada por el uso de la primera persona narrativa—, una «distancia» artificiosa, y artística, respecto a la biografía que se nos narra. Las notorias y entusiastas autoimplicaciones del narrador en favor de su monarca, los loores por sus triunfos bélicos y las lamentaciones ante las quiebras que advierte en los fundamentos morales del sistema, en cambio, son en todo concordes con lo que Gabriel de la Vega expuso en sus obras épicas. No obstante, la dicotomía pecaría de simplista y esquemática por exceso. Vega nos tiene acostumbrados a rebajar el tono heroico de sus endecasílabos y con frecuencia introduce reflexiones o simples «salidas de tono» que entran de lleno en lo picaresco o en la bufonada; y, por otra parte, algo de no absolutamente despreciable, ni de pura y única bufonería, hubieron de ver en el Esteban González de carne y hueso personas como Filiberto de Saboya, don Fernando de Austria, el mariscal Piccolomini, el emperador y el mismo Felipe IV, cuando lo consideraron leal servidor, apreciaron su ingenio, le encomendaron misiones importantes (que Bataillon calificó de «semidiplomáticas») como correo, o le concedieron mercedes poco habituales.

El resultado de la fusión de los dos «temperamentos» o «humores», bien controlada siempre y presidida por la voluntad de elaboración literaria, se traduce en que en un mismo pasaje puedan introducirse los dos tipos de discurso (que no son sólo las «burlas y veras», a las que reiteradamente apela el narrador) sin que el lector crea advertir ninguna inconsecuen-

---

[5] Cf. al respecto J. A. Cid, «Máscaras y oficio...», cit., pp. 180-181, con referencia a los trabajos de W. C. Booth que cuestionaban, ya en 1961, la absoluta validez del «punto de vista» como categoría explicativa para la novela moderna.

cia. Por aludir una vez más al episodio de Nördlingen, donde el personaje superará los límites del esperpento en la exhibición de su conducta antiheroica, convendrá no olvidar que inmediatamente después de que Estebanillo compare la batalla que se avecina a un juego de cañas o una corrida de toros (que él preferiría ver desde la barrera o desde una ventana), y a continuación de contar cómo los suecos inicialmente conquistaron una posición mal defendida (el «bosquecillo» de donde fueron desalojados los mosqueteros del sargento mayor Francisco de Escobar), se nos dirá:

> Llegó la nueva a nuestro ejército, y exagerando algunos de los nuestros la pérdida pronosticaban la ruina; que hay soldados de tanto valor que antes de llegar a la ocasión publican contentarse con cien palos (I, pp. 306-307).

La reflexión, dotada de un valor de generalidad y a la vez concretada en su aplicación (*«nuestro* ejército», «algunos de *los nuestros»,* y, dos líneas antes, *«nuestra* gente») no es una humorada más como lo son todas las que el personaje prodiga cuando a su propia cobardía se refiere, o a la de algún «maltrapillo» de su misma estirpe (II, pp. 13-15). La voz del narrador ha cambiado de registro y se asemejará, por ejemplo, a la de los informes de Piccolomini cuando se queje, en la desdichada campaña de 1645, de que las plazas fuertes de Flandes «que tenían harta gente para defenderlas se rendían tan flojamente», o a la de algún ocasional fustazo de Gabriel de la Vega cuando advierte que en las filas de sus reverenciados martes y héctores hispánicos algunos soldados flaquean, se desmandan o no cumplen con «lo que deben».

Mayor seriedad aún revisten otras «contradicciones» que hallamos un poco más adelante. Cuando, de nuevo, unos regimientos alemanes de la Liga Católica son desbaratados por los suecos, Estebanillo emprende veloz retirada hacia «nuestro ejército», y allí, dice,

> Encontré en su vanguardia con mi capitán, el cual me dijo que por qué no me iba a la infantería española a tomar una pica para morir defendiendo la fe o para darle al Rey una vitoria.

La respuesta de Estebanillo será una chuscada bufónica de las suyas seguida de algunos embustes para salir del paso:

> Si su Majestad aguarda a que yo se la dé [la victoria], nego-ciada tiene su partida; demás que yo soy corazo o coraza [sol-dado de caballería] y no infante, y por estar desmontado no cumplo con mi obligación (I, p. 310).

Una vez concluida la batalla y lograda la victoria imperial, el pícaro volverá a encontrarse con su capitán, al que traían «muy bien desahuciado y muy mal herido». El diálogo entre ambos incluirá una respuesta de Estebanillo que empieza, también, en bufonada, pero termina de muy distinta forma:

> —Bergante, ¿cómo no habéis acudido a lo que yo os mandé?
> Respondíle:
> —Señor, por no verme como vuesa merced se ve; porque aunque es verdad que soy soldado y cocinero, el oficio de soldado ejercito en la cocina y el de cocinero en la ocasión. El soldado no ha de tener, para ser bueno, otro oficio más que ser soldado y servir a su rey; porque si se emplea en otros, sirviendo a oficiales mayores o a sus capitanes, ni puede acu-dir a dos partes ni contentar a dos dueños (I, p. 318).

El bufón se ha transmutado, sin transición, en moralista y se permite sermonear —con su cita bíblica embebida («nadie puede servir a dos señores», Mt., 6: 24)—, dando lecciones de ética militar a un capitán (don Pedro Ulloa Ribadeneyra) que, precisamente, se había mostrado como oficial riguroso y po-co tolerante con los abusos que Estebanillo pretendía ejercer amparándose en su nombre (I, pp. 302-303). Lo más curioso no sería el que fuera un pícaro, «archigallina de gallinas» (co-mo lo acaba de demostrar con creces «en la ocasión»), quien aleccione a un capitán del que consta documentalmente que «fue el primero que cerró con las tropas del enemigo» (v. nota VI.137) y que, en efecto, supo hacer lo que pedía a los demás y murió «defendiendo la fe» y «para darle al rey una victoria». Lo que es aquí más significativo es que «Estebanillo» para eludir el reproche de cobardía y desobediencia responda for-mulando a su vez una crítica, en la que tenía toda la razón, que hallaremos reflejada también en los infinitos papeles sobre reformas militares que se escribían, y claro es que desde «dentro» del sistema, en aquellos mismos años. No es el bufón apátrida quien habla ahí; el autor ha puesto en juego otra de las voces narrativas, y ha dado el cambiazo con la suficiente habilidad como para que a algún estudioso todavía hoy le sea difícil distinguirlas[6].

En palabras muy de época, un crítico —también muy de época— ha señalado, entre varios otros defectos de todo orden que, según él, deslustran el *Estebanillo González,* la ausencia de lo que llama «hondura nacional» en comparación con las novelas picarescas anteriores[7]. En la medida en que tal afirmación sea algo más que una simple vaciedad, lo que ahí se revela es una lectura superficial de la obra, en la que no se ha atendido más que a una parte (la misma parte que escandalizaba a los estudiosos decimonónicos) de lo que se dice, y a nada de lo que se da a entender de forma meridiana en el propio libro. Las referencias, anteriormente recogidas, a pasajes que muestran una innegable autoimplicación hispánica, no por ocasionalmente «adulatoria» menos real, del autor no son las únicas que pueden espigarse en la obra. Pero, además, si de «honduras nacionales» se trata, y suponiendo que ello tenga alguna importancia, es difícil que el lector actual pueda hallar en todo el siglo XVII una obra literaria que manifieste una mayor conciencia, que el "ropaje humorístico" en ningún caso oculta, de la división de Europa en mundos hostiles y de la fatal adscripción del narrador a uno de esos mundos. Más interés, sin embargo, que insistir en aquilatar o comparar las hipotéticas profundidades de un sentimiento «nacional» a la

---

[6] Véanse, simplemente, las observaciones de N. Spadaccini y A. Zahareas a este último pasaje («Introducción» a su ed. de 1978, p. 53, donde, además de truncar la cita, se malinterpreta el sentido, bien evidente, del «sermón» estebanillesco).

[7] A. Zamora Vicente, *Qué es la novela picaresca* (Buenos Aires: Columba, col. «Esquemas», 1962), p. 59. Curiosamente, al adaptar ese escrito como prólogo a la edición de la *Novela picaresca española,* I (Barcelona: Noguer, 1974), una de las pocas «novedades» que se introducen consistirá en la desaparición de la palabra *nacional;* la falta de «hondura», a secas, se aplica ahora a las «aventuras» y no a la obra como tal. Las metamorfosis muestran, aparte la pereza, que en 1974 había términos que habían sufrido cierto desgaste y se juzgaban poco oportunos para los nuevos «esquemas».

moderna, que a Estebanillo le preocupaba tan poco como a Lázaro o a Guzmán, tendría el advertir cómo es la misma experiencia viajera y bélica del protagonista de la *Vida y hechos* lo que le proporciona una capacidad de reconocimiento de la alteridad de otros pueblos, y de relativización de la «identidad» propia, que en vano se buscará en sus congéneres de la novela picaresca y, en general, en la mayoría de los protagonistas y héroes de la gran literatura clásica española[8]. En cualquier caso, toda aproximación al «medio» vital e histórico de Estebanillo está viciada de origen si el crítico o el lector se limitan a tener en cuenta el ámbito «mental» de la España peninsular y renuncian a entender la integración de ese ámbito en un conjunto orgánico más amplio, es decir, algo que era perfectamente inteligible para cualquier súbdito de Felipe IV que hubiera salido de su terruño y se hubiera enfrentado a distintos tipos y grados de «alteridad».

La Monarquía católica, o hispánica, que poco o nada tiene que ver —en cuanto sistema político— con el Estado español de nueva planta, configurado a partir de la instauración borbónica, es hoy una realidad difícil de comprender, incluso para los mismos que habitamos en el espacio de su antiguo ámbito. El desconocimiento es, acaso, igualmente disculpable en los actuales belgas o italianos, después de dos siglos de historiografía nacionalista, que en España, donde por más de dos siglos se ha hablado también no menos nacionalistamente de las «posesiones» europeas, como si Nápoles o Sicilia hubieran sido lo mismo que las «colonias» americanas.

Los desenfoques han adquirido a veces tintes algo cómicos. Aplicar, por ejemplo, el término de «teoría del dominó» —acuñado en la guerra del Vietnam— para definir la efectiva

---

[8] Cf. sobre ello J. Juaristi, «Guerra y cultura en la construcción de Europa» (en prensa), y la bibliografía allí citada. Conocemos una versión oral (conferencia en agosto de 1989) de este trabajo, que tenía por objeto, precisamente, mostrar la a primera vista paradójica «contribución de los enfrentamientos bélicos al descubrimiento de la alteridad y a los flujos de valores entre los pueblos del viejo continente». J. Juaristi ya aclara oportunamente que las guerras en las que tal contribución se produce son las sometidas al *Jus belli*, como aquellas entre «príncipes cristianos» en las que Estebanillo «interviene», es decir, las mismas que Kant tenía en cuenta en su escrito sobre *La paz perpetua*, de 1796.

interdependencia, y no sólo militar, de los territorios de la Monarquía hispánica, supone, además de un anacronismo no muy afortunado por sus connotaciones demasiado evidentes, comparar realidades no comparables[9]. Peor aún: no hace todavía mucho tiempo que uno de los más conspicuos figurones del ruedo hispánico ofreció —en el nombre de no se sabe bien qué antepasados— públicas disculpas a los belgas y holandeses de hoy. La petición de perdones se refería, al parecer, a la conducta pasada de los españoles en Flandes; «mala conducta», se entiende. Algunos nacionalistas peninsulares se sintieron agraviados en nombre, a su vez, de una antigua retórica «imperial» que sobrevive ya sólo como residuo pintoresco. De ambos tipos de actitudes lo menos que puede decirse es que son históricamente incorrectas, en cuanto suponen la más cómoda ignorancia de cuáles eran los modelos estatales y nacionales vigentes en la Europa de los siglos XVI y XVII, y en especial del modelo representado por la Monarquía católica o hispánica. Es decir, un modelo de Estado no nacional, o plurinacional, que entre varias otras «anomalías» podía incluir el que los ya ridículamente célebres tercios de Flandes contasen a lo largo de buena parte de su historia con una exigua minoría de «españoles» peninsulares; o el «absurdo» de que al mismo tiempo que en Dunkerque desembarcaban soldados españoles, para combatir contra Holanda y Francia, se embarcasen tercios de flamencos y valones con destino a las campañas de Portugal y Cataluña. El autor de una obra excepcional en la bibliografía histórica belga, René Delplanche, se lamentará, retrospectivamente, de que a pesar de la continua lealtad a la Monarquía manifestada por los súbditos de los Países Bajos del sur, no siempre se les diera la oportunidad de defender su territorio contra los vecinos que lo invadían y, en cambio, se les enviara a luchar en guerras «ajenas»[10].

---

[9] Cf. G. Parker, *The Army of Flanders and the Spanish Road, 1567-1659* (Cambridge, 1972), ed. de 1975, pp. 127-129. Este libro, válido acaso para el primer período de la guerra en los Países Bajos, nos lo parece mucho menos en lo que afecta a las últimas fases, incluso en los aspectos más estrechamente positivistas y «cuantificadores» a los que el autor dedica una mayor atención.

[10] R. Delplanche, *Un légiste anversois au service de l'Espagne: Pierre Roose, Chef-Président du Conseil-Privé des Pays-Bas (1586-1673)* (Bruxelles, 1945). La excepcionalidad del libro radica ya en el mero hecho de ocuparse del período

Ahora bien, tales absurdos dejan de serlo, o no lo son tanto, desde el momento en que se pone entre paréntesis la Europa de los estados nacionales; es decir, la establecida a partir de Richelieu, teorizada en 1848, y consagrada por monsieur Clemenceau y un presidente norteamericano, Mr. W. Wilson, poco versado en la historia del viejo continente; la misma Europa que después de los reajustes de Yalta tuvo que esperar todavía alguna década para convencerse de la escasa viabilidad del modelo ideal en el que el «estado» habría de ajustarse, como un guante, a la «nación», presuponiendo como condición básica una falaz homogeneidad absoluta de lengua, religión, raza, cultura, etc. Los nuevos y débiles entes surgidos en 1919 reprodujeron en pequeño, pero de forma aún más miserable, las hegemonías étnicas y opresiones nacionales sobre las minorías que existían en los viejos imperios abolidos; y la nueva filosofía política de Versalles sirvió, además, para afianzar o crear nacionalidades irredentas donde antes no se sabía que existieran —salvo en las mentes de algunos ideólogos iluminados y con pocos seguidores—, o se interpretaban de otra forma, es decir, en los términos más «reales» de opresión clasista o colonial, aunque no se negara nunca un componente étnico que solía ser correlativo. Por otra parte, ya se ha visto a lo que conducían los pangermanismos, paneslavismos, «pansocialismos» y demás sistemas que presuponían actitud reverencial ante la 'unidad', racial, cultural o de otra especie.

«español» sin incurrir excesivamente en las interpretaciones victimarias y autocompasivas habituales, que, claro está, también aquí dejarán su huella, por ejemplo en la misma conclusión final del estudio de lo que el propio autor define como «page sans gloire qui montre combien le régime espagnol à son déclin avait déprimé les esprits et avili les coeurs» (p. 167). Y, sin embargo, la historia y la carrera personal del presidente Roose, reconstruidas magistralmente por Delplanche, si algo dejan en claro es su implicación bien «voluntaria» en una política centralizadora en Flandes con la que el propio Olivares no estuvo siempre conforme; por lo mismo, no hay especiales razones para considerar a muchos de los «régnicoles» contemporáneos de Roose como seres virginalmente ajenos a ese presunto «envilecimiento» general. Más en general aún, no creemos que el modelo de la Monarquía hispánica fuera forzosamente en sí mismo ni más ni menos reprobable en términos éticos que los modelos rivales coetáneos.

*cf.
Grimmelshausen
"Cowasche"

2. LA GUERRA DE LOS TREINTA AÑOS.
OTTAVIO PICCOLOMINI

2.1. *Una primera guerra mundial europea*

Entre los varios oficios que ejerce el protagonista de *La vida y hechos,* el de soldado será al que de forma recurrente Estebanillo decida «arrimarse» en mayor número de ocasiones. Incluso cuando no sienta plaza en algún ejército, vivirá de ocupaciones subsidiarias o relacionadas con la actividad militar: cocinero, vivandero, destilador y hasta «padre de damas» cuyos clientes son las gentes de «naciones» (esto es, tropas extranjeras), en Alemania, Flandes, Cataluña o Milán, traficante con provisiones de guerra robadas a la armada en Lisboa, finalmente criado «entretenido» de caudillos a los que seguirá en las campañas y a quienes servirá de correo.

La Europa en la que se mueve Estebanillo González es, en efecto, una Europa en pie de guerra, y la guerra se había convertido en un estado tan «natural» que a nadie que transitara las rutas del continente le era posible sustraerse a la omnipresencia de lo militar y a sus secuelas, directas o indirectas. Estebanillo se verá envuelto en algunas situaciones bélicas particulares o conflictos «localizados», como una expedición contra los turcos en 1621, el ataque inglés a las costas españolas en 1625, o la guerra anglofrancesa en 1627. Pero a partir del capítulo V el escenario descrito en *La vida y hechos* estará presidido por una guerra general europea, la primera, que ha pasado a la historia con el nombre de «guerra de los Treinta años», aunque para España serían, en realidad, más de cuarenta.

La implicación española en la guerra empezó muy poco después de su primer acto, la insurrección de Bohemia (mayo 1618). Contingentes de tropas fueron enviados desde Flandes y Nápoles, así como ayuda financiera y diplomática para establecer alianzas, y toda la política de los débiles Habsburgo de Viena estuvo determinada en un principio por los embajadores españoles, D. Baltasar de Zúñiga y el conde de Oñate, partidarios de llegar al enfrentamiento directo que culminaría en la por el momento decisiva victoria en la Montaña Blanca (noviembre 1620) que puso fin a la secesión checa[1]. Por estos años Estebanillo no había salido aún de Italia, pero todavía alcanzó a conocer en persona a alguno de los protagonistas de esta primera fase de la guerra, como el conde Baltasar Marradas, a quien el pícaro encontrará en Praga como capitán general de Bohemia y en cuya corte tiene lugar el divertido episodio del «encremado alemán» (II, pp. 61-63). Estebanillo fue también protegido del conde de Bucquoy, hijo del general enviado desde Flandes y que tuvo a su cargo el mando de las fuerzas imperiales en la Montaña Blanca.

El escenario bélico se traslada en los años siguientes al Palatinado y el Rin y —por lo que toca a la Monarquía hispánica— la guerra general se confunde con la reanudación de las hostilidades en los Países Bajos. Estebanillo podrá hablar así del «tiempo de treguas» con Holanda (I, p. 147) como de algo perteneciente al pasado, y una de sus deserciones —la del tercio que llegó a Flandes en octubre de 1623— le libró de hallarse y verse «escabechado a puros laureles» en la rendición de Bredá (1624). Spínola, Tilly, don Gonzalo Fernández de Córdoba o el duque de Feria son nombres claves en la década de 1621 a 1630; el autor de la *Vida y hechos* mencionará explícitamente a los dos últimos; y Estebanillo, que se verá envuelto en el primer aldabonazo de la intervención francesa en la guerra, pudo ser testigo próximo del triste final de Spínola y Córdoba, muerto el uno y políticamente «defenestrado» el otro, ante los muros de Casale de Monferrato. En esa misma derivación italiana del conflicto europeo, la guerra por la suce-

---

[1] Cf., en especial, B. Chudoba, *España y el Imperio (1519-1643)* [1952] (M 1962), pp. 322-395, y J. V. Polisensky, *La guerra dei trent'anni* [1970] (Torino 1982), pp. 110-116 y 149-162. Dentro de la ingente bibliografía que existe sobre la guerra de los Treinta años mantiene su valor insustituible la obra de Anton Gindely *Geschichte des dreißigjährigen Krieges...* (Leipzig 1882). Como síntesis pueden verse el mencionado libro de Polisensky, y los de G. Pagès, *La guerre de Trente Ans 1618-1648* (París 1939), S. H. Steinberg, *The Thirty Years' War and the Conflict for European Hegemony 1600-1660* (New York 1966), y G. Barudio, *Der Teutsche Krieg 1618-1648* (Frankfurt 1985). El todavía muy difundido manual de C. V. Wedgwood, *The Thirty Years War* [1938] (London 1973), más que por su ingenua parcialidad antiaustriaca y antihispánica se desaconseja por su excesiva afición a lo anecdótico y por su «narrow, sentimental German view» (Steinberg).

sión de Mantua y Monferrato (1627-1630), tuvo ya un papel destacado Ottavio Piccolomini, como coronel del ejército imperial a cuyo generalato había ascendido, en 1625, un personaje nunca mencionado en el libro: Albrecht Valdstejn, Waldstein o Wallenstein.

El silencio sobre ese nombre, muy lógico en una obra dedicada a Piccolomini, no impide que la sombra de Wallenstein planee sobre el *Estebanillo,* como planeaba todavía en el campo imperial y en Europa varios años después de su muerte. Muchos de los jefes militares mencionados en la obra son los antiguos soldados formados en la «escuela» del caudillo checo que convirtió la presunta guerra de religión en una maquinaria, o incluso una «industria», que se alimentaba de sí misma. El poder obtenido por el jefe del ejército, y la autonomía para planes políticos, alianzas o tratados de paz que desarrolla a partir de cierto momento, al margen de las directrices de los Habsburgo, lo convirtieron en un peligro para sus patrones, que acabaron decretando su eliminación violenta. La embajada española de Viena volvió a tomar la iniciativa en las intrigas que acabaron en el asesinato de Wallenstein, y los implicados directa o indirectamente en el crimen recibirán el premio por su lealtad al imperio y a la dinastía; entre ellos figuran algunos presentes o mencionados —elogiosamente casi siempre— en el *Estebanillo González:* Marradas, Beck, Grana y Carretto, Aldringen, Gonzaga, el conde Leslie y, claro está, el propio Piccolomini.

La muerte de Wallenstein en febrero de 1634 posibilitó una más estrecha colaboración de las dos ramas de los Austria, que obtuvo sus frutos pocos meses después en Nördlingen. Había sido, precisamente, la negativa de Wallenstein a colaborar con el duque de Feria en la preparación del viaje del Cardenal Infante desde Milán a Flandes lo que desencadenó las iras de la corte española contra el generalísimo imperial. Las ventajas de una actuación conjunta que liberó de la presión sueca todo el sur de Alemania y el Rin parecían ahora evidentes. Los protestantes alemanes creyeron la baza perdida, la Liga de Heilbronn, que agrupaba a los príncipes opuestos al emperador, quedó disuelta de hecho, y se vislumbraba como posible y cercana la paz, una *pax austriaca,* naturalmente, como lo fue la firmada en Praga en 1635. Tras la victo-

ria de Nördlingen el ejército del Infante prosiguió su viaje
hacia Bruselas —y Estebanillo siguió la misma ruta— «sin
haber quedado contrario que se le opusiese» (II, p. 8), y Felipe IV se vio con las manos libres para dedicar todos sus esfuerzos a la guerra contra las provincias unidas de Holanda,
contando con la ayuda de sus primos de Viena.

La declaración de guerra de Richelieu en mayo de 1635 dio
la vuelta al transitorio éxito de los Habsburgo y convirtió a
Flandes, más que nunca, en la «plaza de armas» de Europa. El
conflicto armado se convirtió en una lucha directa por la he-
gemonía europea entre España y Francia, y la guerra en el
Imperio pasó a segundo término, aunque volvió pronto a re-
crudecerse. Estebanillo vivirá en 1642 la nueva ofensiva sueca
en Silesia y Moravia, asistirá a la derrota imperial ante Leipzig, y viajará varias veces entre Bruselas, Viena y Praga; pero
su «centro» durante siete años estará en Flandes. Nos interesa,
pues, ocuparnos aquí sumariamente de algunos rasgos específicos de la guerra en los Países Bajos, que se proyectan en
la novela y ayudan a entender ciertas características de los
desplazamientos del personaje y del propio «ritmo» temporal
de la narración.

Después de la invasión de holandeses y franceses en el Artois y Brabante en 1635, y después de verse amenazadas Lovaina y la propia Bruselas, la guerra se estabiliza como una
lucha en dos frentes en las fronteras del Norte y el Sur de las
provincias «obedientes». Ello se traducía en que hubiera dos
ejércitos, y que los éxitos de uno de ellos pudieran anularse
por la mala fortuna del otro. El frente contra Francia fue, con
mucho, el más importante en todo el tiempo que Estebanillo
permaneció en Flandes. Se trataba de una guerra de posiciones que consistía ante todo en asediar y rendir las plazas fuertes enemigas más cercanas a las propias. Las técnicas militares
de la época hacían casi fatal que una plaza sitiada acabara capi-
tulando a corto o medio plazo, después de que las defensas
exteriores cayeran y antes de sufrir el asalto, a no ser que fuera
socorrida (y esos «socorros» son varias veces mencionados en
el *Estebanillo González*) por un ejército que presentaba batalla
y vencía a los sitiadores. Es lo que sucedió en Thionville, en
1639, y lo que los españoles intentaron infructuosamente en
Arras en 1640. En 1641 la plaza de Ayre-sur-la-Lys pasó por

las dos alternativas: asediada por el ejército francés, fue conquistada al fracasar el socorro que intentó el Cardenal Infante; los españoles se convirtieron después en sitiadores y la plaza volvió a su poder. También las grandes batallas de Nördlingen, Leipzig y Rocroy fueron libradas entre el ejército sitiador de una plaza y otro que pretendía socorrerla. Los trabajos de asedio, concretados en las trincheras, minas y líneas de contravalación (contra la plaza) o circunvalación (contra el ejército de socorro), son aludidos varias veces en la novela y serán objeto de una extensa parodia en el episodio del matemático napolitano que aspiraba a «batir», «abrir brecha» o minar el «castillo» de una fiesta de moros y cristianos en Aragón (cap. XII); pero ya antes Estebanillo hace de «minador» para apoderarse de unos panes y unos jamones (II, pp. 148-151), al mismo tiempo que en Arras se hacían minas y se «desembocaban» fosos de muy distinto género.

Este tipo de guerra estática, que sólo en algún sentido mantiene analogías con la lucha «de trincheras» que se libraría en escenarios muy próximos en una larga fase de la guerra mundial de 1914 a 1918, se alternó ocasionalmente con momentos de ofensiva lejos de las líneas de frontera. En el período que aquí nos interesa, fueron ofensivas de esa clase la ya mencionada invasión conjunta de holandeses y franceses en 1635, y, al año siguiente, la incursión en Picardía del Cardenal Infante con ayuda del ejército auxiliar de Piccolomini, con éxitos que el autor del *Estebanillo* elogia y muestra conocer de cerca, y que resultaron bien efímeros. La invasión de Francia, fuera desde el Artois o desde Luxemburgo, fue, dada la vulnerabilidad de la propia capital francesa si el ataque era lo suficientemente rápido, un plan acariciado constantemente por Olivares y el Consejo de Estado, y por el propio Felipe IV, que no se resignaba a una guerra de desgaste en la que España había de llevar la peor parte y que les resultaba insostenible. La distancia desde la frontera a París no era mucha y el territorio que había de cruzarse no presentaba, especialmente en la Champagne, obstáculos naturales difíciles de salvar. Las peticiones al Infante para que se lanzara a la guerra ofensiva son continuas en la correspondencia regia y en la del Conde Duque. El plan no era en sí mismo ninguna utopía, y así lo revelan el terror del «año de Corbie» (1636), o la carta de un mercader de París a un «correspondiente» en Flandes, a raíz de las victorias de Melo en 1642:

> Aquí ha llegado la nueva de la rota del Mareschal de Guiche, y junto a la poca gente que tiene Monsieur de Arcourt y que no hay forma de inviarle más, queda toda nuestra esperanza puesta en el mal gobierno de los españoles, que nunca han sabido aprovecharse de sus ventajas ni seguir la victoria. Y si hacen lo que otras veces de divertirse en cobrar algunas de las Plazas que les habemos ocupado, no los tememos; pero si entrasen por Huesa [¿Guisa?, ¿la Oise?] y ganasen aquellas campañas por donde no hay embarazos hasta París, toda esta villa y la Francia se pondrían en estremo desorden[2].

No obstante, y aun sin contar con la existencia del frente holandés, el esfuerzo militar francés fue muy pronto capaz de colocar en cada campaña tres ejércitos en la frontera meridional de los Países Bajos, y era impensable para los jefes militares de Bruselas avanzar hacia el Sur dejándolos a la espalda. Era preciso antes presentar la batalla y a la vez «tomar pie» en alguna plaza fuerte dentro de Francia. Melo planeaba hacerlo en 1643, la plaza elegida fue Rocroy, y ya se conoce el resultado.

La guerra en Flandes no era, en modo alguno, una guerra «total», como tampoco lo fue en el resto de Europa. Aunque sus efectos devastadores son innegables, se han cuestionado con buenas razones los rasgos de absoluta destrucción bajo los que suele presentarse la guerra de los Treinta años a partir de la versión historiográfica, no del todo desinteresada, que se consagra en la Prusia emergente de fines del XVII y el XVIII[3]. Ni el poder destructivo de las armas, la artillería en especial, era en el XVII remotamente comparable al que tuvieron después, ni los ejércitos —compuestos de mercenarios o, simplemente, «profesionales», en su mayoría— que rara vez superaban los 15 ó 20.000 soldados poseían la capacidad que se les

---

[2] Carta del 31-VI-1642, AHN, E, lb. 982.
[3] Cf. el cap. III («The Thirty Years War: Myth and Reality») en S. H. Steinberg, *op. cit.*, pp. 91-122.

supone para reducir a Europa a escombros (una capacidad que sí tendrían ya, por ejemplo, los ejércitos «nacionales», o de conscriptos, de Bonaparte).

La guerra, por otra parte, no afectaba más que excepcionalmente de forma directa a la población civil. En Flandes, al menos, había surgido el estatuto de los países o territorios «de contribución», tolerado por ambas partes y del que el *Estebanillo* se hace eco, que garantizaba la seguridad de las personas y los bienes a quienes se veían sujetos a las incursiones y conquistas alternativas de unas u otras fuerzas militares. Y, sobre todo, la guerra seguía un ritmo de pausas estacionales que permitía ciertas posibilidades de recuperación, impensables en guerras de cuño más moderno. Se combatía mientras el clima lo consentía, lo que se traduce en que la mitad del año no hubiera hostilidades, salvo en muy contadas ocasiones. Los ejércitos salían a la campaña en mayo y se retiraban en octubre o noviembre a guarniciones en plazas y castillos, o a sus cuarteles de invierno. En el *Estebanillo González* esa división del año entre los tiempos de la paz y la guerra se refleja de modo continuo en los capítulos VII a X. La salida a campaña, en la primavera, y la retirada, en otoño, determinan tiempos diferentes para la vida del bufón que en la obra se marcan rigurosamente. A partir de mayo Estebanillo, soldado o ya criado de generales, abandona la corte y acompaña al ejército a sitiar o socorrer alguna plaza en la frontera; comparte las penalidades de la vida militar y abomina de una guerra que le hace sentirse «jurado cadáver». En el otoño y el invierno Estebanillo permanece en Bruselas, acompaña a sus amos a la caza, ejerce sus habilidades de bufón, o inicia tormentosas aventuras eróticas; es también el momento en el que organiza sus mascaradas de Carnaval en un entorno festivo y urbano, o sufre bromas que a su manera son también una mascarada y una «representación» (las 'armas' del príncipe Thomás; el 'juicio' de Rupelmonde); ocasionalmente acompaña a Piccolomini al Imperio y se comporta en Viena o en Praga como «palaciego» y criado «entretenido» de la misma forma que en Bruselas, hasta la llegada de la próxima campaña.

En esa acomodación de lo festivo a los tiempos bélicos que se daba en Flandes, Estebanillo y el libro de su *Vida y hechos* no son una excepción. En un extraño escrito de fecha algo posterior se nos describe así el escenario fundamental de las andanzas de nuestro personaje:

> Entréme en Flandes, theatro de horribles tragedias de casi noventa años a esta parte, donde el hábito y costumbre ha suavizado tanto las calamidades que apenas las sienten, y aun parece que las festejan, bebiendo y bailando debajo de la artillería[4].

2.2. *El mecenas: Ottavio Piccolomini*
«Ernst ist das Leben, heiter ist die Kunst»

Cuando, en sus célebres dramas de 1798-1799, Friedrich Schiller elevó a Ottavio Piccolomini a la categoría de héroe trágico y antagonista fundamental de Wallenstein, determinó —en muy superior medida que con su anterior *Geschichte*— el sesgo que tomaría la imagen de la gran guerra europea del XVII en la conciencia histórica y en buena parte de la historiografía del XIX y del XX. La construcción clásica de Schiller, y su reflexión sobre los conflictos individuales de lealtades contrapuestas e irresolubles que se originan en la lucha general por el poder, convirtieron a Wallenstein y a Piccolomini en arquetipos ideales de toda una época que, en cierta forma, resultaba embellecida, pese a que ni en su trilogía ni en su *Historia* de la guerra Schiller dejara de enfatizar las miserias y horrores que asolaron al continente durante los mal llamados «treinta» años.

La curiosidad por la figura de Ottavio Piccolomini se debió en un principio a su fama como personaje de Schiller y al deseo de distinguir lo que había de realidad y de invención artística en la obra de un dramaturgo que se había servido ampliamente de fuentes históricas. Intrigaba también cuál podía ser el modelo del otro Piccolomini, Max, el hijo que Ottavio nunca tuvo[5]. Más tarde fue el papel que jugó el gene-

---

⁴ *El compás de Europa*, AHN, E., lb. 894, f. 202.
⁵ Los primeros estudios modernos sobre Ottavio Piccolomini surgen al hilo de la identificación de ese Max o, en general, de su caracterización en las obras de Schiller: A. Fr. von Weyhe-Eimke, *Die historische Persönlichkeit des Max Piccolomini im Schiller'schen Wallenstein und dessen Ende... Eine geschichtliche*

ral italiano en la conspiración que acabó con Wallenstein, como problema histórico en sí mismo y sujeto a diversidad de interpretaciones, lo que llevó a ocuparse de una personalidad que se revelaba particularmente enigmática y contradictoria, y que, por lo común, no salió muy bien parada en los juicios éticos retrospectivos de los historiadores. El Piccolomini arquetipo de la fidelidad a los compromisos sagrados y al emperador, puesto en escena por Schiller[6], se ensombrecía a medida que iban revelándose varios de los documentos que descubrían su verdadero papel en el invierno de 1634 y su intervención estelar en el crimen de Estado del 25 de febrero en Eger[7]. Aunque quedaba concluyentemente probado que Piccolomini obedeció órdenes de la corte de Viena, sus propios escritos dejaban también en claro que había inventado o magnificado varias de las acusaciones que supusieron la caída en desgracia del generalísimo imperial, que actuó con una doblez que decía poco en favor de su nobleza, aprovechando la confianza ilimitada que le dispensaba Wallenstein, y que su móvil no era la pura y simple lealtad: Piccolomini se apresuró a pedir su recompensa y fue uno de los principales beneficiarios del asesinato del caudillo checo y de sus compañeros. Y sin embargo, los mismos detractores reconocen la inteligen-

Quellenstudie... (Pilsen 1870), rebatido por E. Piccolomini, «Sopra le ricerche e i giudizi del barone Arnoldo di Weyhe-Eimke intorno alla personalità storica del Max Piccolomini...», _Archivio storico italiano,_ XIV (1871), pp. 213-249; H. M. Richter, «Die Piccolomini», en _Sammlung gemeinverständlicher Vorträge_ IX, núm. 201 (Berlín 1874), pp. 317-345.

[6] Según Walter Müller-Seidel, la figura de Piccolomini representa en Schiller la defensa del «orden» establecido, de la «erstarrtes Leben», de lo «förmliche», por oposición a un Wallenstein rebelde frente a las verdades recibidas y empeñado en el triunfo de una «lebendiges Leben». Cf. «Die Idee des neuen Lebens: eine Betrachtung über Schillers _Wallenstein_» (1971), _ap._ H. Koopmann, _Schiller-Forschung 1970-1980. Ein Bericht_ (Marbach 1982), pp. 95-96.

[7] Cf. en especial las aportaciones documentales de H. Halwich, _Wallensteins Ende_ (Leipzig 1879) y _Briefe und Akten zur Geschichte Wallensteins 1630-1634_ (Wien 1912); F. Parnemann, _Der Briefwechsel der Generale Gallas, Aldringen und Piccolomini..._ (Berlín 1911); H. Jedin, «Die Relation Ottavio Piccolominis über Wallensteins Schuld und Ende», en _Z. d. Ver. f. Gesch. Schlesiens_, LXV (1931), pp. 328-357, y H. v. Srbik, _Wallensteins Ende_ (Salzburg 1952²). En tono exculpatorio, cf. O. Elster, «War Piccolomini der Verräter Wallensteins?», en _Piccolomini-Studien_ (Leipzig 1911), pp. 16-44, y Th. M. Barker, «Generalleutnant Ottavio Fürst Piccolomini», _Österreichische Osthefte_, 22 (1980), pp. 322-369.

cia y la «destreza fría, calculadora» con que hubo de comportarse este «aprovechado discípulo de Maquiavelo», y «diestro intrigante», que también se jugaba la vida en el envite[8].

Una amalgama de «virtudes» que incluían la capacidad de disimulo, y de cálculo a largo plazo, una cortesía que se hizo legendaria, la habilidad tanto para negociar como para organizar, la obstinación en no dar nada por perdido en el peor momento, un evidente valor personal en el campo de batalla, el recurso a la brutalidad cuando lo creía conveniente, y una ambición sin límites en la búsqueda de honores y bienes materiales, son las constantes de su larga carrera como militar y político; una carrera en la que los sucesos de febrero de 1634 son sólo un episodio, decisivo, sí, pero que para Ottavio Piccolomini no fue más que un escalón hacia otras metas. Entre las fechas de 1618 y 1649, en las que suele enmarcarse el principio y fin de la gran guerra, lo vemos ascender de simple capitán de coraceros a General en jefe de todos los ejércitos del Imperio («Kaiserlicher General-Leutnant und Oberbefehler»). Una ironía final en su destino: Piccolomini, varias veces acusado de pertenecer a una casta militar que vivía de la guerra y que tenía intereses en no acabarla nunca, presidirá el congreso de paz en Nürnberg de 1649 y 1650 como delegado del emperador, tendrá a su cargo supervisar la desmovilización de los ejércitos en toda Europa central, y recibirá elogios como «Arbitre de la Paix». Elevado al título de Príncipe del Imperio, vivirá aún seis años más, habiendo sido capaz de sobrevivir o anular a quienes lo habían relegado al ostracismo en más de una ocasión, los «malignos envidiosos» y murmuradores de Viena, Bruselas o Madrid. Detrás quedaban también algunos fracasos que para otro menos incombustible que él habrían sido definitivos. Y entre esos fracasos ninguno más clamoroso que el que sufrió poco antes de su ascenso final, es decir, el que experimentó entre 1644 y 1647 en el desempeño del cargo de «Gobernador general de las armas y ejércitos de su Majestad Católica en los Estados de Flandes». Con ese título se le dedicaba en 1646 la primera edición del libro de *La vida y hechos de Estebanillo González,* escrito por un «hombre de

---

[8] Cf. G. Mann, *Wallenstein. Relato de su vida* [1971], trad. española de M. Grimalt (B. 1978), pp. 798 y ss.

buen humor» que además de presentarse como criado antiguo del general italiano no desaprovecha ocasión para convertir a su amo en personaje y testigo de la «relación verdadera» de los hechos de su vida. Una dedicatoria, pues, distinta de las habituales y que nos lleva a la pregunta directa de qué tipo de mecenazgo fue el que ejerció, o podía estar interesado en ejercer, un Ottavio Piccolomini que, hasta donde sabemos, nunca escribió de mano propia una línea en lengua española.

La personalidad de Piccolomini como «amateur» de las artes es bien conocida. Las armas no le embotaron, a lo que parece, el gusto por la pintura, los buenos tapices y otros objetos suntuarios. Además de ser constructor y patrono de la Servitenkirche, una de las más antiguas iglesias barrocas que se conservan en Viena y que destinó para su enterramiento particular, encargó y acumuló en su castillo de Nachod cuadros que no son sólo representaciones de su persona y sus victorias[9]; sorprenden, por ejemplo, los cuadros de flores (obra de Seghers o su escuela) que coleccionó con pasión obsesiva a juzgar por los que empapelan literalmente una de las salas del castillo. En el campo de las letras, coleccionaba, al menos, los elogios poéticos que le dirigían, y poseía una biblioteca en la que no faltan los libros españoles. No rehuía tampoco la compañía de la gente de pluma y se prestaba a juegos de ingenio de los que es muestra un discurso del poeta áulico de Melo, anterior gobernador de Flandes. Herrera Sotomayor compuso un escrito «defendiendo que en una dama es más culpa el no ser buena que alabanza el ser hermosa» y lo dirige a Piccolomini porque «habiéndome mandado V. E. discurrir sobre este punto y conocídolo su cortesanía, más por el ejercicio de ingenio que oposición de competencia, diré lo que se me alcanzare, sujetándolo todo a su gran discurso»[10]. Sin embargo, una cosa era estimular discreteos de ese género y otra muy distinta aceptar que la autobiografía de un personaje poco recomendable saliera impresa con una flaman-

---

[9] Y no es que éstos escaseen; cf. un intento, no completo, de catálogo de retratos, cuadros de batallas, grabados y esculturas que representan a Piccolomini, en el trabajo de C. List, «Eine Büste des Octavio Piccolomini», *Beiträge zur Kunstgeschichte F. Wickoff gewidmet* (Wien 1903), pp. 163-170.

[10] «Al Exmo. Sr. Duque de Amalfi y por su obediencia, D. Jacinto de Herrera Sotomayor, defendiendo...» (B. N., Madrid, ms. 11.137, ff. 37-45).

te dedicatoria, su escudo de armas al frente con enumeración de todos los cargos y títulos nobiliarios, y con un retrato del criado y autor grabado por el mismo artista —Lucas Vorsterman— que había trabajado para Piccolomini y realizado, también, su retrato.

Las dedicatorias de libros, y los elogios anejos, suponían obligaciones recíprocas por parte del destinatario y que en sus términos reales no se cifraban, claro está, en la expresa y tópica tarea de «defender» el libro contra ataques de críticos maldicientes. Estebanillo deja bien claro qué es lo que espera de Piccolomini: su licencia como bufón y una «ayuda de costa» para instalarse en Nápoles. Lo que el general obtenía a cambio entra, parece, en cauces más clásicos: el halago a su vanidad. Sin embargo, una presencia tan marcada de Piccolomini en la obra, que desborda con mucho a los ditirambos previsibles de la dedicatoria, llevó a Marcel Bataillon justificadamente a suponer que las implicaciones del elogiado en la composición y publicación del libro eran de orden distinto a las que en la época solían vincular al autor y a la persona que se tomaba por mecenas. Para Bataillon, como veremos (§ 4.1), de lo que se trata es de una burla, urdida en la pequeña corte flamenca del Duque de Amalfi, que convertiría al *Estebanillo González* en una obra escrita en clave de farsa por alguien cercano al propio Duque y en la que serían ficticios tanto la autobiografía picaresca como su confesado autor. Volveremos sobre estas cuestiones más adelante, pero aquí nos interesa ya examinar esa concepción de la génesis del libro en tanto en cuanto burla privada.

La exploración de la historiografía contemporánea y de los fondos documentales de archivo referentes a Flandes, nos persuade de que, al patrocinar de un modo u otro la publicación de un libro en 1646, Piccolomini se hallaba acuciado por problemas vitales para su carrera militar y personal que hacen difícilmente viable la suposición de que estuviese dispuesto a oficiar de mecenas de una obra sin más finalidad que el regocijo de sus amigos íntimos. Sólo nos cabe aquí exponer en resumen una argumentación cuya prueba detallada requeriría excesivo espacio.

Piccolomini se había hecho cargo en 1644 del mando supremo de las armas en los Países Bajos. Se trataba de una innovación importante en el gobierno de Flandes, donde el mando militar había estado siempre subordinado al civil, si es que no había coincidido en una misma persona. Para llegarse a esta situación habían precedido cinco años de negociaciones laboriosas, iniciadas después de la batalla de Thionville, pero basadas también en la historia anterior. La presencia de Piccolomini en Flandes, desde 1635, se había asociado siempre con éxitos militares, y a medida que la coyuntura fue volviéndose desfavorable para los Austrias fue creciendo la añoranza por el general de la buena estrella. Desde su ausencia, en 1639, fueron alimentándose unas esperanzas que pueden calificarse de mesiánicas (y «Mesías» se le llamará en el *Estebanillo,* II, p. 52), cifradas en su 'fortuna' y dotes personales, de cara al mando militar de las «provincias obedientes». En esas esperanzas coincidían gentes del país, burócratas, eclesiásticos y el propio gobierno de Madrid, que por boca de Olivares se había expresado ya en términos bien elocuentes cuando el general no había abandonado aún Flandes: «A Piccolomini contentarle a cualquier precio, que lo merece, porque hoy sobre él respiramos». Se intentó por todos los medios que el duque no saliera de Flandes, aunque ello supusiera hacerle arriesgar «la gracia del Emperador», además de ciertas inevitables fricciones entre las cortes de Madrid y Viena[11]. A pesar de su ausencia se le continuaba pagando un sueldo elevado; los embajadores en Viena recibían órdenes de mantenerlo satisfecho a toda costa, y se contaba con él para hacer levas militares en

[11] Cf., por ejemplo, en una carta de Felipe IV al Cardenal Infante: «Déjame solamente desconsolado al desahuciar los intentos con la ida de Picolomini, porque si bien se han de hacer las mayores diligencias para haber a él y a sus tropas, o a él, que vale muchas tropas, os diré que es menester bracear, porque no está en manos de Alemanes el acabar con nosotros» (c. julio de 1639, descifrado de M. de Salamanca, AHN, E., lb. 971). Y en un voto del Conde Duque en el Consejo de Estado: «Yo no veo para hoy ningún remedio que pueda llegar a tiempo, pues ninguno es poderoso a ir y negociar la detención de Picolomini [...]. Y a Picolomini compralle a cualquier precio para antes de la primavera, aunque se le deje andar en Alemania dos o tres meses, si se ha ido, para que mejore aquellas cosas, no pudiendo Su Majestad Cesárea quejarse ni de él, que haga su fortuna, ni de nosotros, que busquemos nuestro remedio, tanto más cuando vemos que el Emperador ni mira por sí ni por nosotros, sino que al paso que va nos perderíamos todos si nos dejásemos llevar» (Consulta del 23-X-1639, AGS, E., lg. 2054).

Polonia, para llegar a acuerdos con los príncipes rebeldes en
Francia, o simplemente para influir en contra de la política
pacifista de algunos ministros del Emperador.

Tras la muerte del Cardenal Infante, en 1641, se le extendió
el nombramiento de «General de las Armas», pero sus vacilaciones de última hora y los éxitos iniciales del gobernador
interino, D. Francisco de Melo, dejaron el título sin efectos
prácticos. Llegamos así a Rocroy, mayo de 1643; en España
se consideró imprescindible la presencia de Piccolomini para
enderezar la situación; se accedió a sus condiciones, nada fáciles de satisfacer, y tras una estancia prolongada en Zaragoza
el general embarca en San Sebastián y llega a Flandes en mayo
de 1644. En esa campaña, ya iniciada, no abundaron las ocasiones de lucirse; por el contrario, se perdió una plaza de la
importancia de Gravelinas, pero los malos sucesos podían
achacarse con facilidad a la herencia recibida y el prestigio de
Piccolomini no sufrió menoscabo. El cronista Vincart finali-
zaba su relación anual dando cuenta de las esperanzas que se
ponían en las operaciones del año entrante, cifradas, desde
luego, en el nuevo general:

> Todo el país se declaró ser muy contento con la eleción
> que Su Majestad había hecho [...] de la persona del señor du-
> que de Amalfi para gobernar sus ejércitos en la mala coyun-
> tura que estaban las cosas de la guerra, esperando que Dios
> continuará la felicidad que siempre ha tenido con las armas
> de Su Majestad en estos sus estados, y le dará fuerza y dicha
> para defenderlos de sus enemigos los Franceses y Holan-
> deses, y los cabos y soldados del felicísimo ejército de Su Ma-
> jestad se animaron mucho a servir a su rey debajo de su
> mando[12].

Con el principio de la campaña de 1645 llegaba, al fin, para
Piccolomini el momento de corresponder a la confianza de-

---

[12] J. A. Vincart, *Campaña y año de 1644*, ed. de P. Henrard, en «Collection
de Mémoires relatifs a l'histoire de Belgique», XXX (Bruxelles, 1869),
p. 140. Ya antes, la noticia del nombramiento de Piccolomini inspiraba al cronista comentarios entusiastas (pp. 16 y 22), en especial su llegada a Bruselas:
«Fue muy bien recibido del señor marqués de Tordelaguna y de todos los
caballeros de la corte y generales del ejército de su Majestad, con grandísima
honra y regocijo del pueblo de Bruselas».

positada en él durante tantos años. Los resultados, sin embargo, no pudieron ser más decepcionantes. Las campañas que dirige el Duque en 1645 y 1646 son para españoles y flamencos una sucesión de desastres que dejan a las provincias en la situación más desesperada que se había conocido. Cierto que no todo era responsabilidad del general; la carencia de recursos se había acentuado hasta límites insoportables[13], y, por otra parte, Piccolomini había visto cómo muy pronto empezaron a recortarse sus atribuciones, hasta convertir su mando en algo casi puramente nominal. Los gobernadores de las plazas no le obedecían; en Bruselas se hacía caso omiso de sus planes de campaña; el ejército del Duque de Lorena, que sumaba la mitad de las fuerzas de que se disponía, estaba sometido a las veleidades de su jefe y rara vez se prestaba a colaborar en una estrategia común, etc. En todas esas cuestiones insistía el general a través de una asidua correspondencia con Madrid. Pero al Consejo de Estado llegaban también noticias de terceros que culpaban claramente a Piccolomini de todos los males. El desencanto era general; en unos meses se habían perdido Mardyck, Bourbourg, Béthune, Saint Venant, Cassel, Lillers, Armentières, Lens, Hulst..., sin ofrecer apenas resistencia. Piccolomini —decían los informes— había permanecido inactivo, sin atreverse a socorrer ninguna de las plazas por temor a desamparar las demás. Según una carta de Mazzarini a los generales franceses, interceptada y traducida: «De diferentes partes de Flandes se avisa que el terror de allí es tan universal que no hay plaza, por grande que sea, que no se rinda llegando a ella con el ejército, y así tendría por conveniente dejarse ver en las más partes que fuese posible»[14].

De los resultados de la campaña de 1645 da idea exacta una consulta del Consejo en la que algunos de los votos se manifestaron en el sentido de «ganar por la mano» a los enemigos y abandonar Flandes a su suerte mediante una concesión de

---

[13] V. el siguiente párrafo de una carta de Castel Rodrigo: «Amalfi está desesperado viéndose sin blanca para su sueldo ni para el ejército; Lamboy grita por dinero; [El duque de] Lorena no ha recibido la paga que le habíamos ofrecido...» (agosto 1645, AHN, E., lb. 975).

[14] La carta, dirigida a Gassion y Rantzau, es del 3 de septiembre de 1645 (AGS, E., 2.064).

independiencia[15]; se evitaría así, al menos, ver perderse poco a poco unos territorios que sólo podrían mantenerse unos meses más. En tales circunstancias se imponía la búsqueda de un culpable. Ninguno tenía, por razón de su cargo, mayores responsabilidades que Piccolomini; y a él se dirigen, unánimes, las recriminaciones. Veremos sólo algunas de las muchas alusiones que podrían aducirse.

El conde de Peñaranda, de camino hacia Münster, informa ya desde Bruselas con comentarios reticentes, pese a que los malos sucesos no han hecho más que empezar:

> La bondad y sinceridad del Duque de Amalfi también es muy de estimar, pero no creo que la capacidad de éste sea bastante para lo que hay que hacer aquí[16].

Más adelante los juicios son menos moderados:

> No es creíble, señor excelentísimo, cuán confusos y absortos están todos los hombres de juicio; todos convienen en que al señor Duque de Amalfi le falta el tino de cómo aquí se debe hacer la guerra. En nada huelgan las lenguas de los maldicientes[17].

> Parece que el Duque de Amalfi —como al Marqués se lo escriben— no ha entendido la guerra este año, pues no ha costeado el ejército del enemigo procurando estorbarle sus disignios, y habiéndose separado tantas veces no ha peleado con ningún cuerpo, siendo inferiores de buena razón los franceses divididos, teniendo [Piccolomini] a los principios desta campaña tan gran ejército[18].

Peor habrían de ponerse las cosas para el Gobernador de las Armas en enero del año siguiente. Castel Rodrigo había enviado un emisario a Madrid, fray Marceliano de Barea, con

---

[15] Se transcriben por extenso parte de los votos de esta consulta (noviembre 1645) en J. A. Cid, «Centauro a lo pícaro», II.

[16] Carta del 1-VI-1645 (AGS, E., 2.063).

[17] Carta de Antonio Sánchez de Taibo al Marqués de Velada, Bruselas, 9-IX-1645 (Coll. E. Favre, Genève, Mss. vol. XL).

[18] Voto del Marqués de Santa Cruz en consulta del Consejo de Estado, 22-XI-1645 (AGS, E., 2.063).

una instrucción secreta para acusarlo manifiestamente de incapacidad y lograr su destitución:

> Habló en el juicio que en Flandes se ha hecho el año pasado de la capacidad del Duque de Amalfi, sin tocar en la parte del celo ni del valor, porque en esto siente bien, pero de la sustancia del talento y disposiciones para llevar sobre sí peso tan grande como el de toda aquella guerra parece que algunos no lo juzgan por suficiente, a lo menos por la observación de los sucesos deste verano[19].

Las formas palaciegas del fraile, o de quien transcribió sus informes, pueden oscurecer las intenciones de la comisión de Castel Rodrigo. Pero un corresponsal de éste indica llanamente que «se había entendido que el padre Barea iba a España contra el Duque de Amalfi»[20]. Las declaraciones del agente vinieron a llenar las medidas y en una consulta del 23 de enero de 1646 se daba la destitución de Piccolomini como cosa hecha. Uno de los votos más explícitos, el del conde de Monterrey, decía lo siguiente:

> Desgracia viene a ser, y aun falta de crédito en las resoluciones, la mudanza de los cabos en los ejércitos; y aunque de la cabeza y gobierno del Duque de Amalfi nunca oyó grande espectación véle el conde [de Monterrey] elegido en compañía del Marqués de Castel Rodrigo, y aunque los sucesos desta campaña le tienen desacreditado por no haber intentado obrar algo [...] no deja de reparar algo en la mudanza deste sujeto [...].
>
> El segundo punto que toca a los cabos para la campaña venidera, en que también entra el mando mayor por las desconfianzas con que se hallan así los países como el ejército de Vuestra Majestad, en que concurren todas las relaciones, conformes de la poca salida que ha hecho el Duque de Amalfi esta campaña pasada, descubriendo (si bien harto valor) corta capacidad para manejo tan grande, de manera que la experiencia ha mostrado su falta de resolución total, y a esto es forzoso que se siga la poca estimación que hacen de su perso-

---

[19] Consulta del 12-I-1646 (AGS, E., 2.065).
[20] Carta del Cardenal de la Cueva al Marqués de Castel Rodrigo, Roma, 27-I-1646 (AHN, E., lg. 146).

na; demás desto, el Marqués de Castel Rodrigo reconoce por inútil a este caballero para servir en aquellos estados, y ya han comenzado a desunirse y no tener la conformidad que conviniera [...].

Reconoce el conde que es forzoso sacar de allí al Duque de Amalfi con algún pretexto, y entiende que la máquina de Flandes es tan grande que si bien se ha ahogado en ella este sujeto, en otra parte que la hubiese menor sería de provecho[21].

El punto de vista de Monterrey fue aceptado por el Consejo. A las consideraciones de Barea, Monterrey y varios otros, vino a sumarse inesperadamente una carta escrita por el propio Piccolomini, en la que manifestaba su voluntad de renunciar al cargo. Su decisión la justificaba por las atribuciones concedidas al Duque de Lorena y que, de hecho, le dejaban sin mando efectivo:

> [...] Y porque la experiencia ha enseñado cuán dañoso es *no depender la dirección de la guerra de una sola cabeza,* particularmente en estos estados, *todas las veces que el Duque de Lorena se encargare de las Armas* contra Francia, *hallo mi puesto superfluo, pareciéndome que encargándole tanto se le encargue todo,* a fin que la dilación en el obrar no haga pender las conjuncturas y que en los inconvenientes que sucedieren, que Dios no quiera, *el un cabo no pueda echar la culpa al otro,* como ha acontescido esta campaña[22].

En una junta del Consejo, pocos días después, se recogían ya estos argumentos, unidos a los anteriores:

> El Duque de Amalfi con los sucesos de la campaña pasada, con las desconfianzas que ha habido entre los que han mandado, mal podrá ser de provecho allí. Tanto más, escribiendo a Vuestra Majestad que no es allí necesaria su persona con el ajustamiento que se hace con el Duque de Lorena.

---

[21] AGS, E., 2.065.
[22] Piccolomini a Felipe IV, Bruselas 30-XII-1645, recibida el 24-I-1646; los párrafos en cursiva escritos en cifra (AGS, E., 2.065).

En consecuencia, se aconsejaba al rey

> Que desde luego se dé orden para que cuanto antes fuere
> posible venga a España el Duque de Amalfi, así porque ya
> respecto de lo referido en Flandes no será de ningún prove-
> cho, sino antes de embarazo, como por la necesidad que hay
> acá de sujeto como él para el gobierno de uno de los ejércitos
> de Badajoz o Cataluña[23].

En su acotación autógrafa a la consulta, Felipe IV manifestaba su conformidad a ordenar la inmediata venida de Piccolomini a España. Todavía se habrían de guardar las formas,
atendiéndose a que el Duque mostraba «algún sentimiento»
en su carta, y a que no interesaba perder sus servicios. Con
poca dilación, el 4 de febrero, se enviaron cartas a Castel Rodrigo y a Piccolomini encargando al marqués el gobierno total de Flandes y la venida del segundo a España. Es fácil imaginar la reacción que produjeron estas cartas en Bruselas. Piccolomini no había contado en ningún momento con abandonar los Países Bajos y su carta de «dimisión» no debe tampoco
entenderse, visto el curso de los acontecimientos posteriores,
como una renuncia real sino como una forma de presionar
para que en España reparasen en los riesgos que traía encargar al Duque de Lorena el mando del ejército contra Francia.
    Un funcionario siempre influyente como Miguel de Sala-
manca sintetizaba bien, desde Bruselas, las razones que se
oponían a la destitución de Piccolomini:

> Sólo diré que la resolución que su Majestad se ha servido
> de tomar de mandar que el Duque de Amalfi pase a España
> ha de traer gravísimos inconvenientes a su servicio, y que
> quien allá lo propuso sin duda tiene menos noticia de las co-
> sas de la guerra de lo que conviene; pues aunque parezca que
> el Duque no tenga la capacidad necesaria para todo espejo del
> gobierno de las Armas, no hay otro que la tenga mayor, y su
> valor y reputación en el mundo es grande [...]
>   Y aseguro a V. E. que no se debe reparar poco en el tiem-
> po que ha que se solicita que el Duque pase a este servicio, y
> sacarle de él es quitarle totalmente la reputación y perderle,

---

[23] Consulta del Consejo de Estado, 28-I-1646 (AGS, E., 2.065).

siendo un hombre de mejor corazón, de más fidelidad y amor
al servicio de su Majestad de cuantos he visto en mi vida [...]
Y no negaré a V. E. que yo he sentido ver que el obrar del
Duque no correspondía a las grandes esperanzas que acá había de él, y que creía que convenía darle ayuda o quitarle
algo del peso, pero nunca tuve por conveniente sacarle de
aquí, y más en la campaña que esperamos y que se debe temer
mucho[24].

Por las mismas fechas escribía al rey el propio Castel Rodrigo, asustado por las consecuencias de la decisión. El marqués,
político tortuoso en grado sumo, era responsable directo de
ella como inductor a través de las insinuaciones transparentes
de sus cartas, y sobre todo, de la comisión encargada a Barea,
pero ahora recogía velas. No hemos hallado su carta, escrita
el 17 de marzo, pero sí la respuesta del rey y por ella conocemos la impresión producida en el general italiano por la orden de destitución:

> El error de haberse entregado mi carta, en que llamaba
> para acá al Duque de Amalfi (estando vos en propósito de no
> le dejar venir), fue azar harto considerable y a mí me ha des-
> placido mucho el disgusto y accidente que le ocasionó en la
> salud. Pero huelgo de ver que juzgándole vos por necesario
> ahí le tuviésedes reducido a no partirse[25].

Así pues, la resolución fue revocada apenas se había publicado. Castel Rodrigo había hecho, efectivamente, muy apretadas instancias a Piccolomini para que permaneciese en Flandes, y éste se apresuró a aceptar[26].

Piccolomini accedía a quedarse en Flandes y confiaba, entre tanto, en que la llegada a Madrid del conde de Fuensalda-
ña, jefe militar muy afecto a su persona, pondría en su punto
las verdaderas responsabilidades de los desastres pasados, como insiste una y otra vez en sus cartas al rey y al secretario

---

[24] Carta de M. de Salamanca al conde de Castrillo, Bruselas, 16-III-1646
(AHN, E., lb. 964, ff. 324-325).

[25] Felipe IV a Castel Rodrigo, 18-IV-1646, minuta en AGS, E., 2.254, y
copia del original, descifrado, en AHN, E., lg. 1.411.

[26] Cf. cartas de Piccolomini al rey y al secretario P. Coloma, de los días 12
y 15 de abril y 12 de mayo (AGS, E., 2.065).

Coloma[27]. Pero sus atribuciones quedaban muy mermadas y reducidas a dirigir la guerra en la frontera con Holanda.

No hemos de entrar en los sucesos de la campaña de 1646, más desdichada, si cabe, que la del año anterior, porque sólo en parte pudieron ser conocidos y tenidos en cuenta por el autor del *Estebanillo*. Baste indicar que en el curso de ella los clamores contra Piccolomini fueron creciendo ya sin atenuantes y que al final su persona no sólo era considerada «superflua», sino totalmente indeseable.

Tras esta rápida excursión por los avatares profesionales de Piccolomini, hay que dar por sentado que su prestigio como militar victorioso se había hundido ya en los últimos meses de 1645. Si se advierte, por otra parte, que las fechas de las cartas y consultas se han ido aproximando al momento de la publicación del *Estebanillo*[28], es forzoso extraer algunas conclusiones. No es creíble que una persona ligada a Piccolomini ignorase su situación de total descrédito a principios de 1646, y es inverosímil que el Duque de Amalfi patrocinase la edición de un libro con el único objeto de regocijar a sus amigos íntimos.

Hemos visto al Duque debatirse en medio de la censura general por su forma de conducir las armas, y que se le hacía responsable principal de las derrotas y pérdidas sufridas en Flandes. Piccolomini, sin embargo, no admitió nunca esa responsabilidad y contaba con poder desmentir las «calumnias» tan pronto como se le escuchara. Se consideraba víctima de informaciones torcidas y llenaba pliegos con explicaciones

---

[27] Cf., por ejemplo: «Me ha sido de gran consuelo el ver que Su Majestad conoce y agradece en su real clemencia y bondad mi celo y fineza en su servicio, que esto sólo me hace pasar por cosas que pocos harían, *pero quisiera que todo esto fuera para mejor, y plegue a Dios que salgan falsas las profecías generales desta campaña* [...] En cuanto a mi quedada aquí, me conformaré siempre con lo que mandare Su Majestad y permitiere mi reputación» (Piccolomini a P. Coloma, Bruselas, 12-IV-1646, AGS, E., 2.065, en cursiva lo cifrado).

[28] El privilegio y la aprobación están fechados el 28 de junio de 1646. Estebanillo dice que estaban tirándose los últimos pliegos del libro cuando llegó a Bruselas la noticia de la muerte de la emperatriz. Ello ocurrió el 13 de mayo, y el correo de Viena llegaría hacia el 20. Siempre según Estebanillo, la idea de escribir el libro la tuvo en Bruselas, adonde llegó el 15 de febrero, después de haber permanecido allí algún tiempo. La redacción de la obra habría llevado un plazo muy breve, entre marzo y abril de 1646.

para cada uno de sus actos, que según él aclaraban sobradamente la responsabilidad ajena y su inocencia.

Hay una palabra que ya ha aparecido aquí alguna vez y que vemos repetirse de modo obsesivo en la correspondencia del Duque entre 1646 y 1648: su «reputación». El tono de sus cartas adquiere entonces tintes megalomaníacos, como si tuviera a toda Europa pendiente de sus acciones[29]. Pero se comprende que Piccolomini fuera inflexible en ese punto. Para un soldado de fortuna (y no es del todo apropiado el término de «condottiero» que le aplica Bataillon, puesto que nunca alteró sus lealtades básicas), los éxitos militares y el prestigio derivado de ellos eran el único título valedero. A esos éxitos lo debía todo este segundón de familia ilustre, desde un sueldo crecido a posesiones territoriales en Bohemia y un ducado flamante en Italia del que todavía no había logrado la propiedad real y con unas enormes cargas financieras aún por satisfacer. Si desaparecía su crédito de guerrero se alejaban también las posibilidades de consolidar una posición tan trabajosamente adquirida.

Piccolomini tampoco podía jugar ya a la opción de volver al servicio de los alemanes. Además de que la política de Trauttsmandorf, nuevo privado del emperador, era hostil a colocar extranjeros en los puestos de mando, es claro que a nadie podía interesarle contratar a un derrotado. Que el Duque no disponía por el momento de la carta alemana, aunque intentó jugarla, es evidente por el curso de los hechos inmediatos. Mediada la campaña de 1646, Piccolomini, conside-

---

[29] Véase algún ejemplo: «Yo sé mis obligaciones, y a las que lo son nadie en el mundo podrá decir con verdad que he faltado hasta ahora y espero que no faltaré jamás. Que me quieran prohijar obligaciones que no lo son, por quitarlas a otro, ni es razón ni yo lo sufriré, antes daré a entender a Su Majestad y al mundo todo mi proceder con sólo hacerles saber la verdad de lo que pasa, sin otros artificios, pues no hay quien no sepa la persona que yo aquí hago, y lo que puedo y a lo que estoy obligado a responder» (Piccolomini a M. de Salamanca, 2-VII-1646, AHN, E., lb. 960, f. 133). «S. A. de Lorena se ha encargado de la guerra contra Francia. Yo cedí en esta parte mi autoridad, y no hay quien no sepa esto en lo más de la Europa, ni habrá hombre de juicio que piense ser posible que se compadezcan estas cosas siguientes: encargarse de la guerra y no haber de mandar, haber de decir sólo su parecer y que otro mande por él. ¿Qué mayor monstruosidad se puede imaginar que ésta?», etc. (Piccolomini a Salamanca, 1-VII-1646, AHN, E., *ibid.*, f. 135).

rándose vejado por todos e indignado de que se le achacasen
fracasos ajenos, pidió licencia para retirarse al imperio con la
excusa de atender negocios que requerían su presencia en la
corte cesárea. Una vez concedida, sin embargo, no hizo uso
de ella y, alegando inconvenientes varios de pasaportes, falta
de salud o de medios, permaneció en Flandes todo el año de
1647. Su estancia creó múltiples problemas al gobierno de
Madrid, que ya se había apresurado a nombrar sustituto para
las funciones del Duque; éste decía no poder permanecer
ocioso, por razones de «reputación», y se aferraba al cargo. El
Consejo de Estado advirtió que los motivos alegados no eran
sino pretextos[30], pero no hallaba expedientes para librarse de
la presencia de un jefe que ya molestaba a todos. Se le hicieron repetidas instancias para que usase de su licencia[31]; se
llegó, incluso, a escribir al emperador para que llamase al Duque a dirigir alguno de sus ejércitos. Todo inútil: Piccolomini
hubo de ser reinstalado en su oficio, y en él continuó hasta
que, ya en 1648, el nuevo gobernador de Flandes le dio a entender con toda claridad que su persona y su oficio sobraban[32]. A lo largo de ese año y medio el Duque había buscado,
sin fortuna, el éxito militar que le redimiese, y, mientras, escribió carta tras carta justificando sus acciones del pasado y
cargando las culpas en las espaldas de otros, particularmente
en las del Duque de Lorena.

En suma, si Piccolomini abandonó Flandes fue muy a su
pesar y sólo después de haber agotado todos los medios para
evitarlo. Esta lenta agonía del militar fracasado tuvo su origen, como hemos visto, en los sucesos de la primavera y el
verano de 1645. A principios de 1646 a Piccolomini todavía le
quedaba algún crédito, como lo atestiguan las cartas de Miguel de Salamanca a Madrid o los votos de algunos miembros
del Consejo de Estado. Y creemos muy plausible suponer que
la publicación del *Estebanillo González* debe ser incluida entre
los medios que el general italiano puso entonces a contribución para intentar restaurar su decaído prestigio. Un medio

[30] Cf. consultas de 4 y 7 de abril de 1647 (AGS, E., 2.067).
[31] Cf. cartas del 8 de abril, y 13 y 17 de mayo (AHN, E., lg. 1.411).
[32] Cf., entre otras, cartas de Piccolomini a M. de Salamanca (AHN, E., lb.
960, ff. 8-10) y a Felipe IV (AGS, E., 2.068).

indirecto, sin duda, pero no por ello menos influyente y socorrido que otros de acuerdo con las prácticas de la época[33].

El libro aparecía a poco de iniciarse la nueva campaña que
acaso diera la vuelta a los malos sucesos del año anterior. La
portada llenaba la mitad de su espacio con larga enumeración
de los títulos de Piccolomini, el último de los cuales reza «Gobernador General de las armas y ejércitos de su Majestad Católica en los Estados de Flandes». Aparece después en página
entera su escudo de armas, grabado con nueva enumeración
de sus títulos y honores al pie. A continuación, la Dedicatoria, en la que el autor asegura «no hallar otro más valiente
General... ni otro más valeroso soldado» para defender su
libro contra mordaces, y recuerda «los laureles que V. Exc. ha
ganado con admiración del orbe y espanto de los enemigos».
El prólogo «Al lector» encarece las razones que hacen estimable la obra; y la primera es «ir dedicada a el más prudente General y valeroso soldado que han conocido nuestras edades».
Muy convencional todo ello, sin duda, en preámbulos de esta
clase; pero poner el énfasis en el valor militar y la prudencia
del destinatario, en momentos que tales valor y prudencia
eran negados por muchos, no deja de ser un indicio; como lo
es también que el título de «Gobernador General de las armas
y ejércitos» de Flandes no fuera ya una realidad en el momento de estamparse el libro.

Será, lógicamente, a partir del capítulo VII cuando el autor
no desaproveche ocasión de recordar la fidelidad de Piccolomini a la casa de Austria, sus triunfos en el pasado y su celo
incansable para con la Monarquía Católica. A poco de conocer Estebanillo al general, el narrador inventará el encuentro
de su personaje con un cortesano de Bruselas con el único
objeto de hacerse relatar y, de paso, referirle al lector las haza-

---

[33] Dentro de la picaresca misma se ha observado, por ejemplo, que la publicación de *La pícara Justina* estuvo condicionada por el propósito de favorecer las intenciones de encumbramiento nobiliario de D. Rodrigo Calderón;
cf. M. Bataillon, «Urganda entre *Don Quijote* et *La pícara Justina*» en *Studia
Philologica... a Dámaso Alonso*, I (M 1960), pp. 191-215; y sobre el propio
autor de *La pícara Justina,* que estuvo «al servicio de poderosos señores como
D. Rodrigo Calderón, a quien dedica su libro, sirviendo a sus amos de secretario factótum y, al mismo tiempo, de bufón, cf. del mismo Bataillon, «Los
asturianos de *La pícara Justina»,* en *Pícaros y picaresca* (M 1969), p. 153.

ñas de Piccolomini y su participación decisiva en las campañas de 1635 y 1636. Entre un cúmulo de loores donde el autor pone a contribución su nada escasa retórica, leemos ahí:

> Después de haber sido honor y gloria de Italia y Alcides del Sacro Imperio, ha sido el Mesías destos Estados, pues siempre que nos hemos visto oprimidos y molestados de ejércitos enemigos y habemos implorado su santo advenimiento nos ha sacado del caos de aflición en que nos hallábamos; pues, en virtud de los socorros que nos ha conducido, el gobierno que ha tenido y la lealtad que ha mostrado, hoy se hallan los vitoriosos y enemigos campos vencidos, y nuestros derrotados ejércitos, vencedores [...] (II, pp. 52-53).

A la enumeración de victorias sigue un elogio de su noble sangre y la mención de su presunto entroncamiento con la casa real de Aragón, repetida poco después (II, p. 57). Se recuerdan también sus viajes al Imperio para reforzar los ejércitos de Flandes (II, p. 59), o el que hizo años después: «Mi amo, que siempre andaba solícito y cuidadoso en el servicio de su Majestad Católica, partió de Viena [...] a los Estados de Flandes con un nuevo socorro de lucido ejército» (II, p. 95). Las humoradas a propósito de la batalla de Thionville no impiden dar cuenta de que «nuestro valeroso ejército (en virtud de llevar tan heroico y invencible general) apellidaba la vitoria» (II, p. 100), y las hazañas obradas ese día por el «segundo dios de las batallas» y «Hércules de Florencia» son detalladas con real unción (II, pp. 103-104); lo mismo sucede con la merced recibida del ducado de Amalfi, «estado que fue de sus ilustres predecesores» (lo que no dejaba de ser dudoso), «en premio de tantos y tan leales servicios y en recompensa de tantos socorros y hazañas victoriosas» (II, p. 105).

No es necesario agotar las alusiones de esta clase, que evidentemente pertenecen a las «veras» del libro. Nos interesa, en cambio, llamar la atención sobre una alusión de otro tipo que aparece al principio de la obra y que está más directamente motivada por la realidad inmediata a la salida del *Estebanillo*. A propósito de la expedición marítima contra los turcos, en el otoño de 1621, dice el narrador que tras detenerse en Puerto Mayno las galeras no pudieron seguir adelante; y explica la causa:

Pusieron en cadena unos patrones porque aseguraron a los
generales que llevaban bastimento para tres meses, no llevándolo para seis semanas, por cuyo engaño quizá se perdieron
muchas vitorias y se mal lograron muchas ocasiones. ¡Qué
dello pudiera decir cerca desto y de otros sucesos que han
pasado y pasan desta misma calidad, no sólo a patrones de
galera, sino a gobernadores de villas y castellanos de fortalezas y amunicioneros y proveedores, en quien puede más la
fuerza del interés que el blasón de la lealtad! Pero no quiero
mezclar mis burlas con materia de tantas veras, ni aguar la
dulzura de mi bufa con el amargura de decir verdades (I,
pp. 83-84).

Al incluir estas lamentaciones, cortadas una vez dicho todo
lo que le importaba decir, el autor del *Estebanillo* no pensaba
en la antigua expedición pirática de Pimentel y Leyva, sino en
sucesos mucho más recientes. Las reflexiones últimas sobre
los gobernadores de villas, castellanos, proveedores, etc., son
ciertamente poco apropiadas al arte de la bufa y extemporá-
neas en el lugar donde aparecen. Se aplicaban a la letra, en
cambio, a los sucesos de la desdichada campaña de 1645 y,
sobre todo, a la interpretación que de ellos daba Piccolomini.

Relata Vincart que la pérdida de Bourbourg, una de las
primeras, se produjo por la rendición, inesperada y sin ataque
previo, del gobernador, a pesar de que la plaza había sido
abastecida por Piccolomini de todo lo necesario para su defensa[34]. A esta rendición, que «l'avait complètement découra-
gé»[35], Piccolomini vio seguirse, y por idénticas razones, las
pérdidas que antes hemos enumerado, y su irritación subía de
punto viendo «que las plazas que tenían harta gente para defenderlas se rendían tan flojamente»[36]. En las mismas consideraciones abundan las cartas del Duque a Madrid, unidas a

[34] Cf. J. A. Vincart, *Relación de la campaña de 1645,* en CODOIN LXVII,
p. 508.
[35] Cf. J. Cuvelier y J. Lefevre, *Correspondance de la cour d'Espagne sur les
affaires des Pays-Bas au XVII siècle,* III (Bruxelles 1930), núm. 1.665 (informe
de Castel Rodrigo).
[36] J. A. Vincart, *Relación... 1645, ibid.* La frase, puesta en boca de Piccolomini.

quejas contra gobernadores y castellanos incompetentes, nombrados por su linaje y no por méritos de guerra.

Al adoptar los argumentos de la defensa de Piccolomini, el autor del *Estebanillo* muestra hallarse bien informado de cuál era la situación real de Flandes y su gobernador. Una alusión tan directa, sin embargo, no volverá a repetirse en la obra; el apologista prefiere en lo sucesivo adoptar la actitud del puro elogio, haciéndose ignorante de las cuestiones de alta política que afectaban tan en lo vivo al destinatario del libro, sin entrar en puntos polémicos que podrían perjudicar más que favorecer a Piccolomini. Hay, con todo, una excepción significativa en una referencia que creemos evidente a los sucesos de 1645 y 1646 y al mal papel desempeñado por el Duque de Amalfi. Al relatar Estebanillo el último viaje de Italia a España, a la zaga de su amo, se nos dice:

> Salimos aquella tarde de aquel puerto y, a el cabo de doce días que habíamos partido de Nápoles, llegamos a dar vista a la deseada España, sin haber encontrado en todo el camino ni enemigos que nos perturbasen ni tormenta que nos inquietase, atribuyéndolo todos, después de la voluntad del cielo, a la ventura del General, pues habiendo hecho otros tres viajes siempre había llegado a salvamento; *que no consiste en sólo tener valor el que gobierna, sino en tener dicha para conseguir sus resoluciones* (II, pp. 287-288).

El «valor» del general que gobierna difícilmente puede aplicarse a una travesía marítima de transporte de tropas; el autor del *Estebanillo* tenía en mente más bien la mala ventura y poca «dicha» de *otro* general, cuyo valor no ofrecía, según él, dudas de ningún tipo.

Al Duque de Amalfi podía beneficiarle más una defensa indirecta en términos de sus virtudes militares tomadas *sub specie aeternitatis,* antes que una vindicación en toda regla, la cual habría tenido necesariamente que admitir que esas virtudes eran negadas o discutidas por muchos, y con poderosas razones. La propaganda, por otra parte, se hacía también a través de los silencios. Silencios elocuentes en ocasiones, pues el *Estebanillo,* que, según dice su prólogo, iba destinado a dar gusto a la nobleza que residía en Flandes, es selectivo en sus menciones elogiosas de personajes relevantes. No faltan alusiones admirativas al Barón de Beck, el conde de Bucquoy o el marqués de Grana, de quienes se sabe que mantuvieron siempre excelentes relaciones con Piccolomini. También los gobernadores Melo y Castel Rodrigo, con quien el general seguía formalmente en buena armonía, son recordados en la obra en medio de toda una cohorte de militares y diplomáticos. En vano se buscará, en cambio, una sola mención del Duque de Lorena, a pesar de su importancia clave en la situación de las provincias, ni vemos aparecer, entre otros, al marqués de Caracena, el jefe militar español de superior grado. Las omisiones podrían ser casuales, pero es más probable que se deban a la hostilidad que manifestaron hacia el Gobernador de las Armas. La idea que en el *Estebanillo* se obtiene de las jerarquías de Flandes es parcialmente engañosa, pero, al ignorarse la existencia de los que hacían sombra al general italiano, esa idea resultaba ser también la más favorable para la imagen de éste.

Los efectos prácticos para la «opinión» de Piccolomini, que podrían haberse derivado de la propaganda que se le hacía en la novela, hubieron de ser nulos. Este medio indirecto de restaurar su reputación estaba subordinado a los resultados de la campaña de 1646; si no obtenía la rehabilitación por medio de las armas, eran inútiles todos los demás esfuerzos. Sabemos ya que en esta campaña los resultados fueron aun peores que en la anterior. Con el asedio y pérdida de Dunkerque, Piccolomini comprendió que tenía la baza perdida; ni siquiera esperó a que se consumase la rendición de la plaza para pedir la licencia. En los meses siguientes sólo le quedó adoptar el papel de víctima de las circunstancias y negar su culpabilidad; pero le era ya imposible aspirar a recuperar la posición de «mesías» de Flandes que había disfrutado hasta 1645. El *Estebanillo* habría nacido punto menos que muerto en cuanto a las motivaciones inmediatas que determinaron su salida; las posibles intenciones del autor en esa dirección perdieron toda vigencia en el espacio de pocos meses. Claro está que estas razones «prácticas» distan mucho de darnos el sentido de la obra, pero nos ayudan a entender, en parte al menos, la razón de haberse incluido en el libro todo un lastre retórico que la crítica ha solido estimar como simple muestra de un mal gusto adulatorio abstracto y postizo.

El que Piccolomini pudiese recurrir en un momento dado, y para sus intereses particulares, a los servicios de un autor ya experimentado (§ 4) no excluye el que la obra pudiera existir por sí misma al margen del lastre circunstancial y las servidumbres al presente de que apareció cargada en su día. ¿Por qué, si no, la elección del modelo picaresco? Intervenían ahí razones de muy distinto orden, personales y artísticas, que nada tienen que ver con la mala fortuna de un general. Las posibles motivaciones inmediatas habrán, en cualquier caso, de tenerse en cuenta como vía de acceso a otros problemas específicamente literarios que se plantean en la obra; entre ellos el de la forma autobiográfica con que se presentó el *Estebanillo*, y el de su autoría. [J. A. C.]

3. LA PERSONALIDAD REAL DE ESTEBAN GONZÁLEZ,
PROTAGONISTA Y PRESUNTO AUTOR DE *LA VIDA*
Y HECHOS DE ESTEBANILLO GONZÁLEZ

3.1. *Autobiografía y elaboración literaria*

En el *Estebanillo González* se nos ofrece uno de los casos
más complejos de atribución de autoría en la Historia literaria
española. Acaso el más complejo de los que se han planteado,
si se verifica la hipótesis que sostenemos acerca de la composición de la obra. En la crítica, la discusión habitual sobre este
punto se ha centrado en torno a la existencia o inexistencia de
un bufón de carne y hueso, en el que coincidirían necesariamente el personaje, la voz narradora y el autor del libro. Sin
embargo, la existencia efectiva de un Esteban González histórico es cuestión que debe separarse de la cuestión, muy diferente, de quién compuso el libro que se presenta y pasa por
ser la verdadera autobiografía de tal personaje, sea histórico o
ficticio. Es decir, las únicas opciones posibles no son, como
afirman taxativamente algunos de los últimos editores de la
obra, que «O Estebanillo fue bufón verdadero hecho escritor [...] o el autor del *Estebanillo* fue apócrifo»[1]. Aun admi-
tiendo momentáneamente ese planteamiento inadecuado,
conviene añadir que la distinción no es irrelevante, aunque así
pretendan hacerlo creer los mismos críticos[2]. El *Buscón* o el
Guzmán no serían, evidentemente, lo mismo si sus autores

---

[1] N. S. Spadaccini y A. N. Zahareas, «Introducción» a la ed. de Madrid,
Castalia, 1978, p. 28. Abundan a lo largo de toda esa introducción las inconsecuencias, y aunque los editores parecen sumarse al punto de vista de que el
Estebanillo es «apócrifo» (en el sentido confuso en que entienden el término),
subsisten demasiados rastros de la interpretación anterior, «realista». Las
mismas opciones, como únicas posibles y excluyentes entre sí, ve J. B. Avalle-Arce, «El nacimiento de Estebanillo González», *NRFH* XXXIV (1985-
86), p. 530.
[2] «Imaginemos que el autor de Estebanillo *no* es apócrifo sino que [...] es el
mismo bufón quien compuso su *Vida*. Poco cambiaría en cuanto a la composición de la obra» (Spadaccini y Zahareas, *ibid.*, p. 29). La misma creencia
expresa J. Talens en *Novela picaresca y práctica de la transgresión* (M 1975),
pp. 176-178.

hubieran sido Pablos o el mozo de Alfarache, suponiendo —y es abusivo suponerlo— que fueran posibles tales obras partiendo de una identidad real entre personaje y autor. Si en el concepto de 'composición literaria' se incluye el manejo de la lengua y el estilo (y no incluirlo supondría renunciar de entrada a lo específicamente literario) parece claro que es mucho lo que cambia si la obra la escribe, o no, quien protagoniza la vida y hechos que allí se nos cuentan.

Nuestra convicción es que no existe identidad entre el personaje histórico —protagonista y el autor real del libro. Ello no presupone negar la existencia de un Esteban González histórico, cuya vida se narra, y con sustancial exactitud, como veremos, en la obra. Pero, insistimos: a pesar del uso de la primera persona en la voz narrativa y de la confesión expresa al principio y al final del libro, y a pesar de que esté ya sobradamente documentada —como veremos— la personalidad real de Estebanillo o «Stefanillo», criado y bufón del general Piccolomini, no tiene por qué deducirse de ahí que fuese el verdadero autor de la obra.

Los datos biográficos documentales sobre el personaje histórico nos muestran, junto a coincidencias muy notables que confirman mucho de lo que se afirma en el libro de 1646, algunos desajustes y, sobre todo, omisiones que no pueden atribuirse siempre a simples fallos de memoria. Del examen de esos desajustes y omisiones, y de sus motivos, se extraen consecuencias importantes por lo que nos ilustran acerca de la elaboración, y manipulación, literaria a la que fueron sometidos los hechos reales de experiencia en una biografía que no resulta ser tan verdadera como pretende serlo.

3.2.   *Un pintor español en Roma. Discordancias cronológicas*

Estebanillo dice ser hijo de un pintor natural de Salvatierra de Miño, en Galicia, establecido en Roma poco después de que él naciese. No hay motivos para dudar de la veracidad de esas afirmaciones, como, en general, no lo hay para dudar de casi ninguno de los abundantes hechos mencionados en la obra susceptible de comprobación documental. Cuestión distinta es que en la obra sean también frecuentes las inexactitudes cronológicas, tergiversaciones y «olvidos», unas veces producto de una memoria poco fiel, pero otras sin duda intencionales.

Respecto a esta primera cuestión *de facto,* es decir, el ser hijo de un pintor español que vivía y trabajaba en Roma a principios del siglo XVII, hallamos plena confirmación en los registros de la Academia romana de San Lucas publicados por un historiador del arte[3]. Desde 1604 a 1626 puede seguirse el rastro en los distintos libros de registro de esta Academia a un pintor que es indudablemente el padre del «gallego enjerto en romano» que dice ser Estebanillo.

Las primeras referencias que nos interesa consignar son las siguientes:

A di' 8 di Luglio 1604

E a di' detto, ricevuto da rincontro *miser Lorenzo Gonzales, pitore spagniolo,* p. 50, li quali pagato a bon conto p. suo introito, sì come apare a libro de l'entrata al arte, 21 ...... 50.

A di' 25 di Luglio 1604

E a di' detto, ricevuto dal su dito Lorenzo Gonzales p. 20, a bon conto p. suo introito, sì come apare a libro de l'entrata al arte, 22 ...... 20[4].

Varias otras anotaciones en 1604 y 1605 insisten en la apostilla «pitore spagniolo» o «spagniolo», que desaparece del todo en 1607, año en que el nombre se italianiza en *Laurenzo* Gonzales. El registro *Congregationes universitatis pictorum, ab anno 1618 usque 1622,* o elenco de juntas de la Academia, anota nuevas menciones de Lorenzo González, como asistente, en diciembre de 1618 y enero-marzo de 1619. Desde 1618 se le da el título de *signore;* en 1625 fue elegido camarlengo de la Academia, y como tal firma en el libro registro de cuentas, *Entrate e uscite del Camarlengo, 1593-1625.* Continuaba ejercien-

---

[3] D. Martínez de la Peña, «Artistas españoles en la Academia de San Lucas (Documentos de los siglos XVI y XVII)», *Archivo Español de Arte,* XLI (1968), núm. 164, s.p.

[4] *Libro antico degl'accademici ed aggregati, 1535-1653,* transcripción de D. Martínez de la Peña en art. cit.

do ese cargo el 18 de octubre de 1626, fecha a que corresponde la última mención de Lorenzo González en la documentación extractada por Martínez de la Peña.

De acuerdo con las fuentes de archivo, el pintor Lorenzo
González llegó a aclimatarse social y profesionalmente en su
etapa romana hasta el extremo de «naturalizarse» y dejar de
mencionarse desde muy pronto su origen español; todo indica que era hombre respetado dentro de su gremio profesional, en el que llegó a alcanzar un puesto de responsabilidad.
Ello está en consonancia con la caracterización que Estebanillo hace de su padre, a quien no presenta en modo alguno con
rasgos que se ajusten al *topos* del padre del pícaro. Según la
Vida y hechos, el padre del protagonista se preocupa de dar
estudios a su hijo y, al ser expulsado de la escuela por sus travesuras, lo acomoda dos veces como aprendiz de un oficio,
ofreciendo fianzas que finalmente habrá de pagar (I, pp. 41-44
y 120-121). El pintor era hombre «muy severo» (I, p. 132),
bien relacionado con el embajador español (I, pp. 43 y 152), y
había logrado cierto desahogo económico: al morir lega a su
hijo una casa «en la calle Ferratina» (I, p. 262), entre otros
bienes que Estebanillo se apresura a malvender en Palermo, y
los que se supone que dejaría a las dos hermanas del protagonista, y a las que éste aspiró también a heredar (II, p. 260). No
se ve en ninguna parte de la obra que Estebanillo manifieste
especial desvío o animosidad contra la figura paterna, por
más que la autocaracterización negativa del personaje arrastre
la de los demás tipos humanos que aparecen en la obra, con la
excepción del mundo intangible de la nobleza y las glorias
militares. Hay mucho de esperpéntico en las primeras páginas
que describen el ámbito familiar, con evidentes deudas a modelos literarios preexistentes. Pero las ironías sobre los pruri-
tos linajudos del pintor, que guardaba celosamente su ejecutoria de hidalgo (I, p. 38), o las alusiones a que fuese jugador
de naipes (I, p. 38), no implican en sí mismas nada de inverosímil ni denigratorio. Respecto al énfasis en la hidalguía, no
hay en el *Estebanillo* simple parodia literaria si se atiende a que
dentro de la perspectiva del s. XVII español la posibilidad de
hidalguía en los pintores fue objeto de discusión, dado que
ejercían un oficio «mecánico», por mucho que el arte lo digni-
ficara. En una comedia coetánea al pasaje del *Estebanillo,* Lo-

pe de Vega creyó todavía conveniente afirmar la compatibili-
dad de la hidalguía con la profesión de pintor: «Y que puede
con decencia / cualquier hidalgo ejercer / (si a las historias
creemos, / o a la verdad, si debemos / más a la verdad creer) /
el oficio de su padre, / digo el arte de pintor»[5].

Ignoramos las cualificaciones de Lorenzo González como
artista. En una primera indagación sobre la pintura en Roma
en el primer cuarto del siglo XVII no hemos hallado ninguna
referencia a su persona ni a cuadros conservados actualmente
que lleven su firma[6]. Es posible que fuesen obra de su padre
todas o gran parte de la «gran suma de pinturas» que Estebanillo obtiene a cambio de la casa que había heredado y que
enajena poco después en Nápoles, llegando a jugarse, y perder, cincuenta cuadros en una noche (I, p. 262).

Interés especial tiene la confrontación de la cronología de
Lorenzo González con la que Estebanillo da sobre su propio
nacimiento y con dificultades de fechación que coinciden,
precisamente, con los pasajes contiguos al momento en que
refiere la muerte de su padre. Si se da crédito a la «autobiografía», el personaje Estebanillo habría nacido en Salvatierra
y viajó inmediatamente con su familia a Roma, donde habría
sido bautizado (I, pp. 32-34). Una vez que sabemos que Lorenzo González estaba en Roma ya en julio de 1604, habría
que situar en ese mismo año, si no antes, el nacimiento del
protagonista. Ello entra en conflicto con la fecha, deducida ya
por Gossart y Millé[7], que se establece en el propio texto al
decir Estebanillo que acababa de cumplir trece años poco antes de embarcarse en una expedición militar, bien documentada, que se inició en septiembre de 1621 (I, pp. 67-69); es decir,
habría nacido en 1608. Un margen de error de cuatro años

---

[5] *Los Ponces de Barcelona* (c. 1610), I, ed. Acad. N., VIII, p. 572.

[6] Cf., por ejemplo, G. Baglione, *Le vite de' pittori [...] del pontificato di Gregorio XIII, del 1572 infino a' tempi di Papa Urbano VIII nel 1642* (Roma 1642). La
obra era, acaso, la más indicada para proporcionar algún dato sobre Lorenzo
González, si éste hubiera tenido algún relieve como pintor, dado que se ocupa de artistas que trabajaron en Roma, incluyendo a los extranjeros y a varios
que son hoy del todo desconocidos, con la condición de que hubieran muerto antes de 1642.

[7] E. Gossart, «Estevanille Gonzalez», *Les espagnols en Flandre* (Bruxelles,
1914), p. 253; y J. Millé, en su ed. de la obra, I, p. 84.

puede parecer poco significativo, pero no lo es en una biografía que abarca poco más de veinticinco y en la que abundan los años «en blanco». La fecha de 1608 se adapta bien a algunos episodios en los que se enfatiza la condición de «muchacho» del protagonista (I, pp. 63-64), especialmente al pasaje en que representa el papel de niño-rey de León en la comedia de *Los Benavides* (I, pp. 110-116). Una edad algo más adulta, sin embargo, sería lo esperable en un Estebanillo que dice hacer funciones de alférez (I, pp. 66-67) a los trece años (si se acepta su nacimiento en 1608), que se hace pasar por barbero y cirujano «examinado» con catorce o quince (I, p. 136 y ss.), que sienta plaza de soldado a los quince (I, pp. 145-146), y que a los diez y seis podía formar ya parte activa del hampa en Palermo y Nápoles, y ser condenado a muerte (I, pp. 160-164). Extraña, sobre todo, que con treinta y siete años el bufón se considerase en los umbrales de la vejez y que aspirase, nuevo Carlos V, a retirarse al «ameno y deleitoso Yuste» de una casa de juego en Nápoles (II, p. 367). Parece evidente que, en todos estos casos, imaginar un Estebanillo cuatro años, al menos, mayor —como lo sería de acuerdo con la nueva cronología derivada de la llegada a Roma del pintor Lorenzo González— añade verosimilitud al relato.

Decíamos ya que al relatarse en la *Vida y hechos* la muerte del padre del protagonista se producen inexactitudes y saltos cronológicos importantes, y anómalos en una obra donde la narración biográfica y los hechos históricos comprobables no suelen sufrir desajustes graves. Dice Estebanillo en el cap. III que se alistó en un tercio de infantería española enviado desde Nápoles a Lombardía; al enterarse de que el tercio partía hacia Flandes, decide desertar y se vuelve a Roma. Averigua allí que su padre había ido a Palermo «a cobrar un poco de dinero que le debía un criado del duque de Alburquerque, que en aquella ocasión era Virrey de Sicilia» (I, p. 152), lo que le permite hacerse dueño y señor de la casa familiar. Poco después tiene noticia de que su padre ha muerto en Palermo y se embarca para Sicilia, «con más intención de aprovecharme de la herencia que de hacer bien por su alma» (I, p. 154); acto seguido, se acomoda como criado —«mozo de plata»— en casa del virrey. La alusión al duque de Alburquerque en funciones de virrey de Sicilia situaría forzosamente estos sucesos en fe-

cha no anterior a noviembre de 1627, dado que sólo entonces
llegó el duque a Palermo y empezó a ejercer su cargo[8]. Ahora
bien, ello supone un salto de (otra vez) más de cuatro años en
la cronología, ya que la deserción del tercio de Lombardía
que acaba de mencionar puede fecharse con exactitud entre
julio y agosto de 1623[9]. El desajuste cronológico en la obra se
agrava porque, a continuación de relatar su acomodo y expulsión de la servidumbre del virrey, Estebanillo vuelve a «retroceder» en el tiempo: su nuevo alistamiento en el ejército, en la
compañía de don Diego Manrique de Aguayo, en Nápoles (I,
p. 164) hubo de tener lugar en 1624[10], y en el capítulo siguiente se relatan sucesos datables con seguridad en 1625
—prevenciones en Lisboa contra la armada inglesa (I, páginas 181-182)— y principios de 1626 —riada de Sevilla (I,
p. 201).

Es verosímil que la muerte del padre de Estebanillo se pro-
dujese en la época que se dice en la *Vida y hechos,* esto es, a
fines de 1627 o en 1628, puesto que en la documentación de la
Academia de San Lucas desaparece toda mención del pintor
Lorenzo González después de octubre de 1626. Es también
verosímil que éste, como se dice en la obra, hubiese ido a Palermo y muriese allí. Sobre estos puntos no hay contradicción
ninguna entre el relato de Estebanillo y la realidad que puede
deducirse de los datos históricos verificables. Es más, la co-

8 El duque fue nombrado virrey el 30 de mayo de 1627, pero no llegó a
Palermo hasta fines de noviembre. Cf., entre varias otras fuentes, V. Auria,
Historia cronologica delli signori Vicerè di Sicilia (Palermo: P. Coppola, 1697).

9 El tercio en el que Estebanillo se alista es el de don Melchor de Bracamonte, mandado ya por D. Juan Claros de Guzmán. Consta que desembarcó
en Saona el 7 de julio de 1623 en la «Relación de servicios» del alférez D.
Felipe de Biamonte y Navarra (amo de Estebanillo) que se conserva en el
Archivo Histórico Nacional, Estado, leg. 1285-2, y en la de Alonso de Verdugo, *ibid.,* leg. 1361-3, núm. 12. La deserción se produce antes de que el
tercio saliese hacia Flandes, a donde llegó en octubre del mismo año (Relación de servicios de A. de Verdugo, cit.).

10 Consta que Manrique de Aguayo sirvió en Nápoles desde el 18 de julio
de 1624, fecha en que «dio la primera muestra» de las 21 compañías de gente
de guerra levantadas en España (AGS, Serv. Militares, leg. 13). Estebanillo
vuelve a desertar antes de que el cuerpo de ejército mandado por Manrique
de Aguayo fuese enviado en defensa de Génova contra Saboya y Francia, a
principios de 1625 (cf. AHN, E., leg. 1285-1, núm. 54; en AGS, leg. cit., se
precisa que el embarque hacia Génova fue el 13-IV-1625).

incidencia estaría apoyada por indicios que aporta el propio relato: al narrar Estebanillo su primer aprendizaje de un oficio, recordará: «mi padre [...] me llevó a casa de un amigo suyo llamado Bernardo Vadía, que era barbero del duque de Alburquerque, embajador ordinario de España, con el cual me acomodó por su aprendiz» (I, pp. 43-44). Alburquerque cesó en la embajada de Roma a principios de 1624[11], y es lógico que al enterarse Lorenzo González de su regreso a Italia, ahora como virrey de Sicilia, se apresurase a intentar cobrar las deudas pendientes con un servidor del duque. Las relaciones del pintor español con la casa de Alburquerque databan, pues, de tiempo atrás, y eran lo suficientemente estrechas como para ser «muy conocido de todos los criados de aquella casa» (I, p. 155). En consecuencia, su viaje a Palermo y su muerte hacia 1628 son hechos en los que concuerdan, o no se contradicen al menos, la «autobiografía» picaresca y los datos históricos y documentales.

Subsiste, sin embargo, el problema de explicar por qué se ha anticipado en el *Estebanillo* el relato de sucesos que en la secuencia narrativa de la obra correspondería tratar mucho después (en el capítulo V avanzado, y no en el III), trastornando gravemente el ajuste cronológico de una biografía que pretende ser «relación verdadera» en todo y por todo. Volveremos sobre ello más adelante.

3.3. *En la servidumbre de Emmanuel Filiberto de Saboya (1622-1624). Algo más sobre la cronología; desajustes*

En *La vida y hechos* los elogios retóricos se prodigan (con alguna excepción significativa) siempre que el protagonista entra en contacto con personajes relevantes por su linaje, y más aún si se trata de personas de sangre real. El primer elogio de ese tipo que se halla en la obra va dirigido al príncipe Emmanuel Filiberto de Saboya, «cuya fama, virtud y santi-

---

[11] El 1 de mayo de 1624 estaba ya el duque cerca de Madrid, de regreso de su embajada. Cf. *Noticias de Madrid 1621-1627*, ed. A. González Palencia (M 1942), p. 95.

dad, por no agraviarlas con el tosco vuelo de mi tosca pluma, las remito al silencio» (I, p. 60), sin que Estebanillo tenga más motivo que una simple alusión a las galeras toscanas que iban a reunirse con las de Nápoles y España, cuyo mando ejercía el príncipe. Lo mismo sucede con las nuevas menciones elogiosas que se hacen en el siguiente capítulo: el príncipe recibe a los que dirigieron la expedición a Levante, y «honró a todos los capitanes y soldados particulares, así con obras como con palabras; porque sólo dan honra los que la poseen...» (I, p. 85); al partir de Mesina, el príncipe dejó «aquella ciudad en una confusa soledad» (I, p. 86), y cuando llega a Palermo se nos describe el aparato festivo preparado para recibir al nuevo virrey, «por significar el gusto que tenía de que la viniese a mandar y a gobernar tan gran príncipe y tan lleno de perfecciones y excelencias» (I, pp. 93-94); por último, Su Alteza «tomó pacífica posesión de su merecido gobierno», y no vuelve ya a hablarse de él.

Al lector del *Estebanillo* no le sorprenden alabanzas de ese género, dada su abundancia, y por lo general con mayor lujo de hipérboles, a lo largo de todo el libro. Lo excepcional es que no se dice en ningún momento que «Estebanillo» hubiera conocido en persona al príncipe, ni que hubiera recibido de él merced alguna, según es de rigor siempre que interrumpe la narración para insertar sus panegíricos, en prosa o verso. La motivación de esos elogios aparentemente extemporáneos está —creemos— en que el Estebanillo histórico tuvo con el príncipe de Saboya una vinculación mucho más estrecha que la que se confiesa en la obra.

Al morir en la gran peste de Palermo del verano de 1624, Filiberto de Saboya dejó un testamento con la cláusula, habitual en personajes de su rango, en que pedía al rey que se favoreciese a sus criados. Además de ello, rogaba que de por vida se les pagase el sueldo que habían disfrutado mientras estuvieron a su servicio. Felipe IV atendió la petición de su primo y ordenó la consignación de unas rentas precisas, en la aduana de Foggia en Nápoles, para hacer frente al legado. Gracias a ello se nos ha conservado una nómina de los criados del príncipe que vivían todavía treinta años después, y seguían recibiendo su sueldo. Y en esa nómina aparece un Esteban González, quien no nos cabe duda que es el mismo personaje que protagoniza la *Vida y hechos*. La cláusula, en copia tardía, es la siguiente:

> *Copia de la cláusula y legado de gaxes que el Sermo. Príncipe Filiberto, que sea en gloria, dexó a todos sus criados en el testamento devaxo de cuya disposición murió en Palermo a quatro de Agosto de mil seiscientos y veinte y quatro años.*

> Ytem, demás de lo dicho, por el amor y obligaciones tan antiguas que tengo a mis criados, y en especial a havérseme puesto los más dellos por mano del Rey mi Señor, y por la calidad de sus personas y la de los continuos, leales y agradables servicios que me han hecho, siguiéndome tantos años por mar y tierra, en paz y en guerra y en todas ocassiones, quiero que se les pague a cada uno dellos por todos los días de su vida los gaxes que oy tienen escritos en los libros de mi casa, conviene a saber, a las personas a las cuales les están hechos buenos y que actualmente me sirven, como constará por relación firmada de Don Francisco Manuel, mi Mayordomo, para que los ayan y tengan mientras vivieren [...]¹².

A la cláusula acompaña una «Relación de los criados que fueron del Sr. Príncipe Philiberto, que oy, treinta y uno de enero de 1654, se save que viven, y los gaxes que cada uno goçara, que se los dexó por sus vidas». La relación consta de una lista de nombres en la que se anota, en maravedís, el sueldo anual que cada uno percibía y, aunque no siempre, el oficio que desempeñaba en casa del virrey. En la lista encontramos algún nombre llamado a tener especial relieve en la burocracia de Felipe IV, como es el secretario Pedro Coloma; aparecen también un «secretario de cámara», un «agente de los pleitos», el «capellán», un «cirujano», etc. Los sueldos varían mucho: los dos secretarios percibían 244.800 maravedís, otros tres criados, con título de *don,* 135.000, el cirujano 50.000, etc. El que ahora nos interesa es el último de la lista, y el que figura con el sueldo más bajo:

> Esteuan Gonzalez, moço entretenido de la panatería: doce mil mrs. 12.000

---

¹² AHN, Estado, leg. 2125.

Se trata, pues, de un oficio de los que Estebanillo denominaría «de la escalera abajo», y «tocante a la bocólica», como los que él ejerció en más de una ocasión.

Si en la *Vida y hechos* nada se dice de este periodo de la vida del protagonista, sí se consignarán, en cambio, los servicios que Estebanillo presta en ocupaciones muy similares en casa de otros virreyes de Sicilia: el cardenal Doria, virrey interino en cuatro ocasiones (1610-12, 1616, 1624-26 y 1639), antes y después de serlo Filiberto de Saboya; y el duque de Alburquerque (1627-1632), a quien ya hemos aludido. En casa del cardenal Doria (y en un momento en que no ejercía el virreinato) entra Estebanillo de rechazo huyendo de un valentón (I, p. 106); allí permanece algún tiempo como «pícaro de cocina» hasta que 'asciende' al puesto de «barrendero menor» (I, p. 109). Tanto en esta ocasión como cuando sirve al duque de Alburquerque, el personaje huye o sale despedido, y en no muy buenos términos con sus amos, tras cometer un robo o ayudar a cometerlo. En consecuencia, vemos que en el *Estebanillo* se narran episodios que se refieren a la estancia del protagonista en Palermo como criado de dos dignatarios que fueron virreyes, y en cambio se silencia, precisamente, una etapa al servicio de un tercer virrey que es la única de la que hay constancia documental. Una etapa que, por otra parte, tuvo efectos bien tangibles y duraderos para el Estebanillo histórico, que treinta años más tarde (y ocho después de publicarse la *Vida y hechos*) seguía cobrando sus gajes como antiguo criado de Filiberto de Saboya.

El silencio es tanto más sorprendente porque «Estebanillo» registra con meticulosidad extrema todas las mercedes y dádivas que recibe y, sobre todo, porque esgrimir sus servicios a personas de sangre real era su mayor baza para obtener la merced final; es decir, la licencia para administrar una casa de juego en Nápoles. Esa merced es la que logra en su audiencia con Felipe IV en Zaragoza, ya en 1645, tras presentar una carta de favor de la emperatriz María, «y las fees que llevaba de haber sido criado de Su Alteza Serenísima el infante don Fernando» (II, pp. 333). Podría, acaso, pensarse que «Estebanillo» no creyó lo suficientemente picaresca su etapa de criado en la casa del príncipe Filiberto, en la que Esteban González permaneció hasta la muerte de su amo y en la que no parece

que cometiese robos ni emprendiera fugas, puesto que entra
en la nómina de los que sirvieron «con leales y agradables
servicios». Incluso en el improbable caso de que esa fuera la
razón del silencio habría, entonces, que cuestionar la declaración inicial de la obra según la cual nos hallamos ante una
«relación verdadera» en la que se consignan todos los episodios historiables importantes de una vida. No es una omisión
trivial, ni puede ser simple fallo de memoria, el pasar por alto
el tiempo pasado junto a un príncipe cuyas virtudes se elogian
de forma tan ditirámbica en párrafos en los que «Estebanillo»,
de paso, se traiciona a sí mismo: es el propio texto el que da
pie a entender que hubo algo más que una simple y gratuita
admiración hacia el príncipe. Creemos, pues, que el autor del
Estebanillo calló deliberadamente, y por razones que desconocemos, esa etapa de la biografía del personaje.

Si se ponen en relación la ocultación o el silencio acerca de
esa etapa y los desajustes en la cronología que señalábamos
antes a propósito del momento en que se narra la muerte del
padre del protagonista, advertimos que las inconsecuencias se
producen a partir de 1623-1624, es decir, los años en que el
príncipe gobernaba como virrey en Sicilia. En realidad, las
inexactitudes cronológicas de la obra empiezan antes, y también en momentos en que se cruzan las biografías de Estebanillo y Emmanuel Filiberto. En la *Vida y hechos* el regreso de
las galeras de la expedición de Levante se enlaza directamente
con la partida del príncipe desde Mesina a Palermo, como si
fueran hechos casi inmediatos (I, p. 86). Sin embargo, el regreso de la armada tuvo lugar en noviembre de 1621 y la partida de Filiberto de Saboya para ocupar su cargo de virrey fue
en noviembre de 1622[13]. Ello quiere decir que en el libro se
ha dejado un año entero de la biografía «en blanco»[14]. No es
la única vez que esto ocurre en la obra, pero en el caso presen-

---

[13] Cf. G. E. di Blasi e Gambacorta, *Storia cronologica de' Vicerè luogotenenti e presidenti del regno di Sicilia* (Palermo, 1790), p. 298 en la ed. de Palermo 1842.
[14] Comparado con este «desliz», es error de menor cuantía el que Esteba-
nillo diga que las galeras se detuvieron, antes de llegar a Palermo, «veinte y
un días» en Milazzo, cuando parece ser que sólo fueron once, según apostilla
E. R. Moore 1940, p. 30. Moore se basa en una obra tardía (G. Piaggia, *Nuovi studi sulle memorie della città di Milazzo*, 1866), que no tiene por qué ser en ese
punto más fiable que los recuerdos de Estebanillo.

te el hueco permitirá cubrir una parte del período en que el Esteban González histórico fue criado del virrey. El simple fallo o laguna en la memoria resulta poco creíble porque a continuación Estebanillo extrema la exactitud cronológica en plazos mucho más breves. Nos dice, así, que «a los ocho días de mi desembarcación» entra a servir al secretario de doña Juana de Austria (I, p. 95); que estuvo con él «cerca de un mes» (I, p. 96); y que inmediatamente después de ser despedido se le admite en el palacio del cardenal Doria (I, p. 107), donde «al cabo de cinco semanas» se le 'avanza' al oficio de barrendero menor (I, p. 109). Ello nos situaría en fines de enero de 1623[13], y unos cuantos días más —los que durasen los ensayos de la comedia de Lope que había de ponerse en escena para festejar el cumpleaños del cardenal— son los que transcurren hasta que Estebanillo emprende nueva fuga (I, p. 114). Llega a Nápoles «al cabo de seis días» (I, p. 119), y «al amanecer» del día siguiente parte camino de Roma, a donde llegaría «una mañana», esto es, a fines de febrero como muy tarde. Cuatro meses de la biografía aparecen, pues, plenamente «justificados» por semanas o incluso por días, y con hasta cinco menciones cronológicas precisas, mientras que se omite todo lo ocurrido en el año anterior.

Los desajustes continúan en el relato con la llegada de Estebanillo a Roma. Para justificar ante su padre la larga ausencia, dice, «hícele creer que había estado en Liorna sirviendo de paje a don Pedro de Medicis, gobernador de aquella plaza» (I, p. 119). Ya aclara él mismo que se trata de un embuste, pero para que el embuste fuese creíble tendría que haber sido verdad que Pietro de' Medici fuera gobernador de Livorno en esas fechas (febrero de 1623, y antes), y lo cierto es que sólo lo fue ya muy entrado el año siguiente[16]. Habría ahí otro año en blanco en la narración, muy oportuno para llenar otra parte del hueco que corresponde al tiempo que el Esteban González histórico sirvió de criado al príncipe. Pero no hay

---

[15] El cálculo es sencillo, partiendo de la fecha del desembarque del príncipe Filiberto en Palermo, es decir, el 19-XI-1622.

[16] Pietro de' Medici consta como gobernador desde 1624 (¿mayo?) a 1634. Cf. B. Casini, *L'archivio del governatore ed auditore di Livorno, 1550-1838* (Roma 1962), pp. 29-30.

tal, en este caso, porque las menciones de sucesos fechables que siguen en el cap. III, tras el *lapsus* de citar a P. de Medici como gobernador de Livorno antes de tiempo, vuelven a cuadrar con la fecha que deducíamos del regreso de Estebanillo a Roma (II-1623). Nada más llegar, dice, su padre vuelve a buscarle acomodo como aprendiz de barbero, oficio en el que permanece tres meses (I, p. 121). Sigue una nueva huida a Nápoles, donde trabajará en el hospital de San Giacomo degli spagnoli, haciéndose pasar por cirujano, durante algún tiempo. No debió ser mucho más de un mes o mes y medio, puesto que sale de allí para sentar plaza en el tercio que desembarcó en Saona el 7 de julio de 1623. Y, tras su deserción, enlazamos ya con los pasajes en que se refiere el regreso a Roma y la estancia y muerte del padre en Palermo; y enlazamos también con el momento en que se planteaban los problemas de ajuste cronológico más graves que aparecen en todo el libro.

Creemos seguro que el relato de las andanzas de Estebanillo en Roma, Nápoles y Palermo que se narran en el cap. III está simplemente «desordenado». Al referir en medio de sucesos que corresponden a los años 1623-1624 acontecimientos que sólo pudieron tener lugar en 1628 o, incluso, en 1629 (virreinato de Alburquerque, muerte de su padre), «Estebanillo» está anticipando la narración de hechos que encajarían a la perfección después de lo que denomina su «cuarta» vuelta a Roma, tras «intervenir» en la guerra de Monferrato (1628-1629) en el cap. V. En ese pasaje (I, p. 263), el protagonista pasa a relatar casi sin transición su embarque de Nápoles a España (julio de 1632)[17]; es decir, se abre ahí otro hueco de tres o cuatro años en los que «Estebanillo» no habría encontrado ningún hecho digno de ser referido en el libro de su vida, y que no puede llenarse con los cuatro meses que dice haber estado en el ejército de Toscana (I, p. 260) ni con algunos episodios borrascosos en Roma. El hueco es, sin embar-

---

[17] Estebanillo embarca en la expedición, que transportaba tropas de infantería y caballería «desmontada», bien documentada por Ranco (CODOIN, XXIII, pp. 460-461), Filamondo *(Il genio bellicoso di Napoli,* 1694, p. 385) y varios otros autores (Parrino, Aedo y Gallart, etc.). La expedición zarpó de Nápoles el 5 de julio de 1632, según se precisa en la «Aggionta alli diurnali di Scipione Guerra», ed. en *Archivio storico per le provincie napoletane,* XXXVI (1911), p. 787.

go, sólo aparente si trasladamos aquí los sucesos que creemos
desplazados y anticipados en el cap. III.

El desplazamiento cronológico puede justificarse por cierta similitud de situaciones. En ambos pasajes Estebanillo llega a Roma, pretende dominar a sus hermanas, y acto seguido
hace ausencia para en distinto lugar (Palermo o Nápoles) mal-
baratar una parte de la hacienda paterna. Si no se trata de la
simple duplicación de unos mismos recuerdos, que delataría
una sutura mal resuelta, esa similitud de situaciones podría
justificar la confusión en la por lo general excelente memoria
de Estebanillo, y los desajustes cronológicos que se advierten
en los capítulos III y V. Creemos, en cualquier caso, que esas
confusiones y desajustes son el resultado del propósito consciente de silenciar una etapa de la biografía del Esteban González histórico: el periodo en que fue criado y sirvió de «mozo
entretenido de la panatería» al príncipe Emmanuel Filiberto
de Saboya.

3.4. *«Gentilhombre de la bufa» del general Piccolomini
      en Flandes (1637-1639)*

La relación, tan determinante para que la *Vida y hechos* se
escribiera y publicase, entre Estebanillo y Ottavio Piccolomini no ha contado con ninguna confirmación documental segura hasta fecha reciente. Ello resultaba extraño porque el
general italiano fue persona de considerable importancia histórica y, sobre todo, porque a través de Piccolomini entró
Estebanillo a servir de criado al Cardenal Infante, hermano de
Felipe IV y gobernador de los Países Bajos españoles. Y del
Infante y su casa se conservan testimonios acordes, por el número y detalle, con su pertenencia a una de las dinastías que
más hicieron por el desarrollo de la burocracia en Europa.

El único rastro que Estebanillo parecía haber dejado, al
margen de la *Vida y hechos,* era una breve alusión en una gaceta francesa exhumada por Gossart. La gaceta, o relación de
sucesos, se refiere a las cortesías intercambiadas por Piccolomini con el coronel Gassion en septiembre de 1638. Piccolomini dio libertad a algunos presos de importancia, y los hizo
conducir al campo enemigo «dans son carosse attelé de six

chevaux blancs [...] mené par trois cochers, et autant de la-
quais habillez à neuf de ses livrées, qui est le bleu, *son boufon* et
son Trompette vestus de velours aussi bleu»[18]. En realidad,
tampoco esa única evidencia era incontestable: no se nombra
a Estebanillo y el *boufon* pudo ser cualquier otro de los que se
sabe que sirvieron a Piccolomini[19]. Más insegura aún es la
hipótesis de Millé sobre una posible representación gráfica de
Estebanillo, quien aparecería junto a Piccolomini en un grabado conmemorativo de las celebraciones del Congreso de
Nürnberg para la paz de 1649[20].

Las primeras referencias incuestionables a un Estebanillo
histórico que figuraba en la servidumbre de Piccolomini proceden de un fondo documental conservado en el Archivio di
Stato de Siena, sobre el que ya Millé llamó la atención[21]. Ese
fondo fue el consultado por J. Jamin del Pino, quien transcribe en un trabajo de 1970[22] cinco menciones de un personaje

[18] E. Gossart, *op. cit.*, pp. 251-252. Cf. también Jones 1927, p. 213, con
transcripción más amplia del texto de la *gazette*.

[19] Entre la servidumbre estable de Piccolomini se contaba un *Hof-Zwerg*,
que es, acaso, el que en los libros de la casa se registra como «Martin strupia-
to» o «Martin della tavola franca» (cf. O. Elster, «Schloss Nachod und der
Hofhalt des Fürsten Piccolomini», en *Piccolomini-Studien*, Leipzig 1911,
p. 138). Otros bufones distintos de Estebanillo se mencionan en el libro de
cuentas del secretario de Piccolomini citado más adelante.

[20] Millé, ed. cit., pp. 27-29. El grabado en cuestión es una variante del de
Wolfgang Kilian, «Das Friedensmahl», y se reproduce en efecto, como afirmaba Millé, en la *Geschichte des dreißigjährigen Krieges* de Gindely, III (Leipzig 1882), tras p. 210, a pesar de que Spadaccini y Zahareas aseguren (p. 133)
no haberlo encontrado después de consultar la obra «con cuidado». Tampoco tiene base alguna la sugerencia de Valbuena Prat de que el personaje que
aparece retratado en dos obras de Velázquez («El geógrafo», del museo de
Rouen, y «El hombre de la copa de vino», de los museos de Toledo-Ohio y
Mora-Suecia) sea Estebanillo González, por más que tal identificación haya
pasado a algún catálogo y estudio sobre el pintor sevillano (cf. A. Valbuena
Prat, «Velázquez y la evasión del espejo mágico», en *Varia velazqueña,* II,
M 1960, p. 182).

[21] Millé, ed. cit., p. 26. El conjunto de este fondo documental se describe
sumariamente en el trabajo de G. Prunai, «Le carte Useppi dell'Archivio di
Stato di Siena», en *Archivi d'Italia e Rassegna Internazionale degli Archivi,* VIII
(1941). Algunas cartas de la colección de Useppi se publicaron, en transcripción muy defectuosa, en un artículo de divulgación, «Il maresciallo Ottavio
Piccolomini», de G. B. Mannucci, *Bulletino senese di storia patria,* XXXV-
XXXVI (1928-1929), pp. 2-27.

[22] «Italia e italianos en el *Estebanillo González»,* mémoire de maîtrise d'espagnol, Université d'Aix-Marseille, 1969-1970, pp. iii-iv.

nombrado «Stefaniglio» y «Stefanillo» que indudablemente se refieren al mismo protagonista de la *Vida y hechos*. Las alusiones se registraron en un libro de cuentas de F. Useppi, secretario de Piccolomini: «Conto delli Denari ricevuti e spesi da me, Francesco Useppi, in diversi tempi d'ordine e in servitio di S. Ecc^{za}. il sig^{re}. Marescial di campo, conte Picc^{ni}», y las recogemos en notas al texto[23].

Las dos primeras anotaciones pueden fecharse con exactitud en julio de 1637. Ambas partidas figuran a continuación de la rúbrica «Spesi nel viagio di Praga a Vorms p*er* la famiglia e cavalli di S. Ecc^{za}....», y se sabe, por otra parte, que la llegada de Piccolomini a Worms y la concentración del ejército imperial auxiliar que se dirigía a Flandes se produjo allí el 17 de julio de ese año[24]. Esas referencias corresponden al pasaje de la *Vida y hechos* en el que se narra la llegada a Worms y el encargo que se hace a Estebanillo de ocuparse del aprovisionamiento de vino y nieve para la mesa de Piccolomini (II, pp. 63-64). Ello se acomoda bien con otros gastos anotados por Useppi en las mismas fechas, por ejemplo, «Limoni e melangoli comprati in più volte per la cucina di S. Eccza., fl[orini] 8» (f. 7v).

La tercera referencia corresponde a julio de 1639, momento en que Piccolomini, tras su gran victoria en Thionville (7-VI-1639), se trasladó al Artois, y allí, en Arras, se le notificó la concesión de ducado de Amalfi. Es en estos días cuando Estebanillo obtiene de su amo la promesa de recibir «en el dicho estado [de Amalfi] con que pudiese descansar y vivir en marchitándose la flor de la joventud» (II, pp. 105-106), y cuando escribe en honor de Piccolomini un soneto en acrósticos para celebrar la concesión del ducado (II, p. 107).

Las dos últimas alusiones corresponden también a 1639. La cuarta, en que se da a Estebanillo una ayuda de costa para el viaje desde Vance a Amberes, ya en septiembre, cuadra con el momento en que, después de intentar infructuosamente le-

---

[23] A. S. Siena, «Carte Useppi», núm. 28. Cf. notas en cap. VII, núm. 218, y VIII, núms. 30 y 36. Nuestra transcripción se basa en una lectura, realizada por J. A. Cid en el verano de 1981, que difiere en algunos puntos de la de J. Jamin y completa alguna omisión.

[24] Cf. J. A. Vincart, *Relación de la campaña de Flandes en 1637*, ed. cit., p. 19.

vantar el asedio francés a Danvillers, Piccolomini se retiró al norte de Luxemburgo. Es muy posible que se trate del mismo viaje —si no es otro inmediatamente anterior— que Estebanillo recuerda en el libro: «Despachóme [mi amo] por la posta en busca de su Alteza Serenísima a llevar ciertos pliegos de importancia [...] Le hallé en Esteque» (II, pp. 107-108). Consta, en efecto, que el Cardenal Infante estaba en Stekene (entre Amberes y Gante) en septiembre de 1639 y allí hubo de encontrarse con Estebanillo en fecha anterior a su partida hacia Gante y Bruselas, esto es, el 25-IX-1639[25]. La última referencia de las cuentas de Useppi —los 60 florines que se le dan a Estebanillo en Dunkerque— se fecha en octubre del mismo año y corresponde a la jornada en que el bufón acompañó al Infante a recibir a la armada mandada por Oquendo, cuyo final desastroso Estebanillo deja entrever festivamente (II, pp. 109-110)[26].

Piccolomini salió de Flandes en noviembre de 1639, para no regresar ya hasta 1644. Estebanillo, enfermo en Bruselas, no pudo acompañarle y pasará poco después a formar parte de la servidumbre del Cardenal Infante (II, pp. 112-114). Habrá, pues, que esperar a que el personaje vuelva al servicio de Piccolomini para encontrar nuevos testimonios en los que se correspondan la documentación histórica y la *Vida y hechos*.

---

[25] El Infante permaneció en Stekene desde el 12 al 24 de septiembre. Cf. AHN, E., lib. 971 (carta del 23-IX) y 961 (f. 199), y cartas conservadas en la «Colección Salazar» de la Ac. de la Historia, Madrid, además de las extractadas por J. Cuvelier et al., en *Correspondance de la Cour d'Espagne sur les affaires des Pays-Bas,* III (Bruxelles 1930). Cf. también AHN, E., lib. 961, f. 175 y ss., con, entre varios otros documentos, cartas de Piccolomini fechadas en Vance el 12 y 13 de septiembre, y otras de Miguel de Salamanca de las mismas fechas donde se lee: «Partí, como Vuestra Alteza se sirvió de mandarme, por la posta a siete de settre, a buscar al señor Duque de Lorena, y en Banze, donde tiene sus quarteles el conde Picolomini [...]» *(ibid.,* f. 180).

[26] La llegada del Cardenal Infante a Dunkerque ocurrió el 27-IX-1639; permaneció allí hasta el final de octubre. Piccolomini acudió a entrevistarse con el Infante a mediados de ese mes, momento al que ha de corresponder la entrada en el libro de cuentas de Useppi.

3.5. «Stefanillo», correo, en la campaña de Silesia y Sajonia (1642)

Al morir don Fernando de Austria, en noviembre de 1641, Estebanillo gestiona a través del barón Ernest von Traun el regreso con su antiguo amo (II, pp. 179-181). Lo encontrará en Viena en mayo de 1642 en un momento difícil para las armas del Imperio. Los suecos habían invadido Silesia y, tras derrotar al general Franz Albrecht de Sajonia-Lauenburg, habían penetrado hasta Moravia. La muerte de ese general hizo que se diera el mando del ejército a Piccolomini, «a quien totalmente habían despedido»[27].

Piccolomini hubo de reunir los restos del ejército derrotado y llamar otras tropas de distintas partes de Alemania. Después de concentrar todas las fuerzas en Brno, en episodio que se recuerda en el *Estebanillo* (II,.p. 192), se decidió liberar Silesia empezando por levantar el asedio de Brique (Brzeg), única plaza fuerte que aún se resistía a los suecos. A lo largo de toda esta campaña, y hasta después de la derrota de Leipzig (2-XI-1642), Estebanillo hizo de correo llevando mensajes y cartas al emperador (II, pp. 194 y 209) y al ejército (II, p. 194), a Polonia (II, p. 199), al embajador español (II, p. 209), y a Flandes (II, p. 201), por cuenta del Archiduque Leopoldo y Piccolomini.

De esas funciones de correo realizadas por Estebanillo en 1642 hemos hallado plena confirmación documental en la correspondencia de Piccolomini con su secretario, y en la de este último con el capitán Luca Porcellotti, camarada y criado del general. Conocemos, en efecto, hasta cuatro cartas de julio y agosto de 1642 que mencionan a Estebanillo como correo entre el campamento imperial y Viena:

> [1]   Con occasione di *Stefanillo* ho voluto scrivere a V. S. questi quattro versi per darle parte che domani, piacendo a Dio, se moveranno queste Armi all'operazione. La quale se sarà l'attacco d'Olmitz, o il soccorso di Brick; le congiunture faranno risolvere... (Piccolomini a Useppi, Bruna, 13-VII-1642).

---

[27] Carta del marqués de Castel Rodrigo a Miguel de Salamanca, 11-VI-1642 (AHN, E., lib. 974), y cf., aquí, nota al texto, cap. IX, núm. 135.

[2]   Per mano di *Stefanillo* ricevo la grata di V. S. del 21
del cadente, e vedo la vivezza che ha adoperatta el s^r conte
Magni in persuadere le ragioni della risoluzione di S. A. [el
Archiduque Leopoldo], della quale l'efetto è la liberazione di
Brick con somma vergogna, disreputazione e danno del ni-
mico, e riputazione delle Armi di S. M^{tà.} ... (Piccolomini a
Useppi, Neis, 27-VII-1642).

[3]   Havrà già inteso la disgrazia, o da *Stefaniglio* o da una
mia scritta di Nachot... (L. Porcellotti a Useppi, Naimarch,
5-VIII-1642).

[4]   Da *Stefaniglio* mi fu resa la sua del 15 stante, con la
quale mi scrive non haver ricevuto una mia dove avisavo
puntualmente di tutti li suoi interessi... (Porcellotti a Useppi,
«dal campo sotto Gros Glogau», 22-VIII-1642).

Como el lector del *Estebanillo* advertirá, tres de los lugares
en que se escribieron las cartas —Bruna (Brno), Neis (Nysa) y
Gros Glogau (Glogów)— forman parte del itinerario del
protagonista de la *Vida y hechos* (II, pp. 191-199), quien recuerda explícitamente que fue en Nysa donde se le encargó
llevar a la corte las «buenas nuevas» de la liberación de Brzeg.
El Emperador, además de regalarle «una cadena de oro de
harto precio», le ordenó llevar nuevos pliegos a la armada,
«adonde volví con mucha brevedad, y serví en ella toda la
campaña el oficio de correo» (II, p. 194).

3.6. *Un cuadro conmemorativo: «Stefanello», la apoteosis de Piccolomini, y la casa de Austria*

Entre los papeles sueltos, sin fechar, del secretario Useppi,
se encuentra otro sorprendente testimonio de la existencia de
Estebanillo, que de haberse materializado le habría garantizado una «inmortalidad iconográfica» pareja a la de sus colegas
retratados por Velázquez, pero en un entorno aún más solem-
ne. Se trata del proyecto de un cuadro, trazado con gran detalle por el propio Useppi, al parecer, en donde se dan instruc-
ciones precisas al pintor que habría de ejecutarlo. La composición —con alegorías incluidas—, los personajes, las vestiduras y hasta los colores se describen como podría hacerlo un

escenógrafo; y, en efecto, el cuadro imaginado tenía mucho de función escénica.

El cuadro había de representar una sala entapizada, con dos tronos en los que se sentaban el emperador Fernando III y el rey Felipe IV, acompañados de sus respectivos hermanos, el archiduque Leopoldo y el Cardenal Infante. Frente a ellos, de rodillas en una escalinata, aparecía «il Marescial Piccolomini» en actitud de ofrecer a ambos soberanos las banderas ganadas al enemigo. Las banderas las llevan unos «officiali», que desfilan en medio de varios cortesanos que contemplan, asombrados, la ofrenda. Las banderas, al acumularse, forman un monte de donde salen, «in quelle positure che meglio piacerà a il pintore», dos figuras que representan a la Envidia y a la Muerte[28].

A la traza del cuadro acompaña, en hoja aparte, una lista de los personajes que Useppi había previsto que apareciesen retratados en el cuadro. La lista, a dos columnas, coloca simétricamente a los imperiales y españoles, según su rango; y entre ellos, en la parte de los imperiales y enfrentado a un enano del rey de España o del Cardenal Infante, vemos aparecer a Estebanillo:

Co. Schlick	Co. Duca
Co. Trautt.	March. di Leganés
Co. Leslie	D. Franc.º di Melo
Co. de Valestain	Marchese di Velata
Co. di Puchain	March. d'Este
Co. Slavata	D. Miguel de Salam[a]
Co. Curtz	Cap. Bran
Imperatore	Re
Arcid[a]	Infante
Stefanello	Un nano
Maresc.	
Useppi	
2 nani	

A Estebanillo se le reservaba, pues, un lugar de honor: entre el «Maresciale», Piccolomini, y el archiduque Leopoldo.

---

[28] La traza del cuadro se conserva en A. S. Siena, «Carte Useppi», núm. 36. Se transcribe el original en J. A. Cid, «La personalidad real de Stefaniglio...», *Criticón* 47 (1989).

Entre los otros personajes, abundan los que tienen un papel mayor o menor en la *Vida y hechos*. El conde Leslie es el mismo conde de Lesen a quien Estebanillo recuerda (II, p. 112) como enviado por el emperador para forzar el regreso de Piccolomini, a Alemania en 1639. Se trata de Walter Leslie, un soldado de fortuna que tuvo intervención destacada en la muerte de Wallenstein. El conde de Puchain es el que Estebanillo llama conde Buchaim, a quien entrega unos despachos para el emperador y «que hacía oficio de camarero mayor» (II, p. 194), es decir, el *Oberst-Kämmerer* y *Graf,* Johann Rudolph Puchaim.

De la columna de los «españoles», Estebanillo tuvo trato, más bien conflictivo, con el marqués d'Este, el milanés Carlo Filiberto d'Este, caballerizo mayor del Cardenal Infante, dispuesto a hacer ejecutar la condena a muerte del personaje, sentenciado en Barcelona (I, pp. 275-278). Relaciones más cordiales mantuvo con el marqués de Velada, al que conocería en Flandes y, más tarde, como gobernador de Milán (II, pp. 246 y ss.); y lo mismo con don Francisco de Melo (II, páginas 182, 209, 218).

La «fonzione» imaginada por el secretario contaba con otros espectadores de excepción, junto a los muchos «cortegiani et officiali» que habían de contemplar, «spaventati», la representación en que Piccolomini hacía la ofrenda de banderas y «cornete» (estandartes de caballería) a ambas cabezas de la casa de Habsburgo. Por la parte de Felipe IV asistían el Conde-Duque, el valido todopoderoso y muy favorable siempre a los intereses del general italiano; y el marqués de Leganés, uno de los jefes militares españoles con más larga carrera en los frentes de la guerra de los Treinta años. Del lado de la corte de Viena figuran en primer término los condes de Schlick y Trauttsmandorf, que compartían la privanza del emperador Fernando III. Ambos eran, en principio, hostiles a Piccolomini; el italiano, que sabía que sin ellos era imposible avanzar en su carrera de «honori e ricompense», intentaría siempre mantener las buenas formas y extremar las cortesías con los dos, y así se ve en las cartas a Useppi.

La traza del cuadro no aparece fechada. Un término *ante quem* seguro es noviembre de 1641, momento de la muerte del Infante. Pero creemos que la época en que se proyectó la pintura puede fijarse con mayor exactitud. Una apología tan bombástica de los méritos de Piccolomini como jefe militar pudo planearse sólo en fecha inmediatamente posterior a la batalla de Thionville —o Diedenhofen— (7 de junio de 1639), el mayor éxito obtenido por el general en toda su carrera. Fue a raíz de esa victoria cuando se le concedió el título de duque de Amalfi, que la corte de España se resistía a otorgarle aunque lo solicitaba hacía tiempo. Pero Piccolomini, que se apresuró a informar de la victoria al Cardenal Infante y a Olivares, no se descuidó en hacerla valer ante la otra rama de la casa de Austria. Después de todo, la batalla la había ganado el ejército auxiliar imperial, del que cada vez más dependía la suerte de los Países Bajos españoles, y Piccolomini tenía interés especial en presentarla como un éxito de las armas alemanas. En una carta muy extensa dirigida al emperador, que en italiano y traducida se imprimió como «relación de sucesos», dirá, como colofón:

> Questo è quanto devo humilissimamente rappresentare a V. Mtà. di questo felice successo delle imperiali armi della Mtà. Vra. contro quella nazione che si teneva invincibile et che in età di huomo non ha perso battaglia campale con tanto honore delle armi augustissime e della nazzione alemanna in oppressione della franzese, essendo quella stata sola ad acquistare questa gloria[29].

Después de Thionville era, pues, el momento oportuno para hacer pintar un cuadro conmemorativo en que el general compartido por los dos soberanos de la casa de Austria ofrecía la victoria a sus patronos. En su carta al emperador, Piccolomini se refería ya al «acquisto di molte bandiere e cornette», las mismas que ahora querría convertir en recuerdo permanente de sus servicios a la augustísima casa. El cuadro habría de ser presumiblemente encargado a un artista flamenco, de la misma forma que una perspectiva de la batalla fue encargada al más célebre de los pintores de ese género, Peter Snayers, y

---

[29] La relación con la carta de Piccolomini se imprimió en Génova, 1639, y en versión española el mismo año en Barcelona. La reproduce, creyéndola inédita, G. B. Mannucci, art. cit., pp. 5-11, según el texto ms., conservado hoy en las «Carte Useppi» del A. S. de Siena.

se halla todavía hoy en la «sala española» del castillo de Nachod. A Piccolomini no le faltaban relaciones con pintores de
los de nombre; se hizo retratar por Suttermans y Sandrart,
entre otros, y pudo permitirse tener trabajando a su costa durante varios meses a uno de los Seghers. Cuando Estebanillo
se le presenta en Bruselas vestido con la piel y cornamenta de
un ciervo, lo primero en que pensó su amo fue en mandar
«llamar a un pintor, al cual le hizo que me retratase al vivo»
(II, p. 78).

No parece, sin embargo, que el cuadro que aquí nos interesa llegara a pintarse. La propia desmesura de la composición
imaginada por Useppi, con intervención más que probable de
su patrón, hacía difícil que una vez pasada la euforia del triunfo se pensara en convertir el *pensiero* de la obra en obra realizada. Representar a lo más granado de las cortes de Madrid,
Viena y Bruselas en el trance de admirar a Piccolomini era
muy propio del alto concepto de sí mismo que siempre tuvo
el conde Ottavio; pero las concepciones de la época no autori-
zaban apoteosis semejantes para soldados de fortuna, por
ilustres y victoriosos que fuesen.

Subsiste, en cualquier caso, el hecho de que cuando Useppi
elaboró sobre el papel la figuración más aduladora que pudo
imaginar para el general Piccolomini, además de representar-
se a sí mismo, colocó al otro lado del «maresciale» (a su derecha o a la «sinistra», según sea la perspectiva) a su merced
«Stefanello», el mismo cuya vida, «y no milagros» (I, p. 7), se
refiere en el libro impreso en Amberes en 1646.

3.7. *Una última referencia y algunas conclusiones provisionales*

El último rastro que, por el momento, hemos localizado
del protagonista de la *Vida y hechos de Estebanillo González* no
ofrece seguridad absoluta. Figura en un «Registro de los reales decretos expedidos sobre asuntos de oficio y de particulares», del año 1659:

> (A Don Gregorio de Tapia). Véase en el Consejo de Gue-
> rra el memorial incluso de Don Esteban Gonçalez, y sobre su

contenido se me consultará lo que se ofreciere y pareciere con atención a lo que representa [Madrid, 15 de noviembre de 1659][30].

El rey trasladaba el memorial, a través del secretario *ad hoc,* a uno de sus consejos antes de tomar resolución. Al ser cursada la orden al Consejo de Guerra, y no al de Estado, no se encuentra el memorial entre los varios miles de relaciones de servicios y peticiones «de particulares» que se conservan en los fondos de las antiguas secretarías de Flandes e Italia, hoy en el Archivo Histórico.

Al contar sólo con la escueta mención de un nombre, sin contexto adicional ninguno, no puede descartarse que el memorial fuera presentado por un homónimo distinto al personaje de la *Vida y hechos.* A favor de que se trate del mismo, sin embargo, juega el que no hayamos encontrado en la documentación del s. XVII ningún Esteban González distinto del que nos ocupa. También la fecha en que se presentó el memorial, 1659, hace verosímil que se trate del mismo Esteban González que sabemos que seguía viviendo en 1654, y percibiendo sus gajes en calidad de antiguo servidor del príncipe Filiberto. No es obstáculo a la identificación que el pretendiente de 1659 se antepusiera el título de *don,* si se recuerda lo que en el *Estebanillo* se decía sobre la hidalguía del personaje y la ejecutoria que guardaba su padre. Aunque en la obra se ponga en solfa la utilización de tales títulos (II, pp. 239-240), una cosa son las «burlas» de un libro trece años anterior y otra las «veras» de quien se dirigía al rey con una petición; si, como hidalgo, Esteban González tenía derecho a anteponerse el *don,* el momento era el más oportuno para esgrimirlo. Es posible que, por extraño que sea para el lector de la *Vida y hechos,* Esteban González alegara sus servicios «militares». ¿Por qué, si no, encaminar su memorial al Consejo de Guerra? Figurarían, en él, en cualquier caso, los méritos contraídos como criado del hermano del rey, la carta de la también hermana y emperatriz María y otros «servicios particulares» a la augustísima casa de Austria; es decir, los mismos que tuvo ya ocasión de presentar en 1645 al rey en Zaragoza. Y, acaso,

---

otros de los que no tuvo a bien hablar en el libro de su *Vida y hechos,* como los desempeñados en Sicilia al Virrey y príncipe Filiberto de Saboya.

* *
*

El benemérito filólogo e historiador literario don Juan Millé y Giménez, muy estimable editor del *Estebanillo González,* plenamente convencido —como estaba— de la realidad del pícaro-escritor, elaboró toda una lista de «indicios» desperdigados en la obra que podrían «ayudar en lo futuro a desvelar la verdadera personalidad de Estebanillo». Se trata, sobre todo, de referencias a escrituras o contratos privados en los que el personaje intervenía, o a procesos en que se vio envuelto[31]. Curiosamente, ha sido otro tipo de documentación muy distinta la que ha aportado datos positivos sobre Esteban González, mientras que los indicios enumerados por Millé siguen sin confirmarse. Ello no significa, en modo alguno, que la lista fuera errónea ni que uno o varios de esos indicios no puedan ser objeto de comprobación en el futuro, siempre que el investigador maneje los fondos documentales adecuados y esté dispuesto a explorarlos.

De modo muy especial, nos sorprende no haber podido hallar ninguna constancia del período en que Estebanillo sirvió en Flandes al Infante don Fernando, pese a que la documentación que existe de ese periodo es sencillamente abrumadora. Ahora bien, Estebanillo ya dijo, cuando entró en el servicio del Infante, que su oficio «no era jurado» (II, p. 114); y al morir don Fernando, «se cerró la caballeriza y la casa de los pajes, despediendo los mozos y criados *que no eran jurados»*[32], razón suficiente para que no haya constancia de su persona entre la demás servidumbre.

Conocemos también casi al día las audiencias concedidas por Felipe IV en Zaragoza en el verano de 1645; incluso limosnas de pocos reales otorgados a un soldado «estropeado»

---

[31] J. Millé, ed. cit., I, pp. 24-26.
[32] AGS, Estado, leg. 2.249, y notas IX.108 y XII.152.

o una viuda se asentaron escrupulosamente en el libro-regis-
tro del Consejo que había de cursar el decreto en cuestión. Y,
sin embargo, no parece haber dejado rastro la merced concedida a Estebanillo, que implicaba movilizar a los consejos de
Estado y de Italia, así como el envío de cartas al virrey de
Nápoles, que también se registraban en copia literal. Podría
pensarse que la entrevista con el rey, narrada con tanto lujo
de hipérboles (II, pp. 332-334), es simple «libertad bufónica».
No lo creemos así. Las mixtificaciones, que abundan en la
Vida y hechos, no afectan casi nunca a cuestiones de *facto,* a lo
expresamente dicho en el libro, y no parece prudente deducir
nada *a silentio* en relación con la «existencia» de Estebanillo
González.

Poco prudentes también son algunas inferencias realizadas
por editores o estudiosos algo menos beneméritos que Millé,
quien al menos se preocupó de manejar la bibliografía y las
fuentes históricas impresas sobre la época que en su tiempo
eran accesibles. La primera deducción apresurada es la que ya
referíamos al principio. De la «existencia» —hasta ahora también «deducida»— de un personaje histórico llamado Esteban
González, cuya biografía pudiera coincidir o coincida básica-
mente con la del protagonista de la *Vida y hechos,* no se con-
cluye forzosamente que fuera el autor del libro, si por tal se
entiende el que «compuso» o dio forma literaria a la autobiografía. Estebanillo (o Stefanillo, Stefanello, Stefaniglio...) no
tiene por qué ser «Estebanillo». Después de haber seguido el
rastro al personaje histórico en diferentes lugares y tiempos,
nuestra convicción sigue siendo que «Estebanillo», el escritor, no es Estebanillo. Sobre el autor y sobre el tipo de relación que hubo de darse entre el autobiografiado y el autobió-
grafo, trataremos en el apartado siguiente. [J. A. C.]

4. GABRIEL DE LA VEGA. UN AUTOR POR OFICIO

4.1. *Más allá de la ilusión realista*

Ninguno de los testimonios «fehacientes» de la existencia de Esteban González que recogemos en el apartado anterior aporta prueba alguna de que el criado de Piccolomini hubiera tenido actividades ni aficiones literarias de cualquier tipo, ni, claro está, de que hubiese escrito su propia autobiografía. El silencio documental nada tendría de sorprendente por sí solo, incluso teniendo en cuenta que los cometidos «profesionales» desempeñados por el Estebanillo histórico no parecen muy propicios al trato con las musas: mozo de la panatería, correo, criado con funciones no muy bien definidas, pero ajenas en cualquier caso a las que solían atribuirse a los «servidores de la pluma», y que parecen corresponder efectivamente al oficio «no jurado» de bufón (a juzgar por el papel que se le asigna, junto a los «nani» del rey de España, en el cuadro conmemorativo de la victoria de Thionville). Pero es lo cierto que, por una parte, no hay un patrón social homogéneo entre quienes en el siglo XVII se dedicaban a las letras ni era forzosamente imposible que un bufón se doblara en escritor; y es también demasiado bien conocida la penuria de datos que el material de archivo suele ofrecer sobre la actividad literaria de los autores que, incluso ya en su época, adquirieron mayor relieve y consideración a ojos de sus contemporáneos. La documentación registrada se refiere en su inmensa mayoría, si no en su totalidad, a distintos aspectos de la vida que tenían relación directa con el ámbito de lo económico o con el estado civil del hombre a quien le «acontecía» ser escritor; también los escasos y ocasionales datos que aluden a la condición de autor suelen ser documentos contractuales consignados por los efectos económicos que podía llevar aparejada la actividad literaria (ediciones o, en especial, representaciones teatrales). Más explicable aún sería el silencio documental en el caso de un escritor Esteban González que no había ejercido como tal en España.

Parecía, pues, lo más natural aceptar como verosímil, en

tanto en cuanto lectura *faccilior,* lo que se afirma en el propio libro y fue creído ya por los contemporáneos inmediatos, esto es, que *La vida y hechos* fue compuesta por el mismo Estebanillo González que la protagoniza. En contra de esa identificación automática jugaban, sin embargo, algunas características distintivas de la obra que no pasaron inadvertidas a algún estudioso, sin que por ello se pusieran en duda la coincidencia del personaje y el escritor en una misma persona. En primer lugar, la sobrecarga de literatura presente en el *Estebanillo* era de tal magnitud como para hacer sospechoso que un bufón sin estudios pudiese manejar y embutir tal caudal de citas y recuerdos literarios ya codificados, o, en general, de referencias cultas. La suspicacia podía anularse apelando al «ingenio natural» de que estaría dotado el autor, o imaginando unos «estudios de alguna manera [?]» (que habrían de ser más amplios y distintos de los que se confiesan en el libro —suponemos que querrá decirse—), y una cultura adquirida «por el trato frecuente de los salones palatinos»[1]. La explicación no es de una excesiva agudeza y deja las cosas peor que estaban. Casi preferible aunque no más verosímil resultaría la posibilidad apuntada también por el mismo Valbuena Prat al referirse a un Esteban González con «excelentes condiciones de escritor, si no es que alguien más versado en letras corrigió el original salido de manos del bufón»[2]. En el *Estebanillo,* sin embargo, la presencia de la literatura o, si se quiere, la intertextualidad, es algo más que simple pedantería superpuesta; y la voluntad de manifestarse como escritor —la voluntad de estilo— supera con mucho a aquella de la que podría darse razón asumiendo que existió una labor de lima o de «corrección» estilística y gramatical realizada gracias a una ayuda ajena. La obra refleja a lo largo de su texto un aprovechamiento y una toma de partido ante los estilos vigentes y que andaban más «validos» en la república literaria de su tiempo, sea para imitarlos o para ponerlos en solfa, que no son habituales, y

---

[1] A. Zamora Vicente, «Introducción» a la ed. cit. de 1976, p. 67, que se limita a «traducir» la formulación de la misma idea avanzada ya por Valbuena Prat («...a pesar de poderse explicar su cultura por los medios palaciegos en que se desenvolvió», ed. cit. de 1943, p. lxxi).

[2] A. Valbuena Prat, prólogo a la ed. de 1943, p. lxxi.

menos aún en una autobiografía. Ello separa claramente a *La vida y hechos* de libros como la *Vida* de Alonso de Contreras, o la *Relación* de Toral y Valdés —obras, por cierto, admirablemente escritas, en un registro estilístico muy diferente, sin que se haya creído necesario suponer ninguna corrección de pluma ajena—, o de los *Comentarios* de Duque de Estrada, donde sí existe «literatura» —y mucha—, pero como algo postizo y, esta vez sí, superpuesto a la narración autobiográfica.

Igualmente graves venían a ser los reparos puestos por Marcel Bataillon a admitir la identidad de autor y protagonista, una creencia cuyo mantenimiento en la historia literaria sería un ejemplo más de la tendencia crítica definida por él mismo, siguiendo a Valéry, como «ilusión realista», responsable de la interpretación viciada de varias otras creaciones de la literatura española. A aceptar esa «ilusión» se opondrían contradicciones existentes dentro de la propia obra y, en primer término, la falta de coherencia moral y social que dentro del personaje existiría entre el bufón apátrida y beodo, en el que se extreman —hipercaracterizados— los tópicos de la picaresca, y el criado distinguido y lo suficientemente digno de confianza como para que personas de la más alta significación histórica le encomendasen misiones de importancia. Invirtiendo los términos del pasaje en donde el héroe alcanza, nuevo Lázaro, la cumbre de su buena fortuna cuando «de bufón vine a correo» (II, p. 96), Bataillon se pregunta si no serán esas misiones de correo, muy abundantes a partir del capítulo IX, las que forman el núcleo verdadero de la experiencia del autor al que se superpone todo un complemento de ficción picaresca. Se trataría, pues, de una falsificación; y urdida con tal éxito que no suscitará el menor recelo en hombres tan próximos como Calderón, que firma en 1652 la *Aprobación* para la primera edición madrileña, y Nicolás Antonio, que da también entero crédito al bufón-autor[3]. Bien es verdad que los

---

[3] Calderón de la Barca escribe, revelando de paso —como lo advierte Bataillon— que en algún momento se había pensado alterar el título para la edición de Madrid: «...He visto un libro intitulado *El entretenido,* en que su autor, Estebanillo González, hombre de placer y chocarrero, cuenta graciosamente los discursos de su vida...» (I, p. 5). Antonio (1617-1684), por su

detalles de la burla se habrían cuidado con atención. Para la lujosa edición de Amberes se habría forjado, incluso, una *Suma* de un *privilegio* que ni siquiera era necesario en libros de esta clase, otorgado por el Consejo de Brabante, y nada menos que a nombre de Esteban*illo* González[4]. ¿Se imagina un documento parecido que autorizase a imprimir su obra al señor Lazarillo de Tormes? El propio lujo de la primera edición hace juego con las declaraciones del prólogo *A el lector:* «...Porque no lo doy a la imprenta para hacer mercancía dél, sino sólo para que sirva de presente y regalo a los príncipes y señores y personas de merecimiento» (I, p. 15); o, antes: «Sólo pretendo con este pequeño volumen dar gusto a toda la Nobleza» (I, p. 14); y con la confesión que hace el autor de ser «humilde hechura» de Piccolomini. El libro habría sido financiado por el duque y sus amigos como una broma[5], y hasta podría hacerse caso omiso de las afirmaciones del mismo prólogo, reiteradas al final de la obra (II, p. 377), según las cuales el libro se imprimía *también* con la finalidad de que sirviese de aldabada recordatoria: la partida del bufón a Nápoles requería nuevas dádivas.

Insistiendo en la vía que proporciona la indudable y estrecha vinculación que hubo de existir entre Piccolomini y el autor del libro, Bataillon intenta avanzar más en la elucidación de la identidad verdadera del «hombre de buen humor» que tomó a su cargo la parte principal de la mixtificación. Se trataría de localizar entre los colaboradores del duque a alguien que haya dejado el rastro de su propia personalidad en la obra, como no podía menos de hacerlo; entre otras razones, porque la humorada no existe si no hay otros —el círculo de iniciados— que la compartan. Para ello es necesario que a las burlas se mezclen las «veras», capaces de permitir el reconocimiento de ciertos sucesos, por desfigurados que estén, tras la envoltura fictiva. Así, los donaires que suceden a Estebanillo

---

parte, tiene una entrada para «Stephanus Gonzalez scurra seu ridiculus comitis Piccolominaei, dum in Belgio rei militari praeesset, scripsit: *Vida y hechos de Estevanillo Gonzalez...*», Bibliotheca Hispana Nova, sive Hispanorum scriptorum qui ab anno MD ad MDCLXXXIV floruere Notitia (M 1788), p. 292.

[4] Cf. aquí en contra, sin embargo, la nota Prels.4.

[5] Pero v. *supra,* § 2.2.

a cuenta de un "traje polaco" en Zaragoza y Bruselas remitirían a un verdadero traje polaco que sus amigos conocieron al autor y que habría sido motivo de extrañeza y chanzas, claro es que no necesariamente idénticas a las relatadas. Como ésa, existirían en la obra varias otras claves, irreconocibles ya en su mayoría para el lector moderno, que convertirían el libro en el resultado de una elaboración compleja y en donde tras cada sentido literal puede sospecharse un correlato de ambigüedad que remite a otro referente, homólogo pero distinto. Lejos ya de «ilusiones» realistas, el estudioso del género novela no podría pedir más —ni menos— para su campo habitual de observaciones.

Pero es el caso que Bataillon llega a proponer, como hipótesis, un nombre concreto, si bien con la salvedad de que se trata sólo de avanzar el de una persona representativa de la esfera a la que el autor hubo de pertenecer, y que dentro de ella reúne especiales circunstancias como para poder atribuirle la paternidad del *Estebanillo González*. De cierto capitán italiano, Gerónimo de Bran, se conoce su condición de confidente de Piccolomini a través de una carta en que se presenta como intermediario del general en unas negociaciones con la corona española[6]. Esa misma calidad de agente está atestiguada por la inscripción que figura en un retrato de Bran grabado por Lucas Vorsterman, es decir, el mismo autor del retrato de Estebanillo González que figura al frente de la edición de Amberes. Por último, a Gerónimo de Bran, «General de los víveres en los Estados de Flandes», aparece atribuida, precisamente, la última de las composiciones laudatorias que preceden al texto de la autobiografía: un soneto acróstico cuya orla lee «Estevan Gonçalez Honor de Galicia» (I, p. 29).

Antes y después de exponer esta concatenación de coincidencias, en el estudio de Bataillon se van trazando aproximaciones entre lo que nos es dado conocer acerca de la personalidad de Bran y la del héroe de la novela. Así, el posible origen hispano-italiano del capitán sería responsable del carácter híbrido de «español trasplantado en italiano y gallego enjerto en romano» (I, p. 32) del personaje, con que el autor gusta

---

[6] Acerca de Bran, cf. ahora nota al texto, Prels.72.

de ironizar. Del mismo modo, cabría establecer una relación entre las ocupaciones profesionales de Bran, proveedor mayor del ejército, y la obsesión omnipresente en Estebanillo por los oficios «tocantes a la bocólica»: pinche, criado de cocineros y colaborador en sus fraudes, explotador de vivanderos y vivandero él mismo a su vez, vendedor de empanadas, aguador, mercader ocasional de limones, etc., actividades todas ellas muy alejadas de las del arquetipo picaresco.

La traza de la mixtificación incluiría, además, que en el retrato de Estebanillo (un espléndido grabado de Vorsterman) se representasen algunos rasgos identificables del verdadero autor. En el cotejo que realiza Bataillon entre este grabado y el del retrato de Bran estima que al menos no existe contradicción, atendiendo a los diferentes ángulos y atuendos con que aparecen los dos personajes. Por último, dentro de la farsa cabría, incluso, el que existiese en la servidumbre de Piccolomini un Estebanillo o Stefaniglio real, fuera o no bufón, sobre cuyos hombros se cargaría burlescamente la responsabilidad de la obra y de cuya experiencia vital se tomaría la materia para algunas de las aventuras relatadas. El autor, en suma, superponiendo experiencias propias y ajenas, lecturas y relatos que oyó contar a otros, ni más ni menos que cualquier novelista, habría creado un personaje en el que todo ello se integra. Pero al pretender que el conjunto pase por memorias auténticas en todo y por todo, la amalgama dejaría entrever sus fisuras y a través de ellas podrá vislumbrarse la auténtica personalidad del autor. Ese era el camino que iniciaba brillantemente el maestro Bataillon, quien concluía augurando la posibilidad de hallazgos importantes, para una solución definitiva del problema, en la investigación documental de archivos españoles, belgas e italianos. Pero siempre a condición de superar la ilusión realista.

> Les situations, relations et occupations d'Estebanillo dans le roman de sa vie devront être analysées en rapport avec les expériences vérifiables de l'auteur supposé, sans prétendre voir dans celles-là des fragments d'autobiographie, mais en traitant celles-ci comme des sources (parmi d'autres) de l'élaboration littéraire de celles-là[7].

---

[7] M. Bataillon, art. cit., pp. 40-41.

4.2. *Unos poemas antifranceses de 1636-1638*

La intuición básica de Bataillon era acertada, según creemos y a continuación veremos[8]. Pero lo que en fechas posteriores ha podido averiguarse acerca del Esteban González histórico, Gerónimo de Bran y las circunstancias de Piccolomini en el momento de publicarse la obra, obliga a corregir en varios puntos los aspectos más particularizados de las tesis del maestro francés. La «mixtificación» no consiste en haber inventado la biografía, incluso con apoyaturas reales, de un bufón; ni su autor pudo ser Bran; ni la finalidad era la de servir como burla críptica para el disfrute de la corte flamenca' del general Piccolomini. El contenido biográfico auténtico del libro puede darse ya por garantizado; pero la cuestión fundamental de la forma literaria de esa biografía y, en especial, su presentación como autobiografía, son aspectos que habían sido planteados certeramente por Bataillon como problemas que no podían tener solución a partir de la fe, o la «ilusión», realista. Con todo, la confirmación de la tesis de la mixtificación, más que de un estudio del círculo flamenco del duque de Amalfi, tendría que venir de la mano de la propia literatura. Parecía difícil que un autor que había dado muestras de una considerable maestría como narrador, y que presume continuamente de sus habilidades como poeta, hubiera limitado sus contactos con las letras al libro de la *Vida y hechos*.

El autor del *Estebanillo* se manifiesta en varias ocasiones como fácil versificador, y alterna su prosa con poemas de muy diverso género y tono. Buen conocedor de los recursos del culteranismo, poco agresivo ya y en su vertiente más vulgarizada, puede utilizarlos con toda seriedad en varias composiciones laudatorias o funerales; pero puede emplearlos también para satirizar sus excesos y reducirlos al absurdo en un soneto que se integra, con evidente retraso, en la polémica antigongorina. En otro registro de todavía menor calidad aparece el rimador interesado por artificios formales como los acrósticos, el eco, o el *tour de force* aún más pueril de

---

[8] Estimamos que las objeciones de F. Meregalli 1979 distan mucho de anular el planteamiento general de Bataillon.

prescindir de una determinada vocal —«la más importante, que es la *o*»— en la elaboración de un romance. La vena a que mejor se adapta el autor-poeta, y el tono de la obra, se encuentra en una serie de composiciones «epistolares» germanescas que siguen de cerca las huellas de Quevedo y cuyo modelo se había popularizado extraordinariamente a través de los romanceros tardíos, los pliegos de cordel o, incluso, el teatro.

Independientemente de su calidad, resultaba improbable que un metrificador de la facundia que exhibe el autor del *Estebanillo* no hubiera compuesto más versos que los que tuvieron cabida en la novela. Una primera corroboración de esta simple hipótesis de trabajo pudo obtenerse al localizar en los índices de la «Colección Salazar», de la Academia de la Historia, la referencia a unos poemas manuscritos entre los que se encontraba uno con el incipit «Dio Fernando entre arreboles». En la comprobación *in situ* fue fácil advertir que efectivamente se trataba de los mismos ovillejos, más completos, que Estebanillo dice haber compuesto con ocasión de una mejoría que experimentó el Cardenal Infante en la enfermedad que poco después le llevaría al sepulcro. Pero más importancia aún tiene el hecho de que ese poema forme parte de un conjunto. Con la misma letra y en el mismo papel aparecen copiadas otras tres composiciones cuyas características formales, al margen de su contigüidad con la impresa en la novela, nos llevan a atribuirlas sin vacilación al autor del *Estebanillo*[9].

El manuscrito forma parte de un volumen en folio donde se reúnen varios escritos, sin unidad cronológica ni temática, que estaban ya agrupados en fecha anterior a 1677, como lo atestigua el Catálogo de la biblioteca de su primer poseedor, impreso ese año[10]. Uno de los textos, el más extenso, está

---

9 Cf. B. Cuartero y Huerta y A. de Vargas-Zúñiga, *Índice de la Colección de Don Luis de Salazar y Castro*, XXXVIII (M 1967), pp. 262-263. El tomo (9/1028 en signatura actual) era el vol. XXIV (N.24) de las «Misceláneas en folio» del Marqués de Montealegre. En la ordenación particular del volumen, los poemas corresponden a los núms. 19 a 23 (60.937-60.940, en el conjunto de la Colección Salazar).

10 Cf. Ioseph Maldonado y Pardo, *Museo o Biblioteca selecta de el Excmo. Señor Don Pedro Núñez de Guzmán, Marqués de Montealegre* (Madrid 1677),

fechado en Bruselas a fines de 1638, y los demás pueden datarse con facilidad en 1636, por tratarse de poemas de circunstancias, «noticiosos», sobre hechos militares bien conocidos de esa campaña, segunda de la guerra hispano-francesa en Flandes.

El primero de los poemas es una larga *Sátira contra los monsiures de Francia,* de enorme ferocidad, inspirada por —y concebida como ampliación a— otro poema muy conocido, el romance de *La toma de Valles Ronces,* o «Jácara al mal francés», atribuido y negado a Quevedo varias veces, y cuyo último editor se inclina a asignárselo definitivamente[11]. El romance quevedesco fue escrito en 1636, año de gran euforia para los frentes militares españoles. En Flandes, tras resistir con éxito al ataque simultáneo de franceses y holandeses del año anterior, el Cardenal Infante invadió la Picardía, tomó varias plazas fuertes y llegó a amenazar con incursiones de la caballería los alrededores de la propia ciudad de París. Estos sucesos llenaron de optimismo tanto a publicistas ilustres (Palafox y Mendoza, Pellicer, etc.) como a oscuros redactores de relaciones y panfletos. Pero *La toma de Valles Ronces* no se limitaba a celebrar con hipérbole las victorias obtenidas; su autor se extiende en ataques personales de gusto dudoso, similares a los de la *Carta a Luis XIII,* contra diversos personajes de la corte francesa entre los que será Richelieu, naturalmente, el que sale peor parado.

También es romance la «continuación» que atribuimos al autor del *Estebanillo González.* Empieza con una dedicatoria o

_____

f. 180 rº: «Sátira contra los Monsiures de Francia que se escrivió en Bruselas, año 1638, fol. 114».

[11] Cf. Quevedo, *Obra poética,* III, ed. J. M. Blecua (M 1971), pp. 455 y ss.; y, ya antes, tras algunas vacilaciones, en la reed. de Quevedo, *Obras completas: I, Poesía original* (B 1968), pp. 1365 y ss. La opinión de otro especialista, James O. Crosby, parece ser negativa, al no incluir la jácara en su trabajo «La cronología de unos trescientos poemas», *En torno a la poesía de Quevedo* (M 1967), pp. 95 y ss.; es de suponer que, dada su fácil datación, el poema habría sido incluido en la lista en caso de considerarlo obra de Quevedo. Cabe señalar, sin embargo, que la prudencia de Crosby es excesiva en alguna ocasión. Fechar, por ejemplo, los tres sonetos contra Richelieu (pp. 133 y 166) entre 1624 y 1642 —años de su ascenso a la privanza y muerte—, es decir muy poco respecto a unos poemas que sólo pudieron escribirse en fecha posterior e inmediata a la declaración de guerra en junio de 1635.

«envío» al «señor de Valles Ronces», es decir Quevedo (o
'Díaz Plantel', si no es su *alias*), donde el poeta se excusa por
la tosquedad de su pluma, achacable a las condiciones bélicas
en que se mueven las musas de Flandes. Sigue, como en *La
toma...,* la narración burlesca de una junta del Parlamento de
París, terminada aquí en borrachera general. La composición
reproduce, y amplía, las alusiones maldicientes a Richelieu y
otros personajes que ya constaban en el poema anterior, pero
incidiendo más en aspectos políticos, sobre todo en lo que
atañe a Flandes.

   La siguiente composición del manuscrito, *A una enfermedad
que tuvo su Alteza del sr. Infante Cardenal en Flandes,* ya nos era
conocida, como indicábamos, por haber sido publicada parcialmente en la novela de 1646 (pp. 173-174). Además de ofrecer alguna lectura diferente, y preferible, a las del *Estebanillo,*
el nuevo texto presenta dos estrofas que fueron omitidas en
1646. Sobre los motivos que pudo tener el autor para abreviar, o censurar, el poema discurriremos más adelante; así
como sobre el hecho no menos significativo de haberse fal-
seado y retrasado en cinco años la verdadera fecha de su composición.

   En el tercer poema, en quintillas, un *Coloquio entre el rey de
Francia y Rochelí,* el autor trata de restar importancia a la
pérdida de Corbie mediante un diálogo que se finge entre
Luis XIII y Richelieu, achacándose el mal suceso a la pasada
enfermedad del Infante, ahora ya restablecido para temor de
sus enemigos.

   El último producto de nuestro poeta, inédito también, cae
dentro del gusto por los virtuosismos formales de que se hace
gala en otros versos de la novela. Se trata de una taracea de
versos conocidos de romances nuevos y viejos, puestos a contribución para narrar en forma muy forzada *La batalla que tubo
el Príncipe Thomás al pasar la rivera de Soma y retira[da] de noche
del Conde de Suayson.*

   El conocedor del *Estebanillo González* advertirá de inmediato la estrecha semejanza en cuanto a léxico, citas literarias,
metáforas y otros procedimientos estilísticos, que existe entre
la autobiografía y los nuevos poemas. Muy especialmente en
el caso de la *Sátira contra los monsiures,* donde apenas hay verso
para el que no se puedan allegar paralelos significativos, que

se multiplican en el cotejo con otros dos romances del libro: el de la despedida a la corte de Bruselas, con el que se cierra la obra (II, pp. 375-379), y el que se supone dirigido al protagonista por boca de una cortesana de Nápoles (II, pp. 275-277). Además de presentar los tres poemas la misma asonancia, en *ú-a,* rara en todas las épocas, y algunos versos idénticos, vemos desplegar ahí todo el vocabulario germanesco, tan grato al anónimo autor, así como varios de los latines y citas literarias que aparecían embebidas en la novela[12].

Si hay algo que pueda sorprender tras el cotejo de los nuevos poemas con la autobiografía es, por encima de cualquier duda sobre la identidad de mano, la extraordinaria fidelidad del común autor a sus procedimientos expresivos, léxico, lecturas y modelos, en los diez años (1636-1646) que median entre el centón sobre el paso de la Somme y la salida del *Estebanillo González.* Aun descontando lo que pertenece a la sombra de Quevedo, siempre presente y prueba en sí misma muy a tener en cuenta, es mucho lo que en nuevos poemas nos queda de específicamente estebanillesco. No puede ser casual la repetición de sintagmas como *trinca que + garatusa,* que nos indujo a error al anotar el pasaje en nuestra primera edición, expresiones como *gentilhombre de la bufa,* que —en trance de elegir— tomaríamos como la más claramente definitoria de la autocaracterización del personaje, o términos léxicos que, como *cancamusa,* pasaban por hápax en el español del s. XVII, al estar documentados sólo en el libro de 1646.

Mayor interés que insistir en la común autoría de los poemas de 1636-1638 y el *Estebanillo,* tiene para nosotros explorar qué consecuencias pueden derivarse del examen de estas composiciones tempranas. Por de pronto, la no inclusión en el texto de la novela de tres de los poemas, y la supresión de estrofas del cuarto, se presta ya a reflexiones nada ociosas, por hallarnos ante un autor que hace gala de utilizar pródigamente materiales de acarreo, cuando de poemas propios se trata. Es obvio, en el primer caso —la simple no inclusión—, que el carácter de poemas de circunstancias, escritos al hilo de

---

[12] Se editan los poemas en el trabajo de J. A. Cid, «Centauro a lo pícaro»..., I, [1974], *Criticón,* 47 (1989), más un cotejo de coincidencias con el *Estebanillo González,* y un estudio que damos aquí muy extractado.

unos sucesos que perdieron pronto toda su actualidad, justificaría suficientemente que su autor prefiriese olvidarlos y prescindiera de ellos en su obra última. Mucho había variado la situación militar el Flandes de 1638 a 1646, con Rocroy de por medio, y recordar glorias pasadas o profecías que salieron fallidas no podía ser grato para nadie.

Pero resulta también revelador, desde otro punto de vista, el hecho de que ni el coloquio sobre Corbie, ni la ensalada contra Soissons ni, sobre todo, la *Sátira* de 1638, se ajustaban en modo alguno a la imagen del bufón que se presenta en el libro de 1646. Tenemos ahí una autobiografía escrita por alguien que aparenta absoluta ignorancia y desinterés por toda cuestión política o histórica que no incida en la simple exhibición de nombres de personajes o escenarios, que demuestran su presencia en uno u otro lugar y su conocimiento personal de los nombrados. De creer al autor del *Estebanillo,* narrador burlesco de derrotas decisivas como las de Leipzig o las Dunas, los ejércitos españoles e imperiales se hallaban en 1646 en situación no menos triunfal que en los día de Nördlingen y Thionville, victorias que se narran —en apariencia— no menos burlescamente. Y sin embargo, lo cierto es que no hubo para las armas de Felipe IV campañas más desastrosas (incluida la de 1643, año de Rocroy) que las dirigidas por Piccolomini en 1645 y 1646. En tales circunstancias, la ignorancia del autor de la autobiografía, preocupado sólo de recordar las glorias del duque de Amalfi al paso que nos divierte, resulta sospechosa, por más que sea consecuente con la finalidad práctica que se exhibe como justificación para escribir. Ya hemos indicado en un apartado anterior (§ 1) que es el propio texto el que deja traslucir una implicación de autor en la suerte de la Monarquía hispánica que no se corresponde con la caracterización del personaje. Pero más sospechosa aún habrá de resultarnos esa aparente ignorancia una vez conocidas otras producciones suyas donde la forma chocarrera no oculta, como no ocultaba en Quevedo, unos conocimientos nada superficiales de la situación interna y de los motivos de fricción que existían en la corte de París, y, sobre todo, el interés por los acontecimientos de una guerra seguida paso a paso. Al presentar a Luis XIII como víctima de las ambiciones y los torcidos consejos de Richelieu, el autor anónimo no hace otra

A

cosa que sumarse a la corriente de propaganda usual entre los tratadistas políticos españoles más mesurados del momento, que deseaban la paz y esperaban lograrla una vez alejado del poder el ministro. El rey francés y su familia, sostenían Vincart y tantos otros, estaría dispuesto a terminar la guerra tan pronto como dejaran de interponerse los espejismos del Cardenal. Hombres de la talla de Quevedo, Pellicer, Miguel de Salamanca, o el propio Olivares, así lo creían, o afirmaban creerlo, y hubieran deseado que fuesen ciertas las palabras puestas en boca del duque de Épernon por el autor de la *Sátira*: «Digo que hagamos paces / con España, si ella gusta». Aunque en los primeros momentos de euforia por los éxitos militares abundaron quienes no se conformaban con menos de reducir a la nada el poder de sus vecinos, lo cierto es que entre las personas con mayores responsabilidades existió siempre conciencia de la propia debilidad.

En otro orden de cosas, los poemas de la Colección Salazar no son tampoco algo aislado, considerados como poesía de sucesos. Las guerras contra Francia desataron un brote tardío de noticierismo versificado que, al amparo de cartas llegadas de la frontera, Italia y Flandes, y de relaciones impresas, llegó a alcanzar desarrollo y difusión muy considerables. Algo de lo que fue esta producción efímera se ha salvado gracias a algunos pliegos sueltos conservados y, sobre todo, a la compilación de los *Romances varios...*, impresos en Zaragoza por Lanaja en 1640[13], con varias ediciones posteriores que amplían y reorganizan su contenido. Figuran ahí tres romances que, como la jácara de Quevedo y la *Sátira* de 1638, toman como referencia el principio del antiguo romance del almirante Guarinos, «Mala la hubistes, franceses», para metrificar en tono triunfal y con lujo de detalles la campaña de Fuenterrabía, el asedio de Valencia del Po, o sucesos de la guerra de Cataluña[14]. A esta última se había dedicado ya otro, «Tremo-

---

[13] Según A. Rodríguez-Moñino hubo ediciones de 1635 y 1636, hoy desconocidas, cf. *Manual bibliográfico de Cancioneros y Romanceros,* III (M 1977), pp. 546-548.

[14] Los dos primeros, «Mala la hubistes, franceses, / en la entrada de Vizcaya», y «Mala la hubistes, franceses, / sobre el sitio de Valencia» en *Romances varios* (Zaragoza 1640), pp. 240-247. Ambos pasan a todas las reediciones posteriores. El tercero, «Mala la hubistes, franceses, / la noche de los ata-

lando sus banderas», sobre sucesos de 1639. En otro romance similar, «Naturales y extranjeros», se trazará una panorámica de las luchas en todos los frentes de la Monarquía, y no faltan otras composiciones dedicadas por entero a sucesos de la guerra en Flandes[15]. En este brote de romances noticieros propagandísticos de los éxitos propios, con denuestos para el adversario, se integran con naturalidad las composiciones que aquí atribuimos a la actividad temprana del autor del *Estebanillo González*. El impacto provocado en la opinión española por los manifiestos franceses de 1635 y los hechos posteriores no tuvo sólo como efecto la publicación de argumentaciones dialécticas, más o menos panfletarias, estudiadas en conjunto y magistralmente por Jover Zamora[17]. Una respuesta más popular y accesible a quienes se veían más directamente afectados por la guerra se nos ofrece en esta clase de literatura o, incluso, en el teatro[18].

Dentro de este común noticierismo enraizado en sucesos de la guerra de los Treinta años, si algo diferencia los romances de la compilación de Lanaja, y los pliegos, de las composiciones manuscritas de la Colección Salazar, ello es el caudal de información y el tono de vivida inmediatez que manifiestan estas últimas. No se trata de «zumo de relaciones, exprimido

---

ques», se agrega en la primera reorganización (véase, por ejemplo, en la ed. de Madrid: Pablo de Val, 1655, pp. 307-312), pero no pasa a la última (Zaragoza: Miguel de Luna, 1663).

[15] «Tremolando sus vanderas / un campo de gente armada», pp. 101-106 en la ed. de 1640; «Naturales y estrangeros / que estáis en Madrid gozando», *ibid.*, pp. 247-250; «El Seteníssimo Infante, / que por sus hechos y hazañas», *ibid.*, pp. 277-285. Los tres pasan a las eds. siguientes, que añaden por su parte otras composiciones del mismo carácter sobre acontecimientos más tardíos. Varias de ellas tuvieron, posiblemente, una difusión anterior a través de pliegos sueltos. El libro de M. C. García de Enterría, *Sociedad y poesía de cordel en el Barroco* (M 1973), enumera no menos de seis pliegos con romances, o décimas, sobre las guerras de Flandes entre 1635 y 1641 (pp. 291-2 y 297), y pueden añadirse otros.

[16] Véase, como ejemplo, una composición feroz y, curiosamente, en español, *La musa correa o estafeta de Madrid,* incluida con paginación aparte al final de *L'Apollon ou l'oracle de la Poésie Italienne et Espagnole* (París 1644) de P. Bense Dupuis.

[17] J. M. Jover, *1635. Historia de una polémica y semblanza de una generación* (M 1949).

[18] Cf., por ejemplo, a propósito de la batalla de Nördlingen, *infra,* nota VII.2.

de corrillos», que diría Quevedo; el autor revela una familiaridad con lo que refiere muy distante de lo que se bebe en fuentes impresas. Puede pensarse, incluso, que tenía acceso a informes diplomáticos, donde no era raro que se acogiesen rumores maldicientes sobre Richelieu y la familia real francesa. Debe señalarse, por otra parte, que son poemas escritos en el mismo frente de batalla, y puede suponérseles una finalidad práctica con vistas a movilizar los ánimos y las conductas al hilo de los sucesos de la campaña. Más claramente dicho, la instigación de estas composiciones o la finalidad del poeta, o ambas cosas, pudieron muy bien tener una inspiración oficial, o «para-oficial», como la tuvo una buena parte de la obra de Quevedo.

Veamos ahora cuál pudo ser el motivo de la supresión de dos de las seis estrofas dedicadas a la enfermedad de don Fernando de Austria. Vaya por delante el advertir que en la novela se falsean las verdaderas circunstancias de su composición. Se dice en el *Estebanillo* que los versos fueron compuestos con ocasión de una leve mejoría que experimentó el Infante pocos días antes de morir, es decir, en noviembre de 1641. Es de notar que en muy pocas páginas (II, pp. 144-178) se incluyen cuatro poemas, uno de ellos muy largo (II, pp. 156-165), dedicados al Infante, de suerte que este deseo de acumulación de loores puede explicar la inclusión, junto a los otros, del que nos ocupa. Pero Estebanillo insiste en que la enfermedad que trataban de conjurar sus versos es la que acabó con la vida del hermano de Felipe IV. El poema, sin embargo, fue compuesto con motivo de otra enfermedad muy anterior: la misma sobre la que dialogan Luis XIII y su ministro en el siguiente poema del manuscrito, y donde ya se le da por completamente restablecido. Las circunstancias en que enfermó el Infante en esa ocasión se hallan ampliamente documentadas por Vincart al final de su *Relación* de la campaña de 1636:

> En el principio del mes de Nouiembre S. A. cayó malo, lo qual entristeció mucho a todos sus ministros y criados, y dio gran temor a todo el pays; por quanto la villa de Arras estaua muy inficionada, y que el aire corrupto podía mesclarse con su enfermedad [...] Pero nunca quiso S. A. apartarse de su armada mientras el Rey de Francia quedaua junto a la suya,

El Cardenal Infante. Grabado sobre retrato ecuestre de Rubens. G.
Gevaerts, *Pompa introitus Ferdinandi... (ca.* 1640).

no quiriendo retirarse él primero. Tan grande era el celo de S. A. al seruicio del Rey su hermano y al bien del pays que ni la inficion de aire, ni la enfermedad, ni el peligro de la muerte le podían hacer apartar de su exército [...]. Todos hacían votos al cielo, y suplicauan a Dios fuesse seruido de no quitarles la esperanza de su felicidad, que consistía en la presencia de S. A., la qual les ponía delante de los ojos la presencia de su Rey, y porque echauan de ver que Dios daua su bendición y felicidad a sus disignios y entrepresas, y vitoria a sus armas.

En fin, esta salud de S. A. fue con tanta deuoción pedida a Dios, con tantas lágrimas y ruegos, que fue seruido de bolvérsela muy entera, con infinita alegría de todos. Luego que S. A. estuuo con salud, fue informado por auisos del secretario Vincart que a los quatro de Noviembre el exército holandés se hauía retirado de la campaña[19].

Es decir, el Infante se hallaba ya restablecido al final de la campaña, como dice el poema, y su dolencia había inspirado, en efecto, muy serias preocupaciones. En cuanto a la enfermedad definitiva, cinco años después, Vincart no habla, naturalmente, de ninguna final mejoría en su *Relación* de los sucesos de 1641, sino de simples agravamientos.

Como Estebanillo dice haber estado tres años al servicio de don Fernando (que en realidad son sólo dos, pues entra en su casa tras la partida de Piccolomini a Alemania a fines de 1639[20]), el autor no podía justificar la composición del poema en su verdadera fecha. En 1636 el personaje era todavía un vivandero en quiebra, protegido a lo más por simples capitanes; y, si el autor quería difundir un poema de esa época, no le cabía más remedio que alterar el momento de su creación. Es lógico que, además de la vanidad del poeta, no quisiera prescindirse de insertar un poema que podía servir como certificación de «servicios particulares» prestados al Infante; esos servicios son los que el personaje esgrimirá en Zaragoza en su entrevista con Felipe IV.

La evidencia de esta flagrante «mixtificación» parcial nos ilustra algo sobre las manipulaciones a que la urdimbre de la elaboración literaria fuerza al autor. Por una vez, un testigo

---

[19] Vincart, *Relación... 1636,* pp. 79-80.
[20] Cf. *infra,* notas VIII.47 y X.128.

«de vista y conteste» de los alegados por Estebanillo en su prólogo, y no previsto por él puesto que se trata de su propio Cide Hamete, testifica en contra de la entera veracidad de que blasona al quererse distanciar, en tanto que hombre de carne y hueso, de Lázaro, Guzmán o Pablos.

Si se repara en las dos estrofas que no pasaron a la novela, se advierte en seguida que eran las únicas que contenían alguna información precisa sobre hechos sucedidos en 1636 o próximos a ese año. En la primera se menciona a Dola, capital de la Borgoña ligada todavía a los Habsburgo españoles, que había salido airosa del asedio puesto por Condé el viejo unos meses antes. Sobre este éxito, uno de los más sonados de la campaña, se escribieron varias relaciones y el nombre de la ciudad sirvió, incluso, para una agudeza verbal en la jácara de Quevedo («¿A *dó la* que se me esconde?»). En cambio en 1646, y ya en 1641, la situación de Borgoña era desesperada y la mención del valor de Dôle, además de inactual, resultaba inoportuna. Se dice también que «...al fin de la campaña / venció al mal la mejoría...», aludiendo a la enfermedad del Infante, como así fue en 1636; pero en 1641 no hubo mejoría alguna y, además, la campaña se prolongó bajo la dirección de Melo, después de muerto el Infante, en pleno invierno durante varias semanas. La segunda estrofa eliminada se refería a triunfos sobre los suecos; pero Nördlingen, reciente todavía en 1636, quedaba ya muy lejana en 1641. Por otra parte, los españoles no habían tenido desde 1634 ningún enfrentamiento directo con Suecia, que hasta el fin de la guerra cargó exclusivamente sobre la otra rama de la casa de Austria. En conclusión, las supresiones tampoco aquí son casuales y nuevamente nos hacen advertir que el autor prestaba considerable atención a los detalles mínimos de la verosimilitud de su relato, incluso cuando deliberadamente falsea la realidad.

4.3. *Dos poemas épicos sobre las guerras de Flandes (1640-1643)*

Los poemas panfletarios de 1636-1638 permitían comprobar, con plena seguridad a nuestro juicio, que *La vida y hechos* no era la primera ni la única obra que salió de la pluma del autor. Seguíamos ignorando quién fuera ese autor, puesto que los poemas no aparecen firmados ni atribuidos. Es muy posible que las cuestiones de autoría no tengan tanta importancia como cierto tipo de indagaciones en torno, por ejemplo, a la paternidad del *Lazarillo* o del falso *Quijote* pudiera hacer creer; pero no son tampoco tan irrelevantes como se sostuvo hace algunas décadas, y también ahora en determinadas escuelas de crítica literaria que abominan de todo lo «extratextual», en donde se incluiría —al parecer— el conocimiento de la personalidad individual del autor. En la medida que ese conocimiento tiene innegable interés para la propia comprensión del texto como estructura significante, decidimos apurar las posibilidades y emprendimos la lectura de todas las obras españolas impresas o escritas en Flandes, con 1630 y 1660 como límites, que nos eran accesibles. No fue necesario llegar muy adelante en la exploración: al leer *La feliz campaña* (Bruselas 1643) de Gabriel de la Vega tuvimos el convencimiento de estar ante el mismo escritor que dio forma literaria al *Estebanillo González*, y corroboramos ese convencimiento con el cotejo de otra obra anterior del mismo Gabriel de la Vega, el *Libro de la Feliz Vitoria* (Amberes 1640)[21]. No es fácil, sin embargo, objetivar esa convicción dado que la «prueba» se halla únicamente en la lengua y el estilo, y no contamos siquiera con una pequeña evidencia «documental», que en el caso de los poemas antifranceses de 1636-1638 —y sin ser concluyente por sí sola— vendría dada por la inclusión en el *Estebanillo* de uno de los textos. Se imponen, pues, algunas aclaraciones previas.

---

[21] *Libro de la Feliz Vitoria del Enqventro del Redvto de Santa Ana, Compuesto por Gabriel de la Vega, Escribano del Rey nuestro Señor, y natural de la Ciudad de Málaga: Dedicado a Don Iosepe de Saauedra [...]* (En Amberes, en casa de Henrico Aertssens. Año 1640); se conoce un ejemplar único, conservado en la Biblioteca de la Universidad de Gante. *La Feliz Campaña y los Dichosos Progressos que tuuieron las Armas de su Magestad Catolica el Rey Don Phelipe quarto en estos Payses Bajos el año de 1642, siendo gouernadas por el Excmo. Señor Don Francisco de Mello, Marques de Tordelaguna. Compuesta por Gabriel de la Vega, escriuano público aprouado por el Rey nuestro Señor y Señores de su supremo y Real Consejo, y natural de la Ciudad de Malaga. Dedicada a Don Iacinto de Vera y Moscoso [...], M.DC.XLIII.* Aunque no figura el lugar de impresión, Peeters-Fontainas (*op. cit.*, núm. 684) lo considera edición de Bruselas. Conocemos tres ejemplares, B. N. Madrid (R/3.699 y R/8.158) y B. N. París (Yg. 1511), en dos de los cuales abundan las correcciones manuscritas de mano, indudablemente, del autor.

LA FELIZ
CAMPAÑA
Y LOS DICHOSOS PROGRESSOS

Que tuuieron las Armas de su Magestad Catolica el Rey Don Phelipe quarto en estos
Payses Bajos el anño de 1642. siendo
gouernadas por el Ex.mo Señor
Don Francisco de Mello,
Marques de Tordela-
guna.

Compuesta por Gabriel de la Vega escriuano publico apro-
uado por el Rey nuestro Señor y Señores de su supremo,
y Real Consejo, y natural de la Ciudad de Malaga.

DEDICADA

A Don Iacinto de Vera y Moscoso, Sargento
Major, General de Batalla por su Magestad, y Coronel de vn Regimiento de la Armada de la Alzaçia.

M. DC. XLIII.

Los fundamentos y la práctica del formalismo y la estilística literaria, en lo que tienen de teoría sólida e independientemente de la variedad de escuelas, conducen de modo obligado a la conclusión de que existen estilos individuales, recono-
cibles y susceptibles de ser diferenciados y definidos, incluso
en términos cuantitativos. Esa «teoría», sin embargo, suele
hacer quiebra cuando se trata de aplicarla a obras y problemas
concretos, y más a medida que nos alejamos de la literatura contemporánea, en donde la propia competencia lingüística del estudioso proporciona un fácil e inmediato punto de
referencia. En fases anteriores, y enfrentados a una lengua
literaria que no es la nuestra, lo habitual es que, ante los problemas de autoría que se plantean a menudo en la literatura
clásica española, la decisión se deje prudentemente en suspen-
so. Es también norma que críticos que cuentan en su haber
con lustros de dedicación al estudio de un determinado autor
renuncien a todo juicio sobre ciertos casos fronterizos de
obras cuya adscripción al *corpus* del autor no está autentificada
o concluyentemente descalificada por evidencias externas[22].
Siempre que de estudios responsables se trate, cuando se
avanzan hipótesis basadas en rasgos estilísticos acostumbra
darse por sentado que el único argumento definitivo lo será
en última instancia la prueba documental; no la del estilo. Es
raro todavía hoy, incluso, que se planteen hipótesis basadas
primariamente en coincidencias de lengua o estilísticas: el
punto de arranque en las atribuciones de obras de autoría dis-
putada suele estar más bien en coincidencias de «contenido» o
elementos referenciales[23]. No es mucha, pues, la diferencia

---

[22] Sirvan como ejemplo R. R. MacCurdy, *Francisco de Rojas Zorrilla: Bibliografía crítica* (M 1965) y M. Fernández-Nieto, *Investigaciones sobre Alonso Remón*
(M 1974).

[23] No son excepción diversos trabajos de M. de Riquer sobre el *Quijote* de
Avellaneda, en especial *Cervantes, Passamonte y Avellaneda* (B 1988), en los que
la lengua y el estilo juegan un papel sólo secundario en la argumentación.
Paralelismos de estilo son aducidos también —no siempre con excesivo rigor— en la actual discusión sobre la autoría de *El burlador de Sevilla*. Cf., por
ejemplo, L. Vázquez, «Andrés de Claramonte (1580?-1626), la Merced, Tirso
de Molina y *El burlador de Sevilla...*», *Estudios*, 151 (oct.-dic. 1985), pp. 411-
418 en especial; y A. Rodríguez López-Vázquez, «Aportaciones críticas a la
autoría de *El burlador de Sevilla*», *Criticón*, 40 (1987), 5-44, entre otros trabajos
de los mismos autores.

respecto a los años en que surgían multitud de candidatos a
Avellaneda y a autor del *Lazarillo,* con trabajos que en más de
una ocasión contribuyeron a un merecido descrédito del simple hecho de plantearse este tipo de cuestiones.

La negación práctica, en la historia literaria, de la realidad
del estilo, en tanto que categoría individualizadora o distinti-
va, tendría una primera justificación en el hecho de que no
sólo hay estilos individuales. Existen rasgos estilísticos propios de un estado de lengua, de una época, de un género literario o de una escuela, que son compartidos por una plurali-
dad de escritores. Súmese a ello la injustificada extensión que
en nuestro ámbito se ha producido de los criterios aplicados a
la determinación de la autoría y la cronología de las obras del
teatro clásico, a partir de los fundamentales trabajos de Morley y Bruerton. Pero el indudable éxito obtenido con los métodos «mecánicos», basados en el análisis de la preferencia por
determinados esquemas métricos o en la elección de la no-
menclatura de los personajes de la comedia, no tiene por qué
presuponer la renuncia a tener en cuenta los rasgos de estilo
«conscientes» como llegaron a postular los creadores del método[24]. El deslumbramiento ante una aproximación tal vez
gratificante —aunque muy modesta— de los estudios literarios a las ciencias «exactas»[25], se traducía en la renuncia expresa a delimitar lo más característico del estilo de la comedia, es
decir, la utilización consciente de recursos de la lengua litera-

---

[24] Morley y Bruerton afirman, por ejemplo: «El estilo no ha demostrado
ser una buena guía para demostrar la autenticidad», o «Es difícil el utilizar el
estilo como criterio para distinguir las comedias de Lope», etc., *Cronología de
las comedias de Lope de Vega* (M 1968), 433, 452, y constantes alusiones del
mismo tipo. En un trabajo teórico anterior, sin embargo, S. G. Morley escribía que «Style is an absolute criterion of authorship», y lo consideraba
como criterio «infalible»; el problema está en la capacidad del crítico para
detectarlo: «Style becomes a standard as dubious as the critics who interpret
it are various in their ideas; the fault, however, lies not in the standard, which
is infallible, but in the knowledge of the critics, which is incomplete»; en
consecuencia, «the fact is that style alone, however infallible in theory, can
never be accepted as proof positive by the common run of men» («The De-
tection of Personality in Literature», *PMLA,* XX, 1905, pp. 305-321).

[25] Recuérdese la «tesis principal» de Morley y Bruerton: «El arte de un
escritor puede ser considerado como un crecimiento natural, y estudiado de
la misma manera que un botánico estudia el desarrollo progresivo de una
planta», *Cronología...,* p. 12.

ria al servicio de una voluntad artística, en favor de unos rasgos que ofrecían la ventaja de una fácil cuantificación. Sin negar la validez de los rasgos secundarios y en alguna medida inconscientes como aquellos en los que el escritor puede revelarse más fiel a sí mismo y distinto de sus contemporáneos[26], es fácil advertir la autolimitación a que conduce ese escepticismo ante el estilo como realidad investigable: a tomar como únicos rasgos individualizadores «verificables» manifestaciones tan adjetivas, en el fondo, a la obra literaria como el porcentaje de versos de redondilla que utiliza Lope en determinada época. Es cierto que el modelo particularmente rígido y hasta cierto punto desindividualizador de la comedia clásica, junto a otros problemas de su escritura y transmisión (refundiciones de mano propia o ajena, intervención de los directores de compañía, actores e impresores en los textos, obras escritas en colaboración por varios «ingenios», etc.), hacen de ella un género anómalo y justifican las precauciones de Morley y seguidores, y sus renuncias. Pero no hay que confundir las generalizaciones que sobre el estilo de Lope podían hacer Menéndez Pelayo o Cotarelo (que, dicho sea de paso, acertaron en varias ocasiones) con la imposibilidad de caracterizar estilos individuales, incluso en la comedia.

La evidencia de que en cada autor existen determinados usos y preferencias léxicas o sintácticas que no coinciden con las de sus coetáneos, y el hecho de que el repertorio de citas, clichés, alusiones literarias o cultas, o, incluso, de metáforas, es limitado y diferenciable en frecuencias relativas y por su verbalización o forma de adecuarse al contexto, son realidades que no se anulan por la innegable dificultad de definirlas en términos numéricos. El uso de la «evidencia interna» para resolver problemas de autoría no tiene por qué adolecer del subjetivismo que parecía fatal a Morley; al menos hace ya tiempo que en otros ámbitos se han desarrollado teorizacio-

---

[26] La comprobación de que el rasgo secundario puede revelar la identidad del creador con mayor seguridad que lo más evidente y a la vez, por tanto, susceptible de ser imitado o plagiado, fue ya aplicada con resultados sorprendentes por estudiosos de la pintura europea a fines del siglo XIX. Cf. C. Ginzburg, «Spie. Radici di un paradigma indiziario», en A. Gargani ed., *Crisi della ragione* (Torino 1979), pp. 59-106.

Judas

nes y métodos consecuentes con la creencia ya antigua de que no sólo «le style c'est l'homme» sino que también, a veces, traiciona al hombre que escribe[27].

En el caso que aquí nos afecta no se trataba de establecer métodos estadísticos de ningún tipo. Para ello, en primer lugar, faltarían en el campo hispánico las herramientas indispensables: no existe nada similar a unas hipotéticas codificaciones de la 'norma de la lengua literaria del siglo XVII' que sirvieran de término de comparación, pero tampoco léxicos de autores en número y calidad suficientes, o diccionarios sobre campos semánticos o imaginería que sean dignos de ese nombre; el mismo *Diccionario histórico* del español, insustituible como punto de partida, alcanza todavía a una parte mínima del repertorio de la lengua. Por otra parte, y para el propósito que aquí nos guiaba, no era necesario obtener una «definición» de los estilos del *Estebanillo* y los libros de Gabriel de la Vega sino una simple descripción de coincidencias que resultasen significativas frente a la lengua, y a la lengua literaria, común. El problema consistía en determinar cuándo una coincidencia es, en efecto, significativa y no mera impresión subjetiva; y para ello nos atuvimos a un método artesanal. La falta de término de comparación fue suplida con la lectura y anotación del mayor número posible de obras contemporáneas de géneros literarios distintos, incluyendo la práctica totalidad de novelas que son accesibles en edición moderna, un número crecido de piezas teatrales —cercano a los dos millares de comedias—, y muestras amplias de la poesía satírica, la épica culta y la prosa histórica y de relatos de sucesos. Se trataba de confirmar una hipótesis previa, y el punto de partida estaba en el principio de que basta un número limitado de recurrencias significativas, sea como rasgos privativos o de frecuencias anómalas de combinaciones complejas de elementos, para detectar la identidad de mano en los escritos de un autor.

---

[27] Cf., como ejemplo, los trabajos del simposio «Attribution by Internal Evidence», celebrado en 1957, y publicados entre 1957 y 1959 en el *Bulletin of the New York Public Library,* con discusiones y réplicas de interés acerca de la validez de diversos métodos de determinación de autoría, y abundantes referencias bibliográficas.

Veremos en primer lugar algunos usos léxicos en el nivel de la palabra aislada, ampliando en algún caso la información que damos en notas al texto:

desistir. Ya indicamos (notas V.232 y XI.224) la rareza del uso transitivo de este verbo con el sentido de 'arrojar' o 'disipar', hasta el extremo de que Cuervo sólo pudo hallar un ejemplo seguro[28]. Este empleo hubo de sorprender incluso a los impresores de la edición de 1655, que sustituyeron en una ocasión *desistía* por *destilaba*. Por lo mismo sorprende su frecuencia en el *Estebanillo* donde existen hasta cinco casos:

> Viendo las crecientes de llantos que *desistía* por sus ojos (I, p. 273); Después de haber *desistido* el temor y olvidado el peligro (I, p. 281); *Desistí* los vapores de la cabeza y quedé libre del dolor y borrachera (II, p. 101); Salí a *desistir* pesares y a buscar mi vida (II, p. 179); Al salirme a tomar el aire por *desistir* el gran bochorno (II, p. 286);

y hallarlo repetido otras cuatro veces en Gabriel de la Vega:

> No el mirarlos el Conde superiores / le *desistió* la gana de rompellos *(FC,* V 61); Hizo al contrario que el furor *desista (FC,* IV 99); Lluvias *desiste,* rayos los arroja *(FV,* II 13); *Desistiendo* a racimos las estrellas / y arrojando los soles a manojos *(FV,* III 35).

cotejar. Un uso anómalo, no registrado en los diccionarios, de este verbo nos llama la atención en el *Estebanillo:*

> Quedara yo muy desairado y no se estimara mi caballería si pagara a mis acreedores, porque no tuviera quien me *cotejara* a todas horas ni quien se acordase de mí en todos tiempos (II, p. 182); Venían todas las noches muchos caballeros navarros [...] a *cotejarle* y entretenerse (II, p. 343, y cf. nota XII.193).

---

[28] *Diccionario de construcción y régimen de la lengua castellana,* II (París 1893), s.v. El ejemplo procede de Moreto: «Os advierto que en secreto / desistáis la pretensión» *(El lindo don Diego).* Sólo podemos añadir otros dos ejemplos de Lope de Vega: «Yo el rendimiento desisto», *Querer más y sufrir menos* (ed. Acad. N., IX, p. 59); «—¡Oh, Vireno!, ¿dónde bueno? / —A desistir el veneno / que aquella sierpe me da. / —¿Aun está por desistir?», *Los amores de Albanio...* (Acad. N., I, p. 25).

Se trata de una probable extensión del significado jurídico del verbo, que parece hacerse equivalente a 'cortejar'. Así se enmendó, en el primer caso, en las ediciones desde el siglo XVIII y la forma *cotejara* ha sido unánimemente considerada errata por los comentaristas modernos: Jones estima que el texto está «wrongly» impreso, Millé corrigió el texto (aunque anota la lectura original de la 1.ª ed.), y nosotros en nuestra primera ed. suplíamos la *r* entre corchetes. Es muy posible, sin embargo, que no exista tal errata, y, en todo caso, se trataría de una «errata» que aparece repetidamente en Gabriel de la Vega:

> Esto sí que es andar muy *cotejado,* / mas no de aduladores y truhanes *(FC,* II 9); Va a su querida esposa *cotejando* / y a toda aquella corte agasajando *(FC,* VIII 48); Y siendo hoy Numa de estos pavimentos / se ufana en *cotejar* merecimientos *(FC,* VIII 60); Y quién este *cotejo* no ha aplaudido, / que a tal esposa tan galán marido *(FC,* VIII 49); Pues dejando el *cotejo* de su esposa / festejó su Excelencia a su hermosura *(FC,* VIII 61).

descoger. El sentido del verbo es 'desplegar', 'extender', pero Estebanillo lo usa como sinónimo de 'escoger':

> Contónos el patrón que [...] todos los carneros que conducen a aquel puerto los tienen adestrados a huirse en viéndose sueltos y volverse a sus casas; y que *descogen* los mozos más ligeros de aquella cercana villa para venirlos a vender (I, p. 81).

No conocemos en la lengua clásica otros ejemplos de este uso, exceptuando los de los poemas de Gabriel de la Vega:

> De los más valerosos y alentados / *descogió* cuatro en cada compañía *(FV,* III 10); Y que lo menos es salir premiado [...] / con una *descogida* compañía *(FC,* III 71); Hízole capitán de cien leones / de la más *descogida* infantería *(FV,* III 52).

antepresa. La palabra no aparecía registrada en los diccionarios. Su inclusión en el *Dicc. histórico,* con el sentido de 'ataque por sorpresa', cuenta únicamente con la autoridad de dos pasajes del *Estebanillo* (I, p. 246, y II, p. 27) y otros de *La feliz campaña* de Gabriel de la Vega. Cf. tres ejemplos en las notas V.117 y VII.79, y añádanse:

> A Iulies echa escalas porque arguye / ser *antepresa* de muy gran provecho; / pero fue descubierto y fue sentido, / y retiróse triste y afligido *(FC,* VII 57); Que el Sueco con furia cual francesa / hiciera algún perjuicio o *antepresa (FC,* VII 52).

reculta. El pasaje del *Estebanillo* —«Traté... de hacer *reculta* de doblones» (II, p. 116)— evidencia que la palabra es sinónima de 'recluta', aunque parezca proceder de una adaptación del it. *ricolta.* El término *recluta* coexiste en el español de Flandes con *recruta* (< fr. *recrue)* y aparecen ambas formas en infinidad de textos; *reculta,* en cambio, no la encontramos en ningún otro texto (aunque la registre el *Diccionario* de Sobrino, de 1705[29]), con la excepción de dos pasajes de Gabriel de la Vega:

> Supo que Francia tiene gran *reculta* / y que llegaba ya con osadía / a arbolar estandartes y banderas *(FC,* VI 29); En todo presto, en todo presuroso, / hizo *recultas* a su infantería *(FC,* VI 52).

garrama. A pesar de la opinión de Corominas en contra, no faltan los textos que atestiguan que la palabra sí tuvo uso en castellano y que el sentido originario es el de 'tributo' o exacción de los países musulmanes, pero aplicable también fuera de ese ámbito[30], antes de pasar a usarse como «voz semijergal aplicada a los hurtos de los gitanos» (sentido en el que aparece

---

[29] En la edición aumentada del *Dicc.* de Sobrino (Amberes 1776) *reculta* y *recultar* aparecen ya sustituidas por las formas actuales. Verdonk *(op. cit.,* p. 143) considera *reculta* y *recultar* como «formas algo raras» que se deberían a una metátesis por influjo, acaso, del adj. *culto.* Creemos preferible suponer interferencia del it. *ricolta.*

[30] Además de los textos de Covarrubias y Mármol alegados ya por el *Dicc. Auts.,* cf. Lope de Vega: «Criado del Turco soy / que te cojo la garrama», *Los milagros del desprecio,* I, (Acad. N., XI, p. 6), y la *Vida y trabajos* de Gerónimo de Pasamonte: «Veníamos la vuelta de Nápoles, y antes de llegar nos vino orden para alojar en los casales de Montecorvino, para acabar de hacer la garrama» (cap. 51).

empleado por Cervantes). En la acepción figurada de 'dádivas' («habiendo juntado muy buena garrama») que Estebanillo obtiene en la corte de Bruselas (II, p. 182), está implícita la idea de 'tributo', y un uso figurado análogo vemos en Gabriel de la Vega:

> Cobraron en cristales la *garrama* / los ríos que de el mar son sostitutos, / que como escuchan que anhelante brama / le llevan [a] avenidas los tributos *(FC, VII 26).*

Se halla en el *Estebanillo* la rara denominación de *arrianos* para aludir a los protestantes alemanes, en asociación con *calvinos* por 'calvinistas' (que tampoco hemos hallado fuera de Quevedo y, siempre, en juegos de palabras con 'calvo')[31]:

> Hallé una almadraba de atunes suecos, un matadero de novillos *arrianos* y una carnecería de tajadas *calvinas* (I, p. 316);

las mismas denominaciones reaparecen en Vega:

> Pues de modo en seguirlo persevera / que si algún Rochelés no le amparara / a pesar de *calvinos* luteranos / el infierno colmara de *arrianos (FC, VII 44).*

Otras palabras o acepciones no habituales en las que coinciden el *Estebanillo* y los poemas de Vega quedan registradas en notas al texto y se estudian en trabajo especial[32]. Más reveladoras aún pueden resultar las coincidencias en el uso de imágenes que implican combinación de varios términos; la posibilidad de cotejos aumenta siempre que en el *Estebanillo* el estilo pasa de lo coloquial a lo culto. Así, unos versos de Vega,

---

[31] A propósito de *calvino,* que aparece también en la *Sátira contra los monsiures de Francia,* de 1638, cf. J. A. Cid, «Centauro a lo pícaro...», *Criticón,* 47 (1989). El único ejemplo que en otros textos hemos hallado de algo similar, pero con los nombres propios y no los adjetivos, procede de Pérez de Montalbán: «...Hallan / los sectarios de Calvino, / Arrio y Lutero ocasión / de ejecutar sus designios» *(Ser prudente y ser sufrido,* III, BAE XLVIII, p. 581).

[32] Cf. J. A. Cid, 1978, para *aajar, allegar* (por 'llegar'), *esguazar, ribombar, caramesa, surtida,* etc.

> Hechos cancros de mar, cisnes de pino,
> cerúleas ondas tersas escarchaba,
> y en campañas de sal abrió camino
> la portátil ciudad, con que marchaba
> con muletas de palo, alas de lino,
> armiños y cristales tropellaba *(FV,* IV 55),

recuerdan muy de cerca a un pasaje de la novela donde el propio narrador advierte que cambia el tono de su prosa:

> Andando, como dicen los poetas,
>> entre rumbos de cristal
>> rompiendo cerúleas ondas,
>
> y fatigando, con pies de madera y alas de lino, campañas de sal y montes de armiños, cogimos diez y siete caramuzales y una urca (I, pp. 73-74).

En este texto del *Estebanillo* debe señalarse, junto a los versos que se anuncian como tales, la presencia más que probable de otros cuatro hexasílabos, de los que los primeros («con pies de madera / y alas de lino») son simple variante del penúltimo de la octava de Vega que hemos transcrito. Una imagen más próxima aún a la formulación de este último, de las dos que, en ambos casos, designaban los remos *(muletas de palo ∼ pies de madera)* reaparece en la novela, aplicada a la nave *(burra de palo,* I, p. 221).

La expresión figurada que realza con metáforas el significado de términos usuales es frecuente en el *Estebanillo,* y se producen ahí varias veces paralelos significativos con las obras de Gabriel de la Vega. Así, la cumbre del monte cubierta de nieve o de nubes sugiere al autor la imagen del 'turbante', lo que por sí sólo no sería muy original (cf. nota VIII.43), pero al hallar la asociación repetida en combinación con otros términos *(celaje* y *pluma ∼ plumaje)* sí la creemos evidencia de la identidad de mano. En el poema de Vega:

> Pasamos entre trémulos boscajes
> el que Anamur por Calpe lo confiesa,
> que por barrer el cielo sus *plumajes*
> amorosa la Musa sus pies besa,
> cuyos *turbantes* llenos de *celajes*
> son a los dioses deleitable mesa *(FC,* VI 3);

y en el *Estebanillo,* en dos pasajes distintos:

> Después de haber descubierto con *turbantes* de nubes y *plumas* de *celajes* el altivo y celebrado Etna... (I, p. 84); Entró el proceloso hibierno, coronáronse los montes de escarchados *turbantes...* (II, p. 112).

En la misma descripción del invierno a que pertenece la segunda cita hallamos otras imágenes que tendrán su exacto paralelo. En el *Estebanillo:*

> Vistiéronse las sierras de tersas alcandoras, y el *tirano de las flores y bandolero de las hojas* asaltó el bosque y combatió la selva (II, p. 112).

Ese *tirano de las flores y bandolero de las hojas* en alusión al cierzo es imagen grata a Gabriel de la Vega:

> Madruga el loco almendro, y por albores / pavesadas se pone de jazmines [...] / Llega el cierzo, *tirano de las flores,* / y a sus principios da infelices fines *(FC,* VII 1); Cuando el *tirano de la primavera* / le usurpaba el tapete de las flores *(FC,* I 2); Sopla el cierzo francés, *viento tirano* [...] / flores y *hojas* llegan al verano / y como son sus ramos varoniles / aunque el cierzo le sigue y es astuto, / ni le quita la flor ni *roba* el fruto *(FC,* VII 3); El árbol más bizarro lo despoja / este fiscal y asombro del invierno / marchitando y *robándole la hoja* / que en el verano fue sombroso terno; / *libreas de esperanza* las arroja / por mostrar el rigor de su gobierno... *(FC,* VII 27).

Las *libreas de esperanza* que Vega aplica a las hojas que cubren los árboles se corresponden también con las *tersas alcandoras* de la nieve. Pero la misma imagen aparece con más estrecho paralelismo en otros pasajes de la novela:

> Quiso mi dicha que [...] llegase la primavera [...], la cual, dando *esmeraldas* a los prados, *librea* a las selvas y *esperanza* a los montes, animó las flores, resucitó las plantas y enamoró a las fieras (II, pp. 168-169); Me cubría de yerba [...], me quedé cubierto el cuerpo de *esperanza* (I, p. 311); Ni se vistan los prados de *esperanza* (II, p. 372);

y nótense en Vega, además del ejemplo citado, los siguientes:

> Ya monsur de Gramon daba matices / a la verde *esmeralda*
> con claveles *(FC,* IV 85); Después que sus pistolas y arcabu-
> ces / dieron rojas *libreas* a los llanos *(FC,* IV 59); Al prado ya
> de flores cambiante / por aajar su *librea* de colores / daba en
> tapetes de floridos mayos... *(FC,* II 58).

Otra imagen, la que en el *Estebanillo* describe «con elegancia campanuda» un río:

> Llegué a Ruán, cabeza de Normandía, a quien la caudalosa
> Sena, después de haber sido *cinta de plata* de la gran corte de
> París, es *tahalí escarchado* desta rica y poderosa villa (I, p. 247),

tiene correspondencia estrecha en el *Libro de la Feliz Vitoria,*
de Vega:

> Un diluvio de sangre Holanda aborta / y el murmurante
> arroyo lisonjero / en roja banda que el cristal dilata / convier-
> te el *tahalí* que era *de plata (FV,* III 13);

variada con aún mayor cercanía formal en:

> Mucho término el dique se dilata, / y cuando el mar su *costa*
> lisonjea / de sus enaguas es *galón de plata* / y *cenefa* del lecho de
> Amaltea *(FV,* IV 20),

en relación con otro pasaje de la novela:

> Pudiéndome parir muy a su salvo en las *cenefas* y *galón de
> plata* de la *argentada orilla* del celebrado Tíber (I, p. 34).

Claro es que *cenefa* en el sentido figurado de 'margen'
tenía ya su antecedente en Góngora, pero no lo hemos hallado en combinación con otros términos metafóricos análogos
ni en Góngora ni en otros autores. Nótense, además, otros
ejemplos de la misma imaginería, siempre que Vega quiere
realzar la descripción de un río, el foso de una plaza fuerte, o
hasta un bosque:

> Acabó de cegar el que dilata / el pasar nuestra armada a
> estar triunfante, / que siendo *espada de bruñida plata* / fue *alfan-*

je damasquino de diamante *(FC*, II 27); Y en la *cenefa* o verde
bordadura | de la estrada encubierta de la plaza | desembocó y
cegó su ondable foso | que era del prado su *galón* hermoso
(FC, II 22); Volvió el luciente bosque negro ocaso | su verde
bordadura horrendo fuero | [...] del pabellón que el bosque les
formaba | corrieron la *cenefa* y con presteza... *(FC*, IV 12-13);
Dio principio a cegar el ancho foso, | del muro *pasamano* ruti-
lante *(FC*, II 33), etc.

Dentro también de la imaginería culta, se asocian dos términos en acepción infrecuente tanto en un soneto paródico
del *Estebanillo,*

> *Zafir mendiga*, armiño *golosea* (II, p. 204),

como en una octava «seria» de la *Feliz campaña,* de Vega:

> De aquí *mendigan* flores nuestros mayos,
> de aquí *golosinean* los abriles *(FC*, V 51).

Ni en Góngora ni en ningún otro autor hemos hallado similares usos figurados de *golosear* ~ *golosinear* y de *mendigar*. Este
último verbo es habitual en las hipérboles de Vega:

> Y que tanto los *prados* se escasaban | que yerbas los caba-
> llos *mendigaban (FC*, VIII 3); En desnudas y lóbregas monta-
> ñas | donde aun *mendiga* la celosa cierva | el hallar el cristal
> entre la yerba *(FC*, VI 23); Cuando Ceres avara *mendigaba* | el
> *pasto* tan común de su forraje *(FC*, I 90);

y no falta en otro pasaje de la novela de 1646, en igual contexto que los dos primeros ejemplos:

> En un pedazo de *pradería* cerca de los muros desta corte
> estaban dos pollinas en cinta *mendigando* un seco *pasto* (II,
> p. 137).

Otra correlación de términos cultos, *laurel (* ~ 'lauro') |
cipariso (~ 'ciprés'), que pese a su aparente trivialidad no
hemos hallado en forma idéntica en ningún otro autor, aparece en un poema funeral del *Estebanillo:*

> Trágico golpe quiso | *transformarle el laurel* en *cipariso* (II,
> p. 372).

y se repite en los poemas de Vega:

> Parte furioso y presuroso anhela / para *trocar el lauro en cipariso (FV,* I 10); A quien copiosas cargas de cañones / no *volvieron su lauros en cipreses (FC,* III 51); *Convirtiera el ciprés en laurel* Francia *(FC,* II 63). Cf. también *FC,* I 3, II 60 y II 63.

Otra pareja de términos cultos que no documentamos en los escritores coetáneos es la fórmula *tridente + caduceo,* en metonimia rebuscada, introducida tanto en el *Estebanillo:*

> Se veía una copiosa selva de bajeles tan a punto de guerra que atemorizando el *tridente* hacían temblar el *caduceo* (I, p. 181),

como en Vega:

> Unas veces fue flecha, otras fue nave / por que tuviese el conde por trofeo / el surcar el *tridente y caduceo (FC,* II 68); A quien rindió el *tridente* el dios Neptuno, / y a quien Mercurio dio su *caduceo (FV,* II 25). Cf. también, para *tridente* por 'mar', *FC,* I 102, II 58, IV 81.

Lo mismo sucede con la fórmula *amago* (~ *amagar) + precipicio,* que vemos aparecer en la *Vida y hechos* a propósito de los mostachos de un valentón:

> Quedando el bravo con un pilar que anhelaba a remontación y otro que *amagaba precipicio* (I, p. 47),

y reaparece en Vega:

> Quédese el *precipicio* en el *amago* / y no en ejecución de la caída *(FC,* I 1); Y la que *amagos* tuvo celestiales / gozó de *precipicios* funerales *(FV,* II 3).

Nótese también, en campo semántico análogo, el «Fue *Faetón precipitado»* en un poema de la novela (II, p. 173), en correspondencia al «Juzgándolo *Faetón en precipicio» (FC,* IV 38) de Vega.

Las fórmulas *pelícano de fuego, neblí de fuego* (~ *de alquitrán),* aplicadas metafóricamente a las descargas de la artillería, nos son desconocidas fuera de las obras en cuestión. En el *Esteba-nillo:*

> Llegamos a Mesina llenos de banderolas, flámulas y gallar-detes; saludamos la ciudad con *pelícanos de fuego,* y ella con *neblíes de alquitrán* hizo salva real (I, p. 85);

y en ambos poemas de Vega:

> Expelía con furia acelerada / mil pluvias de *pelícanos de fuego* *(FC,* II 22); Mas un *neblí de fuego* acelerado / abrió a la muerte cándido postigo *(FV,* II 6).

Parece también recurso privativo de nuestro autor, por su frecuencia al menos, el empleo de las fórmulas *promontorio de + piélago de* (~ *golfo de,* o sustitutos como *escollo, lilibeo,* etc.), para designar hiperbólicamente la abundancia de objetos reales o figurados: En la novela:

> En el aguanoso margen del Miño, entre *piélagos de* nabos y *promontorios* de castaños (I, p. 34); Me fui al *promontorio de* la pasa y almendra y al *piélago de* la patata (I, p. 242); Ver un *piélago de* dichas, / ver un *golfo de* victorias (II, p. 161); Habien-do convertido los cristales del caudaloso Soma en mar de san-gre enemiga, y sus plateadas márgenes en *promontorios de* fo-gosas piras y en *lilibeos de* funestos despojos (II, p. 53).

y en Vega:

> Le tributó Neptuno en rizas canas / *promontorios* y *piélagos de* espumas *(FC,* VI 91); A su socorro no fueran bastantes / *promontorios* y *golfos de* gigantes *(FC,* V 73); Que hubo a Fae-tón y al Ícaro con pluma / *golfo de* fuego y *piélago de* espuma *(FC,* I 83).

El uso aislado de este tipo de ponderaciones, que el autor pudo aprender de Góngora pero que en su tiempo no era ya raro[33], adquiere casi rango de cliché tanto en Vega:

---

[33] Cf., por ejemplo: «Y la plaza de armas era / un promontorio de vidas» (Lope de Vega, *La defensa en la verdad,* I, ed. Acad. N., IV, p. 418); «Montañas de luz arroja / y promontorios de fuego» (Matos Fragoso, *El galán de su mujer,* III, BAE, XLVII, p. 256); «Las islas animadas / promontorios de escamas y de espinas, / ballenas digo...» (Tirso de Molina, *Las amazonas en las Indias,* I, ed. Cotarelo, NBAE IV, p. 552).

Don Josepe de Vera un *promontorio | de* cuerpos muertos ante sí tenía *(FC*, IV 27); Daba en tapetes de floridos mayos | *promontorios de* truenos y de rayos *(FC*, II 58); Por *piélagos de* llamas y de luces *(FC*, IV 59); En *promontorio de* fuego *(FC*, VII 20); El *promontorio* altivo de neblina *(FC*, IV 42); *Piélagos del* tridente de la muerte *(FC*, II 56); El *piélago* de perlas cristalinas *(FC*, II 3), etc.,

como en el *Estebanillo:*

> Fue toda mi barriga un *piélago de* vejigatorios (I, p. 72); Mojé un bizcocho en aquel *piélago de* ampos (II, p. 62); Este *de* lutos *piélago* eminente (II, p. 267).

Otra correlación de hipérboles basadas en unir expresiones del lenguaje común *(a racimos, a manojos)* a un término culto o, al menos, de campo semántico alejado *(luceros, estrellas, soles)*, aparece como un recurso fijado en todos sus elementos tanto en Vega como en el *Estebanillo*, sin que lo hayamos encontrado fuera de estas obras:

> Ya en altos precipicios eminentes | cogíamos *luceros a manojos*, | *a racimos estrellas* transparentes *(FC*, VI 4); Desistiendo *a racimos las estrellas* | y arrojando los *soles a manojos (FV*, III 25).
>
> Purpúreos claveles rojos | fueron mis facciones bellas | todas *racimos de estrellas*, | todas *soles a manojos* (II, p. 373); No era cosa decente llorar por quien estaba pisando rayos de luz, *manojos de estrellas* y *racimos de luceros* (II, p. 179).

Una inocente pedantería, que asocia la lluvia a las nubes y la 'región del fuego' de la antigua cosmología, aparecerá con semejanza notable en *La Feliz Vitoria*, «en culto», y en la novela (cf. II, p. 331 y nota al pasaje), degradada a chiste sobre la borrachera y la cura de sudores que sufre Estebanillo en Zaragoza. Otra imagen desvalorizadora, para describir el ocultamiento de la luna, que en la novela es claramente burlesca:

> Por ignorar los caminos y *haberse puesto capuz la señora doña Luna*, me retiré a un derrotado foso (I, p. 307),

tendrá su «traducción» en Vega a un estilo más elevado:

> Bramó la mar, *sacó mongil la Luna*, | tapizóse el celeste pavimento... *(FV*, I 53).

En los casos en que Vega rebaja su tono épico se producen, como era de esperar, aproximaciones al *Estebanillo* distintas de las coincidencias en la imaginería culta a que pertenecen los ejemplos anteriores. Así en una entrevista soñada del poeta con el demonio, en *La Feliz campaña,* leemos:

> Yo le dije: —¿Qué tienes?—. Y él, con ceño, | *como si yo a su padre hubiese muerto,* | me dijo: —Estoy cargado de desvelos *(FC, V 43);*

la misma comparación, alargada a tríada, hallamos en la novela:

> Mi capitán, *como si yo le hubiera muerto a su padre,* robádole su hacienda o quitádole su dama, envió tras mí a hacerme prender en Barcelona (I, pp. 267-268).

Tanto en el *Estebanillo* como en *La Feliz campaña* hallamos un caso de juego basado en la ambivalencia de términos *(familiar o legión)* usados en su acepción usual «terrena» ('familiar de la Inquisición', 'legión de soldados'), que el autor hace prevalecer sobre el significado «sobrenatural» ('demonio o duende familiar', 'legión de demonios'), negada al mismo tiempo que se enuncia, por medio de un término equivalente *(exorcismo,* o *conjuro):*

> Huyendo de *familiares a quienes no bastaban conjuros* ni compelimientos de redoma (I, p. 248);
> Cerró el fuerte Drueta, que es lo mismo | que decir que cerraron mil *legiones| contra quien no aprovecha el exorcismo,* | porque es cristiano a prueba de cañones *(FC, II 103).*

Veremos, finalmente, algunos ejemplos en los que el parentesco formal se dobla con una comunidad de concepto, sea como «ideología» o como presumible trasfondo biográfico. En primer lugar, el carácter de confesado pedigüeño que define al protagonista del *Estebanillo* y que convierte, explícitamente, al libro en un instrumento más para la solicitud de dádivas. Uno de los pasajes que sintetizan mejor el «ideal» humano (en tanto se aplica a los demás y, aquí excepcionalmente a sí mismo) de la generosidad es el siguiente:

> Tiene tanta fuerza y virtud la fama de el generoso que, demás de ser imán de las potencias y sentidos, se lleva tras sí las gentes, piedras, animales y plantas, como el músico de Tracia (II, p. 269).

Idéntico símil de la atracción que ejerce el dadivoso y la música de Orfeo se halla en Vega, en un elogio al gobernador de Flandes, Melo, en vísperas de una batalla:

> Sus dádivas ecelsas insistían / a llevarse el ejército consigo, / como liras de Tracia que, süaves, / se llevaban las plantas y las aves *(FC, II 5).*

El mismo elogio, más elaborado, y contrapuesto a la censura de la avaricia, se da en otros pasajes de las mismas obras:

> El que da imita a Dios, que siempre nos está dando a manos llenas infinidades de gracias y mercedes, y el que no da imita al mismo demonio, que sólo nos regala con pesadumbres y sobresaltos (II, p. 221).
>
> Asomo de deidad es la largueza, / gozando el generoso nombre eterno; / y asomo de demonio la pobreza, / pues por eso se pinta en el averno. / Si el dar es don de Dios y de nobleza, / y sólo da las penas el infierno, / el Señor que no da da testimonio / que tiene unas vislumbres de demonio *(FC, VI 67).*

Para manifestar las quejas ante la falta de dádivas se recurre también en ambas obras a un juego de palabras con la fórmula coloquial ¡*Dios te ayude!* en su doble sentido. El juego aparece en otros autores[34], pero no apreciamos la misma semejanza formal que se da entre estos pasajes:

---

[34] Tirso de Molina: «—Dios le ayude / —¿Ayude?, no estornudamos» *(Tanto es lo de más...,* II, ed. Cotarelo, NBAE, IV, p. 137); Lope de Vega: «—Hermano, pide y acude. / —Creo que si estornudase / que apenas un hombre hallase / que dijese: ¡«Dios te ayude!» *(Lo que pasa en una tarde,* I, Acad. N., II, p. 294); otro ejemplo del mismo Lope en *Juan de Dios...,* I, BAE CLXXXVI, p. 288.

Viendo mi pleito en mal estado y que mis hermanas aun no me daban un «¡Dios te ayude!», cosa que se da cada instante a uno que estornuda, me ayudé de mi hacienda (I, p. 262);
Mas a mi pluma en Flandes no le han dado / un «¡Dios te ayude!» toda su milicia / tosiendo su cansancio y su quebranto / si un sol que tuvo fin, y fin el canto *(FC,* I 103).

Otro paralelo significativo hallamos en la pretensión de exactitud que debe presidir la actividad del cronista épico, o la del que redacta una autobiografía. En ambas obras de Gabriel de la Vega:

Ya referí en el canto antecedente / [...] / Y le di fin al canto declarando / la allegada, y de adónde, cómo y cuándo *(FV,* III 4); Y así por abreviar me voy al caso, / que no con causas plenas y sumarias, / que he de ir al que preside relatando / el día, mes, y año, cómo y cuándo *(FC,* VI 89);

y en el *Estebanillo:*

Te advierto que no es [el libro de mi vida] sino una relación verdadera con parte presente y testigos de vista y contestes, que los nombro a todos para averiguación y prueba de mis sucesos, y el dónde, cómo y cuándo, sin carecer de otra cosa que de día, mes y año (I, pp. 13-14).

Estimamos que la ejemplificación es suficiente, aunque distemos mucho de haber agotado los paralelos y correspondencias dentro de la imaginería culta y del léxico en general que podrían aducirse para abonar la identidad de autoría de los libros de Gabriel de la Vega y *La vida y hechos de Estebanillo González.* Hemos prescindido de rasgos estrictamente lingüísticos que, en el *Estebanillo,* apuntarían a un autor meridional (según advirtió Rafael Lapesa hace ya años), en concordancia con el declarado origen andaluz de Vega, y hemos prescindido también de señalar las abundantes muestras de coincidencia en el aprovechamiento del lenguaje «forense» o curialesco para usos metafóricos o simplemente humorísticos que impregnan tanto las obras de Vega como el *Estebanillo,* y que es lógico relacionar con la ocupación y experiencias profesionales de Vega («escribano público aprobado por el Rey nuestro señor y señores de su supremo y real consejo»); de ciertos

artificios formales en el verso (octavas «distribuidas», acrósticos, etc.) algo se dirá en el § 5. Para evidencia «interna» basta
con los ejemplos que van arriba y no tendría objeto una acumulación cuantitativa de casos con vistas a convencer a un
teórico objetor que, legítimamente sin duda, rechace de antemano la validez de ese tipo de evidencia. Sí puede ser, acaso,
oportuno hacer nuestras las afirmaciones y las preguntas finales de Arthur Sherbo en la contribución a un simposio cuyo
título era, precisamente, «The Case for Internal Evidence»:

> Let us, once and for all, stand up and be counted. If there
> are legitimate objections to the use of internal evidence, or to
> my presentation, let them be stated and examined, but let
> there be a truce to such arguments as «I am not convinced»,
> or «You *must* have some external evidence», or «This is all
> right as far as it goes, but it does not go far enough». «Why»,
> I ask you, «are you not convinced? Why *must* there be exter-
> nal evidence? And how far, in the name of certainty, must
> one go?»[35].

4.4.   *Unas memorias y un escribidor*

Los poemas del manuscrito de la Academia de la Historia y
lo que conocemos de la obra de Vega publicada con su nombre, o con su *alias,* nos revelan a un autor no sólo experimentado sino «profesional». Llamar, en párrafo especialmente des-
afortunado, escritor «novato» al autor del *Estebanillo,* como
hacen algunos de sus editores[36], supone ignorar toda una pre-
historia literaria anterior a la novela y patente de forma meridiana en el propio libro.

Las primeras composiciones se remontan a 1636 y muestran ya un caudal de lectura y un manejo de la lengua que
evidencian no ser lo primero que escribió. En el prólogo «Al
lector» de *La Feliz campaña* (1643), por otra parte, Vega se
presenta como poeta e historiador «por oficio», que cada año

---

[35] A. Sherbo, «The Uses and Abuses of Internal Evidence», *Bull. of the
New York Public Library,* 63.1 (1959), p. 20.
[36] N. Spadaccini y A. N. Zahareas, ed. cit., p. 76.

escribía una relación en verso al final de las operaciones militares:

> Cuando el mundo va en disminución no han de ir sus prólogos en aumento, y así, por no eceder el límite de brevedad te ofresco, amigo Letor, *esta pequeña obra que es la quinta campaña que he escrito en estos Estados.* Si las demás ha dejado tu censura por escondidas, perdona esta, que ha salido en público, por pobre *[etc.].*

Es seguro, pues, que los otros cuatro libros eran obras del mismo género, esto es, crónicas rimadas de las guerras de Flandes, y de extensión considerable *(La Feliz campaña* totaliza en sus ocho cantos más de 6.000 endecasílabos). No parece que deba incluirse entre ellos el *Libro de la feliz vitoria* (1640), más breve, ya que el autor se refiere explícitamente a obras que no habían «salido en público» y, además, en él se narra sólo un hecho de armas y no toda la campaña. Gabriel de la Vega habría empezado su actividad como poeta-cronista con la campaña de 1638, suponiendo que sus cuatro poemas épicos hoy desconocidos se sucedieran sin soluciones de continuidad. Parece probable, en cualquier caso, que una de esas epopeyas que siguen «escondidas» fuera la correspondiente a la campaña de 1639, según puede deducirse de una alusión transparente del *Estebanillo:*

> [Piccolomini] le dio aviso [de la victoria de Thionville, en junio de 1639] a su Alteza Serenísima, con cuya victoriosa nueva se alegraron todos los Países, y tocando la trompa su invencible fama se acobardaron los estraños y se animaron las plumas, por tener tan valeroso asunto los no apasionados coronistas (II, p. 104).

El autor se estaría refiriendo a sí mismo, y una nueva autocita irónica hallaríamos algo más adelante, aludiendo a la campaña de 1640: «...Y dejando aparte los sucesos de aquella campaña para el coronista a quien le competen...» (II, p. 151).

Ahora bien, en toda la producción de Vega que va desde los poemas breves, anteriores en diez años a la salida del *Estebanillo,* hasta el libro de 1643, e incluyendo en ella una parte de las composiciones enjaretadas dentro de la misma novela, hay algo especial en común. Podría definirse con la fórmula

'un poeta a la busca de su mecenas', en donde tal búsqueda no
se superpone a la obra ya realizada sino que la condiciona en
su propia concepción y composición. El mecenazgo al que
apunta Gabriel de la Vega, es, por otra parte, un mecenazgo
distinto al de corte clásico: la apelación al mecenas encubre en
él sólo formalmente la solicitud del pago de un servicio, la
alabanza como puro valor de cambio, una mercancía que tiene un precio. El problema, para el autor, estaba en convencer
de ello a sus clientes.

Ya los poemas manuscritos de 1636-1638 iban encamina-
dos, junto a los denuestos antifranceses, a la glorificación de
los dos jefes militares de superior rango en Flandes, el Cardenal Infante y Tomás de Saboya, de los cuales uno, al menos,
se sabe por confesión del interesado que recompensó efectivamente al autor. Pero es en las obras impresas por Vega y en
los poemas de distintos tiempos incluidos en el *Estebanillo*
donde la labor del panegirista por oficio se nos manifiesta
más a las claras.

El *Libro de la feliz victoria* iba dedicado al marqués de Rivas,
don José de Saavedra, aristócrata y militar de importancia,
que llegaría a ser el maestre de campo más antiguo en Flandes. La dedicatoria se imponía, pues el tercio de Saavedra
había sido el protagonista principal del hecho heroico cantado por Vega, y son simple fórmula retórica las dudas fingidas
por el poeta y sus cavilaciones una vez terminado el libro sobre «a quién poderlo dedicar», para concluir que «le pertenecía por justísimo derecho». Después del convencional elogio de las virtudes del destinatario, el autor invoca el común
paisanaje andaluz de ambos y da a entender otros vínculos
preexistentes, además de mostrarse bien informado del linaje
de Saavedra y de sus poderosas relaciones en la corte, que
incluían al Conde Duque, para terminar con la fórmula «Menor criado de V. S.». Sin embargo, el libro no desaprovechará
ocasión para insertar, ya desde el segundo prólogo, amplias
alabanzas a la mayor gloria de don Pedro de Villamor, bien
conocido por los lectores del *Estebanillo*, equiparado en méritos a Saavedra; a ambos acompañan varios otros militares de
inferior rango, elogiados también hiperbólicamente. Esa especie de colectivización del destinatario de la obra tendrá al
final del libro su máximo exponente al incluirse dos páginas

con una lista de «los capitanes y los demás oficiales deste Tercio que van nombrados en este Libro». La lista comprende cerca de cuarenta nombres en los que, junto a menciones escuetas del tipo de «Don Juan de León, capitán», se encuentran otras en las que el autor se explaya sobre las calidades honoríficas que concurrían en el interesado, como «Don Rodrigo de Rojas, caballero del hábito de Alcántara», «Juan Francisco Barderlaen, hijo del Burgue-Metre de la villa de Malinas», etc., o sobre hazañas especiales cuyo relato ha ocupado varias octavas: «Francisco Fernández, alférez reformado, y el que libró al Maestre de campo de el peligro en que se empeñó.»

La feliz campaña, tres años después, salía dedicada a don Jacinto de Vera, otro jefe de alta graduación, «Sargento mayor general de batalla» y «Coronel en el ejército de Alsacia», a quien años después veremos figurar en el séquito de Piccolomini en Nürnberg[37]. Vega enumera las tres razones «que me han inclinado a dedicarle a V. S. esta pequeña obra», la tercera de las cuales, «y principal», es que «todas las veces que el Excelentísimo Señor Don Francisco de Melo ha venido a estos Estados ha sido V. S. crepúsculo de su día y precursor de su sol y Acates de su persona, y alabanzas de tan valeroso Eneas y hazañas de tan invencible General y grandezas de tan insigne Señor se han de ofrecer a quien las venere y estime como de quien son». Se nos advierte, pues, de entrada, que la obra tiene otro destinatario explícito, el Gobernador general de los Países Bajos. En efecto, Melo es el personaje principal del libro y objeto de la más ostensible adulación en toda *La feliz campaña,* en la que no faltan los acrósticos del tipo que hallábamos en el *Estebanillo* en honor de Piccolomini y el Infante; el último canto de la obra se remata con la fastuosa entrada triunfal de Melo y su familia en Bruselas. Junto al Gobernador y a don Jacinto de Vera comparten los encomios un centenar largo de ilustres soldados, con papeles especiales en la representación para Andrea Cantelmo, el barón de Beck, Miguel de Salamanca, Esteban de Gamarra, Álvaro de Melo y los maestres de campo en pleno. El libro era, en realidad, un *Who is who* de la milicia de Flandes, en mayor medida aún que

---

37 O. Elster, «Piccolomini als Staatsmann», en *Piccolomini-Studien,* p. 121.

el anterior[38], y Gabriel de la Vega tenía sus motivos para encarecer los esfuerzos mal recompensados del cronista que abandonaba su tierra para atravesar «los Pactolos y los Jantos» tras aquellas «reliquias de los godos», «a limosna de nombres y sin gajes», y «sin bastar dos mil libros para todos».

En el ofrecimiento del libro a don Jacinto de Vera pertenece, desde luego, al mundo de las convenciones retóricas un párrafo en donde el autor se cura en salud:

> Consuélome con que no dirá el vulgo malicioso que lisongeo a V. S. con esta dedicatoria, pues aun no he tenido dicha de conocerle ni suerte de haberle comunicado, ni que lo hago por pretender algún interés de quien es tan generoso Alejandro, pues al tiempo que doy este corto volumen a la imprenta está V. S. en Alemania [...] y yo en el ducado de Brabante...

Después de todo, don Jacinto volvería pronto a Flandes y tendría la ocasión de sentirse complacido con el libro y manifestarse «generoso Alejandro». En el ínterin su poeta le ruega que «me aliente este presente año a proseguir las campañas de estos Países y a alabar en ellas las victorias que V. S. dará a su patria siendo admiración de las ajenas», y acaba con un «Nuestro Señor guarde a V. S. y le traiga con bien a esta corte de Bruselas, adonde es tan deseado como aplaudido». El poeta y «menor criado» del coronel podrá recibir entonces sus gajes y los alientos necesarios para proseguir su tarea de panegirista.

Tales eran, al menos, los deseos de Vega. Pero todo indica que los provechos obtenidos de su musa laudatoria nunca fueron grandes, si ha de creerse al propio autor: «En tal país estoy que aunque pidiera, / por no aprender a dar, nadie me diera», y «A mi pluma en Flandes no le han dado / un ¡Dios te ayude! toda su milicia». Debe reconocerse que no había tenido mucha suerte en la elección de los destinatarios individualizados de sus poemas: el príncipe Tomás abandonaría pronto

---

[38] En ese concepto parece, al menos, que tenía la obra el poseedor del único ejemplar conservado del *Libro de la feliz victoria,* un capitán que no es mencionado en la obra pero que militaba entonces en Flandes y añadió el siguiente «ex libris» manuscrito: «Este libro es del capitán Domingo González de Cos. El que lo hallare lo vuelva, que le dará para tabaco sin falta».

Flandes convirtiéndose, además, en aliado de Francia; don Fernando de Austria, única excepción en la poco generosa milicia de los Países Bajos, murió en 1641; don José de Saavedra, quejoso de no obtener mayor puesto, regresó a España al final de la misma campaña de 1640 poetizada por Vega; con don Francisco de Melo como Maestre de campo general sufrieron los españoles la derrota de Rocroy a pocas semanas de publicarse *La feliz campaña,* y el gobernador quedaba inhábil para todo mecenazgo; de don Jacinto de Vera, no mencionado en el *Estebanillo* aunque en 1646 permanecía en Flandes, no parece tampoco que Gabriel de la Vega quedase muy satisfecho; es posible, en cambio, que la bizarría ostentada por don Pedro de Villamor en la novela (II, pp. 10-13, 32-33) nos remita a recompensas de otro género al panegirista de 1640.

El interés de las obras poéticas del escribano de Málaga, más que en sus exiguos méritos literarios[39], reside en que tomadas en conjunto con el *Estebanillo,* nos descubren a un autor que supo manifestar con inusitada crudeza una incipiente conciencia del gran problema del escritor «profesional», esto es, su identidad como escritor que aspiraba a vivir como tal. Esa conciencia coexiste con una elevada dosis de arcaísmo en las soluciones que intentó adoptar y con la incapacidad para conciliar consecuentemente su actividad literaria y los signos de los nuevos tiempos que alcanzó a percibir. Si Cervantes revelaba ya, con medio siglo de adelanto, una aguda percepción de la posible autonomía del escritor (posible a partir del desarrollo de la imprenta), no olvidaba que esa autonomía se basaba en el cultivo de los «géneros de masas» del momento —esto es, la comedia, y, en menor medida, la novela—, y en la aparición de unos consumidores o lectores

---

[39] No es, sin embargo, Gabriel de la Vega un poeta tan insignificante como parecería deducirse de la sentencia de Gallardo: «Escritor adocenado y trivial, aunque con arranques de ingenio y castizo» *(Ensayo,* IV, núm. 4.202). Ya se sabe que el «casticismo» era para el bibliógrafo uno de los mayores méritos que podían adornar a un escritor. Gallardo define certeramente *La feliz campaña* como «más una crónica en verso que un poema». Es de segunda mano (adaptación de Gallardo) lo que dice F. Pierce sobre Vega en *La poesía épica del Siglo de Oro* (M 1968), p. 290; sólo así se explica que defina *La feliz campaña* como «obra sin apenas concesiones a las galas poéticas», cuando lo que la caracteriza es el exceso de todo lo contrario.

impersonales, y despersonalizados, que a la larga permitirían
prescindir del mecenazgo individual[40]. Todo ello, por supuesto, a muchos años o a siglos vista: el «hombre de letras»
en el sentido hoy vigente no existe en Europa en todo el siglo XVII; pero las vías de su posibilidad eran esas.

Muy al contrario, Gabriel de la Vega no sólo insiste en todas las formalidades propias a la captación de un mecenas imposible dentro del ambiente nada propicio de las jerarquías
militares de Flandes, sino que introduce al deseado mecenas
en la obra y subordina a él la composición y el plan de la misma. La variación que introduce al multiplicar, colectivizándo-
los, a los destinatarios explícitos y personalizados de sus poemas épicos extensos supone, tal vez, un haberse dado cuenta
del callejón sin salida. Pero, dado el género que cultivaba, el
problema era insoluble; el poeta seguía dependiendo de la
generosidad voluntaria de las «deidades» inferiores del ejército: maestres de campo, capitanes o alféreces. Vega sumaba en
su cuenta otros inconvenientes para ejercer como poeta áulico, y en la novela de 1646 podrá decirlo con entera claridad
al tronar, con motivo de un romance en honor del Infante,
contra

> Algunos acaballerados fisgones [...], que muy presumidos
> de discretos no estimaban mis versos porque no era [el ro-
> mance] de poeta con *don,* o descendiente de godos (II, pági-
> nas 154-155).

Un escribano sin 'don' tenía poco a que aspirar, en competencia, por ejemplo, con el conde don Bernardino de Rebolle-
do, que militaba y escribía en Flandes por esos mismos años,
o con un don Jacinto de Herrera y Sotomayor, que oficiaba
de poeta de corte para el gobernador Melo, como Bocángel lo
había hecho ya para el Cardenal Infante. El pasaje que mejor
revela las pobres expectativas del autor, después de haber sido cronista y de haber metrificado ya cuatro campañas, aparece al comienzo del segundo canto de su libro de 1643:

> ¡Qué poco acierta, y qué de veces yerra
> la pluma que se arriesga y determina

---

[40] Cf. Diego Catalán, *Catálogo General del Romancero,* I: *Teoría general*
(M. 1984), pp. 15-16.

a escribir los sucesos de la guerra
y seguir su furor y disciplina!
¡Que deje un Coronista en paz su tierra
y, jurado cadáver y ruina,
saque de la campaña por despojos
escuchar quejas y causar enojos!

¡Que no le baste en sonorosos cantos
alabar sus proezas por mil modos!
¡Que pase los Paetolos y los Jantos
con aquestas reliquias de los Godos,
y porque en general no alabo a tantos,
sin bastar dos mil libros para todos,
de su ingenio y su pluma hacen desprecio,
en pago de servir a tanto tercio! *(FC,* II 1-2).

Las quejas se corresponden con las del *Estebanillo,* menos
contenidas ya:

> Son escusas de avaros y malos pagadores el calumniar al
> poeta y censurar sus versos para quedarse de gratis con sus
> obras; pero tienen poco de Jerjes, pues no estiman el corcho
> de agua, y mucho de Midas en guardar su dinero (II, pp. 165-
> 166).

Después de 1643, con Rocroy de por medio y la *débâcle* de
la Monarquía hispánica en todos los frentes, Gabriel de la
Vega difícilmente hallaría estímulos para continuar sus labores como cronista y poeta épico-militar de los fastos bélicos
de Flandes. Sin embargo, el «oficio» y la experiencia adquirida en la narración circunstanciada de las campañas desde 1638
(?) a 1642, una experiencia que incluía el ir «a limosna de
nombres» y componer de acuerdo con una secuencia rigurosa
y verificable de los hechos históricos, le podía ser especialmente útil a la hora de plasmar en forma literaria una biografía escrita por encargo. Creemos que eso es lo que se produjo
en *La vida y hechos de Estebanillo González,* y que a quien había
dado ya sobradas muestras de su disposición para contar hechos de vidas ajenas no le suponía mayor dificultad narrar
una vida más, aunque fuera con otra perspectiva muy distinta
y le obligase a cambiar varios de sus registros. La vida y los
hechos contados serán, en efecto, los del Esteban González

histórico, pero no lo es su formulación narrativa ni estilística (salvo, si acaso, muy en segundo grado, en lo que tiene de transcripción «notarial»). El escribano y escritor «por oficio» habrá de adaptarse a mutaciones radicales respecto a su producción anterior: cambio del verso heroico a la prosa, sustitución de un mundo positivo y mitologizado por la realidad infravalorada de la picaresca, paso del elogio a terceros como objetivo fundamental de la escritura a la exposición de una biografía que resulta especialmente autodenigratoria, etc.

A pesar de esas mutaciones al autor no le era factible ni deseaba, probablemente, renunciar a su propio *yo*. Un *yo* que gustaba también de exhibir en sus poemas épicos de una forma poco canónica, como puede apreciarse en algunos ejemplos que ya van aquí citados. Es más, al poderse servir de un lenguaraz Estebanillo como portavoz, aumentará sus márgenes de libertad para manifestarse sobre cuestiones que afectaban mucho más a Vega que al autobiografiado. Así, por ejemplo, en todo cuanto atañe a los resquemores del hombre de letras y poeta sin dones. El cambio de género no le impide insertar varios poemas laudatorios con el evidente objeto de mostrar retrospectivamente que *sí* eran premiados con toda generosidad por sus destinatarios, aunque en la realidad de Vega eso no había sido lo habitual. La catarsis retrospectiva le llevará, incluso, a autoconcederse un premio en unas ridículas justas poéticas patronales a costa de un soneto disparatado que le hizo quedar en opinión de «segundo Góngora» (II, p. 307). Es cierto que aun dentro de la abundancia de poemas insertos en el *Estebanillo* predominarán los de una vena muy diferente a la bambolla heroica, más próxima al principio —conocido— de su carrera, en el registro de las glosas y los romances germanescos; una vena que no tuvo cabida ni funcionalidad en la épica culta por la que había apostado durante demasiados años. Con todo, la herencia de su época de versificador «campanudo» y de oficio va a ser más fuerte que la «deseable» verosimilitud en la caracterización del personaje: Estebanillo, que gusta de presentarse como sólo a medias español, se revela mucho mejor conocedor de la tradición literaria de su lengua que Guzmán o Pablos; y aunque sus estudios confesados sean muy inferiores a los de sus modelos, será el único pícaro capaz de exhibir habilidades de poeta, culterano y germanesco a la par. Y, lo que es quizá más significativo, en contraste con la autoironía en él habitual, o el declarado autodesprecio, «Estebanillo» se toma muy en serio sus actividades y su habilidad como poeta. Elogiará, así, «la novedad de la curiosidad de la compostura» de un soneto, «harto trabajado», en acrósticos escrito en honor de Piccolomini (II, pp. 106-107), «la compostura dificultosa» de otro dedicado al Infante, con el que quedó «en opinión de entendido» (II, p. 145), o su «saber hacer cosas de ingenio», cifrado en un romance alegórico (II, p. 155), del mismo modo que se permite tener sus ínfulas de crítico cuando censura el que «hubiese llegado a ver tiempo en que se premiasen chanzas y bachillerías, y no ingenios» (II, p. 307), a propósito de las justas en la aldea aragonesa. El personaje se ha amoldado con exceso a la realidad del autor, aunque ello suponga debilitar su propia coherencia y alterar las pautas de la picaresca, donde los raros versos que se incluyen son siempre ajenos al protagonista y no llevan otra intención que satirizar a sus poco entendidos autores, como el sacristán ridículo del *Buscón*. No será esta la única inconsecuencia en la autobiografía esperable de Esteban González. También la hidalguía del personaje, confirmada por la ejecutoria tan celosamente guardada por su padre (I, pp. 38-39), se le olvida demasiado pronto a un narrador que asume su origen plebeyo y lanza varios ataques contra el valor de la honra heredada; algo más explicable a partir de la realidad del escribano sin 'don' que era Gabriel de la Vega[41].

Naturalmente, el cambio operado con el paso desde las octavas reales, empleadas en la narración de felices campañas y victorias, a la prosa de la novela de 1646 conlleva más diferencias que similitudes. La presión de la herencia, reflejada entre otros aspectos en los poemas «serios» que Vega se sintió obligado a incluir en el *Estebanillo,* no anula el que los dos mundos retratados en las distintas etapas de su obra sean muy diferentes. Los poemas épicos manifiestan un universo donde la nobleza y el valor militar reviste a sus protagonistas del carácter de divinidades terrenas en las que el autor cree o aparenta creer, en tanto que verdad poética, plenamente. Ciertos toques críticos o realistas van referidos sobre todo al propio

---

41 Cf. J. A. Cid, «Máscaras y oficio...», pp. 181-186.

autor, y a la negatividad que es forzoso que exista en un mundo en el que los héroes luchan contra la maldad, representada por los enemigos de la Monarquía católica. Pero Vega pretende hacer epopeya, la de los españoles en Flandes, y se mueve en un mundo pletórico de connotaciones positivas, plasmadas en la intoxicación mitológica que imbuye con poca fortuna en sus octavas. No importa que los dioses flamencos fueran para él seres próximos que llegada la ocasión le negaban unos ducados; el escribano cronista los ha situado en el Olimpo y no hay capitán oscuro que no merezca compararse a Marte, ni maestre de campo que al llegar su turno se conforme con menos de ser «Júpiter de España», «Atlante de Castilla» o «Dios de las batallas». Las lisonjas predominarán abiertamente, y sólo de forma esporádica y con sordina aparecerán las «murmuraciones».

La prosa y la adopción de un género —la picaresca— que era ya el molde consagrado para reflejar una visión muy opuesta de la realidad, nos ofrecerán pocos años después el reverso de la brillante medalla que Vega había expuesto en sus endecasílabos heroicos. La visión gloriosa no quedará del todo suprimida; en el *Estebanillo* sigue bien presente un cortejo de deidades humanas a las que sólo cabe aproximarse reverencialmente y con las que el autor no se permite la menor libertad. La herencia del aspirante a poeta áulico sigue pesando gravosamente: el duque de Amalfi hará las veces de don Francisco de Melo y la "untuosidad desplegada" ante la casa de Austria, ahora en sus dos ramas, es la misma si no superior a la de los libros de 1640 y 1643. Sin embargo, en la novela el tono fundamental es distinto y la balanza se inclina decididamente al otro lado, y ello hasta el punto de que, según la caracterización de un crítico, «la carga explosiva del libro de Estebanillo González y su devastadora sinceridad resultan demasiado fuertes, aun al cabo de más de tres siglos, para la mayoría de los estómagos»[42]. En efecto, incluso la visión del propio mundo de las armas que el libro deja en el lector es la de un prisma antiheroico que poco tendría que envidiar al alegato del más furibundo escritor antimilitarista de nuestros días. Pero existen otros «mensajes» no menos evidentes en la

____
[42] J. Goytisolo, art. cit., p. 81.

obra y la «sinceridad» no es absoluta, al menos en el sentido que se pretende. Habrá, en cualquier caso, que poner mayor énfasis en lo que es elaboración literaria; en el *Estebanillo* no hay simple realismo especular ni mera transcripción de las memorias de un personaje histórico. El escribidor puso mucho de su parte y es preciso reconocerle sus méritos.

Nada sabemos sobre Gabriel de la Vega, aparte lo que declara en las portadas de sus libros y lo poco que dice de sí mismo en las dedicatorias o puede deducirse de los propios versos. Es muy posible que sea el autor de, otra vez, una crónica, actualmente no localizada y que se conservaba manuscrita en la misma biblioteca a la que pertenecieron los poemas breves de 1636-1638. En esta ocasión la historia estaba, al parecer, en prosa, y tenía un escenario aún más extrapeninsular: «Crónica de los Maestres de la Religión de San Juan y de otros caballeros della, y del principio y progreso de la Religión, compuesta por el doctor Gabriel de la Vega»[43]. Lo de *doctor* es novedad que no nos esperábamos, y más inesperado es el título que se le da después: «Cura de la villa del Viso». Ahora bien, si la villa es, como creemos, el Viso del Alcor, en Sevilla, nos hallaríamos ante un curato que dependía de los condes de Castellar y marqueses de Rivas, la misma familia del don José de Saavedra a quien Vega dedicó su primer libro. En la dedicatoria de la obra de 1640 —el *Libro de la feliz vitoria*— el autor se declara «criado» de la marquesa, madre de Saavedra, y la coincidencia nos parece excesiva para ser casual. Si en efecto se trata del mismo hombre habría que suponer escrita esa crónica perdida de los caballeros de Malta después del regreso de Vega a España, y después de unos avatares en su vida que desconocemos pero que habrían ido en dirección análoga a la anunciada en el soneto de su personaje de 1646: «y si no estoy del mundo retirado, / me hallo de no estarlo arrepentido» (I, p. 27). La documentación sobre un Gabriel de la Vega que localizamos en Zaragoza y en 1631, como «autor de comedias», resulta tentadora, en función del eviden-

---

[43] Inventariada como ms. in folio, en el catálogo de J. Maldonado y Pardo, *Museo o Biblioteca selecta de el [...] Marqués de Montealegre* (Madrid 1677). La entrada que se le dedica a esta obra en la *Bibliotheca Hispana Nova* de Nicolás Antonio procede directamente del *Museo* de Maldonado.

te interés por el teatro que se refleja en el *Estebanillo,* aunque también sea más hipotética su posible identidad con el Gabriel de la Vega que nos ocupa[44].

Es segura una relación cordial del poeta y cronista con el Cardenal Infante. Don Fernando de Austria es, sin duda, el «sol que tuvo fin» de la *Feliz campaña,* a quien Vega exceptúa en aquella milicia de Flandes incapaz de proporcionarle un «¡Dios te ayude!» en pago de sus versos *(FC,* I 103). A ese mismo «sol», muerto a fines de 1641, Vega había dedicado poemas funerales, según confiesa apostrofando a su pluma, antes de disponerse a poetizar los éxitos de Melo en la campaña de 1642 *(FC* I 3).

Nada se nos conserva de esas elegías, aunque muy bien pudiera ser trasunto de ellas la «glosa fúnebre» que Estebanillo dice haber puesto en el túmulo del Infante («Si la libertad lloráis...», II, pp. 176-178). Los varios poemas laudatorios de distintos autores a los libros de 1640 y 1643, a vueltas con juegos sobre la bisemia de «vega», las obligadas referencias a Lope (un 'cabe de a paleta' difícil de evitar) y tópicos manidos sobre las letras y las armas, no dan ninguna información concreta respecto a la personalidad del escritor. Un don Gaspar Carrillo dedica unos ovillejos «a esta campaña y a la venidera»; se presupone, pues, que el autor tenía intenciones de seguir historiando en verso, pero eso ya lo sabíamos por el propio Vega. Una de las dos décimas de don Francisco de León, al lamentar «que musa que tan bien canta / excuse el cantar de amores», nos indica que no todos los géneros poéticos eran cultivados por Gabriel de la Vega, lo que tampoco era difícil de suponer, aunque la exclusión de la lírica amorosa no deja de ser una «marca» de identidad.

Nuestro autor es, a reserva de lo que pudiera deparar una exploración en los archivos andaluces y belgas o la no improbable reaparición de alguna de sus obras hoy perdidas, un autor sin apenas biografía verificable. Ello no quiere decir que nos sea un desconocido, en la medida en que la biografía esencial de un escritor viene dada, ante todo, por sus obras [J. A. C.].

---

[44] Cf. A. San Vicente, «Algunos documentos más para la historia del teatro en Zaragoza en el siglo XVII», *Criticón,* 34 (1986), pp. 27-50, doc. núm. 11.

5. El estilo

5.1. *Niveles del lenguaje literario*

Al corresponder en la realidad el personaje Estebanillo a un criado del general Piccolomini, la autobiografía es lo que pretende ser: memorial de servicios y número de fuerza, traca final del bufón ante su amo, quien, tras la jubilación de Stefaniglio, podría seguir recreándose con gracias y lisonjas mezcladas a episodios de su propia vida y convertidas en literatura. El contenido del libro, manifiesto desde las dedicatorias, ha de ser, por tanto, histórico y festivo a la vez, y a él corresponde un estilo también doble, a ratos conversacional, a ratos muy elaborado. El nivel lingüístico sufre así oscilaciones ocasionales que pueden poner momentánea sordina al desenfadado tono dominante (pasajes elegíacos de caps. IX y XIII, párrafos y poemas adulatorios), o subrayarlo mediante la adopción de la "jerga picaril" (pasajes de los caps. II, IV y VI, composiciones burlescas de caps. XI, XII y XIII) o la parodia de estilos convencionales (descripciones de hazañas, monumentos y ciudades, caps. I, IV, VI, VII). La crítica ha destacado el control que el autor mantiene sobre su relato, al que tira de las riendas cada vez que se le desliza hacia la sátira o «el amargura de decir verdades». Su intención es entretener, no entristecer, con las andanzas de un personaje definido como pícaro injerto en bufón —o al revés—. De ahí el constante «buen humor», y la distancia con que el yo narrador contempla las desventuras del yo narrado, a pesar de su habitual solidaridad ideológica. Puesto que «el oficio del gracioso tiene del pan y del palo, de la miel y la hiel» (II, p. 90), el narrador, sintiéndose por una vez del lado del espectador, se ríe de las hieles y palos que llueven sobre el personaje.

Una actitud tan radicalmente lúdica contrasta sólo en apariencia con las repetidas protestas de historicidad. Con datos históricos precisos el autor dispone una urdimbre en la que el personaje, lanzadera viviente, va a entretejer hebras de origen muy diverso, pues «lo que se escribe de veras no goza la liber-

tad y privilegios de lo que se compone en chanza» (II, p. 195).
Chanza que no afecta a la veracidad de los hechos fundamentales, pero sí a su selección y a la perspectiva con que se relatan. Por lo demás, las polémicas comparaciones con el *Lazarillo,* el *Guzmán* o el *Buscón,* oponen o anteponen lo vivido a lo
pintado, no solo porque la presunción de veracidad aumenta
la ilusión artística, sino también porque la vida supera a la
imaginación[1]. En cuanto relato burlesco que envuelve hechos
y personajes reales, el *Estebanillo* salta por encima de la serie
picaresca para enlazar con sus orígenes: la *Crónica* de Francesillo de Zúñiga, el truhán de Carlos V[2]. Como ha puesto de
relieve Márquez Villanueva, «el género picaresco puede considerarse como un desarrollo de la literatura bufonesca, que,
con la generación siguiente [a Villalobos, Zúñiga, y Gueva-

---

[1] Como ocurre en la *Vida* de Contreras, «narración sobremanera inverosímil, a la cual acontece la gracia de ser la pura verdad» (como dice Ortega
Gasset en un prefacio modélico), en los muy novelescos *Comentarios* de Diego Duque de Estrada, y en la *Peregrinação,* de Fernão Mendes Pinto (1614,
traducida al español en 1620), obra también de base histórica aderezada por
una fantasía poderosa y que podría haber influido en el *Estebanillo:* «O "pobre de mim" da *Peregrinação,* Fernão Mendes Pinto, é um pícaro. Esta obra
lembra especialmente a *Vida de Estebanillo González,* quer por ser uma autobiografia —confundindo-se a personagem principal com o autor— quer pelo
incrível à-vontade com que ambos os autores se despem diante do público,
pondo à mostra as próprias mazelas; quer ainda em certos pormenores que
nos poderiam levar a pensar numa influência da *Peregrinação* sobre o *Estebanillo González»* (Fernão Mendes Pinto, *Peregrinação e outras obras,* ed. A. J. Saraiva, Lisboa 1961-1984, I, pp. xxx-xxxi).
[2] Aunque su moderna editora, Diane Pamp, opine lo contrario porque la
historicidad de Estebanillo «está muy lejos de ser demostrada», «su época cae
cien años después» y «su profesión es más bien pícaro» (Francesillo de Zúñiga, *Crónica burlesca del emperador Carlos V,* Barcelona 1981, p. 53). De estas
«razones de peso», como ella misma las denomina (p. 11, nota 1), ya se ve que
la primera se hace más liviana a la luz de las últimas investigaciones. La segunda es endeble: cuando Estebanillo, en el cap. XI, menciona sus tentaciones de ponerse *don,* la frase («aunque no fuera yo el primer bufón que lo ha
tenido, ni me sentara mal, siendo correo imperial y real, que me llamasen don
Estebanillo»), con el oxímoron resultante de sumar el *don* al diminutivo,
podría aludir en primer lugar a don Francesillo, personalidad literaria sobradamente conocida. Y la tercera generaliza en exceso: Estebanillo es pícaro en
sus años de aprendizaje (caps. I-V), se hace luego soldado y vivandero (caps.
V-VII), profesiones que abandona por la más lucrativa de bufón (caps. VII-
XIII), uno de cuyos servicios, el último, consiste en escribir su biografía,
que, por todo ello, tiene que ver con la literatura picaresca, soldadesca y
bufonesca.

ra], ensancha su campo de acción para ocuparse, no ya del espectáculo de la corte sino de la sociedad en pleno»[3]. Tras los rasgos bufonescos evidentes en la prédica moral de Guzmán de Alfarache —quien sirvió de truhán al embajador de Francia en Roma— o en la personalidad de López de Úbeda, el arco se cierra con Estebanillo, que reúne, «centauro a lo pícaro», las cualidades formales de ambos tipos humanos y literarios[4].

Lo decisivo, pues, para el estilo de la obra será la condición, y desde luego la intención, del personaje al pasar por el filtro del narrador. Según sus palabras, se propone despedirse de su amo, dar gusto a los poderosos y sonsacarles dádivas, renunciando a un oficio demasiado «lleno de zozobras» para quien, a pesar al diminutivo de su nombre, se siente ya maduro[5]. Sin embargo, una cosa es hablar, otra escribir algo, y otra

---

[3] «Un aspect de la littérature du "fou" en Espagne», *L'Humanisme dans les lettres espagnoles,* études réunies et présentées par A. Redondo, París 1979, pp. 246-247. Habría que añadir que el pícaro, dirigiéndose al público lector, ensancha también el auditorio del bufón. A. A. Parker recuerda que la doble naturaleza del personaje se prolonga en el *Simplicissimus* (1669) de Grimmelshausen *(Los pícaros en la literatura,* trad. de R. Arévalo, M 1971, p. 128). Por su parte G. Sobejano aproxima la «locuacidad desaprensiva y cínica» de Estebanillo a la «garrulería abufonada» de Justina («El pícaro hablador», *Studia Hispanica in honorem Lapesa,* III, M 1975, pp. 467-485), ya que «no intenta nunca criticar, predicar ni edificar, sino —como Justina, aunque en el fondo amargamente— decir chilindrinas, provocar a risa».

[4] Una de ellas, la afición al vino, es mucho menos propia del pícaro que del bufón, si se ha de creer a Góngora: «Bufones son los estanques / y en qué lo son le diré: / [...] en el pedir, y no agua, / que no es de agua su interés / ni piden lo que no beben / por siempre jamás amén» (romance 61, ed. de los Millé).

[5] «Traté al instante de hacer este libro, por hacerme memorable y por que sirva de despedida de mi amo y señor» (cap. XIII); «Esteban se parte a Italia / y antes de partir renuncia / el alegría y la chanza / y la gala de la bufa, / [...] pues que sus males y achaques / la muerte y vejez anuncian» *(ibid.); «*Sólo pretendo con este pequeño volumen dar gusto a toda la Nobleza, imprimiéndolo en estos Países, confiado solamente en el amparo de mi amo y señor» («A el lector»); «No lo doy a la imprenta para hacer mercancía dél, sino sólo para que sirva de presente y regalo a los príncipes y señores y personas de merecimiento. Y no volveré la cara ni encogeré el brazo a los premios que me dieren» *(ibid.).* H. Ettinghausen, en el prólogo a los *Comentarios* de Duque de Estrada (p. 35), observa que éste decide retirarse a sagrado «a imitación de aquel terror del orbe, Carlos V» —quien a su vez se había inspirado en Amadís—. El mismo ejemplo invocará Estebanillo al final de su libro, antes

aun darlo a la imprenta. La bufonería es un arte oral y mímico, esencialmente improvisatorio, circunstancial y dialéctico (como «una poca de parolina» se define en II, p. 117). De ahí su tendencia a formas dialogadas y epistolares cuando se refleja en escritos que, por lo demás, estaban destinados a circulación restringida. En cambio componer una biografía, aunque sea paródica, significa seleccionar, estructurar y corregir un relato, sin el apremio de tiempo, y sin admitir ciertas libertades que el bufón se toma en la falsa intimidad de su amo, como decirle verdades o tratarlo de igual a igual. Estebanillo sólo se permite hacerle al suyo dos tímidos reproches: el primero, cuando explica al Cardenal Infante por qué estuvo a punto de ser castrado («Señor, estos son caprichos de señores y pensión de los de mi arte», II, p. 90), y el segundo, cuando se queja a Piccolomini de haber sido agredido por los otros criados («mas aunque me hizo mucha merced y me prometió dejar vengado, al cabo de la jornada se quedaron todos ellos en casa y yo con mi sartenazo», II, p. 191). En un caso dice haber usado sus dotes narrativas, como hombre de placer del Cardenal Infante, primer intento de estilizar la selección de sus vivencias que bien podría ser el germen del libro: «Aquí solo trataba, por ver que andaba melancólico su Alteza, de alegrarlo y divertirlo, unas veces contándole los discursos de mi vida y otras haciéndole relación de las ajenas» (II, p. 153). De igual manera sabemos por boca de Piccolomini que Estebanillo le había relatado con detalle su poco gloriosa actuación en Nördlingen (II, p. 97). Para el resto de su quehacer bufónico es de suponer que dispondría de un ingenio muy diferente (la «tarabilla de donaire»), y de una paciencia no inferior, a juzgar por los bromazos que debe soportar.

Nada de extraño tendrá, pues, que Estebanillo, en trance de componer una obra extensa y compleja, lo hiciera con ayuda de vecinos, de forma no muy distinta a como Ana Magdalena Bach compuso su pequeña crónica. Ciertas referencias

---

de recogerse a Nápoles, y no a hacer penitencia precisamente. Pero la distinción que hace J. Starobinsky de «temps faible» y «temps du repos» en la autobiografía picaresca, aplicada a Estebanillo, se empezaría a perfilar ya entre sus épocas de pícaro y de bufón («Le style de l'autobiographie», *Poétique* 3, 1970, p. 264).

culturales, una innegable habilidad versificatoria, y un dominio expresivo que permite pergeñar elegantes conceptos, se compadecen mal con la asendereada vida del mozo de muchos amos que pasó la mitad de ella por mares y caminos de casi toda Europa y cuyo único libro de cabecera es la baraja de naipes. En § 4.3 y en nuestras notas hay suficientes muestras de coincidencias léxicas (algunas de uso privativo) y retóricas entre el estilo del *Estebanillo* y las obras de Gabriel de la Vega para evidenciar su común autoría. Téngase en cuenta, no obstante, que, por una parte, los géneros a que pertenecen la biografía picaresca y el poema épico no pueden ser más dispares, por lo que presentan estructuras y estilemas apenas compatibles. Por otra, que en el *Estebanillo* la sustancia del contenido *(inventio)*, y acaso no poco de la forma *(dispositio)*, proceden de Esteban González, quedando a cargo de su colaborador la forma de la expresión *(elocutio)*. Con tales restricciones, los elementos comunes adquieren mayor valor probatorio, y se refuerzan con otros, como figuras gramaticales o esquemas rítmicos, que el análisis irá poniendo de relieve.

Aun así, los pasajes «idealistas» del *Estebanillo* y los dos poemas conocidos de Gabriel de la Vega coinciden en algo fundamental: el estilo, recargado de epítetos, hipérboles y mitologemas, es a todas luces desaforado, cansado, fruto de un oficio en el que ni se cree ni se espera que nadie crea en serio. Tal ocurre, por ejemplo, con la mecánica aplicación, a distintos personajes y situaciones, de arquetipos míticos o históricos (Júpiter, Marte, Alcides, Numa, Alejandro...) que lejos de representar un prestigio vigente, pueden coexistir con su propia devaluación («madre de Venus o mula de dotor», I, p. 125; «dando tres higas a Atalanta», II, p. 107; «Apenas el hijo de Latona... embanastado en su carricoche, nos vendía alegría en lugar de naranjada», II, p. 141; «me dejó hecho estatua de Baco en el jardín de Flora», II, p. 226; «porque ni Lucrecia tomara el acero, ni Porcia píldoras de brasa...»; «en el presente no hay Elisas, Heros ni Tisbes», se dice en II, pp. 125-6; en II, p. 155, se junta la fuente de Hipocrene al caño de Bacinguerra, etc.). El fenómeno del gongorismo ilustra bien esta postura escéptica: se imitan sus recursos, porque en esa época es forzoso («lo que de presente andaba valido era el gongorizar con elegancia campanuda», II,

p. 300), pero se ridiculizan al mismo tiempo y por idéntica razón. A ello se suma la noción de totalidad: el *Estebanillo* es «picaresca pura» (sin moralina, sin justificarse con culpas ajenas) en sentido antipódico de Gracián, que se queda en sermoneo con ingenio y propedéutica sin narrativa[6]. Las crónicas rimadas por Gabriel de la Vega presentan el heroísmo igualmente puro y sin grietas, aunque tan venido a menos que a veces no rebasa el hecho de premiar o pagar puntualmente a los soldados: no en vano premios y dádivas constituyen obsesión del autor, en prosa y verso.

«A linguagem fallada é popular. A linguagem escripta é aristocratica. Quem aprendeu a ler e a escrever deve conformar-se com as normas aristocraticas que vigoram n'aquelle campo aristocratico. A linguagem fallada é nacional. A lin-

[6] Cf. J. Fernández Montesinos, «Gracián, o la picaresca pura», en *Ensayos y estudios de literatura española,* ed. J. H. Silverman, M 1970, pp. 141-158. La pureza de la picaresca en el *Estebanillo* es susceptible de matices: por un lado está la reticencia habitual de su crítica, visible en I, pp. 84, 141, 156-157, 183 y 257, y que Sobejano relaciona con los estribillos de las sátiras quevedescas («Chitón», «Y no lo digo por mal», «Mas no ha de salir de aquí», «Punto en boca», *op. cit.,* pp. 469 y 484), a los que puede agregarse alguno del corpus satírico atribuido a Góngora: «Mas Dios sabe la verdad», «Mas no quiero murmurar», o el «Cósanme esta boca» de la canción M 406, y un inesperado ejemplo en Gabriel de la Vega: «Que una resolución vale gran suma, / y qué pocas se ven. Detente, pluma» *(FC* VI 8). Por otro, hay en la obra varios parrafillos críticos y moralizantes (I, pp. 99, 258, 268-269, 307, 318; II, 19-20, 229-230, 232, 244, 278 y 346) e incluso algún leve conato de autocensura: «Llevando yo su bandera con más gravedad que Perico en la horca; porque es muy propio de hombres humildes ensoberbecerse en viéndose levantados en cualquier puesto o dignidad... Hacía más piernas que un presumido de valiente y me ponía más hueco y pomposo que un pavón indiano» (I, pp. 66-67); «Fue tanta mi presunción y desvanecimiento» (I, p. 135); «Saliéndome todo como yo merecía» (I, p. 161); «Me endiosé con tanta gravedad y vanagloria que en lo hinchado y puesto en asas parecía botija de serenar» (II, p. 60); «Es muy [...] de hombres como yo perder el juicio y gastar la hacienda por quien no lo agradece» (II, p. 184); «Yo, no sólo tomando el mando sino el palo, que así lo hacen los que no han sido nada y llegan a verse en bragas de cerro» (II, pp. 187-188); «A tanto estremo ha llegado mi cudicia...» (II, p. 222); «Me hallaba más hueco que un regidor de aldea» (II, p. 230); cf. también otros pasajes de I, pp. 271; II, 168, 207, 214 y 277. Lo novedoso respecto a otros relatos picarescos, y que invalida bastante los asomos de evolución ética o arrepentimiento en el personaje, es la declaración de II, p. 28: «Volví a mi cuartel, planté el bodego y empecé a hacer lo que siempre había hecho, *y lo mismo que hiciera agora si volviera a tal oficio».*

guagem escripta é —ou deve ser— o mais cosmopolita possi-
vel»[7]. Esta observación de Fernando Pessoa no sólo resume
la diferencia entre actividad bufónica y literaria, sino también
entre los dos tipos de lenguaje que polarizan las tendencias de
la misma literatura áurea, y a los que, para abreviar, denomi-
naremos natural y afectado. Quien contraste, por ejemplo, en
la comedia el habla de cualesquiera personajes con la de los
villanos o graciosos por oficio, se encontrará con que esta
última reviste, en general, un interés mucho mayor. Las inter-
venciones de esos criados que suelen llevar nombre parlante o
expresivo de su condición chocarrera son más variadas y co-
loristas, más espontáneas y, desde luego, más sabrosas que las
de sus amos, frecuentemente restringidas al código del honor
y el amor, ya de suyo monocorde, y sujetas a un decoro que
las acerca al lenguaje escrito. Simplificando, podría decirse
que los unos tienden a hablar como bufones, los otros como
libros. En el teatro, en la narrativa, incluso en la lírica, el
«buen humor» genera libertad lingüística (como se ve en Cervantes, Lope o Tirso), por más que no sea el único factor capaz de hacerlo (casos de Góngora y Gracián), y aunque ocasionalmente lleve por derroteros muy alejados de lo que se
considera «natural» (ciertas obras de Quevedo). En el *Estebanillo* predomina un estilo que busca lo coloquial y popular
tanto en la diégesis propiamente dicha como en los raros diálogos. En cambio en aquellos pasajes cuyo eje sémico podría
formularse como 'panegírico indiscriminado' de personas o
ciudades, aparece el estilo neutro y cosmopolita. Esto último
es evidente en las pseudodescripciones, dada la ceguera del
autor para todo paisaje rural o urbano. Estebanillo al abandonar por primera vez Roma, su patria adoptiva, se despide con
lágrimas «de aquella cabeza del orbe, de aquella nave de la
Iglesia, de aquella depositaria de tantas y tan divinas reliquias,
de aquella urna de tantos mártires», etc. (I, p. 51), sigue su
viaje y llega a «aquel celestial alcázar, aquella divina morada,
aquella cámara angelical, paraíso de la tierra y eterno blasón
de Italia», es decir, a Loreto. Si se omite la breve mención de
las colinas, templos y jardines romanos, los encomios son

---

[7] Luiz Fagundes Duarte, «Inéditos de Pessoa a propósito da língua» *(Jornal de letras, artes e ideias* núm. 310, 14 a 20-VI-1988), p. 17.

intercambiables[8]. Casi otro tanto sucede con Zaragoza —de la que nada se dice la primera vez que E. la visita, en cap. IV—, también caracterizada por lo que se sabe y no por lo que se ve: «depositaria de multitudes de vírgenes, de millares de santos y de inmensidades de mártires» (II, página 293). Y eso que se sabe sirve para luego aplicarlo a otros casos; por ejemplo, Milán: «Vi que sus templos competían con los de Roma, que sus palacios aventajaban a los de Sevilla, que sus calles excedían a las de Lisboa, sus sedas a las de Génova...» (I, p. 287). Lo mismo ocurre con Nápoles, «aquella corte que, por ser primer Chipre y segundo Samos, le dan por renombre la Bella» (I, p. 138), «metrópoli de todas las grandezas, maravilla de maravillas, cuyos montes son dulce olvido de los hombres, cuyos campos son prodigios ostentosos de la naturaleza, cuyo celebrado Sebeto es emulación del Janto y competidor del Pactolo, su muelle asombro del piramidal coloso, sus templos desperdicios del de Efesia...» (II, pp. 367-8). Otro encomio perezoso se dirige al Cassaro de Palermo: «admiración del presente siglo y asombro de los cinceles» (I, p. 95), frase ésta que, completada, servirá para El Escorial: «asombro de los sinceles de Lisipo» (I, página 171). Algo más viva es la apreciación de Florencia, cuyo nombre le permite elaborar un concepto («Con justo título empieza su nombre en *flor,* por ser breve *jazmín* de las ciudades de Italia y nueva *maravilla* de la Europa y antigua admiración del mundo», II, p. 253), y de la que alaba su mercado de carnes, frutas y vinos. En otros lugares apelará de nuevo a las abstracciones: resulta difícil reconocer París en una «confusa Babilonia, olvido del gran Cayro y lauro de todo el orbe» (I, p. 253), o Bruselas, a la que Estebanillo

---

[8] Ya que la *descriptio* es «un fragment anthologique, transferable d'un discours à autre» (R. Barthes, «L'ancienne Rhétorique», *Communications* 16, 1970, p. 183). Tampoco supone mayor visión objetiva la tirada de estereotipos elogiosos que dirige a Roma («cabeza del mundo», «cenefas y galón de plata de la argentada orilla del celebrado Tíber», «abismos de deleitosos jardines», «montes de edificios insignes», «tapetes escarchados por la copia de Amaltea, cunas y regazos de Rómulos y Remos», pp. 70-71), para contraponerla a Galicia («rabo de Castilla, servidumbre de Asturias y albañar de Portugal», «piélagos de nabos y promontorios de castaños», «esportillas de Domingos, Brases y Pascuales», *ibid.*).

dice haber contemplado «por plaza de armas de la Europa, por escuela de la milicia, por freno de rebeldes, por espanto de enemigos», y cuyos muros y torreones compara con pirámides, sus campos con los Elisios, sus salidas con jardines de Venus y sus bosques con los de Diana (II, pp. 25-6). Todo ello nos brinda no la visión de ciudades concretas sino un ejercicio retórico de ékfrasis. Cuando el personaje sale de Bruselas, ya avanzada la primavera, hacia Austria, resume así su trayecto: «Divirtiéndome la variedad de las flores, la hermosura de los campos, el susurro blando de los despeñados arroyuelos y el gorjear de las sonoras aves, llegué a Viena» (II, p. 219), ciudad de la que nada dice, como tampoco de Praga. En otra ocasión atraviesa regiones que en el siglo XVIII pudieron parecer terribles y hoy se nos antojan grandiosas, de acuerdo con el cambio de estimativa respecto al paisaje; Estebanillo, impermeable, no encuentra en ellas cosa digna de nota: «Pasamos toda la Stiria y el Tirol y entramos en país de Grisones» (II, p. 243). De las ciudades españolas quizá la imagen menos imprecisa corresponda a Lisboa: «Quedé fuera de mí viendo la grandeza de su habitación, lo sumptuoso de sus palacios..., lo caudaloso de su sagrado Tajo, sobre cuyas espaldas se veía una copiosa selva de bajeles» (I, p. 181). Porque no salta a la vista que la «flor del Andalucía, gloria de España y espanto del África» (I, p. 179) sea Málaga, sobre todo si se contrasta con su designación posterior, ya en clave jocosa: «me fui al promontorio de la pasa y almendra y al piélago de la patata» (I, p. 242). También Sevilla es «única flor del Andalucía», y además «prodigio de valor del orbe, ausilio de todas las naciones y erario de un nuevo mundo» (I, p. 217)[9]. Madrid, «corte de cortes, leonera del real león de España, academia de la grandeza, congregación de la hermosura y quinta

---

[9] Semejantes pasajes constituyen bastante peso muerto en el *Diablo cojuelo*, de Luis Vélez de Guevara, aunque al menos en el referente a Sevilla brinda ciertos pormenores con despliegue de ingenio: «Junto a ella el Aduana, tarasca de todas las mercaderías del mundo, con dos bocas, una a la ciudad y otra al río donde está la Torre del Oro y el muelle, chupadera de cuanto traen amontonado los galeones en los tuétanos de sus camarotes. A mano derecha está la puente de Triana, sobre trece barcos...», etc. (tranco VII). Los panoramas que Diego Duque de Estrada ofrece de ciudades como Pisa, Livorno, Siena, Roma, Nápoles, etc., son siempre concretos.

esencia de los ingenios» (I, p. 168), se resume en un poblachón donde vive gente importante. De Santiago mejor no hablar, «por que no me tengan por parte apasionada por lo que tengo de gallego» (I, p. 176), y tampoco de Segovia (I, p. 171), donde nada llama la atención. Mallorca es «reino muy fuerte y abastecido» (II, p. 286) y Guipúzcoa, «aunque es país no barato, es muy regalado y ameno de variedad de arboledas» (II, p. 347). Otro tanto cabría hacer con los retratos de próceres: «el que fue espanto del Otomano y prodigio del mar de Levante» (I, p. 95) podrá ser inconfundible, pero no alguien «tan celebrado por sus hechos como conocido por sus hazañas y en quien tanto género de alabanza es muy corto a su gran merecimiento» (II, p. 170), o unos «grandes de España y grandes en valor y grandeza, amparo de todos los pretendientes» (II, p. 334), o un príncipe «cuya fama, virtud y santidad, por no agraviarlas con el tosco vuelo de mi tosca pluma, las remito al silencio» (I, p. 60). Cuando Estebanillo habla con Felipe IV en Zaragoza (II, pp. 332-3), el aparato astronómico y mitológico nos deslumbra y no percibimos nada concreto. Es aleccionador contrastar tal visión abstracta con el mínimo detalle transmitido por Contreras en ocasión semejante: «Informé de todo lo que su Majestad gustaba, y tanto, que del cordón que tenía pendiente el hábito me le asió y, dando con él vueltas, me preguntaba y yo respondía» (Vida, cap. XIV). Los periplos y conocimientos de Estebanillo no añaden, por tanto, valor a su biografía como libro de viajes o conjunto de etopeyas, ya que los datos ajenos a la «vida y hechos» desaparecen bajo la retórica. Escribir para el futuro no entraba en los cálculos de quien efectivamente no se siente «coronista» ni viajero sino pícaro y bufón.

La otra vertiente de su lenguaje, la que utiliza el estilo conversacional para salpimentar andanzas picariles con ingenio truhanesco, es la que muestra más rasgos dignos de estudio, no tanto porque el *Estebanillo* sea un hito en la prosa aurisecular como por las inferencias que supone. Sin embargo, según se verá, aun en sus momentos de mayor distensión queda muy lejos de la naturalidad que caracteriza, por ejemplo, al *Viaje de Turquía* y los *Pleasant and Delightfull Dialogues* publicados por Minsheu, obras anónimas que, como el *Lazarillo*, buscan la llaneza elegante a partir de un nivel superior de lenguaje, cuyas huellas, por hábil que sea el escamoteo, traicionan al hombre de letras. El estilo del *Estebanillo* recuerda más el de ciertas *Vidas* de soldados escritas sin pretensiones literarias, como la de Alonso Enríquez de Guzmán —anterior al *Lazarillo*—, o la de Diego Duque de Estrada, quienes partiendo del desaliño natural escriben como hablan, o como pueden, salvo cuando se percatan y buscan la afectación —«todos los hipos imaginables de la retórica», en expresión de Ortega— cosa que en el *Estebanillo* ocurre con frecuencia. El forcejeo puede deberse a múltiples causas, entre ellas la simbiosis literaria del personaje con su portavoz. Los análisis que siguen, muy incompletos, sólo intentan poner de relieve usos gramaticales, retóricos y rítmicos, que, con independencia de su acierto, constituyan elementos formales peculiares de la obra. Procuraremos, al mismo tiempo, dar cuenta de la extraña transparencia de contenidos que casi siempre obtiene el autor con unos medios lingüísticos de aspecto simple, pero muy eficaces.

5.2. *Morfosintaxis*

En un nivel gramatical, aparte algunos regímenes anómalos, hay que notar anacolutos debidos a distintas causas, y que en todo caso, como otros fenómenos que irán surgiendo, más que voluntad de estilo coloquial parecen acusar falta de lima. Así los originados por acumulación verbal: «Volví la cabeza atrás a *contemplar* y a *despedirme de* aquella cabeza del orbe» (I, p. 51); «Dábame mi capitán a dobla por cada uno [de los soldados], los cuales *embaucaba* y *daba a entender,* para conducirlos, dos mil embelecos» (I, pp. 164-5); «Hizo lo mismo conmigo el Marqués Mathey... *a quien* yo *había comunicado* y *recibido* merced» (II, p. 260). Otros parecen simple descuido:

> Al amanecer tomé el camino de Roma, donde, sin acaecerme de qué poder hacer mención, llegué una mañana a una puerta de sus antiguos muros (I, p. 119); Habiéndolo reconocido despacio dio parte a la justicia; lo cual, trocando en ira la piadad que hasta entonces le habían tenido, lo llevaron a la prisión (I, pp. 188-9); Llegué a Ruán, cabeza de Normandía,

a quien la caudalosa Sena, después de haber sido cinta de plata de la gran corte de París, es tahalí escarchado desta rica y poderosa villa (I, p. 247); Me salieron algunas gotas de sangre; las cuales, al instante que las llegué a ver y a sentir el dolor, tuve por cosa cierta que el cañonazo me la había hecho menudas astillas (II, p. 101); Apenas el hijo de Latona por el tur de su cuarta esfera, embanastado en su carricoche, nos vendía alegría en lugar de naranjada, cuando los llantos y suspiros de una mujer y el estruendo y alboroto de una tropa de gentes que subían por las escaleras de mi aposento, me inquietó, no con poco sobresalto, el oír sus confusas voces (II, p. 141); Yo, con darle al postillón más olas que hay en el estrecho de Magallanes para hacerlo parar, era darlas al aire (II, p. 228).

También da la impresión de anacoluto cierta torpeza en el uso de los relativos, cuando están muy alejados de su antecedente: «Pidió el capitán a mi amo que me despidiese luego que llegase a Palermo, porque quien hacía un cesto haría ciento; *el cual* le prometió...» (I, p. 92); «Fui remitido a Juan Pedro Folla, que entonces ejercía el oficio de cirujano mayor, di a entender ser barbero y cirujano examinado, y no de los peores en aquel arte, *el cual* me recibió» (I, pp. 136-7); «Yo, reventándome la risa en el cuerpo, le di parte de la ausencia, *el cual* me rogó que le avisara» (I, p. 233); «Me determiné de irle a hablar al *Conde Traun...,* al cual le supliqué que le escribiese a mi amo el Duque de Amalfi de como había quedado huérfano de tan gran Príncipe, sin herencia y reformado, que si gustaba su Excelencia que se cantase por mí aquella copla que dice: «Vuelve a casa, pan perdido». *El cual* no se descuidó en hacerme merced, pues en el primer correo tuvo respuesta de mi amo» (II, pp. 179-180). En una ocasión un relativo tiene a otro como antecedente, o, si se prefiere, a un antecedente corresponden dos relativos: «Tomé la posta, llevando de compañía *un ayuda de cámara* del Gran Duque de la Toscana *(el cual* llevaba la nueva del feliz nacimiento del primogénito de aquel estado), *el cual* anduvo tan liberal conmigo...» (II, p. 200). Por estos ejemplos ya se ve cómo entre el vulgar *que* y el más refinado *el cual,* el autor opta por este último. El relativo *cuyo* pierde en ocasiones su valor posesivo, como en el solecismo vulgar:

...Mirando hacia la parte donde yo me estaba paseando y diciendo: «¡Dios te consuele, pues me has consolado el alma!». Por *cuya* consolación... (I, p. 141). Alcancé en ella la carta de misericordia que se da a todos los pasajeros pobres, con *cuya* carta se puede marear (I, pp. 177-8); Abríle trinchea a un pintor en la cara sobre ciertos arrumacos que hacía a una conocida mía, por *cuyo* delito... (I, p. 262); Mandó llamar a un pintor, al cual le hizo que me retratase al vivo; con *cuyo* favor... (II, p. 78); Empecé a dar voces que atronaba toda la campaña diciendo: «¡Jesús, que me han muerto! ¡Confesión! ¡Confesión!» A *cuyas* lamentables quejas... (II, p. 101); Les supliqué se quedasen aquella noche a cenar conmigo, en *cuyo* convite me contaron su larga prisión (II, p. 349).

Las fórmulas de construcción sintáctica son poco variadas, y de ellas la más recurrente es la que, en un período de verbos en pasado, antepone o inserta gerundios:

Yo, *pensando* que ya se había descubierto la maula..., salí fuera a un antesala, y *tomando* el ferreruelo del señor español, que era nuevo y de paño fino, dejé el mío, que estaba bien raído, y *saliendo* a la calle, *informándome* por el camino de Liorna, me salí de la villa y... anduve aquella noche tres leguas; y al cabo dellas, *hallando* una pequeña choza de pastores cercana del camino, me retiré a ella...; que a este tiempo, *dejando* la pastoril cabaña y *prosiguiendo* mi comenzado camino.... Y *metiéndome* en una posada... (I, pp. 58-59).
Viendo que el rocín se bamboleaba por el movimiento que yo hacía..., se llegó temblando al centauro al revés, *preguntando* a bulto...; Yo, *conociéndolo* en la voz, le llamé por su nombre...; Hizo lo que le rogué, mas *reconociendo* que el rocín era una antigua armadura de güesos, *no pudiendo* detener la risa, me dijo...; A tiempo que el Aurora, *tropellando* luceros, daba muestras de su llegada, *despidiéndome* de mis dos camaradas de cama, me fui a una montañuela (I, pp. 308-9).
Animóme esta acción de tal manera que, *arrancando* de la espada y *sacando* la mohosa a que le diese el aire..., me puse el sombrero en la mano izquierda para que me sirviese de broquel y, *dando* un millón de voces a pie quedo, empecé a decir...; Yo..., *imaginando* que llamaban a mi madre, que se llamaba Vitoria López, *pensando* que estaba conmigo y que la había traído en aquella jornada, les respondí...; Y *contemplando* desde talanquera cómo sin ninguna orden ni concierto huían los escuadrones suecos... (I, pp. 314-5).

El procedimiento, común en la narrativa de entonces, alcanza en el *Estebanillo* una densidad rayana en la monotonía. Destaca la frecuencia con que el gerundio inicia la frase, tras un pronombre personal o una conjunción, o en comienzo absoluto:

> Yo, *viendo* que mis principios..., saqué (I, p. 128); Mas *viéndolo* en pie..., salíme (I, p. 130); El, *apartando* la gente, se llegó (I, p. 131); Y *viéndole* la cara..., perdió el enojo *(ibid.);* Y *rebozándose* con la capa, no se atrevía *(ibid.);* Y *desembarazándose* del ferreruelo, le zurció *(ibid.);* Y *quedándose* solo con el herido..., envió a llamar a mi padre, el cual, *imaginando* que..., acudió al momento y, *viendo* aquel espectáculo..., no dejó de sonreírse (I, p. 132); Y *saliendo* mi maestro a curarlo y darlo sano, y *ofreciéndole* mi padre diez escudos, quedó muy contento *(ibid.);* Y *trayéndome* a la suya..., me dio por castigo *(ibid.)*.

Pero la profusión de gerundios puede producir un efecto estilístico de tensión acumulada, si se sabe aprovechar su carácter durativo:

> Apenas se apartó de mí, satisfecho de que ya no erraría en nada, cuando *metiendo* todo el cuerpo de las tijeras en una guedeja del tierno infante para despuntársela, no *acordándome* que tenía orejas y *pensando* que todo el distrito que cogían las dos lenguas aceradas era madeja de Absalón, apreté los dedos... (I, p. 133).

En las octavas más progresivas de Gabriel de la Vega no es raro encontrar alta incidencia del mismo esquema:

> Mas el marqués, del daño receloso, / *viendo* ya su fortuna muy trocada, / metió... *(FV,* II 5). El cual, *dejando* asorto al más osado, / a muchos atrevidos dio castigo *(FV,* II 6). *Viendo* el marqués el prodigioso caso, / al Ladrón... / que avanzase le manda *(FV,* II 7). Y *añadiendo* a sus armas más roeles, / con su espada ganó... *(FV,* II 7). *Viendo* tan desigual la competencia, / no quiso... *(FV,* II 9). Mas *viendo* en su defensa tal soldado / dio envidia... *(FV,* II 11). Y *rompiendo* al vapor la débil hoja, / el relámpago tira... *(FV,* II 12).
>
> *Viendo* el Francés la fuerte resistencia / con que fue recibido y esperando, / *viendo* su perdición con evidencia, / *viendo* su campo todo acobardado, / *viendo* en un Melo fuerte inteligen-

cia, / *viendo* en tal lusitano un gran soldado, / sin querer intentar acción ninguna, / dejó la villa opuesta a la fortuna *(FC,* I 100).

Hemos registrado ocho raros usos, que parecen calcados del francés, en los que la conjunción *que* toma su valor causal, o final, de una preposición o conjunción anterior:

> *Por* ser yo una humilde hechura suya, y *que* solo pretendo con este pequeño volumen dar gusto a toda la Nobleza (I, p. 14); *Porque* de otra manera no saldría con mi estudio, aunque no era más de media coluna, *por* ser flaco de memoria, y *que* esto había visto hacer a Cintor y a Arias (I, p. 110); Le pedí a mi juez competente que soltase aquellos desdichados, *porque* no tenían con que pagar, y *que* el que no tiene, el Rey le hace libre (I, p. 158); Y *por* venir pobre y derrotado [...], y *que* por lo que sus mercedes sabían habían quemado a mi padre (I, p. 248); Y *por* causa de tener más bien guardada su ropa, y *que* le sirviese de foso y trinchea... (II, p. 149); *Por* carecer de la merced que me hacía, y *que* por su respeto me hallaba en tanta prosperidad (II, p. 240); Estaban esperando a su Majestad, *porque* se decía que estaba de partida en Madrid para venir a aquella corte, y en el ínterim también yo, como pretensor, y *que* llevaba carta de la Emperatriz, su hermana (II, p. 295); Me dijo que callase *porque* había muchos en aquel reino que sabían hablar español, y *que* si alguno llegase a entender lo que les decía que me matarían a palos (II, p. 355).

Sólo conocemos un caso paralelo, en Gabriel de la Vega: «Ochenta y siete Marios celebrados / *por* ser tinientes, y *que* sus pendones / tan valerosamente defendieron / *que* vengaron muy bien los que perdieron» *(FC,* IV 143).

Algo semejante, solo que a la inversa, sucede con una fórmula habitual en Gabriel de la Vega: el implemento anticipado y luego reforzado sin necesidad con el pronombre: «Aunque *al país* el agua *lo* inundase» *(FV,* I 17); «Y así que *a don Rodrigo lo* miraron / *sus rigurosos golpes los* temieron / y *a* su espada y *su brazo lo* temblaron» *(FV,* II 27); «El que *a Holanda la* tiene amedrentada» *(FV,* II 38); «La que *a las azucenas las* afrenta» *(FV,* III 22); «Para *la cortadura* recobra*lla*» *(FV,* IV 25); otros ejemplos en *FV,* IV 56, *FC,* IV 6, 19 y 53. Se trata de un recurso, no muy elegante, inducido por la métrica. En los pocos versos del *Estebanillo* ocurre una vez: «Pues ya *al orbe lo* inundáis» (II, p. 178).

Un estilema propio del *Estebanillo,* aunque no insólito en otras obras, es el empleo de términos atenuativos, con el fin de suavizar el aspecto demasiado puntual de una acción; cuando son verbos, suele echar mano de *querer* y *poder:*

> Yendo una mañana a *querer* poner la olla (I, p. 88); Y tiniendo su piñata vacía en la mano derecha, al *querer*se ir, al llegar a su rancho... (I, p. 91); Al tiempo que iba a salir el baúl por la puerta de la calle, llegó al lumbral della a *querer* entrar (I, p. 101); Para ayuda a *poder* llegar a la ciudad de Viena (I, p. 248); Solo de oírlo y parecerme que hacía movimiento para *querer*se levantar para tomar cumplida venganza (I, página 317); Y él a disculparse conmigo de no hallarse con fuerzas para *poder* acompañarme (II, p. 35); Para que le premiase, cuando no los servicios, por lo menos el afición de *querer*los imitar en el uso del vestir (II, p. 298); Partió como un rayo a *querer* matar al matemático (II, p. 317).

Aunque pueden ser también sustantivos abstractos que funcionan como mediadores y hoy suenan redundantes:

> La priesa que le daba a *la brevedad de* traer todos los requisitos (I, p. 302); Escrúpulos *de cargos* de conciencia (II, p. 48); Contentóle a mi amo *la novedad de* la curiosidad de la compostura (II, p. 107); Determinéme... de tener un poco de quebradero de cabeza con *entretenemiento de* galanteo (II, p. 123); Me acerqué a leer aquella selva *de variedad* de musas (II, p. 300).

5.3. *Juegos de artificio*

Pasando ya al dominio de la retórica, hay poco que señalar en el *Estebanillo* que no sea común en cualquier autor de su época, excepto quizá la proporción alcanzada por algunos fenómenos. La anáfora, más propia del verso, ocurre en las octavas al túmulo de Isabel de Borbón, combinada con el hipérbaton en la primera:

> Este de lutos piélago eminente,
> este de gradas Etna relevante,

> este de luces Febo refulgente,
> este de rayos Júpiter tonante», etc.,

y sin él en la segunda: «Es túmulo real de una Belona, / es pira imperial de una hermosura, / es sepulcro feliz...» etc. (II, p. 267). También predomina en el romance a la moza de Bruselas: «Esa zalema a los moros, / ese tus tus a otro can, / esas flores a otro mayo, / esas chanzas a otro Bras / ... / Vos, señora, habéis tenido / más conchas que no un caimán / más cautelas que un Sinón, / más pleitos que una ciudad...» (así durante 15 versos; II, pp. 365-6).

Para Gabriel de la Vega la anáfora no solo es figura predilecta, sino que no habrá autor que la use con tal profusión:

> Este que miras que al Francés destierra,
> este que ensalzas que a la Francia daña,
> este que ves amparo de esta tierra,
> este que alabas defensor de España,
> este que aplaudes rayo de la guerra,
> este que admiras sol de la campaña...
>
> *(FC,* VIII 36).

Curiosamente apenas hace acto de presencia en *La feliz vitoria,* mientras que en *La feliz campaña,* tres años más cercana al *Estebanillo,* resulta ya un abuso tan geométrico y fatigoso como los de Antonio de Guevara[10]:

> Ningún tercio hoy en Flandes ha vertido
> más sangre por su rey y por España,
> ninguno más vitorias ha tenido,
> ninguno ha estado más en la campaña
> ninguno más empresas ha emprendido,

---

[10] Quien es capaz de usar cincuenta veces la misma expresión a comienzo de otros tantos párrafos. Así ocurre con la frase «Es privilegio de viejos» en las *Epístolas,* II 36; «Es previlegio de aldea», 22 veces *(Menosprecio de corte...,* caps. V-VII); «Es previlegio de galera», 58 veces *(Arte de marear,* caps. V-VIII; es inevitable pensar en el mal chiste con el verbo del título); «La mar», 18 veces *(ibid.,* cap. IX), «Es saludable consejo», 26 veces *(ibid.,* cap. 26), etc. En opinión de Américo Castro «no se ha dicho aún lo que le debe [a Guevara] la novela picaresca, Cervantes, Quevedo y otros autores, en cuanto a puntos de vista y ocasionales imitaciones de su estilo», aunque no, afortunadamente, de estas letanías *(Hacia Cervantes,* M 1967³, p. 107).

ninguno más nobleza le acompaña,
ninguno le ha excedido en cosa alguna... *(FC,* II 13).

No hay valor, no hay poder, no hay fortaleza,
no hay fuerza, no hay furor, no hay arrogancia,
no hay altivez, no hay triunfo, no hay grandeza,
no hay guerra, no hay combate, no hay constancia,
no hay majestad, no hay reino, no hay alteza,
no hay soberbia, no hay furia, no hay jactancia,
no hay maldad, no hay envidia, no hay malicia...

(FC, III 1).

No son los únicos casos extremos de esta cantinela amane-
rada: siete versos de la estrofa V 49 siguen el esquema «Quién
eres» + metáfora; en la 50 del mismo canto, la exclamación
«Agora, agora» abre cinco versos, y, sin duplicar, uno más;
seis de la 51 se inician con «De aquí», y siete de IV 126 con
«Aquí fueron», variado en el final: «Y aquí la Troya fue»; en
la 127 los ocho versos de la octava arrancan con «Todo era», y
en la 128 se introduce una alternancia: los impares comienzan
con «Unos», los pares con «Otros». El artificio todavía conta-
mina la siguiente estrofa, cuyos cuatro primeros versos empiezan por imperfectos, tres de ellos con aliteración e isosila-
bia: Rebombaban, relinchaban, resonaban. La IV 122 a la
anáfora añade el políptoton: «Vuelve» en seis versos, «vuelven» en el séptimo, «y vuelven» en el último.

Entre las muchas octavas anafóricas algunas presentan un
grafema que consiste en separar por bloques los elementos de
distinta función sintáctica, a fin de subrayar el paralelismo:

A este César la guerra   le obedece,
a este César sus glorias le blasonan,
a este César su fama   le engrandece,
a este César sus lauros   le coronan,
a este César Belona   favorece,
a este César sus hechos   le pregonan...

(FC, IV 81).

Semejante recurso, que puede considerarse pueril, abunda
mucho en *La feliz campaña* (I 63, 76, 78, 92; II 8, 48, 85;
III 79; IV 115-6; V 49-50, etc.) y reaparece en los poemas del
Estebanillo. En uno de ellos el acróstico (también usado por

Vega, por ejemplo, en *FC*, VIII 34-5) justifica la división en dos bloques gráficos, pero no en tres:

Guerrero insigne,	Ilustre y	poderoso,
Laureado de	Dafne por	prudente,
Onor del orbe,	Ulises	eminente,
Romano César,	Que triunfó	animoso;
Iris de Flandes,	Vencedor	famoso
Alejandro sin par,	Ector	valiente...

(II, p. 107).

Idéntico procedimiento se utiliza en uno de los poemas laudatorios, dedicado por Gerónimo de Bran a Estebanillo, asimismo con acróstico en las dos primeras columnas:

Eterno te	Harás por lo	gracioso,
Sin igual	O primero en lo	entendido,
Tiniendo	Nombre por lo	entremetido,
En todo el	Orbe ilustre y	generoso...

(I, p. 29).

Sin embargo, la nota correspondiente deja bien claro por qué razón, siendo imposible atribuir a Bran este soneto, no hay más remedio que adjudicárselo al autor de la obra.

El *Estebanillo* emplea poca imaginería, y en general nada en serio: «Me sacó aquel dulce maná de entre los labios lastimándome todo el frontispicio de marfil» (II, p. 62) es un caso de metáfora pseudoculta parodiada. No podía faltar la imagen degradante normal en la picaresca, reservada para asuntos curialescos y militares: «Vara alta de justicia, que parecía en mí de varear bellota» (I, p. 157); «La sábana pintada» (= la bandera, I, p. 285); «Me volví a mi montañuela a ser atalaya ganada y a gozar del juego de cañas» (I, p. 312; se refiere a la batalla de Nördlingen); «Al tiempo que se empezaron a pelotear [las escuadras española y holandesa], no agradándome aquel juego de raqueta...» (II, p. 109); «Llegamos cerca de las murallas [de Gros-Glogau], desde adonde el enemigo nos enviaba colación de balas sin confitar y de peladillas amargas» (II, p. 196)[11]. Más original resulta la que usa al describir el

---

[11] Contra todo pronóstico, también se le escapa alguna a Gabriel de la Vega: «Marchó este sol y a verlo salió el Alba / en cotilla y enaguas al orien-

Baco de la mascarada, quien con hojas de parra «tapaba las pertenencias y bosques de la baja Alemania» (II, p. 118). Varias de las imágenes son clichés de carácter popular, incluso campesino:

ABS

> Me ocupaba en hacer burro de anoria a un vulteador asador (I, p. 109); Dando más dentelladas que "perro con pulgas" (I, p. 187); Morir en cadahalso degollado como carnero y no en horca ahogado como pollo (I, p. 275); Quedé libre como el cuquillo (II, p. 12); Hallé el caballo boca abajo y pensativo, y más flaco que caballete de espadador (II, p. 18); A la [pipa] de la cerveza siempre le guardé respeto porque me pareció orines de rocín con tercianas (II, p. 24); Soy libre como novillo de concejo (II, p. 43); Me planté de firme en firme con mi mosca en leche (II, p. 63); Fue lo mismo que meter una zorra en una viña cercada en tiempo de vendimia, o hacer a un lobo pastor de ovejas (II, p. 64); Un sobado de dedos que parecía que maduraba brevas (II, p. 102); Como quien descarga pellejos de vino de carro manchego (II, p. 121); A la hila, como banda de grullas (II, p. 150); Rodar media hora por la sala como vellón de lana (II, p. 154); Mucho mejor me estaba ser burro de una tahona que consentir que ella me acabase de sacar los ojos (II, p. 169); Nietos de diferentes padres, como quesos de muchas leches (II, p. 278); Puesto el oído como vaquero que ha perdido novillos con cencerro (II, p. 308).

Otras recuerdan las típicas comparaciones burlescas, especialidad de don Francesillo:

TA   A

> Me fui a la posada de mi amigo, al cual hallé con una cara de deudor ejecutado (I, p. 103); Me uní de tal forma con él, habiéndole vuelto la cara por el mal olor, que parecíamos los dos águilas imperiales sin pluma (I, p. 308); En lo hinchado y puesto en asas parecía botija de serenar (II, p. 60); Le encajé la porcelana en la cabeza, dejándosela tan ajustada que parecía montera redonda de sayal blanco o cofia de aldeana curiosa (II, p. 62).

La hipérbole sirve por igual a la función lúdica y a la expresiva, y se encuentra en todos los niveles, desde el coloquial al

---

te» *(FC* V 34); «Mas viéndose oprimido de tal modo / triunfó de espadas y arrastró con todo» *(FC* III 9), imagen ésta significativamente traída del juego de naipes.

heroico. Con todo, Estebanillo la usa pocas veces, varias de ellas para encarecer los efectos de la borrachera:

> Hallé pegado a él todo el bigote de tal hidalgo, que era tan descomunal que podía servir de cerdamen a un hisopo y anegar con él una iglesia al primer *asperges* (I, p. 50); Dio el muchacho una voz que atronó la tienda, y, tras de mil ayes, un millón de gritos (I, p. 134); Sola la cabeza me pesaba cien quintales, demás de ser mi barriga segunda cuba de Sahagún (I, p. 197); Me hicieron una salva de horquillazos y puntillones que fue poco menos que la de Borbón sobre Roma (I, p. 247); Gastábamos cada día cien cubas de vino y cada noche un bosque de leña (I, p. 257); Dando tantas voces que atronaba todo el Tarazanal, y derramando tantas lágrimas que inundaba aquel pequeño retrete (I, p. 273); Pensando que toda Suecia venía contra mí, y que la menor tajada sería la oreja (I, p. 307); A no servirme de despertador, juntamente con la artillería con que se le hizo salva, yo entiendo que durmiera hasta el día de hoy (II, p. 25); Después de haber dado voces que pudieran romper las vidrieras celestes (II, p. 89); Quiso... que de más de un millón de arrobas que había bebido... (II, pp. 189-190); El postillón que llevaba por guía quedó de tal forma que no lo pudiera guiar a él un ejército entero (II, p. 223); Mandó... que a mí me llevasen los marineros a su capitana, donde fue menester para entrar en ella virarme con el cabrestante (II, p. 287).

Huelga señalar la omnipresencia de la hipérbole en los poemas de Gabriel de la Vega, que no son, en realidad, sino hipérboles descomunales de algo que, narrado en prosa y sin maquinaria mitológica, tendría proporciones mucho más modestas. Algunas se verán al estudiar las series numéricas y los paralelismos.

El autor del *Estebanillo* no podía ser inmune a los efectos del conceptismo, del todo triunfante a mediados del siglo XVII. Dejando a un lado la cuestión bizantina de establecer el grado de recursos que permiten considerar conceptista una determinada obra, bastará recordar que si hay algo propio de la actividad bufónica es precisamente el jugar del vocablo, en serio y en broma. No vamos a recorrer más que algunos de estos juegos, que en ocasiones dejan una impresión de ambigüedad: como si el indudable atractivo que ejercen sobre quien los utiliza estuviese ya cariado, a punto de volverse en su contrario. He aquí, en primer lugar, el zeugma dilógico, arquetipo de la elegancia verbal que al reiterarse produjo burlas y condenas:

Con lo cual tenía yo *caudal* para mis golosinas y ellos para inquietar el estudio y sus posadas y casas» (en la segunda frase la elipsis de *caudal* se refiere a los polvos de la anacardina que E. vende a sus condiscípulos y que les hacen estornudar; I, p. 41); Y por ser hombre que no reparaba en *puntos* le dio docena y media dellos (I, pp. 131-2); Hice en el convite tantas *razones* que quedé sin ella (I, p. 158); Iban todos tras mí implorando el *favor* de la justicia, y yo con el de mis talones... los dejé muy atrás (I, p. 193); En el ínter que él henchía su *pellejo* yo rehenchía el mío (I, p. 197); Partió la flota al *golfo* y yo al *puerto,* pues en el inter que ella pasó el de las Yeguas yo senté plaza en el de Santa María (I, p. 222); Echéme a los pies de su Alteza Serenísima, dile las *gracias* por la recebida (I, p. 279); Fueron estos banquetes para mí unos *juicios* finales, porque privándome de lo poco que yo tenía daban cada instante con mi edificio en tierra (II, p. 68); Me salí a pasear y a ver la tía de mi *cuidado,* la cual me lo acrecentó... (II, p. 211); Después de haberle dado *parte* de las buenas que yo tenía (II, p. 254).

También la simple bisemia se aprovecha para hacer chistes, con frecuencia ya manoseados, como hemos procurado atestiguar en las notas:

Arrancó de la tizona quizá por haberle yo negado la *colada* (I, p. 106); Estuvimos alojados en una villa que se llama La *Costa* comiendo a costa del patrón (I, p. 146); Había una que, por razón de *prenderse* bien, prendía las más libres voluntades (I, p. 209); Algunos con preñeces de ojos que sin ser medos esperaban *partos* de agua (I, p. 249); Yo no tengo *plaza* de soldado ni calle de vivandero (II, p. 43); Mi amigo y compañero Baco en medio de ella en *cueros,* metido entre cueros (II, p. 122); Arbolé la luz y, dándole un soberbio candilazo sobre las espaldas, después de haberlo hecho acemilero *manchego...* (II, p. 345); Doña Zagardoa, marquesa del Real de *Manzanares* (II, p. 348); Y yo rogando a Jesucristo que... no tuviésemos fortuna de llegar a descubrir *vela,* aunque fuera de cera (II, p. 359).

La bisemia es la figura dominante en el episodio del ingeniero en la aldea aragonesa (cap. XII), donde la adscripción de un significante a campos semánticos tan dispares como la milicia y la vida rural provoca un continuo malentendido entre los interlocutores. Otros ejemplos son expresivos por inesperados: «Me dijo como, después de haberse hecho de *pencas,* y dádole ciertos tocinos a traición, le habían echado toda la ley a *cuestas*» (I, pp. 224-5); «Echando quínolas más que un quebrado y *flujes* que para mí eran de sangre» (II, pp. 30-1); «Recebía al principio muchas visitas con achaque de *primos;* y por informarme yo que todos los que la venían a visitar lo eran *carnales...*» (II, p. 129).

De los recursos humorísticos, uno de los más socorridos es la paronomasia, que combinada con políptoton, antítesis y neologismos presenta novedad y eficacia variables, sin que falten ejemplos un tanto forzados:

Y por cómplice en ella, en lugar de enviarme a *Galicia* me enviaran a *Galilea* (I, p. 57); Eran tantos los *lunares* que le había puesto que, a habérselos visto a la *luna* de un espejo, quedara *lunático* o frenético (I, p. 128); Los dejé con la *miel* en los labios por ver que mi bolsa iba dando la *hiel* (I, p. 155); Preguntóme, por verme inquieto, que si me había picado la *tarántula.* Yo le respondí que él solo era el *tarantulero* y el *atalantado* y el hijo de *Atalanta* (I, p. 158); Fuime con él a *Madrid,* por la noticia que tenía de ser esta villa *madre* de todos (I, p. 168); Por ir yo algo *despeado* me puse a *peón* de albañil (I, p. 196); Teniendo siempre *tapa* al son del *tapalapatán* y descubriendo *tapaderos* de cubas (I, p. 285); Y viéndome que por causa de ser *soldado* estaba con más *soldaduras* que una caldera vieja (I, p. 286); Vendíme por natural de *Alcaudete,* picaba a todas horas como *alguacil* y cantaba a todos ratos como *alcaudón* (I, p. 288); Dejándome a mí *desherrado* y *desollado,* pues quedaba sin el amparo de sus *ollas* y perdido el trato de los *hierros* (I, p. 295); Entre tanta abeja que acudía a los *panales,* pegados los *pañales* a la trasera (II, p. 29); Señor mío, eso es añadir *penas* a *penas;* salir yo de las *penas* de la prisión y darme a beber en taza *penada* es querer dar comigo en la sepoltura (II, p. 42); Dejé la fuente *agotada* y *agostado* el frasco (II, p. 43); Suplicándole encarecidamente que por ninguna *ranzión* diera libertad a mi *rocín* (II, p. 45); Me metió en su *coche,* adonde *encochinados* los dos, me llevó (II, p. 45); Por que no perdiese

por mí su buena *reputación* (que era *reputada* por doncella) (II,
p. 127); Subíme en el *pajar* y sepultéme en la *paja.* Al cabo de
una hora vino mi amo y, preguntando por mí, le dijo un *paje*
que me había puesto en la *pajada* a madurar como níspero.
Mandóme *bajar* y, llegando a su vista no limpio de polvo y
paja, me *dijo* (II, pp. 197-8); Todos estos países que son de
confines... son los patrones de sus hosterías últimos *fines* de la
"sangre y sudor"de los pobres pasajeros (II, p. 253); Bebida
cuyo propio nombre es *zagardoa,* que mal *azagaya* le tiren al
ladrón que tal me hizo beber (II, pp. 347-8); Nos *helábamos* de
frío y nos *ahilábamos* de hambre (II, p. 353); Tomando la *taba*
y soltando la *tarabilla* (II, p. 358); Cerrábamos de tropa a *caiga*
quien *cayere.* Y yo, por no dar alguna mala *caída* (II, p. 360).

Puede ocurrir también que la paronomasia remita a un término implícito: «vecino de Capadocia» (II, p. 80), «residentes
en Corazaín» (II, p. 257).

En el mismo nivel de la fonética expresiva está la aliteración, poco frecuentada en el *Estebanillo:*

> Tomé un peine, encajéselo en aquella selva de clines, arri-
> méle el hierro, y levantándose una humareda horrenda, al son
> de un sonoroso chirriar y de un olor de pie de puerco cha-
> muscado, le hice chicharrón todo el pelamen (I, p. 48-9); El
> cual, chirriando como carrucha y rechinando como un carro
> y cantando como un becerro, se rascaba (I, p. 231).

Tampoco abundan las similicadencias, que además no
siempre tienen por qué ser deliberadas:

> Es oficio graso y, ya que no *honroso, provechoso* (I, p. 107);
> Aquella vida era mejor que la de *cirujano* si durase siempre
> estar sobre el *villano* (I, p. 146); Al cabo dellos llegué a Yel-
> ves, frontera de *Estremadura,* y valiéndome del poder del co-
> rregidor y de la caridad del *cura*..., de veras se hizo el juego de
> quién viste al *soldado,* quedando yo agradecido y algo *remedia-*
> *do* (I, pp. 193-4); Era el primero cansado, el segundo *fastidio-*
> *so,* el tercero flemático, el cuarto *peligroso* (I, p. 212); Billetes
> en verso, los cuales amanecían flores del *Parnaso* y anochecían
> biznagas del *Pegaso* (I, p. 213); Siendo yo uno de los primeros
> que le iba sirviendo de *norte,* y no de los postreros en llegar-
> me a comer en su mesa, en silla baja a uso de *corte* (II, p. 59);
> Después de haber hecho lo mismo con los Príncipes sus *her-*

manos y recebido ofrendas como de tales *manos* (II, p. 259);
Por lo menos pudo merecer nombre de *competidor,* y por lo
más eternizar la fama de tan generoso *señor* (II, p. 261).

Las perífrasis presentan carácter vario: numérico («Tenía la
edad de los versos de un soneto y caminaba a tener conterilla», I, p. 210), tautológico («Al tiempo que fui a asir de la ya
venerada cornamenta, soltó el villano el atril de san Marcos y
dejó en libertad el origen del vellocino de Colcos», I, pp. 77-
8) y sobre todo eufemístico, ya que el autor evita la mención
directa en temas escatológicos («Pañezuelos de narices del
puerto del muladar», I, p. 45; «Otro día vendría el sastre de
cortar bolsas y me aligeraría de peso», II, pp. 82-3; «Me condenaron a ser gato de algalia y caballo de juego de cañas», II,
pp. 322-3; «Fui acompañando hasta Zaragoza a una dama... la
cual era en sí tan generosa y tan amiga de agradar a todos y de
no negar cosa que le pidiesen, que en virtud de los regalos y
mercedes que me hizo por el camino comí dos meses de balde
en el hospital», I, p. 167). Se combina con lítotes al referir
cuando Estebanillo encierra a un judío en el pozo de la nieve:
«Lo dejé empozado en parte donde no se abochornaría» (II,
p. 66).

Los *conceptos* propiamente dichos no suelen alcanzar bri-
llantez ni complejidad notables en el *Estebanillo.* Algunos no
rebasan el nivel de imágenes ramificadas que se mantienen en
el mismo campo semántico:

En faltándome *sacristán* que me ayudase a dejar al armador
de *requiem* y dar *sepulcro* a sus pescados, escarbaba con un pie
sobre la arena, como toro en coso, y formando anchurosa
fosa, daba con el otro *sepoltura* a la presa, y con ambos cubría a
los *difuntos* para sacarlos en quedando en soledad (I, p. 240);
Entré en el *reinado* de la cocina y empuñé el *cetro* de la cuchara
(I, p. 292); Atemorizado de oír los *truenos* del riguroso bronce
y de ver los *relámpagos* de la pólvora y de sentir los *rayos* de las
balas... (I, p. 307); Cercado de chuzos y alabardas, como paso
de *prendimiento,* me llevaron a casa del dicho Duque... y que
quiso que no quiso le di un par de *paces de Judas* (II, p. 40); Al
tiempo que el pobre barberote le sacó la alatonada *culebrina* le
dio un *cañonazo* de feno mascado con tal violencia y abundancia de *tacos* en medio el rostro que le turbó la vista y le engra-
só toda la delantera del vestido (II, p. 138); La taberna de los

dos vinos, adonde yo cargué como *nube,* y no *de agua,* para *llover* en la *región del fuego* del hospital (II, pp. 330-1); Sin decirnos *ox* nos salimos de la *jaula* y nos pusimos en la calle los tres *pajarotes* (II, pp. 358-9).

El cuidado puesto en desarrollar al máximo la posibilidad de una imagen dada puede comprobarse en un ejemplo. Cuando Estebanillo, actuando como niño rey de León en una comedia de Lope, debe fingirse dormido oculto en una enramada, aprovecha para huir con el costoso vestido puesto para la representación: «Yo aprovechándome del común vocablo del juego del ajedrez, por no volverme a ver en paños menores, le dije a mi sayo: jaque de aquí» (I, p. 112). Al buscarlo los otros actores, «entraron en la enramada y no hallaron rey ni roque» (I, p. 115), frase donde el término *roque* ('torre del ajedrez') nos devuelve al plano antes evocado.

Pero hay conceptos más audaces, si no más felices, sobre todo del cap. VI en adelante. El autor, por encima de la gracia, persigue la agudeza y la coherencia a partir de un elemento bisémico:

> Haciéndome marchante de *hierros y clavos* de herrar caballos... en pocas jornadas quedé *desenclavado* y conocí el *yerro* que había hecho en emplear mi caudal en cosa que no podía *acertar* (I, p. 295); Púsome un criado la *silla al revés*... Y como no iba yo a tratar de vanidades de *asientos* sino de henchir la talega, *corrí* más de treinta *postas* camino de Brindis, con estar *mal ensillado* (II, p. 47); Hacía mis sacas de vino y mis vendejas de nieve, y con la *calidad* del uno y la *frialdad* del otro gozaba mi bolsa de un *templado temperamento* (II, p. 64); [Después de destrozar una tienda de *velas* de sebo, durante una borrachera] Lleváronme medio en peso a donde *dormí* la pendencia dejando a el pobre burgés *sin dormir* de puro *desvelado* (II, p. 70); Estuve bebiendo toda una tarde *potes de purga* [= cerveza] por no recebir *récipes de píldoras* holandesas (II, p. 110).

He aquí tres casos en que los conceptos alcanzan altura y complejidad mayores. El primero utiliza la metonimia unida a la figura etimológica; los otros dos se sirven de la disociación, combinada con antítesis en el segundo y con frase hecha en el tercero (cf. notas a los pasajes):

El Infante *Cardenal...*, por ser *perla del nácar* de la *divina Margarita,* se lo llevó el *cielo* para que en él fuese *celestial rubí* (II, pp. 369-370; cf. en G. de la Vega, *FV,* IV 34).

Un *día,* que fue *noche* para mí, aunque después lo fue de pascua, habiendo *perdido* con don Pedro *Villamor* lo que quizá en la *villa,* haciendo el *amor,* había *ganado* la criada (II, p. 30).

No tuve a poca suerte, sino a gran milagro, el haberme librado del emplasto de *atutía* [se refiere a *la tía* de su moza], por ver que *jamás le dio para libros* (II, p. 128).

Este último ejemplo nos lleva ya a un tipo de concepto bastante perseguido por el autor del *Estebanillo,* el que Gracián define como concepto «por acomodación de verso antiguo, de algún texto o autoridad», que puede ser también proverbio o frase hecha de distinto carácter. Según la mejor estudiosa del tema, Mercedes Blanco, «escribir es para el ingenioso engarzar textos, aplicar sentencias, emular dichos, retorcer refranes, aludir a versos, renovar metáforas» [12]. Pocos conceptos tan logrados como aquel en que Estebanillo expone las trapacerías de su amo, el cocinero mayor del cardenal Doria:

> Tenían cada día pendencias él y el veedor, y a la noche sucedía con ambos aquello de
>
> > en la caballeriza yo y el potro
> > nos pedimos perdón el uno al otro (I, p. 108).

Como se aclara en la nota, los versos, procedentes de un entremés atribuido a Quevedo, hablan de un caballero chanflón que, en trance de enfrentarse a un toro, echa la culpa de su retirada al caballo. La situación es, por consiguiente, paralela de la del cocinero y el veedor, que para sisar a mansalva fingen estar en desacuerdo. «La correspondencia —continúa M. Blanco— no opera de enunciado a enunciado sino de enunciación a enunciación» (p. 108). En otras ocasiones el

---

[12] «Ingenio y autoridad en la cita conceptista», en VVAA, *La réception du texte littéraire* (Zaragoza 1988), p. 113. Cf. también Michael Metschies, *«Concepto* und Zitat», *Romanische Forschungen* LXXIX (1967), pp. 152-157.

concepto requiere alteraciones en la cita para adaptarla al nuevo contexto. Así ocurre en varias no poco irreverentes:

> Yo, que estaba temblando de miedo antes del hurto y en el
> hurto y después del hurto (I, p. 161); Pero advirtiendo ellos
> que... estaba... de *pura mente capiamus,* dieron al auditor mu-
> chas quejas por *debitoribus nostris* (II, pp. 34-5); Me empecé a
> despedir de la carne de mi carne y no huesos de mis huesos
> diciendo: «¡Ay, dulces prendas por mi mal perdidas...!» (II, p.
> 83); Jamás parecimos vírgenes locas porque siempre estuvie-
> ron llenas las lámparas y las orejas encendidas (II, p. 119);
> Llegué, haciendo el oficio de Judas, con los tres pares de alfi-
> leles con alma, a la posada, y lo hallé lavándose las manos,
> siendo Pilatos los que venían por él... (II, p. 247).

Judas

Una vez el mismo autor se encarga de aclararnos en qué
consiste la operación llevada a cabo:

> Como no pude decir «de paje vine a marqués», como don
> Álvaro de Luna, dije:
>
>> de bufón vine a correo,
>> que fue el primer escalón (II, p. 96).

Pero lo normal es que lo deje adivinar, ya que el concepto
tiene «una estructura lacunaria, elíptica, y se destina a una *élite*
capaz de colmar sus vacíos, y que debe poseer en teoría una
cultura sin límites»[13], al menos en cuanto a bienes literarios
mostrencos tales como mitologemas, romances viejos y nuevos, chascarrillos y refranes:

> Viéndole cargar con los penates de Troya sin ser piadoso
> Eneas sino un astuto Sinón... (I, p. 101); Mas viéndolo... que
> por el rastro que dejaba podía caminar Montesinos (I,
> p. 130); Más pareció la herida lanzada de moro izquierdo
> que lanceta[da] de barbero derecho (I, p. 137); Respondíle
> que me había perdido en el bosque como el marqués de
> Mantua, y por no encontrar con algún infante Valdovinos...
> (II, p. 73).
> Aficionéme de una doncella de su señora y dama de dame,

---

[13] M. Blanco, «El mecanismo de la ocultación. Análisis de un ejemplo de
agudeza», *Criticón* 43 (Toulouse 1988), p. 32.

labradora en el aseo
y cortesana en guardar fe (II, p. 123).

Como si la campaña fuese tumba común de caballos muertos (II, p. 9).

Entre las citas de textos autónimos destacan los de Góngora:

Saliéndome de la ciudad a la hora que peinaban el aire morciégalos y que mochuelos fatigaban las selvas..., después de haber caminado hasta dos leguas sirviéndome de norte una luz que estaba algo apartada, y pensando que fuera algún pastoral albergue (I, p. 190); Un bodegoncillo tan humilde que pudiera la guerra dejarlo por escondido o perdonarlo por pobre (I, pp. 282-3); Los ejecutores infernales... me amarraron a un duro banco y no de galera turquesca (II, p. 71); Me afufé con tal donaire que parecía el suelto caballo a quien movían tantos vientos como espuelas (II, p. 197); Habiéndonos juntado todos a consejo de guerra para darles un Santiago, y no de azabache, me enviaron... (II, pp. 205-6).

También glosa la cabeza de la letrilla gongorina «Aprended, flores, de mí» (II, pp. 373-4), y la cuarteta inicial del romance «Tomando estaba sudores», de Quevedo (II, pp. 326-8). Otras referencias a este autor, bien adoptan la forma de alusión rápida y negativa («sin ser Escarramán», «sin Cañamar»), bien aparecen tratadas con la misma libertad que textos tradicionales: «Yo, temiendo que por haber intentado cazar gangas no me enviase a cazar grillos...» (I, p. 103); «Lo llevaron a la prisión con más voces y algazara que alma de sastre en poder de espíritus» (I, p. 189); «Por temer que dama que se llamaba Coscolina se me había de acoger con Cañamar» (II, p. 336). Entre los mejor «acomodados» están, probablemente, los de Lope de Vega:

Me sentenciaron a *sursun corda* y encordación de calabaza. Mas antes que cantase aquello del potro rucio... (I, páginas 161-3).

Fui a ver a mis hermanas, de quien fui muy mal recibido; y queriendo hacer del esmarchazo, llamaron un vecino suyo,

> barrachel de justicia, el cual, cantándome aquel verso de
>
> Mira, Zaide, que te aviso,
>
> me puso en la calle, tomando a su cargo el amparo de mis
> hermanas (I, p. 261).

Estebanillo y su postillón, tras dormir una borrachera en un jardín cercano a Viena, reciben ayuda del hortelano, que los encamina a Passau:

> El piadoso Belardo de aquella güerta, viendo que los tra-
> gos obligan a lo que el hombre no piensa, lo puso a punto de
> leva y nos ayudó a montar (II, p. 227).

Ningún lector dejaría de reconocer, bajo la parodia, un celebérrimo romance. Extremo opuesto es el caso del intérprete polaco, a quien Estebanillo llama «mi faraute Garci Ramires» (II, p. 235), sólo porque alguien de ese nombre había servido, en el siglo xv, de intérprete al infante don Pedro de Portugal. Cuesta trabajo creer que tal minucia fuese de dominio público a mediados del xvii.

Diáfanas resultarían las alusiones a cuentecillos y fórmulas populares cuyo origen desvelan florestas y refraneros:

> Soplaba por detrás a grande priesa, pensando que se me
> habían olvidado los pies; y a buen seguro que no se me ha-
> bían quedado en la posada (I, pp. 114-5); Era el tal convite el
> de Cordobilla (I, p. 180); Me salí al campo medio avergonza-
> do, preguntando a los que me encontraban y se reían de mí:
> «Camaradas, ¿por dónde va la danza?» (I, p. 198); Llevé tan
> adelante mi caudal que en pocos días pudiera jugar las hor-
> mas (I, p. 237); Mas al cabo vino a ser el juramento de Pelaya
> (I, p. 271); Cada deudor cargó con lo que pudo y ninguno se
> atrevió a cargar con el caballito de Bamba (II, p. 35); Me vine
> a hallar como Juan Paulín en la playa (II, p. 222); A cuantos
> doctores pasaban... contaba la llaga y la plaga, y les ofrecía
> montes de oro y a ninguno daba nada (II, p. 323).

«L'écriture reste encore pleine du souvenir de ses usages antérieurs, car le langage n'est jamais innocent: les mots ont une mémoire seconde qui se prolonge mystérieusement au milieu des significations nouvelles». Estas palabras de Barthes exponen, en último término, el fundamento teórico de los fenómenos de intertextualidad, propios sobre todo de aquella época marcada por el uso y abuso de citas cultas y populares, en especial refranes y muletillas lingüísticas[14]. Es bien conocida la enemiga de Quevedo contra esos microtextos ya lexicalizados, a los que combate en la *Premática de 1600,* en la dedicatoria del *Cuento de cuentos* y en el *Sueño de la muerte.* De igual manera los ponen en solfa el anónimo *Entremés de los refranes* y el de *Las civilidades,* de Quiñones, los ridiculiza Rojas Zorrilla en *Lo que son mujeres* y todavía les da un buen repaso Gracián en la tercera parte del *Criticón,* crisi VI. La costumbre clásica de empedrar el discurso con frases hechas de toda broza —no sólo proverbios— ha sido comentada, inventariada y estudiada, aunque de forma insuficiente, desde hace un siglo[15]. Alguna de las obras más agobiadas por semejantes idiotismos, como *El guitón Honofre,* se ha editado no hace mucho. Pero los censores —entre los que hay que incluir a don Quijote— no se quedaban atrás en usarlos, como se sabe, ya que distinguían cuidadosamente entre la reproducción mecánica de un sintagma fijo, que sólo revela pereza mental, y su empleo oportuno y conceptuoso, que acredita agudeza.

---

[14] *Le degré zéro de l'écriture,* París 1972, p. 13. El propio autor se encarga más abajo de precisar su pensamiento: «Usés dans un petit nombre de rapports toujours semblables, les mots classiques sont en route vers une algèbre: la figure rhétorique, le cliché sont des instruments virtuels d'une liaison; ils ont perdu leur densité au profit d'un état plus solidaire du discours; ils opèrent à la façon des valences chimiques, dessinant une aire verbale pleine de connexions symétriques d'étoiles et de noeuds d'où surgissent, sans jamais le repos d'un étonnement, de nouvelles intentions de signification» *(ibid.,* p. 36).

[15] «El material con que Cervantes trabaja, el elemento simple de su obra, no es el vocablo sino el refrán, el proverbio, la frase hecha, el donaire, la anécdota, el modismo, el lugar corriente, la lengua popular, en suma, incluyendo en ella la cultura media de universidades y seminarios» (A. Machado, *La lectura* XV núm. 169, enero de 1915). Anterior a esta observación, y a la *Fraseología* de Cejador, es un extraño libro del padre Mir y Noguera, luego editor del *Vocabulario* de Correas: *Frases de los autores clásicos españoles* (M 1899). Para los usos y polémicas en el siglo de oro cf. F. Ynduráin, «Refranes y frases hechas en la estimativa literaria del siglo XVII», *Archivo de Filología aragonesa* VII (1955), pp. 103-130, y M. Joly, «Aspectos del refrán en Mateo Alemán y Cervantes», *NRFH* XX (1971), pp. 95-106. Los trabajos de los paremiólogos, desde Sbarbi y Rodríguez Marín a L. Combet, son mucho más conocidos.

En el *Estebanillo,* por supuesto, los bordoncillos aparecen por doquier, con tendencia a cerrar párrafo; a veces sólo están insinuados, indicio de que el autor, consciente de su desgaste, procura de algún modo su renovación sirviéndose de lo consabido con el lector. De ahí que invierta, altere o contraponga su sentido, o rompa el sistema al amoldar los componentes a su propia sintaxis:

> Mi vida y no milagros (I, p. 7); Sin otros retazos ajenos más ganados a fuego y cuchara que no a sangre y fuego (I, p. 73); Por que llueva sobre la poca ropa (I, p. 122); El me pedía que fuese sobre peine y yo lo hacía sobre casco (I, página 123); Se llegaba la hora en que él diese cuenta a Dios y yo tomase cuenta a su bolsa (I, p. 143); Los suspiros que daba de ver mi hacienda en monte tan sin piedad y en banco tan roto (I, p. 192); Era yo siempre su ceja, pues que me tenía sobre su ojo (I, p. 265); Tenía a suerte comer quizá mis desechos, y beber, sin quizá, mis sobras (I, p. 305); No soy yo el primero que se aparece después de la tormenta ni que ha dado a moro muerto gran lanzada (I, p. 316); Me hallaba como el peje en el agua o como el aceite sobre ella (II, p. 115); Lo que había pecado por carta de más era necesario que lo purgase con carta de menos (II, p. 324); Criado del Duque de Amalfi y hidalgo muchísimo menos que el Rey (II, p. 341); Lleve Favonio suspiros, / lleve lágrimas la mar / y lléveme a mí el diablo / si vos me engañareis más (II, p. 365).

El procedimiento puede suponer bastante ingenio. Estebanillo, por ejemplo, refiere como durante la campaña de 1640 un vivandero escondió sus provisiones en un hoyo, hizo la cama encima «y se acostó, a más no poder, con su mujer y criaturas» (II, p. 149). Aunque en apariencia no ha dicho nada especial, el guiño al lector estriba en la frase hecha «a más no poder acuéstase Pedro con su mujer», recogida por Correas.

Otro tanto ocurre con los refranes, usados más a la manera de Mateo Alemán que a la de Cervantes, es decir, sugeridos o diluidos en medio de la prosa:

> Por que se dijese por mí aquello de cedacito nuevo (I, p. 121); Yo, por la esperiencia que tenía de barbero, viendo aquella barba pelar, eché la mía en remojo (I, p. 189; nótese el enlace con episodios anteriores); Después de regatear dos largas horas me compraban un cuarto dellas,

y de cosario a cosario me dejaban sin barriles (I, p. 237);
Cargado más de miedo que de hierro (I, p. 263); A falta de
buenos me hizo mi amo alcalde de su cocina y soldado
de su compañía (I, p. 297); Sus mismos criados me dieron
aviso dello; porque demás de ser enemigos no escusados...
(I, p. 298); Por gozar del refrán de «quien se muda Dios le
ayuda», aunque me ayudó conforme a mi buena intención
(II, p. 29); Poco importa que mi padre se llame hogaza si
yo me muero de hambre (II, p. 50); Cumplió la orden, y al
cabo de los meses mil volvieron las aguas por do solían ir
(II, pp. 131-2); Tenía yo fama de ser su galán y otros carda-
ban la lana (II, p. 167); Para comigo todos los duelos con
vino son menos (II, p. 348).

Algunos casos acumulan todo tipo de expresiones fijas: «El
ejército sueco, opuesto al nuestro, pensando *darnos un pan como unas nueces, vino por lana y volvió trasquilado*» (I, p. 306); «Yo
no sólo *tomando el mando sino el palo,* que así lo hacen los que no
han sido nada y *llegan a verse en bragas de cerro,* hice visita general en cocina, cantina y potajería, y los *metí* de tal manera *en
pretina* que decían que me *había dado* mi amo *el pie y me había
tomado la mano*» (II, pp. 187-8). El siguiente es un buen ejemplo de cohesión semántica en la aplicación de un refrán: «Llegándose a mí y alzando el vaso y olla muy airosamente rompió los cascos della en los de mi cabeza diciéndome: —Señor
sotoalférez, *quien goza de las maduras goce de las duras, y quien come
la carne roiga los huesos*» (Estebanillo acaba de hurtarle la carne
de su olla —ha gozado de las maduras—, lo que justifica el
ollazo que recibe —las duras, los huesos—; I, p. 91). Igualmente sabe aprovechar la ironía encerrada en un dicho popular: «Con esta *malaventura con coles* pasamos por Benavente» (I,
p. 175; cf. nota), o extraer un efecto sorprendente de una can-
cioncilla: «A estar más en la venta de lo que estuvimos obligá-
bamos al ventero a que bebiera *lo que beben los bueyes*» (II,
p. 338).

Parecida querencia manifiesta Gabriel de la Vega, quien, a
pesar de lo realzado del estilo épico, no desdeña rematar octavas con humildes giros populares:

Que ponen sobre el globo de la luna / dorado clavo a rueda
de Fortuna *(FC,* IV 105); Y volvióse diciendo, quién lo du-

da, / que el conde ha madrugado y Dios le ayuda (V 25); La
gente más humilde y más plebeya / cual si fuera Nerón sobre
Tarpeya (V 38); Más ha de ser al mismo Dios rogando / y al
enemigo con el mazo dando (VI 28); Que cuando el enemigo
se avecina / el curarse en salud es medicina (VI 39).

También se dan en interior de estrofa:

Porque siempre la buena diligencia / es madre natural de la
ventura (VI 43); Mas como de un cosario a otro cosario / no
se ahorran no más que los barriles (VIII 4); Quien mucho
abarca sin tener recelos / poco puede apretar, y flojamente
(VIII 12); Y pues las ocasiones por ser calvas / de mí se huyen, tengo de seguirlas (VIII 53).

El autor del *Estebanillo,* como se ha visto, siente con fuerza
la virtualidad lúdica agazapada en el campo asociativo de la
palabra, y se complace en exprimir el humor a lexemas y para-
lexemas pertenecientes a más de un paradigma. Es el caso de
las numerosas restricciones, combinadas o no con dilogía,
procedimiento cuya supuesta comicidad deriva de podar las
más lejanas excrecencias connotativas, y que resulta demasiado simple y caprichoso en alguien capaz de hacer reír con
ocurrencias mucho más legítimas:

La hallé cercada de infantes, y no de Lara (I, p. 44); Desempapeló mi español sus cartas, y no venidas por el correo
(I, p. 53); El italiano... empezó a amolar sus dados, sin
ser cuchillos ni tijeras (I, p. 54); En viéndola calada, sin ser
visera (I, p. 72); La mochila y ropa del que, sin ser Escarramán, habitaba calabozo oscuro (I, p. 189); [El ciego] en-
terneciése, y no de verme (I, p. 232); Pidiéronme la ceniza, y
habiéndosela dado, sin ser primer día de cuaresma (I, p. 249);
Sin ser potro de Gaeta, me aparté reculando de la villa (I, página 255); Me confirmó sin ser obispo (I, p. 255); Enfadábame ya de oír tanto *alon, alon,* sin haber algunos de gallinas ni de
capones (I, p. 258); Había convertido la piedra, sin ser domingo de tentación, en dos libras de pan (I, pp. 276-7); Después de haber estado entre mí toda una siesta procurando, sin
estar en conclave, hacer una buena eleción (I, p. 282); Traté
de escurrirme sin ser anguila (I, p. 284); Cerró el enemigo
con un bosque sin necesitar de leña ni carbón (I, p. 306);
Echábalas a la mañana a las ancas de la yegua, sin ser ninguna

de ellas la bella Tartagona (II, p. 8); Nos divorció sin ser
obispo (II, p. 24); Cayendo en la red sin ser Martes (II, p. 29);
etc.

Aunque sin pretensiones de humor, al menos un par de
casos se encuentran en Gabriel de la Vega:

> Llegó por las espaldas invencible
> el enemigo, porque el mar indigno,
> sin ser pueblo de Dios, le abrió camino *(FV,* I 31).

> El Conde de Buquoy, sin ser Pizarro,
> con el triunfo se alzó de la vitoria *(FC,* IV 102).

Tampoco arguye mucho ingenio, en el aprovechamiento
de la asociación, el uso de las series numéricas, ascendentes o
descendentes, a que Estebanillo es aficionado:

> Cada uno con un carnero y todos ellos con cien manadas
> de malicias (I, p. 77); Me preguntó que qué era lo que traía.
> Yo le respondí que un puñetazo junto al ojo y cien libras de
> miedo (I, p. 107); Cerró conmigo y diome poco más de cien
> bofetadas y poco menos de cincuenta coces (I, p. 134); Dejó-
> me... un caballo y cincuenta ducados; que cincuenta mil años
> tenga de gloria por el bien que me hizo, y cien mil el que me
> diere agora otro tanto por el bien que me hará (I, p. 319); Él
> comía por ocho y yo bebía por ochenta (II, p. 24); Dándole
> tras de cada alabanza un millón de bendiciones (II, p. 33);
> Tiraba ración cada día y provechos cada hora (II, p. 114);
> Tirando zapatetas a pares y truenos a docenas (II, p. 139);
> Quería que mandásemos a semanas y que calzásemos los cal-
> zones a meses (II, p. 179); Temía por una parte el perder los
> pliegos... y por otras dos mil el perder las ganas del comer
> (II, pp. 203-4); Pasamos aquel día con gusto, mas no tanto
> que dejamos de tener tres pesadumbres y en la semana tre-
> cientas (II, p. 212); Cargaron con nosotros dos docenas de
> criados, cantándonos cien responsos y haciendo cincuenta
> paradas y echándonos mil jarros de agua (II, p. 225); Diome
> por vía de acuerdo veinte escudos y echóme por vía de ronca
> mil amenazas (II, p. 248); Estos tales, por dos desventuradas
> bofetadas que había dado, le dieron más de docientos ventu-
> rosos bofetones a mi bolsa (II, p. 272); Con orden de que
> hiciese cuarenta días de dieta, la cual cumplí de manera que
> antes de pasar las cuarenta horas había ya bebido más de cua-
> trocientas veces (II, p. 328).

En general, la mera aparición de un número en el texto supone peligro de montar una serie, aunque sea tan forzada como éstas:

> Dieron a toda el armada una paga..., la cual cogí con ambas manos, y apresurando ambos pies fui a resollar a Villafranca (I, p. 259; es evidente que E. no necesita *ambas manos* para recoger su paga); Echando seis higas al doctor y doce al cirujano, y cien bendiciones al varón santo que descubrió el sarmiento, y docientas a los que los plantan y benefician (II, pp. 328-9); Vuesa merced no se ha bebido más de veinticuatro tazas de a dos dineros; si yo tuviera veinte y cuatro parroquianos tan buenos oficiales, mi marido fuera en breve tiempo veinte y cuatro de Sevilla (II, p. 294).

Siendo, como pretende ser la serie numérica, un recurso humorístico, no cabe esperar que abunde en los poemas de Gabriel de la Vega, quien no obstante se las arregló para insertar algunas sin desdoro, gracias a la hipérbole:

> Ufana goza en dieciséis abriles
> diecisiete mil siglos de hermosura *(FV,* III 26).

> Y la fama en las listas de su asiento
> al número de nueve añadió ciento *(FV,* III 52).

> Avenidas de audiencias a millares,
> golfos de memoriales a millones *(FC,* I 11).

> Sus cien manos mostraron ser tan fuertes
> que daba cada dedo dos mil muertes *(FC,* VII 6).

5.4. *Plurimembración de enunciados*

El *Estebanillo* presenta, por último, su mayor peculiaridad estilística en la *compositio* (distribución de las palabras dentro de la frase, o de las cláusulas dentro del período), algo bien distinto del «ritmo de la prosa» y que constituye un amaneramiento arcaizante erigido en signo de literariedad, igual que el verso pudo serlo de poeticidad. De hecho las cláusulas del *Estebanillo* suelen dejar la impresión de discurrir por cauces regulares y previsibles, como si su factura consistiese en rellenar moldes preexistentes, estirando o comprimiendo para ello sus miembros, ni más ni menos que ocurre con el poema de un mediano versificador acostumbrado a rellenar moldes métricos. La «seguridad del arte» podía ofrecer así un expediente práctico a quien no se sintiera ducho en el oficio[16]. Modelo de tal actitud ha sido siempre fray Antonio de Guevara, quien, como señaló Américo Castro, elabora su estilo enumerativo con frases en torno a los seis miembros: «Los sustantivos, los adverbios, los verbos, se repiten en parejas sinónimas: las parejas de vocablos se acompañan de parejas de frases ora reiterantes, ora antitéticas, y de cuando en cuando se hacen resaltar estos paralelismos con una llamativa similicadencia: todo ello para ablandar la atención, empapándola de la idea». En estos términos resumía Menéndez Pidal las convenciones de la prosa guevariana, sin entrar en la dialéctica negación de estilo que entrañan. «En cuanto a las parejas de vocablos —añade—, modo es de expresión muy corriente entonces... Este curso lento de la palabra, este deleite moroso que se entretiene a cada paso en la yuxtaposición de sinónimos es, sin duda, el carácter más saliente en la lengua de casi todo el siglo XVI. Tiene de humanismo el apoyarse en el estilo de Cicerón y de otros oradores latinos, que también gustaron de esta repetición de sinónimos y otras tautologías; y tiene de hispanismo el responder a la natural facundia española»[17]. Si se prescinde de esta última afirmación, todo ello es aceptable y nos pone en camino de entender cuál es la estructura ideal de prosa para nuestro autor, un siglo más tarde. Añadir que el resultado es distinto, como suele hacerse en todo estudio comparativo, no deja de ser una perogrullada, ya que no existe la mímesis total. El estilo del *Estebanillo* es, como el de cualquier autor, una

---

[16] «On peut donc imaginer des auteurs qui préfèrent la sécurité de l'art à la solitude du style» (Barthes, *Le degré zéro...*, p. 13).

[17] «El lenguaje del siglo XVI», en *España y su historia*, M 1957, II, pp. 142-143. Como se sabe, María Rosa Lida, remontando la edad media hasta el siglo VII, sitúa en el tratado *De Virginitate*, de San Ildefonso, «la primera muestra cabal del estilo que en las obras de Guevara ha de deslumbrar con sus galas, nuevas en fuerza de haber sido olvidadas» («Fray Antonio de Guevara», *RFH* VII, 1945, p. 380). A dicha tesis opone reparos F. Lázaro en «La prosa de fray Antonio de Guevara» (VVAA, *Literatura en la época del Emperador*, Salamanca 1988), 101-117.

compleja e irrepetible mezcla de elementos, uno de los cuales
deriva consciente o inconscientemente de la rancia prosa si-
métrica que en nuestra lengua inauguran Pero Mexía y el
obispo de Mondoñedo. El mismo Menéndez Pidal, en obra
inconclusa a la que pertenecen los párrafos citados, trazó los
avatares de su disolución a lo largo del siglo XVI, con residuos
visibles en este muestrario de estilos que es el *Quijote.* Por lo
que respecta a las nuevas tendencias, el siglo XVII se propone
«extremar las cualidades de la lengua escrita mediante la continua condensación, la afanosa acumulación de efectos... Al
dominio de la sencillez sustituye el de la agudeza; al espíritu
de selección en el habla común sustituye el de ingeniosidad en
la expresión individual»[18]. Nos encontramos, por tanto, en el
Estebanillo, con un estilo híbrido de lisura, afectación y con-
ceptuosidad normal en su tiempo, individualizado, y no siempre para bien, por un pulso binario o ternario que a veces
recurre a la tautología, pero mucho más a los paralelismos de
sintagmas equifuncionales.

La *amplificatio verborum* lleva a la adopción de estructuras
ternarias, muy aptas, por su carácter conclusivo, para consti-
tuir breves enumeraciones chuscas que *parecen* agotar la materia, sobre todo si se dan ordenadas con arreglo a algún criterio. La proclividad a la terna de elementos, que el Folklore
comparte con el silogismo, puede ser el trasfondo responsable de una ocasional impresión sentenciosa:

> La otra [Salvatierra], rabo de Castilla, servidumbre de As-
> turias y albañar de Portugal (I, p. 32); El carnero huía, el
> dueño corría y yo volaba (I, p. 78); Serví en ella de tercero al
> capitán, de despensero al alférez y de mozo de alguacil (I,
> p. 223); Mi capitán, como si yo le hubiera muerto a su padre,
> robádole su hacienda o quitádole su dama... (I, pp. 267-8);
> Me sentenciaron a oír sermoncito de escalera, a santiguar al
> pueblo con los talones y a bambolearme con todos vientos (I,
> pp. 269-270); Perdí el color, faltóme el aliento y trabóseme la
> lengua (I, p. 276); Campaba como mercader, vivía como
> Gran Turco y comía a dos carrillos como mona (I, pp. 290-

---

[18] «La lengua castellana en el siglo XVII», en *Historia de España,* tomo
XXVI, vol. II, M 1986, p. 98.

1); Yo era furriel, mayordomo y cocinero (I, p. 298); Levan-téme con molimiento de cuerpo, dolor de cabeza y boca de probar vinagre (II, p. 25); Le empecé a brindar a lo flamenco y a dar paz a lo francés y a hacerle plato a lo español (II, p. 215); Empecé a desmoler lo que había comido, a sudar lo que había colado y a trocar en el trabajo del camino la vida palaciega de la corte (II, p. 218).

Bastantes tríadas de éstas presentan un paralelismo grama-tical subrayado hasta formar correlación:

Un valiente cuyos mostachos unas veces le servían de daga de ganchos, y otras de puntales de los ojos y siempre de es-ponjas del vino (I, pp. 46-7); Tenían entre ellos una algazara como gitanos, una alegría como gananciosos y un temor co-mo salteadores (I, p. 192); Era su posada patio de pretendien-tes, sala de chancillería y lonja de mercadantes (I, p. 210); Barcelona, adonde de presente estaba el que nació Infante, y gobernó Cardenal y murió Santo (I, p. 267); Ellos han lleva-do la delantera perdonando verdugos, pidiendo misas y ha-ciendo alzar dedos (I, p. 271); Yo le dije... que se persuadiese a que no había cocinero que no fuese ladrón, saludador que no fuese borracho ni músico que no fuese gallina (I, p. 303); No siempre estuvo César venciendo batallas ni Pompeyo conquistando reinos ni Belisario sujetando provincias (II, p. 46); Allí pasamos la noche sin picarnos pulgas ni inquie-tarnos mosquitos ni dispertarnos gallos (II, p. 122); No co-mía caracoles porque tenían cuernos, pescado porque tenía espinas ni conejos porque tenían colas (II, p. 128); Al fin quiso el cielo llevarse lo que era suyo, dejando a estos Esta-dos sin príncipe que los gobernase, a España sin Infante que la socorriese y a los soldados sin padre que los amparase (II, página 175).

Como era de suponer, se combinan con la referencia a fra-ses hechas o con las restricciones humorísticas ya indicadas:

Señalaba horas sin ser mano de reloj, hacía amistades sin ser valiente y llevaba a cada instante a vistas sin ser casamen-tero (I, p. 289); Mientras que los soldados abrían trinchea abría yo las ganas de comer, y en el ínter que hacían baterías se las hacía yo a la olla, y los asaltos que ellos daban a las mu-rallas los daba yo a los asadores (I, p. 305); Dándoles a todos piques de esperanzas, me daba a mí repiques de celos y capotes de desesperaciones (II, p. 213); Yo, sin ser la torre de Babel, bebí en todas lenguas, caí de todas maneras y dormí de todas suertes (II, pp. 192-3).

Dos casos presentan doble correlación ternaria, y otro una perfecta correspondencia entre los ordinales y el número de los determinativos:

> Andaba cada día con una docena de espadachines a caza de corchetes, en seguimiento de soplones y en alcance de fregonas. Hacíamos de noche cacarear las gallinas, balar a los corderos y gruñir a los lechones (I, pp. 220-1); El cual, chirriando como carrucha y rechinando como un carro y cantando como un becerro, se rascaba el pescueso, encogía los hombros y cocaba a todo el pueblo (I, p. 231); Díjele que era menester para la *primer* mesa de los gentileshombres de la boca, y para la *segunda* de los pajes y meninos, y para la *tercera* de lacayos, estaferos y mozos de cocina (I, pp. 298-9).

Pero el más extremado es el que combina la terna de expresiones sinónimas con la gradación creciente de aposiciones:

> Me han faltado de cuatro años a esta parte
> I)   tres colunas invencibles,
> II) tres deidades milagrosas
>   y
> III) tres floridos pimpollos de la casa de Austria,
>   que han sido
>   1) un Infante de España,
>   a) hermano de un poderoso Rey,
>   2) una Reina de Polonia,
>   a) mujer de tan gran Monarca
>   y
>   b) hermana de un Emperador,
>   y
>   3) una Emperatriz de Alemania,
>   a) mujer de un Emperador del orbe
>   y
>   b) hermana
>   α) de un Rey de España
>   y
>   β) de una Reina de Francia
>
>   (II, p. 371).

En este apartado hay que incluir también el ovillejo del cap. IX, ya que su esquema métrico prescribe una división tripartita en el verso final de cada estrofa, compuesto precisamente de los vocablos que sirven de eco en los tres primeros:

> Dio Fernando entre arreboles, *soles,*
> brotando sus pocos mayos, *rayos,*
> y sus lucientes albores, *esplendores.*
> Viendo el mal tantos fulgores
> fue Faetón precipitado,
> que el vuelo le han abrasado
> *soles, rayos y esplendores.* Etc. (II, p. 173).

Claro que no todo es trigo limpio en tanta división ternaria. Algunas introducen falsos miembros mediante sinonimias y vaguedades poco justificables, o limitan arbitrariamente la enumeración a la cifra deseada; lo cual es aún más indicativo de voluntad estructurante:

> Hacíame regalar como mayorazgo de aquella casa, estimar como heredero de aquella hacienda *y respetar por haber nacido varón* (I, p. 153); Y al tiempo que salía el copo a ser *celogía* de bogas, *jaula* de sardinas y *zaranda* de caballas (I, p. 239): No se me daba tres pitos que bajase el Turco, *ni un clavo que subiese el Persiano,* ni que se cayese la torre de Valladolid (I, p. 241); Me hice padre de damas, defensor de criadas y *amparador de pobretas* (I, p. 288); Podría ser guardadamas en casa de un príncipe, músico en una capilla real o *privado de un sultán* (II, p. 80); Para ver dónde había mi amo *emprendido tan gran resolución,* obrado tan grande hazaña y ganado tan gran renombre (II, p. 103); Haber entrado a servir a un biznieto de Carlos Quinto, hijo de un Rey de España y hermano *del mayor monarca del orbe* (II, p. 187); fragancias de odoríferos olores (II, p. 372).

Secuencias ternarias aparecen de vez en cuando en los poemas épicos de Gabriel de la Vega, y sin que salte a la vista la autenticidad de su referente:

> Como tigre de Hircania matizado,
> que se ve de monteros perseguido
> de ligeros sabuesos rodeado,
> de voraces lebreles combatido *(FV,* I 45).

Que decir que detuvo batallones
no es favor, no es lisonja, no es mentira *(FV,* I 58).

Vio otra clima, otra esfera y otra tierra *(FV,* III 49).

El regalo, el deleite, la holgura *(FV,* III 50).

Llevó el víctor, corona y monarquía *(FC,* IV 15).

No obstante lo dicho, el autor del *Estebanillo* debió de padecer, sobre todo, esa «especie de bimembración conceptual, de inclinación dual del pensamiento, impuesta por la bimembración lingüística» que Dámaso Alonso, alegando textos de Paravicino, Godínez y Pellicer, cree «característica de casi toda la prosa del período áureo de nuestras letras», pero que dista mucho de afectar por igual a todos los escritores[19]. De hecho, en los más próximos al *Estebanillo* en género y fecha apenas se manifiesta o es del todo inexistente. Sólo un novelista muy amanerado, Andrés Sanz del Castillo, abusa de ella, disponiendo por parejas los epítetos antepuestos —lo que nunca hace nuestro autor. En Castillo Solórzano, Zayas y Enríquez Gómez se encuentran muy pocas ternas. Y prácticamente ni ternas ni parejas en Vélez de Guevara, Abad de Ayala, Cevallos, Duque de Estrada o ese «tahúr de vocablos» que es Remiro de Navarra. El caso de Gracián es muy especial, pues dentro de la riqueza de medios que despliega, la plurimembración resulta imperceptible. Algunas las ha señalado Rafael Lapesa como precedente de las de Feijoo, junto con otras de Saavedra Fajardo y Quevedo, aunque este último nunca adopta las parejas sinónimas sino más bien las frases antitéticas[20].

En el *Estebanillo* las estructuras binarias son dominantes, desde el plano léxico al sintáctico, y pasarían más inadvertidas si no fuesen tan a menudo artificiales, es decir si no recurriesen tanto a la sinonimia total o parcial:

No cesaba el matasiete de echar tacos y porvidas (I, p. 47);
Le quitaré a su amo los suyos a coces y a bofetadas (I, p. 48);

[19] D. Alonso y C. Bousoño, *Seis calas en la expresión literaria española,* M 1963³, pp. 34 y 30. Del autor del *Estebanillo* podría haber dicho, como de Don Quijote, que «lleva una balanza mental» (p. 33).

[20] «Sobre el estilo de Feijoo», *Mélanges à la mémoire de Jean Sarrailh* (París 1966), II, pp. 21-28.

Yo acudí con toda voluntad al difunto cadáver (I, p. 144);
Nos informó en las ceremonias y puntos de la vida tunante. Doróla con tantos epitectos y atributos, que por gozar
de sus excepciones y libertades dejara los títulos y grandezas... (I, pp. 172-3); Sus colchadas doblas y sus emboscados
reales (I, p. 192); Abrazóme tierna y estrechamente y yo le di
los brazos sospechoso y desengañado (II, p. 211); Me aparté
para siempre de aquella cuadrilla de pretendientes de galeras
y solicitadores de horcas (II, p. 275); A buscar a mi amo y
señor, para agradecerle el bien y regalo que en su casa había
recibido, y las mercedes y honras que por su respeto me habían hecho; y después, con su licencia y voluntad... (II, página 337); El invencible Emperador Carlos Quinto, por hallarse enfermo de la gota y fatigado de los trabajos de la guerra,
hizo renunciación de su imperio y reinos, y se fue a Yuste a
retirarse y tener quietud (II, p. 367); Me inundó el corazón de
suspiros y de llanto los ojos, porque en oír un tan tierno ma-
logro y tan acelerada partida, ¿qué diamante no se ablandara
ni qué risco no se enterneciera? (II, p. 369).

Dentro de las bimembraciones sintácticas, pleonásticas o
no, hay una búsqueda de simetría, con o sin quiasmo, que
recuerda las muletillas técnicas del petrarquismo[21]:

Abatidas de la fuerza de los vientos y combatidas de las
soberbias y encumbradas ondas, rompiendo cabos y despedazando gúmeras, se encontraron y embistieron (I, p. 82); Hallándome lavado de fregados y espulgado de faldiqueras (I,
p. 198); Asaltó el bosque y combatió la selva (II, p. 112);
Numa en la paz y Ciro en la campaña (II, p. 144); Iris ar-
genta cuando estrellas baña (II, p. 144); No hay cláusula
en el testamento de Adam que dejase... a los caballeros mejo-
rados en tercio y quinto en las aguas de Hipocrene, y a
los pobres herederos de el caño de Bacinguerra, la una fuente

---

[21] Y de Guevara, en algún momento, como ya se ha dicho. Cf. dos ejemplos tomados del *Aviso de privados y despertador de cortesanos:* «Al que es en su
trato y vestir hombre cuerdo, tiénenle por *mísero y avaro,* y al que es *pródigo y
desperdiciado* tiénenle por *magnánimo y generoso*» (cap. VIII, ed. París 1914,
p. 117); «Hay algunos en la corte *tan descomedidos y tan mal mirados* con sus
huéspedes que no hacen *lo que deben sino lo que quieren,* en lo cual *Dios es ofendido
y el príncipe deservido,* porque al cortesano no le dan la posada *para mandar sino
para posar*» (cap. III, *ibid.,* p. 73).

del Parnaso con licores poéticos, y el otro caño cordobés con inmundicias salváticas (II, p. 155); Diome por vía de acuerdo veinte escudos y echóme por vía de ronca mil amenazas (II, p. 248); Me abochornaban los tuétanos y me escaldaban las pajarillas (II, p. 324); Lluvias de lirios, flotas de claveles (II, p. 372).

En un caso la bimembración tautológica arrastra una anomalía gramatical: «Me obligó a hacer una vileza que jamás había pensado ni pasado por mi imaginación» (I, p. 99; *que* es implemento de *pensar* y sujeto de *pasar*). En otro, por el contrario, subraya el sentido de las frases hechas: «Comía a dos carrillos y hacía dos papadas» (I, p. 178).

La bimembración es susceptible de ramificarse hasta abarcar todo un párrafo originando así una especie de taxonomía jerárquica entre sus elementos. He aquí dos ejemplos tomados al azar:

> Tratando los romanos de desterrar todos los bufones, por ser
> I) *gente vagamunda*
> y
> II) *inútiles a la república,*
> no pudieron conseguir su intento por alegar
> A) *todo el senado*
> y
> B) *los varones*
> 1) *sabios*
> y
> 2) *doctos*
> ser provechosos
> a) para *decir a sus emperadores* libremente
> α) *los defectos que tenían*
> y
> β) *las quejas*
> y }
> *sentimientos* } de sus vasallos
> y
> b) para *divertirlos* en sus
> α) *melancolías*
> y
> β) *tristezas* (II, p. 58).

Quiso mi dicha que, para apartarme desta
I) *fiera esfinge*
        y
II) *cruel Lamia,*
        llegase la alegre primavera
        A) *acompañada de*
            1) el *Céfiro*
                    y
            2) *Favonio*
                y
        B) *lisonjeada de*
            1) *Flora*
                    y
            2) *Amaltea,*
                la cual, dando
                a) *esmeraldas a los prados,*
                b) *librea a las selvas*
                        y
                c) *esperanza a los montes,*

                a) *animó las flores,*
                b) *resucitó las plantas*
                        y
                c) *enamoró a las fieras*
                        (II, pp. 168-9).

Con esta disposición pueden distinguirse los sintagmas no
progresivos duplicados (en cursiva) de los progresivos (en
redonda), así como las sucesivas bifurcaciones, que no exclu-
yen, en el segundo caso, la pareja de grupos ternarios. El sentimiento de balanceo es total, y sería arriesgado adscribirle un
significado concreto, vista la disparidad de los ejemplos.

En este apartado se alcanza, aunque sea mediante la parodia, la mayor aproximación al noble bimembre gongorino
compuesto de dos gerundios con sus respectivos implemen-
tos:

Rompiendo cabos y despedazando gúmeras (I, p. 82); Menudeando escalones y allanando calles (I, p. 113); Trasquilando postillones y rapando percacheros (I, p. 136); Haciendo
lamentaciones y enajenando muebles (I, p. 188); Hollando
lodos y enturbiando charcos (endecasílabo en medio de la
prosa, I, p. 190; líneas antes acaba de parodiar el verso de

Góngora «Peinar el viento, fatigar la selva»); Asombrando
pastores y atemorizando ermitaños (I, p. 193); Aporreando
puertas y descalabrando paredes (I, p. 232); Asombrando pasajeros y alborotando perros (II, p. 76); Lauros ganando y
rayos expeliendo (verso, II, p. 144); Alborotando posadas y
inquietando barrios (II, p. 146); Ni negando la deuda ni ofreciendo la paga (II, p. 181).

Quedan aún otras parejas de elementos, muy abundantes,
que son las antítesis, donde también se aprovechan otros recursos ya estudiados, frases hechas, bisemias, metáforas, series numéricas y alusiones culturales:

Mi padre fue pintor *in utroque*, como dotor y cirujano, pues
hacía pinturas con los pinceles y encajes con las cartas; y lo
que se ahorraba en la pasa se perdía en el higo (I, p. 38); Volvió mi padre a su acostumbrada pintura... y yo a mi desusada
escuela, donde mis largas tardanzas pagaban mis cortas asentaderas (I, p. 40); Cumplí trece años bien empleados pero mal
servidos (I, p. 66); Tomó pacífica posesión de su merecido
gobierno, y yo inquieto amparo de una pobre hostería adonde en pocos días quedé sano de la cabeza y enfermo de la bolsa (I, p. 94); Díjome el carcelero que me pusiera bien con
Dios, sin haberme dado para aquel último trance con qué
ponerme bien con Baco (I, p. 270); Gustando más de estar en
carnes vivas que en vestidos difuntos (I, p. 286); Encontré a
mi amo, que lo traían muy bien desahuciado y muy mal herido (I, p. 318); Pasé todo aquel día con esperanzas y desesperaciones, con placeres y pesares, con gustos y disgustos (II, p.
86); Hermano Esteban, el oficio del gracioso tiene del pan y
del palo, de la miel y la hiel, y del gusto y susto (II, p. 90);
Estando durmiendo despacio lo que había bebido de priesa
(II, p. 101); A mí y al oficial nos hizo llorar, y a su Alteza y
sus criados reír (II, p. 138); Ya que no gozáis la gloria de el
dar no impidáis el infierno del pedir... El que da imita a
Dios... y el que no da imita al mismo demonio (II, p. 221);
Una pendencia muy reñida de voces y muy quieta de manos
(II, p. 252); Tanto lo alabó y encareció un día que me despertó la voluntad y me dio gana de beberlo a la noche (II, p.
264); Reconociendo las faltas de sus hijas y sobras de nietos
(II, p. 278); Siempre servía de lío en la popa o de estorbo en
la proa (II, p. 285); Por desechar los fríos humores marinos
tomé tal lobo terrestre... (II, p. 286); Quise vengarme a pe-

dradas en la causa por haber sido engañada en la materia (II, p. 336).

Se trata de un recurso no muy meritorio, con el que no es fácil producir sorpresa. Sin embargo, con él consigue el autor alguna pequeña joya estilística: así cuando el barbero amo de Estebanillo deja a un bravo «con un pilar que anhelaba a remontación y otro que amagaba precipicio» (I, p. 47), es decir, con los bigotes a medio alzar. Los habitantes de Patmos, dice en otra ocasión, «nos hablaban en griego y nos chupaban el dinero en ginovés» (I, p. 76), recogiendo las connotaciones peyorativas que en la época tenía esta palabra. «Me quise escusar por estimar más morir gustando vinos de tabernas que vivir probando acíbares de celos» (II, p. 269) —comenta, con elegante paralelismo, al verse tentado por una dama napolitana—. «Me dio uno tal revés en blanco, por ser de llano, que me hizo echar por la boca todo un tajo de tinto» (II, p. 262), donde la bisemia de *tajo* queda oculta por la minúscula. «Como tengo algo de Venus soy aficionada a los que siguen a Marte. Y aunque le vi que asistía más al ramo de una taberna que no a la bandera del cuerpo de guardia...» (II, p. 336) —le escribe, con balanceo sintáctico y semántico, una moza aragonesa en carta, como las restantes, de autenticidad más que dudosa—. También la antítesis resulta cómica y justificada en el pasaje donde Estebanillo, temiendo verse obligado a entrar en batalla, trata de rezagarse en el avance del ejército sin acertar con las excusas: «Fuime deslizando de las marciales tropas trayendo los achaques por los cabellos: culpaba el caballo de flojo y las cinchas de apretadas, a la brida de corta y a los estribos de largos; y por más que me procuré quedar atrás siempre topé compañeros» (II, p. 147).

Una tendencia tan marcada, naturalmente, se alimenta con cierta dosis de artificio, ya que las ideas no siempre se presentan por auténticos contrarios:

> Dejó dos hijas... con mucha hermosura en breves abriles, y yo quedé con pocos mayos y con muchas flores (I, p. 39); Por comer a todas horas y por no ayunar a todos tiempos (I, p. 170); La compañía, sin caballos y con esperanza de rocines, del Prior de la Rochela (I, p. 263); Con una ropa de levantar y

un bonete de caer (II, p. 134); Tan celebrado por sus hechos como conocido por sus hazañas (II, p. 170); Trujo el huésped una cantimplora de vino frío, y el mozo de mulas un cirujano caliente (II, p. 339); Fuímonos a la plaza, adonde pasamos plazas de marchantes de agrio, y a mediodía nos regalábamos como mercadantes de dulce (II, p. 355).

Sea o no relevante, la tendencia a la dualidad en el *Estebanillo* da lugar a fenómenos curiosos incluso en el nivel estructural. Por ejemplo, son varios los episodios que poseen un doble clímax: el del valentón a quien el aprendiz de barbero intenta alzar los bigotes (I, pp. 48-9), el del pobre que cae en sus manos en la segunda barbería (I, pp. 129-130), el cuento del albanés degollado dos veces (I, pp. 149-150), la burla a los judíos de Viena (II, pp. 92-4) y la mascarada del burro (II, pp. 135-9). Para colmo, el mismo autor nos recuerda que un trance del cap. XI (II, p. 250) imita de cerca a otro del capítulo X (p. 221), lo cual, no siendo nada ventajoso desde el punto de vista narrativo, sólo se explica por la satisfacción que produce a una mente por así decirlo bífida, cuya visión es tan doble como la de Estebanillo aquejado de lúcidos intervalos.

Los estilemas derivados de la bimembración son mucho más comunes en la poesía, por lo que en Gabriel de la Vega se detectan en seguida, con todas las modalidades posibles:

Feliz vitoria: De Ulises traza y de Sinón cautela (I 1); Tienen falta de Homeros y Lucanos (I 1); Brazos rompieron, piernas destrozaron, / rayos tiraban, despedían horrores / y causando el contrario angustia y llanto / se puso en confusión y cobró espanto (II 19); Viéronse dos deidades compitiendo, / halláronse dos rayos peleando, / dos caudillos su rey van defendiendo, / dos soles a su rey van alumbrando (III 6; nótese el isocolon alterno); Desistiendo a racimos las estrellas / y arrojando los soles a manojos (II 75; esta vez con quiasmo); Celebre el mundo Ciro tan guerrero, / conserve el cielo Mucio tan osado (III 44).

Feliz campaña: Feliz gobierno, proceder valiente, / valor inmenso, gloria eternizada, / Viriato español, Pirro eminente, / merecido bastón, triunfante espada, / piadoso Eneas, Ciro sin jatancia (I 6); Tal afabilidad, tal bizarría, / tal materia de

guerra, tal de estado, / tal desvelo de noche, tal de día (I 10);
Que en una furia estaba revestido / y en una fiera estaba
transformado (I 36); Dando invidias al sol y al suelo horrores
(I 43); En fuertes muros y altos torreones (I 45); Unos llamados y otros escogidos, / unos vencidos y otros vencedores, /
unos alegres y otros afligidos, / unos ufanos y otros con temores (I 54); Asombro de Rugeros y Roldanes (I 75); Que
hubo a Faetón y al Icaro con pluma / golfo de fuego y piélago
de espuma (I 83); Escuchar quejas y causar enojos (II 1); Que
pase los Paetolos y los Jantos (II 2); Con atrevido pecho y
mano airada / después de retirallos y rompellos (II 42); Su
fama con sus hechos se adelanta, / su furia y su rigor escanda-
liza, / su gran valor y atrevimiento espanta, / su brazo y su
cuchilla se eterniza, / su noble proceder y agrado encanta, / su
nombre y su blasón se inmortaliza (II 43); Arrojaban grana-
das a millares, / aventaban guirnaldas a millones (II 60); Detuvo el choque, suspendió el rencuentro, / pero mano enemiga y alevosa (II 65); Quinta esencia de Angélicas y Nises, / la
flor de los Narcisos y Medoros (II 77), etc.

Lo más significativo es ver dichos esquemas rellenos con
tautologías, unas pasables, otras tan escandalosas que constituyen un ripio rítmico, y más en pasajes bélicos cuya andadu-
ra interrumpen los remansos de la sinonimia:

Feliz Vitoria: Aspiraba a su cetro y real asiento (I 3); Toda
temeridad y atrevimiento (I 29); La juventud más bella y más
florida (I 44); Su sargento mayor iba mostrando / ser el mejor
soldado y mejor godo (I 46); Con alientos y bríos más que
humanos / su muerte procuraba y pretendía (I 51); Renovóse
la guerra y la violencia (I 56); Viose César triunfante y vitorioso (II 2); Del choque y del rencuentro desdichado (II 33);
Sangre ilustre y estirpe esclarecida (III 28); Merece ser loada
y aplaudida (IV 7); Y habiéndose informado y enterado (IV
10); Si en las adversidades y en los males (IV 12); De encuentro tan felice y tan dichoso (IV 41).

Feliz Campaña: Acción excelsa, hazaña sublimada (I 6); Pide puesto más alto y sublimado (I 24); De príncipes cercada y
de señores (I 43); Tenía Lens altiva y eminente (I 50); De
España luces y de Flandes soles (I 57); Será arenga prolija y
muy cansada (I 58); Así el caudillo acierta y jamás yerra (I
62); Está su altivo y eminente muro (I 65); Del Dédalo más
sabio y entendido (I 65); Tan llenos de codicias y ambiciones

(I 72); A plaza tan altiva y arrogante (I 73); Salir tan vitorioso
y tan triunfante (I 73); El ánimo más corto y encogido (I 86);
De ganar fama y honra deseosos (I 88); Con oficios y puestos
muy honrosos (I 88); Los villajes y pueblos más cercanos (I
91); Viose el francés atónito y confuso (I 98); De su inundado
y aguanoso prado (I 102); Vencidas de interés y de cudicia (I
103); De su ingenio y su pluma hacen desprecio (II 2); En mil
arduas y fuertes ocasiones (II 14); Hecho un escollo y una
inmóvil peña (II 23); Aquí el tercio valiente y animoso / se
mostró tan experto y tan constante (II 33); Le llevó tan de
paso y tan de vuelo (II 40); Con feliz astro, con dichosa suerte
(II 56); Que no intentó su esfuerzo único y solo (II 61); Siendo Velada en vela y vigilancia (II 63); Que en reinos y naciones extranjeras (II 66); Jamás halló el descanso ni el reposo
(II 69); De su esfera las líneas y coluros (II 73); Gozar de tal
vitoria y vencimiento (II 76); etc., etc.

Hemos repasado el estilo del *Estebanillo* en sus principales
rasgos distintivos, compartidos mucho más con las obras de
Gabriel de la Vega que con otros contemporáneos, a pesar de
los diferentes registros genéricos que utilizan. Como suele
ocurrir en la literatura de humor, este produce mayor efecto
hilarante cuanto menos preparado parece. En sus mejores
momentos la ilusión del arte estebanillesco —un arte muy
pendiente de la forma, según se ha visto— consigue convencer de su espontaneidad al lector, y es ahí donde el análisis se
hace dificultoso. ¿Por qué es espléndida la siguiente imagen?:
«Mi bravo se quedó plantado de firme a firme *tirando ángulos
corvos y obtusos* a la puerta de la posada» (I, p. 107). ¿Por qué
resulta cómica la aplicación elíptica del verbo a la segunda
parte de esa frase?: «Se *inclinaban* todos a hacerme mercedes, y
yo a recebirlas» (II, p. 108). Pueden buscarse explicaciones,
sin duda, pero habrían de ser prolijas para ser satisfactorias.
Nuestro autor muestra un dominio del lenguaje demasiado
sorprendente en quien dice haber pasado fuera de España la
mayor parte de su vida. A veces toda la comicidad de una
situación se apoya en una imagen justa o en una palabra insustituible, que puede ser un puro morfema gramatical: «Le dije
que recibiera otros tantos [doblones] de mi competidor, el
cual, *con bacanal catadura*, se nos venía acercando» (II, p. 234;
se trata del estudiante polaco que desafía a Estebanillo a beber

aguardiente). «Después de *haber reportado el bigote y arqueado las
cejas* acriminó mucho lo que mi amo había hecho conmigo»
(I, pp. 98-9) indica bien, con la caricatura, el poquísimo crédito que el autor, no el personaje, presta a lo dicho por el matasiete. En la oración «El guardián y maestro de cocina, habiéndole hecho dejar el juego, venía *muy* cargado con su olla vitoriana» (I, p. 90) es evidente que el adverbio resulta indispen-
sable: por una parte el soldado viene ufano de la sazonada
comida que ha preparado a su capitán, por otra la olla es grande («púlpito relevado», se le ha llamado antes). En esta frase
el uso de la misma partícula casi es un oxímoron, y sin embargo no puede estar mejor puesta: «Recibiéronme mis hermanas
muy tibiamente, mirándome las dos con caras de probar vinagre» (I, p. 153). En cambio en la siguiente la sutileza verbal
radica en el adjetivo: «Mi nuevo amo comía cada día una comida muy *tenue*» (II, p. 244). El autor echa mano de un cultismo en el contexto *menos* adecuado, lo que produce su efecto:
«Al principio fue toda mi barriga un *piélago* de vejigatorios»
(I, p. 72); «Halló limpia la cabeza de sangre, y sin más *mácula*
que un pequeño burujón causado del cintarazo que me habían
dado» (II, p. 263). O bien se sirve de un arcaísmo, también
inestimable: «Me fui contoneando a palacio, recibiendo parabienes y haciendo pagamento dellos con una *pluvia* de gorradas» (I, p. 279). Una palabra doméstica puede tener una inesperada aplicación metalingüística: «Al punto que acabé de
hacer el voto le añadí una *alforza*» (II, p. 325). Otras tienen a
su cargo el aspecto iterativo: *«Molliza* de palos» (II, p. 358),
«Andaba *trashojando* los libros de mi postrer amo» (I, p. 137).
Los adjetivos, nada prodigados, son objeto de algún uso ma-
gistral: «Para poder adestrarme empecé con *lindo* aire a correr
la tijera por encima de la dentadura de un *terso y bien labrado*
marfil» (I, p. 133), paisaje sereno que prepara un desastre.
«Anduve *montaraz»,* dice cuando se escapa de las tropas (II,
p. 147) y el predicativo nos aclara por dónde. Al relatar la fábula
del dos veces degollado es también el adjetivo el responsable
del contraste: «Y yendo a hacer la razón a un brindis que yo le
había hecho, al tiempo que trastornó la cabeza atrás para dar
fin y cabo a la taza, se le cayó en tierra como si fuera cabeza de
muñeco de alfeñique y se quedó el cuerpo *muy sosegado* en la
misma silla sin hacer ningún movimiento» (I, p. 150). Pueden

disponerse en secuencias rítmicas para subrayar un paralelismo; en este ejemplo al adjetivo dactílico sigue un sustantivo trocaico: «Inquiriendo adónde pudiésemos refrigerar los macilentos miembros, tan *trémulos* con el *miedo* como *frágiles* con la *gaza*» (II, p. 147). Igualmente eficaz es el que aparece sustantivado en el episodio del carnero: «Pescóme el *taimado* la pieza con la mano derecha, y con la izquierda hizo amago de entregarme...» (I, p. 77). Si hace falta se apela a su formación burlesca: «*Vascuenza* jerigonza» (II, p. 302), «*pucheril* embajadora» (II, p. 274), o al equívoco: «Habiendo espiado la olla de un capitán (pienso que *podrida,* pues tan hedionda fue para mí)» (I, p. 89). La sorna con que Estebanillo rememora la comedia a los años de un cardenal queda cifrada en un solo adjetivo de color: «Empezóse nuestra comedia a las tres de la tarde teniendo por auditorio todo *lo purpúreo* y brillante de aquella ciudad» (I, p. 112). El autor se cuida de precisar el alcance de alguna expresión: «Recibióme por su pícaro de cocina, *que es punto menos que mochilero y punto más que mandil*» (I, p. 107), o los insospechados detalles de una circunstancia: «Pedíame una patrona el menoscabo de una cama, porque estando una noche acostado en ella, y cual digan dueñas, *soñando que vertía aguas en la proa de una galera de Malta,* le inundé todos los colchones» (II, p. 181).

Quede para otra ocasión estudiar la proyección estilística de la alternancia entre capítulos episódicos, más cuidados, y capítulos neutros, ocupados por la sucesión de hechos biográficos; las eventuales faltas contra la perspectiva y el punto de vista, las curvas no siempre contrapuestas de formalización y verosimilitud en toda *Literarisierung des Lebens,* y tantos otros aspectos de interés subido. El *Estebanillo* no ha tenido la fortuna crítica que merece, y llenar ese hueco es cuestión de esfuerzo, tiempo, y muchas más páginas de las aquí disponibles. [A. C.]

6. FORTUNA DEL *ESTEBANILLO GONZÁLEZ*.
   RECEPCIÓN Y CRÍTICA

6.1. *Rara fortuna de un libro anómalo*

En la Historia literaria española, la significación de la *Vida y hechos* viene habitualmente referida al hecho de ser el último eslabón del género de la novela picaresca —el «último hijo legítimo», dice F. Rico[1]—. Un eslabón que enlazaría, además, con la picaresca europea al coincidir en tomar como telón de fondo el del mismo escenario, la guerra de los Treinta años, que las primeras novelas no españolas que adscritas a este género, es decir, *Der abenteurliche Simplicissimus* (1668) y las obras incluidas en los denominados *Simplicianische Schriften* de Grimmelshausen. Más de un eco de la obra española se ha creído ver en el *Simplicissimus*[2], aunque parece fuera de toda duda que el autor alemán no conoció el *Estebanillo*[3] y no hallamos nada en las novelas de Grimmelshausen que pruebe una influencia literaria directa, ni semejanzas que vayan más allá de lo que depende estrictamente de un medio histórico, y geográfico en parte, común. El máximo adaptador e introductor del género en Francia, Le Sage, publicó en 1734 una obra, según dice, «tirée de l'espagnol» y con el título calcado de *Histoire d'Estévanille Gonzalez, surnommé le garçon de bonne humeur*. Aunque Le Sage anuncia su libro con un «voici un nouvel aventurier espagnol que je présente aux françois» y muestra conocer la primera edición de su «original», él mismo

---

[1] F. Rico, *La novela picaresca y el punto de vista* (B 1976²), p. 135.

[2] Cf. ya M. García Blanco, *Mateo Alemán y la novela picaresca alemana* (M 1928), p. 17; con reservas, A. A. Parker, *Los pícaros en la literatura,* trad. cit., pp. 127-128; y, más afirmativamente, M. Bataillon 1973, pp. 43-44, que considera también la posibilidad de que algunos rasgos de la *Courasche* de Grimmelshausen estén inspirados directamente en el *Estebanillo*.

[3] Cf. J. G. Peters, *The Spanish Picaresque Novel and the Simplician Novels of H. J. Chr. von Grimmelshausen,* tesis, Univ. of Colorado (1968), p. 114. El autor alemán demuestra conocer, a través de traducciones, el *Guzmán de Alfarache,* el *Lazarillo* y la continuación de Luna. Pero es muy dudoso que Grimmelshausen pudiera leer otra lengua ajena que, medianamente, el latín, y no hay traducciones del *Estebanillo* hasta el siglo XVIII.

se cura en salud confesando a continuación que no ha traducido «littéralement», que ha suprimido «bien des choses» poco conformes con el «génie françois», y las ha reemplazado por otras que toma de diversos autores españoles[4] o de «mon propre fond». En realidad, lo que queda del *Estebanillo* original es aún mucho menos de lo que Le Sage da a entender[5]. Con la excepción de los episodios en la barbería y en el hospital de Nápoles, que el traductor arregla a su manera en el primer capítulo, y algún escaso recuerdo esporádico más, el Estévanille francés no debe nada al español; y con ello no salió, precisamente, muy beneficiado.

Esa *Histoire* edulcorada de acuerdo con el «genio» francés será, sin embargo, la que popularizaría el nombre del pícaro en Europa a través de un buen número de ediciones, y traducciones (inglesa, alemana, italiana, portuguesa, danesa, rusa), a todo lo largo del siglo XVIII y principios del XIX. En cambio, otros episodios del *Estebanillo* fueron recogidos, y más fielmente que en la presunta traducción, en la obra más célebre del mismo Le Sage: la *Histoire de Gil Blas de Santillane* (1715-1735). Ninguna relación con la obra española tiene la novela anterior de otro hispanófilo francés, a pesar de lo que algún estudioso ha afirmado y de lo que su título pudiera hacer sospechar, *Les aventures tragicomiques du chevalier de La Gaillardise* del señor de Préfontaine, es decir C. F. Oudin (1662)[6]. En

---

[4] De esos «plusieurs auteurs castillans» se menciona sólo uno explícitamente, el pacato *Marcos de Obregón* de Espinel, del que dice haber tomado «plusieurs aventures que j'ai jugé propres à faire honneur au héros dont je donne ici l'histoire» (p. ij en la ed. de Lille 1792). Le Sage no podía haber encontrado obra más contraria al «esprit», y al «génie», del *Estebanillo González*.

[5] Así lo hizo observar ya F. W. Chandler, *Romances of Roguery: An Episode in the History of the Novel*, I (London 1899), pp. 247-248; y, más en detalle, Jones 1927, pp. 7-12. Jones añade los paralelismos con el *Gil Blas* y una lista de las ediciones y traducciones del *Estévanille* de Le Sage, acrecentada después por Millé (I, pp. 37-39).

[6] La especie de que esas aventuras del «chevalier de La Gaillardise» (recuérdese el «monsieur de la Alegreza» que aplicarán los franceses a Estebanillo en el cap. V y él asumirá como apelativo) estuvieran inspiradas en el *Estebanillo González* procede de Chandler, *op. cit.*, p. 251, que la apunta como una mera probabilidad. Una vez leída buena parte de ese tedioso libro, creemos que debe descartarse de pleno tal «inspiración». Igualmente engañoso, en

fecha más cercana se ha sugerido que la obra española pudo ser conocida por Defoe, de cuya *Moll Flanders* (1722) sería precursora en algún aspecto; la argumentación, sin embargo, es demasiado endeble para ser tenida en cuenta[7]. La proyección europea del *Estebanillo* queda, pues, reducida a muy poco; nada, si se compara con la que efectivamente tuvo el *Guzmán de Alfarache*[8].

Dentro de España, en cambio, las cuatro ediciones que alcanzó la novela en su siglo y las seis reimpresiones dieciochescas suponen una notable fortuna en su difusión, si se tiene en cuenta algo que suele olvidarse, es decir que la novela picaresca no fue un género con éxito grande de lectores desde ya antes de la segunda mitad del siglo XVII y que fue sobrepasada ampliamente en las preferencias del público letrado por otros géneros novelescos, como la denominada novela «cortesana», o sustituida, pura y simplemente, por la ausencia de toda novela[9]. El *Estebanillo* soporta airosamente la comparación con las cifras que ofrece la difusión de las más célebres y apreciadas obras de su clase. El *Guzmán* contó en el siglo XVII con cuatro ediciones posteriores a 1646, y seis en el XVIII, es decir, exactamente las mismas que el *Estebanillo*; el *Buscón* se reimprimirá sólo una vez en su siglo, después de 1646, y tres en el siguiente; del *Lazarillo* sólo existirán, a partir de la segunda mitad del XVII, ediciones bilingües para uso de estudiantes franceses, cuando no se publica en forma de apéndice a un

---

cuanto a relaciones con el *Estebanillo*, es el subtítulo de *L'homme dans la lune, ou le voyage chimerique fait au Monde de la Lune, nouvellement découvert par Dominique Gonzales, Advanturier Espagnol, autrement dit Le Courrier volant* (Paris 1648), traducción de la obra de Francis Godwin.

[7] Cf. N. Spadaccini 1978, pp. 221-222. La sugerencia se diluye en generalidades sin valor en un trabajo monográfico del mismo autor, «Daniel Defoe and the Spanish Picaresque Tradition: The Case of *Moll Flanders*», *Ideologies & Literature*, II (1978), núm. 8, pp. 10-26.

[8] En el terreno de la estricta «ficción», sin embargo, Javier Mina (1985) ha imaginado un encuentro de Estebanillo con Coraje, poco después de Nördlingen. De ese encuentro resulta el nacimiento, en Praga, de un hijo que es nada menos que el soldado Joseph Chveik. He ahí a Estebanillo convertido, sin saberlo, en uno de los padres fundadores del Expresionismo europeo.

[9] Cf. J. F. Montesinos, «Gracián o la picaresca pura» (1934), en *Ensayos y estudios de literatura española* (M 1970), pp. 141-158, y A. Francis, *Picaresca, decadencia, historia* (M 1978), pp. 15-20.

os

manual de cortesía, el *Galateo español* de Gracián Dantisco, y en ambos casos en una versión brutalmente expurgada[10].

Otra circunstancia que habla de la buena acogida de la obra entre sus lectores inmediatos es el plagio descarado de que fueron objeto algunos de sus pasajes más violentamente realistas. Las escenas de la infancia de Estebanillo en su aprendizaje de barbero, por ejemplo, fueron calcadas en el extraño libro de un maestro de lenguas, la *Olla podrida a la española [...] con salsa sarracena y africana...* (1655) de Marcos Fernández, quien muestra, además, en todo su texto haber aprendido mucho del léxico estebanillesco[11]. Creemos también muy probable que las mascaradas de carnaval descritas en el libro publicado con el pseudónimo de Antolínez de Piedrabuena, *Carnestolendas de Zaragoza en sus tres días* (1661), dependan directamente de las imaginadas por Estebanillo en Bruselas, aunque tuvieran precedentes conocidos[12]. Por esos mismos años, en 1660, censuraba Zabaleta a un celoso coleccionista de libros que se niega a prestar sus tesoros a quienes necesitaban estudiar alguno de sus volúmenes de materias tan venerables como la historia, la medicina o las leyes; pero ¿qué hace el, en apariencia, tan riguroso bibliófilo cuando por fin se decide a leer algo? Se encierra en su librería y, tras mucha rebusca en los estantes, «toma un libro pequeño y se sienta junto a una ventana; es el libro *La vida de Estebanillo González,* un mozo de hato de la comedia». La elección trae aparejada la reprimenda del costumbrista, y moralista: «¿Para leer en éste, compra vuesa merced tantos libros? ¿No está por ahí *La ciudad de Dios* de San Agustín?»[13]. Menos contenidos son los anatemas pos-

---

[10] Las interrupciones en la edición de novelas picarescas (*Buscón,* 1648-1788; *Guzmán,* 1665-1723, *Estebanillo,* 1655-1720) son, en gran medida, sincrónicas, y coinciden con el nuevo clima de moral rigorista iniciado en la última parte del reinado de Felipe IV, período del que conocemos muy poco en lo que a historia social se refiere. Deberá, pues, matizarse lo que afirmábamos sobre el «disfavor» del público ante la picaresca, y no puede descartarse una intervención oficial similar a las que en el principio del reinado emanaron de la «Junta de Reformación», o a las prohibiciones que en las décadas siguientes afectaron a las representaciones y ediciones de obras teatrales.

[11] M. Fernández, *Olla podrida...,* pp. 38-43 y 146-159.

[12] Cf. *infra* notas VIII.71 y 138.

[13] J. de Zabaleta, «Los libros», en *El día de fiesta por la tarde,* ed. G. L. Doty (Jena 1938), p. 63.

teriores (1697) de Francisco Santos, que pone a Estebanillo
González, «un bufón que escribió su vida», en el primer lugar
de una «tropa de figurillas» que aparecen con unos libros que
representan, para Santos, un tipo de literatura que debía ser
«sentenciada a fuego» y sustituida por otra, «vestida de sentencias y moralidades», de la que pone por modelo a su propia
obra, el plúmbeo *Periquillo el de las Gallineras.* El *Estebanillo,* al
menos, no iría a la hoguera en mala compañía; Santos incluye
entre los libros «de bufonada y chulería, alcahuetes y primeras
damas», merecedores de la misma sentencia, a la *Celestina,* la
Eufrosina, el *Lazarillo de Tormes,* el *Guzmán de Alfarache...*[14].
Claro está que ni Zabaleta ni Santos hubieran perdido el tiempo en censurar a quienes leían el *Estebanillo* de no ser porque
abundaban esos lectores, y ello hasta el punto de hacerse ne-
cesaria una edición fraudulenta (como después veremos,
§ 6.3). Es muy probable que en esa época *La vida y hechos* fuera
obra bastante más leída que la *Celestina* o el *Lazarillo,* y tanto
como el *Guzmán.* Pocos años posterior a la condena de Santos
es la traducción inglesa (1707) del capitán John Stevens,
quien, diciendo hacerse eco de los comentarios de los mismos
lectores, afirmará que Estebanillo «in the opinion of many
[...] seems to have outdone Lazarillo de Tormes, Guzmán de
Alfarache, and all other rogues that have hitherto appear'd in
print», y lo proclamaba, desde el encabezamiento de su versión, «the most arch and comical of scoundrels»[15].

El éxito de *La vida y hechos de Estebanillo González* entre los
lectores inmediatos se manifiesta en otros datos laterales, pero en este caso bien significativos. El *Guzmán,* cuyo título
primero y más generalizado fue —como se recordará— *La
vida del pícaro Guzmán de Alfarache, atalaya de la vida humana,*
cambia ese título ya desde el siglo XVII en las ediciones fla-

[14] F. Santos, *El arca de Noé y la campana de Velilla,* ed. F. Gutiérrez (Barcelona 1959), p. 153.

[15] *The Spanish Libertines* (London 1707). Stevens afirmaba también sobre
el *Estebanillo* que: «Had the original come sooner to hand, it would have had
the first place in this book», *ap.* Chandler, *op. cit.,* p. 249. La traducción de
Stevens, única que se hizo del original (y no del *Estévanille* de Le Sage) hasta
el siglo XX, prescindió de la mayoría de los poemas y suprime mucho de los
elogios retóricos (cf. Jones 1927, p. 7).

mencas, y en todas las del XVIII, para denominarse *Vida y he-chos del pícaro Guzmán de Alfarache*[16]. Y algo aún más sorprendente: todas las ediciones flamencas del *Quijote* posteriores a 1646, y todas las españolas durante más de un siglo, no respetaron el título de Cervantes, *El ingenioso hidalgo Don Quixote de la Mancha...*, y lo sustituyen por *Vida y hechos del ingenioso caballero Don Quixote de la Mancha...*[17]. Es como si el último descendiente «legítimo» de la novela realista española incidiese *a posteriori* sobre los modelos del género, redefiniéndolos en la conciencia de los impresores, a partir del reclamo mismo con que habían de ser presentados a su público[18].

En la conciencia colectiva de los españoles, entendiendo por tal la proyección de la obra más allá del «discurso» estric-

---

[16] Siguiendo el rastro a los cambios de título en los modelos de la picaresca, por lo que puedan tener de revelador, cabe señalar que la novela de Quevedo, cuyo encabezamiento hasta 1638 fue el de *«Historia de la vida* del Buscón...», se rebautiza en 1648 para llamarse *«Historia y vida* del gran Tacaño...», título que persiste en buen número de tiradas hasta ya entrado el siglo XIX. Lo que aquí nos interesa no es el cambio del adjetivo aplicado al protagonista, sino la copulativa en lugar de la relación prepositiva entre los primeros elementos del título. Para estos datos y los que anteceden, cf. J. L. Laurenti, *Bibliografía de la literatura picaresca* (Metuchen, N. J., 1973).

[17] El cambio de título afecta a todas las ediciones comprendidas entre la de los Verdussen de Amberes, 1670, y la de Madrid, Sancha, de 1777, es decir, más de treinta en total. Aunque la edición de Ibarra restauró el título original en el mismo 1777, todavía se registran otras tiradas con el título de «Vida y hechos» hasta mediados del siglo XIX (eds. de Madrid 1840, y Barcelona 1841 y 1845-46). La renominación afectará también al *Quijote* de Avellaneda (eds. de 1732, 1802, 1805 y 1806), y a varias de las traducciones del Cervantes a distintas lenguas: «Vita e azioni...», o «Vita e avventure», «Leben und Thaten», «Levnet og Bedrifter», y «The Life and Exploits» o «The Life and Noble Adventures».

[18] El encabezamiento «Vida y hechos» para las biografías tenía precedentes en España, sin necesidad ninguna de descomponer sus elementos ni de remontarse a los «Hechos» de los apóstoles (Spadaccini y Zahareas, p. 125). Aunque existían una *Breve suma de la vida y hechos de Diego García de Paredes, la cual el mismo escribió...* y una *Vida y hechos de Pío V, pontífice romano,* escrita por Antonio de Fuenmayor, publicadas ambas en el siglo XVI, creemos seguro que el modelo para el título del *Estebanillo* lo proporcionó la *Historia de la vida y hechos del emperador Carlos V,* de fray Prudencio de Sandoval (cf. notas XIII.58 y 65). El cambio de título en las obras de Alemán y Cervantes nos parece evidente que depende del *Estebanillo González,* una vez que se tiene en cuenta que la primera vez que se introduce es en la edición del *Quijote* de Bruselas, de Jean Mommaert, de 1662, muy próxima aún a la del *Estebanillo* de Amberes 1646. Cf. J. Peeters-Fontainas, *op. cit.,* pp. 20-22 y 123-131.

tamente literario, es preciso reconocer que el papel del *Estebanillo* ha sido muy escaso en relación con el del Buscón o el propio Guzmán; inexistente si se compara con el de Lazarillo o don Quijote. Pocos ecos, y poco significativos, podemos registrar que revelen un conocimiento de la obra fuera de los círculos eruditos. El primero es el uso de «Estebanillo González» como pseudónimo adoptado por un periodista de no mucho relieve, que escribía hacia 1920 y con él publicó un libro[19]. En fechas más recientes el nombre de nuestro protagonista sirvió de calificativo injurioso cruzado entre políticos que tomaban posiciones ante el previsible final del régimen del general Franco. Según un cronista de los círculos de españoles en el París de 1974:

> Emilio Romero se atrevió a publicar en *Pueblo* algo de lo que le envió su corresponsal, Javier Martínez Reverte. Carrillo había dicho: «Emilio Romero es el único español que no he recibido cuando me lo pidió. Romero es una especie de pícaro a lo Estebanillo Fernández *[sic]*.» Alguien dio una versión calumniosa de esto y contribuyó a envenenar el ambiente parisiense[20].

No queda muy bien parada la cultura seiscentista de los españoles de aquel «ambiente parisiense», o la de quien transcribió las confidencias de Santiago Carrillo. Si tanto da Fernández como González, queda claro que la cita equivale a poco menos que la de un personaje y una obra fantasma. Algo

---

[19] Estebanillo González (Chico de buen humor), *Chistes, sátiras, gazapos* (Madrid, edit. Reus, s.a. [c. 1920]). Creemos que el autor es el mismo Miguel de Castro, de quien se anuncian varias otras obras en las hojas finales del libro. El autor se revela como apologista de las clases medias y dotado de una retórica regeneracionista de pocos vuelos; su afición favorita era la de cazar «resbalones literarios» en autores conocidos: Unamuno, Azorín, Ortega, Valle Inclán, etc... Muestra conocer la obra de donde tomó prestado el nombre de pluma: «Ahí queda, lector, diseñada [...] la silueta del autor de este breve libro, 'Estebanillo González', padrazo de sus obras y padrastro de las obras de los demás» (p. 21); «Apenas el rubicundo Apolo, nuestro rey y señor, se decide a conceder unas horas de audiencia a los madrileños» (p. 41), etc.; y planeaba seguir adelante con más «obras de Estebanillo González».

[20] F. Fidalgo, «París 1974, capital de España: Conspiraciones y esperpentos en vísperas de la muerte de Franco», *El País*, 24-XI-1985, p. 11.

análogo se revela en otra «anécdota» que se ha dado a conocer en el momento de redactar estos párrafos[21].

La fortuna del *Estebanillo González* con las traducciones ha sido escasa, si se prescinde de la realizada por el capitán e hispanófilo inglés John Stevens a principios del siglo XVIII. Todas las demás que suelen enumerarse en las bibliografías son en realidad versiones de la *Histoire d'Estévanille* de Le Sage, es decir, una obra bien distinta. En época moderna el «verdadero» *Estebanillo* fue objeto de una cuidadosa traducción italiana, anotada, de Antonio Gasparetti: *Vita e imprese di Stefanello González, uomo di buon umore* (Palermo 1939), pero la edición «andò poi quasi totalmente distrutta in uno dei primi bombardamenti aerei subiti da Palermo, e si può dire che rimase ignota al pubblico»; la traducción volvió a ponerse al alcance de los lectores italianos en 1961, al haberse incluido en la «Biblioteca Rizzoli», de Milán. Más reciente es una versión checa debida a Josef Forbelsky, *Život a skutky Estebanilla Gonzáleze*, integrada en un volumen dirigido por O. Bělič, que comprende también el *Lazarillo* y el *Buscón: Tri španělské pikareskní romány* (Praga: Odeon, 1980), pp. 259-508. Valga ese interés por la obra en la vieja Bohemia, revisitada ahora por Estebanillo, como anomalía final en el destino de un libro que aún no cuenta con versión alemana, francesa ni neerlandesa.

---

[21] Según narra un colaborador de C. J. Cela en las obras lexicográficas del último premio Nobel español, el primer encargo que recibió «fue localizar en el *Estebanillo González* la frase 'por jugar al capadillo me metían en caponera' [cf. II, p. 87] (cito de memoria y hace 22 años de aquello), indicándome la edición de la Biblioteca de Autores Españoles [...]. Pasé dos días leyendo la novela de arriba abajo, de delante atrás y de atrás adelante, pero no encontraba aquella maldita frase, pensando en la desgracia de mi debú y en lo manifiestamente ignorante e inútil que debía parecerle a un señor tan famoso aquel estudiante recién graduado [...]. Hasta que la inspiración me llevó a tomar otra edición, la de Guillé [*sic*] en Clásicos Castellanos, y, naturalmente, la cita se presentó de inmediato ante mis ojos» (F. G. Corugedo, «20 años con Cela», *El País*, 20-X-1989, p. V). Si a la altura de 1967 era posible que para un diccionario «especializado» (el *Secreto*) se recurriese al texto de la BAE, y que sólo una «inspiración» llevase a consultar una edición que existía desde 1934 y en una colección nada recóndita, se advierte que la obra no era muy conocida ni merecía excesivo respeto. Pero no ha sido Cela el único en creer que podía tomarse como referencia la edición de la BAE, censurada (cf. nota VII 280) y, sin duda, la peor de las existentes. Lo mismo sucede con un inefable *Léxico del marginalismo* de 1976, en el que el *Estebanillo* es una de las fuentes más constantemente citadas.

6.2. *Perspectivas críticas. Profesionales de dos signos*

El éxito entre los lectores inmediatos no se corresponde con la atención que la obra mereció una vez que pasó a ser considerada con la distancia propia de un «clásico». El desprecio prefigurado ya por Zabaleta y Santos se convirtió en la pauta. La primera apreciación crítica de un historiador literario, es decir, el «Bosquejo histórico sobre la novela española» (1854) de Fernández de Navarrete, no ve en el *Estebanillo* nada interesante que decir al margen de la extraña noticia de que «muchos» la creían obra de Vélez de Guevara, o la todavía más peregrina de que hubo quienes hacían a Le Sage no sólo su traductor sino el «autor original»[22]. Los estudios sobre el género picaresco se inauguran con la obra de F. W. Chandler, de 1899, y sus juicios negativos sobre el *Estebanillo* fueron determinantes para la crítica posterior, que por mucho tiempo reincidirá en las principales apreciaciones del historiador inglés en cuanto a la «absolute lack of plan or development» y a la sentencia final de que la obra «did not possess the realistic merits of other of its class, and as a work of art it fell distinctly below them»[23]. Carece de interés hacer aquí reseña de afirmaciones similares, matizadas o no, de que se nutre casi sin excepción la sabiduría mostrenca sobre el *Estebanillo González* que se manifiesta en los manuales de historia de la literatura y en buena parte de los estudios generales sobre la picaresca. Baste recordar como «epítome» lo que se le dedica en las tres páginas escasas de un libro aún reciente, el de A. A. Parker, que apareció en su momento como exponente de una cierta voluntad de ruptura respecto a la crítica anterior. Para Parker «aparte del interés del fondo histórico, el único significado de esta obra es el de pertenecer a la literatura decadente» [...], y la novela, en conjunto, «deja muy mal sabor de boca», a lo que sigue una enumeración de razones que hacen del *Estebanillo* una obra particularmente «desagradable»[24].

[22] BAE, XXXIII, p. xcii.

[23] F. W. Chandler, *op. cit.*, pp. 247-249. La traducción española de las páginas dedicadas al *Estebanillo* apareció en *La España Moderna*, XXV (1913), núm. 290, «Formas rudimentarias de la novela picaresca», pp. 13-18.

[24] A. A. Parker, *Literature and the Delinquent* (1967), trad. cit., pp. 125-127.

Ese era el clima «crítico», si es que la obra no era simplemente ignorada, cuando Goytisolo (1966) publicó el ensayo
al que ya nos hemos referido. Su alegato, además de hacer una
valoración del *Estebanillo González* en donde el péndulo se
inclinaba decididamente del otro lado, venía acompañado de
una censura poco contenida de la «ceguera» que dominaba
—según Goytisolo— en una historia literaria del todo adoce-
nada e impermeable a las lecciones que podían extraerse de
una literatura moderna en la que Brecht, Genet o Sachs no
eran ya unos simples autores «malditos»:

> Injustamente arrinconado por razones extraliterarias, el
> libro de Estebanillo González es una de las obras menos co-
> nocidas de la picaresca, la más desconocida en proporción de
> sus méritos reales. El renombre de Lázaro, de Guzmanillo,
> del Buscón, la ha relegado desde hace tres siglos al limbo de
> los segundones, a ser pasto melancólico de eruditos y ratas de
> biblioteca («verdadera nube de necrófagos indotados» según
> lapidaria definición de Dámaso Alonso). La proverbial falta
> de gusto y sentido crítico de nuestros historiadores literarios
> —rentistas, en su mayor parte, de los juicios de valor emitido
> por alguno de los dioses o semidioses de nuestro destartalado
> Valhalla— se confirma una vez más con el ejemplo del desti-
> no póstumo de Estebanillo [...]. Ocupados en trenzar más y
> más guirnaldas en torno a nuestras figuras consagradas y ofi-
> ciales, hemos confinado por decreto a Estebanillo en el ado-
> cenado pelotón de los epígonos. Semejante miopía no se ex-
> plica sino por nuestra pereza y conformismo habituales[25].

El desagrado del autor adquiere tintes casi de moral victoriana: «Completamente falto de cualquier sentimiento de compasión [Estebanillo] se dedica a
hacer chistes sobre sus borracheras mientras a su alrededor se matan los hombres y arden las ciudades. Es un libro sin corazón»; lo penúltimo habrá de ser
«licencia» crítica con alusión al medio general de la guerra, ya que en la novela no se describen incendios de ninguna clase. Cf., en una dirección análoga,
C. J. Whitbourn, *Knaves and Swindlers. Essays on the Picaresque Novel in Europe*
(Oxford 1974), pp. 14-16: «The very degeneracy of Estebanillo produces a
revulsion of feeling in the reader [...], he arouses indignation and contempt»,
etc., pero, al menos, el libro «is not without artistry».

[25] J. Goytisolo, 1966, p. 80. Aunque haya buenos motivos para estar de
acuerdo con el rapapolvos de Goytisolo, vaya en descargo de los historiadores literarios españoles el que en este caso, al menos, no habría sido muy
superior la perspicacia de sus colegas de otras latitudes. Habrá que matizar
también, por lo que se ha visto, el plazo de los «tres siglos» de olvido. Súme-

En efecto, la amoralidad confesa del narrador-protagonista del *Estebanillo*, su exhibición sin ningún propósito de enmienda de conductas y actitudes poco recomendables en términos éticos (y nada acordes con unos determinados preconceptos sobre el XVII español), que todavía a principios de siglo escandalizaban a los escasos críticos que se habían ocupado de la obra, no dejaban de seguir pesando lo suyo e incidían de rechazo en una apreciación negativa del libro también en cuanto propia literatura.

De una forma que invita a la reflexión, la estimación desfavorable a la obra se mantuvo con pocas variaciones hasta que hombres del oficio, y especialmente cualificados en cuanto renovadores de la moderna narrativa hispánica (el propio Goytisolo, o Alejo Carpentier), dieron un total giro a las valoraciones recibidas; la propia 'inmoralidad' del libro es apreciada ahora, incluso, como un mérito del autor que supo expresarse con tal rara sinceridad. Carpentier, además de dejar constancia de su estima por «el anónimo autor del magnífico *Estebanillo González*», nos dará una ajustada y, a veces, casi literal paráfrasis de la obra al recrear el ambiente y lenguaje del soldado de Flandes, transformado luego en peregrino, a lo largo de casi una mitad de su espléndida narración *El camino de Santiago*[26]. Extremando los juicios ponderativos, Goytisolo escribirá lo que ya hemos leído o lo que transcribimos antes: que en el *Estebanillo* tenemos «la mejor novela española escrita en el siglo XVII» (exceptuando sólo el *Quijote*) y que es «la culminación del género picaresco desde el punto de vista de su primitivo designio»[27]. Dejando a un lado por el mo-

---

se a lo ya dicho el que el *Estebanillo* era uno de los libros españoles que figuraban en la biblioteca de Schopenhauer (cf. el prólogo de E. Ovejero a su traducción de *El mundo como voluntad y representación*, M 1928, p. vii).

[26] Cf. por ejemplo: «No les bastaban ya los afeites que durante siglos se tuvieron por buenos, sino que pedían invenciones de Dinamarca, bálsamos de Moscovia y esencia de flores nuevas [...]. Allá se ofrecen jabones de Bolonia [...] raíces de buen alivio, sangre de dragón» (A. Carpentier, *El camino de Santiago* [1.ª ed. en *Guerra del tiempo*, 1958], ed. de Montevideo 1972), pp. 9 y 34, y compárese con el episodio en que Estebanillo, después de peregrinar a Compostela, ejerce como buhonero en Sevilla (I, pp. 206-212).

[27] Goytisolo reconocerá que el *Guzmán* y el *Buscón* «son obras más ambiciosas, pero en ellas la estructura no se pliega jamás a la vida». De la «lectura atenta» que reclamaba Goytisolo para el libro de 1646 dan fe la inserción de

mento cuestión tan aristotélica como lo es en última instancia
la de si existen o no «primitivos designios» en los géneros
literarios, y aunque muy pocos compartirán una valoración
tan extrema como la de Goytisolo, tiene interés contrastar la
radical diferencia de puntos de vista entre los críticos o filólo-
gos de profesión y el escritor moderno, y no menos profesional, que contempla el pasado literario de su lengua más libre,
o deliberadamente a la contra, de los criterios y prejuicios de
la jerarquización recibida de los clásicos.

Los filológos vamos más despacio, o al menos eso es lo que
se deduce de la evolución de los trabajos específicos dedicados al *Estebanillo González*. En una primera etapa —y es una
etapa muy larga puesto que abarca desde los 1890 hasta los
1960, y sus secuelas llegan hasta nuestros días— la crítica se
preocupa ante todo del problema de la «historicidad» de la
obra, entendiendo tal historicidad como la comprobación fac-
tual de los muchos hechos de historia general «externa» que
se mencionan en la obra. Acaso cabría calificar a toda esta
etapa de crítica más o menos «tautológica», ya que se partía
del supuesto de que la obra era la autobiografía auténtica escrita por el mismo personaje que dice haberla escrito. Y si así
fuera no habría razones *a priori* para poner en duda que todos
esos hechos de historia externa son auténticos incluso en los
casos que, por lo nimio o estrictamente local de los sucesos re-
latados, difícilmente podía ser objeto de comprobación documental. De todos modos, ya hemos indicado que a esta etapa pertenecen algunos de los pocos trabajos que todavía hoy
son útiles para el que quiera estudiar el *Estebanillo González*.
Entre ellos bastaría con destacar como hitos principales el de
Gossart (1893), aunque sólo fuera por lo que tuvo de inaugural,
y los de Jones, Millé y Moore, especialmente los dos primeros.

La tesis universitaria de W. K. Jones (1927) fue la primera
monografía extensa sobre la obra y tuvo el mérito de plantear
correctamente (cap. III: «Is the book an Autobiography?») la
cuestión del verdadero o ficticio carácter autobiográfico del

sintagmas tan inequívocamente estebanillescos como el «escabechado a puros laureles» en su *Reivindicación del conde don Julián* (México 1970), p. 12, entre
otros. Otra atenta lectura es la que revela la recreación de Javier Mina que
mencionábamos antes, *supra*, nota 8.

libro, algo en que la crítica no aportó perspectivas distintas hasta fecha muy posterior; otros aspectos particulares, como la posibilidad de un origen judío de Estebanillo (cap. IV: «The Author's Nationality») o la identificación del viaje a Levante que permitiría fechar en nacimiento del personaje (cap. V: «On dating González birth») fueron también puntos de referencia para estudios posteriores. Al publicarse la tesis de Jones sólo fragmentariamente[28], la parte más extensa, que incluía una «Comparison of Texts» (cap. II, pp. 14-47) y un «Line by line Commentary» (cap. VI, págs. 84-278), permaneció prácticamente desconocida. No es mucho el interés de la comparación de textos, limitada al cotejo —muy incompleto— de la edición de la BAE con la de 1646; pero el «Commentary» equivalía a una edición anotada y a pesar de numerosas deficiencias y errores de bulto era un primer y meritorio ensayo de explicación del texto y contenía aclaraciones léxicas, literarias e históricas útiles que, lamentablemente, Millé no pudo tener en cuenta en su edición de 1934[29]. La labor de este último supuso un esfuerzo honesto, si bien sólo muy en parte logrado, por proporcionar un texto más fiable que los que hasta entonces tenían a su disposición los lectores, simples reimpresiones de los muy defectuosos de Ochoa o de la BAE; su anotación contenía mucho de aprovechable en la identificación de personajes o hechos históricos y, más desigualmente, en la resolución de problemas lingüísticos. El estudio de E. R. Moore (1940) es un intento valioso de comple-

---

[28] Willis Knapp Jones, «Estebanillo González», *Revue Hispanique*, LXXVII (1929), pp. 201-245. Se suprime, además de los capítulos II y IV, la «Bibliography» (cap. VII), y se añade un «Résumé of the Historical Events in *Estevanillo González*».

[29] El «Commentary» de Jones no ha quedado, sin embargo, del todo desconocido. Pudimos utilizarlo en nuestra ed. de 1971, al anotar una quincena de pasajes (indicándolo en todos los casos); y, sobre todo, ha sido objeto de un sistemático «aprovechamiento», o, si no se quiere recurrir a eufemismos, de un paladino plagio, en las notas de la ed. de N. Spadaccini y A. Zahareas, quienes sólo en un porcentaje mínimo de ocasiones creyeron oportuno reconocer la procedencia de lo que traducen o adaptan de Jones. En general, todo lo que en las notas de esa edición no son paráfrasis más o menos incomprensibles o interpretaciones *sui generis* del texto, procede de Jones, siempre que contengan alguna información «objetiva» o «erudición» de alguna especie y no derive de otras fuentes igualmente inconfesas (Moore, Millé, etc.).

tar lo ya averiguado por Jones y Millé en torno al marco histórico y geográfico de la obra, con la no muy lógica restricción de limitar sus indagaciones a las andanzas de Estebanillo en el sur de Europa[30].

En lo que se ha escrito de 1941 en adelante sobre el *Estebanillo González* se ha seguido incidiendo en la adecuación del relato a la realidad histórica y espacial en distintos episodios o puntos del itinerario del pícaro (Jones, 1946; Del Pino, 1970; Strzalkowa, 1972; Tobar, 1983; Elizalde, 1984[31]); se ha vuelto sobre el tema de antisemitismo o judaísmo del autor (Gil Novales, 1958; Chiesa, 1981); y sobre el problema de su «identidad» (Bataillon, 1973; Meregalli, 1979; Avalle-Arce, 1987). La adscripción de la obra a la picaresca ha sido negada (Bolaño e Isla, 1971) o enfatizada hasta convertirla en obra clave para la comprensión «retrospectiva» de todo el género (Spadaccini, 1971, 1978). No han faltado las rápidas notas de lectura que aspiran a presentar el libro a los lectores de un periódico (Castillo Puche 1984), o, de forma más sorprendente a la altura de 1988, a la «comunidad» de hispanistas, hilvanando tales notas —no muy atentas ni perspicaces— con generalidades dignas de enciclopedia escolar (Urrutia, 1988).

La concepción del mundo y las perspectivas críticas del *Estebanillo González* han sido objeto de varios trabajos de muy desigual valor y amplitud. Con pocas excepciones (Gil, 1968) o matizaciones (Bjornson, 1977), la obra es contemplada como un alegato feroz contra todos los valores de su época (Ayerbe-Chaux, 1979; Fattori Sandal, 1981; Gay Fuentes, 1980; Spadaccini, 1977, etc.), en línea análoga a la del trabajo de Goytisolo, 1966, ya mencionado, y con observaciones de interés, aunque no compartamos el supuesto básico de esa consideración del *Estebanillo* como obra de ideología radicalmente crítica «antisistema» o «revolucionaria», al menos sin hacer importantes distinciones en los niveles de esa crítica.

---

[30] Es, en cambio, de valor casi nulo el trabajo de A. S. Bates (1940), que suele citarse como equivalente al de Moore. En la veintena de identificaciones propuestas de personajes mencionados en el *Estebanillo* más de la tercera parte son erróneas y el resto, tomadas de obras generales o sobre personas ya bien conocidas por otras fuentes, son irrelevantes.

[31] A juzgar por su título es también de este tipo el trabajo de M. Rössner, 1985, «Das Wien-Bild...», que no nos ha sido accesible.

Especialmente endeble nos parece la argumentación maneja-
da en los intentos de proyectar la presunta crítica de la ideología «imperial» sobre el marco histórico de la guerra de los
Treinta años (Fattori Sandal, Spadaccini, Urrutia).

Frente a la relativa abundancia de trabajos sobre la «cosmo-
visión» de la obra, son escasos y de carácter más bien «preliminar» los que inciden sobre la lengua y el estilo (Verdonk,
1986; Carreira, 1969; Cid, 1971a); sobre problemas de exége-
sis textual que abundan en el *Estebanillo* y que sólo se han tratado de forma puntual en notas de las ediciones comentadas;
o sobre la elaboración literaria, sea con atención a pasajes determinados (Carreira, 1971; Cid, 1971b) o a la obra en conjunto (Cordero de Bobonis, 1965; Taléns, 1975), con marcado
énfasis en la búsqueda de estructuras, modelos, divisiones y
«unidades» compositivas que hoy nos parecen depender más
de ciertas modas interpretativas o de la voluntad de hallarlas
que de la realidad del texto[32]. Por último, la psicocrítica ha
dejado también su impronta en algún trabajo aislado (Van
Hoogstraten, 1986), combinada con la perspectiva «carnava-
lesca» (presente también en Fattori Sandal).

Por nuestra parte, iniciamos en 1972 un estudio de la obra a
partir de nuestra edición de 1971, y partiendo también de la
base de que la Historia literaria tiene ciertas reglas de las que
no puede prescindirse en favor del libre juego de la mayor o
menor imaginación o ingenio del crítico (por gratificante que
ello sea); y claro es que sin desdeñar las aportaciones de otros
enfoques distintos del histórico-literario. La investigación de
archivo, no agotada en modo alguno, y de la literatura coetánea, se tradujo en resultados o hipótesis reflejados en diversos
trabajos, y que en buena parte se han extractado en los apartados anteriores de esta introducción. Nos enfrentábamos al
supuesto de que en la *Vida y hechos de Estebanillo González* se
nos da una auténtica autobiografía, en la que protagonista,
narrador y autor son una misma persona: un Esteban Gonzá-

---

[32] No creemos, por ejemplo, que exista un modelo concreto, el de la *Eneida*, «que no se aparta de la mente de Esteban González» y que sea «constantemente utilizado por el autor para lograr sus fines antiheroicos, esta vez desde
la forma de la expresión» (Cordero de Bobonis 1965, p. 182). Las «estructuras» desveladas por Taléns se basan con excesiva frecuencia en lecturas erróneas, o fuerzan el sentido del texto.

lez, pícaro y viajero en la dislocada Europa de la guerra de los
Treinta años, bufón del Cardenal Infante y del general Ottavio Piccolomini, que prematuramente envejecido escribe sus
memorias. Ahora bien, es muy posible que, pese a la ya demostrada existencia del personaje (y de la más que probable
exactitud sustancial de los hechos narrados), tal supuesto no
resista la prueba de la investigación filológica, e histórica, y
que haya llegado el momento de modificar radicalmente el
lugar del *Estebanillo* dentro de las clasificaciones genéricas de
la literatura española. Claro es que en ese caso el filólogo, al
desvelar un mecanismo creador más complejo que el referido,
vendría a dar la razón a un juicio sobre el valor del libro más
favorable aún del que ya empieza a ser moneda corriente.

6.3.   *La transmisión textual*

La única edición en la que intervino el autor es, con seguridad, la primera, de 1646. Las variantes de las ediciones madrileñas del siglo XVII (1652, 1655 y pseudo 1655) se explican
todas como deturpaciones del texto o como correcciones de
los impresores, incluso en las contadas ocasiones en que se
añade algo sin justificación aparente (cf. notas X 27, X 10) o
se hace alguna supresión que pudiera parecer significativa (cf.
nota XII 12). Estas ediciones tienen, sin embargo, el valor de
revelarnos la interpretación de unos lectores muy próximos,
enfrentados a formas léxicas o sintácticas anómalas, y pasajes
estragados o erratas difíciles de salvar; lo que no quiere decir
que acierten cuando intentan alguna solución. Más exigua es
la importancia de las ediciones de los siglos XVIII y XIX, cuyas
variantes son ya simples erratas añadidas o modernizaciones
de la lengua en una inmensa mayoría de casos.

La edición de Amberes es, pues, además de la única base
fiable[33] para establecer el texto, el término de referencia que

---

[33] Sólo para el corto fragmento que comprende el poema ya aludido dedicado al Cardenal Infante (II, pp. 173-174) contamos con un texto anterior y
de autoridad superior al de la edición príncipe (cf. nota IX.96). Cinco de los
poemas «serios» de la novela fueron copiados en un manuscrito tardío (posterior, al menos, a 1774) de la B. N. de Madrid (ms. 10.920, ff. 123-136), con
variantes simplemente gráficas.

LA
VIDA, Y HECHOS
DE ESTEVANILLO GONZALEZ,
HOMBRE DE BVEN HVMOR.

COMPVESTO POR EL MISMO.

*A DON GARCIA DE MEDRANO
del Consejo Real, Regente, y Gouernador
de Seuilla, &c.*

DE FORTI DVLCEDO

Con priuilegio en Madrid. *Por Gregorio Ro-
driguez.* Año 1652.

Vendese en casa de Grabiel de Leon, mercader de
libros, en la calle Mayor, enfrente de la calle
de la Paz, y en Palacio.

Portada de la segunda edición

permite seguir y evaluar su transmisión. Y conviene empezar por aclarar que los ejemplares de las distintas ediciones de la obra no ofrecen las «variantes irritantes» que dicen haber hallado Spadaccini y Zahareas, y que es pura fábula la preocupación por la salud mental de los lectores que muestran cuando aseguran no haber querido «enloquecer al lector con notas textuales sobre los varios ejemplares de la misma edición». Sólo en los ejemplares de la primera edición hay variantes de ese tipo, y su número asciende exactamente a dos, es decir, las mismas que señalábamos ya en nuestra edición de 1971[34].

La transmisión del texto es fácil de determinar en cuanto que sigue, hasta 1928, una sucesión lineal (cada edición parte de la anterior) quebrada sólo en un caso[35], esto es, en las ediciones de 1720. En el siglo XVII, las ediciones madrileñas —muy pobres, tipográficamente, en comparación con la de Amberes—, suprimieron los poemas laudatorios preliminares, sustituyeron la dedicatoria a Piccolomini, la Suma del Privilegio y la Aprobación, y añaden una Suma de la Tasa y una Fe de erratas; se inicia en ellas cierta regularización gráfica, pero debe señalarse que los impresores no se tomaron apenas libertades con el texto, y las modificaciones que van acumulándose desde la segunda a la cuarta edición son producto de errores de lectura o erratas mecánicas más que de esfuerzos por reinterpretar términos o pasajes de comprensión difícil. Lo más destacado en la historia editorial de la obra en ese siglo es la existencia de una edición fraudulenta que hasta ahora había pasado inadvertida. En efecto, los ejemplares que se consideraban pertenecientes a una única edición de 1655, la tercera,

---

[34] Cf. aquí notas Prels. 15 y II.135. Son simple «encarecimiento de la cura» (como lo diría Estebanillo) las repetidas afirmaciones que hacen los editores norteamericanos de «seguir rigurosamente el criterio aceptado de cotejar ejemplares» y de haber «consultado todas las ediciones existentes» (ed. cit. p. 79). El mismo desparpajo revelan cuando dicen haber «cotejado cuidadosamente esta edición [la primera]» con las de Madrid de 1652 y 1655 (p. 75). Nada hay en sus notas textuales que no proceda de Millé o de nuestra anterior ed., y del rigor de su cotejo puede dar idea el que pese a haber sido los primeros que pudieron manejar un ejemplar de la verdadera tercera ed. de 1655 (sin duda el de la Hispanic Society), fueron incapaces de distinguirla de la que hasta entonces pasaba por tal (cf. *infra* y Bibliografía).

[35] Lo que decimos habrá de verificarse respecto a la ed. de 1729, que no nos ha sido accesible.

deben desdoblarse en dos ediciones que son del todo distintas. En las ediciones modernas que han prestado atención a la transmisión textual (es decir, la de Millé y la nuestra de 1971) las variantes que se atribuyen a la «tercera» edición corresponden, en realidad, a la cuarta. La edición «auténtica» de 1655 había permanecido ignorada al no hallarse ningún ejemplar de ella en bibliotecas públicas españolas y no permitir las descripciones bibliográficas distinguirla de la contrafacta. Una vez examinados los ejemplares de las bibliotecas de Londres y París, es evidente que la edición representada por ellos (y el de la Hispanic Society, que no hemos manejado) ocupa un lugar intermedio entre la segunda, de 1652, y la que se había considerado tercera. Esta «otra» edición de 1655, que a partir de ahora denominamos *cuarta* en nuestro aparato crítico, está representada por los ejemplares de la B. N. de Madrid, la Biblioteca Menéndez Pidal, y el que perteneció a Millé. Nos parece seguro que su año de impresión es bastante posterior al de 1655 que figura en la portada, y que esa portada fue falsificada (imitando a la tirada anterior), al igual que los preliminares, por un librero, que pudo haber sido el mismo Gabriel de León a cuya costa se hicieron la segunda y tercera edición, para aprovechar el privilegio, válido sólo por diez años, expedido en 1652. Esta edición, la más descuidada de las seiscentistas, altera el tamaño de la letra en algunos pliegos (cf. pp. 289-320, 369-381), lo que pudiera ser indicio de que fue realizada simultáneamente en distintas imprentas.

Ya en el siglo XVIII hallamos en la década de 1720 a 1729 un manifiesto resurgir del interés por la obra que se tradujo en nada menos que cuatro ediciones en sólo diez años, si se tiene en cuenta que de nuevo es preciso diferenciar dos ediciones distintas en los ejemplares que se atribuían a una tirada única, la de 1720 (cf. Bibliografía). Las ediciones de 1720 presentan el interés de interrumpir la degradación acumulativa del texto; algo que no parece ser habitual en las ediciones de clásicos de ese siglo. Además de restaurarse la dedicatoria original de la primera edición y parte de los poemas laudatorios, en 1720 se edita un texto mixto que supone en cierta medida un esfuerzo «crítico», al combinarse lecturas de las ediciones primera y cuarta, de forma que se depuró considerablemente de errores y modificaciones que venían arrastrándose desde

1652. Las dos ediciones de 1720, la de 1725 y —creemos— la de 1729, son, tipográficamente, ediciones hermanas que coinciden en su paginación, y hasta en las líneas, siguiendo todas ellas la composición externa heredada de la cuarta edición siempre que pueden. En 1778 y 1795 la obra se reedita dividida en dos volúmenes, con el «Otro prólogo en verso» encabezando el segundo, lo que llevará aparejada su desaparición en las ediciones del siglo XIX que vuelven al formato en un volumen. Para entonces el proceso de acumulación de erratas que una vez introducidas no vuelven a subsanarse ha recomenzado y no hará sino incrementarse en la edición de 1844. Esa primera tirada decimonónica es un notable ejemplo de la tipografía romántica, ilustrada con láminas de dos de los dibujantes más célebres del costumbrismo español (Ortega y Zarza), bien conocidos por su intervención en *Los españoles pintados por sí mismos*. El texto de 1844, ya muy deturpado y con recortes que abarcan toda la aventura del castramiento fingido de Estebanillo en Rupelmonde, que hubo de considerarse especialmente escabrosa, fue el seguido en las ediciones del *Tesoro de novelistas* de Ochoa (1847) y de la BAE (1854), es decir, las que más incidencia han tenido en época moderna a través de sus reimpresiones y de las de otras editoriales que lo reproducen (el del *Tesoro* en las ediciones de París de Garnier y Michaud de c. 1910, c. 1912, 1946, y acaso otras; el de la BAE en 1862, probablemente también en las ediciones de 1857 y 1892 no localizadas, e incluso en una de 1972).

De las ediciones del siglo XX la primera que merece destacarse es la de Aguilar de 1928. En un prólogo no firmado el editor llama la atención sobre las deficiencias de los textos modernos de la BAE y Michaud, y anuncia haberse servido «de una de las ediciones más antiguas». Efectivamente, aunque sobreviven muchas lecturas tardías procedentes de un texto «base» que es el de la BAE o Michaud, se introdujeron abundantes correcciones que lo mejoran a partir de una edición anterior, que es —con seguridad— una de las de 1720. Mayor trascendencia tuvo la edición preparada por Juan Millé y Giménez y publicada en 1934 en la colección «Clásicos castellanos». El principal mérito de esa edición, además de su valiosa anotación, está en ser la primera que vuelve a los textos del siglo XVII. Por desgracia, Millé usó como texto base una edición muy imperfecta —la de Michaud— y para el cotejo se sirvió en primer término de la «tercera» (cuarta, en realidad), recurriendo a la primera de 1646 sólo de forma esporádica, y no manejó la de 1652, segunda. El resultado era un texto híbrido que sólo parcialmente optaba por las variantes de la *princeps,* o las tenía en cuenta en su aparato crítico. La edición de Millé, sin embargo, sustituía con ventaja a todas las anteriores y su texto fue reproducido en varias ediciones posteriores, entre ellas la más divulgada de la meritoria colección de *La novela picaresca española* (1943), prologada por Valbuena Prat, y en otras menos meritorias pertenecientes a los géneros del libro «suntuario» (v. en la Bibliografía, eds. de 1980 y 1981) o más o menos pseudoerudito (ed. de 1976) que han proliferado en nuestro país en los últimos años, sin que quienes figuran como editores o «seleccionadores» hayan confesado siempre su deuda con la labor de Millé, de quien son simples y avispados (?) copistas.

Comentario aparte merece la edición de N. Spadaccini y A. N. Zahareas (M 1978), dada la prestigiosa colección en que apareció («Clásicos Castalia»). Prescindiendo ahora de su anotación, debe señalarse que no responden a la realidad las declaraciones de los editores en donde afirman reproducir «fielmente el texto de la *editio princeps*». Más exacto sería decir que sobre la base de un texto ya preparado para imprimirse —el de Millé— se hicieron ajustes para sustituir las lecturas propias de la cuarta edición, la de Michaud o exclusivas de Millé, por las 1646, dejando intacta la puntuación de Millé y sus criterios gráficos. Los ajustes se hicieron, sin embargo, poco cuidadosamente y sobreviven multitud de lecturas erróneas o modificaciones injustificadas, y sin previa advertencia, al texto de 1646. Por añadidura, la adaptación del texto de Millé se hizo en momentos distintos, el último con la edición ya en pruebas (a juzgar por los rastros que se revelan en la fotocomposición), y los editores olvidaron a veces adaptar las notas (con explicaciones basadas en la lectura «antigua») a los cambios que apresuradamente se habían introducido en el texto [J. A. C.].

7. ESTA EDICIÓN

Nuestra primera edición (Madrid: Narcea, 1971) reproducía el texto de 1646 en forma fiel aunque no paleográfica, por cuanto modernizaba ortografía y puntuación, y salvaba las erratas indudables recurriendo a las ediciones de 1652, pseudo 1655 y las del siglo XVIII, o a conjeturas de Jones y Millé. Al emprender en 1988 una nueva edición de la obra, no resulta muy grato confesar que sólo pudimos partir de la nuestra anterior, ya que desde entonces apenas han surgido aportaciones útiles para resolver los problemas textuales.

En ambos casos nos han guiado criterios muy similares. Los ortográficos, que seguimos creyendo válidos, son éstos: se regularizan según el uso moderno b, v (o u consonante) y v vocálica; i consonante o conjunción, e y vocálica; j, g y z ante vocal palatal, e igualmente q ante u semiconsonante; m ante sonido f; el empleo de la h muda. Se transcriben: ç y x velar por z y g o j, según corresponda, respectivamente; s alta o doble por s sencilla (pero se mantienen las confusiones de sibilantes aunque no tengan por qué atestiguar fenómenos como el seseo). Se simplifican las germinadas mm, nn, rr, pp, etc., no relevantes fonológicamente; ph se reduce a f y th a t; algún caso contado de ch con sonido velar se ha sustituido por c o q según la vocal a que anteceda. Se resuelven las tildes y abreviaturas más corrientes y se acentúa al modo actual. Se corrigen algunas erratas notorias —no sin advertirlo— y, cuando faltan, se restituyen las cedillas, erres dobles y tildes de la eñe. Los demás grafismos —vacilaciones de grupos cultos, ciertas mayúsculas reverenciales, la carencia de aglutinación entre elementos hoy contractos— se mantienen por considerar que no suponen obstáculo para el lector. Estimamos con ello que nuestro texto reproduce con la fidelidad deseable la cadena sonora del arquetipo, en vez de su reflejo gráfico, tal como recomiendan el buen sentido y los especialistas[36].

---

[36] Jesús Cañedo e Ignacio Arellano, en VVAA, *Edición y anotación de textos del siglo de oro,* Pamplona: EUNSA, 1987, pp. 339-355.

Por ello mismo, y como es natural, conservamos toda confusión de líquidas, vacilación de timbre vocálico, anacolutos, latinismos deturpados o nombres propios hispanizados, etc. En cuanto a los pasajes susceptibles de saneamiento, como se verá por las notas de tipo textual, unas veces hemos procurado conservar las formas originales, o próximas a ellas, lo que nos ha permitido rectificar nuestra antigua conjetura (cf. *arco de Noé*, cap. III 123, *cargadilla*, VIII 125, *reino estable*, XIII 69); otras hubo que actuar en sentido contrario, y con ello se han aclarado expresiones hasta ahora oscuras o incomprensibles: *navíos* (I 11), *colmó* (II 130), *junto Alvora* (IV 110), *guerra* (X 91), que incluso han pasado a los diccionarios: *alates* (IV 75). En cualquier caso, toda alteración del original se registra en texto, mediante corchetes para incluir letras omitidas y ángulos para señalar las sobrantes, o en nota (cf. I 84, II 5, 97, 166, 173, 210, 214, III 12, 61, 70, 150, 167, etc.). Igualmente se recogen las principales alteraciones introducidas por ediciones posteriores a la primera, aun cuando, como se ha dicho en § 6.3, carecen de valor crítico. Quedan, con todo, lecturas dudosas, y así se hace constar[37], y buena cantidad de formas anómalas, alternativas o sin fijar, que conservamos por estar documentadas o tratamos de justificar en nota: *taburones* (II 62), *gúmeras* (II 89), *nascondido* (II 120), *prática* ('plática'; III 4), *epitectos* (IV 21), *alejux* (IV 28), *piadad* (IV. 91), *perroquiano* (IV 157), *Gibaltar* (V 78), *costar* ('constar'; V 178), *escarmuzas* (VI 104), *burgesía* (VII 58), *desenlabonasen* (VII 250), *jerolífico* (VII 254), *cabrestillo* (VII 316), *salváticas* (IX 48), *cotejar* ('cortejar'; IX 113), *rostituerto* (XI 55), y bastantes más.

Se ha revisado a fondo la puntuación, haciéndola más rica y variada, y sometiéndola a una norma mucho más homogénea, capaz de regular los pequeños matices de pausas y jerarquías sintácticas que la *princeps* difumina con profusión de copulativas, dos puntos y paréntesis; la eventual publicación del facsímil pondrá de manifiesto hasta qué punto es anárquica en este aspecto. De igual manera hemos aducido anteriores soluciones, propias o ajenas, dadas a determinados pasajes de puntuación cuestionable (cf., por ejemplo, I 47, IV 174, VIII

---

[37] III.132, 147, IV.142, VII.33, VIII.135, IX.71, 84, XI.48, 69, 110, 164, XII.53; 95 y 187, entre otras.

52), a fin de que el lector pueda elegir la que mejor le cuadre.

En cuanto a las notas, dejando aparte las textuales, hemos procurado aprovechar, y reconocer, toda aportación al esclarecimiento de los muchos problemas léxicos e históricos planteados por el *Estebanillo,* cualquiera que fuera su procedencia, prefiriendo pecar antes por carta de más que de menos en nuestras explicaciones, tal como aconseja la mejor tradición filológica. Las notas históricas, inseparables de las precisiones hechas a la cronología del relato, van extractadas al máximo y pueden ampliarse sin dificultad acudiendo a la introducción y al índice de personajes históricos. Las de tipo léxico, que con frecuencia agrupan dos entradas correspondientes a la misma línea, suelen ir complementadas, o si se prefiere sobrecargadas, con usos paralelos de diversos autores, así como con referencias a paremiólogos y lexicógrafos éditos e inéditos desde el siglo XV a fines del XVII. Ya se sabe que los diccionarios no brindan el sentido literal, ni menos el literario, de términos o frases, sino por aproximación, y no es raro que incluso una definición quede invalidada por la «autoridad» esgrimida para apoyarla. A nuestro juicio el único significado aceptable es el corroborado por textos coetáneos, dentro de cierto margen amplio, mientras que, por el contrario, todo sentido sólo acreditado por la lexicografía posterior nos parece, en principio, sospechoso. Esto en cuanto al sentido literal. En cuanto al literario, no son gratuitas en absoluto, como creen ingenuamente Spadaccini y Zahareas (p. 79), las referencias internas ni la erudición «acumulada» para mostrar si un determinado microtexto, imagen, concepto, chiste o neologismo, es original del autor, quien lo brinda al lector como creación propia y novedosa, o si, por el contrario, es préstamo o está lexicalizado, y se incrusta en el relato esperando que se reconozca como tal. A la altura de 1646 era difícil forjar usos capaces de renovar una lengua literaria ya desgastada, y nuestro autor, consciente de ello, escribe bien resguardado a la sombra de sus grandes modelos. Lo que sí es gratuito, e imperdonable, es pasar por alto las dificultades del texto, estén en verso o en prosa, como si no existieran, o fingir que se resuelven con un alegre palmetazo: por nuestra parte quedan aún bastantes citas, más otras probables, cuyo origen desconocemos, y así se dice en las notas, en las que también confesamos ignorancia respecto a no pocos términos y sintagmas de origen o significado aún enigmáticos. He aquí algunos: *de aldea* (II 203), *mama raya* (IV 49), *sencio* (IV 147), *veminios* (IV 165), *veía el que después,* etc. (IV 182), *de vuelo* (V 10), *a hurga* (V 31), *a las más maduras* (V 74), *cajas de Inglaterra* (VI 76), *pulpetas* (VII 64), la anécdota de la bufonería entre los romanos (VII 195), *tridente* (VIII 73), *renombre de nao* (IX 10), *lebrel* (IX 64), *borrones* (XI 86), *membrillos cocidos...* (XI 189), *al embarcar el primero...* (XI 209), *ochena* (XII 19), a los que sin duda pueden añadirse otros que habremos creído explicados y no lo están o lo están mal. Ojalá cualquier colaborador de una lonja de investigadores, como la puesta en marcha por la revista *Criticón* de Toulouse, pueda aclarar satisfactoriamente, con erudición o sin ella, los pasajes escapados a nuestra diligencia.

*   *

*

Queda por último agradecer las ayudas que hemos recibido de muchos amigos, cuyo esfuerzo ha hecho más fructífero el nuestro: en primer lugar, a Francisco Rico, el encargo de esta edición; a Julio Caro Baroja y Pedro Sobrado, los hermosos dibujos con que han querido ilustrarla; a Pedro Álvarez de Miranda, Ana Blázquez, Fernando Gomarín, José Manuel González Herrán, António José Saraiva, Luis Suárez Ávila, Roger L. Utt, Françoise Vigier y Juan Luis Viguri, la generosidad con que han atendido nuestras consultas y demandas; a Manuel Bonsoms y Gustavo Domínguez, una paciencia editorial puesta a prueba demasiadas veces; y a nuestras compañeras Teresa Moreno y Ana Vian, lo mismo que hace veinte años.

A. C. y J. A. C.
Enero de 1990

BIBLIOGRAFÍA: 1. EDICIONES

1. LA ‖ VIDA I HECHOS ‖ DE ‖ ESTEVANI-
LLO GONZALEZ, ‖ Hombre de buen humor. ‖
Compuesto por el mesmo. ‖ Dedicada a el Excelentíssi-
mo Señor OCTAVIO ‖ PICOLOMINI DE ARAGON,
Duque ‖ de Amalfi [...] ‖ EN AMBERES, ‖ En casa
de la Viuda de Iuan Cnobbart. 1646. ‖ [v. lámina].

In 4.º, 8 ff., 388 pp. (por error 382), 2 ff.
Ejs.: Amberes, Musée Plantin.; Londres, Brit. Libr.:
12490. e. 11: Madrid, B. N.: R/ 149 (*); R/ 1892 (*); R/ 2273
(*); R/ 2323 (*); R/ 3105 (*); R/ 13743 (*); U/ 1892 (*); N.
York, Hisp. Soc.; Oxford. Bodleian; París, Arsenal: 4.º BC.
4478; París, B. N.: Res Y² 880 (*).

2. LA ‖ VIDA, Y HECHOS ‖ DE ESTEBANI-
LLO GONZALEZ, ‖ HOMBRE DE BVEN HVMOR. ‖ COM-
PUESTO POR EL MISMO. ‖ *A DON GARCIA DE
MEDRANO* ‖ *del Consejo Real, Regente, y Gouernador de
Seuilla, &c.* ‖ [*Escudo del impresor*] ‖ Con priuilegio en
Madrid. *Por Gregorio Ro-* ‖ *dríguez*. Año 1652. ‖ Ven-
dese en casa de Grabiel de Leon, mercader de ‖ libros,
en la calle Mayor, enfrente de la calle ‖ de la Paz, y en
Palacio. ‖

In 8.º, 8 ff., 388 pp., 2 ff.
Ejs.: Bolonia, Communale dell' Archiginnasio, 5/ 99 I.36;
Copenhague, Bib. Real, 177 I-212; Madrid, B.N., R/ 9202
(*); R/ 11.45 (*).

3. LA ‖ VIDA, Y HECHOS DE ‖ ESTEBANI-
LLO GONZALEZ, ‖ HOMBRE DE BVEN HVMOR. ‖
COMPUESTO POR EL MISMO. ‖ *A DON GERO-
NIMO DE TOLEDO* ‖ *y Prado, Cauallero del Abito de
Santiago,* ‖ *Señor de la Villa de Velmonte, &c.* ‖ [*Escudo
del impresor*] ‖ Con priuilegio en Madrid. *Por Melchor
San-* ‖ *chez.* Año 1655. ‖ Vendese en casa de Grabiel
de Leon, Mercader ‖ de libros, en la calle Mayor,
enfrente de la ca- ‖ lle de la Paz, y en Palacio. ‖

In 8.°, 8 ff., 372 pp., 2 ff.
Ejs.: Londres, Brit. Libr., 1075, f. 17 (*); N. York, Hisp.
Soc.; París B.N., Y²76228 (*).

4. LA ‖ VIDA, Y HECHOS DE ‖ ESTEBANI-
LLO GONZALEZ, ‖ HOMBRE DE BVEN HVMOR. ‖
COMPUESTO POR EL MISMO. ‖ *A DON GERO-
NIMO DE TOTEDO* [*sic.*] ‖ *y Prado, Cauallero del
Abito de Santiago, Se* ‖ *-ñor de la Villa de Velmonte, &
c.* ‖ [*Escudo del impresor*] ‖ Con priuilegio en Madrid. *Por
Melchor Sanchez.* ‖ Año 1655. ‖ Vendese en casa de
Gabriel de Leon, Mer- ‖ cader de libros, en la calle
Mayor enfrente ‖ de la calle de la Paz, y en Palacio. ‖

In 8.°, 8 ff., 381 pp., 1 f.
Ejs.: Madrid, B.N.: R/ 6312 (*); Madrid, Bibl. R. Menéndez Pidal: 31-F (*). Se trata, muy posiblemente, de una
edición fraudulenta, que imita la portada de la ed. anterior,
aunque es por completo distinta en la impresión y no trata
de seguirla «a plana y renglón». Un ejemplar de esta edición, cuyo paradero desconocemos, fue propiedad de J.
Millé y Giménez, quien lo utilizó para su edición de 1934.
Dado lo insuficiente de las descripciones de que dispone-
mos, ignoramos si los ejemplares de la Bibl. Real de Copenhague (1771-212-4.°) y de la Municipal de Lyon (345.689)
son de esta edición o de la anterior.

5. LA VIDA, Y HECHOS ‖ DE ‖ ESTEVANI-
LLO ‖ GONZALEZ, ‖ HOMBRE DE BUEN HUMOR. ‖

Compuesto por el mismo. ‖ NUEVAMENTE CORREGIDA, y ‖ enmendada en esta última ‖ impression. ‖ QUE SE DEDICA ‖ *AL EXCELENTISSIMO SEÑOR* ‖ *Marqués de Cuellar, Primogenito del* ‖ *Excelentissimo Señor Duque de* ‖ *Alburquerque.* ‖ ——— ‖ CON LICENCIA: ‖ En Madrid: Por Juan Sanz, Portero de ‖ Camara de su Magestad. ‖ ——— ‖ Hallaràse en su Imprenta, en la Plazuela de ‖ la Calle de la Paz. ‖ [La fecha de edición, 1720, se deduce de la «Fee de erratas» firmada por B. de Río].

In 8.º, 8 ff., 396 pp., 2 ff.
Ejs.: Madrid, B.N., 3/23807 (*). Cf. infra, núm. 6.

6. LA VIDA, Y HECHOS ‖ DE ‖ ESTEVANI- LLO ‖ GONZALEZ, ‖ HOMBRE DE BUEN HUMOR. ‖ Compuesta por el mismo. ‖ NUEVAMENTE CORREGIDA. ‖ y enmendada en esta última ‖ impression. ‖ QUE SE DEDICA ‖ *AL EXCELENTISSIMO SEÑOR* ‖ *Marqués de Cuellar, Primogenito del* ‖ *Excelentissimo Señor Duque de* ‖ *Alburquerque.* ‖ —CON LICENCIA:— ‖ En Madrid: Por Juan Sanz, Portero de Cà- ‖ mara de su Magestad. ‖ ≈ ≈ ≈ ≈ ≈ ≈ ≈ ≈ ≈ ≈ ≈ ≈ ‖ Hallarase en su Imprenta, en la Plazuela de ‖ la Calle de la Paz. ‖ [1720, en la «Fee de erratas»].

In 8.º, 8 ff., 396 pp., 2 ff. Esta ed., pese a su semejanza con la anterior, a la que reproduce por lo general «a plana y renglón», es distinta en los preliminares, mayúsculas decoradas y otros detalles de espacios, etc., y en variantes gráficas a todo lo largo del texto.
Ejs.: Madrid, B. N.: R/ 22353 (*); 2/ 44491 (*); Madrid, Academia Española: 7-A-245 (*); 14-XI-30 (*); Santiago de Compostela, Bibl. Universitaria: Catálogo, núm. 1160.

No podemos determinar a cuál de las dos eds. de 1720 pertenecen los ejemplares de Londres, Brit. Libr., 106332 aa 8; Montpellier, Municipale, 10.404; New York, Hispanic Society; los dos enumerados en el *National Union Catalogue*

(de las bibliotecas de las universidades de Vanderbilt y
Cornell); y el 2/ 4402 de la B. N. de Madrid que, según nos
informan, «falta desde el recuento de 1986».

7.   LA VIDA, Y HECHOS ‖ DE ‖ ESTEVANI-
LLO ‖ GONZALEZ, ‖ HOMBRE DE BUEN HUMOR. ‖
COMPUESTA POR EL MISMO. ‖ NUEVAMENTE CORRE-
GIDA, ‖ y enmendada en esta vltima ‖ impression. ‖
Año [*Recuadro con el anagrama del librero: F. MEDEL.
C.*] 1725. ‖ CON LICENCIA. ‖ ≈ ≈ ≈ ≈ ≈ ≈ ≈ ≈
≈ ≈ ‖ En Madrid: Por Bernardo de Peralta, ‖ vive
en la Calle del Horno de la Mata ‖ ≈ ≈ ≈ ≈ ≈ ≈
≈ ≈ ≈ ≈ ≈ ≈ ≈ ≈ ≈ ≈ ‖ A costa de Francisco
Medel, Mercader de ‖ Libros, hallaràse en su casa, en
la Plazue- ‖ la de la Calle de la Paz. ‖

In 8.°, 8 ff., 396 pp., 2 ff.
Ejs.: Cambridge-Mass., Harvard Univ. Libr.; Londres,
Brit. Libr.: 12491 a. 22; Madrid, B. N.: 2/ 1312 (*); New
York, Hispanic Soc.; New York, Public Libr.; París, Bibl.
de R. Foulché-Delbosc; Santander, Bibl. Menéndez Pelayo:
R III-1-22 (*); Idem: R III-3-22 (*); Urbana, Univ. of
Illinois.

8.   LA VIDA, Y HECHOS ‖ DE ‖ ESTEVANI-
LLO GONZALEZ, ‖ HOMBRE DE BUEN HUMOR; ‖
COMPUESTA POR EL MISMO. ‖ NUEVAMENTE
CORREGIDA; ‖ y, enmendada en esta ultima ‖ im-
pression. ‖ Año [*Escudo del impresor*] 1729. ‖ CON
LICENCIA. ‖ ———— ‖ En Madrid: A costa de Don
Pedro ‖ Joseph Alonso y Padilla: hallaràse en su casa
‖ en la calle de Santo Thomàs, junto al ‖ Contraste.

In 8.°, 396 pp., 2ff.
Ejs.: Londres, Brit. Libr.: 1075. d. 7; México, Bibl.
Nacional; New York, Hispanic Soc.

9.   VIDA Y HECHOS ‖ *DE* ‖ ESTEVANILLO
‖ *GONZALEZ,* ‖ HOMBRE DE BUEN HUMOR: ‖ *Com-*

puesta por él mismo. ‖ Nuevamente corregida, y enmendada ‖ en esta ultima Impresion. ‖ *TOMO PRIMERO.* [∼*TOMO SEGUNDO.*] ‖ *CON LICENCIA* ‖ ———— ‖ En Madrid: En la Imprenta y Libreria ‖ de ANDRES DE SOTOS. Año de 1778. ‖ ———— ‖ *Se hallará en la Librería del mismo,* ‖ *frente la puerta principal de* ‖ *San Ginés.* ‖

In 8.°, 2 vols.: 6 ff., 376 pp., 4 ff., 317 pp.

Ejs.: Londres, Brit. Libr. 1489. cc. 63; Madrid, B. N.: 2/ 20701-2 (*) 2/ 49100-1 (*); 3/ 27014-5; Madrid. Academia Española: 17-XII-8-9: Idem: 22-X-33-34.

10. *VIDA Y HECHOS* ‖ DE ‖ ESTEBANILLO ‖ *GONZALEZ,* ‖ HOMBRE DE BUEN HUMOR: ‖ COMPUESTA POR EL MISMO. ‖ NUEVAMENTE CORREGIDA Y ENMENDADA ‖ EN ESTA ULTIMA IMPRESION. ‖ TOMO I. [∼TOMO II.] ‖ [*adorno*] ‖ CON LICENCIA: ‖ EN MADRID: EN LA OFICINA DE RAMON RUIZ, ‖ AÑO DE 1795. ‖ *Se hallará en las Librerías de esta Corte.* ‖

In 8.°, 2 vols.: 4 ff., 344 pp. +4 ff., 279 (por error 287) páginas.

Ejs.: Londres. Brit. Libr., 10632. a. 25; Madrid, B. N., 2/1712-13 (*); Madrid, Bibl. de J. A. Cid (*); New York, Hispanic Society; New York, Public Libr.: Princeton, Univ.

11. *Vida y hechos de Estebanillo González, hombre de buen humor.* Nueva edición. Madrid: Establecimiento tipográfico de D. F. de P. Mellado, 1844. In 8.°, X + 320 pp., 2 ff., 14 láminas [grabados de E. Zarza y C. Ortega].

12. *Vida y hechos de Estebanillo González, hombre de buen humor.* Edición de Eugenio de Ochoa. «Colección de los mejores autores españoles», XXXVIII; *Tesoro de novelistas españoles,* III, París: Baudry, 1847, 165 págs. (con numeración independiente en el volumen).

13. *Vida y hechos de Estebanillo González*. Ed. C. Rosell. Madrid: Rivadeneyra, 1854. «Biblioteca de Autores Españoles», XXXIII; *Novelistas posteriores a Cervantes*, II, págs. 265-368. Reediciones en 1871, 1902, 1950.

14. Ed. de Zaragoza, 1857, según Catálogo de la librería de García Rico y Cía., de Madrid, núm. 34.846 (*ap.* Millé).

15. *Vida y hechos de Estebanillo González*. Barcelona-Madrid: Publicaciones ilustradas de La Maravilla, 1862. «Obras en prosa festivas y satíricas de los más eminentes ingenios españoles», II, 163 págs. (con numeración independiente en el volumen), 1 lámina. Sigue el texto de la BAE, 1854.

16. Ed. de Barcelona, 1894. In 4.º, 142 págs. (*ap.* Palau).

17. *Vida y hechos de Estebanillo González, hombre de buen humor*. Edición de Eugenio de Ochoa. París: Garnier, s. a. [¿1910?]. «Colección Baudry», *Tesoro de novelistas españoles*, III, 180 págs. (con numeración independiente en el volumen). Reproduce el texto de la ed. de 1847.

18. Esteban González: *Estebanillo González, hombre de buen humor. Su vida y hechos contados por él mismo*. Introducción (pp. 5-6) de A. A[lvarez] de la V[illa]. París: Michaud, s.a. [c. 1912]. «Biblioteca económica de clásicos castellanos», 271 págs.

19. *Vida y hechos de Estebanillo González, hombre de buen humor; compuesta* (sic) *por él mismo*. Madrid: Aguilar, 1928. «Colección de autores regocijados», II, 337 páginas, 1 f.

20. *La vida y hechos de Estebanillo González, hombre de buen humor, compuesta* (sic) *por él mismo.* Edición, prólogo y notas de Juan Millé y Giménez. Madrid: Espasa-Calpe, 1934. «Clásicos castellanos», núms. 108-109, 2 vols., 262 + 272 págs. Reimpresiones en 1946, 1956, 1973.

21. *Vida y hechos de Estebanillo González, hombre de buen humor, compuesta por él mismo.* Edición, prólogo y notas de José Mallorquí Figuerola. Barcelona-Buenos Aires: Molino, 1941. «Colección Literatura Clásica», núm. 14, 226 + 3 págs. Sigue el texto de la ed. de J. Millé, 1934; las «notas» son mínimas.

22. *La vida de Estebanillo González. Vida y hechos de Estebanillo González.* Buenos Aires-México: Espasa-Calpe argentina, 1943. «Colección Austral», núm. 396, 266 págs. Sigue el texto de la ed. de J. Millé, M 1934. Reimpresiones en 1948, 1968.

23. *La vida y hechos de Estebanillo González, hombre de buen humor, compuesta* (sic) *por él mismo.* Ed. y notas de Angel Valbuena Prat. Madrid: Aguilar, 1943. *La novela picaresca española,* págs. 1636-1775. Sigue el texto de la ed. de J. Millé, M 1934. Reediciones en 1951 (?), 1956, 1962, 1966, 1968 (págs. 1719-1775), 1974, 1978, 1986 («7.ª ed., 2.ª reimpresión», vol. II, págs. 797-957).

24. Esteban González: *Estebanillo González, hombre de buen humor. Su vida y hechos contados por él mismo.* Introducción (pp. 5-6) de A. A[lvarez] de la V[illa]. París: Vda. de Ch. Bouret, 1946. «Clásicos Bouret», 272 págs. Se anuncia como «Edition: 3» (posiblemente se consideraba edición segunda la que en el *National Union Cat.,* se registra como ed. de Michaud c. 1920, de la que no hemos visto ejemplar), y reproduce, salvo

cambios tipográficos menores en las primeras páginas y a partir de la 266, el texto de la ed. de París, Michaud.

25. *Lazarillo de Tormes. Vida de Estebanillo González.* Barcelona: Maucci, 1962. «Clásicos Maucci. Grupo: Literatura medieval [sic]», págs. 107-490, 2 ff., 5 láminas (ilustraciones de Chico Prats). Sigue el texto de la ed. de J. Millé, M 1934.

26. *La vida y hechos de Estebanillo González.* Ed., notas y comentarios de Antonio Carreira y Jesús Antonio Cid. Prólogo de Juan Goytisolo. Madrid: Narcea, 1971. «Bitácora. Biblioteca del estudiante», núm. 19, 566 págs.

27. *La vida y hechos de Estebanillo González.* Prólogo de Juana de Ontañón. México: Porrúa 1971. «Colección *Sepan cuantos...*», núm. 163, XLVI + XI + 151 págs., 2 ff. Sigue el texto de la ed. de J. Millé, M 1934. Reimpresión en 1986.

28. *Vida y hechos de Estebanillo González.* Madrid: Doncel, 1972. «Libro joven de bolsillo», núm. 32, 294 págs. Sigue el texto de la BAE (1854).

29. *La vida y hechos de Estebanillo González hombre de buen humor compuesta por él mesmo.* Ed. A. Zamora Vicente. Barcelona: Noguer, 1976. «Clásicos hispánicos Noguer», 6; *Novela picaresca española*, III, págs. 707-974. Sigue (sin advertirlo) el texto de la ed. de J. Millé, M 1934; las «notas» son también en su mayoría simple copia o «adaptación» de las de Millé.

30. *La vida y hechos de Estebanillo González, hombre de buen humor; compuesto por él mesmo.* Ed., introducción

y notas de Nicholas Spadaccini y Anthony N. Zahareas. Madrid: Castalia, 1978. «Clásicos Castalia», números 86 y 87. 2 vols., 1-296 + 301-570 págs.

31. *La vida y hechos de Estebanillo González, hombre de buen humor, compuesto por el mismo Estebanillo González.* Madrid: S.A.P.E., 1980, 309 págs. Sigue el texto, prólogo y notas de la ed. de A. Valbuena (M. Aguilar); añade 5 láminas y una «bibliografía» (pp. 307-308).

32. *La vida y hechos de Estebanillo González, hombre de buen humor, compuesta por él mesmo.* Madrid: Afanías, 1981. «Clásicos Afanías»; *La picaresca española*, II, páginas 221-437, ilustraciones. Sigue el texto de la ed. de J. Millé, M 1934, sin sus notas.

Existe una adaptación del texto para niños, de A[ntonio] J[iménez-Landi] M[artínez], Madrid: Aguilar, 1962. Colección «El globo de colores». Se hizo también una adaptación radiofónica en varios capítulos, transmitida por Radio Nacional de España, hacia 1973, en versión de Juan Caballero y con dirección y realización de Javier Barrio. Algunos episodios del *Estebanillo González* fueron escenificados en la serie de televisión «El pícaro», dirigida e interpretada por Fernando Fernán Gómez en 1973.

Como es habitual en obras con una dilatada transmisión textual, abundan en la bibliografía del *Estebanillo González* las ediciones «fantasma» o inexistentes, que adquieren entidad a partir de una errata o una descripción incompleta y que se perpetúan luego en bibliógrafos o críticos posteriores. A esta categoría de ediciones que nunca existieron pertenecen con casi absoluta seguridad las siguientes:

— Madrid, 1722 (*ap.* E. Gossart, *Les espagnols en Flandre,* p. 248).

— Madrid: Mellado, s.a. («comienzos del siglo XIX»), 8.°, 234 págs., láminas (*ap.* Palau, XXXII, núm. 237). Aunque tanto en la ed. de Millé como en nuestra ed. anterior se daba fé a esta entrada del *Manual* de Palau, creemos que se trata de una duplicación errónea de la ed. de 1844 del «mismo» editor, Francisco de Paula Mellado. La aparente discrepancia en el núm. de págs. (320/234) se debería a un trueque en las dos primeras cifras y a haber contabilizado las dos hojas sin paginar de la ed. de 1844. Por otra parte, los dibujantes de las láminas de una ed. de Mellado del *Estebanillo* no podrían ser otros que los «mismos» Ortega y Zarza de la ed. de 1844, quienes no pudieron trabajar como ilustradores a «comienzos» de siglo (cf. M. Ossorio y Bernard, *Galería biográfica de artistas españoles del siglo XIX*).

— París: Pierre Landais, s.a.; 8.°, 269 págs. Esta edición que Spadaccini y Zahareas «descubren» en el *Manual* de Palau, y localizan en la primera mitad del siglo XIX, no es otra que la de París, Michaud, de c. 1910 o c. 1912 (v. el pie de imprenta en la última página y en la contracubierta), con error en el cómputo de págs.

— Amberes, 1846 (*ap. National Union Cat.,* 0142339, donde se registran dos ejemplares de esta «edición»). Simple errata por Amberes, 1646, es decir la ed. *princeps.*

Aunque no hemos localizado ningún ejemplar de las eds. que registramos con los núms. 14 (Zaragoza

1857) y 16 (Barcelona 1894), que habría en rigor que tener por «dudosas», las referencias a ellas no parecen obedecer a confusión con ninguna otra edición de las conocidas. Podría tratarse de encuadernaciones de eds. en folletín publicadas en periódicos o revistas, según es práctica habitual en el siglo XIX.

2. ESTUDIOS

AVALLE-ARCE, Juan Bautista, «El nacimiento de Estebanillo González», *NRFH* XXXIV (1985-86), 529-537. Incluido en *Lecturas (Del temprano Renacimiento a Valle Inclán)* (Potomac, Maryland: Scripta Humanística, 1987), 34-42.

AYERBE-CHAUX, Reinaldo, «Estebanillo González: La picaresca y la Corte», *La picaresca: Orígenes, textos y estructuras*. Actas del 1.er Congreso Internacional sobre la Picaresca (Madrid: Fundación Universitaria Española, 1979), 739-747.

BATAILLON, Marcel, «Estebanillo González, bouffon "pour rire"», *Studies in Spanish Literature of the Golden Age. Presented to Edward M. Wilson*. Ed. R. O. Jones (London: Tamesis Books Ltd., 1973), 25-44.

BATES, Arthur S., «Historical Characters in Estebanillo González», *Hispanic Review* VIII (1940), 63-66.

BJORNSON, Richard, «Estebanillo González: The Clown's Other Face», *Hispania* 60 (1977), 436-442.

BOLAÑO E ISLA, Amancio, *Estudio comparativo entre el «Estebanillo González» y el «Periquillo Sarniento»*. Discurso de ingreso a la Academia Mexicana correspondiente de la Española, 24-X-1969 (México D. F.: UNAM, 1971), 13-49.

CARREIRA, Antonio, «Materiales para el estudio del núcleo verbal en *Estebanillo González* (1646)». Facultad de Filosofía y Letras, Madrid. Trabajo para el Curso de Doctorado del profesor Dr. D. Rafael Lapesa, 1968-69, 28 págs.

— [«El zaino sin bigote: *EG,* cap. I»]. Comentario de

texto. *La vida y hechos...* (Madrid: Narcea, 1971), 507-516.

CASTILLO PUCHE, J[osé] L[uis], «Un chusco "objetor de conciencia" en el siglo XVII», *ABC* (18-IV-1984), 3.

CHIESA, Maria Giovanna, «Estebanillo González e gli ebrei», *Rassegna Iberistica* 11 (ottobre 1981), 3-20.

CID, Jesús Antonio, *Composición «condicionada» y ruptura o aprovechamiento de fórmulas en «La vida y hechos de Estebanillo González».* Memoria de licenciatura en Filología románica, Universidad Complutense (1971), 140 págs.

— [«El matemático ante el concejo; un diálogo en disparates: *EG*, cap. XII»]. Comentario de texto. *La vida y hechos...* (Madrid: Narcea 1971), 517-532.

— «"Centauro a lo pícaro" y voz de su amo: Interpretaciones y textos nuevos sobre *La vida y hechos de Estebanillo González*, I: La *Sátira contra los monsiures de Francia* y otros poemas de 1636-1638» [1974]. *Criticón,* 47 (1989), 29-77.

— «"Centauro a lo pícaro"..., II: ¿Burla privada o apología pública de Ottavio Piccolomini?» [1974].

— «La hacienda española y el aprovisionamiento del ejército de Flandes. En torno a Jerónimo de Bran» [1974].

— «Historia, pseudoautobiografía, estilo: Gabriel de la Vega, *alias* Estebanillo González, y su narración picaresca» [1978].

— «Máscaras y oficio en un escritor del Antiguo Régimen: Estebanillo González = Gabriel de la Vega» [1980-81]. *RDTP* XLIII, *Homenaje a C. Casado* (1988), 175-195.

— «La personalidad real de Stefaniglio. Documentos sobre el personaje y presunto autor de *La vida y hechos de Estebanillo González*», *Criticón* 47 (1989), 7-28.

— «La Europa de Estebanillo González y la Monarquía hispánica» (1989). Incorporado, en versión abreviada, como parte de la introducción (§ 1) de esta edición.

CORDERO DE BOBONIS, Idalia, *«La vida y hechos de Estebanillo González.* Estudio sobre su visión del mundo y actitud ante la vida», *Archivum,* Oviedo, XV (1965), 168-189.

ELIZALDE, Ignacio, «Estebanillo González», *La novela picaresca y Navarra,* col. Temas de cultura popular, núm. 297 (Pamplona: Diputación Foral, 1984), 20-25.

FATTORI SANDAL, Patrizia, «Un'anomala autobiografia pica-resca: *La vida y hechos de Estebanillo González, hombre de buen humor*», *Studi Ispanici*, Pisa (1981), 81-101.

FERNÁNDEZ, Sergio, «El amor bestial», *Ensayos sobre literatura española de los siglos XVI y XVII* (México 1961), 134-153.

FERNÁNDEZ-BONILLA, Raimundo, «Ideas para una inter-pretación simbólica del *Estebanillo González*», *Exilio* III.1 (1969), 51-60.

GAY FUENTES, Estrella, *Un pícaro ante su sociedad: Estebanillo González* (Zaragoza: Cagisa, 1980), 106 págs.

GIL, Alfonso M., «La historia a vista de pícaro. Algunos aspectos del *Estebanillo González*», *Miscelánea ofrecida al Ilmo. señor don José María Lacarra y de Miguel* (Zaragoza 1968), 275-278.

GIL NOVALES, Alberto, «Un bufón antisemita», *Acento cultural* 2 (diciembre 1958), 8-10.

GILLESPIE, Gerald, «Estebanillo and Simplex: Two Baroque Views of the Role-Playing Rogue in War, Crime and Art (with an Excursus on Krull's Forebears)», *Canadian Review of Comparative Literature,* 9 (1982), 157-171.

GOSSART, Ernest, «Estevanille Gonzales. Un bouffon espag-nol dans les Pays-Bas espagnols au XVIIème siècle», *Revue de Belgique,* deuxième série, 1893, VII, 135-157 y 254-363; VIII, 43-55 y 200-207.

— «Estevanille Gonzalez», *Les espagnols en Flandre. Histoire et poésie* (Bruxelles: H. Lamertin, 1914), 243-296. Repro-duce el artículo de 1893, algo modificado y reducido.

GOYTISOLO, Juan, «Estebanillo González, hombre de buen humor», *Cuadernos de Ruedo Ibérico,* núm. 8 (agosto-septiembre 1966), 78-86. Incluido en *El furgón de cola* (París, 1967), 59-76; y, con algunas correcciones del autor, como prólogo a la ed. de A. Carreira y J. A. Cid de 1971, pp. 11-35.

HOOGSTRATEN, Rudolf van, «La desmitificación: El caso de Estebanillo González», en *Estructura mítica de la picaresca* (M 1986), pp. 59-67.

JONES, Willis Knapp, *Estevanillo González. A Study with Introduction and Commentary*. A Dissertation Submitted to the Graduate Faculty in Candidacy for the Degree of

Doctor of Philosophy. University of Chicago (Chicago, 1927), 278 + XI págs.

— «Estebanillo González», *Revue Hispanique* LXXVII (1929), 201-245. Reproduce parcialmente el trabajo anterior (1927).

— «A Tercentenary Pilgrimage», *Hispania* XXIX (1946), 553-557.

MEREGALLI, Franco, *«Estebanillo González,* ¿romanzo o autobiografia?»* Conferencia pronunciada el 30-I-1980 en Bologna. *Spicilegio Moderno* 11 (1979), 16-24.

— «La existencia de Estebanillo González», *Revista de Literatura* XLI, núm. 82 (1979), 55-67. Es reelaboración ampliada del artículo anterior.

MILLÉ Y GIMÉNEZ, Juan, «Los clásicos castellanos. Estebanillo González, hombre de buen humor», *Nosotros,* Buenos Aires, XLVI (1924), 373-379. Reproducido como parte del prólogo a su edición de 1934.

MINA, Javier, «Dos pícaros, un hijo, la guerra y un ismo», *Pasajes,* Pamplona, 6 (1986), 113-123.

MOORE, Ernest Richard, «Estebanillo González's Travels in Southern Europe», *Hispanic Review* VIII (1940), 24-45.

PENZOL, Pedro, «Algunos itinerarios en la literatura castellana», *Erudición Ibero-Ultramarina* V, núm. 18 (1934), 310-312. Reed. en *Escritos de Pedro Penzol,* I (Oviedo: IEA, 1967), 91-93.

PINO, Jacqueline del, *Italia e italianos en el «Estebanillo González»,* Mémoire de Maîtrise d'Espagnol. Université d'Aix-Marseille (1970), V + 97 págs.

POPE, Randolph D., «Los enmascarados: I. Estebanillo González», *La autobiografía española hasta Torres Villarroel* (Bern/Frankfurt: Lang, 1974), 237-253 y 280-284.

RÖSSNER, Michael, «Das Wien-Bild im *Estebanillo González* und das Bild des Spaniers im Johann Beers *Des berühmten Spaniers Francisci Sambelle wohlausgepolirte Weiber-Haechel»,* Spanien und Österreich im Barockzeitalter (Innsbruck: AMOE, 1985), 9-20.

SPADACCINI, Nicholas, *Estebanillo González and the New Orientation of the Picaresque Novel.* A Dissertation in the Department of Spanish and Portuguese... New York University (1971), X + 329 págs.

— «Imperial Spain and the Secularization of the Picaresque
    Novel», *Ideologies & Literature* I.1 (1977), 59-62.
— «History and Fiction: The Thirty Years War in Esteba-
    nillo Gonzalez», *Kentucky Romance Quarterly* XXIV
    (1977), 373-387.
— «Estebanillo González and the Nature of Picaresque
    "Lives"», *Comparative Literature* XXX (1978), 209-222.
    Trad. española con el título «Las "vidas" picarescas en
    Estebanillo González», en *La picaresca...* Actas del 1.er
    Congreso.. (1979), 749-763.
STRZALKOWA, Maria, «La Pologne vue par Cervantes et par
    Estebanillo González», *Bulletin Hispanique* LXXIV
    (1972), 128-137.
TALÉNS, Jenaro, «La imposibilidad del *yo* como lenguaje.
    Para una revisión de *La vida de Estebanillo González*»,
    Novela picaresca y práctica de la transgresión (Madrid:
    Júcar, 1975), 105-178.
TOBAR, María Luisa, «Estebanillo González a Messina»,
    Scritti vari di letteratura spagnola (Messina: Univ. degli
    studi, 1983), 7-11.
URRUTIA, Louis, «Lecturas y explicaciones de Estebanillo
    González», *Mélanges offerts à Maurice Molho,* I (París
    1988), 587-601.
VERDONK, Robert A., *«La vida y hechos de Estebanillo Gonzá-
    lez,* espejo de la lengua española en Flandes», *RFE*
    LXVI (1986), 101-109.

LA
VIDA Y HECHOS
DE
ESTEBANILLO GONZÁLEZ,

Hombre de buen humor.

Compuesto por el mesmo [1].

Dedicada a el excelentísimo señor OCTAVIO PICO-LOMINI DE ARAGÓN, Duque de Amalfi, Conde del Sacro Romano Imperio, Señor de Nachot, caballe-ro de la Orden del Tusón de oro, del Consejo de Estado y guerra, gentilhombre de la cámara, Capitán de la guardia de los archeros [2], mariscal de campo general, y coronel de caballería y infantería de la Majestad Cesárea, y gobernador general de las armas y ejércitos de su Majestad Católica en los Estados de Flandes [3].

EN AMBERES,
En casa de la viuda de Iuan Cnobbart. 1646.

[1] *compuesto por el mesmo.* Algunas ediciones varían *compuesta* (cf. Bibliografía); aunque el término implícito es *Libro de,* a continuación se escribe *dedicada,* que se refiere a *La vida. El,* en *el mesmo,* puede entenderse como artículo o pronombre indistintamente.

[2] «Los que primero se llamaron *archeros* es cierto que fue porque traían arcos o ballestas, y en Francia Carlos VII formó cierta milicia de estas armas, que llamó *Francs Archers,* la cual extinguió Luis XI, poniendo en lugar de ella la de los que usaban las armas de los suizos, esto es, picas, alabardas y espadas largas» (Ayala, en S. Gili Gaya, *Tesoro lexicográfico, 1492-1726,* I, letras A-E, Madrid, 1947; en lo sucesivo, *TLex).* Según el *Diccionario* llamado *de Autoridades* (Madrid, 1726-1736; abreviado, *Dicc. Auts.),* es más verosímil que «venga del nombre *archa,* que vale lo mismo que el hierro de la cuchilla». Estos *archeros* pertenecen a la etiqueta palaciega de la casa de Borgoña en sus dos ramas española y austriaca, como guardias de corps.

[3] La enumeración de títulos y cargos de Piccolomini coincide a la letra con los usados en una patente fechada en Pasajes, a 23 de marzo de 1644, con la salvedad de posponer el título de la orden del Tusón, de la que era caballero electo pero aún no efectivo (Archivo General de Simancas —AGS en lo sucesivo—, Estado, legajo 2511).

SUMA DEL PRIVILEGIO[4]

El Consejo ordenado en Brabante, concedió privilegio a Estebanillo González, su data en la villa de Bruselas a veinte y ocho de junio de mil seiscientos y cuarenta y seis, dándole licencia y facultad para poder hacer imprimir, vender y distribuir un libro intitulado

---

[4] Según M. Bataillon, este *Privilegio* podría ser «pour rire» y formar parte de la *burla* urdida por el autor del libro. Su falta de autenticidad estaría avalada por la comprobación documental que C. Wyffels realizó a solicitud de Bataillon en 1971 en los fondos del Consejo privado de Bruselas: entre los «cartons d'octrois» para la impresión de libros no se encuentra ningún privilegio fechado en 28 de junio de 1646 y concedido a «Estevanillo González» («E. G., bouffon pour rire», *Studies... presented to E. M. Wilson,* Londres, 1973, págs. 30-32). Debe tenerse en cuenta, sin embargo, que el Consejo de Brabante y el Consejo privado eran organismos distintos, si, como creemos, la frase «ordenado en Brabante» se refiere al primero de ellos.

En las siguientes ediciones del siglo XVII este privilegio es sustituido por otro, fechado el 11 de agosto de 1652 y válido por diez años, a favor de Gabriel de León, mercader de libros, y va seguido de una *Suma de la tasa* (firmada, como la anterior, por D. Diego de Cañizares y Arteaga, el 8 de octubre de 1652) y una *Fe de erratas* formularia (de D. Carlos Murcia de la Llana, 4-X-1652). Las ediciones de 1720 y 1725 unifican la *Licencia* y *Tassa* a favor de Juan Sanz y Francisco Medel del Castillo, respectivamente, y añaden una Fee de erratas (D. Benito del Río y Cordido, 8-VIII-1720 y 30-X-1725). Todos estos preliminares se omiten a partir de la edición de 1778, última que incluye simplemente una pequeña lista de erratas.

La vida y hechos de Estebanillo González, compuesto por el mesmo; sin que otra persona alguna lo pueda imprimir, vender o distribuir en el Ducado de Brabante, y ultra Musa, si no fuere con poder y licencia del sudicho[5] Estebanillo González, durante el tiempo de nueve años que se han de contar desde el día de la data en adelante, so pena que le serán confiscados los dichos libros y además de incurrir en la amienda de doce florines por cada ejemplar, como consta del original que queda en su poder firmado por el Rey en su Consejo, y sellado con el sello de su Majestad, pendiente en cera roja.

---

[5] Ultra Musa, o Outre-Meuse, es el territorio situado al este del río Meuse (o Mosa, y también *Musa* en el español del siglo XVII) y de ningún modo, como quieren Spadaccini y Zahareas (SZ en lo sucesivo) en una cómica y disparatada interpretación, «más allá de los corrillos literarios», es decir, 'más allá de las musas' (!). Ultramusa se hallaba regida por las mismas leyes que Brabante, como se expone en una *Breve memoria de la forma del gobierno político del País Bajo (ca.* 1645): «Al derredor de Limburgo está el Pays que llaman de Ultramusa. Todo este ducado [de Limburgo] y pays de Ultramusa en cuanto a las costumbres, usos, previlegios, leyes y jurisdicción está unido al ducado de Brabante» (Archivo Histórico Nacional —AHN en adelante—, Estado, lib. 976). La denominación no puede ser más habitual en la época. Cf. textos de C. Coloma en *Varias relaciones de los estados de Flandes* (Madrid, 1880, pág. 7), o el siguiente, del secretario Galarreta: «Una invasión en Francia ejecutada por el conde de Garciés con tropas de Ultramusa y Lutzenburg» (carta a Miguel de Salamanca, 21-VI-1648, AHN, E., lib. 962), entre muchos otros.

sudicho (<fr. *susdit*): susodicho. Otro galicismo del lenguaje administrativo aparece líneas después: *amienda* (fr. *amende*), 'multa'.

APPROBATIO

Liber iste nihil continet contra orthodoxam fidem, aut bonos mores. Ita censeo hac. 28 junii, 1646.

HENRICVS CALENVS, Archidiac.
& Vicarius Generalis [6].

---

[6] Henri van Caelen, vicario general del arzobispado de Malinas (1583-1653), es conocido como uno de los protagonistas de las primeras controversias teológicas desatadas por el jansenismo. «Henrico Caleno es sin duda el principal fautor de la opinión de Jansenio, y quien a opinión de todos gobierna al Arzobispo de Malinas» *(recusación* de Calenus al ser propuesto como obispo de Roermond, en marzo de 1648, AGS, E., 2149). Cf. también AGS, E., 2068 y 2164, y en especial el trabajo de A. Legrand y L. Ceyssens, «La correspondance du Nonce de Madrid relative au jansénisme (1645-1654)», *Antologica Annua* (1956), págs. 549-640. Consta que Calenus era censor de libros y como tal había aprobado el *Augustinus* de Jansenio, su condiscípulo en Lovaina, cuya obra póstuma se encargó de editar (1640). En 1651 aprobó el libro *Alma o Aphorismos de Cornelio Tácito,* de D. Antonio de Fuertes y Biota (Amberes: Iacobo Meursio).

Transcribimos la *aprobación* a la edición de Madrid, 1652, firmada por Calderón, luego reproducida en las ediciones 3.ª y 4.ª: «Por mandado de V. A. he visto un libro intitulado el entretenido, en que su autor, Estebanillo González, hombre de placer y chocarrero, cuenta graciosamente los discursos de su vida; está impreso en Flandes con las aprobaciones de su Estado y Vicario general, y a mi juicio, no tiene inconveniente que disuene a la pureza de la Fe y decoro de las costumbres, porque no toca materia que exceda al ocioso divertimiento de quien le leyere. Este es mi parecer, salvo &. En Madrid, a 24 de julio de 1652 años.-D. Pedro Calderón de la Barca».

La edición de 1646, en la página siguiente a la *Aprobación,* reproduce el escudo de Piccolomini con nueva enumeración, al pie, de sus títulos y cargos.

Armas. del Excell.mo Señor, Ottauio. Picollomini de Arragon. Duque de Amalfi.
Conde del Sacro Romano. Amperio Señor de Nachet. Cauallero de la Orden
del Tuson de Oro. del Conseie de estado. y Guera. Gentilhombre de la Camra
Capitan de la Guardia de los Archeros Marischal de Campo General. y
Coriel de Caualleria y de Jnfenteria de Su Magestad. Jmperial. y Gouernador
General. de las Armas. y Exircitos de su Magestad Catolica en los estados de
Flandez.

Escudo de armas de Ottavio Piccolomini; grabado de la
primera edición

sacar dinero

captatio benevolentiae – etc.

DEDICATORIA [7]

EXCELENTÍSIMO SEÑOR,

Yo, Estebanillo González, hombre de buen humor, hijo de mis obras y padrastro de las ajenas [8], y menor criado de Vuecelencia, quiriéndome hacer memorable, fiado en haber merecido ser el menor criado de V. Exc., me he puesto en la plaza del mundo y en la palestra [9] de los combates, dando a la imprenta este libro de mi vida y no milagros [10]. Y por temer el rigor

---

[7] Suprimida en las ediciones 2.ª, 3.ª, 4.ª, y sustituida por otra de Gabriel de León a D. García de Medrano (2.ª) o D. Gerónimo de Toledo (3.ª y 4.ª), que figura al final de los preliminares. La dedicatoria a Piccolomini vuelve a incluirse en la edición de 1720 («Dedicatoria que hizo el mismo Estebanillo González al Excelentísimo Señor Don Octavio Picolómini, Duque de Amalfi»), junto con otra de Antonio Sanz al Marqués de Cuéllar. Desde 1725 se imprime sólo la primera, que encabeza todos los preliminares.

[8] Cf. «Don Francisco de Quevedo, hijo de sus obras y padrastro de las ajenas, dice...» *(Memorial pidiendo plaza en una academia,* en *Obras festivas,* ed. P. Jauralde, Madrid, 1981, pág. 101), cit. por Millé.

[9] *palestra* «vale el lugar donde se lucha» (Sebastián de Covarrubias, *Tesoro de la lengua castellana,* 1611, ed. M. de Riquer, Barcelona, 1943; en adelante, Covarr.).

[10] *vida y no milagros.* Ruptura deliberada de una frase hecha aún hoy usual.

de la censura de tantos Zoílos [11] ignorantes y de tantos émulos mordaces, y por no hallar otro más valiente general que lo defienda dellos, ni otro más valeroso soldado que lo preserve de tan "ponzoñosos venenos, ni otro más generoso príncipe que me ayude y ampare, me prostro a los pies de V. Exc. suplicando húmilmente [12] se digne de admitir esta pequeña ofrenda, para que mi varia peregrinación y ridículo discurso llegue con tal auxilio a merecer aplauso, y me sirva de alcanzar de V. Exc. la merced y favor que hasta aquí he recebido y de aquí adelante me prometo de su acostumbrada y conocida magnificencia; para que, demás de los laureles que V. Exc. ha ganado con admiración del orbe y espanto de los enemigos, cante la invencible fama entre la multitud de sus proezas el ser honrador de sus criados y amparo de los que poco pueden, que con esto quedarán los curiosos alegres de tener un libro de chanza con que entretenerse, y yo

---

[11] *Zoílo:* «nombre, que se aplica hoy al crítico presumido y maligno censurador o murmurador de las obras ajenas, tomado del que tuvo un retórico crítico antiguo, que por dejar nombre de sí censuró impertinentemente las obras de Homero, Platón e Isócrates» *(Dicc. Auts.).* Que la palabra podía ser trisílaba lo atestiguan textos en verso, como el de Gabriel de la Vega, «Diga la invidia, astuto cocodrilo, / digan las lenguas, del honor picazas, / el émulo más falso y más Zoílo» *(FC* V 71). Cf. del mismo autor, «Estas salvaguardias he adquirido por custodia para contra los Zoílos, estos fuertes he puesto en mi defensa contra los mordaces» *(FC,* «Al letor»).

[12] *húmilmente.* forma bien documentada. Cf. «Quiero, señor divino, / pediros de rodillas húmilmente...» *(El condenado por desconfiado,* I, atribuida a Tirso de Molina, ed. A. Castro Madrid, 1919, pág. 10); «Don Pedro Winand [...], Consejero y Auditor de la Caballería de V. Magd. en sus Payses Baxos, representa húmilmente que ha 21 años que fue admitido a Abogado...» (AHN, E., legajo 1361³, núm. 88).

desvanecido[13] de tener tan poderoso dueño de quien poder ampararme y favorecerme,

El más humilde y menor criado

De V. Exc.,

ESTEBANILLO GONZÁLEZ[14]

---

[13] *desvanecido:* 'envanecido, entonado', ya que *desvanecimiento* era 'vanidad, presunción'. Cf. V. Espinel, «¿De qué podía yo desvanecerme, pues no tenía virtud adquirida en que fundar mi vanidad?» *(Marcos de Obregón,* I 9, ed. S. Carrasco Urgoiti, Madrid, 1972, I, pág. 185); Bances Candamo, «Para estar desvanecido / me basta la presunción» *(El sastre del Campillo,* III, en *Comedias escogidas,* 1835, pág. 104).

[14] El habitual tono adulatorio empleado por E. al referirse a nobles que lo han favorecido, o de quienes espera recibir mercedes, puede hacer perder al lector la perspectiva respecto a la importancia o significación histórica de los varios personajes mencionados en la obra. En este caso se trata de quien es amo de Estebanillo desde 1636 (cap. VII), el conde Ottavio Piccolomini, que puede ser considerado como una de las figuras de mayor talla en el escenario de la Guerra de los treinta años. Nacido en Pisa (11-XI-1599), de la misma familia a que había pertenecido el papa Pío II, empezó su carrera militar en 1616, al servicio de España, y pasó, en 1618, al Imperio, mandando siempre tropas de caballería. Combatió ya en la célebre batalla de la Montaña Blanca (o Weissenberg, 1620), en la primera fase de la gran guerra, y fue ascendiendo rápidamente por la protección que le dispensó Wallenstein desde 1628. Se distinguió en Lützen (1632) y dos años más tarde en Nördlingen contra los suecos. Participó decisivamente en la caída en desgracia y asesinato de Wallenstein, en colaboración con el embajador de España, elaborando informes que lo presentaban como traidor al emperador. Como general de un ejército auxiliar, salvó la situación creada en Flandes por la invasión de los ejércitos francés y holandés en 1635, y logró grandes éxitos en la campaña de Picardía del año siguiente. Su mayor victoria fue la de Thionville en 1639, que le valió de Felipe IV el ducado de Amalfi. De 1644 a 1646 ejerció el gobierno militar en Flandes. Vuelto al servicio del emperador, ya en 1648, al terminar la guerra era general en jefe de las tropas y presidió, como primer plenipotenciario imperial, el Congreso de Nürnberg para el tratado de la paz

en 1649. Murió en Viena (10-VIII-1656) y está enterrado en la Servitenkirche. Piccolomini es personaje principal en la trilogía de Schiller *Wallenstein,* cuyo segundo drama se titula precisamente *Die Piccolomini;* su caracterización como «traidor a quien le encumbró» o «leal al emperador» ha interesado a varios de los grandes historiadores de los siglos xix y xx que se centraron en el estudio del caso Wallenstein (desde el propio Schiller y Ranke hasta R. Huch y G. Mann), a costa de simplificar una personalidad y una biografía especialmente complejas. Gracián incluye al «bravo Piccolomini» entre los «Fénix de la fama» y lo pone como ejemplo de militares en *El Criticón,* II, 2 y 5, y para R. M. Filamondo era «degnamente chiamato il Coriolano del nostro seculo», entre infinidad de elogios que le dedicaron sus contemporáneos.

Sin ser la biografía que el personaje merece, la obra más amplia que se le ha consagrado son los *Piccolomini-Studien,* de O. Elster (Leipzig, 1911).

Retrato
De Esteuanillo Goncalez, hombre de buon vmor
Autor y Conpositor, deste libro:

Retrato de Estebanillo González. Grabado de Lucas Vorsterman, que figura en la edición de 1646

INVICTISSIMO COMITI OCTAVIO PICCOLOMINEO DE ARAGONA
Cæsarei Exercitus in Belgicum Præfecto.
Quod non Barbarico quassata est Belgica ferro   *Officium refero, gladium stylus impiger equat*
  Debuimus gladio Piccolomine tuo;   *Viximus ere tuo: vivis in ere meo.*
G. Seghs pinxit.   *Cum privilegio Regium.*   *Vorsterman sculpsit.*

Ottavio Piccolomini. Grabado de L. Vorsterman sobre
retrato de Gerald Seghers

A EL LECTOR

Carísimo o muy barato letor[15], o quienquiera que tú
fueres, si, curioso de saber vidas ajenas, llegares a leer
la mía, yo me llamo Estebanillo González, flor de la
jacarandaina[16]. Y te advierto que no es la fingida de
Guzmán de Alfarache, ni la fabulosa de Lazarillo de
Tormes, ni la supuesta del Caballero de la Tenaza[17],
sino una relación[18] verdadera con parte presente y

[15] *letor*. En los seis ejemplares de la 1.ª edición que posee la
Biblioteca Nacional de Madrid y en el de la Bibl. Nationale de
París, hemos encontrado tan sólo dos variantes. La primera es la
ausencia de esta palabra en todos salvo el R-13.743 BNM.

[16] *jacarandaina:* «rufianesca o junta de rufianes o ladrones» *(Dicc.
Auts.).* Para la voz *jácara* y sus derivados, cf. Cotarelo, *Colección de
entremeses, loas, bailes, jácaras y mojigangas desde fines del siglo XVI a
mediados del XVIII,* NBAE XVII y XVIII, Madrid, 1911, vol. I,
págs. cclxxiv-cclxxvi. La frase «flor de la jacarandaina», como
señala Millé, aparece en una jácara que se canta en *El alcalde de
Zalamea,* I, de Calderón, obra de fecha incierta publicada por
primera vez en 1652. Sobre otra expresión de la misma jácara
cf. cap. III, nota 119.

[17] *caballero de la Tenaza.* La equiparación de don Pablos con este
personaje deriva de los preliminares de varias ediciones del *Buscón,*
donde, junto a otras menciones, figura la décima de «Luciano» al
autor, en que se lee: «...con la tenaza confieso / que será buscón de
traza / [...], que fuera espurio buscón / si anduviera sin tenaza».

[18] *relación* está aquí usado en sentido forense: «aquel breve y
sucinto informe que por persona pública se hace, en voz o por
escrito, al juez, del hecho de un proceso» *(Dicc. Auts.).*

testigos de vista y contestes [19], que los nombro a todos para averiguación y prueba de mis sucesos, y el dónde, cómo y cuándo, sin carecer de otra cosa que de día, mes y año [20], y antes quito que no añado.

Por tres causas debes aplaudirla y estimarla: la primera, por ir dedicada a el más prudente general y valeroso soldado que han conocido nuestras edades, y por ser yo una humilde hechura suya, y que sólo pretendo con este pequeño volumen dar gusto a toda la nobleza, imprimiéndolo en estos Países [21], confiado solamente en el amparo de mi amo y señor, el excelentísimo Duque de Amalfi, que, como primero y sin segundo Alejandro [22], siempre me ha amparado y

---

[19] *testigos de vista.* «Más vale un testigo de vista que ciento de oídas» (Ballesta, etc.). Cf. «Si dijere algún testigo / de vista que es cosa cierta / ¿daréisle fe? —No hay ninguno / que de tanta fuerza sea» (*El animal de Hungría,* III, atribuida a Lope de Vega, ed. Acad. N., III, pág. 460).

conteste: «el testigo que declara, sin discrepar en nada, lo mismo que ha declarado otro, sin variar en el hecho ni en sus circunstancias» (*Dicc. Auts.*). Cf. Lope de Vega, «Pues, ¿qué mayor prueba que esta, / si hay dos testigos contestes?» (*El rey fingido,* III, ed. Acad. N., I, pág. 458).

[20] *dónde, cómo y cuándo... día, mes y año.* Cf. Gabriel de la Vega, «Y así por abreviar me voy al caso, / que no son causas plenas y sumarias, / que he de ir al que preside, relatando / el día, mes y año, cómo y cuándo» (*FC* VI 89); «...Y le di fin al canto declarando / la allegada, y a adónde, cómo y cuándo» (*FV* III 4).

[21] *Países* o Estados, Bajos.

[22] La generosidad de Alejandro, censurada por Séneca (*De benef.* II 16) y celebrada por Plutarco (*Regum et Imperat. Apophthegmata,* 6, 7, 12, 23, 30 y 31), es uno de los tópicos más trillados de su leyenda, que cuenta con numerosas manifestaciones en la edad media y el siglo de oro, incluida una comedia de Lope (*Las grandezas de Alejandro*) y otra de Calderón (*Darlo todo y no dar nada*). Cf. algunas referencias en M.ª R. Lida, «La leyenda de Alejandro en la literatura medieval», *Romance Philology* XV (1962), nota 9, y añádase, entre muchas más: «Pues ¿qué ha visto en mí que le movió a quererme? ¿Y es liberal? —¿No digo que es un Alejandro?» (2.ª parte del *Entremés de Diego Moreno,* atribuido a

favorecido, mostrando los preciosos quilates de su grandeza, valor y generosidad, en levantar mi humildad y corto merecimiento de las deshechas ruinas del olvido y del inútil polvo de la tierra. La tercera[23], porque no lo doy a la imprenta para hacer mercancía dél, sino sólo para que sirva de presente y regalo a los príncipes y señores y personas de merecimiento. Y no volveré la cara ni encogeré el brazo a los premios que me dieren; porque soy hombre que, por tomar, tomaré unciones[24], y por recebir, recebiré un agravio[25].

Tengo por imposible que te deje de agradar, si acaso no estás dejado de la mano del gusto, o hecha la cara a el desaire de andar corto en alabar lo que es bueno por dar muestras de entendido. Aquí hallará el curioso dichos agudos; el soldado, batallas campales y viajes a Levante; el amante, enredos amorosos; el alegre, diversidad de chanzas y variedad de burlas; el

---

Quevedo, *ap.* E. Asensio, *Itinerario del entremés,* Madrid, 1971[2], pág. 276); Lope de Vega, «Seré Alejandro contigo: / toma este real de a dos» *(La doncella Teodor,* I, BAE CCXLVI, pág. 225); Tirso de Molina, «En premio de tal esposa / otros ocho mil le doy. / —A Alejandro excedéis hoy» *(Marta la piadosa,* III, Barcelona, 1988, pág. 162, ed. de I. Arellano, que remite a otros lugares de *Amar por señas,* y del *Quijote); Manuel de Galhegos, «Mas por que veas que soy / Alejandro aragonés, / el título de marqués, / con una llave, te doy» *(El infierno de amor,* I, ed. H. Martins, [Lisboa], 1964, pág. 123), etc. Gonzalo Correas registra: *«es un Alejandro. Por: liberal y manífico»* *(Vocabulario de refranes y frases proverbiales,* 1627, ed. L. Combet, Bordeaux, 1967; en lo sucesivo: Correas).

[23] *la tercera.* No menciona expresamente la segunda razón, que podría estar embebida en la primera, cuando afirma su deseo de agradar a la nobleza.

[24] *unción:* «cualquier untura que se hace y particularmente decimos darse las unciones a los que están enfermos de las bubas [sífilis]» (Covarr.). Cf. cap. XII, nota 115.

[25] El párrafo que se inicia en «Por tres causas...» y termina en «...un agravio» se omite en las ediciones 2.ª, 3.ª y 4.ª, presumiblemente por aludirse a la dedicatoria sustituida en ellas; se restaura en la edición de 1720.

melancólico, epitafios fúnebres a los tiernos mal logros[26] del Cardenal Infante, de la Reina de España y de la Emperatriz María; el poeta, compostura nueva y romances ridículos; el recogido en su albergue, las flores de la fullería, las leyes de la gente de la hampa, las preminencias de los pícaros de jábega[27], las astucias de los marmitones, las cautelas de los vivanderos[28]; y finalmente los prodigios de mi vida, que ha tenido más vueltas y revueltas que el laberinto de Creta[29]. Donde, después de haberla leído y héchote más cruces que si hubieras visto a el demonio, la tendrás por digna y merecedora de haber salido a luz. Dios te saque de las tinieblas della con bien para que tú quedes contento y yo pagado[30] y libre de tu censura.

[26] *«malograrse.* Por: mal lograrse una persona o cosa; morirse presto y perderse»; *«murió mal logrado. Malogróse.* Dícese del que murió mozo o moza» (Correas). Cf. «V. m. pudiera decir con más razón que lloro yo este mal logro...» (carta del marqués de Castel Rodrigo a M. de Salamanca, 22-I-1642, AHN, E., libro 979).

[27] *jábega:* «la red de pescadores en el mar con la cual van trayendo poco a poco el pescado hasta la orilla, adonde están esperando unos pícaros para tirar [halar] la cuerda» (Covarr.).

[28] *cautela:* «astucia, maña, sutileza para engañar» *(Dicc. Auts.).*

vivandero: «paisano que sigue al ejército o tropa en campaña, vendiendo comestibles, bebidas y géneros de mercería al pormenor» (J. Almirante, *Diccionario militar,* Madrid, 1869).

[29] Cf. Lope de Vega, «Tenéis más trampas y vueltas / que de Creta el laberinto» *(Los contrarios de amor,* III, ed. Acad. N., I, pág. 113).

[30] *pagado:* «content, payé, satisfait» (C. Oudin, *Tesoro de las dos lenguas española y francesa,* 1675; reimpreso en París, 1968). *Contento y pagado* era frase hecha, sin el sentido económico que le atribuyen SZ. La nota de J. E. Gillet a la com. *Jacinta,* III, de Torres Naharro, atestigua que ya en la edad media *pagado* significaba 'apaciguado, tranquilo' *(Propalladia and other Works,* Bryn Mawr, Pennsylvania [I-II, Menasha, Wisc.: George Banta, 1943-1946; III, Portland, Maine: The Anthoensen Press, 1951]; III, págs. 611-612). Cf. cap. IV, pág. 174: «quedó tan pagado como nosotros contentos».

4 3 οἴνοῦς

OTRO PRÓLOGO EN VERSO [31]

Lector pío como pollo,
O piadoso como Eneas [32],
O caro como el buen vino,
O barato cual cerveza,

Señor en lengua española,
Monsieur en lengua francesa,
Domine en lengua latina,
Y *min Heer* en la flamenca [33],

---

[31] El prólogo en verso encabeza el segundo de los dos volúmenes en que dividen la obra las ediciones de 1778 y 1795, y se omite en las de 1844, 1854 (BAE) y las que derivan de ella (1862, las de Michaud-Garnier y la de 1972-Doncel).

[32] A mediados del siglo XVII no cabía esperar mucha originalidad en las fórmulas de la *captatio beneuolentiae,* y el autor lo sabe. Cf. Quevedo, «Al pío lector. Y si fuéredes cruel, y no pío, perdona; que este epiteto, natural del pollo, has heredado de Eneas» *(El alguacil endemoniado,* ed. F. C. R. Maldonado, Madrid, 1972, pág. 89); cf. Rojas Zorrilla, «Pero como soy tan pía, / que soy pariente de Eneas...» *(Donde hay agravios no hay celos,* I, BAE LIV, pág. 150).

[33] *mijn Heer,* en grafía actual.

Yo, Estebanillo González [34],
Que fui niño de la escuela,
Gorrón de nominativos [35]
Y rapador de molleras,

Romero medio tunante,
Fullero de todas tretas,
Aprendiz de guisar panzas,
Sota alférez de banderas,

Criado de un secretario,
Marmitón de una eminencia,
Barrendero y niño Rey
De un príncipe de la Iglesia,

Barbero de mendigantes,
Cirujano de apariencia,
Maestro de mancar brazos
TA   "Y enfermero sin conciencia,"

---

[34] *Yo, Estebanillo González.* Lo que sigue es como un guión de la obra, donde se relacionan por orden cronológico los diversos oficios y avatares por que pasa el protagonista. Es notable la semejanza con el resumen que hace de su vida picaril Pedro de Urdemalas en la comedia de Cervantes (jorn. I, ed. Schevill y Bonilla, *Comedias y Entremeses* —CyE, en adelante—, Madrid, 1914-1931, III, págs. 139-144).

[35] *gorrón:* «estudiante que en las universidades anda de gorra, y de esta suerte se entremete a comer sin hacer gasto» *(Dicc. Auts.).*

nominativos, «por extensión se toma por los rudimentos o principios de cualquier facultad o arte» *(Dicc. Auts.).*

Este verso corresponde a la época de estudiante en que E. engañaba a sus compañeros con polvos de la nacardina (cap. I, págs. 40-41).

Mozo de plata de un grande,
Alguacil de vara enhiesta,
Amparador de garduños [36],
Residente de las trenas [37],

Menino [38] de un pretendiente,
Peregrino con cautelas,
Bohonero con engaños,
Brandevinero [39] con tretas,

Mandadero de prisiones,
Vendedor de tabaqueras,
Cómplice de la temblona [40],
Trasegador de bodegas,

Nuevo peón de albañil,
Joven faquín [41] de mareas,
Moderno pastor de cabras,
Tierno limpiador de cuevas [42],

_HA_

---

[36] *garduño* o *garduña:* «al ladrón ratero, sutil de manos, llamamos *garduña,* porque echa la garra y la uña» (Covarr.).

[37] *trena* «en la germanía significa la cárcel» *(Dicc. Auts.).*

[38] *menino:* «el pajecito que entra en palacio a servir, aunque de poco, al príncipe y a las personas reales» (Covarr.).

[39] *brandevinero* (< fr. *brandevinier):* vendedor de brandevín o aguardiente.

[40] *temblona.* Cf. cap. IV, nota 83.

[41] *faquín:* «ganapán, esportillero, mozo de cuerda» *(Dicc. Auts.).*
de mareas. Ignoramos a qué episodio de su vida alude aquí Estebanillo, que en todo caso habría de corresponder a sus andanzas inmediatas a su estancia en Mérida (cap. IV, págs. 199-200).

[42] *cuevas* se refiere a las bodegas del monasterio del mismo nombre. Cf. cap. IV, pág. 202.

Aguador con tres oficios,
Sirviente de la comedia,
Tornillero [43] entre españoles,
Soldado de sus galeras,

Vendedor de agujas finas,
Rezador de coplas nuevas,
"Pícaro de la marina,"
Gavilán de la pesquera [44],

Navegante fugitivo,
Sinón [45] de la gente hebrea,
Inventor de lamparones,
Paje de rumbo y librea,

Mercadante de millares,
Don Monsiur de la Alegreza,
Torbellino de provincias,
Cosario de todas levas [46],

---

[43] *tornillero:* «el soldado que se escapa o deserta de su regimiento» *(Dicc. Auts.).*

[44] *pícaro de la marina:* pícaro de costa. Cf. cap. V, pág. 238, y *supra,* nota 27.

gavilán: ladrón. Cf. cap. V. pág. 242.

[45] *Sinón.* Cf. caps. II, nota 154, y IV, nota 74.

[46] *cosario de todas levas:* 'versado en alistarse en todas las levas de soldados para cobrar la prima y desertar a continuación'. *Levas,* según el *Dicc. Auts.,* vale también «enredos, tretas y maulas».

Sentenciado a ser racimo[47],
Mondonguero[48] de plazuela,
Patrón del malcocinado[49],
Faraute[50] de todas lenguas,

Zurcidor de ajenos gustos[51],
Trainel[52] de toda braveza,
Mandil de toda hermosura,
Casamentero de a medias,

Cocinero de portante[53],
Tratante de hierro a secas,
Valiente sobre montañas,
Gallina en campaña yerma,

---

[47] *ser racimo:* eufemismo por 'ser ahorcado'. Cf. J. Ruiz de
Alarcón, «Antes, señor, imagino / que saldrás libre a dar higas / a
todos tus enemigos; / mas daráslas con la lengua, / hecho en el aire
racimo» *(El tejedor de Segovia,* I, en *Obras completas,* II, ed.
A. Millares Carlo, México, 1959, pág. 572); Lope de Vega, «Colgadle
de aquel encino. / —¿Soy yo racimo de agraz? / ¿Viste mayor
desatino?» *(Las dos bandoleras,* III, BAE CCXI, pág. 225); Matos
Fragoso, «Seor Lorenzo, / ¿usted quiere ser racimo / con pies?»
(Lorenzo me llamo, I, BAE XLVII, pág. 224).

[48] *mondonguero:* «tripier» (Oudin).

[49] *malcocinado.* Cf. cap. VI, nota 14.

[50] *faraute:* «intérprete, trujamán» *(Diccionario de la lengua española,*
de la Academia de la Lengua; abreviado: *Dicc. Acad.).*

[51] *zurcidor de ajenos gustos:* alcahuete. De su madre dice don
Pablos: «Unos la llamaban zurcidora de gustos, otros algebrista de
voluntades desconcertadas» *(Buscón,* I 1, ed. F. Lázaro, Salamanca,
1965, pág. 17).

[52] *trainel:* «criado de rufián o de mujer de la mancebía»
(J. Hidalgo, *ap.* John M. Hill, *Voces germanescas,* Bloomington, Ind.,
1949; en lo sucesivo: Hill, Hidalgo, o Chaves). Igual significado
tiene *mandil* en el siguiente verso.

[53] *portante:* «la marcha o paso apresurado. Dícese regularmente
de las caballerías» *(Dicc. Auts.).* Se refiere a cuando fue cocinero
de un capitán de caballos, en el ejército en marcha del Duque de
Feria, cap. VI, págs. 295 y ss.

Pastelero de caballos,
Gorgotero [54] de a dos cestas,
Distilador a el aurora,
Y vivandero a la siesta,

ABJ
—
TA

Mosquito de todos vinos,
Mono de todas tabernas [55],
Raposa de las cantinas,
Cuervo de todas las mesas,

Grande de España en cubrirme,
Caballero en preminencias,
Hidalgo de todas chanzas,
Infanzón de todas muecas,

Menor criado de un duque
Que es el Marte de la guerra,
El Aquiles en las armas
Y el Alcides [56] en las fuerzas,

Entretenido [57] burlesco
De un infante, cuyas huellas
Entre alcatifas de luces
Pisan tapetes de estrellas [58],

---

[54] *gorgotero:* «el buhonero que anda vendiendo cosas menudas» (*Dicc. Auts.*).

[55] *mosquito* «llaman al que acude frecuentemente a la taberna» (*Dicc. Auts.*). M. Romera-Navarro, en nota al *Criticón* de Gracián (Philadelphia: Univ. of Pennsylvania Press, 1938-1940, II, pág. 181), cita un poema de Cristóbal de Castillejo en el que un borracho es convertido en mosquito por el dios Baco.

mono: borracho.

[56] *Alcides:* Hércules, cuyo padre terrestre, Anfitrión, era hijo de Alceo, de donde viene el patronímico.

[57] *entretenido burlesco:* bufón. Cf. cap. IX, nota 153.

[58] *alcatifa:* «tapete o alfombra fina» (*Dicc. histórico de la lengua española,* Madrid: Real Academia Española, iniciado en 1960). Lo de *pisar estrellas* era tópico en todo elogio fúnebre, y es obvio que

Gaceta común de todo,
Postillón[59] de buenas nuevas,
Correo de Majestades,
Y embajador sin grandeza,

Enamorado y celoso,
Siendo, a costa de mi hacienda,
Asistente de Jarama
Y hombre bueno de Cervera[60],

Con gota por mis pecados,
Por mi gran culpa poeta,
Y por mi desdicha auctor
De historias y de tragedias:

De parte de Dios te pido,
Amigo lector, que leas
Hasta el fin aquestas burlas,
Pues van mezcladas con veras,

mim.

---

no proviene de las *Soledades* de Góngora, como pretenden SZ, sino de Virgilio, *Ecl.* V 57, a través de la poesía italiana y española. Da varios ejemplos E. S. Morby en nota a *La Dorotea,* de Lope de Vega, Madrid, 1968², pág. 277, que llegan hasta 16, sin salir de Lope, según R. W. Tyler, en nota a *La corona de Hungría* (Valencia, 1972), pág. 175; cf. también Tirso de Molina: «Mi hijo es, y imagen misma / de la prenda milagrosa / que en el cielo estrellas pisa» *(El melancólico,* I, ed. E. Cotarelo, NBAE IV, Madrid, 1906, pág. 68); Gabriel de la Vega, «Y barón de Bobué, que refulgente / estrellas pisa en globo plateado» *(FV* III 27), etc. Hay cierta impropiedad en el texto al atribuir a las huellas la acción de pisar.

[59] *postillón:* aquí, 'correo'.

[60] *asistente de Jarama:* 'de la cofradía de los cornudos', por alusión a los novillos que se criaban en las dehesas del Jarama (cf. cap. V, nota 116).

hombre bueno de Cervera. Cf. cap. VII, nota 270. Estos dos versos se refieren al castigo burlesco que le inflige el príncipe Thomás en ese pasaje.

A

Pues en ellas hallarás
Donaires, chistes, destrezas,
Enredos, embustes, flores[61],
Ardides, estratagemas,

Quietudes, sosiegos, paces,
Temores, recelos, guerras,
Victorias, aplausos, triunfos,
Pérdidas, desdichas, penas,

Suertes, venturas, bonanzas,
Combates, males, tormentas,
Ingratitudes, mudanzas,
Amor, lealtad y firmeza.

Y si te cansa vida tan molesta,
Cuando tú escribas otra, di mal desta.

---

[61] *flor*: trampa, engaño. *«Flor* entre los tahures se dice el engaño
y suposición aparente» (Luis Galindo, *Sentencias filosóficas*,
mss. 9772 a 9781 de la Bibl. Nac. de Madrid, 9778, F 279).

DE FRANCISCO DE LA CRUZ,
criado de su Alteza [62], a
ESTEBANILLO GONZÁLEZ

Hoy califican tu ciencia
Los trabajos que has pasado,
Pues por ellos has mostrado
Lo que vale la experiencia:
La elegancia y suficiencia
Juntas se llegan a ver,
Estebanillo, en tu ser,
Pues que has sido tú el primero
Que has sabido (chocarrero)
Chancear y componer.

---

[62] *su Alteza.* Tanto Francisco de la Cruz como Francisco de Ali fueron criados del Cardenal Infante (AGS, E., legajos 2058 y 2250); el primero fue escudero de a pie, y el segundo «sirvió ocho años en los oficios de teniente de correo mayor, aposentador de camino y ayuda de la tapicería». Ali, además, estuvo propuesto en 1644 para formar parte de la casa de don Juan de Austria, en quien por entonces se pensaba para el gobierno de Flandes, y sólo en abril de 1647 solicitó «ser acomodado en la casa del señor Archiduque» Leopoldo de Austria (AHN, E., libros 979-980), lo que invalida la conjetura de M. Bataillon (art. cit., pág. 32) respecto a ser este el príncipe aquí aludido.

DE FRANCISCO DE ALI,
criado de su Alteza, a
ESTEBANILLO GONZÁLEZ

Las Gracias te den laurel,
Pues que dellas eres suma,
Y el dios Delfio[63] por tu pluma
También te adorne con él;
Si en el decir tienes miel
Bien se puede colegir
Que el hacer sigue a el decir,
Y es muy digno de alabar
Que quien tan bien sabe obrar
Sepa mejor escribir[64].

---

[63] *el dios Delfio,* es decir, Apolo Musageta (conductor de las musas), cuyo santuario estaba en Delfos. Atributo suyo era el laurel, en que se convirtió Dafne perseguida por el dios (Ovidio, *Metamorfosis,* I 452-567).

[64] Ambas décimas, y el soneto que sigue, se omiten en las ediciones 2.ª, 3.ª y 4.ª. Se restauran desde la edición de 1720, anteponiéndoles el prólogo «a el lector».

DE ESTEBANILLO GONZÁLEZ,
auctor deste libro

Diéronme ser los montes de Galicia,
La sacra Roma en sus escuelas ciencia,
La libertad de Génova conciencia,
El regalo de Nápoles malicia;

La intratable Calabria el avaricia[65]*,*
El poder limitado la paciencia,
Los trabajos del mundo la experiencia,
Y los Estados Bajos[66] *la codicia.*

Experto en tales dones, he quedado
En lances y donaires tan curtido
Que si llegase a el fin que he deseado,

Pondré todas las chanzas en olvido;
Y si no estoy del mundo retirado,
Me hallo de no estarlo arrepentido.

---

[65] Al contrario que Roma y Nápoles, Estebanillo sólo visita muy de paso Génova y Calabria, a las que era tópico muy consagrado atribuir, respectivamente, la usura y el bandolerismo, pero no los rasgos que dice E.

[66] *Estados* o *Países Bajos,* y también, con fácil juego de palabras, la situación social u oficios humildes. Esta última acepción es la única que entienden algunas ediciones, desde 1844 a 1928, al poner la expresión con minúscula.

Del alférez Don Martín Francisco
Chillón y Aliende, a Estebanillo González

Pues tus hechos   Insignes   I graciosos
An dado   De tu ser,   De tu agudeza,
Rayos   Esclarecidos   En fineza,
Tendiendo   Resplandores   Luminosos,
Oy la Galicia,   Oy Roma,   Oy los curiosos
Deseos den   Memoria a tal   Riqueza
En que se vee   Apurada la   Biveza,
Grabando   Cobres   En labor vistosos.
A tu vida se   Rindan   Cortadillos,
La pícara   Iustina se a-   Huyente,
Ia no garle[67]   Alfarache[68]   A los pardillos,
Calle la envidia   Necia y   Negligente,
I sólo tú   Campea[69] en los   Corrillos,
Aplaudido,   Alabado,   Alegremente.

---

[67] *garlar:* «hablar mucho y sin intermisión» *(Dicc. Auts.).*

[68] El alférez, de quien no hemos hallado testimonio en la documentación sobre Flandes, al contrario que los otros autores de poemas laudatorios, da muestras de estar familiarizado con otras novelas de tema picaresco célebres en su tiempo.

[69] «*Campea,* lo mismo que *Corrillos* [y *Con prosa,* v. 14 del soneto siguiente], deben leerse con *c* con cedilla a fin de que ésta, equivaliendo a *z,* permita la inteligencia del acróstico» (Millé). Por la misma razón mantenemos la ortografía del original, incluso en lo no fonológico, en este tipo de composiciones.

Del capitán Gerónimo de Bran,
general de los víveres en los Estados
de Flandes, a Estebanillo González

Eterno te Harás por lo Gracioso,
Sin igual O primero en lo Entendido,
Tiniendo Nombre por lo Entremetido,
En todo el Orbe ilustre y Generoso.
Venus hermosa y su Rapaz Donoso,
Ayuda te han de Dar, si tú, Atrevido,
No empleas mal El tiempo, Entretenido,
Granjeando Ganancias de Ingenioso.
Oy imitas a Apolo en lo Eminente,
Niegas tu ser y Luces Señalado,
Con prosa dulce I verso Inteligente,
A cuyo acento el Coro más Nombrado⁷⁰
Lauros ofrece, I tú, por Diligente,
EZepto⁷¹ quedas A vivir Honrado⁷².

---

⁷⁰ *el coro más nombrado:* el de las nueve musas.

⁷¹ *ezepto* es igual a 'excepto, exceptuado', «el que fue reservado y eximido de la ley o mandato general» (Covarr.).

⁷² M. Bataillon (art. cit., de 1973) propuso la hipótesis de que Gerónimo de Bran fuese el autor del *Estebanillo,* fundado en la estrecha relación del capitán italiano con Piccolomini, en el parecido, o falta de contradicción, que advertía entre los retratos de Estebanillo y Bran debidos a Vorsterman, y en otras coincidencias más problemáticas. La hipótesis es descartable, entre otras razones, porque Bran no parece haber sido capaz de escribir en castellano a

menos de servirse de amanuense, sino que utilizaba el italiano cuando se dirigía a militares o secretarios españoles; por ello mismo es dudoso que compusiera este soneto.

Acerca de Bran, que no era «español» ni «de origen gallego» ni «posiblemente converso», como SZ se apresuraron a deducir tergiversando hipótesis formuladas por Bataillon de forma mucho más cauta, se conservan abundantes referencias en los archivos de España, Italia, Bélgica (cf. ya nuestra edición de 1971, pág. 542), Bohemia y probablemente Austria, en la documentación referente a Flandes. En los primeros testimonios que conocemos aparece como agente de Piccolomini en Bruselas (junio de 1639; AHN, E., libro 965, ff. 223 y 346); al año siguiente interviene como intermediario en las negociaciones para que Piccolomini pasase al servicio de España (AHN, E., libro 959, y Archives du Royaume, Secrétairie d'État et Guerre de Bruxelles, ap. Cuvelier et al., Correspondance, pág. 365). Desde 1641 a 1646 mantuvo una asidua correspondencia con Francesco Useppi, secretario de Piccolomini, conservada en el Archivio di Stato de Siena, «carte Useppi», legajos núms. 3 a 7, en donde Bran aparece como gestor en Flandes de los intereses económicos de Piccolomini, quien no siempre estaba satisfecho de la claridad de las cuentas que le presentaba. A fines de 1644 fue nombrado proveedor general de víveres del ejército (AGS, E., 2064, carta de Piccolomini a Felipe IV, de 23-XII-1644). Las quejas contra su forma de desempeñar el cargo hicieron que se le destituyese en noviembre de 1645, por su «poco crédito» y las condiciones desventajosas que impuso a la hacienda real. Murió en Flandes a mediados de 1648 (AHN, E., legajo 2337).

Los dos últimos sonetos se omiten en todas las ediciones entre la 2.ª y la de 1928, ambas inclusive.

Capítulo I*

En que da cuenta de su nacimiento, estudios y travesuras, y de un chiste donoso que le sucedió con un valiente, y el viaje que hizo de Roma a Liorna.

Prométote[1], lampiño o barbado letor, o quienquiera que fueres, que, si no lo has por enojo[2], sólo sé de mi nacimiento que me llamo Estebanillo González; tan hijo de mis obras que si por la cuerda se saca el ovillo, por ellas sacarás mi noble decendencia[3]. Mi patria es

---

* [¿1608?-1621]. La cronología de la novela fue establecida en sus líneas básicas por Millé en su edición de 1934; algunas precisiones adicionales se daban en los trabajos de Jones (1927), Moore (1940) y en nuestra edición de 1971. La investigación de archivo y un nuevo estudio de la obra nos ha permitido afinar más en la datación, hasta ahora insegura o errónea, de varios sucesos.

[1] *prometer* «vale también aseverar o asegurar alguna cosa» *(Dicc. Auts.).* Cf. Lope de Vega, «Trecientos he atormentado / con no pequeño rigor, / y te prometo, señor, / que más que esto no he sacado» *(Fuenteovejuna,* III, ed. F. López Estrada, Madrid, 1969, pág. 176).

[2] *si no lo has por enojo:* fórmula que aparece también en el *Quijote* (I 20, II 38), el *Buscón* (III 9), *Vocabulario* de Correas, etc. Es una de las muletillas censuradas por Quevedo en la *Premática de 1600.*

[3] «por el hilo se saca [sacarás] el ovillo, y por lo pasado lo no venido» (Correas).

decendencia en el siglo de oro se tomaba también por 'ascendencia'. Cf. Valdivielso, «¿Noble no? Di, ¿tú no sabes / que es mi

31

común de dos, pues mi padre, que esté en gloria, me
decía que era español trasplantado en italiano y gallego enjerto[4] en romano, nacido en la villa de Salvatierra[5] y bautizado en la ciudad de Roma: la una cabeza
del mundo, y la otra rabo de Castilla, servidumbre de
Asturias y albañar[6] de Portugal; por lo cual me he

---

notoria hidalguía / de las montañas del cielo, / que es la casa más
antigua? / Mi descendencia es de allá, / ¿hay quien con ella
compita? / —Eso es llamar descendencia / a lo que llaman caída»
(El villano en su rincón, en *Teatro completo,* ed. R. Arias y R. V.
Piluso, Madrid, 1975, I, pág. 33; Quevedo, «Busquen su descendencia a la morcilla / y darán con un mulo de reata» *(La venta,* ed.
L. Astrana Marín, Madrid, 1932, Verso, pág. 555*b); A.* de Rojas,
«Que la descendencia ilustre, / principio y origen claro / de la casa
milagrosa / de Austria, quiero contaros» *(Colección...,* ed. E. Cotarelo, pág. 362*a).*

[4] *enjerto:* participio subsufijo de *injertar* y de *enjerir* o *injerir.*
Enjerto en... es fórmula fija para indicar mezcla o coexistencia de
cualidades: cf. «soy labrador enjerto en escudero», «soy maestra
enjerta en bruja», «un godo injerto en francés», «lacayo injerto en
rufián», sólo en Lope de Vega.

[5] Salvatierra de Miño (Pontevedra), en la frontera con Portugal.
En el verano de 1989 hemos podido confirmar que no se conserva
ninguna documentación parroquial anterior a 1661, ya que «los
libros... los robó el rrebelde quando se apoderó desta villa»
(Cofradía de San Lorenzo, libro núm. 1, actualmente en el Museo
diocesano de Tuy). En indagaciones hechas en Monção, gracias
a la amabilidad de D. Joaquim Magalhães, presidente de la
Câmara municipal, y del P.ᵉ Fernando, de la Igreja matriz, no
hemos obtenido resultado positivo. La documentación eclesiástica,
transferida al Arquivo distrital de Viana do Castelo, no incluye
libros parroquiales de Salvatierra (cf. M. Gonçalves Vale, «Inven-
tário geral» en *Estudos Regionais, Revista de Cultura do Alto Minho,*
5, 1989, págs. 111-125). Por otra parte, la documentación civil de
Salvatierra anterior a 1914 desapareció por completo en un incendio (informe del secretario del ayuntamiento, D. P. Suárez), y la de
Monção sufrió grandes daños durante la ocupación española
(1659-1668), según J. Garção Gomes, «Para a pequena história de
Monção», *Arquivo do Alto Minho,* XXVII (1982), págs. 48-108.

[6] *servidumbre,* aparte su sentido jurídico de «paso o camino por
unas heredades a otras para su labranza o administración de sus

juzgado por centauro a lo pícaro, medio hombre y
medio rocín: la parte de hombre por lo que tengo de
Roma, y la parte de rocín por lo que me tocó de
Galicia[7].

Ello si va a decir verdad[8], aunque sea en descrédito
de mi padre, jamás me he persuadido a que esto pueda
ser como él lo afirmaba, porque no tuvo mi madre tan
depravado[9] el gusto que me había de abortar del

estilo gongorino

frutos» *(Dicc. Auts.),* aquí debe de estar tomada en el sentido de
'letrina' que registra Covarrubias.

albañar: desaguadero o depósito de basuras.

[7] *parte de rocín.* Además de existir el dicho «pariente de parte de
rocín del baile» (Horozco, ms. 1849 BN, Correas), acaso recordado
aquí, las sátiras contra Galicia y los gallegos eran comunes en el
siglo de oro, según prueban varios refranes recogidos por los
paremiólogos, y abundantes alusiones literarias como el soneto
LXI atribuido a Góngora *(Obras,* ed. de J. e I. Millé, Madrid,
1932) y el siguiente pasaje de V. Espinel ya aducido por Millé:
«Díjole el hidalgo [...] ¿Por qué pensábades que os preguntó el
dueño si era gallego, sino porque como tal os había de dar la coz
que os dio?» *(Marcos de Obregón,* I 16, ed. cit., I, pág. 250). Cf. M.
Herrero García, *Ideas de los españoles del siglo XVII* (Madrid, 1966),
cap. VII, donde también se recopilan testimonios de la frecuencia
con que los gallegos desempeñaban en la corte oficios de lacayos y
esportilleros, a lo que alude más abajo Estebanillo. Sobre la
pervivencia del tópico en el siglo xix, cf. Pérez Galdós: «Bringas
tenía la mala costumbre de llamar gallegos a los brutos, costumbre
muy generalizada en Madrid y que acusa tanta grosería como
ignorancia» *(La de Bringas,* XL, ed. A. y C. Blanco, Madrid, 1983,
pág. 253).

[8] *Ello, si va a decir verdad.* «Esta palabra *ello* se pone muchas
veces como muerta, añadida para llenar la razón, y tiene su cierta
gracia y propiedad en el hablar común: [...] ello bueno sería
caminar; pardiez, *ello si va a decir verdad.* Con estos ejemplos se
conocerá su uso» (Correas, ed. cit., pág. 156*b*). Cf. Moreto, «Ello
¿estás enamorado? / Sí estoy. —Gran susto me has dado» *(El
desdén con el desdén,* I, Madrid, 1971, pág. 67, ed. F. Rico, para quien
«*ello* funciona aquí como una suerte de conjunción consecutiva»).

[9] *depravado.* Así desde la 4.ª edición. Las tres primeras, *deprovado,*
que parece errata.

derrotado bajel[10] de su barriga en el aguanoso margen del Miño, entre piélagos de nabos[11] y promontorios de castaños, y en esportillas de Domingos, Brases y Pascuales, pudiéndome parir muy a su salvo en las cenefas y galón de plata[12] de la argentada orilla del celebrado Tíber," entre abismos de deleitosos jardines y entre montes de edificios insignes, y sobre tapetes escarchados por la copia de Amaltea[13], cunas y regazos de Rómulos y Remos. Y cuando tuviera tan mal capricho y tan hecha la cara al desaire que me bosteza-

Polifemo

---

[10] *bajel* debe de ser metáfora germanesca, como la equivalencia *navío = cuerpo* atestiguada por Torres Naharro, Hidalgo, Quevedo, etc.

[11] *nabos*. Todas las ediciones, *navíos,* que tenemos por errata, dada la caracterización habitual de Galicia como tierra de nabos. Cf., entre otros muchos ejemplos, Eugenio de Salazar, «Y aun pudiera dar de aquellos nabos que v. m. vio en Galicia, que sentada la huéspeda sobre uno, tira por lo bajo cinco o seis chochos y corta dél y hinche una gran parrilla para ella y el marido y familia y cochinaje, y aun queda del dicho nabo un razonable tajoncillo para se sentar al fuego» *(Obras festivas,* ed. A. Cioranescu, Sta. Cruz de Tenerife, 1968, pág. 137); «En efecto, ¿eres gallego? / [...] ¿Es fértil tu tierra? —Mucho, / de nabos en cantidad / que es una temeridad. / [...] En una heredad cogía / mi padre siempre unos nabos / que de grandes y de bravos / fama en Galicia tenía» *(Santa Casilda,* II, atribuida a Lope de Vega, ed. Acad. N., II, pág. 575). El *piélago de nabos* hace además paralelismo con *promontorio de castaños* (como en el cap. V, «promontorio de la pasa y almendra» y «piélago de la patata» referidos a Málaga).

[12] *cenefas y galón de plata,* etc. Cf. idéntica metáfora en Gabriel de la Vega: «Mucho término el dique se dilata, / y cuando el mar su costa lisonjea, / de sus enaguas es galón de plata / y cenefa del lecho de Amaltea» *(FV* IV 20).

[13] *Amaltea:* nodriza de Zeus a quien el dios regaló un cuerno de la cabra que lo había amamantado, prometiéndole que se llenaría de todo tipo de frutos según sus deseos. A este cuerno de la abundancia (lat. *copia*) se llamó *copia de Amaltea* y es cita obligada en la lengua clásica.

ra de su gruta, [14] oscura a ser, con perdón, gallego, y a
que perdonara a Meco [15] como todos sus pasados,
echaría la soga tras el caldero [16] y donde me parió me
daría bautismo; si ya no es que soñase como Hécuba [17], reina de Troya, que de su vientre había de salir

---

[14] *bostezar.* El uso transitivo de este verbo es cultismo propio de
textos tardíos. Cf. Gabriel de la Vega, «Y audaz, experta, astuta y
vigilante / era volcán que bostezaba horrores» *(FC* II 58); «Parecía
/ el rumor de las armas belicoso / que bostezaba furias todo el
suelo» *(FV* I 12); Pedro de Quirós, «Cuando el bermejo planeta, /
bostezando auroras, abre / la boca, porque a pedir / de boca en
invierno nace» *(Poesías...,* ed. M. Menéndez Pelayo, Sevilla, 1887,
pág. 188).

[15] *«Con perdón de las barbas y tocas honradas. Con perdón de vuestras
mercedes.* Estas salvas hacen los vulgares cuando han de nombrar
cochino, puerco, asno o tal cosa grosera o sucia» (Correas). Cf. Tirso
de Molina, «—¿De dónde sois? —Soy gallego. / —Y yo, hablando
con perdón. / —Por cierto, buena nación. / —Jamás yo mi patria
niego. / Galicia es mi natural. / —Pues no es poca maravilla, / que
el gallego acá en Castilla / dice que es de Portugal» *(La villana de la
Sagra,* II, BAE V, pág. 315); «Respondióme (pidiéndome perdón
sin ser gallego) que le decía que no se fíase en soldados» *(Aventuras del caballero de la tranca...,* BAE XXXVI, págs. 522a-523b).
Meco es alusión, según Millé, a un cuento tradicional de los
gallegos, que perdonaron a Meco por una cola de sardina. En las
versiones de esta leyenda que dan el P. Sarmiento *(Discurso... sobre
el origen de la voz Meco, ap. Enc. Espasa)* y J. M. Iribarren *(El porqué
de los dichos,* Madrid, 1974⁴), aparece un Meco a quien mataron, y
no perdonaron, en un pueblo de Galicia. Cf. ahora J. Taboada
Chivite, «El Meco en el contexto mítico de renovación cósmica y
vegetativa», *In memoriam António Jorge Dias* (Lisboa, 1974), II,
págs. 103-112.

[16] *«echar la soga tras el caldero* es: tras lo perdido soltar el
istrumento y remedio con que se ha de cobrar; y echar lo menos
tras lo más» (Correas). Cf. «Señora, señora, mire que es tentar en
eso a Dios. ¿Quiere echar la soga tras el caldero? Sosiéguese, que
Dios que le ha dado, le dará el remedio» (2.ª parte del *Entremés de
Diego Moreno,* atribuido a Quevedo, *ap.* E. Asensio, *Itinerario del
entremés,* pág. 274).

[17] *Hécuba* o Hecabe, esposa del rey Príamo, estando encinta de
Paris soñó que daba a luz una antorcha que prendía fuego a la
ciudad de Troya. Pese a los malos augurios de los adivinos, se

una llama que fuese voraz incendio de Galicia; y
después, viendo el mostruo que había vaciado del
cofre de su barriga, se acogiese a Roma por todo[18],
para que su Santidad en pleno consistorio, a fuerza de
exorcismos, sacase de mi pequeño cuerpo las innume-
rables legiones que tenía este segundo Roberto[19], que
presumo que han sido y son tantas que quedaron el
día de mi nacimiento escombradas[20] las moradas infernales, como lo verás en el discurso de mi vida.

Y finalmente, para que no padezca detrimento mi
natividad, ni ande mi patria en opiniones, ni pleiteen
Roma y Galicia sobre quién ha de llevar mi cuerpo[21]

---

negó a matar a su hijo cuando naciese (Ovidio, *Heroidum epistulae,*
XV 43-49). Como ya señala Millé, la posible fuente será el
Romance del sueño de la reyna Ecuba y del nacimiento de Paris, de
Lorenzo de Sepúlveda: «Preñada es la reyna Ecuba, / su muger del
Rey Priamo, / una noche en su dormir / un sueño avie soñado, /
gran pavor tomó la reyna, / al rey lo ha revelado: / es el sueño que
paría / un fuego cruel y bravo / que abrasava toda Troya, /
destruyda avia quedado» *(Romances nuevamente sacados de historias
antiguas de la Crónica de España,* Amberes: I. Steelsio, 1551, f. 220).
[18] *acogerse:* «ampararse y refugiarse» *(Dicc. Auts.).*

a Roma por todo «dícelo el que hizo algún delito en que hubo
descomunión, y se resuelve de hacer más para irse a absolver de
todo junto» (Correas). Cf. Quevedo, «Ella de puro corrida, / sin
poder disimularlo, / a Roma se fue por todo, / al conclave
vaticano» *(Obra poética,* ed. J. M. Blecua, Madrid, 1969-1971, 3
vols., núm. 763; nos referiremos a esta edición siempre que
contenga el poema citado).
[19] *Roberto:* «protagonista de una especie de libro de caballerías,
La vie du terrible Robert le Diable, publicado en francés en 1496 y en
español en 1509» (Millé; véase la edición de A. Bonilla en NBAE
XI, págs. 405-421), y arquetipo de muchacho travieso y disipado;
cf. Lope de Vega, «Eres un Roberto el Diablo, / no me obedeces
ni quieres, / solo el juego y las mujeres / es tu ordinario vocablo»
(El caballero de Illescas, I, ed. Acad. N., IV, pág. 110).
[20] *escombrado:* «lo que está limpio y desembarazado» (Covarr.).
[21] Tópica ya desde la *Antología palatina* fue la contienda de
varias ciudades e islas griegas que pretendían ser patria de Homero. Cf. Camões, *Lusiadas* V 87, y Cervantes, *Quijote* II 74.

cuando llegare su postrimero fin, convido a los curiosos al valle de Josafad[22], el día que el ángel, pareciendo viento de mapa[23], tocare la tremenda trompa, a cuyo eco horrible y espantoso se levantarán pepitorias de huesos y armaduras de tabas; que entonces, por ser tiempo de decir verdades, presumo que no la negarán mis padres, con que todos saldrán de sus dudas, y yo sabré si soy vasallo de un Sumo Pontífice o de un Rey de España, Monarca de un nuevo mundo; y a quien Dios se la diere, san Pedro se la bendiga[24]. Y en el ínterin haré como hasta aquí he hecho, que ha sido a dos manos, como embarrador[25], siendo español en lo fanfarrón y romano en calabaza[26], y gallego con los

---

[22] *valle de Josafad* o Josafat, donde, según Joel, 3: 2 y 12, tendrá lugar el Juicio Final.

[23] *viento de mapa:* «cabeza de niño, en actitud de soplar fuertemente, que se usaba en la cartografía antigua para denotar la dirección de los vientos» (Millé). El mismo Estebanillo quedará «cariampollado y de figura de Bóreas» a fuerza de sopapos en el cap. VII.

[24] «a quien Dios se la diere...», etc. (Correas; similar en Vallés y en Galindo, que explica: «el que de sí confiesa que no invidia la suerte de otro», *op. cit.,* ms. 9777 BN, D 24).

[25] *«a dos manos, como embarrador.* Entiende: hacer algo»; «hace a dos manos: el que cumple con dos, y de dos partes tira provecho» (Correas); *«hacer a dos manos, como embarrador:* dícese esta comparación mecánica de los que con una acción procuran obligar a dos» (Galindo, *op. cit.,* ms. 9778 BN, H 68). Cf. Jerónimo de Alcalá Yáñez, «La moza, que era buen oficial embarrador, hacía a dos manos, recibía del señor y de la dama» *(Alonso, mozo de muchos amos,* 2.ª parte, Valladolid: Geronymo Morillo, 1626, cap. 4, pág. 176).

[26] *romano en calabaza:* 'aficionado al vino', puesto que *calabaza romana* era una «botija que se hace de cierta especie de calabaza, de la cual sacan la carne y pepitas, y seca sirve para llevar vino» *(Dicc. Auts).* Cf. «Su paternidad José, / católico de la inclusa, / romano en la calabaza...» *(Sátira contra los monsiures de Francia,* ed. J. A. Cid, en prensa. Del Père Joseph se había dicho poco antes: «no bebió más de once potes, / que estaba el santo en ayunas»).

ethnic drag

gallegos y italiano con los italianos, tomando de cada
nación algo y de entrambas no nada[27]. Pues te certifico que con el alemán soy alemán; con el flamenco,
flamenco; y con el armenio, armenio; y con quien voy,
voy, y con quien vengo, vengo.

Mi padre fue pintor *in utroque,* como dotor y cirujano, pues hacía pinturas con los pinceles y encajes con
las cartas[28]; y lo que se ahorraba en la pasa se perdía
en el higo[29]. Tenía una desdicha que nos alcanzó a
todos sus hijos, como herencia del pecado original,
que fue ser hijodalgo, que es lo mismo que ser poeta;
pues son pocos los que se escapan de una pobreza
eterna o de una hambre perdurable. Tenía una ejecutoria tan antigua que ni él la acertaba a leer, ni nadie se
atrevía a tocarla, por no engrasarse en la espesura[30] de
sus desfloradas cintas y arrugados pergaminos, ni los

---

[27] *no nada,* «que originariamente sólo significaba 'nada', equivalía también entre los clásicos a 'muy poco'» (M. Romera-Navarro,
nota al *Criticón* de Gracián, II, pág. 327).

[28] *pintor in utroque:* «doctor *in utroque jur[e]* llamábase al que
tenía este grado en ambos Derechos, civil y canónico. Los médicos, a su vez, podían ejercer como médicos o como cirujanos. En
cambio, el padre de Estebanillo era pintor y, además, aficionado al
juego de las pintas» (Millé). *Encaje* y *pintura* tienen el doble sentido
de lances del juego de las pintas y labores pictóricas. Cf. Lope de
Vega, «Vengan naipes y pintemos / [...] y que nunca de seis baje /
la suerte, y sirva de encaje / por que corran más las pintas» *(Las
pérdidas del que juega,* II, ed. Acad. N., VIII, pág. 439).

[29] *«lo que se pierde en el higo se gana en la pasa. Y al contrario»*
(Correas).

[30] *engrasarse.* Covarr., al hablar del enebro, comenta que este
árbol echa una goma «que vulgarmente llamamos en Castilla grasa,
con que aderezan el papel y el pergamino los que escriben libros
de mano y materias». Cf. Lope de Vega, «Ha dado en cazar ratones
/ con la grasa del bonete» *(La mayor vitoria,* I, BAE CCLIX,
pág. 193).

espesura «metafóricamente se llama el desaseo y porquería de
alguna persona o cosa» *(Dicc. Auts.).*

ratones a roerla, por no morir rabiando de achaque de esterilidad.

Murió mi madre de cierto antojo de hongos, estando preñada de mi padre, según ella decía; quedóse en el lecho como un pajarito, y pienso, conforme el alma tenía la cordera, que pasó de sola [31] Roma a una de las tres moradas, porque no era tan inocente que al cabo de su vejez, y habiendo pasado en su mocedad por la Cruz de Ferro [32], y siendo tan vergonzosa y recatada, fuese al Limbo a ver tantos niños sin bragas. Dejó dos hijas jarifas [33], siendo cristianas, de la edad que las manda comer el dotor, con mucha hermosura en breves abriles [34]; y yo quedé con pocos mayos y mu-

---

[31] *sola.* La 1.ª edición, *sole,* por errata probable. Cf. cap. V, nota 51.

[32] *la Cruz de Ferro.* Millé ya remite a la nota de Cotarelo a *La niña de los embustes,* de Castillo Solórzano, donde se aclara con un pasaje de *El Proteo de Madrid,* del mismo autor, el supuesto voto de las doncellas gallegas al cruzar el puerto del Rabanal (León): «Esta es aquella Cruz de ferro tan conocida de todos los de nuestra tierra, a quien las doncellas de allá que pasan por aquí hacen su oración, pero no el voto que dicen de no volver como pasaron». Cf. además Tirso de Molina: «Ya estarás golosmeada [...] / Mas dudar en esto es yerro. / ¿Pasaste la Cruz del ferro? / Que vendrás deshojaldrada. / ¿No has querido a nadie? —¿Yo? / Soy, por vida de mi padre, / tan virgen como mi madre / me parió. —Deja el *parió,* / y a lo primero te llega, / pues ya sé yo, aunque porfías, / que son muchas gollorías / pedir doncellez gallega» (*La gallega Mari Hernández,* II, BAE V, pág. 115).

[33] *jarifa:* «la delicada, graciosa y amable [...] Es nombre de una mora hermosa y noble, de que están llenos los romanceros» (Covarr.). Según Cascales (*Tablas poéticas,* 1617, cit. por Millé), tuvo la acepción de 'blanda, tierna', lo que explica la frase siguiente: «de la edad que las manda comer el dotor». Cf. Castillo Solórzano, «Gústame, a fe de quien soy, / la mozuela, es muy jarifa» (*El marqués del Cigarral,* I, en *Fiestas del jardín,* Valencia: Silvestre Esparsa, 1634, pág. 389).

[34] *mucha hermosura en breves abriles:* eco de unos versos de Góngora («muchos siglos de hermosura / en pocos años de edad», del

A

chas flores, pues no ignorando la de Osuna [35] no se me
ha ocultado la del berro [36]. Después de haber hecho las
A / TA funerales, ahorcado los lutos y enjugado las lágrimas,
aunque no fueron más que amagos, pues se quedaron
entre dos luces, volvió mi padre a su acostumbrada
pintura, mis hermanas a su almohadilla [37] y yo a mi
desusada escuela, donde mis largas tardanzas pagaban
mis cortas asentaderas.

Era mi memoria tan feliz que, venciendo a mi mala
inclinación (que siempre ha sido lo que de presente

---

rom. «Apeóse el caballero», *OC*, ed. cit., núm. 62), que dejan
huella en otros autores: Castillo Solórzano, «De donde, aunque
con peligro, / sacar en sus brazos pudo / mil prodigios de beldad /
cifrados en pocos lustros» (*La fantasma de Valencia*, I, en *Fiestas del
jardín,* pág. 215); Gabriel de la Vega: «Ufana goza en dieciséis
abriles / diecisiete mil siglos de hermosura» (*FC* III 26).

[35] *«esa flor y la de Osuna no es toda una.* Al roncero y taimado»
(Correas). W. K. Jones *(Dissert.)* sugiere que la expresión «flor de
Osuna» tomó su origen de uno de los duques de ese título,
empedernido jugador, explicación poco plausible. Cf. Marcos
Fernández, «Les parecía a ellos que eran hechos y formados del
ampo de la nieve, para no conocer la del grajo, la de Osuna y la
del berro» (*Olla podrida,* Amberes: Felipe van Eyck, 1655,
pág. 30).

[36] *«andarse a la flor del berro.* Es andarse a sus anchas. Del que no
cuida de más que sus gustos» (Correas); «darse al vicio y a la
ociosidad, entreteniéndose en una parte y en otra, como hace el
ganado cuando está bien pacido y harto, que llegando al berro
corta dél tan solamente la florecita» (Covarr.). J. E. Gillet, en nota
a la com. *Trophea* de Torres Naharro, conjetura que, como la flor
del berro «con un soplo se cae o seca» (J. de Pineda), el sentido de
la frase es 'ir en busca de placeres efímeros' (ed. cit., III, pág. 351).
Sin embargo, Correas ofrece otra explicación, al ilustrar el refrán
«moza que coges el berro, guárdate del anapelo»: «anapelo es una
hierba pequeña muy parecida al berro [...] En la alegoría el mozo
es el anapelo, y dél avisa a la moza que se guarde; hace por esto la
frase "andar a la flor del berro", que andando a ella dícela que se
guarde, que no va segura del anapelo» (ed. Combet, pág. 559*a).*

[37] *almohadilla* «sobre que las mujeres cosen y labran» (Covarr.,
s. u. almohada).

es), supe leer, escribir y contar; lo que me bastara a seguir diferente rumbo, y lo que me ha valido para continuar el arte que profeso; pues te puedo asegurar, a fe de pícaro honrado, que no es oficio para bobos.

Gustó mi padre de darme estudio, y, con no haber, por mis travesuras, llegado a la filosofía, salí tan buen bachiller[38] que puedo leer catedra al que más blasona dello. Traía tan enredados a los maestros con enredos y a los discípulos con trapazas[39] que todos me llamaban el Judas españoleto. Compraba polvos de romero y revolvíalos con cebadilla[40] y, haciendo unos pequeños papeles, los vendía a real a todos los estudiantes novatos, dándoles a entender que eran polvos de la nacardina[41] y que, tomándolos por las narices, tendrían feliz memoria; con lo cual tenía yo caudal para mis golosinas, y ellos para inquietar el estudio y sus posadas y casas. Escapábanse pocos libros de mis manos y pocas estampas de mis uñas; sobre lo cual

---

[38] *bachiller,* aparte su sentido habitual, significaba el «que es agudo hablador y sin fundamento» (Covarr.).

[39] *trapaza:* «un cierto modo ilícito de comprar y vender, en que siempre va leso el comprador» (Covarr.).

[40] *cebadilla:* ciertos polvos para hacer estornudar. Al parecer se solían mezclar con tabaco. Cf. «Chatillon, que se sorbía / onza y media de mixtura / de cebadilla y tabaco, / tosió en esta coyuntura» *(Sátira contra los monsiures de Francia,* 1638, ed. J. A. Cid, en prensa); Matos Fragoso *et al.,* «Del caballo y de la silla / cuide mejor, no sea caco / gastando en vino, y tabaco / lo que solo es cebadilla» *(Caer para levantar,* I, Valencia, Orga, 1776, pág. 7).

[41] *nacardina* (así en las ediciones 1.ª y 2.ª, por aféresis): «polvos sacados de la pepita del árbol de la India llamado anacardo, a los cuales se atribuía la propiedad de desarrollar la memoria» *(Dicc. Auts.).* Cf. Lope de Vega, «¿Qué dice? —Que guardando como es justo, / su vida, bella Arminda, hará de suerte / que pierda la memoria. —¿Y es posible? / —¿No se suele tomar la anacardina / para tenerla?» *(La sortija del olvido,* I, ed. Acad. N., IX, pág. 598).

cada día andaba al morro [42] o había quejas a mi padre
y hermanas. Tenía a cargo la mayor dellas el castigar-
me y reprehenderme; y unas veces me daba con su
mano de mantequilla bofetadas de algodón, y otras me
decía que era afrenta de su linaje, que por qué no
acudía a quien era y por qué no procedía como hijo de
algo; que atendiera a que nuestra madre le decía que
yo era mayorazgo de su casa y cabeza de su linaje y
descendiente del conde Fernán Gonzales, cuyo apellido me había dado por línea recta de varón; y por parte
de hembra, del ilustre y antiguo solar de los Muñatones [43], cuyos varones insignes fueron conquistadores
de Cuacos y Jarandilla [44], y los que en batalla campal
prendieron la Serrana de la Vera y descubrieron el
archipiélago de las Batuecas [45]; y que una tía mía había

---

[42] *«andar al morro*. Es: andar a los porrazos, riñendo, dándose
golpes» (Correas). Cf. Tirso de Molina, «...Y haráme que andando
al morro / le dé un pan como unas nueces» *(El cobarde más valiente,*
III, ed. Cotarelo, NBAE IX, Madrid, 1907, pág. 435).

[43] *varón.* La 1.ª edición lee *Barón.* En contra de nuestra anterior
opinión, no creemos evidente que haya juego de palabras.

Éste es el primero de los tres lugares en que E. dice pertenecer
al linaje de los Muñatones, cuya significación oculta, si es que
existe, se nos escapa. A Quevedo se atribuye un *Entremés de la vieja
Muñatones,* que trata de una alcahueta que instruye a sus pupilas
(cf. E. Asensio, *Itinerario del entremés,* págs. 286-294). El apellido era
común en el siglo XVII. Un capitán Antonio de Muñatones pedía el
gobierno del castillo de Manfredonia, en Nápoles, en 1640 y 1641
(AHN, E., lib. 116).

[44] *Cuacos y Jarandilla:* pueblos de la Vera de Plasencia que se
asocian en varios refranes: «en Cuacos cebollas, en Jarandilla
ollas», «entre Cuacos y Jarandilla, ¿viste lumbre, longaniza?»
(Correas), etc.

[45] *Serrana de la Vera:* heroína de una tradición de la comarca de
Plasencia, que aparece en romances tardíos y fue dramatizada por
Lope de Vega, L. Vélez de Guevara y J. de Valdivielso. Según
J. Caro Baroja «se trata de un tema mítico que ha quedado en el
folklore de una región bajo formas especiales, pero del que se
pueden encontrar también vestigios en el folklore de otras partes»

dado leche al infante don Pelayo, antes que se retirara al valle de Covalonga; y otra había amortajado al mancebito Pedrarias, siendo dueña de honor de la infanta doña Urraca [46].

Reí[a]me [47] yo de todos estos disparates, y por un oído me entraba su reprehensión y por otro me salía; y finalmente fueron tantas mis rapacerías [48] y inquietudes que me vinieron a echar del estudio poco menos que con cajas destempladas [49]. Por cuya causa mi padre, después de haberme zurrado muy bien la badana [50], me llevó a casa de un amigo suyo llamado Bernardo Vadía, que era barbero del Duque de Alburquerque, embajador ordinario de España [51], con el cual me

---

(*RDTP* II, 1946, pág. 569). Creemos, sin embargo, que su formalización literaria data sólo de fines del siglo XVI. Sobre el mito del «descubrimiento» de las Batuecas, objeto de una comedia de Lope de Vega, cf. F. R. de la Flor, «Las Batuecas: fábula barroca; desmitificación ilustrada» (*ibid.* XL, 1985), págs. 133-148, con amplia bibliografía.

[46] *mancebito Pedrarias:* personaje de varios romances sobre el cerco de Zamora. Pedro Arias murió en combate con el castellano Diego Ordóñez. Parece que se alude en concreto, como ya advirtió Jones, al romance nuevo que empieza: «El hijo de Arias Gonzalo, / el mancebito Pedro Arias, / para responder a un reto / velando estaba unas armas. / Era su padre el padrino, / la madrina doña Urraca», publicado por primera vez en la *Séptima parte de Flor de varios romances nuevos* (Madrid: Vda. de A. Gómez, 1595), f. 122, integrado en el *Romancero general* de 1600 y reeditado por Durán (BAE X, núm. 793).

[47] *Reíame,* etc. La 1.ª edición: *Doña Vraca Reymeyo. De todos...* Restauramos la *consecutio temporum* en un pasaje mal impreso.

[48] *rapacería:* «cualquier hecho de muchacho o niño» (Covarr.).

[49] *echar con cajas destempladas.* Frase hecha ya registrada por el *Dicc. Auts.*

[50] *«zurrar la badana».* Por: dar castigo. Como: tundirle el paño» (Correas).

[51] El duque de Alburquerque, don Francisco Fernández de la Cueva, fue embajador en Roma de 1618 a 1623. Para sus vinculaciones con el pintor Lorenzo González, a quien tenemos por

acomodó por su aprendiz; y después de haber hecho el
entrego de la buena prenda [52] se volvió a su casa sin
hijo y yo quedé sin padre y con amo. El cual me dijo
que me quitase el sombrero y la capa y entrase a ver a
mi ama, lo cual hice al instante; y entrando en la
cocina la hallé cercada de infantes, y no de Lara [53].
Diome una rueda de naranja para cortar la cólera [54], y
un mendrugo de pan, abizcochado de puro duro, para
secar los malos humores; y después del breve desayuno, y después de haber lavado cuatro docenas de
platos, escudillas y pucheros y ollas, y puesto la ordinaria [55] con poca carne y mucha menestra, me dio una
canasta de mantillas, pañales, sabanillas y baberos de
los niños, y abriéndome la puerta de un patio y dándome dos dedos de jaboncillo de barba, me enseñó un
pozo y una pila, y me dijo:

—Estebanillo, manos a labor [56], que este oficio toca

---

padre de Estebanillo, cf. J. A. Cid, «La personalidad real de
Stefaniglio...» §§ 1 y 2.

[52] *buena prenda,* como *buena alhaja:* «ironía muy repetida contra el
hijo travieso, contra el criado inútil y contra el esclavo de malas
mañas» (Galindo, *op. cit.,* ms. 9772 BN, A 275).

[53] *y no de Lara.* Así, desde la edición de 1778; 1.ª edición, *y no
dexara;* 2.ª y 3.ª, *y no de jara;* 4.ª, *y no jara,* acaso por no haber
entendido el mal chiste. Los infantes, ni son aprendices, como
creía Millé, ni tienen que ver con ninguna «costumbre adúltera» de
la mujer del barbero, como fantasean SZ, sino que son simplemente sus hijos pequeños.

[54] *«cortar la cólera, cortar la bilis:* tomar un refrigerio entre dos
comidas» *(Dicc. Acad.).* Cf. Lope de Vega, «Moro del diablo,
vosancé si quiere / cortar cólera, tome dos naranjas» *(La divina
vencedora,* II, ed. Acad. N., IV, pág. 64).

[55] *la ordinaria,* es decir, la olla cotidiana.

[56] *«manos a la labor. ¡Sus, manos a labor!* Exhorta a trabajar»
(Correas). Sin artículo aparece también en *La cueva de Salamanca* de
Cervantes (CyE IV, pág. 132, aunque se repone en la ed. de
E. Asensio, Madrid, 1970, pág. 190), *Guitón Honofre,* V, de G. Gon-
zález (ed. H. G. Carrasco, Valencia, 1973, pág. 88), *El alcalde de
Zalamea,* II, atribuida a Lope de Vega (BAE CCXXV, pág. 107),

a los aprendices, y por aquí van allá[57], que no quiera Dios que yo os quite lo que de derecho os toca.

Bajé la cabeza y, orejeando como pollino sardesco[58], desembanasté los pañezuelos de narices del puerto del muladar[59], henchí la pila de sus menudencias y, después de haber sacado más de cien cubos de agua y dádoles con cincuenta manos, y no de jabón, jamás salió limpio el caldo de sus espinacas. Hice lo mejor que pude la colada, tendí los trapos, y supe hacer muy bien los míos[60], pues me eximí con brevedad del tal

___

Dicha y desdicha, I, de Calderón (BAE XII, pág. 601) y otros textos citados por Rodríguez Marín en nota al *Quijote* (Madrid, 1947-1959, II, pág. 375). Lo varía ingeniosamente Rojas Zorrilla: «Pues manos / al amor» *(Entre bobos anda el juego,* II, BAE LIV, pág. 25).

[57] «por ahí van allá» (Correas). Cf. Tirso de Molina, «¡Alá, favor! —Allá busca, / pues por aquí van allá» *(Las quinas de Portugal,* III, ed. Cotarelo, NBAE IX, pág. 589).

[58] *orejear* «vale también hacer alguna cosa de mala gana, y con violencia» *(Dicc. Auts.).* «*Bajar las orejas.* Es: callar y obedecer, e irse sin responder palabra» (Correas).

sardesco: «adjetivo que se aplica a los asnos pequeños, por similitud a los de Cerdeña» *(Dicc. Auts.).*

[59] *pañezuelos... muladar:* pañales, porque *puerto del muladar* es aquí eufemismo por 'trasero', y a la vez juego de palabras con el topónimo (puerto del Muradal o Muladar, en Sierra Morena). Como suponía R. Jammes, «le nom de ce col devait être une mine de plaisanteries» (nota a las *Letrillas* de Góngora, París, 1963, pág. 105). Cf. 'Avellaneda', «Acuérdate también de aquel día en que, pasando descuidado por junto tu postigo trasero diciéndote: «Amigo Rocinante, ¿cómo va?», y tú, que no sabías aún hablar romance, me respondiste con dos pares de castañetas, disparando por el puerto muladar un arcabuzazo con tanta gracia...» *(Quijote,* cap. XI, ed. M. de Riquer, Madrid, 1972, I, págs. 219-220).

[60] *hacer los míos* (sc. trapos) es probable italianismo por *rimpannucciare,* 'mejorar de condiciones, estar mejor', o *barattarsi i panni,* 'cambiar de oficio'.

[61] Valor de las monedas españolas mencionadas por Estebanillo: *doblón:* doble ducado, o 22 reales y 2 maravedís.

dobla: según Mateu y Llopis, en algún momento se dijo indistintamente dobla o doblón. La dobla propiamente dicha valía poco más que el escudo.

oficio, que a estar mucho en él no hubiera Estebanillo
para quince días.

Hice el venidero lo mismo, y lo que hubo de menos
en la lavadura de los pañales hubo de más en los
mandados de casa y fuera della; y al tercero, al tiempo
que me había dado mi amo una libranza para ir a
cobrar seis ducados[61] a la Judería, entró en la tienda
un valiente, cuyos "mostachos" unas veces le servían de
daga de ganchos[62] y otras de puntales de los ojos, y

TA |
HS

---

ducado: moneda que fue sustituida por el escudo a comienzos del
siglo XVI y retuvo un valor ponderal de 375 maravedís, o sea
11 reales y 1 maravedí.

escudo (de oro): sujeto a muchas fluctuaciones, comenzó, en
1535, valiendo 350 maravedís (R. Carande, *Carlos V y sus banqueros,*
Madrid, 1943, pág. 139) y, tras sucesivas devaluaciones, llegó a
valer 612 en 1643, según H. Ch. Lea. Mateo Alemán y los
continuadores de Pérez de Moya le dan una equivalencia de
400 ms. para fines de los siglos XVI y XVII, respectivamente.

real de a ocho o escudo de plata, llamado *patacón* en Flandes, y *peso
mejicano* el acuñado en Nueva España.

real de a cuatro, real de a dos: múltiplos del *real* sencillo, que valía
34 maravedís.

cuarto: valía 4 maravedís.

ochavo: doble maravedí.

dinero: moneda de la Corona de Aragón que valía 3 blancas.

maravedí: 2 blancas.

Hacia 1620, de creer a Liñán y Verdugo, la moneda más baja
que circulaba era el cuarto: «Ayer lo sentenciaron esos señores a él
y a otros tres [...] a arrastrar, ahorcar y hacer cuartos, y si hubiera
peor moneda, los mandaran hacer otra peor» *(Guía y avisos de
forasteros,* ed. M. de Sandoval, Madrid, 1923, pág. 86). Sin embargo, C. Castán Ramírez documenta acuñaciones de maravedís y
ochavos en los reinados de Felipe III y Felipe IV, más otras de
dineros y ardites en Aragón *(Las monedas de los Reyes Católicos y de
la casa de Austria, 1475-1700,* Madrid, 1972).

[62] *«daga de ganchos:* la de hoja recia, que tenía los gavilanes en
forma de S, y de desmesuradas proporciones. Arma propia de
rufianes y gentes maleantes» (adición de E. de Leguina a su
Glosario de voces de Armería, cit. por Schevill y Bonilla en Cervantes, CyE II, pág. 335). Usan también la expresión Lope de Vega

siempre de esponjas de vino. Díjole a mi amo que se
quería alzar los bigotes; y por ser tan de mañana que
aún no habían venido los oficiales que tenía, trató de
alzárselos él. Mandóme a mí, aunque ya tenía el ferreruelo [63] puesto para ir a ver a los hidalgos del prendimiento de Cristo [64], que encendiese unos carbones y
calentase los hierros. Ejecutóse su precepto, y, habiéndole alzado al tal temerario la mitad de su bosque de
tabaco [65], se armó una pendencia en la calle, a cuyo
ruido de espadas se asomó mi maestro a la puerta; y
viendo que en ella había algunos criados del Duque su
amo, se arrojó a la calle a ver si la podía apaciguar,
quedando el bravo con un pilar que anhelaba a remontación y otro que amagaba precipicio [66]. Y por durar
mucho la pendencia y hacer tardanza mi amo, no
cesaba el matasiete [67] de echar tacos y porvidas. Preguntóme muy a lo crudo si era oficial; y yo, parecién-

---

(El maestro de danzar, III), Tirso de Molina (Desde Toledo a Madrid,
II), A. Ortiz Melgarejo, Juan Hidalgo y el Entremés de la cárcel de
Sevilla.

[63] ferreruelo: «género de capa, con solo cuello, sin capilla y algo
larg[a]» (Covarr.).

[64] hidalgos del prendimiento: eufemismo jocoso por 'judíos' con
probable alusión a los pasos de Semana Santa, como en el cap. VIII:
«nos quedamos de paso de judíos de la Resurrección».

[65] bosque de tabaco: porque el bigote era de color zaino o castaño.
Cf. Marcos Fernández, «Sacúdame vocé ciertos paletazos en este
bosque tabacuno, apuntalándome estos criminales» (Olla podrida a
la española, ed. cit., pág. 41).

[66] amagaba precipicio. Cf. fórmulas similares en Gabriel de la
Vega: «Quédese el precipicio en el amago / y no en la ejecución de
la caída» (FC I 1); «Y la que amagos tuvo celestiales / gozó de
precipicios funerales» (FV II 3).

[67] matasiete: «espadachín, o rufián fanfarrón, que por hacer burla
dél le dan este nombre» (Covarr.). Cf. Lope de Vega, «Eres mozo
atrevido, / despeñado y matasiete» (Belardo el furioso, II, BAE
CLXXXVIII, pág. 85).

dome caso de menos valer[68] decirle que no lo era, le respondí que sí.

Díjome:

—Pues vuesa merced, señor chulo, me alce este bigote, porque, donde no, saldré como estoy a la calle y le quitaré a su amo los suyos a coces y a bofetadas.

Yo, por no alcanzar algo de barato[69] de aquel repartimiento, y por que no me cogiera en mentira y parecerme cosa fácil levantar un bigote, sabiendo levantar dos mil embustes y testimonios[70], sin quitarme el ferreruelo ni dar muestras de turbación, saqué un hierro de los que estaban al fuego, que se había estado escaldando desde el principio del rebato[71] y escaramuza; y, por no tener en que probarlo y parecer diligente, tomé un peine, encajéselo en aquella selva de clines[72], arriméle el hierro, y levantándose una humareda horrenda, al son de un sonoroso chirriar y de un

---

[68] *caso de menos valer:* «acción de que resulta a alguno mengua o deshonor» *(Dicc. Acad.).* Cf. Diego de Torres, «Teniéndose por muy injuriado de haber sido vencido y preso, y por caso de menos valer no haberse vengado...» *(Relación del origen y suceso de los Xarifes,* ed. M. García Arenal, Madrid, 1980, pág. 129); «Se le pueden entregar sin caer ni incurrir en caso de menos valer o traición» *(ibid.,* pág. 191); A. de Solís, «Tendrás por caso / de menos valer entrar / sin séquito y sin boato» *(La gitanilla de Madrid,* I, BAE XLVII, pág. 62).

[69] *barato:* propina, regalo inesperado. Para ejemplos coetáneos del uso propio y metafórico de esta palabra, cf. J.-P. Étienvre, *Figures du jeu* (Madrid, 1987), págs. 131-147.

[70] Véanse más chistes con distintos usos de *levantar:* Quevedo, «No levantaba los ojos a las mujeres, pero las faldas sí» *(Buscón,* III 3, ed. cit., pág. 190); «Levántanse fácilmente / los testimonios y faldas» *(Romances varios de diferentes autores,* Zaragoza: Pedro Lanaja, 1640, pág. 216).

[71] *rebato:* «alarma o conmoción ocasionada por algún acontecimiento repentino y temeroso» *(Dicc. Acad.).* Estebanillo usará con frecuencia el léxico militar en sentido burlesco.

[72] *«clines* son crines, que en lat. son cabellos, crenchas o cabelleras» (Rosal, 1601, en *TLex).*

"olor de pie de puerco chamuscado," le hice chicharrón
todo el pelamen.

Alzó el grito diciéndome:

—¡Hijo de cien cabrones y de cien mil putas! ¿Piensas que soy san Lorenzo, que me quieres quemar vivo?

Tiróme una manotada con tal fuerza que, haciéndome caer el peine de la mano, me fue fuerza con la turbación arrimarle el molde a todo el carrillo y darle un cauterio de una cuarta de largo; y dando un ¡ay! que estremeció las ruinas del Anfiteatro o Coliseo romano, fue a sacar la daga para enviarme con cartas al otro mundo [73]. Yo, aprovechándome del refrán que «a un diestro un presto» [74], me puse con tal presteza en la calle y con tal velocidad me alejé [75] del barrio que yo mismo, con ser buen corredor, me espanté cuando me hallé en menos de un minuto a la puerta de la Judería, habiendo salido de junto a la Trinidad del Monte [76], pero una cosa es correr y otra huir [77], y esto sin dejar

---

[73] *enviar* o *despachar con cartas* era frase usual por 'matar'. Cf. Feliciano de Silva, «Voto a tal, si no callas, que te envíe con nuevas a los infiernos» *(Segunda Celestina,* cena 5.ª, ed. C. Baranda, Madrid, 1988, pág. 156); Pedro de León, «Simón López le apretó la boquita y garganta a la criatura y la despachó con cartas al cielo» *(Compendio de algunas experiencias en los ministerios en que usa la Compañía de Jesús...,* publicado por P. Herrera Puga con el título de *Grandeza y miseria en Andalucía,* Granada 1981, apéndice a la 2.ª parte, pág. 448); Tirso de Molina, «A dar al mantenedor / cartas para la otra vida / [viene]» *(Cómo han de ser los amigos,* I, ed. E. Cotarelo, NBAE IV, Madrid, 1906, pág. 7a).

[74] *a un diestro un presto:* «refrán que enseña que hay ocasiones en que aprovecha y sirve más la prontitud y celeridad en ejecutar alguna cosa que la habilidad y destreza» *(Dicc. Auts.).* Podría suplirse *dice* antes del refrán.

[75] *me alejé.* Así desde la edición de 1720. Las anteriores, *me alejó,* que también haría sentido, aunque sería anacoluto.

[76] *la Trinidad del Monte,* como aclara Millé, «está en el otro extremo de Roma» respecto a la judería.

[77] Cf. Gabriel de la Vega, «Menos corre el que sigue que el que

el hierro de la mano; y al tiempo que lo fui a meter en
la faltiquera hallé pegado a él todo el bigote del tal
hidalgo, que era tan descomunal que podía servir de
cerdamen a un hisopo[78] y anegar con él una iglesia al
primer *asperges*[79].

Entré en la Judería, y, dando la libranza que llevaba
a un hebreo que se llamaba David, me despachó con
toda brevedad. Salíme al instante de Roma, contento
por haberme librado de la cautividad del Egipto de mi
ama y del poder de Faraón del zaino sin bigote[80].
Determinéme de ir a visitar a nuestra Señora de Loreto, por la fama que tenía de aquella santa Casa[81]; y
habiendo caminado alguna media legua con harta
pesadumbre de dejar mi casa, padre y hermanas, volví

---

huye» *(FC* VI 71); «Aunque en balde salió la diligencia, / que hay
de correr a huir gran diferencia» *(FV* IV 59).

[78] La comparación de un bigote con el manojo de cerdas que
hay dentro de la bola de los hisopos tenía precedentes. Cf. Tirso
de Molina, «Este me dio un capitán / con más plumas que un
virote, / que acicalando un bigote, / hisopo de un sacristán, /
muerto porque hoy no te ha visto, / me dijo...» *(Santo y sastre,* I,
ed. E. Cotarelo, NBAE IX, pág. 1).

[79] *asperges* «vale lo mismo que rociadura o aspersión» *(Dicc.
Auts.).* Para M. Chevalier el cuento que narra E. era tradicional,
como probaría su aparición en *El paraíso de Laura,* II, atribuida a
Lope de Vega *(Folklore y Literatura. El cuento oral en el siglo de oro,*
Barcelona, 1978, pág. 93): «Un barbero aprendiz / con los hierros
me abrasó / y un bigote me arrancó / hasta la misma raíz» *(Obras,*
ed. Acad. N., VIII, pág. 374).

[80] *zaino:* 'de color castaño', y también 'traidor'. E. se acuerda,
verosímilmente, del baile «Los valentones y destreza» de Quevedo,
al que alude más veces: «Rebosando valentía / entró Santurde el de
Ocaña, / zaino viene de bigotes / y atraidorado de barba» (ed. cit.
núm. 866).

[81] Cf. Lope de Vega, «¡Oh, Virgen de Loreto! / ¡Oh, casa ilustre
y santa que los ángeles / en sus manos trajeron una noche / de
Nazarén a Italia!» *(Los muertos vivos,* III, ed. Acad. N., VII,
pág. 675).

tener fama de: aquí, 'conocer la fama de'.

la cabeza atrás a contemplar y a despedirme de aquella cabeza del orbe, de aquella nave de la Iglesia, de aquella depositaria de tantas y tan divinas reliquias, de aquella urna de tantos mártires, de aquella albergue de tantos sumos pontífices, morada de tantos cardenales, patria de tantos emperadores, madre de tantos generales invincibles y de tantos capitanes famosos. Miré la gran circunvalación de sus muros, la altura de sus siete montes, Alcides de sus edificios [82]; reverencié sus templos, admiré la hermosura de su campo, la amenidad de sus jardines; y considerando lo mucho que perdía en dejarla y lo mal que me estaba volver a ella, derramando algunas tiernas lágrimas, proseguí con mi viaje. Y al cabo de algunas jornadas llegué a ver aquel celestial alcázar, aquella divina morada, aquella cámara angelical, paraíso de la tierra y eterno blasón de Italia. Visitaba una vez cada día este pedazo de cielo, y infinitas a un convento que está muy cercano, de padres capuchinos, por razón que me ponían bien con Cristo con lindas tazas de JESÚS [83] llenas de vino y con muy espléndida pitanza. Quiso mi desgracia que reñí [84] un día con un pobre mendigante por haberme querido ganar la palmatoria [85] al repartir de la sopa, y, bajándole los humos con mi hierro de abrasabigotes,

---

[82] *Alcides de sus edificios,* porque las colinas de Roma sostienen los edificios como Hércules sostuvo la bóveda celeste al encontrarse con Atlas en uno de sus trabajos.

[83] *tazas de JESÚS:* «antiguamente algunos de estos [vasos] llevaban en el fondo la cifra IHS» *(Dicc. Acad.).*

[84] *reñí.* 1.ª edición, *vení;* 2.ª, 3.ª y 4.ª, *vine.* Aceptamos la enmienda de 1720.

[85] *ganar la palmatoria:* «Llegar un niño a la escuela antes que los demás» *(Dicc. Acad.).* Por extensión, 'anticiparse'. Cf. Lope de Vega, «A mi amigo Borregoso / gané yo la palmatoria» *(Comedia de Bamba,* I, BAE CXCV, pág. 306); Quevedo, «Sentábame el maestro junto a sí, ganaba la palmatoria los más días por venir antes» *(Buscón,* I 2, ed. cit., pág. 21).

lo dejé con dos dientes menos. Y dejando la quietud
de aquella santa vida me fue forzoso poner tierra en
medio [86].

Fuime al santo Cristo de Sisa [87], y desde allí a la
famosa villa de Siena. Llegué a ella en tiempo de feria
y halléla toda llena así de gentes de varias naciones
como de diferentes mercancías; y andándome paseando
do por ella me llegaron a hablar dos mancebos muy
bien puestos, los cuales habiéndose informado de mi
patria y nombre, me dijeron que si los quería servir,
puesto que estaba desacomodado. Yo, pensando que
eran algunos mercadantes [88] ricos, les dije que sí; y
llevándome a su posada, después de haberme dado
muy bien de cenar, me dijo el uno dellos, que era
español:

—Estebanillo, tú no tienes más a quien servir ni
contentar que a mí y a mi camarada, y ayudarnos a
llevar adelante nuestra antigua tramoya, y comer y
beber, oír y callar, y antes ser mártir que confesor [89].

---

[86] *«poner tierra en medio:* apartarse, alejarse y huir del inconveniente» (Correas).

[87] *Santo Cristo de Sisa.* Según Millé se trata del *Volto Santo* de
Pisa. Gasparetti identifica esta imagen con el *Volto Santo* de Lucca
y señala una confusión en los recuerdos de Estebanillo, dado que
en su itinerario de Loreto a Siena es difícil que haya pasado por
Lucca o Pisa, por donde iría no antes, sino después de su visita a
Siena, al dirigirse a Livorno. Más probable parece la hipótesis de
Jones *(Dissert.),* que identifica Sisa con Assisi.

[88] *mercadantes:* mercaderes. Cf. cap. IV, nota 59.

[89] «más vale ser mártir que confesor, dice el malhechor» (Horozco). «Antes mártir que confesor: que sea uno firme en negar lo
que daña y crimen de que le acusan, y no lo diga»; «que es mejor
padecer por guardar el secreto que descubrirle con flaqueza o leve
amenaza; y es porque a los mártires se dio mejor lugar que a los
confesores en el rezo» (Correas). Cf. «Por vida de don Lorenzo, ¿es
amigo o amiga? —¿Queréis que confiese sin tormento? —Y
cuando os le den, antes mártir que confesor» *(Pleasant and Delightfull Dialogues in Spanish and English, Profitable to the Learner and not*

Yo les prometí tener ojos de alguacil cohechado, orejas de mercader[90] y habla de cartujo. Y abriendo un escritorio sacó de un cajón un mazo de doce barajas de naipes nuevos, y el otro camarada, que era napolitano, un balón[91] de dados y los instrumentos necesarios; y asentándose en dos sillas bajas junto al fuego hiciéronme avivar la lumbre con un poco de carbón, a cuya brasa puso el italiano un crisol con un poco de oro y una candileja con plomo. Desempapeló mi español sus cartas, y no venidas por el correo; y sacando de un estuche unas muy finas y aceradas tijeras, empezó a dar cuchilladas, cortando coronas reales, cercenando faldas de sotas por vergonzoso lugar y desjarretando[92] caballos, señalando las cartas por las puntas para quínolas y primera, dándoles el raspadillo para la carteta, y echándoles el garrote y la ballesta para las pintas, sin otra infinidad de flores[93].

Unpleasant to any other Reader, ap. Richard Percivale, *A Dictionarie in Spanish and English, now enlarged and amplified...* All done by Iohn Minsheu; London: Edm. Bollifant, 1599, III, pág. 22).

[90] *orejas de mercader.* Frase hecha que figura en varios refranes.

[91] *balón:* «fardo grande que comprehende alguna cantidad de mercadurías» *(Dicc. Auts.).*

[92] *por vergonzoso lugar:* expresión tomada del romance de «Las quejas de doña Lambra» (F. J. Wolf y C. Hofmann, *Primavera y flor de romances,* núm. 19, y *Romancero tradicional de las lenguas hispánicas,* —RTLH—, II, Madrid, 1963, pág. 122): «Los hijos de doña Sancha / mal amenazado me han / que me cortarían las faldas / por vergonzoso lugar», publicado por primera vez en el *Canc. de romances,* s. a., (Amberes: Martín Nucio, *ca.* 1547), f. 163. El de Estebanillo es un ejemplo más de difusión que añadir a los recogidos por Menéndez Pidal en RTLH II, págs. 127-129.

desjarretar: «cortar las piernas por el jarrete, que es por bajo la corva y encima de la pantorrilla» (Covarr.).

[93] *quínolas, primera, carteta y pintas:* juegos de naipes. Cf. Étienvre, *op. cit.,* cap. IV, para los dos primeros.

garrote es el «defecto de un dibujo, que consiste en la falta de continuidad debida a una línea» *(Dicc. Acad.).* Cf. Calderón, «Mande vuestra majestad / suspender este garrote, / que aunque a

El italiano, en una cuchara redonda de acero, empezó a amolar [94] sus dados, sin ser cuchillos ni tijeras, haciéndolos de mayor y de menor, de ocho y trece, de nueve y doce y de diez y once; y después de haber hecho algunas brochas, dando barreno a dos docenas de dados, hinchó los unos de oro y los otros de plomo, haciendo fustas para juegos grandes y para rateros [95].

Dijéronme que tuviera atención en aprender aquel arte, porque con él sería uno de mi linaje [96]. Puse tanta atención en lo que me mandaron que dentro de un mes pude ser maestro dellos, porque siempre se incli-

la desdicha mía / este falte, sobrarán / garrotes, que hartos nos dan / los fulleros cada día» (Saber del mal y del bien, I, BAE VII, pág. 22.

ballesta, ballestilla o ballestón es «cierta fullería en los juegos de naipes» (Dicc. Acad.); otra es el *raspadillo*.

sin otra infinidad de flores: sin contar otra infinidad de trampas.

[94] *amolar:* «cargar un dado para que no corra sino a la parte que está cargado» (Hill), y también 'afilar, pasar por la muela', doble sentido que aprovecha E. para una de sus fórmulas, *sin ser...*, etc., tan reiteradas en la época (cf. los poemas 863, 864 y 867 de Quevedo en la edición Blecua). Una descripción de algunas trampas en juegos de cartas y dados puede verse en el primero de los *Colloquios satíricos* de A. de Torquemada: «Todo es sufridero para con otras tacañerías que usan, y la mayor de todas es cuando meten dados cargados, que llaman *brochas,* los cuales hacen de esta manera: que a los que llaman de mayor, por la parte del as hacen un agujero hueco y allí meten un poco de azogue, que es muy pesado, y a los de menor donde están los seis puntos; y después tapan el agujero, que es muy sutil, y encima pintan uno o dos puntos para que no se vean» (NBAE VII, pág. 496*b*).

[95] *fusta* debe de ser, como *brocha,* el dado cargado, quizá por analogía con *fusta,* 'buque de carga'. Con *juegos grandes y rateros* tal vez se alude a la cuantía de las apuestas.

[96] *mi linaje,* porque su padre era jugador, según ha dicho al comienzo, aunque sin afirmar que hiciese trampas. El buscón don Pablos, al despedirse de su tío, le escribe: «yo pretendo ser uno de mi linaje, que dos es imposible» (II 5, ed. cit., pág. 148). En ambos casos se trata de una parodia de la manía nobiliaria.

nan los malos a aquello que les puede perjudicar. Después de haber acabado el español de cercenar naipes falsos, y el italiano de amolar huesos de muertos [97], para dar sepulcro con ellos a los talegos de los vivos, nos fuimos a reposar lo poco que quedaba de la noche. Desde allí adelante me llevaban todos los días por su paje de flores [y] naipes, y cargado de naipes [y] dados [98], que era su aderezo de reñir. Campeaban los dos a costa de blancos [99] en esta forma: íbanse a las casas de juego, concertábanse con los gariteros, prometíanles el tercio de la ganancia que se hiciese, asegurábanles el peligro por la sutileza de la labor, y adonde no consentían su contagión [100], hacían tener de respeto [101], cuando jugaba el español, media docena de barajas, a las cuales yo y el italiano le [102] dábamos con la de Juan trocado, y al garitero y a los tahúres con la Juan grajo [103]; y cuando jugaba el italiano hacíamos yo

_____

[97] *huesos de muertos:* los dados. Cf. Lope de Vega, «¿Hay juego? —Aquí hay caja y dados. / [...] Al diablo los huesos doy. / —Más. —Digo. —Yo topo aquí» *(El secretario de sí mismo,* III, ed. Acad. N., IX, pág. 337).

[98] *flores,* etc. Las cuatro primeras ediciones, *flores, naipes, y cargado de naipes, dados.* Corregimos según la edición de 1720, y modificamos la puntuación en busca del mejor sentido.

[99] *blanco:* «bobo o necio» (Chaves, en *TLex).*

[100] *contagión:* «dolencia que se pega, contagio» (Nebrija, en *TLex),* aquí en sentido figurado. En la lengua clásica es voz usada con gran frecuencia por Tirso de Molina.

[101] *de respeto* por 'de repuesto' «persiste como arcaísmo en la jerga técnica del ejército español» (F. Rico, *Novela picaresca española,* I, Barcelona, 1967, pág. 136, nota 38). Cf. «Quemaron 12.000 hogazas que se dañaron, que se habían guardado de respeto siempre para si se ofreciese necesidad forzosa» *(Memorias de Sevilla,* ed. F. Morales Padrón, Córdoba, 1981, pág. 122).

[102] *a las cuales... le.* El uso de *le* por *les* con referencia a un complemento plural, debido a analogía con los casos de *se lo,* se produce en todas las épocas de la lengua (H. Keniston, *The Syntax of Castilian Prose. The Sixteenth Century,* Chicago, 1937, 7.311).

[103] *Juan trocado* indica que se da el cambiazo por una baraja

y el español lo mismo, echándonos sobre la tabla y
acercando los dados a nuestras pertenencias, y llevando de reserva entre los dedos una fusta para valerse
della cuando la hubiese menester. Doblábanse[104] con
personas de cantidad, y a veces de calidad, las cuales
hacían tercio; adondequiera que jugaban cargábanles
las ganancias[105] en virtud de sus ayudas y destrezas.
Salían mis amos siempre perdidosos, al parecer de los
mirones, por lo cual todos los tenían por buenos
jugadores y solicitaban de jugar con ellos. Sabían las
posadas más ricas, teniendo en todas, a costa de buenos baratos, quien les daba aviso de cuándo había
huéspedes de buen pelo[106]; acudían a ellas, trataban
amistad con los que hallaban, quedábanse a comer con
ellos a escote, y por sobremesa, en achaque[107] de
entretenimiento, dábanme dineros y enviábanme por
lo que yo traía, y empezando por poco acababan por

---

trucada para un juego determinado. Cf. F. de Leyva, «¿Qué es lo
que oigo? / Este papel no es el mío. / —Vive Dios, que hay Juan
trocado» (*La dama presidente,* I, BAE XLVII, pág. 367). Y *Juan
grajo,* que entretienen charlando al garitero y a los tahúres (*grajo:*
«charlatán, cascante», *Dicc. Acad.*). «La flor del grajo» y «la del
grajo» son mencionadas como tretas por Marcos Fernández (*Olla
podrida...,* cit., págs. 30 y 47); cf. Rojas Zorrilla, «¿Oís? Llevad bien
fardado / el baúl; no sea el demonio / que os den con la de Juan
grajo» (*Obligados y ofendidos,* III, ed. R. Mac Curdy, Salamanca,
1963, pág. 92. El editor conjetura erróneamente que se refiere aquí
a una treta de esgrima).

[104] *doblarse* es ponerse de acuerdo con *dobles,* «que acarrean
sencillos [incautos] para que los desuellen estos rastreros de
bolsas» (*Buscón,* III 10, ed. cit., pág. 274). Todos estos procedimientos de tahúres los explica Quevedo en el cap. cit. del *Buscón* y
en la *Vida de la corte y oficios entretenidos de ella* (ed. Astrana Marín,
Madrid, 1932, prosa, págs. 13-20).

[105] *cargar las ganancias* será cobrar tributo de los gananciosos a
los que han ayudado con sus trampas.

[106] *«gente de pelo:* en estilo familiar se llama la que tiene conve-
niencias, dinero u hacienda» (*Dicc. Auts.*).

[107] *achaque:* «la excusa o pretexto» (Ayala, en *TLex*).

mucho, dejando a los pobres forasteros en cruz y en cuadro [108]. Y con hacer los dos muy grandes ganancias, cada uno en lo tocante a su flor, nos moríamos de hambre, porque lo que ganaba el español a las cartas, lo perdía a los dados; porque, además de no conocerlos, no se sabía aprovechar de lo poco que alcanzaba a entender; y lo que el italiano ganaba a los dados, perdía a los naipes, que, aunque tenía en casa el maestro, no había aprendido a leer en libro de tan pocas hojas [109].

Yo andaba siempre temeroso de que se discubriese la flor, y por cómplice en ella en lugar de enviarme a Galicia me enviaran a Galilea [110], o por ser muchacho me diesen algún estrecho jubón [111], no necesitando dél.

---

[108] *«quedarse en cruz y en cuadro:* se dice del que se halla mísero y pobre por haber perdido todo cuanto tenía» *(Dicc. Auts.).*

[109] *libro de tan pocas hojas:* 40 ó 48, según una metáfora muy sobada. Cf. J.-P. Étienvre, *op. cit.,* págs. 157-161, con abundantes ejemplos, a los que puede añadirse Godínez, «Hágame a mí cada letra / usía como el as de oros / y leeré el libro del rezo / como el de cuarenta y ocho» *(Aun de noche alumbra el sol,* II, BAE XLVIII, pág. 206), la variante de Lope de Vega, «Tenga paciencia el que debe [...] / y téngala noramala / el que pierde cuando juega, / pues que no quiso aprender / libro de tan pocas letras» *(El poder vencido,* I, ed. Acad. N., VII, pág. 541), y sobre todo la décima de Francisco de la Torre y Sevil «donde habla con un tahur, imaginando libro la baraja de los naipes» *(Entretenimiento de las musas,* 1654, obra a su vez subtitulada «Baraja nueva de versos, dividida en cuatro manjares», o palos; ed. M. Alvar, Valencia, 1987, pág. 99).

[110] *enviar a Galilea* es enviar a galeras («en lengua antigua galea[s]», Covarr.). Cf. Lope de Vega, «Ya estoy en las manos tuyas, / ¡misericordia de mí! / Hoy me echan a Galilea» *(Los muertos vivos,* III, ed. Acad. N., VII, pág. 673); Salas Barbadillo, «Por seis años fue a Galilea, donde padeció muchos trabajos comiendo poco y caminando siempre» *(La ingeniosa Elena,* ed. J. Costa, Lleida, 1985, pág. 104).

[111] *«dar jubón al justo;* de azotes, colorado, por azotar la justicia a un delincuente; no le azotaron, mas diéronle un jubón» (Correas).

Mas quiso mi fortuna que estando una noche los dos
cenando y algo tristes y recelosos (porque uno de los
perdidosos le había ganado el italiano)[112], me enviaron
a llamar a unos amigos suyos, para que se informasen
si los había reconocido o sospechado algo. Yo, pensando que ya se había descubierto la maula[113] y que
toda la justicia daba sobre nosotros, con intención de
no volver y por no irme sin cobrar mi salario ya que
me había puesto a tanto riesgo, salí fuera a un antesala[114], y tomando el ferreruelo del señor español, que
era nuevo y de paño fino, dejé el mío, que estaba bien
raído; y saliendo a la calle, informándome por el
camino de Liorna, me salí de la villa y, con la claridad
de la luna por temor de que no fuese seguido[115],
anduve aquella noche tres leguas; y al cabo dellas,
hallando una pequeña choza de pastores cercana del
camino, me retiré a ella, adonde fui acogido y pude
con sosiego descansar hasta tanto que el Alba se reía
de ver al Aurora llorar a su defunto amante[116], siendo

Estudia la expresión, con abundancia de ejemplos, Frida Weber,
Lo cómico en el teatro de Fernán González de Eslava (Buenos Aires,
1963), págs. 165-170. Cf. «Majadero, pues el jubón me traes antes
que la camisa, ¿quiéresme motejar de azotado?» *(Pleasant and
Delightfull Dialogues...,* I, págs. 1-2).

[112] *porque uno de los perdidosos,* etc. Ya notó Millé que el texto
parece estragado. Acaso falte preposición y deba leerse *a uno* o *al
italiano.*

[113] *maula:* «engaño y artificio encubierto» *(Dicc. Auts.).*

[114] *un antesala.* Así la 1.ª edición. Desde la 2.ª, *una antesala.*

[115] *por temor de que no fuese seguido.* Común en el siglo de oro,
aunque tienda a reducirse, es el uso de un *no* pleonástico tras
expresiones comparativas y otras que llevan ya implícita una
negación, por ejemplo, los verbos, adjetivos o conjunciones que
expresan temor (Keniston, *The Syntax...,* 40.3, 40.31, 40.322,
40.341).

[116] Estebanillo, como en otros lugares, contribuye a la plaga de
los amaneceres mitológicos (cf. M.ª Rosa Lida, *RFH* VIII, 1946,
págs. 77-110), componiendo su propia versión en la que el Alba se

mujer y no fea ni mal tocada: que a este tiempo,
dejando la pastoril cabaña y prosiguiendo mi comenzado camino, me di tanta priesa a alejarme de mis amos
que otro día al anochecer llegué a Liorna. Y metiéndome en una posada a descansar de la fatiga que había
pasado, supe otro día como las galeras del Gran
Duque de Toscana estaban de partida para Mesina,
para irse a juntar con las de España y Nápoles y con
otras muchas que habían ocurrido [117] para agregarse
con la real, estando por príncipe de mar y tierra y por

ríe del rocío vertido por la Aurora al llorar a su amante muerto,
cosa que la mitografía no abona. En torno a la Aurora parece
haberse dado cierta confusión en el siglo de oro, a fuerza de citas
de segunda mano (hasta 42 registra la *Officina* de R. Textor en su
edición ampliada de Basilea, 1626, págs. 684-686). El rocío matuti-
no se interpreta como el llanto de la Aurora por la muerte de su
hijo Memnón (Ovidio, *Metam.* XIII 621-622): así M. de Galhegos
(*El infierno de amor,* I, ed. cit., pág. 110) y Castillo Solórzano
(*Huerta de Valencia,* ed. E. Juliá, Madrid, 1944, pág. 86), o bien se
mezcla con el llanto de Venus por Adonis (F. López de Zárate,
La galeota reforzada, II, ed. J. M. Lope Toledo, Logroño, 1951,
pág. 110). En un texto de Luis Vélez se lee: «...Soy la Aurora, / que
el sol alumbra y no llora» *(Auto del nacimiento,* ed. A. Lacalle,
Madrid, 1931, pág. 54); según otro de Rojas Zorrilla, «...lágrimas
de risa / suele verter el Aurora» *(Casarse por vengarse,* I, BAE LIV,
pág. 104); y en varios más, ya ríe y llora a la vez (Lope de Vega,
La noche de San Juan, II, ed. H. Serís, Madrid, 1935, págs. 105 y
109; Tirso de Molina, *Marta la piadosa,* II, ed. cit., pág. 135), ya,
como en el *Estebanillo,* se desdobla en Alba que ríe y Aurora que
llora, o viceversa (G. de la Vega, *FV* I 16; Calderón, *La gran
Cenobia,* II, BAE VII, pág. 197; *La sibila de Oriente,* I, BAE XIV,
pág. 200). Por último, también Alcalá Yáñez trata en fisga el
asunto: «Comenzó el Aurora a derramar su aljófar, como si allí
estuviera su simplón amante, que hubiera de tener compasión de
su llanto entonces» *(Alonso, mozo de muchos amos,* 2.ª parte, cap. 2,
pág. 53).
[117] *ocurrir:* «acudir, concurrir» *(Dicc. Acad.).* Cf. Villegas, «Ocu-
rra Venus a mi voz sincera» *(Eróticas,* oda XXIX); Gabriel de la
Vega, «Una ciudad portátil fue formada / de carrozas y coches que
ocurrían» *(FC* VIII 33).

general de aquella naval el serenísimo príncipe Emanuel Filiberto[118], cuya fama, virtud y santidad, por no agraviarlas con el tosco vuelo de mi tosca pluma, las remito al silencio. Y habiendo alcanzado licencia de un capitán de galera, me embarqué en la que llevaba a su cargo, por estar informado ser todas las de aquella escuadra águilas del mar, cuyos caballeros sus defensores, de la orden de san Esteban[119], dan terror al Turco y espanto a sus fronteras, tienen fatigado su templo con el peso de los estandartes y medias lunas africanas, y con cadenas de multitudes de cautivos cristianos a quien han dado amada libertad, añadiendo cada día a las historias nuevas proezas y eternizadas vitorias.

---

[118] *Emanuel Filiberto*. Cf. cap. II, nota 129.

[119] *la Orden toscana de san Esteban* «fue fundada en 15 de marzo de 1562 por Cosme de Médicis para pelear contra los piratas y en defensa de la fe católica» *(Enc. Espasa)*. Los elogios de E. a la orden de san Esteban están motivados —creemos— por la vinculación a ella de la familia Piccolomini. Silvio, padre de Octavio, había sido gran prior de la orden, y en calidad de tal dirigió la expedición toscana contra Bona en 1607, en la que liberó 1.500 cautivos y tomó diez estandartes. Caballeros de la orden fueron también su hermano Eneas, sus sobrinos Evandro y Francesco, y el propio Octavio, que antes del título de conde usó el de *fray*, como caballero de san Esteban. La orden, por otra parte, radicaba en Pisa, ciudad natal del futuro amo de Estebanillo. Cf. A. von Weyhe-Eimke, «Das Haus der Piccolomini...», *Organ der kaiserlich-königlichen heraldischen Gesellschaft Adler*, XV (1885), págs. 99 y 102.

Capítulo II *

En que refiere su embarcación y llegada a Mesina, y viaje de Levante, y lo que le sucedió en el discurso dél y en la ciudad de Palermo, hasta tanto que se ausentó della.

Salimos una tarde de esta pequeña Cartago con viento fresco y mar serena, y con todos los amigos que requiere una feliz navegación. Estuve tres días tan mareado que, al compás que daba sustento a los peces del mar, ahorraba raciones de biscocho a los caimanes de galera[1]. Alentéme cuanto pude, sirviéndome de antídoto para volver en mí el ser asistido del dicho capitán con animados sorbos de vino y tragos de malvasía[2]; que tengo por cosa asentada que estos

---

* [1621-1623].

[1] *caimán:* «hombre fiero, malvado» (L. Galindo, *op. cit.,* ms. 9781 BN, f. 27r). Cf. Rojas Zorrilla, «...O has de tener gran trabajo / con un soldado marrajo / y un estudiante caimán» *(Sin honra no hay virtud,* II, BAE LIV, pág. 309).

[2] *malvasía:* «aquel vino de tanta fama y estimación que casi no hay lugar en Europa donde no se lleve. Hácese principalmente en Candía» (Covarr.). Para algunas de las abundantes especies de vino catadas por Estebanillo puede verse Juan de Espinosa, *Diálogo en laude de las mujeres* (1580), ed. de A. González Simón (Madrid, 1946), págs. 179 y ss., Pedro Rodríguez de Ardila, *Alabanza de las bodas de Baco* (ed. por F. Rodríguez Marín con el título *Baco y sus*

licores me volvieron a mi primer ser, y que si después de muerto y engullido en la fosa, con un cañuto o embudo me lo echasen por su acostumbrado conduto, me tornaran el alma al cuerpo y se levantara mi cadáver a ser esponja de pipas[3] y mosquito de tinajas.

En efeto, llegamos a Mesina, adonde quedé absorto de ver la grandeza de su puerto, ocupado con setenta galeras y cincuenta bajeles, todo debajo del dominio del planeta y Rey cuarto[4], defensor de la fe y azote de los enemigos della. Y al contemplar[5] tanta gente de guerra, de tan estrañas y apartadas naciones, tanta diferencia de belicosos instrumentos, el clamor de tanto pito, el ruido de tanta cadena, las diferentes libreas de tantos forzados y la variedad de tantos estandartes, parecióme que estaba en otro mundo y que sola aquella ciudad era una confusa Babilonia, siendo una tierra de permisión[6]. Alegrábanme los acentos de los bodegones marítimos, apellidando los

_____

bodas en España, Madrid, 1933), y M. Herrero García, *La vida española del siglo XVII*, I, *Las bebidas* (Madrid, 1933).

[3] *pipa:* tonel, bota, cuba. Para *mosquito* cf. «¡Oh, Baco!, pues todos dicen / desciendes de buena cepa, / al mosquito de tus cubas / ampara, pues lo apedrean» *(El condenado de amor,* II, atribuida a Calderón, BAE XII, pág. 730).

[4] *planeta y rey cuarto:* Felipe IV, recién subido al trono en 1621. «El sol en la cosmología renacentista reside en el cuarto cielo y se le llama planeta cuarto» (E. Asensio, estudio preliminar a *Huerto deshecho,* de Lope de Vega, Madrid, 1963, pág. 16). Cf. Gracián, dedicatoria de la 2.ª parte del *Criticón:* «brillante rayo del Planeta Quarto», y Calderón: «Mi humilde celo, mi temor piadoso / dichosamente sus aplausos fía / a la fe de Filipo poderoso, / cuarto planeta de la luz del día» *(El sitio de Bredá,* I, ed. crítica de Johª R. Schrek, El Haya, 1957, pág. 93). Cf. también cap. IX, nota 69.

[5] *Y al contemplar.* Todas las ediciones, *Y el contemplar,* que tenemos por errata.

[6] *permisión.* Así en las ediciones 1.ª, 2.ª y 3.ª. Desde la 4.ª, *promisión.* Cf. Gabriel de la Vega, «Le hicieron retirar los holandeses / por sus tierras, y no de promisiones» *(FC VI 46).*

unos *¡tripa, tripa!* y los otros *¡folla, folla!*, repitiendo en mis oídos los ecos arábigos que decían: *¡Macarone, macarone, qui manga 'uno manga dos!* [7], pero entristecíame de ver que todos comían y yo sólo los miraba.

Arriméme a un esclavo negro, tan limpio de conciencia que lavaba media docena de menudos con una ración de agua [8]. Hícele mil zalemas y sumisiones por saber que era mercadante de panzas y por verme racional camaleón [9]. Ofrecíle mi persona, diciéndole ser único en el caldillo de los revoltillos y en el ajilimoje de los callos [10]. Él, agradándole más el verme

---

[7] *apellidar:* aquí 'vocear, pregonar'.

tripa... folla: reclamos de los bodegones donde anunciaban mondongo, empanadillas o cosas parecidas. Cf. la *Mogiganga de los niños de la Rollona,* de Simón Aguado: «Formache e brocubi y alores, / chuchurríos de Palermo, / de Génova macarrone / e tuta folla» (ed. Cotarelo, *Colección de entremeses...,* pág. 224a).

macarone, etc. La frase en italiano correcto, que no tiene por qué darse en la Messina de esa época, sería según Gasparetti: «maccheroni, maccheroni!, chi ne mangia uno ne mangia due». Cf. «Estéme yo en Sicilia a mi contento / comiendo macarrones con formacho / y bebiendo del vino moscatelo» *(La difunta pleiteada,* I, atribuida a Lope de Vega, ed. Acad. N., IV, pág. 551).

[8] Cf. 'Fernández de Avellaneda', «Acuérdome bien de que alababan mucho las agujas de vuesa merced y su limpieza, la cual, según me decían, era tanta que con solo un caldero de agua lavaba por el pensamiento dos y tres vientres, de manera que salían de su manos unas morcillas verdinegras que era gloria mirallas» *(Quijote,* cap. XXII, ed. cit. II, pág. 189); Tirso de Molina, «Pues no suelo yo ser mudo / ni vos muy limpia, aunque habláis, / que media azumbre gastáis / de agua en lavar un menudo» *(El árbol del mejor fruto,* I, ed. E. Cotarelo, NBAE IV, pág. 33; similar en *Los lagos de San Vicente,* II, ed. Cotarelo, NBAE IX, pág. 45).

[9] *camaleón:* «es cosa muy recebida de su particular naturaleza mantenerse del aire» (Covarr.). «Sustentarse del aire como el camaleón» (Correas.).

[10] *revoltillo:* «trenza o conjunto de tripas del carnero, que se forma revolviéndolas» *(Dicc. Auts.).*

ajilimoje: «especie de salsa o pebre que se echa en los guisados para que salgan más sabrosos» *(ibid.).*

desbarbado que no el ser buen cocinero, me recibió, haciéndome aquella tarde dar seis caminos desde el matadero de la villa hasta su barraca, cargado de patas de vaca y manos de vitela[11]. Y dándome, después de mi molestazo trabajo, un plato de mondongo verde con perejil rumiado[12], por ver la brevedad del despacho y el despojo y ruina que hice en sus panecillos, me dijo que me fuese a traer mi ropa y a buscar un fiador que darle, para tener seguro su bodegón, porque de otra suerte no me recibiría, porque no había muchas horas que se le había ido un criado con un cuajar cocido y una media cabeza sancochada[13], y que así más quería estar solo que mal acompañado[14].

Yo, dando gracias a Dios de salir de la espesura de su malcocinado[15], me planté en la playa, y el primer español que encontré en ella fue un alférez del tercio de Sicilia, llamado don Felipe Navarro del Viamonte[16], el cual, poniendo los ojos en mí, me llamó y

---

[11] *vitela:* «vitella, vacca giovane. Ternera» (Franciosini, *Vocabolario italiano-spagnolo,* 1665). Cf. Lope de Vega, «Muera yo en Italia bella, / tierra descansada y ancha, / [...] Llamo a la olla piñata / y a la ternera vitela» *(La ingratitud vengada,* III, ed., Acad. N., VI, pág. 482).

[12] *mondongo:* «une pance ou ventre avec toutes les entrailles d'un animal, les tripes» (Oudin). Cf. Lope de Vega, «Pues si lo guisara bien / aun no fuera tanto el mal. / —¿Es sucia? —Es un orinal, / es un revés de sartén. / Verle guisar un carnero / verde, tan verde guisado / que va dentro todo un prado / y aun un muladar también...» *(El rústico del cielo,* I, BAE CLXXXVI, pág. 412).

perejil: excremento que aún conservaban las tripas o mondongo.

[13] *sancochar:* «cocer o freír algún manjar, dejándole algo crudo y sin sazonar» *(Dicc. Auts.).*

[14] «más vale estar solo que mal acompañado» *(Seniloquium;* formas parecidas en Horozco, Vallés, Correas, etc.).

[15] *malcocinado.* Cf. cap. VI, nota 14.

[16] *Viamonte.* Todas las ediciones, *Piamonte.* Siguiendo a Millé, corregimos de acuerdo con la segunda mención de este personaje (cap. III, pág. 145). Se trata, en efecto, de don Felipe de Biamonte (o Beaumonte) y Navarra, que era alférez de una compañía de

preguntó que si estaba con amo o lo buscaba, y si tenía padre o hermanos, o algunos parientes o conocidos en aquella ciudad. Respondíle que no tenía dueño y que andaba en busca de uno que me tratase bien, y que era tan solo como el espárrago y del tiempo de Adam, que no usaban parientes[17]. Contentóle mi agudeza y díjome que su oficio era vigilia de ayudante[18] y víspera de capitán; que si lo quería servir sería uno de los de la primera plana, y que esguazaría[19] a tutiplén. Yo, ignorando esta jerigonza avascuenzada, por no ser

[17] *«espárragos,* legumbre tan enemiga de la compañía que si no es para venderlos no se juntan» (Vélez de Guevara, *El diablo cojuelo,* tranco I); Francisco de la Calle, «¿Dónde vas, Ana, solícita / y sola como un espárrago?» *(Baile de los esdrújulos,* en *Vergel de entremeses,* 1671, ed. J. Cañedo, Madrid, 1970, pág. 166); en la comedia de disparates de F. Bernardo de Quirós *El hermano de su hermana* dice un personaje al rey don Sancho II: «Estando en Toledo supe / que por un auto has mandado / que los espárragos nazcan / unos de otros apartados» *(Obras. Aventuras de don Fruela,* ed. C. C. García Valdés, Madrid 1984, pág. 346).
Lo que sigue parece proceder de Lope de Vega: «—¿Que tan solo sois, don Juan? / —Soy de los tiempos de Adán, / que no se usaban parientes» *(Amor secreto hasta celos,* III, ed. Acad. N., III, pág. 411).

[18] *ayudante* era el oficial que auxiliaba en sus funciones al sargento mayor, segundo jefe del tercio. Ambas esperanzas *(vigilia, víspera)* de ascenso estaban relacionadas: «Debe ser elegido por ayudante el alférez más plático del tercio, y se había de proveer de capitán en las primeras vacantes que se ofreciesen, que con esta ocasión los demás alféreces procurarán de ser muy pláticos en dicho oficio, viendo que de alférez los sacan ayudantes, y de ayudantes capitanes» (Scarion Pavia, 1598, *ap.* J. Almirante, *Dicc. militar,* Madrid 1869).

[19] *esguazar* (< it. *sguazzare):* «darse buena vida, holgar, regalarse» (Francios.). Para las distintas acepciones de la palabra, cf. Y. Malkiel, «Italian *guazzo* and its Hispanic and Gallo-Romance Cognates», *Rom. Philology* II (1948-1949), págs. 63-81.

prático en ella y por ser tan joven, que en el mismo mes que estábamos cumplí trece años, bien empleados pero mal servidos, pensando que la primera era[20] ser de los guzmanes de la primer hilera[21], y el esguazar darme algún poco de dinero, y el tutiplén allegar[22] con el·tiempo a ser plenipotenciario, concedí en quedarme en su servicio. Y diciéndole mi nombre, le fui siguiendo a su posada, adonde en los pocos días que estuvimos en ella lo pasamos con mucho regalo. Había ido el capitán de nuestra compañía a la ciudad de Palermo a ciertos negocios suyos, por cuya ausencia mi amo, como su alferes, metía la guardia[23], llevando yo su bandera con más gravedad que Perico en la horca[24]; porque es muy propio de hombres humildes

---

[20] *primera era.* Así las primeras ediciones. Millé suple el término implícito, *plana.* «La compañía en el siglo XVI (1568) tenía, según Londoño *(Disc.,* ff. 6 y 7), nueve plazas de primera plana, a saber, capitán, alférez, sargento, cabos (a 25 hombres), furriel, tambores y pífanos, capellán, abanderado, barbero» (J. Almirante, *Dicc. militar).*

[21] *guzmanes:* «los nobles que iban a servir en la armada real de España con plaza sencilla de soldados» *(Dicc. Auts.).* Cf. Lope de Vega, «Que suelen muchos guzmanes / venir niños a la guerra / por solo verse galanes, / y luego van a su tierra / sargentos o capitanes» *(Los contrarios de amor,* II, ed. Acad. N., I, pág. 95).
Para *hilera,* cf. cap. XII, nota 62.

[22] *allegar:* «voz de poco uso y que hoy se dice *llegar» (Dicc. Auts.).* Las ediciones antiguas, *à llegar.* En Gabriel de la Vega *allegar* por 'llegar' es frecuente: «Pero viendo los nuestros ya allegada / la forzosa ocasión...» *(FV* II 17). También aparece en Pérez de Hita («El ruin capitán huyó y a uña de caballo se escapó, y no paró hasta que al cabo de muchos días allegó en Adra», *Guerras civiles de Granada,* 2.ª parte, ed. P. Blanchard-Demouge, Madrid, 1915, pág. 91), y es la forma preferida por Diego de Torres *(op.* y ed. cit., págs. 55, 73, 121, 174, 197, 244, etc.).

[23] *metía:* 'recogía'. Cf. «Vamos por ahora a meter la guardia, que después se tratará de eso» *(Pleasant and Delightfull Dialogues...,* VII, pág. 68).

[24] *Perico en la horca:* expresión proverbial que condena Quevedo en la citada *Premática de 1600,* y que ya está documentada en la

ensoberbecerse en viéndose levantados en cualquier puesto o dignidad. Persuadíme que todos los que quitaban el sombrero[25] a la real insignia me los quitaban a mí, por lo cual hacía más piernas[26] que un presumido de valiente y me ponía más hueco y pomposo que un pavón indiano[27]. Pesábame estar ausente de mi padre y hermanas y en parte que no podían ver el hijo y hermano que tenían, y al oficio que había llegado en tan breve tiempo, ganado por mis puños.

En esta ocasión nombró su Alteza Serenísima príncipe[28] Filiberto Manuel de Saboya, generalísimo de la mar, treinta galeras para ir en corso la vuelta de[29]

Recopilación de refranes... del licenciado Sebastián de Horozco (ms. 1849 BN, f. 91v): «más se estiende que Perico en la horca». También se decía «tiene más fantasía que Mingo en la horca» (Correas), o «más grave que Rodrigo en la horca» (L. Galindo, *op. cit.*, ms. 9780 BN, núm. 715), aunque sin relación alguna con D. Rodrigo Calderón, que murió degollado.

[25] *quitar el sombrero.* Cf. Quevedo, «A todos hacíamos cortesías; a los hombres quitábamos el sombrero...» *(Buscón,* III 2, ed. cit., págs. 173-174).

[26] *hacer piernas* «se dice de los caballos cuando se afirman en ellas y las juegan bien. Y translaticiamente se dice de los hombres que presumen de galanes o bien hechos» *(Dicc. Auts.);* «presumir» (Correas). Cf. Pedro de León, «Veo que uno estaba envainando su espada y limpiándola [...] y que se iba paseando y haciendo piernas (como dicen), con la mayor desvergüenza del mundo» *(Compendio...,* 1.ª parte, cap. 27, ed. cit., pág. 163); Lope de Vega, «Hago piernas a lo bravo / y hacia la reja enderezo» *(Sin secreto no hay amor,* III, ed. Acad. N., XI, pág. 164); Liñán y Verdugo, «El uno de los dos hacía muchas piernas, mostrándose muy enojado, a quien el otro parecía rogar, pidiéndole se doliese de aquel pobre hombre» *(Guía y avisos de forasteros...,* ed. cit., pág. 146).

[27] *pavón indiano,* para diferenciarlo del *pavón* a secas, «por otro nombre pavo real» (Covarr.). *«Hacer la rueda del pavo.* Por: mostrar pompa y presunción» (Correas).

[28] *príncipe.* Sin artículo en las tres primeras ediciones. Lo añade la 4.ª.

[29] *la vuelta de:* «modo adverbial que vale lo mismo que 'hacia o camino de'» *(Dicc. Auts.).* Cf. cap. IV, nota 112.

Levante en busca de navíos y galeras de turcos, yendo
por cabo[30] dellas don Diego Pimentel y don Pedro de
Leyva, siendo mi compañía una de las que tocó embarcarse para ir en aquella navegación[31]. Salimos de
Mesina un sábado por la tarde, y habiendo aquella
noche dado fondo en Rijoles, reino de aquel apóstol
calabrés[32] que por quitarse de ruidos y malas lenguas
se hizo morcón de un saúco[33], a la mañana zarpamos,

---

[30] *cabo*, «en su significado antiguo y corriente en aquel siglo de
jefe o caudillo militar» (M. Romera-Navarro, nota al *Criticón* de
Gracián, I, pág. 383).

[31] *aquella navegación* tuvo lugar entre el 18 de septiembre y el 16
de noviembre de 1621. Se encuentra bien documentada en una
relación impresa titulada *Copia de una carta que envió a la ciudad de
Cádiz el alférez don Juan Hurtado...* (Lisboa: Geraldo da Vinha,
1622). Esta relación es la única fuente de Céspedes y Meneses, cuya
Historia de don Felipe IIII (Barcelona: S. de Cormellas, 1634, f. 51)
sirve a Jones y a Millé para identificar la expedición. Diego Duque
de Estrada, que iba en ella, da un relato abreviado y con cronología errónea *(Comentarios del desengañado,* ed. H. Ettinghausen,
Madrid, 1982, págs. 271-272). Cf. también Moore, art. cit.,
págs. 26-29.

[32] *apóstol calabrés*. La figura de Judas dio lugar a numerosas
creencias populares, recogidas en la *Legenda aurea* y en otros textos
medievales. Según ellas había nacido en Calabria, su pelo era rojo,
y el árbol del que se ahorcó fue un saúco. Cf. J. E. Gillet, «Traces
of the Judas-Legend in Spain», R*Hi* LXV, 1925, págs. 316-341, a
las que pueden añadirse otras: Góngora, «Aquel siempre travieso /
calabrés, poco sencillo, / que mató más con el beso / que el otro
con el cuchillo» *(El doctor Carlino,* I, en *OC,* ed. cit., pág. 871); en
el *Auto de la mesa redonda,* de L. Vélez, aparece Galalón en el papel
de Judas y dice: «...Me dio la traición misma / leche que nació en
Calabria» (ed. cit., pág. 91), y más abajo, arrepentido de su
traición, la Sinagoga le increpa: «...Tú / vieras lo que hacías; parte
/ a las ramas de un saúco, / Galalón, a confesarte / de tu ingratitud
con él» *(ibid.,* pág. 103).

[33] *quitarse de ruidos*. Cf. cap. XI, nota 59.

morcón: «la morcilla hecha de tripa grande» (Covarr.), y que solía
colgarse en las cocinas.

de un saúco. Cf. nota anterior y Gaspar Lucas Hidalgo, «Otra
buena vieja [...] alzó los ojos a un Judas que estaba colgado en la

encomendando a Dios nuestros buenos sucesos y rogándole nos volviese vitoriosos. Mi amo me mandó que tuviese cuidado de asistir al fogón y de aderezar la comida para nuestro rancho[34]; y acordándome de las mudanzas de fortuna, referí aquella ingeniosa glosa de:

Acordaos, flores, de mí[35].

Y aunque me llegó al alma el bajar de alférez a cocinero, por reparar que era oficio socorrido y de razonables percances[36] no le repliqué ni me di por sentido, antes en pocos días salí tan buen oficial de marmitón que podía ser archipreste de la cocina del gran Tamorlán[37].

Pasamos el mar de Venecia, reconocimos el cabo de Cuatro Colunas[38], y al cabo de cuatro jornadas, sur-

---

iglesia, y tenía a las espaldas una rama de saúco para representar que se había ahorcado dél» *(Diálogos de apacible entretenimiento,* III 1); Tirso de Molina, «Judas es el nombre mío. / —¿Judas el Escariote, / de aquel saúco racimo? / —¿Cómo no tenéis las barbas / rubias, eh, Judas maldito?» *(El árbol del mejor fruto,* III, ed. E. Cotarelo, NBAE IV, pág. 52*ab).*

[34] *rancho:* «la junta de varias personas que en forma de rueda comen juntos. Dícese regularmente de los soldados» *(Dicc. Auts.).*

[35] *Acordaos, flores, de mí.* Cf. cap. XIII, pág. 373.

[36] *percance:* «el provecho o utilidad que los criados u oficiales adquieren, o perciben, además de sus gajes y salarios» *(Dicc. Auts.).*

[37] *gran Tamorlán,* que no es, precisamente, ni sultán ni «como el gran Turco» (SZ). De los banquetes que ofrecía el caudillo tártaro se habla en la *Embajada a Tamorlán,* de Clavijo (ed. F. López Estrada, Madrid, 1943, págs. 160-162), que E. pudo conocer a través de la edición de Argote de Molina (Sevilla, 1582), de su utilización en el libro de *Viajes del Infante don Pedro de Portugal,* impreso desde mediados del siglo XVI (ed. de C. Fernández Duro, Madrid, 1903, págs. 72-73), o de otras fuentes.

[38] *el cabo de Cuatro Colunas.* En la «instrucción» de ruta que Filiberto de Saboya entregó a D. Pedro de Leyva el mismo día que zarpó la flota, se especifica: «saldrá de este puerto en dando el

"*credo picardo*"

cando la costa de Grecia, cogimos una barca de griegos a vista de Puerto Mayno [39]. Yo iba a esta guerra tan neutral que no me metía en debujos ni trataba de otra cosa sino de henchir mi barriga, siendo mi ballestera el fogón [40], mi cuchara mi pica, y mi cañón de

---

tiempo lugar, y seguirá su derrota para Cabo Colunas...» (BN, ms. 8850, f. 113), pero E. invierte el orden de su itinerario al mencionar primero el mar de Venecia, pues el cabo aludido es el actual Capo Colonne, en Calabria (y no el de Sunion, en Grecia, como conjeturaron Millé y Moore, y aceptan SZ), que navegando desde Messina queda antes del Canal de Otranto, donde comienza el mar Adriático. Cf. A. de Contreras, «Cabo de las Columnas es bajo; encima de él están dos columnas antiguas donde dicen eran las escuelas de Pitágoras» (*Derrotero universal,* ed. J. M. de Cossío, BAE XC, pág. 186), o el templo dedicado a Juno Lacinia, según Gasparetti. Para descartar que se trate de Sunion, cf. lo que de este dice el mismo *Derrotero* de Contreras: «Es alto y sobre él están hasta treinta columnas», que en ningún caso podrían confundirse con dos o cuatro.

[39] *Puerto Mayno.* En efecto, la armada llegó el 29 de septiembre a Brazo de Mayno (*Relación...,* cit., de Juan Hurtado).

[40] *ballestera* (fr. *arbalestrier, aubarestière,* it. *balestriera*). «El espacio comprendido entre el extremo exterior de los bancos y la borda, que estaba ocupado en cada banda por un pasillo que discurría a la altura de los bancos, [...] servía de camino de ronda y era puesto de combate de los arcabuceros [...] En los tabladillos allí formados o ballesteras dormían los soldados» (F. F. Olesa Muñido, *La organización naval de los estados mediterráneos y en especial de España durante los siglos XVI y XVII,* Madrid, 1968, pág. 199). En el *TLex* se describe en forma parecida, y asimismo en el *Viaje de Turquía:* «Los turcos que dormían en mi ballestera [...] —¿Qué cosa es ballestera? —Una tabla como una mesa que tiene cada galera entre banco y banco, donde van dos soldados de guerra» (ed. cit., I, pág. 76). La definición del *Dicc. Auts.* («tronera o abertura por donde en las naves o muros se disparaban las ballestas») no parece corresponder a esta época, si no se trata de una mala interpretación del pasaje de Estebanillo y de otro de Cervantes: «Iban los remos igualados en la crujía, y toda la gente sentada por los bancos y ballesteras» (*El amante liberal,* ed. cit., NE I, pág. 153).

fogón: «gran caja formada de hierro para disminuir el riesgo de incendio, donde estaban instalados los hornillos destinados a cocer, en los calderos, la comida de la dotación» (Olesa Muñido,

crujía mi reverenda olla[41] Usaba, en habiendo algún arma[42] o faena, de las siguientes chanzas: iba siempre apercebido de una costra[43] de biscocho[44], la cual llevaba metida entre camisa y pellejo; procuraba poner mi olla en la mejor parte y en medio de todas las demás, y para no hallar impedimento madrugaba y les ganaba a todos por la mano[45]; y cuando la galera andaba revuelta, chirreando el pito y zurreando los bastones[46], quitaba la gordura[47] de las más sazonadas

---

op. cit., pág. 197). Se encontraba hacia la altura del octavo banco, desde la popa, en la banda siniestra, y ocupaba el lugar de un remo.

[41] *cañón de crujía*: «la pieza grande que va ingerida debajo de la crujía de la galera» (Covarr.). Para *crujía* cf. *infra*, nota 113.

reverenda olla, expresión lexicalizada. Cf. «¡Oh qué reverenda que viene nuestra madre la olla! —Y bien adornada de todas sus pertenencias» (*Pleasant and Delightfull Dialogues...*, III, pág. 22); «Si él comiera como yo me como, / mi perdiz a almorzar, o mi conejo, / la olla reverenda al mediodía...» (Loa de A. de Rojas Villandrando, ed. E. Cotarelo, *Colección...*, pág. 385); Lope de Vega, «Una reverenda olla / a la usanza de la aldea, / que no habrá cosa que coma / con más gusto cuando venga» (*El hijo de los leones*, II, BAE XXXIV, pág. 225).

[42] *arma*: «rebato o acometimiento repentino» (*Dicc. Acad.*), es decir, alarma.

[43] *costra*: «la rebanada o pedazo del bizcocho que se da en las galeras para el mantenimiento de la gente» (*Dicc. Auts.*).

[44] *bizcocho*: «el pan que se cuece de propósito y matalotaje de las armadas» (Covarr.). Cf. Cervantes, «Pan no tan reciente que no semejase bizcocho» (*Persiles*, II 18, ed. Schevill y Bonilla, págs. 302-303), ya que, como se sabe, su étimo significa 'dos veces cocido'.

[45] *ganar por la mano*: «adelantarse primero que otro» (Correas).

[46] *chirrear*, como *chirriar*: «el sonar del pito en los navíos y galeras [...], con que los cómitres u otros oficiales mandan trabajar a la chusma o marineros» (*Dicc. Auts.*, que ejemplifica con este pasaje). *zurrear*, o *zurriar*: «to hum as a Bee o Flie doth» (Percivale, en *TLex*), o, según el *Dicc. Auts.*, «sonar broncamente alguna cosa al romper violentamente el aire». Cf. Lope de Vega, «Luego una pulga bullendo, / luego un tábano zurriando» (*Enmendar un daño a otro*, I, ed. Acad. N., V, pág. 300).

[47] *la gordura* o *lo gordo*: «lo grueso y mantecoso de la carne del animal» (Covarr.).

ollas y traspasábala a la mía con tal velocidad que aún apenas era imaginado cuando ya estaba ejecutado. Y por hacer salva[48] a algunos púlpitos relevados, piñatas de respeto[49] de oficiales de marca mayor, en descuidándose un instante el que estaba de guardia, zampaba mi costra en el golfo de sus espumosos hervores y, en viéndola calada, sin ser visera[50], la volvía a su depósito, algunas veces tan caliente y abrasante que al principio fue toda mi barriga un piélago de vejigatorios[51];

A

De prácticas como la descrita proviene el término *espumaollas,* en opinión de J. E. Gillet (nota a *Propalladia,* de T. Naharro, III, pág. 472).

[48] *hacer la salva.* «En los palacios [...] el cocinero y los servidores de la mesa estaban bajo la sospecha de ser posibles envenenadores, y de tal sospecha habían de *salvarse* comiendo ellos primero de lo que el rey iba a comer; y de ahí que hiciesen la salva gustando los manjares» (A. Castro, «Hacer la salva», en *Mélanges... offerts à M. Antoine Thomas,* París, 1927, págs. 89-94). La expresión se generalizó para indicar simplemente 'empezar a comer, catar' u 'obtener las primicias de algo'.

[49] *púlpitos relevados:* metáfora para encarecer la grandeza de las ollas. El gracioso Tello, en *La noche de San Juan,* II, de Lope de Vega, usa el mismo término de comparación para aludir a una cuba de vino: «Allá, con razones tibias, / dice que muere en tu fe, / por más que le prediqué / en un púlpito de Esquivias» (ed. cit., pág. 79).

piñata (< it. *pignatta*): «lo mismo que olla o puchero» *(Dicc. Auts.).* Da idea de la difusión de este italianismo en España el pasaje de Don Quijote en la imprenta de Barcelona (II 62), ya aducido por Gillet al ilustrar el origen de la voz *(Propalladia,* III, pág. 441).

de respeto: «lo mismo que de repuesto, de prevención» (J. Almirante, *Dicc. militar).* Cf. Cristóbal Pérez de Herrera, «...Podría haber algunas camas diputadas aparte, de respeto, para este efeto» *(Discurso del amparo de los legítimos pobres...,* 1598, ed. M. Cavillac, Madrid, 1975, pág. 206).

[50] *sin ser visera.* Chiste poco brillante, que aprovecha la bisemia de *calar,* 'empapar' y a la vez expresión técnica por 'bajar la visera del yelmo' (J. Almirante, *Dicc. militar).*

[51] *vejigatorio:* «se aplica al emplasto o parche [...] que se pone para levantar vegigas» *(Dicc. Auts.).* Las vejigas, naturalmente, se

pero después que me hice a las armas[52] estaba toda ella con más costras que cien asentaderas de monas: más lo tenía por deleite que por fatiga. Esta empapada y avahada[53] sopa me sirvió siempre de desayuno, sin otros retazos ajenos más ganados a fuego y cuchara que no a sangre y fuego[54].

No dejaré de confesar que algunas veces me cogió la centinela[55] con el hurto en las manos, y quitándome la espumadera y dándome un par de cucharazos, despedía su cólera y yo guardaba mi costra; porque en este mundo no hay gusto cumplido, ni se pescan truchas a bragas enjutas[56].

Andando, como dicen los poetas,

> entre rumbos de cristal
> rompiendo cerúleas ondas[57],

---

le producen a E. en la piel, ya que esconde la costra «entre camisa y pellejo», no dentro del estómago, como malentienden SZ.

[52] *hacerse a las armas:* «habituarse al uso de algún ejercicio penoso» (L. Galindo, *op. cit.,* ms. 9778 BN, H 87).

[53] *avahar:* «calentar con el vaho o aliento alguna cosa; como sucede cuando con él se calientan las manos que están frías, o con el vaho se recalientan las sopas u otro guisado puesto encima de la olla de agua que está hirviendo» *(Dicc. Auts.).*

[54] «a sangre y fuego» (Correas).

[55] *centinela,* como *guía, camarada* y otros nombres masculinos de persona en *-a,* tendía, a pesar de significar una actividad de varón, a la concordancia femenina en la lengua antigua y clásica. Cf. S. Fernández Ramírez, *Gramática española,* I (Madrid, 1951), § 88.

[56] «en este mundo cansado, ni bien cumplido ni bien acabado» (Vallés). Correas lo varía: «...ni mal acabado», y da otra formulación: «no hay contento cumplido en este mundo mezquino».

«no se toman truchas a bragas enjutas. Las cosas de precio y valor no se alcanzan sin trabajo y diligencia» (Covarr., *s. u. bragadura)* J. E. Gillet estudia los orígenes gallego-portugueses y variantes de este refrán en nota a *Propalladia,* III, pág. 322.

[57] No sabemos si la composición aludida es de algún poeta distinto del autor, que a continuación y en otros lugares imita en serio y en broma la afectación culterana. Acaso en la frase siguien-

y fatigando con pies de madera y alas de lino campañas de sal y montes de armiños, cogimos diez y siete
caramuzales y una urca [58], ellos llenos de colación de
los llagados del mal francés [59] y ella ballena de ricas
mercancías [60]; y aunque no tuve dellas parte, con ser
de los de la primer plana, me tocaron algunos despojos de la pasa y higo [61] que me sirvieron algunas

---

te, hasta *armiños,* haya embebido otros versos hexasílabos. Cf. estrecho paralelismo en una octava de Gabriel de la Vega: «Hechos
cancros del mar, cisnes de pino / cerúleas ondas tersas escarchaba /
y en campañas de sal abrió camino / la portátil ciudad con que
marchaba / con muletas de palo, alas de lino, / armiños y cristales
tropellaba» *(FV* IV 55).

[58] *caramuzal:* «embarcación de que usan los moros, la cual sirve
por lo común para transportar géneros» *(Dicc. Auts.).* Sin embargo, el caramuzal también «fue, entre turcos y berberiscos, el velero
corsario por excelencia. Rápido, maniobrero, bien protegido y
bien armado», según Olesa Muñido *(op. cit.,* pág. 275).

urcas: «buques mangudos y de escaso calado, con proa llena y
popa larga y afinada; lentos y poco manejables, pero de gran
capacidad de carga» (Olesa, *ibid.,* pág. 267).

[59] *colación de los llagados,* etc.: «acaso el guayaco o palo santo [...]
introducido en España hacia 1501 y en Italia hacia 1517, que había
suplido en la terapéutica [de la sífilis o mal gálico] al mercurio»
(Millé).

[60] *mercancías.* Según Diego Duque de Estrada incluían azúcar y
galanterías turquesas, alfombras, pabellones, azafates y fuentes
(Comentarios de el desengañado..., IX, ed. cit., págs. 271-272).

[61] *pasa y higo.* Es muy frecuente encontrar asociadas ambas
palabras en obras clásicas, por designar frutos apropiados para
conservar largo tiempo, a los que eran y son aficionados los
musulmanes. En *El verdugo de Málaga,* I, de L. Vélez de Guevara,
el criado Bonete pretende cazar a unos moros con trampas y dice:
«Pondréles para señuelo / cantidad de higo y pasa» (ed. M.ª G.
Profeti, Zaragoza, 1975, pág. 64); Meknès, según Diego de Torres,
cosecha «tan gruesos esquilmos de pan, granados, aceite, pasa,
higo y todas las demás frutas de verano y invierno que es cosa de
admiración» *(Relación del origen y suceso de los Xarifes,* ed. cit.,
pág. 177); G. Pérez de Hita habla de un fraile que venía «de comprar
algunas cosas para su convento, así como eran pasas, higos,
almendras, que los soldados de Vera vendían de aquello que en los

semanas de dulcísimos principios y de sabrosos postres. Volcóse uno de los caramuzales por la codicia del
asalto y competencia del saco, quedando los cudiciosos
hechos sustento de taburones [62] y alimento de atunes.
Yo, que jamás me metí en ruidos ni fui nada ambicio-
so, me estaba tieso que tieso [63] en mi cocina, a la cual
llamaba el cuarto de la salud [64].

Fuimos a Castel Rojo a hacer aguada y salimos rabo
entre piernas por la fuerza de los turcos de tierra [65], y

---

lugares de los moros levantados hallaban» *(Guerras civiles...,*2.ª parte, ed. cit., pág. 63); en una letrilla navideña de Góngora dice
un morisco: «Roncón tener yo en Arabia / con la pasa e con el
hego» (ed. cit. LI), etc. Cf. también J. Caro Baroja, *Los moriscos del
reino de Granada* (Madrid, 1957), págs. 136-137.

Según la *Relación* de Hurtado, al apoderarse de la Caravana de
Alejandría «se ha quitado al enemigo su sustento, en tiempo que
tanta hambre corre por Costantinopla y sus contornos».

[62] *taburones.* Así en las ediciones 1.ª, 2.ª y las del siglo XVIII; 3.ª y
4.ª, *tabarones.* Mantenemos la forma original, documentada por
J. Corominas y J. A. Pascual *(Diccionario crítico etimológico castellano e
hispánico,* Madrid, 1980-1983), quienes dan ejemplos de otras
vacilaciones en el timbre vocálico de esta palabra. Añádase Matos
Fragoso, «...Que contra ti me publico / tigre, caimán, onza,
esfinge, / taburón y basilisco» *(El yerro del entendido,* III, BAE
XLVII, pág. 278).

[63] *tieso que tieso:* «expresión vulgar, con que se denota la terque-
dad u persistencia en no dejarse persuadir» *(Dicc. Auts.).*

[64] *«cuartel de la salud* se llama jocosamente el paraje defendido
del riesgo, adonde se refugian y acogen los soldados que no
quieren pelear ni arriesgarse» *(Dicc. Auts.).* Cf. Calderón, «El
cuartel de la salud / me toca a mí guardar siempre. / ¡Oh, qué
brava escaramuza! / Ya se embisten y acometen. / ¡Famoso juego
de cañas! / Ponerme en cobro conviene» *(El príncipe constante,* II,
ed. J. M. Pou, Zaragoza, 1962, pág. 52).

[65] *«volver con el rabo entre piernas:* la fuga ignominiosa notamos
con esta vulgar comparación, del perro que vencido del miedo de
su contrario huye escondiendo la cola» (Galindo, *op. cit.,* ms. 9776
BN, H 506). «Ir muy agudo a la guerra y volver rabo entre
piernas» (Horozco, ms. cit., f. 45v).

los turcos de tierra. Castel Rojo es Carystos, al sur de Eubea,

así nos retiramos a la mar, de quien éramos señores [66].
Enderezamos las proas a San Juan de Pate, tierra de
Grecia, donde nos hablaban en griego y nos chupaban
el dinero en ginovés [67], que yo reniego de la amistad
del mejor [68] país de contribución; dígolo por éste, que
es contribuyente del Turco, que los demás, su alma en
su palma [69].

Volvimos a Puerto Mayno, donde cargamos de
codornices o coallas, saladas y embarriladas como si
fuesen anchovas, trato y ganancia de los moradores de
aquella tierra, adonde, siendo yo maestro de toda

---

como ya notaron Millé y Moore. Sin embargo, la retirada «rabo
entre piernas» conviene mejor a la oposición que la armada
encontró en Castil Blanco, «en tierra firme de Notolia», de donde
«se hubieron de retirar por ser forzoso», según la relación de
Hurtado. Cf. también Jones, *Dissert.,* p. 116.

[66] *la mar de quien éramos señores.* El empleo del relativo *quien*
precedido de preposición con antecedente de cosa, hoy casi inexistente, era bastante común en el siglo de oro (S. Fernández Ramírez, *Gramática española,* ed. cit., § 168).

[67] Es bien conocida la afluencia de banqueros genoveses a
España atraídos por el oro de Indias, así como su renombre de
avaros. Cf. M. Herrero, *Ideas de los españoles del siglo XVII,*
págs. 354-368. En Pate, o Patmos, «hay un castillo que sirve de convento, y es muy rico; tienen tráfago de bajeles en todo Levante»
(A. de Contreras, *Vida,* ed. F. Reigosa, Madrid, 1967, pág. 97).

[68] *«reniego del mejor.* Hablando de rocines, esclavos u otros»
(Correas).

[69] *«su alma en su palma.* Es como decir: allá se lo haya con su
conciencia; cuáles sus obras, será su pena o su premio» (Correas).
Con «los demás» (países de contribución) creemos evidente que E.
alude a varias áreas de Flandes que tenían ese estatuto. Cf. «Largamente la mitad del Pays de Bravante es país de contribución [...]
Por la contribución no se muda nada al hecho de la soberanía o
jurisdición, antes cada parte, el rey y los rebeldes, quedan en la
posesión del ejercicio de la soberanía y jurisdición en cada parte
del país, como estaban antes de la contribución» *(Breve memoria de
la forma del gobierno político de las provincias obedientes del País Bajo,
ca.* 1645, AHN, E., lib. 976).

patraña, me engañaron como a indio caribe[70], y fue en esta forma: diome mi amo media docena de pesos mejicanos[71] y mandóme saltar en tierra a meter algún refresco. Salté en ella, y hallé junto al puerto una gran cantidad de villanos, cada uno con un carnero y todos ellos con cien manadas de malicias. Parecióme que me estaría más a cuento comprarles uno, por estar más a mano la embarcación, que irlo a buscar a la villa, que está de allí una gran milla, y volver, cuando no cargado, embarazado. Llegué a un villano y concerté el que tenía, que me pareció de tomo y lomo, en una pieza de a ocho. Pescóme el taimado la pieza con la mano derecha, y con la izquierda hizo amago de entregarme el aventajado marido al uso[72]. Y al tiempo que fui a asir de la ya venerada cornamenta, soltó el villano el atril de san Marcos[73] y dejó en libertad el origen del

---

[70] Cf. Pérez de Montalbán, «Qué presto cayó en la red. / — Como a indio le ha engañado / con figura de oropel» (*No hay vida como la honra*, II, BAE XLV, pág. 486).

[71] *mejicanos*. Para ésta y las demás monedas que aparezcan en adelante, cf. cap. I, nota 61.

[72] Cf. Lope de Vega, «Bien haya el marido al uso / que finge celos y deja / que su mujer tome y dé / para encarecer la venta» (*El marido más firme*, I, BAE CXC, pág. 146).

[73] *atril de san Marcos*. El autor atribuye a san Marcos, cuyo animal simbólico es el león, el atril formado por la «venerada cornamenta» de un toro, que correspondía a san Lucas, y todo para aludir jocosamente al carnero. La confusión se explica por la habitual asociación de san Marcos con el toro en fiestas y creencias populares que estudia J. Caro Baroja en «El toro de san Marcos», *RDTP* I (1944), págs. 88-121. Ésta parece ser igualmente la conclusión a que llega I. Arellano en su artículo «Sobre Quevedo: cuatro pasajes satíricos», *Rev. de Lit.* XLIII (1981), págs. 165-169. La misma expresión se halla en Pérez de Montalbán, «...Y no saber finalmente / de cierto el más confiado / si es sombrero el que se pone / de lana sobre los cascos / o caperuza de hueso / como el atril de san Marcos» (*La más constante mujer*, I, BAE XLV, pág. 501); cf. Quevedo: «También he venido a ser / regocijo de los

vellocino de Colcos[74]. Empezó el tal animal a dar
brincos y saltos la vuelta de la villa, partiendo el amo
más ligero que un viento en su alcance, dando muestras de quererlo coger; y yo con más velocidad que
una despedida saeta fui en seguimiento del amo, por
cobrar mi real de a ocho. El carnero huía, el dueño
corría, y yo volaba. Fue tanta mi ligereza, que lo vine
a alcanzar en un bosque frondoso que estaba en la
mitad del camino que había de la villa al puerto.
Pregúntele por el carnero; díjome que se había metido
por la espesura del bosque, y que no sabía dél. Pedíle
mi dinero, a lo cual alegó que lo vendido vendido y lo
perdido perdido, que ya él había cumplido con entre-
gármelo; que hubiera yo tenido cuidado de asirlo con
brevedad y ponerlo en buen recado. Yo, movido a ira
de la sinrazón[75] del villano, por verlo solo y sin armas
me atreví a meter mano a una espadilla vieja y mohosa
que había sacado de galera[76], pensando de aquesta
suerte atemorizarlo y reducirlo a que me volviese mi

santos, / pues siendo atril de san Lucas, / soy la fiesta de San
Marcos» (ed. cit. núm. 715).

[74] *origen del vellocino de Colcos:* el carnero, cuyo vellón de oro
fueron a buscar los argonautas al país de Cólquide. A juzgar por
su nota («el villano soltó el sostén con que tenía atado el carnero y
dejó escaparse a éste, como las famosas ovejas cólquidas dieron el
vellocino...», *sic),* SZ no han entendido tan elemental perífrasis.

[75] *de la sinrazón.* En español el agente de la pasiva iba precedido
en un principio por *de (a* o *ab* latinos), al que fue sustituyendo *por*
a través de un largo proceso. *De* dominaba aún en el siglo XVI; hoy
su uso es bastante reducido: sólo se emplea en la pasiva de algunos
verbos, y de modo no exclusivo (R. Lapesa, «Restos sintácticos de
casos latinos en español», *BRAE* XLIV, 1964, pág. 29). Un
ejemplo que no ofrece dudas por carecer del matiz causal aparece
en cap. V, pág. 256: «persuadidos de los oficiales».

[76] *de galera.* Como otros sustantivos, en ciertas construcciones
galera no requería artículo. Cf. Lope de Vega, «Salen dos turcos de
galera con sus almillas» *(El Arenal de Sevilla,* I, ed. Acad. N., X,
pág. 368).

dinero; pero me sucedió muy al contrario de lo que yo imaginé, porque apenas el tal borreguero vio en cueros y sin camisa el acero novel, cuando empezó a dar infinitas voces, diciendo:

—¡Favor, que me matan! ¡Socorro, que me roban!

A cuyos gritos salió de lo más intrincado del bosque una manga suelta [77] de tosco villanaje, que Dios me libre por su santísima Pasión de semejante canalla. Venían todos cargados de chuzos y escopetas, y antes que fuesen descubiertos de mí ya me habían atajado los pasos; y quedé en manos de villanos, que de las desdichas que suceden a los hombres esta es una de las mayores [78]. Llegó uno que parecía cabo de cuchara [79] de los demás; preguntóle a mi inocente Judas la causa

---

[77] *manga:* «cierta forma de escuadrón en la milicia» (Covarr.). «*Venir de manga:* dícese de la cuadrilla de confederados para algún hecho y siempre se dice a mala parte, como es para algún engaño premeditado o algún delito prevenido ayudándose unos a otros» (L. Galindo, *op. cit.,* ms. 9779 BN, M 105).
suelta: «la tropa, la partida, el destacamento que se segrega de una masa táctica u orgánica» (J. Almirante, *Dicc. militar*). Cf. Diego de Aedo y Gallart, «Habiéndose adelantado a guarnecer el reduto con una manga suelta de arcabucería...» *(Viaje, sucesos y guerras del Infante Cardenal Don Fernando de Austria,* Madrid: Imprenta del Reyno, 1637, pág. 119).
[78] *quedé en manos de villanos.* En este pasaje probablemente subyace una frase hecha. Cf. «Dios me libre de un azar. —Y a mí de bellacos en cuadrilla y villanos en gavilla...» *(Pleasant and Delightfull Dialogues...,* VII, pág. 62); Lope de Vega, «...Que morir entre villanos / es la desdicha mayor» *(Las Batuecas...,* II, BAE CCXV, pág. 394).
[79] *cabo:* 'jefe' y también 'mango', de donde sale el sobadísimo chiste, más frecuente con *cuchillo* que con *cuchara.* Cf. Quevedo, «Que pretenda el maridillo / de puro valiente y bravo / ser en una escuadra cabo / siendo cabo de cuchillo...» (ed. cit., núm. 646); Tirso de Molina, «¿No mos verás más de vero? / —No hasta ser emperadero, / o si no, cabo de escuadra. / —¿Cabo de qué? —De cochillo» *(La mujer que manda en casa,* II, ed. D. L. Smith, Valencia-Londres, 1985, pág. 144).

de su lamento, y él le dijo que, después de haberme
vendido un carnero y dádole ocho reales por él, le
había ido siguiendo con intención de quitárselos, y
que alcanzándolo en aquel puesto se lo[80] había pedido
con muchos retos y amenazas, y que porque me los
había negado había metido mano a la espada para
matarlo y robarlo. Ellos, sin oír mi disculpa, que
bastaba a Inés ser quien es[81], llegaron a mí y despoján-
dome de la durindana me dieron tantos cintarazos[82]
con ella y tantos palos con los chuzos que, después de
haberme abarrado como encina, me dejaron hecho un
pulpo a puros golpes[83].

Fuéronse todos haciendo grande algazara y dando

---

[80] *se lo.* Así todas las ediciones. Más esperable sería *se los,* pues se
refiere a los ocho reales.

[81] *basta a Inés ser quien es:* alusión implícita al romance «Serranas
de Manzanares, / yo me muero por Inés [...] / porque ellos se van
tras ella / después que saben quién es». Cf. cap. VIII, nota 90; y
Rojas Zorrilla, «Hoy veré a mi Inés hermosa [...] / pero si Inés no
es quien es [...] / tomaré venganza en todas» *(Donde hay agravios...,*
I, BAE LIV, pág. 151.

[82] *durindana:* «Lo mismo que espada. Derívase de la palabra
Durandal, con que los libros franceses de caballerías llamaban las
espadas de algunos de sus héroes, especialmente la de Roldán»
(Dicc. Auts.). Cf. Lope de Vega, «...Y yo a defenderle salgo / con
la misma durindana» *(La nueva victoria del Marqués de Santa Cruz,*
II, BAE CCXXXIII, pág. 226); Castillo Solórzano, «Temo que
como otro Orlando / no saques a Durindana / y con la cólera
insano / eches a rodar la fiesta» *(La fantasma de Valencia,* II, en
Fiestas del jardín, ed. cit., pág. 269).
    cintarazo: «golpe de espada con vaina y todo, más para agra[v]iar
o ultrajar que para herir, o con la espada desnuda, pero de llano»
(Ayala, en *TLex).*

[83] *abarrar:* «golpear, apalear, varear» *(Dicc. histórico).* Cf. «No
dan su fruto los malos sino como encina, a palos» (Horozco);
L. Quiñones, «Soy encina, que doy el fruto a palos» *(Entremés de la
hechicera,* ed. Cotarelo, *Colección...,* pág. 683b).
    Existe el refrán «la madre del pulpo, que aporreada engorda»
(Ballesta).

muchas muestras de alegría; y yo, viéndome solo y tendido en tierra y en medio de tan lóbrega palestra, temiendo no saliese otra emboscada que me dejase sin despojos, ya que la pasada me dejaba sin espada y sin costillas, me levanté como pude y, desgajando de un sauce un mal acomodado bastón[84], le supliqué que me sirviera de arrimo, y abordonando[85] con él me volví a mi galera adonde conté todo el caso, el cual fue celebrado y juzgaron a buena suerte haber salvado los cinco de a ocho.

Contónos el patrón de la galera que él había llegado allí diversas veces, y que había visto hacer la misma burla a muchos soldados, y que todos los carneros que conducen a aquel puerto los tienen adestrados a huirse, en viéndose sueltos, y volverse a sus casas; y que descogen[86] los mozos más ligeros de aquella cercana villa para venirlos a vender, tiniendo de retén, para los que los siguen, una cuadrilla de villanos armados a la entrada de aquel bosque; y que, aunque se han querido vengar algunos soldados de su engaño y villanía, no se habían atrevido, por el bando que echan los generales de pena de la vida el que les hiciere mal ni daño; porque temen que ponga en arma la tierra, y les impida aquel retiro de cualquier tormenta y el hacer

---

[84] *desgajando de un sauce un... bastón.* Situación similar a la del *Quijote* I 8: «Aquella noche la pasaron entre unos árboles, y del uno dellos desgajó don Quijote un ramo seco que casi le podía servir de lanza».

[85] *abordonar:* «andar afirmado o apoyado sobre algún palo o bordón» *(Dicc. Auts.).*

[86] *descogen:* aunque su sentido propio es 'despliegan', aquí significa 'escogen', como se enmienda desde la 4.ª edición; el mismo uso anómalo se reitera en Gabriel de la Vega: «De los más valerosos y alentados / descogió cuatro en cada compañía» *(FV III 10);* «Hízole capitán de cien leones / de la más descogida infantería» *(FV III 52),* etc.

aguada y tomar algún refresco[87]. Di gracias al cielo de haber escapado con la vida, y de haber llegado a tiempo[88] en que no sólo los hombres engañan a los hombres pero enseñan a los animales a dejarlos burlados. Yo tuve qué rascar algunos días y de qué acordarme todos los que viviere.

Tuvimos una noche en este mismo puerto una procelosa tormenta, llegando a pique de perderse toda el armada porque las galeras, abatidas de la fuerza de los vientos y combatidas de las soberbias y encumbradas ondas, rompiendo cabos y despedazando gúmeras[89], se encontraron y embistieron unas con otras y, como si fueran dos enemigas escuadras, se quebraban los remos, se desgajaban los timones y se maltrataban las popas. Y mientras unos llamaban a Dios, y otros hacían promesas y votos, y otros acudían a sus menu-

---

[87] De la condición de aquella gente y lugar dan testimonio varios textos: «Este Brazo de Mayna es un distrito de tierra que está en la Morea, asperísimo, y la gente de ella son cristianos griegos; no tienen habitación ninguna si no son en grutas y cuevas, y son grandes ladrones; no tienen superior electo, sino el que es más valiente, a ese obedecen; y aunque son cristianos, jamás me parece hacen obras de ello. No ha sido posible el sujetarlos los turcos, con estar en el centro de su tierra, antes a ellos es a quienes hurtan los ganados y se los venden a otros» (A. de Contreras, *Vida*, ed. cit., pág. 106); «en cuanto al cabo de Maina, es la gente más infiel y más mala que Levante tiene, y viven de robarse unos a otros» (CODOIN XLV, pág. 69, *ap.* Moore).

[88] *haber llegado a tiempo*. Así todas las ediciones. Podría faltar un verbo: *haber llegado a [ver] tiempo*. Cf. «Hubiese llegado a ver tiempo que se premiasen...» (cap. XII, pág. 307 y nota 58).

[89] *gúmera* o *gúmena*: «maroma gruesa de navío» (Covarr.). La forma con *r*, que no registra Corominas, figura en las ediciones antiguas y en otros textos anteriores (A. de Guevara, *Libro de los inventores del arte de marear*, cap. VIII) y coetáneos (A. Cubillo, «Cortando cabos y gúmeras / llegué a la crujía, adonde...», *La perfecta casada*, I, BAE XLVII, pág. 112*b*).

La *Relación* de Hurtado habla del «rigor del tiempo» en Brazo de Mayno, que les obligó a deshacer los dos bajeles menores.

das faenas, mi merced, el señor Estebanillo Gonzales, estaba en la cámara de popa haciendo penitencia[90] por el buen temporal con una mochila de pasas y higos, dos panecillos frescos y un frasco de vino que le había soplado al capitán, diciendo con mucha devoción: «muera Marta y muera harta»[91].

Cesó la tormenta, remendáronse las galeras lo mejor que se pudo, y volvimos atrás, como potros de Gaeta[92], cuando pensábamos pasar muy adelante. Pusieron en cadena unos patrones, porque aseguraron a los generales que llevaban bastimento para tres meses, no llevándolo para seis semanas[93], por cuyo engaño quizá

---

[90] *hacer penitencia:* eufemismo por 'comer', y no solo parcamente, como anota Rodríguez Marín *(Quijote,* ed. cit., IV, pág. 103). *«Hará penitencia conmigo.* Convidando a comer a alguno se dice esto por modestia, y se varía con más o menos palabras» (Correas).

[91] *muera Marta* (o *gata) y muera harta:* refrán recogido por varios paremiólogos, desde el siglo xv. M. Chevalier *(Cuentecillos tradicionales en la España del siglo de oro,* Madrid, 1975, págs. 261-264) transcribe varias anécdotas similares a la de Estebanillo (una más aparece en la continuación anónima del *Lazarillo,* cap. II) y remite al Dr. Laguna, que la relata dos veces, primero en 1543 (comentarios al *De Virtutibus* de Aristóteles), y luego en 1555 *(Dioscórides,* cap. CXLV, pág. 120), atribuyéndola a un portugués.

[92] *volvimos atrás, como potros de Gaeta.* Ya en el *Seniloquium,* del siglo xv, figura: «los potros de Gaeta, cada feria valen menos». Correas trae una formulación más cercana a la de Estebanillo: *«corre para atrás, como los potros de Gaeta.* Dícese notándolos de poco corredores. Gaeta es lugar de la Andalucía» (hoy Belalcázar, en Córdoba).

[93] En el siglo xvii el *patrón* era «administrador-depositario de los bastimentos, efectos y pertrechos de la galera». Debía «recoger del tenedor de bastimentos todo lo que se necesitaba para el consumo de su galera, como vituallas y pertrechos, llevando cuenta de todo ello, de los gastos de los enfermos, de los calderos de chusma y del consumo de pólvora» (Olesa Muñido, *op. cit.,* págs. 697-699). Las censuras que siguen, a gobernadores, castellanos y proveedores de los ejércitos, mejor que a la expedición de 1621 se aplican a los sucesos de la campaña de 1645 en Flandes y concuerdan con

se perdieron muchas vitorias y se mal lograron muchas ocasiones. ¡Qué dello pudiera decir cerca desto y de otros sucesos que han pasado y pasan desta misma calidad, no sólo a patrones de galera, sino a gobernadores de villas y castellanos de fortalezas y amunicioneros y proveedores, en quien puede más la fuerza del interés que el b[l]asón de la lealtad! Pero no quiero mezclar mis burlas con materia de tantas veras, ni aguar la dulzura de mi bufa con el amargura de decir verdades.

TA |

Pasamos por entre turcos y griegos; después de haber descubierto con turbantes de nubes y plumas de celajes [94] el altivo y celebrado Etna, el ardiente Volcán y el fogoso Montgibelo [95], llegamos a Mesina llenos de

---

las quejas de Piccolomini acerca del fracaso en la defensa de varias plazas fuertes.

[94] *turbantes de nubes y plumas de celajes.* Cf. en cap. VIII, nota 45, idéntica imaginería usada por Gabriel de la Vega.

[95] *Montgibelo:* «l'Etna [...], chiamato dagli arabi *Gibel utlamat* (Montagna ardente) e inseguito Mongibelo» (L. V. Bertarelli, *Sicilia,* Milán, 1928, *ap.* Moore). El uso de *Mongibelo* como denominación poética del Etna es muy frecuente en la lengua del siglo de oro: cf. Lope de Vega, «Rayos vio Mongibelo, que mi acero / engendró en su montaña más ardiente» *(El buen vecino,* I, ed. Acad. N., IV, pág. 3); Góngora llama al Sacromonte de Granada «Etna glorioso, Mongibel sagrado» (ed. Millé núm. 263). Pero no todos tenían claro que ambos nombres designaban al mismo volcán; así Calderón, en una comedia mitológica de ambiente siciliano, hace decir a un personaje: «...Este monstruo, de quien tiemblan / los convecinos lugares / de toda esta inculta esfera / más que de la vecindad / de el Mongibelo y el Ethna» *(La fiera, el rayo y la piedra,* I, ed. J. Portús y M. Sánchez Mariana, Madrid, 1987, pág. 52); J. de Ovando, «El fatal de la pólvora molino / [...] sabe abortar, cuando encendido brama, / Mongibelos de ardor, Etnas de llama» *(Ocios de Castalia,* ed. C. Cuevas, Málaga, 1987, pág. 465). En otros textos se menciona también Volcán como cumbre aparte, acaso por designar un cráter entonces activo. Cf. Calderón, «Aquellas dos altas cimas / que, en desigual competencia, / de fuego el Volcán corona, / corona de nieve el Edna» *(En la vida todo es*

banderolas, flámulas y gallardetes [96]; saludamos la
ciudad con pelícanos de fuego, y ella con neblís [97] de
alquitrán hizo salva real a nuestra buena venida y
publicada vitoria. Saltamos en tierra, adonde los dos
generales fueron bien recibidos de su Alteza Serenísima el príncipe Philiberto Manuel, el cual, saliendo a
ver su vitoriosa armada, honró a todos los capitanes y
soldados particulares [98] así con obras como con palabras; porque sólo dan honra los que la poseen y
deshonra los que carecen della, porque no puede dar
ninguno aquello que no tiene [99]. Mandó poner a la
urca de la presa un artificio en forma de carroza, que
en virtud de sus cuatro ruedas andaba sobre el agua,
caminando a todas las partes que la querían llevar sin
velas y remos ni timón, que a todo esto ha llegado la
sutileza de los ingenios y todo esto puede la fuerza del
oro. Retirándose a sus puestos la mayor parte de las

---

verdad..., I, ed. D. W. Cruickshank, Londres, 1971, pág. 6 y nota
en págs. 206-207, que remite a Lope de Vega, *El sufrimiento
premiado,* III: «¿Soy el mismo Mongibelo, / Etna, Lipari y
Volcán?», ed. V. Dixon, Londres, 1967, pág. 107).

[96] *flámula:* «la banderilla del navío» (Rosal, *Origen y Etymología de
todos los vocablos...,* 1601, copia del P. Zorita, ms. 6929 BN). Las
ediciones del s. XVII: *flámulos,* que será errata.

«Los tordanos, flámulas y gallardetes estaban todos ellos remata-
dos en dos puntas, y diferían tan sólo entre sí por su distinta
longitud» (Olesa Muñido, *op. cit.,* pág. 211). Según el mismo
autor, el gallardete se arbolaba en la espiga del árbol maestro o
mástil mayor, mientras que la flámula, más larga, colgaba de la
pena o extremo superior de la entena del trinquete.

[97] *neblís.* Las ediciones antiguas, *nebles;* la de 1720, *neblíes;* la de
1795, *neblines.* Cf. Gabriel de la Vega, «Mas un neblí de fuego
acelerado / abrió a la muerte cándido postigo» *(FV,* II 6); cf. también, del mismo, «Expelía con furia acelerada / mil lluvias de
pelícanos de fuego» *(FC II 23).*

[98] *soldados particulares* o guzmanes: soldados distinguidos, que
solían pertenecer a familias nobles.

[99] «nadie puede dar lo que no tiene» (Correas).

galeras, particularmente las del Gran Duque de la
Toscana, quedando [100] en Mesina sola una escuadra de
veinte y cinco galeras, en las cuales embarcándose su
Alteza, y dejando aquella ciudad en una confusa soledad, partimos la vuelta de Palermo a gozar de su
cocaña [101].

Detuvímonos veinte y un días en Melazo, por falta
de buenos temporales [102]. Hay en este puerto una
iglesia de la avocación de san Fanfino [103], abogado de
gomas y lapas [104], adonde cualquiera persona que llega
a encomendarse a este bendito santo padeciendo destas
enfermedades, metiéndose en el arena de su marina y
echando sobre ella [105] una poca de agua del mar de
aquel puerto, le salen en breve espacio milagrosamente

---

[100] *retirándose.* Desde la edición de 1725 se enmienda *retiráronse,*
que agiliza la sintaxis.

quedando. Así la 1.ª edición. Desde la 2.ª, *quedándose.*

[101] *cocaña:* «pays de cucaña, païs de cucagne; c'est-à-dire, abon-
dant en toutes sortes de choses pour la vie» (Sobrino, en *TLex).*

[102] *temporal:* «la buena o mala calidad o constitución del tiempo»
(Dicc. Auts.). Cf. Liñán y Verdugo, «Cuando se pronunció la
primera vez esta sentencia: *ara bien y cogerás pan,* debía de ser
verdadera, porque en los hombres había menos malicia y Dios
acudía con los temporales cuando eran necesarios» *(Guía y avisos de
forasteros...,* ed. cit., pág. 76).

Piaggia, *ap.* Moore, fija la estancia de la escuadra en Milazzo, en
noviembre de 1622.

[103] *San Fanfino.* Así todas las ediciones (incluida «la de 1655»
[cuarta], pese a lo que dicen Moore, pág. 30, y SZ). Según Moore
(art. cit.), «el texto debería corregirse para que se lea *San Papino,*
como era probablemente la intención de Estebanillo», dado que no
existe ningún San Fanfino y en cambio había una iglesia dedicada a
cierto S. Papino, santo local de Milazzo, cuya situación frente a la
playa se acomoda al texto. Millé menciona un S. Santino y un
S. Fantín.

[104] *goma* es «el tumor o bulto que sale en la cabeza o garganta y
en las canillas de los brazos y piernas» *(Dicc. Auts.).*

lapas: ¿lamparones? Cf. cap. V, nota 141.

[105] *ella:* se entiende, la persona.

infinidades de guzanos de sus llagas antiguas o modernas, y queda bueno y sano de su pestífera enfermedad.
Yo, que por andar bien aforrado de paño o vino de
Pedro Jiménez [106] no necesité deste santo milagro (y
cuando acaso necesitara, por no echar sobre mi cuerpo
la cosa que más aborrezco, que es el arrastrado y sucio
elemento del agua, me quedara hecho otro Lázaro
leproso), si este divino santo convirtiera este milagro
en el de la boda de Architriclino [107] y volviera aquel

---

[106] *paño o vino de Pedro Jiménez. Aforrar* atrae *paño,* que en
germanía es 'vino', cuyos efectos elogia E. en otros lugares.
«Abrigo es contra el frío: estar bien bebido» (L. Galindo, *op. cit.,*
ms. 9772 BN, A 17). Cf. Gaspar Lucas Hidalgo, «Siendo vos tabernero y yo ropero, ¿cómo decís que somos de un oficio? —Respondió
Colmenares: —Ambos vendemos ropa, sino que la vuestra abriga
por de fuera y la mía por de dentro» *(Diálogos de apacible entretenimiento,* I, 4). El vino de Pedro Jiménez es aún hoy una clase de
vino de Málaga (M. Herrero, *La vida española del siglo XVII,* I, *Las
bebidas,* pág. 58). Cf. nota de Rodríguez Marín a Pedro Rodríguez
de Ardila, *Baco y sus bodas en España,* pág. 72.

[107] *Architriclino.* Como anota Millé, «al relatar el milagro de las
bodas de Caná, en las cuales Jesús convirtió el agua en vino, San
Juan (2: 1-10) menciona al mayordomo del banquete o maestresala
(en latín *architriclinus)»,* término que, con variable fidelidad,
recuerdan numerosos autores: J. de Valdivielso, «Por las hidrias
del santo Architriclino / (después de vino celestial repletas) / que
estoy para perderme y sufocarte» *(El ángel de la guarda,* II, ed. cit.,
pág. 662); «Y con todo eso es tan grande / la desdicha que me
alcanza / que, al revés de Architiclinos, / se me vuelve el vino en
agua» *(La próspera fortuna de don Bernardo de Cabrera,* I, atribuida a
Lope de Vega, ed. Acad. N., VIII, pág. 638); Tirso de Molina,
«¡San Blas, San Arquitriclino, / que volviste el agua en vino!»
(Escarmientos para el cuerdo, III, ed. Cotarelo, NBAE IV, pág. 76);
A. de Claramonte, «¡Oh, quién fuera architeclino / para que viera
hecha vino / la que me brinda!» *(Deste agua no beberé,* III, ed. M. C.
Hernández Valcárcel, Murcia, 1983, pág. 367).

[108] El vino de San Martín nada tiene que ver con los festivales
sicilianos de San Martino de que hablan Moore y SZ, sino que es
el más célebre vino blanco en la España de entonces, elaborado en
San Martín de Valdeiglesias. Cf. la sabrosa nota de Rodríguez

agua del puerto de San Fanfino en vino de San Martín [108], te aseguro que dejara de seguir las galeras y
que, dejando el mundo, me retirara a este sagrado a
hacer penitencia de mis pecados en el húmedo yermo
de su bodega o cantina.

Prosiguiendo el viaje de aquella fértil y abundante
corte de Palermo, me sucedió una desgracia en mi
aplaudido y celebrado fogón, con que di con los
huevos en la ceniza [109]; y fue que, yendo una mañana a
querer poner la olla con una poca de carne que había
quedado en mi rancho [110], por ser el último día de la
navegación, al tiempo que la metí en un balde y largué
el brazo al mar desde la proa para coger un poco de
agua para lavarla, llegó una soberbia onda, fomentada
de una mareta sorda [111], y cargó con la carne y lavade-

Marín a Pedro Rodríguez de Ardila, *Baco y sus bodas...,* cit.,
págs. 67-69, y M. Herrero, *La vida española en el siglo XVII...,* págs. 6-10.
Añádase, «Hola, dadnos de beber [...]. —Paje, yo soy muy devoto
de aquel santo que partió la capa con el pobre. —A buen entende-
dor, pocas palabras; de lo de San Martín quiere v[uesa] m[erced]»
(Pleasant and Delightfull Dialogues..., III, pág. 20; nota marginal de
Minsheu: «Wine of S. Martin, the most delicate wine of Spaine,
growing about S. Martin, a towne in the kingdome of Toledo, in
Spaine»); Felipe Godínez, «Yo tengo sed, hambre y frío. /
¿tienes algo de pernil / con un trago de lo caro? / Porque esto de
San Martín, / según lo que abriga, siempre / tiene capa que partir»
(Aun de noche alumbra el sol, II, BAE XLV, pág. 205).
   [109] *«dar con los güevos en la ceniza.* Por caer la cosa al mejor
tiempo» (Correas). Cf. Góngora, «A don Luis de Saavedra no
irrite vuesa merced ahora hasta que, placiendo a Dios, llegue yo a
Córdoba, que dará con los huevos en la ceniza» (carta 114, *OC,* ed.
cit., pág. 1113); Cubillo, «Con los huevos hemos dado / en medio
de la ceniza» *(La perfecta casada,* I, BAE XLVII, pág. 115).
   [110] *rancho:* «paraje determinado en las embarcaciones, donde se
aloja a los individuos de la dotación» *(Dicc. Acad.).*
   [111] *«mareta sorda:* il mar quando si gonfia e solleva senza soffio
di venti» (Franciosini), es decir, 'mar de fondo'; «alteración,
hinchazón de las ondas sin ocasión de viento» (L. Galindo, *op. cit.,*
ms. 9781 BN, f. 97v).

ro y me dejó mojado y descarnado. Yo, por no dejar a mi amo sin comer, ni hallar por mis dineros con que encubrir el robo marítimo, arrimé al fogón la piñata llena de tajadas de bacallao[112], pensando que en virtud del ajaso y pimentón supliera la falta del sucedido fracaso; y habiendo espiado una olla de un capitán (pienso que podrida, pues tan hedionda fue para mí), y visto que el guardián della se entretenía en la crujía[113] en el juego de dados, le di [a] él gatazo[114], y a su olla asalto, pues yendo a mi rancho, y trayendo un pequeño caldero vacío, traspasé el bacalao a él y la olla del capitán a la mía. Hecho este trueque sin partes presentes[115], zampé el pescado del caldero en la olla capitana[116], y, volviéndolas a tapar a las dos, volví el caldero a su lugar; y poniendo la mesa y llamando a mi amo y a sus camaradas, aparté la piñata y híceles que comiesen temprano, por estar a cuatro millas de

---

[112] *bacallao*: única forma que registra el *Dicc. Auts.* por 'bacalao'.

[113] *crujía*: «el paseo y carrera de la galera que se forma en medio de ella entre una y otra banda de los remeros» (Covarr.)

El guardián, como se aclara más abajo, es un soldado de infantería perteneciente a la compañía de guarnición, que mandaba un capitán subordinado a su vez al capitán de la galera (Olesa Muñido, *op. cit.*, págs. 842-845). En esta embarcación se menciona aún otro capitán, jefe del alférez a quien sirve Estebanillo, acaso por llevar más «gente de guerra» de la habitual.

[114] *dar gatazo*: «engañar, burlar a alguno, darle un chasco pesado» *(Dicc. Auts.)*. Todas las ediciones, *le di el gatazo*. Aceptamos la conjetura de Millé.

[115] *sin partes presentes*: «empleo humorístico de la fórmula notarial en documentos de compraventa y cambio» (nota de la edición de Michaud).

[116] *olla vitoriana*. Acerca de las antiguas cerámicas alavesas, cf. Joaquín José de Landázuri, *Historia civil de la Muy Noble y Muy Leal Provincia de Álava* (Vitoria, 1798), y Leandro Silván, *Cerámica del País Vasco* (San Sebastián, 1982), en especial págs. 156 y ss. En Vitoria existió una plaza de las Olleras y un callejón de la Ollería o de la Alfarería, y en las proximidades un pueblo llamado Ollerías.

Palermo. Alabaron todos lo sazonado de la olla, confirmándome por el mejor cocinero de la armada.

Levantóse nuestra tabla al tiempo que se puso la del capitán, y que el guardián y maestro de cocina, habiéndole hecho dejar el juego, venía muy cargado con su olla vitoriana. Desembarazóse della, quitóle la cobertera, y al quererla escudillar [117] se quedó hecho una estatua de piedra, sin menear pie ni mano. El capitán, viendo su elevación y que apenas pestañeaba, le preguntó la causa pensando que le había dado algún accidente. Él le respondió, viendo aquella transformación de Ovidio [118] en su olla, que sin duda aquella galera se había vuelto palacio de Circe [119], pues a él lo habían convertido en mármol frío y a la carne de aquella olla en bacallao.

Viendo el capitán el suceso tan en su daño, echó a rodar la mesa de un puntapié, y con mucho enojo le dijo al cocinero soldado que si él no se hubiera puesto

---

[117] *escudillar:* «vaciar el caldo de la olla, porque se echa en escudillas» (Siesso, en *TLex*).

[118] *aquella transformación de Ovidio.* Expresión muy corriente. Cf. Jerónimo de Alcalá Yáñez, «En efecto, el bueno de mi amo hacía de mí más transformaciones que un Ovidio» *(Alonso, mozo de muchos amos,* I.ª parte, 1624, que citamos por la 2.ª edición, Barcelona: Esteban Liberós, 1625, cap. 2, f. 12v); Tirso de Molina, «Transformaciones verá / en mí Toledo, no escritas / de Ovidio» *(Desde Toledo a Madrid,* I, BAE V, pág. 487); A. de Claramonte, «Ovidio / dejó sus transformaciones / en este encantado sitio» *(Deste agua no beberé,* I, ed. cit., pág. 298); F. de Zárate, «Docta en Ovidio venís. / —En transformaciones ando» *(Mudarse por mejorarse,* II, BAE XLVII, pág. 541).

[119] *Circe:* maga a cuyo palacio llegaron los hombres de Ulises siendo transformados por ella en cerdos *(Odisea,* X, 229-244). También era referencia común. Cf. Lope de Vega, «¿No has oído que solía / mudar Circe en piedra un hombre?» *(Quien más no puede,* I, ed. Acad. N., IX, pág. 122); «El intratable que tiene / transformaciones de Circe» *(El labrador de Tormes,* I, ed. Acad. N., VII, pág. 5).

a jugar, ni nadie se hubiera atrevido a tales transformaciones, ni él se quedara burlado y sin comer; que
echase el pescado a la mar y que de allí adelante no se
encargase de guisar su comida, que él buscaría quien
acudiese con más cuidado. Con esto le volvió las
espaldas muy enfadado, y el pobre soldado con muy
grande flema llevó a un banco la encantada olla, y dio
lo que estaba dentro a los forzados dél; y tiniendo su
piñata vacía en la mano derecha, al quererse ir, al
llegar a su rancho, un esclavo a quien tocó parte de las
tajadas de bacallao, quisá agradecido de la limosna que
le había hecho, le contó haber sido yo el autor de
aquella maraña, y el varón santo que convertía la carne
en pescado para mortificación y continencia del capitán, y que él me había visto hacer el milagro y la
trasladación de un sepulcro a otro.

Yo, que estaba receloso de ser descubierto y andaba
nascondido [120] para ver en qué paraba aquel alboroto,
estaba cerca del bando [121] contrario bien ignorante de
lo que en mi contra se trataba. El soldado, así que se
satisfizo de la verdad, por volver por su reputación
puso por obra la venganza, y llegándose a mí y alzando el vaso y olla muy airosamente, rompió los cascos
della en los de mi cabeza, diciéndome:

—Señor sotoalférez, quien goza de las maduras,
goce de las duras; y quien come la carne, roiga los
huesos [122].

---

[120] *nascondido*. Así la 1.ª edición, por probable cruzamiento con
el it. *nascondere*, 'esconder'.

[121] *bando*, si no es errata por *banco*, parece significar 'banda' o
'costado'; aunque la forma no está documentada en esta acepción,
existe el posible diminutivo *bandín*, 'asiento en la popa de una
galera'.

[122] «quien come las duras, coma las maduras» (Ballesta, etc.).
Estebanillo invierte el sentido del refrán.
«quien come la carne roiga el güeso» (S. de Horozco, ms. cit.).
En formas análogas lo traen Hernán Núñez y Correas.

Yo caí sin ningún sentido sobre la crujía, adonde al ruido del golpe acudió mi amo y su capitán. Informáronse del caso, y por ver que me bastaba por castigo el estar como estaba, pidió el capitán a mi amo que me despidiese luego que llegase a Palermo, porque quien hacía un cesto haría ciento [123]; el cual le prometió de hacerlo así. Fuéronse los dos a la popa, y yo, despertando del sueño de mi desmayo o letargo de mi tamborilazo, me hice curar de un barberote media docena de burujones [124] que me habían sobrevenido de achaque de olla podrida, y entrapajándome muy bien la cabeza me fui poco a poco a mi rancho.

Leyóme la sentencia mi amo, dándome, aunque sobre peine [125], por haberle sabido bien la olla, su poquita de reprehensión. Díjele que supuesto que me despedía, habiéndome sucedido aquella desgracia por acudir a su regalo, que me pagase lo que me debía, conforme al concierto que hizo conmigo en Mesina cuando me recibió. Preguntóme que si desvariaba con el dolor de la cabeza, porque él no había concertado nada conmigo ni de tal se acordaba, ni que a los abanderados se les daba otra cosa que de comer y beber y un vestido cada año. A estas razones le respondí algo enojado que él no me había recebido para abanderado, sino para estar en la primera plana y para esguazar, y que no solo no me había dado el sueldo de la primer plana, ni los provechos del esguazo, ni

---

[123] «quien hace un cesto hará ciento» («y si tiene mimbres y tiempo, un cuento», añade Correas). En su forma simple aparece desde el *Seniloquium.*

[124] *burujón:* «tumor o hinchazón formado en alguna parte del cuerpo» *(Dicc. Auts.).*

[125] *«sobre peine, a sobre peine:* hacer algo levemente» (Correas). Modo adverbial ya registrado por Vallés y el refranero del siglo XVI que perteneció a Rodríguez Marín —ms. RM, núm. 3868 del CSIC—.

puéstome en el avanzamiento que me había prometido, pero que en lugar de cargo tan honroso me había obligado a ser lamedor de platos y marmitón de cocina, por lo cual me había venido a ver en el estado en que estaba.

Mi amo, después de haberse reído un gran rato, me dijo:

—Señor Estebanillo, vuesa merced ha vivido engañado. El ser abanderado es oficio de la primer plana, cuyo sueldo tira [126] el alférez. Si el esguazar ha pensado que no es otra cosa que comer y beber, será el ollazo que le han dado sobre la cabeza. El tutplén es que vuesa merced es en todo y por todo [127] otro Lazarillo de Tormes; mas por que no te quejes de mí ni digas que te he engañado no siendo nada inocente, ve aquí dos reales de a ocho para ayuda de tu cura y para que esguaces en saltando en tierra y bebas un frasco de vino a mi salud.

Yo los recebí y le agradecí la merced que me hacía, y me fui previniendo para salir de aquel abreviado infierno [128], por estar ya cerca de tierra.

Tenía la ciudad y corte insigne de Palermo hechos grandes apercibimientos para recebir a su Alteza Serenísima, por dar muestras de su valor y grandeza y por significar el gusto que tenía de ⟨la⟩ que la viniese a mandar y a gobernar tan gran príncipe, y tan lleno de

---

[126] *tirar*: «devengar, adquirir o ganar, como tirar sueldo, salario, etc.» *(Dicc. Auts.)*. Cf. Lope de Vega, «Sírvole, su sueldo tiro» *(La obediencia laureada,* II, ed. Acad. N., XIII, pág. 157).

[127] «*en todo y por todo*: afirmando en bien o en mal, y obligándose» (Correas).

[128] *abreviado infierno*. La misma expresión, y también referida a una galera, se encuentra en el *Viaje de Turquía,* atribuido al Dr. Laguna por M. Bataillon *(Le Docteur Laguna, auteur du Voyage en Turquie,* París 1958), ed. A. G. Solalinde (Madrid, 1919), I, págs. 77 y 81. «Infierno flotante» la considera el Dr. Marañón en su estudio sobre la vida en las galeras, *Vida e historia,* pág. 95.

perfecciones y excelencias [129]; y así al tiempo que llegó cerca de su playa (colmo [130] el mar de balas, el aire de fuegos, la esfera de humos, y la tierra de horrores), desembarcóse de su real [131] al son de bélicos instrumentos de guerra, y acompañado de la nobleza ilustre de aquel reino y aplaudido de los habitadores, entró en una de las mejores ciudades que tiene el orbe y en uno de los más abundantes y fértiles reinos de cuantos encierra la Europa. Tomó pacífica posesión de su merecido gobierno, y yo inquieto amparo de una pobre hostería, adonde en pocos días quedé sano de la cabeza y enfermo de la bolsa.

Mas como tras la tormenta suele venir la bonanza [132], así tras de una desgracia suele venir una dicha,

---

[129] Emanuel Filiberto de Saboya, primo de Felipe IV, gran prior de San Juan y capitán general de la mar desde 1612, fue nombrado virrey de Sicilia el 24-XII-1621, pero su toma de posesión efectiva se retrasó hasta el 19-XI-1622, fecha en que llegó a Palermo. Su muerte en agosto de 1624 supuso la desaparición del principal vínculo que unía las dinastías de España y Saboya. Le dedicaron poemas funerales B. L. de Argensola (soneto «No turba nuestro llanto la alabanza») y Suárez de Figueroa (soneto «Oh desengaño universal de antojos», *Pusilipo,* Nápoles, 1629, págs. 146-147).

Nótese que Estebanillo deja un año entero en blanco en la autobiografía al hacer coincidir el regreso de la expedición de Leyva (noviembre 1621) con el viaje del príncipe Filiberto de Mesina a Palermo (noviembre 1622) como si fueran hechos casi inmediatos. Cf. también cap. III, nota 143.

[130] *colmo.* Así en la 1.ª edición. Todas las demás, incluida la nuestra de 1971, *colmó.* Sin embargo, es participio contracto de *colmar,* atestiguado en el *Quijote,* I 33: «podré yo decir que está colmo el vacío de mis deseos», y I 51: «este sitio [...] está colmo de pastores y de apriscos». Más ejemplos ofrece M. Herrero en nota al *Viaje del Parnaso,* de Cervantes, VI 91 (Madrid, 1983, pág. 764).

[131] *real;* «la principal galera de testas coronadas y reinos independientes» *(Dicc. Auts.).*

[132] «*tras la tormenta viene la bonanza*» (Horozco); «*tras tormenta gran bonanza.* Y al contrario» (Correas).

que a haberla sabido conservar harto feliz hubiera sido la que hallé a los ocho días de mi desembarcación; pues yéndome una tarde paseándome por el Caçaro de Palermo [133], admiración del presente siglo y asombro de los cinceles, me llamó un gentilhombre que servía de secretario a la señora doña Juana de Austria [134], hija del que fue espanto del Otomano y prodigio del mar de Levante [135]. Díjome que me había encontrado tres o cuatro veces en aquella calle, y que le había parecido ser forastero y estar desacomodado; que si era así, que él me recibiría de buena gana, y que me trataría como si fuera un hijo suyo en el regalo y en el traerme bien puesto.

Pareciéndome el partido más claro y menos sin trampa que el del esguazar, díjele que le serviría con mucho gusto; y dándole el nombre [136] como a soldado

---

[133] «El Càssaro, hoy via Vittorio Emanuele, es una de las dos grandes calles abiertas en la ciudad vieja por el virrey Duque de Maqueda» (Gasparetti).

[134] Doña Juana de Austria (1573-1629), hija menor de don Juan de Austria, fue monja clarisa en Nápoles, dejó el convento, y, en vista de su resolución, el rey Felipe III, su primo, la casó con don Francisco Branciforte, duque de Petrabona y primogénito de los príncipes de Butera y Pietraperzia. La boda se celebró con gran boato en Palermo, donde el duque poseía un palacio, en 1603. Tuvieron una hija, Margarita Branciforte, que casó con Federico Colonna, duque de Pagliano, y príncipe de Butera (cf. M. Fórmica, *La hija de don Juan de Austria. Ana de Jesús en el proceso del pastelero de Madrigal,* Madrid, 1973, págs. 314-320. Añádase AHN, E., libro 329, f. 127, lib. 698, y legajos 1355 y 2043).

[135] *Levante.* Así todas las ediciones antiguas, excepto algunos ejemplares de la 1.ª que leen *Levanto* (de los siete que hemos examinado, el BN R-13.743 y R-3105). En 1725 ya se corrige *Lepanto,* pero *mar de Levante* era expresión común.

[136] *dándole el nombre.* Juego de palabras, puesto que *nombre* era también el santo y seña. Cf. Lope de Vega, «¿Quién va? —Un soldado. —¿Qué nombre? / [...] Nombre, amigo, no lo sé, / que ha poco que soy soldado» *(Don Lope de Cardona,* III, ed. Acad. N., IV, pág. 690).

que está de centinela, y negándole el tener padre ni ser
medio romano, me vendí por gallego, y se echó muy
bien de ver que lo era en la coz[137] que le dí y en la que
le quise dar. Fuilo siguiendo hasta su aposento, adonde, después de haberme dado de merendar, me entregó la llave de un baúl que tenía, depósito de sus
vestidos y de una buena cantidad de dineros; que el
hombre que llega a hacer confianza de quien no conoce, o está jurado de santo o graduado de menguado. Y
como mi amo me puso el cabo de a paleta[138], y yo
tenía, tras de jugador, un poquito de goloso, fue
fuerza el tirarlo, dándole toque y emboque a el baúl; el
cual quedó libre de no hacer dos de claro[139] por ser las
sangrías pequeñas y de no mucha consideración, por
no darme lugar a mayor atrevimiento mi poca edad y
el buen tratamiento que me hacía mi amo.

Estuve con él cerca de un mes, que te certifico que
no fue poco para quien está enseñado, como yo lo

---

[137] *dar coz como gallego:* «dícese del criado fiel en las entradas y
falso en la salida, de que está infamada la plebe galiciana entre los
castellanos: comienza servicial, humilde por flojo, y despídese con
mal trato» (L. Galindo, *op. cit.,* ms. 9777 BN, D 106). Cf. cap. I,
nota 7.
[138] *cabo* (o *cabe*) *de a paleta:* «ocasión que impensadamente se
viene a las manos. Es alusión tomada de cuando en el juego de la
argolla se viene el cabe [golpe de lleno que da una bola a otra] a
medida de la pala» *(Dicc. Auts.).* «*Poner el cabe de paleta.* A semejanza del juego de la argolla. Por: dar ocasión a un buen dicho
o hecho» (Correas). Desde la 2.ª edición se altera *cabe,* que es la
forma común.
[139] *toque* «en el juego de la argolla es tocar una cosa con otra»
(Covarr.).
emboque «es el paso de la bola por el aro o por otra parte estrecha
como tronera» *(Dicc. Auts.),* pero *embocar* es también 'tomar,
agarrar' *(ibid.).*
hacer dos de claro equivale a 'descubrir, poner de manifiesto'.
Sigue empleando términos del juego de la argolla. Cf. Góngora,
«Hace un doctor dos de claro / de San Andrés a la puente, / sin
topar aros de casa...» *(OC,* ed. cit., núm. 31).

estoy, a mudarlos cada semana como camisa limpia.
Llegó un día de fiesta; aderezábale una conocida suya
las vueltas y valonas [140], y aun pienso que le almidonaba las camisas [141], siendo yo el portador de llevarlas y
traerlas; madrugó a oír misa, por ser día de correo, y
vio que yo me había descuidado en no traerlas un día
antes, como siempre acostumbraba a hacer; diome
media docena de bofetadas, muy bien dadas pero muy
mal recibidas, diciéndome:

—"Pícaro gallego," ¿es menester que ande yo siempre
tras vos diciéndoos lo que habéis de hacer? Como
tenéis habilidad para comer, ¿por qué no la tenéis para
servir, teniendo cuenta, pues no sois de los que busca-

---

[140] *vuelta:* «adorno que se sobrepone al puño de las camisas,
camisolas, etc.» *(Dicc. Acad.).*

valonas: «cuellos de camisas, estendidos y caídos sobre los
hombros» (Covarr.).

[141] *y aun pienso que le almidonaba las camisas.* Puede aclararse la
segunda intención de esta añadidura con el siguiente pasaje de
M. Fernández: «Otros dicen que la pescó, saliendo a lavar sus paños
[...] Unos dicen que se rió, otros que se tendió o deslizó, no en el
hielo, y otros que si enjabonó, también almidonó; lo que sé, que
antes de los nueve vomitó lo que había comido, mas animado,
vómito saludable para vaciar bandujos del género femenino» *(Olla
podrida,* cit., pág. 35). Cf. también esta letrilla de Trillo y Figueroa,
que parece puesta en boca de una ramera: «Las tocas encarrujadas,
/ como tan tupidas son, / las meto sin almidón / y salen almidona-
das: / siempre las meto estiradas / y siempre las saco flojas, / y
tengo mi cofre / donde las otras» *(Obras,* ed. A. Gallego Morell,
Madrid, 1951, pág. 123). También podría haber doble sentido en
aderezar las valonas, a juzgar por algún texto. Cf. Lope de Vega,
«Digo, con perdón de Inés, / que allí requebrar solía / a Celia,
cierta doncella, / y entré, no, por Dios, a vella / sino porque allá
tenía / ciertas valonas que hacer. / —¿Cómo respondes ansí, /
Fabio, delante de mí? / [...] Cuando estoy delante / ¿es buen
término de amante / decirme tan libremente / que sirves otra
mujer?» *(Porfiando vence amor,* II, ed. Acad. N., XIII, pág. 290);
Pérez de Montalbán, «...Y ¿no tienes / moza ninguna? —Ninguna.
/ —¿Ni una Juana que aderece / tus valonas?» *(La doncella de labor,*
II, BAE XLVIII, pág. 595).

TA ba Herodes, de lo que yo necesito, para hacerlo sin que yo os lo mande?

Y diciendo esto se salió de casa, y yo me quedé con mis bofetadas hasta ciento y un año [142].

S Volvió mi amo al cabo de un rato muy alborotado diciéndome que recogiera toda su ropa blanca y que me apercibiera, porque otro día [143] nos habíamos de embarcar para Roma, porque iba acompañando al Príncipe de Botera, yerno de su ama, que iba a aquella corte a ver el Condestable Colona, su padre. Yo salí fuera a hacer lo que me mandaba, con doblado disgusto del que había tenido por no atreverme a volver a Roma y perder tan buen amo, aunque estaba algo en mi desgracia por el desayuno de las bofetadas. Encontré en la calle a un jornalero matante [144], que, por A haber gastado con él algunas tripas del baúl, se había hecho mi amigo, y lo era de taza de vino [145] y de los que agora se usan. Contéle todo mi suceso y pedíle que me aconsejase en aquello que me estaba bien. Y después de haber reportado [146] el bigote y arqueado las

---

[142] *«hasta ciento y un año.* Lo que es hecho o perdido [...] Para siempre» (Correas).

[143] *otro día:* «al otro día, o sea, el siguiente» (J. Cejador, *Fraseología o Estilística castellana,* Madrid, 1921-1925, 4 vols.; II, pág. 449).

[144] *matante:* «rufián, jaque» (Hill).

[145] *«amigo de taza de vino:* los vulgares y no verdaderos amigos, de quienes la antigüedad dijo que mientras hervía la olla estaba su amistad fervorosa» (L. Galindo, *op. cit.,* ms. 9773 BN, A 315; también lo registran Hernán Núñez, Sánchez de la Ballesta y Correas). Cf. Eugenio de Salazar, «Se le venía a comer cada día a casa uno que se decía su amigo (y él era de taza de vino)» (Carta 14, en *Obras festivas,* ed. cit., pág. 181); Mateo Alemán, «Si Gómez, el escudero, te fuere a ver, no le hables palabra, que es hombre de dos caras y es amigo de taza de vino» *(Guzmán de Alfarache,* 2.ª, III, 7, ed. cit., pág. 871).

[146] *reportar:* 'refrenar, reprimir'; aquí, como en francés, 'poner en su sitio'.

cejas, acriminó [147] mucho lo que mi amo había hecho conmigo, diciéndome que no me tenía por mancebo honrado ni por hijo de hombre de bien si no me vengara. Y persuadiéndome que no fuese a Roma ni tratara de darle más disgustos a mi padre, se resolvió en que me fuese con él a Mesina, y desde allí a Nápoles, y que para el viaje cargara con todo cuanto pudiera, que él me lo guardaría en su posada, y a mí me tendría oculto en ella hasta que se embarcase mi amo y los dos nos pusiésemos en camino.

Pudo tanto conmigo la persuasión deste interesado verdugo, que me obligó a hacer una vileza que jamás había pensado ni pasado por mi imaginación; que tales amigos siempre incitan a cosas como aquestas, y una mala compañía es bastante a que el hombre más prudente y de mejor ingenio tropiece en una afrenta y caiga en un peligro. Llevé toda la ropa que estaba fuera de casa, entreguésela a mi amo, y ambos estuvimos ocupados toda aquella tarde en aprestar lo necesario para el viaje. Llegó el día de la embarcación, y como mi natural, aunque era "picaril," no se inclinaba a hurtos de importancia sino a cosas rateras, no determinaba [148], temiendo no me cogiesen en la trampa y me diesen un jubón sin costura [149]. Quiso mi desgracia que, estando ya resuelto de no hacer cosa por donde desmereciera y de ir acompañando a mi amo, entró en el aposento el Arquitofel [150] consejero de mi estado y

---

[147] *acriminar:* «atribuir delito, culpar» (Ayala, en *TLex*). Cf. Lope de Vega, «Bien el delito acrimina / lo escrito deste papel» (*El médico de su honra,* III, BAE CCXII, pág. 151).

[148] *no determinaba.* Puede ser un caso de verbo reflexivo usado como intransitivo (Keniston, *The Syntax...,* 27.36).

[149] *jubón sin costura:* los azotes. Cf. cap. I, nota 111.

[150] *Arquitofel* o *Aquitofel:* «consejero de David y luego de Absalón. Después de traicionarlos a ambos se ahorcó desesperado. No es raro encontrarlo citado como prototipo del mal consejero»

amigo de mi dinero. Díjome que cómo estaba con tanta flema, habiendo de partir las galeras a prima rendida [151] y estando mi amo en la marina [152] con el príncipe, y el aposento solo y la noche oscura. Yo, viéndome en tan fuerte tentación y acordándome de lo que le había prometido, le dije que todo lo que había de sacar lo había metido en aquel baúl, y que por pesar mucho no había podido cargar con él ni había hallado quien lo quisiese llevar.

Él me respondió:

—No le dé cuidado eso, que aquí estoy yo que llevaré sobre mis hombros no solamente el baúl, pero el arca de Noé; —y arrimándose a él y echándoselo a cuestas y salir del aposento, todo fue uno [153].

(Millé); II Samuel, 16: 20-21 y 17: 23. Cf. Lope de Vega, «Mira cómo Arquitofel, / por no tomar Absalón / su consejo, con razón / le suspendió de un cordel» (*El saber por no saber,* III, BAE CLXXXVI, pág. 379).

[151] *prima rendida:* las once de la noche. *Prima* es el «primero de los cuartos en que para las centinelas se dividía la noche, y comprendía desde las ocho a las once» (*Dicc. Acad.*). *Rendir* es «entregar, hacer pasar una cosa al cuidado o vigilancia de otro. Rendir la guardia» (*ibid.*). Cf. Aedo y Gallart, «A prima rendida se zarpó al día siguiente, a treinta, con viento casi de continuo en popa» (*Viaje, sucesos y guerras del Infante Cardenal don Fernando,* ed. de Barcelona: Sebastián y Iayme Matevad, 1637, pág. 31).

[152] *marina:* «la parte de tierra inmediata al mar» (*Dicc. Auts.*). Cf. G. Pérez de Hita, «Y estando en aquellas marinas llegaron a tierra ciertos navíos de turcos» (*Guerras civiles de Granada,* 2.ª parte, ed. cit., pág. 24); «...Y que ellos eran venidos por aquellas marinas a buscar navíos de Argel, si hallasen para la tal embarcación» (*ibid.,* pág. 29).

[153] Rectificando nuestra opinión anterior, mantenemos la construcción anómala del gerundio como sustantivo verbal, que, si bien rara, cuenta con más ejemplos: «Así fue, que como las vías no estuviesen abiertas, en comiendo y muriendo todo fue uno» (*Floreto de anécdotas y noticias diversas,* ed. F. J. Sánchez Cantón, MHE XLVIII, Madrid, 1948, pág. 224); Pedro de León, «En hallando que no me la habéis dicho y dejando totalmente vuestro

Viéndole cargar con los Penates de Troya, sin ser piadoso Eneas sino un astuto Sinón[154], tomé mi ferreruelo, cerré tras mí y fuilo siguiendo. Fue tan grande la ventura de mi amo que, al tiempo que iba a salir el baúl por la puerta de la calle, llegó al lumbral[155] della a querer entrar, y viendo que lo mudaban sin su gusto me dijo:

—¿Adónde vas con este baúl a estas horas?

Yo, con más desmayo de muerto que aliento de vivo, le respondí que a embarcarlo en la galera adonde habíamos de ir.

Replicóme:

—¿Y sabéis vos en qué galera me embarco?

Yo respondíle:

---

negocio de la mano ha de ser todo uno» *(Compendio..., 2.ª parte, cap. 8, ed. cit., pág. 238);* R. Fernández de Ribera, «Diciendo él esto y oscureciéndose el portal fue todo uno» *(El mesón del mundo, 1632, ed. de V. Infantes, Madrid, 1979, pág. 85);* Duque de Estrada, «Hálleme sin remedio humano, y así, acudiendo al de Dios, llamando a la Sacratísima Virgen del Carmen, diciendo: «¡Vaya conmigo la Virgen, mi abogada!», cerrando los ojos y saltando, pareciéndome abajaba al profundo y hallándome en tierra, fue todo uno» *(Comentarios..., ed. cit., pág. 152).*

[154] *Penates de Troya.* Eneas puso a salvo los dioses tutelares de Troya desde la toma de la ciudad hasta su asentamiento en el Lacio.

Desde Virgilio *(Eneida,* II 56-198), Sinón se hizo prototipo de hombre traidor y astuto, y como tal se lo menciona, entre otros muchos lugares, en varias comedias de Lope *(El primero Benavides,* III, *Los Guzmanes de Toral,* II y III, etc.). Por su parte, Pérez de Hita adapta al texto clásico un episodio de la guerra de las Alpujarras: «El morisco que se escogió para este caso fue tan astuto y sagaz como aquel Sinón que fue enviado de parte de los griegos a los del troyano bando...», «Esto dijo el cauteloso moro, más doblado y engañoso que el griego Sinón», etc. *(Guerras civiles de Granada,* 2.ª parte, cap. XI, ed. cit., págs. 107 y ss). Cf. cap. IV, nota 74.

[155] *lumbral:* «lo mismo que *umbral» (Dicc. Auts.).*

—Señor, quien lengua ha, a Roma va [156], demás que me habían dicho que vuesa merced estaba en la playa con su Excelencia y me mandaría adonde lo había de llevar.

Díjole a mi fingido palanquín [157] que volviera el baúl a su lugar; hízolo así y, no viendo la hora de ponerse en salvo por no ser conocido, se puso con brevedad en la calle.

Díjome mi amo con rostro airado, ceñudo de ojos y amostazado de narices [158]:

—¿Quién os manda a vos sacar mi hacienda de mi casa sin tener licencia mía?

Díjele:

—¿Tan flaco es vuesa merced de memoria que ya se le ha olvidado la pendencia sobre las valonas, y el haberme dicho que no había de andar tras de mí diciéndome lo que había de hacer, sino que cuidase yo de lo que vuesa merced necesitaba sin aguardar a que me lo mandase? Pues siendo esto así, y viendo que en este cofre tiene todos sus vestidos y dineros y que necesita dellos para este viaje, no pienso que ha sido error hacer lo que vuesa merced me manda.

Pidióme la llave; dísela, abriólo y reconociólo por todas partes, y volviéndolo a serrar me dijo:

—Señor Esteban Gonzales, vuesa merced [159] se vaya con Dios de mi casa, que no quiero en ella criados tan

---

[156] *«quien lengua ha, a Roma va*. Preguntando los hombres, alcanzan a saber todo lo que quieren» *(Los refranes que recopiló Íñigo López de Mendoza...,* en *Dos refraneros del año 1541,* Madrid, 1944, pág. 126). Igual en otros refraneros.

[157] *palanquín:* «el ganapán que lleva cargas de una parte a otra» *(Dicc. Auts.).*

[158] *amostazarse* «es enojarse, y subírsele la mostaza a las narices, lo mesmo» (Covarr.).

[159] *Señor Esteban Gonzales, vuesa merced...* «Cuando el señor llama *vuestra merced* [o "cuando el amo llama *señor"]* al criado, cerca anda el palo» (Correas).

bien mandados ni servientes tan puntuales, y que unas
veces pequen de carta de más y otras de carta de
menos [160]; y agradesca que estoy de partida, que a no
estarlo yo le hiciera cantar sin solfa [161]; y aún puede ser
que lo haga, que no estoy muy fuera dello, si no se me
quita de delante.

Yo, temiendo que por haber intentado cazar gangas
no me enviase a cazar grillos [162], me salí del aposento
temblando de miedo, sin amo, sin dinero y sin haber
cenado, porque lo poco que había acaudalado en ser
cajero de aquella pequeña tesorería lo había gastado
con mi valiente de mentira.

Viéndome que ya era irremediable lo hecho y que
había sido ventura haber hallado tan buena salida,
habiéndonos cogido las manos en la masa [163], me fui a
la posada de mi amigo, al cual hallé con una cara de
deudor ejecutado [164]. Contéle el despedimiento del
cuerpo y el alma [165], y, después de más de media hora

---

[160] «*pecar por carta de más o de menos:* por sobra o defecto»
(J. Cejador, *Fraseol.*, I, pág. 275, con varias referencias); «cuando
o se excede o no se llegó al justo; es tomado del juego del quince o
del veintiuno» (Covarr.).

[161] *cantar sin solfa,* es decir, que le forzaría a declarar la verdad.

[162] *cazar gangas... cazar grillos.* Como ya indica Millé, E. parafra-
sea versos de una célebre jácara de Quevedo: «Ya está guardado en
la trena / tu querido Escarramán / [...] Andaba a caza de gangas /
y grillos vine a cazar» (ed. cit., núm. 849). Pero debe tenerse en
cuenta que existían ambas locuciones como proverbiales: «*Andarse
a caza de gangas:* maquinar engaños para con los simplecillos y poco
astutos» (L. Galindo, *op. cit.*, ms. 9780 BN, f. 314). «*A caza de
grillos:* se puede decir del que anda en malos pasos y vive libre
solicitando su prisión» (*id.*, ms. 9781 BN, f. 76r; similar definición
en Correas).

[163] «estar con las manos en la masa» (ms. RM, Correas), aquí lo
mismo que 'coger con el hurto en las manos'.

[164] *ejecutar:* «hacer que uno pague lo que debe a otro» (*Dicc.
Auts.*).

[165] *despedimiento del cuerpo y el alma.* «Alude probablemente a
algún auto sacramental inspirado en el viejo motivo de la *Rixa*

de paseo, dando más bufidos que un toro y echando
más tacos que un artillero, vino a parar toda la tormenta en mandarme azainadamente[166] que pidiese de
cenar a la patrona. Yo le dije[167] [que] en cuanto a
pedirlo yo lo haría con todas veras, pero que en
cuanto a la paga había salido de casa de mi amo como
niño de dotrina[168], abofeteado y sin blanca.

Él me respondió:

—Pues ¡cuerpo de tal con él![169], ya que no tuvo
ánimo de cargar con un talego, ha de dejar por la cena
empeñado el ferreruelo, que no me he yo de acostar
haciendo cruces por sus ojos bellidos[170], habiendo

---

animi et corporis» (Millé). Un auto anónimo titulado *Apartamiento
del cuerpo y del ánima,* del siglo XVI, ha sido reproducido en *Pliegos
poéticos góticos,* II (Madrid, 1957), núm. LXVII; el mismo título
lleva el pliego suelto más tardío en que se imprimieron las quintillas que cita E. a su paso por Córdoba (cap. V, pág. 231).

[166] *azainadamente.* El *Dicc. Auts.* da a entender que es voz
estebanillesca acuñada sobre *zaino,* 'traidor'. La 1.ª edición, *acayna-
damente,* con falta de cedilla, si no es otro neologismo formado
sobre *Caín,* o incluso errata por *ahincadamente.*

[167] *Yo le dije.* Todas las ediciones consideran que introduce a
una frase en estilo directo, lo que a nuestro juicio es imposible, a
causa del *que* completivo y del pluscuamperfecto.

[168] *niños de dotrina* «son los muchachos huérfanos que se recogen
en algún colegio con el fin de enseñarlos y criarlos hasta que están
en edad de ponerlos a oficio» *(Dicc. Auts.).*

[169] *con él.* El tratamiento de *él* para dirigirse al interlocutor,
intermedio entre el respetuoso de *merced* y el de confianza o trato
con inferiores, de *vos,* era frecuente emplearlo como expresión de
enojo o desprecio. Cf. R. Lapesa, «Personas gramaticales y trata-
mientos en español» (capítulo de una *Sintaxis histórica española),*
reproducción fotostática.

Para el juramento eufemístico cf. J. de Alcalá Yáñez, «Cuerpo
de tal con él —me respondió el mancebo— ¿y no los ha de recibir
de muy buena gana los parabienes que le dieron...?» *(Alonso, mozo
de muchos amos,* I, cap. 8, f. 67).

[170] *hacerse cruces:* «frase vulgar con que alguno da a entender que
no ha comido ni tiene qué comer» *(Dicc. Auts.,* que no cita
ejemplos).

hecho por él lo que yo he hecho, arrezgándome como me he arrezgado, no debiéndole ninguna amistad ni teniéndole obligación ninguna, que si me ha dado algunos reales más he hecho yo en pedírselos que él en dármelos. Y yo sé que si me conociera, que me ayunara [171], y que ya hubiera hecho cubrir, no solamente una tabla [172], sino más tablones que hubo en el templo de Salomón; que presumo que debe de ignorar que por mí se hizo la jácara de

Zampuzado en un banasto [173].

Fue tanta la risa que me dio el ver su modo de hablar y su crudeza [174], que le obligué a que pensase que hacía burla dél; por lo cual, dejando caer el ferreruelo y habiéndome hecho conde de Puñoen-

---

por sus ojos bellidos «dícese con desdén cuando se niega, y no hay obligación de hacer algo por uno [...] Es lo mismo que decir: por su cuerpo gentil» (Correas; aparece también en Horozco, Vallés, etc.).

[171] *«si le conocieses ayunaríasle los viernes.* Para decir que uno es matrero y bellaco astuto» (Correas); «si me conociésedes ayunarme híais los viernes» (Horozco). Cf. Cervantes, «Pues a fe que si me conociese que me ayunase» *(Quijote,* I 25, cit. por Millé). *Ayunarle a uno* es «temerle o respetarle» *(Dicc. Acad.).*

[172] *tabla:* «la mesa donde comemos» (Covarr.). Aunque fue palabra corriente en la edad media, según Gillet, su uso desde finales del siglo XV al XVII constituye un italianismo (nota a la com. *Tinellaria,* III, de Torres Naharro, ed. cit., III, págs. 496-497).

[173] *Zampuzado en un banasto.* Así desde la 2.ª edición; la 1.ª, *Campusano,* que debe ser errata, pues E., como otras veces, recuerda la famosa jácara de Quevedo (ed. cit., núm. 856). No se nos alcanza por qué ha de ser «confusión deliberada» con el alférez Campuzano de Cervantes, como aseguran SZ.

[174] *«crudo* llaman vulgarmente al que hace profesión de ser guapo y valentón» *(Dicc. Auts.,* que define *crudeza* a partir de este pasaje).

106

E. G., II

rostro[175], arrancó de la tizona, quizá por haberle yo
negado la colada[176]; pero como no he sido nada lerdo
ni perezoso en tales apreturas, tomé tierra del Rey y
[salí] con presteza a la calle[177], y entrándome en casa
del Cardenal de Oria, Arzobispo de Palermo[178], mi

---

[175] *conde de Puñoenrostro.* W. K. Jones *(Dissert.,* pág. 126) y Millé
citan dos romances compuestos con equívocos de este tipo *(Rom.
gral.* de Durán, BAE XVI, núms. 1735-1736). Cf. también H. N.
Bershas, *Puns on Proper Names in Spanish* (Detroit, 1961).

[176] *colada:* antonomástico de 'espada', como *tizona,* y también
equívoco por la colación o comida que Estebanillo se ha negado a
pagar. Era chiste muy manido. Cf. Cervantes, «Desenvainar las
espadas / me dio pena. —Aquellas monas / nunca sacan las tizonas,
/ porque todas son coladas» *(La entretenida,* ed. Schevill y Bonilla,
CyE III, págs. 96-97); López de Zárate, «Valiente tizona mía, /
ayúdame en tales tragos; / mas como no eres colada / parece que
me desmayo» *(La galeota reforzada,* III, ed. cit., págs. 154-155);
Rojas Zorrilla, «Que hoy mi tizona ha de ser / colada en la sangre
vuestra» *(El desafío de Carlos V,* I, BAE LIV, pág. 41); Calderón,
«Este debe de ser loco. —Antes es cuerdo, pues trata / mostrarte
que es tan valiente / que lidia con dos espadas, / pues sacando a la
tizona / va a buscar a la colada» *(El segundo Scipión,* I, BAE XIV,
pág. 336; otro ejemplo en el entremés *La casa de los linajes, ibid.,*
pág. 619).

[177] Suplimos conjeturalmente el verbo que parece haberse omitido. Pero podría tratarse de una cita en verso que no hemos
localizado.

[178] Giovanni Doria (1554-1642), genovés, hizo sus estudios en
España, y sería considerado siempre miembro del grupo de cardenales «españoles». Designado cardenal por Clemente VIII en 1604,
y arzobispo de Palermo desde julio de 1608, ejerció como virrey
interino de Sicilia en varias ocasiones, entre ellas a la muerte del
príncipe Filiberto, desde el 6-VIII-1624 al 17-VI-1626. Cf. V.
Auria, *Historia cronologica delli signori vicerè di Sicilia* (Palermo: P. Co-
pola, 1697), y G. E. di Blasi e Gambacorta, *Storia cronologica de'
vicerè... di Sicilia* (Palermo, 1790), y también Millé, I, pág. 116. En
las fuentes consultadas, incluyendo la *Sicilia sacra* y la *Noticia Eccl.
Panorm.* de R. Pirro, las *Vitae et res gestae... cardinalium...* de
A. Chacón, los *Annales* de Baronio, etc., no se indica el día de su
nacimiento, que permitiría fechar con exactitud los episodios que
siguen y el final del capítulo. Los sucesos narrados pueden datarse,
sin embargo, en enero y febrero de 1623.

bravo se quedó plantado de firme a firme [179] ti[ran]do ángulos corvos y obtusos a la puerta de la posada.

Hallé a la entrada de la del palacio al cocinero mayor o de servilleta o manteles [180] de su Eminencia, que se llamaba maestre Diego, y viéndome entrar tan presuroso y alborotado me preguntó que qué era lo que traía. Yo le respondí que un puñetazo junto al ojo y cien libras de miedo, porque me habían cogido entre dos para quitarme el ferreruelo, y que me había dado tan buena maña que me había librado dellos, los cuales me habían venido siguiendo hasta haberme valido de aquel sagrado.

Quiso ser curioso y saber de dónde era, y cómo me llamaba, y si tenía padre o amo, o si era venturero [181]. Satisfícele a sus preguntas y recibióme por su pícaro de cocina [182], que es punto menos que mochilero y punto más que mandil [183]. No me descontentó el cargo que me había dado, porque sabía, por la experiencia de la embarcación, que es oficio graso [184] y, ya que no honroso, provechoso.

Regalábase mi amo a costa ajena, que es gran cosa

───────────

[179] *de firme a firme*. Término de esgrima, como lo que sigue. Cf. Calderón, «Póngome de firme a firme, / doy el tajo y meto pies» (*Mejor está que estaba,* III, BAE VII, pág. 244).

[180] *cocinero mayor o de servilleta o manteles.* Existía, en efecto, tal oficio palaciego. Cf. «Francisco Rodríguez Pioncila sirvió de cocinero de la servilleta de su Alteza desde que se le puso la casa hasta que falleció» (Lista de criados del Cardenal Infante, AGS, E., 2058).

[181] *venturero:* «sujeto que anda vagando ocioso y sin ocupación u oficio, pero dispuesto a trabajar en lo que le saliere» *(Dicc. Auts.).*

[182] *pícaro de cocina:* sollastre, «el criado dedicado a las cosas más bajas y sucias de la cocina» *(Dicc. Auts.).*

[183] *mochilero.* «Se vino a llamar mochila la taleguilla en que el soldado lleva su refresco, y mochilero el muchacho que se encarga de llevarla» (Covarr.).

mandil: «criado de rufián o de mujer pública» (Hill).

[184] *graso* (< it. *grasso): «fértil» (Francios.).

comer de mogollón y raspar a lo morlaco[185]. Tenían cada día pendencias él y el veedor[186], y a la noche sucedía con ambos aquello de

en la caballeriza yo y el potro
nos pedimos perdón el uno al otro[187].

Yo llevaba, al tiempo que el reloj echa todo su resto[188], la comida de raspatoria a casa de mi amo, y a las tres de la tarde las sobras, resultas y remanentes y percances[189], con ayuda del jifero[190], al baratillo de la

---

[185] *«comer de mogollón,* comer sin escotar» (Covarr.). «Comer de mogollón, sin cuenta ni razón» (ms. RM, f. 36r); *«comer de mogollón.* De los que comen y se meten a comer de balde» (Correas). Cf. J. A. Maluenda, «Aquí yace un gran tragón / que de balde comió mucho, / que estaba en extremo ducho / en comer de mogollón» *(ap.* I. Arellano, *J. A. M. y su poesía jocosa,* Pamplona, 1987, pág. 77).

raspar a lo morlaco (< it. *morlacco,* 'hombre rústico', según Corominas y Pascual, DCECH, *s. u.):* hurtar haciéndose el bobo. Cf. Lope de Vega, «¿No ves que este es morlaco / y quiero burlarme dél?» *(La bella malmaridada,* III, ed. Acad. N., III, pág. 642).

[186] «En casa de los señores llaman *veedor* el que asiste a lo que ha de comprar el despensero» (Covarr.).

[187] *en la caballeriza,* etc. Expresión que coincide con los siguientes versos de un entremés de Quevedo: «El caballo, discreto / [...] apártase del toro / con saltos y carreras, / y yo se lo agradezco muy de veras; / y, por cumplir con plaza y con ventanas, / le echo la culpa y voy diciendo a gritos: / «¡Oh qué maldita bestia desbocada! / Argel, en fin». Pero llegando a casa, / en la caballeriza yo y el potro / nos pedimos perdón el uno al otro» (ed. Astrana, Verso, pág. 587*b).*

[188] *echar el resto:* «poner hombre toda su diligencia y fuerzas para hacer algún negocio» (Covarr., *s. u. resto).* El tiempo en que el reloj echa el resto (de sus campanadas) es, pues, las doce del mediodía.

[189] *percance:* «el provecho o utilidad que los criados y oficiales adquieren o perciben, además de sus gages y salarios. Úsase regularmente en plural» *(Dicc. Auts.).* Aquí debe entenderse por el producto de la sisa, como los otros términos: *sobras, resultas* (cf. cap. X, nota 83) *y remanentes.*

[190] *jifero:* «el cuchillo con que matan y descuartizan las reses»

ropa vieja y usada[191]; y lo restante del día me ocupaba en hacer burro de anoria[192] a un vulteador asador, donde estaba cuatro horas como caballo de lacerado[193], boca abajo y sin comer. Hacía de día entierros de leños y carbones, y a la noche sacaba los tales muertos a que fuesen refrigerio de vivos. Hiciéronme al cabo de cinco semanas, en premio de mis servicios, barre[n]dero menor de la escalera abajo[194]; que desta suerte avanza quien sabe tan bien servir y con tanta satisfacción de sus oficiales. Salí al nuevo oficio descalzo, desnudo y tiznado; con tener de mi parte dos cardenales[195], que era el uno a quien servía y el otro el

---

(Dicc. Auts.). Cf. Pedro de León. «Se trabó con otro del mismo oficio y, habiendo reñido de palabras, sacó un cuchillo jifero de cachas amarillas y lo despachó sin que pudiese confesar» *(Compendio..., cit., ap. a la 2.ª parte, pág. 501).* Ahora bien, *jifero* significa también el «desollador» (Galindo) o matarife, que acaso ayudase a E. en sus trapazas. Cf. D. Duque de Estrada, «Solo un bellaco jifero o carnicero recién venido, llamado Miguel de Rivas, respondió» *(Comentarios..., ed. cit., p. 133).*

[191] *baratillo:* «sitio [...] donde se venden y truecan cosas menudas y de ruin precio» *(Dicc. Auts.).* La 1.ª edición, *albarratillo de la topa vieja.*

[192] *anoria:* «lo mismo que noria» *(Dicc. Auts.).*

[193] Para Millé el *delazerado* de la 1.ª edición es *dilacerado,* en lo que se aparta de las ediciones «modernas» (desde la de 1725) que leen *del acerado.* Nos inclinamos por la solución *de lacerado,* entendiendo por tal la acepción que da Covarrubias: «avariento que, teniendo con que poderse tratar bien, anda roto y mal vestido» y cuyo caballo, obviamente, pasaría escasez, como el «caballo del judío, harto de agua y bien corrido» que registra el ms. RM, f. 60r.

[194] *de la escalera abajo* «se dice de los sirvientes domésticos y especialmente de los que se ocupan de las faenas más humildes, cuando hay otros» *(Dicc. Acad.).*

[195] El chiste sobre el doble sentido de *cardenal* era de lo más trillado, y aparece hasta en algún epitafio del Cardenal Infante (cf. Colodrero, texto cit. en cap. IX, nota 100): Lope de Vega, «¿No os arrimáis, desleales? / Llegá, veréis cuál se escapa, / que, pues me habéis hecho papa, / yo os quiero hacer cardenales» *(La devoción del rosario,* I, ed. Acad. N., II, pág. 100); J. de Alcalá Yáñez, «Yo

que me hizo el rebosado[196] valiente, ayunaba al traspaso[197].

Quiso mi favorable estrella que los criados de casa estudiaron la comedia de los Benavides[198], para hacerla a los años de su Eminencia, y a mí por ser muchacho, o quizá por saber que era chozno[199] del conde Fernán Gonzales, me dieron el papel del niño Rey de León. Estudiélo, haciéndole al que se hizo autor[200] de ella que me diese cada día media libra de pasas y un par de naranjas, para hacer colación ligera con las unas, y estregarme la frente a el cuarto del alba con las cáscaras de las otras; porque de otra manera no saldría con mi estudio, aunque no era más de media coluna, por ser flaco de memoria[201], y que esto había visto hacer a Cintor y a Arias, cuando estaban en la compa-

---

conocí una mujer que los más días podía ser padre santo por andar tan acompañada de cardenales rostro y brazos» (*Alonso, mozo de muchos amos,* I, cap. 4, f. 49r); Calderón, «Saltando de peña en peña / me he hecho tantos cardenales / que todo soy eminencias» (*Agradecer y no amar,* I, BAE IX, pág. 596).

[196] *rebosar valentía* era frase hecha. Cf. cap. I, nota 80.

[197] *ayunar al traspaso* «es no comer ni beber desde el jueves santo a mediodía hasta el sábado santo en tocando a la gloria» (*Dicc. Auts.*), aquí, 'pasar hambre'.

[198] *la comedia de los Benavides,* de Lope de Vega, impresa en la *Parte II,* de 1609.

[199] *chozno:* «el cuarto nieto, porque la gente ignorante cuenta así: nieto, bisnieto, tataranieto y chozno» (Ayala, en *TLex).*

[200] *autor:* «el que es cabeza y principal de la farsa, que representa las comedias» *(Dicc. Auts.); hoy sería director y empresario a la vez. Al escritor de comedias se le llamaba poeta; cf. Cervantes, «Pues ¿de dónde queréis vos —replicó el otro— que tenga mi autor vestidos morados para doce cardenales? —Pues si me quita uno solo —respondió el poeta— así le daré yo mi comedia como volar» (*El casamiento engañoso,* ed. R. Schevill y A. Bonilla, *Novelas ejemplares* —en lo sucesivo, NE— III, pag. 236).

[201] Todavía hoy se cree en la virtud de las pasas, incluso de sus rabos, para acrecentar la memoria.

ñía de Amarilis [202]. Creyólo tan de veras que me hizo andar de allí adelante, mientras duraron los ensayos todos los días, y estudiando todas las noches, mascando pasas, y todas las mañanas atragantando cascos de [n]aranjas y haciendo fregaciones de frente.

Llegó el día de la representación; hízose un sumptuoso teatro en una de las mayores salas del palacio; pusieron a la parte del vestuario una selva de ramos, adonde yo había de fingir estar durmiendo cuando llegasen los moros a cautivarme. Convidó el cardenal mi señor a muchos príncipes y damas de aquella corte; pusiéronse mis representantes de aldea [203] muchas galas de fiesta de Corpus, adornáronse de muchas plumas, y,

---

[202] *Cintor y Arias*. Según Millé, «hubo tres cómicos de apellido Cintor: Gabriel, Pedro y Antonio. El aludido es seguramente el primero, que era el más renombrado. El Arias es, sin duda, Damián Arias de Peñafiel», quien fue «elogiado por Caramuel y otros como el mejor actor de su tiempo» (H. A. Rennert, «Spanish actors and actresses between 1560-1680», *RHi* XVI, 1907, pág. 14); Amarilis es María de Córdoba, «la mayor cómica que ahora se conoce» (Castillo Solórzano, *Las harpías de Madrid,* 1631, ed. Cotarelo, Madrid, 1907, pág. 84). La referencia al trío de cómicos era lugar común; cf. Lope de Vega, «¡Oh, qué gracioso entremés! / —¡Qué bien Amarilis habla! / —¡Qué bien se viste y se toca! / —No he visto cosa más rara / que las décimas que dijo / con tales efectos Arias. / —Laurel mereció Cintor / por el donaire y la gracia / con que dijo aquel soneto» *(¡Ay verdades que en amor...!,* I, ed. Acad. N., III, pág. 511). Aunque ello no tiene la importancia que SZ le atribuyen, malinterpretando a Millé, los tres actores trabajaron juntos después de 1617 (v. ya Millé). La comedia acabada de citar es de 1625, y *El Brasil restituido,* también de Lope, cuyos primeros papeles estuvieron a cargo de Cintor, Arias y María de Córdoba, es de octubre del mismo año. La compañía de Amarilis, mencionada por E., es la de su marido, Andrés de la Vega.

[203] *de aldea:* ¿ambulantes?, ¿aficionados? Debe de proceder de una frase como la siguiente: *«no saber leer más que en el libro de su aldea,* traer decorado [de memoria] lo que ha de decir, sin poder dar razón de nada, o atarse solo a lo que le enseñaron en su rincón» (Covarr.).

en efeto, el palacio [era] un florido abril. Pusiéronme
un vestido de paño fino con muchos pasamanos y
botones de plata y con muy costosos cabos[204], que fue
lo mismo que ponerme alas para que volase y me
fuese. Yo, aprovechándome del común vocablo del
juego del ajedrez, por no volverme a ver en paños
menores, le dije a mi sayo: «jaque de aquí»[205].

Empezóse nuestra comedia a las tres de la tarde,
teniendo por auditorio todo lo purpúreo y brillante de
aquella ciudad. Andaba tan alerta el autor sin título[206],
por haber él alquilado mi vestido y héchose cargo dél,
que no me perdía de vista. Llegó el paso[207] en que yo
salía a caza, y fatigado del sueño me había de recostar
en aquella arboleda; y después de haber representado
algunos versos y apartádose de mí los que me habían
salido acompañando, me entré a reposar en aquel
acopado[208] y florido dosel, adonde no se pudo decir

---

[204] *cabos* «en el vestido se llama todo lo que no es la tela
principal de que se hace; y así se entiende el forro, entretelas,
guarnición, etc. Y asimismo se entiende de los adornos correspondientes» *(Dicc. Auts.,* que define sobre este pasaje). Cf. la décima
«Inviando unos cabos bordados de plata pasada», de Catalina Clara
Ramírez de Guzmán *(Poesías,* ed. J. de Entrambasaguas, Badajoz,
1930, pág. 115); Andrés de Almansa y Mendoza, «Dieron librea, a
su gran número de criados, de terciopelo negro, prensado y
picado, forros, plumas y cabos de color celeste, vistosa y rica»
(Cartas, Madrid, 1886, pág. 255); «La librea de terciopelo negro a
doce lacayos, con tahalíes, aderezos y cabos de oro, fue señoril y
vistosa» *(ibid.,* pág. 287).

[205] *jaque de aquí:* «modo de hablar con que se avisa a alguno que
se aparte o se vaya. Dícese frecuentemente *jaque de aquí,* y se toma
la alusión del juego del ajedrez» *(Dicc. Auts.).* Cf. Lope de Vega,
«Que soy Rey, y con razón / te daré un *jaque de aquí* / que no
valgas por peón» *(El mayor rey de los reyes,* I, ed. Acad. N., VII,
pág. 432).

[206] *autor sin título.* Cf. cap. IV, nota 172.

[207] *paso:* aquí 'escena'.

[208] *acopado:* «frondoso, exuberante, apelmazado, intrincado»
(Dicc. histórico).

por mí que me dormí con la purga[209], pues aún no
había entrado en él cuando, siguiendo una carrera que
hacía la enramada, me dejé descolgar del tablado y por
debajo dél llegué a la puerta de la sala, y diciendo a los
que la tenían ocupada: «hagan plaza, que voy a mudar
de vestido», me dejaron todos pasar, y menudeando
escalones y allanando[210] calles llegué a la lengua del
agua[211], y desde ella a la sombra de la mar[212].

Informáronme, otra vez que di la vuelta a esta
corte, que salieron en esta ocasión al tablado media
docena de "moros bautizados"[213], hartos de lonjas de   TA

---

[209] *«dormirse con la purga,* por descuidarse en la solicitud de algo»
(Correas). Cf. «Más dijera el Luganao, / mas vio que nadie le
escucha, / que los señores gabachos / se durmieron con la purga»
(Sátira contra los monsiures de Francia, cit.); L. Vélez de Guevara, «Y
sospecho que el Delfín / gozando a doña Sirena / se ha dormido
con la purga, / que pocos duermen con estas» *(El amor en vizcaíno,*
II, ed. H. Ziomek, Zaragoza, 1975, pág. 97).

[210] *allanando.* La 1.ª edición, *ahallanando,* forma no registrada en
el *Dicc. histórico.*

[211] *lengua del agua* «vale orilla del mar, por parecer que con sus
ondas extremas va lamiendo la ribera, y no solo es frasis castellana
pero también lo es latina» (Covarr.). Cf. Lope de Vega, «Yo, que
la playa guardaba, / [...] porque a la lengua del agua / llegué
cuando el mar desagua» *(Don Lope de Cardona,* II, ed. Acad. N.,
IV, pág. 668); Aedo y Gallart, «Llegó el Duz con todo el Senado
en forma, y al saltar su Alteza en tierra, le esperó a la misma
lengua del agua dándole la bienvenida» *(Viaje...,* Barcelona, 1637,
pág. 38).

[212] *sombra:* «asilo, favor y defensa» *(Dicc. Auts.),* por influencia
árabe según A. Castro *(España en su historia,* Buenos Aires, 1948,
págs. 65-66). Cf. G. de Céspedes, «Faltando nuestros padres, quedé
amparado de vuestra sombra, teniéndoos desde entonces en el
respeto y lugar que a ellos» *(Historias peregrinas y ejemplares,* ed.
Y.-R. Fonquerne, Madrid, 1969, pág. 120); «El aprieto y riesgo de
mi vida y la natural defensa suya me obligó a que, viniendo huyendo de quien deseaba quitármela, y hallando esta casa abierta, me
valiese de su sombra para mi receptáculo y custodia» *(ibid.,* págs.
127-128).

[213] *moros bautizados.* La disparatada nota de SZ a este pasaje (que

A tocino y de frascos de vino, y llegando a la arboleda a
   hacer su presa por pensar que yo estaba allí, dijo el
   uno dellos en alta voz:

   —¡Ah, niño, Rey de cristianos! [214].

   A lo cual había yo de responder, pensando que eran
   criados míos:

   —¿Es hora de caminar?

   Y como ya iba caminando más de lo que requería el
   paso, no por el temor del cautiverio sino por miedo
   del despojo del vestido, mal podía hacer mi papel ni
   acudir a responder a los moros estando una milla de
   allí concertándome con los cristianos, aunque no lo
   hice muy mal, pues salí con lo que intenté.

   Viendo el apuntador que no respondía, soplaba por
   detrás a grande priesa, pensando que se me habían
   olvidado los pies [215]; y a buen seguro que no se me

   ---

   plagia la de Jones, *Dissert.,* pág. 129) obliga a aclarar que los tales
   moros son simplemente actores. Cf. «todos los moros [...], siendo
   bautizados», en cap. XII, pág. 317; «demonios bautizados» se
   mencionan, con idéntico sentido, en *La cueva de Salamanca,* de
   Cervantes y en *El embuste acreditado,* de L. Vélez.
   [214] *Rey de cristianos.* La 1.ª edición, *Rey del Christianos.* Desde la
   3.ª, *Rey de los Christianos.* Ya anotó Millé el pasaje de la tercera
   jornada de la comedia al que se alude: «Sin duda es este niño que
   aquí duerme. / ¿Qué? ¿Dudas, Alcabir, que el rey es niño? / —¡Ah,
   niño, rey de cristianos! / —¿Es hora de caminar, / conde? —No,
   sino de dar / a aqueste cordel las manos». En las observaciones
   preliminares a su edición *(Obras* de Lope de Vega, Madrid, 1890-
   1913, VII, págs. ccxxxvi-ccxxxix) Menéndez Pelayo transcribe el
   relato de E. y la versión que de él da Lesage en el *Gil Blas,* X 10.
   El autógrafo de *El primero Benavides* está fechado «en Madrid a 15
   de junio de 1600» (ed. de A. G. Reichenberger y A. Espantoso
   Foley, Philadelphia, 1973, pág. 4).
   [215] *pie* «entre los comediantes es la última palabra que le toca
   decir a uno para dejar que entre otro a hablar» *(Dicc. Auts.),* lo
   cual posibilita la agudeza siguiente. Cf. Lope de Vega, «No soy el
   hombre que ves, / que como me ves aquí / solo viniera por ti, /
   que eres de mis versos pies» *(Servir a señor discreto,* I, ed. F. Weber,
   Madrid, 1975, pág. 119).

habían quedado en la posada [216], pues con ellos hice
peñas y Juan danzante [217]. Viendo los moros tanta
tardanza, pensando que el sueño que había de ser
fingido lo había hecho verdadero [218], entraron en la
enramada y ni hallaron rey ni roque [219]. Quedaron
todos suspensos, paró la comedia, empezaron unos a
darme voces y otros a enviarme a buscar, quedando el
guardián de mi persona y vestido medio desesperado,
y ofreciendo misas a san Antonio de Padua y a las
ánimas de[l] Purgatorio [220]. Contáronle mi fuga al
cardenal, el cual respondió que había hecho muy bien
en haberme huido de enemigos de la fe y no haberles
dado lugar a que me hiciesen prisionero; que sin duda
me había vuelto a León, pues era mi corte, y que
desde allí mandaría restituir el vestido; y que el ínter él
pagaría el valor dél, y que así no tratasen de seguirme,

---

[216] *no se me habían quedado en la posada.* Frase que puede proceder
de la siguiente anécdota: «Azotando en Sevilla a un rufián y a una
puta, dijo ella al salir de la cárcel: —Por vos, mal hombre, me
azotan, por vos. Respondió él: —Pues, pese a tal, ¿quédome yo en
la posada?» (*Floresta española* de Melchor de Santa Cruz de Dueñas,
núm. 339 de la *Floresta general,* ed. P. Oyanguren [= R. Foulché-
Delbosc], Madrid, 1910; recoge otras huellas y versiones M. Chevalier, *Cuentecillos tradicionales...,* págs. 115-117).

[217] *peñas:* «en la germanía usan esta voz para avisar a alguno que
se vaya o huya» (*Dicc. Auts.*).

tomar lías y Juan danzante: «frase vulgar con que se da a entender
que uno escapó o se fue con alguna prisa» (*ibid.*).

[218] Sea o no alusión consciente, existe una comedia de Lope
titulada *Lo fingido verdadero,* dedicada a la vida de un actor, San
Ginés.

[219] *rey ni roque.* E. aprovecha esta frase proverbial (Correas) para
seguir con su metáfora ajedrecística.

[220] *San Antonio* y las ánimas son aún hoy abogados a quienes se
invoca para hallar las cosas perdidas. Cf. Tirso de Molina, «¡Oh,
quién las pudiera hallar / por aquí en algún rincón! / Mas no las
podré topar. / ¿Por qué no sabré rezar / el responso a San Antón?»
(*La joya de las montañas,* III, ed. Cotarelo, NBAE IX, pág. 532).

porque no quería dar disgusto a una persona real, y más en días de sus años. Mandó que le leyesen mi papel y que acabasen la comedia, lo cual se hizo con mucho gusto de todos los oyentes, y alegre el autor della por tener tan buen fiador.

Capítulo III *

Adonde se declara el viaje que hizo a Roma; lo que le sucedió en ella, estando por "aprendiz de cirujano;" cómo se volvió a huir tercera vez, entró a servir de platicante[1] y enfermero en el hospital de Santiago, de Nápoles, y cómo se salió dél por pasar a Lombardía con puesto de abanderado.

Aquella tarde iba tan en popa mi fortuna[2] que todo me sucedía a medida del deseo, pues así que llegué a la marina oí dar voces a un marinero diciendo:

—*¡A Napoli, a Napoli!*

Pregúntéle que cuándo se había de partir. Respondióme que ya estaba la faluca[3] echada a la mar y que sólo aguardaba al patrón, que había entrado en la ciudad a sacar licencia para ello. Estando en esta prática[4] llegó el dicho patrón, con quien me concerté

---

* [1623-1625 (+ 1627)].

[1] *platicante:* «el que practica la medicina o cirugía para tener experiencia, adestrado [...] de algún médico» *(Dicc. Auts.).*

[2] «viento en popa» (Ballesta, Correas).

[3] *faluca:* «embarcación pequeña que tiene solo seis remos y ninguna cubierta» *(Dicc. Auts.).* Suele llevar una vela latina.

[4] *prática.* Así en la 1.ª edición, y no por errata, como afirman SZ. Cf. simplemente el DCECH de Corominas y Pascual. Y añádase: «Vueselencia, señor, nos dé licencia / para hablar a su huésped esta tarde. / —Vueselencia la tiene. —En su presencia / la

¡A Napoli, a Napoli! Ilustración de la ed. de 1862

con brevedad en virtud de una hucha que había hecho
de lo mal alzado de la cocina, que sería de hasta
cuarenta reales; y embarcándome con él en una barqui-
lla, volviendo por instantes la cabeza atrás, llegamos a
la faluca y echamos todo el trapo; y al cabo de seis días
me hallé en Nápoles.

Me fui aquella noche fuera de la puerta Capuana[5], y
al amanecer tomé el camino de Roma, donde, sin
acaecerme de qué poder hacer mención, llegué una
mañana a una puerta de sus antiguos muros; y habiendo entrado en ella y considerando en el traje honrado
que llevaba y la afabilidad de mi padre, me fui derecho
a su casa, adonde fui muy bien recibido, haciendo muy
al vivo el paso y ceremonias del hijo pródigo[6]. Preguntóme mi padre que dónde había asistido el tiempo
que había faltado de sus ojos. Hícele creer que había
estado en Liorna sirviendo de paje a don Pedro de
Médicis, gobernador de aquella plaza[7], y que me había
venido con su gusto por sólo verle a él y a mis

_____

prática ha de ser» *(Don Gil de la Mancha,* III, atribuida a Lope de
Vega, ms. 14.907 BN); Lope de Vega, «La práctica mudan ya; /
pues no les tengo de oír, / que más me importa dormir» *(Audiencias del rey don Pedro,* I, BAE CCXII, pág. 164).
   [5] *la puerta Capuana,* al este de la ciudad, era, según G. C.
Capaccio, «una delle superbe porte a chi la mira che possano
vedersi, cosi per l'ampiezza e nobiltà di freggi di marmo che la
cingono come per la memoria dell'Imperador Carlo Quinto, che di
là entrò trionfante dal ritorno d'Africa» *(Il Forastiero,* Napoli:
P. Roncagliolo, 1634, pág. 807).
   [6] *el paso... del hijo pródigo.* Hay al menos dos autos de ese título,
uno de Lope de Vega y otro de Valdivielso, aunque *paso* aquí
puede significar 'episodio' sin más.
   [7] Consta que Pietro de' Medici fue gobernador de Livorno
desde 1624 hasta 1636. Cf. B. Casini, *L'archivio del governatore ed
auditore di Livorno, 1550-1838* (Roma, 1962), págs. 29-30. E. anticipa
acontecimientos, si es que no le falla el recuerdo, dado que poco
después se mencionan hechos datables con seguridad a mediados
de 1623. Cf. *infra,* nota 143.

hermanos[8] y por tirarme el amor de la patria. Hizo
que me regalasen[9] y, no poniendo en olvido mis
buenas costumbres y habilidades, me dijo que se hol-
gaba mucho de mi venida, pero que aquella misma
tarde me había de buscar quien me enseñase oficio,
aunque le costara cualquier cantidad, porque no quería
que durmiese en su casa ni que estuviese en el contor-
no della; y que pues había tenido tan buenos principios en el de barbero, y sabía levantar tan bien un
bigote, que quería que prosigui[e]se con él; y que
mirase que no fuera tan solícito en cobrar libranzas [y]
irme con ellas, como había hecho con su amigo Bernardo Vadía; que ya aquella estaba pagada, pero que si
proseguía en mis travesuras, que no lo tuviese por mi
padre sino por mi enemigo capital.

Comí al galope por temer que me pusiese en la calle
antes de acabar, y con el bocado en la boca[10], por no
faltar a su palabra, como al fin hijo de algo, me llevó a
la barbería de un maestro catalán, que se llamaba
Jusepe Casanova. Habló con él, y hallólo muy duro y
muy lejos de recebirme, por estar informado de mi
mala opinión y poca estabilidad. Salió mi padre por
fiador de cualquiera desacierto que yo hiciese en el
tiempo que estuviese en su casa, y le prometió pagar
cien ducados si dentro de un año le hiciese falta
della[11]; pero que si asistiese y cumpliese el plazo, que
él me había de dar a mí veinte para que hiciese un
vestido. El maestro, contentándole el partido, y que

---

[8] *hermanos.* Así las ediciones antiguas. Desde 1725 se corrige
hermanas.

[9] *regalar:* agasajar.

[10] *«con el bocado en la boca.* Cuando sin reposar la comida se acude
a algo» (Correas).

[11] *hacer falta* «vale también no estar uno pronto al tiempo que
debía estarlo, lo cual se dice regularmente del criado» *(Dicc.
Auts.).*

tenía por cosa segura el irme yo y el cobrar él tan buena cantidad, vino en las condiciones, y haciendo dellas escritura por ante notario yo quedé a ser aprendiz, y mi padre se arrepintió del contrato al cabo de tres meses, que fue el tiempo que estuve en aquella tienda, ignorando más cada día que aprendiendo.

Tratóme este maestro con más respeto que el primero, pues el otro me enseñaba a lavar pañales y éste a echar barbas en remojo. Servíale, cuando salía fuera a dejar lampiños a algunos señores [12], de paje de bacía y de mozo de estuche, y, en la tienda, de calentar el agua y de atizar la fogata. Hacíame que asistiese todo el día en ella y que tuviese cuenta en aprehender [a] rapar zaleas y alzar criminales [13], ocupando los ratos perdidos en leer unos libros que tenía de cirugía. Y por no darme a conocer, aunque ya era bien conocido de mi amo, acudía a todo con mucha puntualidad, y más los primeros días por que se dijese por mí aquello de «cedacito nuevo» [14].

_____

[12] 1.ª, 2.ª y 3.ª ediciones, *dejar lampiños y algunos señores*. A partir de la 4.ª, *y a algunos*... Optamos por sustituir la *y* por *a,* pero cabe la posibilidad de que falte un verbo: «dejar lampiños y [sangrar] algunos señores».

[13] *aprender a rapar çaleas*. Así en la 4.ª edición; aceptamos la enmienda puesto que E. se estrena en el oficio con el pobre de que habla más abajo. 1.ª, 2.ª y 3.ª ediciones, *aprehender rrapar caleas*. Millé: *aprender y rapar*.

çalea: «la piel por esquilar, que está con su lana o vellón» (Covarr.): «*saleas:* en jargon, la barbe» (Oudin).

criminales: bigotes. Cf. Lope de Vega, «Todo mal cuello o cintura, / todo criminal bigote» *(El ausente en el lugar,* II, ed. Acad. N., XI, pág. 419).

[14] *«cedacillo nuevo, tres días bueno* [o tres días en estaca]. De lo que le dura poco la bondad, y más en el que entra diligente a servir y afloja presto» (Correas y paremiólogos anteriores). «Los primeros días que la mujer compra el cedacillo para colar el vino o otro licor, pónele luego colgado en un clavo o en una estaquilla, pero dentro de pocos días se olvida, y anda rodando por el suelo» (Covarr.).

Pareciendo al cabo de algunos días a mi amo que ya sabría algo del oficio, por lo atento que me vía estar siempre a los tormentos de agua y fuego, me mandó quitarle el cabello y barba a un pobre que había llegado a pedirle una rapadura de limosna; que en las cabezas y rostros de los tales siempre se enseñan los aprendices, por que llueva sobre la poca ropa[15]. Hícelo sentar sobre una silla vieja reservada y de respeto[16] para gente de poco pelo; púsele por toalla un cernedero de colar lejía[17], y sacando de un cajón de los principiantes unas tijeras poco menos que de tundidor[18], y un peine, desperdicio de algún rucio rodado[19], me acerqué a mi paciente, y diciendo «¡en nombre de Dios!»[20], por ser el primer sacrificio que hacía,

---

[15] *llover todo sobre* [alguien]: «pagarlas todas» (J. Cejador, *Fraseol.*, II, pág. 748*b*).

poca ropa: «modo de hablar con que se nota a alguno de pobre o mal vestido» *(Dicc. Auts.).*

El sentido lo atestiguan varios refranes: «en la barba del necio aprenden todos a rapar» (H. Núñez); «en las barbas del hombre astroso se enseña el barbero novo»; «en la barba del ruin se enseña el aprendiz» (Correas). Cf. Lope de Vega, «Siempre en la barba del ruin / prueba la mano el barbero» *(El valiente Céspedes,* I, BAE CCXXIV, pág. 67).

[16] *de respeto:* aquí, 'ex profeso'.

[17] *cernedero* o *cernadero:* «lienzo gordo que se pone en el cesto o coladero encima de toda la ropa, para que echando sobre él la lejía pase solo el agua y contenga la cernada [ceniza], de donde se deriva» *(Dicc. Auts.).*

[18] «Llamamos *tundir* el abajar el pelo del paño e igualarle con la tijera del oficial que llamamos *tundidor*» (Covarr.).

[19] *rucio rodado:* «el caballo de color pardo claro que comúnmente se llama tordo: y se dice rodado cuando sobre su piel aparecen a la vista ciertas ondas o ruedas, formadas de su pelo» *(Dicc. Auts.).*

[20] *«en nombre de Dios:* comenzar y hacer principio en algo» (Correas). Cf. J. Ruiz de Alarcón, «Sentaos, Beltrán. El examen / en nombre de Dios empiezo» *(El examen de maridos,* II, en *OC* II, ed. cit., pág. 969); Calderón, «Ea, esa ropa sacad. / —Por ese estrado empezad. —Pues en nombre de Dios, ten» *(Un castigo en tres venganzas,* II, BAE XII, pág. 387).

empecé a tirar tijeradas a diestro y a siniestro; mas viendo la poca igualdad que llevaba y que estaba el cabello lleno de escalones y con más altas y bajas que alojamiento de capitán[21], traté de esquilallo como a borrego y rapa terrón. Él me pedía que fuese sobre peine[22], y yo lo hacía sobre casco. En efeto, yo lo empecé a trasquilar como a pobre, y después lo esquilé como a carnero, y después lo atusé como a perro lanudo.

Tentóse el cuitado la cabeza, y hallando su lana convertida en calabaza, desierta la mollera y calva toda la cholla, me dijo:

—Señor mancebo, ¿quién le ha dicho a vuesa merced que tengo gana de ser buenaboya[23] para raparme desta manera?

Respondíle que aquello era una nueva moda venida de Polonia y Croacia, con la cual gozaría de más limpieza y se saldrían más bien los malos humores de la cabeza; y que si acaso era amigo de traer cabellos largos, le volverían a crecer a palmos, por habérselos

---

[21] *más altas y bajas que alojamiento de capitán.* Expresión figurada que podría referirse a varios hechos: a las frecuentes levas y deserciones, a los hospedajes en las villas, o a las tretas a que se alude en este capítulo *infra,* nota 162.

[22] *rapa terrón.* Así desde la edición de 1778. Las primeras ediciones, *rapaterion.* Existe la frase *a rapa terrón,* que hace sentido: «hablando de siega, a ras de tierra, a raíz» *(Dicc. Acad.).*

sobre peine. Cf. cap. II, nota 125.

[23] *buenaboya* (<it. *buonavoglia)* «es el que está al remo de su voluntad y por su sueldo» (Covarr., *s.u. boya).* Cf. J. E. Gillet, «Spanish *buenavoya», Rom. Phil.* III (1949-1950), págs. 149-156, y F. F. Olesa Muñido, *op. cit.,* págs. 757-760. Los remeros, forzados o voluntarios, «eran rapados frecuentemente, cada semana por los cristianos y cada quince días por los turcos» (Millé, que remite al *Viaje de Turquía,* ed. cit., I, pág. 124). Cf. Lope de Vega, «Que es imposible que escape / sin que un cómitre me rape / cabello y barba en galeras» *(El testigo contra sí,* II, ed. Acad. N., IX, pág. 705).

quitado a raíz y en creciente de luna. Y encajándole
otra media luna [24] de la margen de una bacía vieja,
llena de agua fría, en el empañado pescuezo, que le
pudiera servir de argolla, ya que lo tenía a la vergüenza [25], después de haber empapado las vedijas [26] y enca-
jado la barba y héchole mil mamonas [27], le enjaboné

---

[24] *en creciente de luna.* Según Gasparetti, «es todavía prejuicio
extendido el que los cabellos cortados durante la fase de luna
creciente crecen de nuevo más vigorosos que antes y con mucha
rapidez», creencia que no podemos documentar, aunque sí otras
referentes al mundo vegetal. La poda de la vid debía hacerse en
menguante, como atestigua Rojas Zorrilla: «La Ira soy; quiero
entrar. / —Vendréis a podar la viña / en el tiempo de creciente /
para que el fruto no sirva» *(La viña de Nabot,* Madrid, 1917, pág. 156,
ed. de A. Castro, quien anota en pág. 264: «Alude a que la poda
debe hacerse en el cuarto menguante de la luna»), y confirma
Gabriel Alonso de Herrera *(Agricultura general,* 1513, ed. de E. Terrón, Madrid, 1981, libro I, cap. XII). Pero el mismo tratadista
recomienda el creciente al cortar estacas para plantar: «Toda púa
para enjerir, todo ramo para poner, y todo árbol para trasponer se
corte en menguante de día, y si ser pudiera en creciente de luna
[...], por la ventaja grande que tienen los que en creciente se ponen
a los de menguante, como la Luna (según parece por Tolomeo) sea
muy húmeda, cuando crece, crecen todas las humedades» *(ibid.,*
libro III, cap. V, págs. 153-154). El P. Feijoo ataca tales creencias
a raíz del refrán: «cuando menguare la luna no siembres cosa
alguna» (Sbarbi, *El refranero general español,* Madrid, 1878, IX,
pág. 109).
  La otra media luna es la abertura de la bacía que se ajusta al
cuello.
  [25] *lo tenía a la vergüenza,* es decir, que E. tenía a su víctima como
puesto en la picota.
  [26] *vedija:* «la mata de pelo enredada y ensortijada» *(Dicc. Auts.).*
Cf. Lope de Vega, «En mi vida he visto tal: / ¡Qué barba tiene!
¡A la tierra / le llega un gran vedijón!» *(El esclavo de Roma,* III, BAE
CXCI, pág. 165).
  [27] «*encajar las barbas a uno* es tomárselas con la mano por la parte
inferior y en cierto modo manoseárselas; lo que se ejecuta como
por desprecio haciendo burla y mofa de él» *(Dicc. Auts.,* que no
apoya en ningún texto la definición, ajustada a este pasaje con
sospechosa exactitud).

los carrillos tan apriesa y tan apretadamente que en poco espacio pudiera ser, por la abundancia de espuma, o madre de Venus o mula de dotor[28]. Sobajéle las barbas, aajéle[29] los bigotes, rasquéle las mejillas, lavéle los labios y despolvoréle las narices; y mi dos veces pobre, agarrado a su bacía el hocico, cerraba[30] y hacíame más gestos que una mona. Quitéle la bacía, sacudíle los dedos, y limpiándole más de dos libras de natas o requesones frescos, lo volví de blanco alemán[31] en tostado africano.

Tomé un hocino[32] o navaja y empecé, no a cortar, sino a desgajar lana de aquel soto de barba, cuya espesura pudiera ser habitación de silvestres animales.

---

mamona: «postura de los cinco dedos de la mano en el rostro de otro, y por menosprecio solemos decir que le hizo la mamona» (Covarr.). Es evidente que E. usa la expresión figuradamente para describir su torpeza como barbero.

[28] *madre de Venus,* porque esta diosa es «hija de la espuma» (Gabriel de la Vega, *FC* V 51). El sexo de Urano, cortado por Cronos, flotaba en el mar y se cubrió de una espuma blanca, de la que surgió Afrodita (Venus), según Hesíodo *(Teogonía* 188-192). Fuente más asequible era la *Officina,* de R. Textor (II, f. 64), a donde remite G. L. Doty anotando el siguiente pasaje de Zabaleta: «Que el mar es inútil es claro, para nada su agua es buena. Que es símbolo de la lascivia es patente. De sus espumas fingieron los antiguos que se formó Venus» *(El día de fiesta por la tarde,* Jena-Halle a. S., 1938, págs. 53-54).

como mula de dotor, «babeando todo el día», dice el mismo Estebanillo en cap. XII, pág. 325.

[29] *aajar:* forma arcaica de *ajar,* de uso minoritario en el siglo XVII y frecuente en Gabriel de la Vega: «Por aajar su librea de colores» *(FC* II 58); «Pero mustias, aajadas y afligidas» *(FC* IV 58); «Su esmeralda rubí, su flor aahada» *(FV* III 9).

[30] *«cerrar con ello.* Por: apechugar» (Correas).

[31] Cf. Lope de Vega, «Es hermoso y gentilhombre, / blanco como un alemán» *(La santa liga,* III, BAE CCXXIV, pág. 268).

[32] *hocino:* «instrumento de que se usa para cortar la leña» *(Dicc. Auts.).*

Tomé un hocino o navaja y empecé, no a cortar, sino a
desgajar lana de aquel soto de barba (pág. 125. Dibujo de
Julio Caro Baroja)

Llevaba hacia [a]bajo los cueros, y no los pellejos[33]; y como yo no tenía el dolor apretaba más la mano, por dar fin a la obra y acreditarme en breve con mi amo, que desde el principio deste prodigio le habían venido a llamar para hacer una sangría y estaba ausente de la tienda. Era tan mal inclinada la navaja que cortaba la carne y no la barba. Yo, viendo que mi perroquiano[34] tenía todo el rostro como zapato de gotoso[35], y que estaba teñido en la "sangrientalidad," volvíle a dar otra agua por que no se despeñase el rojo licor[36] y se descubriese el defeto del no-viejo y lo botazo[37] de las armas; limpiélo muy bien y, por ver que proseguían las corrientes, entré en mi aposento y saqué un gran puñado de telarañas[38], y muy al descuido fui tapando

---

[33] Debe de aludir a un refrán como «el ruin barbero ni deja pelo ni cuero» (H. Núñez, Horozco, Correas).

[34] *perroquiano*. Cf. cap. IV, nota 157.

[35] *como zapato de gotoso*, es decir, con rajaduras. Cf. Quevedo, «Entraron cuatro dellos, con cuatro zapatos de gotoso por caras...» *(Buscón,* III 10, ed. cit., pág. 276); Diego Muxet de Solís, en situación análoga: «Luego que espejo pidió, / no solamente se halló / con menos todo un bigote, / sino tan desfigurado / que hasta el espejo decía / que su rostro parecía / zapatillo acuchillado» *(La igualdad en los sujetos,* en *Comedias humanas y divinas,* Bruselas: F. de Hoeymaker, 1624, pág. 101).

[36] *licor:* «toda cosa líquida» (Covarr.).

[37] *no-viejo* puede ser juego de palabras entre *no viejo,* 'mancebo', y *noviejo,* diminutivo de *novio,* «el que por primera vez mata una res» *(Dicc. Acad.).*

boto: «lo mismo que romo y contrario de agudo» *(Dicc. Auts.).* Cf. Lope de Vega, «Dame una espada / [...] —Esta le diera, sino que está bota / de filos» *(Burlas y enredos de Benito,* I, ed. Acad. N., IV, pág. 79).

[38] «Una pequeña cortadura se cura con telaraña» *(Dicc. Auts.)* ya desde tiempos de Petronio *(Satir.* 98, 7) y Plinio el Viejo *(Nat. Hist.* XXIX 114: «Haec [aranei tela] et uolneribus tonstrinarum sanguinem sistit»). Cf. Tirso de Molina, «El cirujano os espera. / —Bóndame una telaraña, / yo soy de buena calaña» *(Antona García,* II, ed. Cotarelo, NBAE IV, pág. 630).

las pequeñas cretas [39] hechas en aquel rostro de peñasco, y las que cada instante le iba haciendo.

Él, no pudiendo soportar el dolor, me dijo:

—Mancebito, mancebito, ¿raspa o degüella? [40].

Respondíle:

—Señor mío, lo uno y lo otro hago, porque la barba de vuesa merced es más dura que una roca, y es menester pasar cochura por hermosura [41].

Yo estaba temblando de que viniese mi amo y le viese la horrenda figura que tenía, pues su rostro más era tapicería de arañas que cara de cristiano, porque eran tantos los lunares que le había puesto que, a habérselos visto a la luna de un espejo, quedara lunático o frenético. Yo, viendo que mis principios más eran de carnicero que de barbero, saqué del estuche de mi maestro una de sus mejores y más cortantes navajas, con la cual empecé a bizarrear y a hacer riza [42] en

---

[39] *cretas*. Así las ediciones antiguas; acaso sea italianismo por 'grietas' (lectura introducida a partir de 1720), ya que *crettare* es 'agrietarse el cutis'.

[40] *raspa o degüella*. Cf. V. Espinel, «Estaba un caballero portugués, amigo mío, haciéndose la barba con un mal oficial, que, con mala mano y peor navaja, le rapaba de manera que le llevaba los cueros del rostro. Alzó el suyo el portugués y le dijo: senhor barbero, si desfollades, desfollades dulcemente; mais si rapades, rapades muito mal» *(Marcos de Obregón*, II 6, ed. cit., II, pág. 45). El tipo del mal barbero pertenece al folklore. Cf. M. Chevalier, *Cuentecillos tradicionales del siglo de oro*, págs. 160-163, y añádanse otras referencias en Rojas Zorrilla: «Si hay barbero que me pone / cuando afeitarme dispone / como a un San Bartolomé...» *(Donde hay agravios no hay celos*, III, BAE LIV, pág. 103), la comedia de Muxet de Solís antes citada, y la *Olla podrida*, de Marcos Fernández.

[41] *pasar cochura por hermosura*: «refrán que enseña no se pueden lograr gustos sin pasar por algunas mortificaciones» *(Dicc. Auts., s. u. cochura)*. Lo registran ya Hernán Núñez, Sebastián de Horozco, Ballesta, Vallés, etc.).

[42] *bizarrear*: «obrar con gallardía, ejecutar uno sus acciones con tal garbo, esplendor, lucimiento y lozanía que parece sobresale y aventaja a los otros» *(Dicc. Auts.)*.

aquella barba boba⁴³, que harto lo era el dueño pues
pasaba tantos martirios a pie quedo⁴⁴ sin estar en
tierra del Japón⁴⁵. Quiso la mala suerte, que siempre
huyendo de los ricos da en seguir a los pobres, que al
tiempo que lo iba enjordanando⁴⁶ y quitándole veinte
años de edad, tropezó la navaja en uno de los remien-

hacer risa o riza: «causar gran destrozo y mortandad en una
acción de guerra. Irónico» *(Dicc. Acad.).* Cf. Sebastián de Escabias
(?), «...Procedió contra sus bienes, haciendo riza en ellos» *(Casos
notables de la ciudad de Córdoba, ca.* 1618, ed. A. González Palencia,
Montilla, 1982², pág. 203); en sentido figurado usa la misma
expresión Lope de Vega: «Su talle, ingenio y valor / habrán hecho
risa en ti» *(La moza del cántaro,* II, ed. Acad. N., XIII, pág. 662).
⁴³ *bobo:* «bien cumplido, no escaso» *(Dicc. Acad.).* «Boba. Por:
grande» (Correas, pág. 699).
⁴⁴ *a pie quedo.* Cf. Calderón, «Estos son españoles, ahora puedo /
hablar, encareciendo estos soldados, / y sin temor, pues sufren a
pie quedo / con un semblante, bien o mal pagados» *(El sitio de
Bredá,* I, ed. cit., pág. 95).
⁴⁵ Sobre los cristianos martirizados en Japón desde fines del
siglo XVI, cf. la bibliografía recogida por A. Millares Carlo y
J. Calvo en *Testimonios auténticos acerca de los protomártires del Japón*
(México, 1954), págs. xix-ccxxxix. La referencia se había hecho
tópica. Cf. Lope de Vega (que escribió dos comedias sobre el
asunto), «Pues, ¡por Dios, que será enfado! / —No, más de enfado
no son / los martirios del Japón / como el de un hombre casado»
(En los indicios la culpa, I, ed. Acad. N., V, pág. 262).
⁴⁶ *enjordanar:* limpiar, remozar. «A los que habiendo estado
ausentes vuelven remozados y lozanos, decimos haberse ido a
lavar al río Jordán, aludiendo a la historia de Naamán [II *Reyes,* 5:
10-14]» (Covarr.). Cf. Góngora, «¡Cuánto hoy hijo de Eva, /
afectando lo galán, / se desmiente en un Jordán / que ondas de
tinta lleva!» *(Letrillas,* ed. cit., XXI); Luis Vélez, «Hoy espero /
Jordán a mi edad anciana, / si del contento no muero» *(El príncipe
viñador,* II, ed. cit., pág. 164); Luis Quiñones, «Yo le quito la
sábana al mozo. / —Yo al viejo las canas sin ir al Jordán»
(Entremés de los muertos vivos, ed. Cotarelo, pág. 591a); Francisco de
Francia y Acosta, «Muchas viejas veo mozas, / porque hay muchas
aguas ya / que tienen la virtud misma / que las aguas del Jordán»
(Jardín de Apolo, Madrid: Juan González, 1624, f. 42r).

dos o tacones que le había puesto y, embazándose [47] en
la tela de araña, no quiso pasar adelante, por lo cual
me obligó a apretar la no ligera mano; y dando un
grito el doliente, quísose levantar, por lo cual fue
fuerza y mandamiento de apremio [48] cruzarle no más
de la mitad de la cara, que la otra mitad ya la tenía él
cortada, y presumo que no por bueno; y así, por verlo
pobre, le hice amistad de emparejarle la sangre [49]. Mas
viéndolo en pie y con un sepan cuantos como mozo
de golpe [50], y que por el rastro que dejaba podía
caminar Montesinos [51], salíme a la calle [y] metíme en

---

[47] *embazar* «se toma algunas veces por detener, embarazar,
impedir la respiración o la ejecución de alguna cosa» *(Dicc. Auts.).*
Desde 1795 hasta Millé, *embarazándose.*

[48] *apremio:* «en lo forense es el despacho y mandamiento del
juez, en fuerza del cual se compele a uno, so pena de prisión y
embargo de bienes» *(Dicc. Auts.).* Una vez más, el lenguaje
figurado procede de la esfera jurídica.

[49] *igualar la sangre.* «Suelen hacerse dos sangrías, en cada brazo la
suya, y, dicen, por igualar la sangre: y trasládase el símil a otras
cosas» (Correas); «asegundar en la corrección y castigo pueril,
como el médico que habiendo sangrado de un brazo sangra otro»
(L. Galindo, *op. cit.,* ms. 9780 BN, núm. 254).

[50] *«sepan cuantos* se llamaba, recordando una fórmula curialesca
[«sepan cuantos esta carta vieren...»], a las heridas muy aparentes
en la cara» (Millé). Cf. 'Avellaneda', «Yo, señor, harto la miro a la
cara; pero como la tiene tan bellaca, todas las veces que la miro y
la veo con aquel sepancuantos en ella, que provoca a decirle:
cócale, Marta...» *(Quijote,* cap. XXVII, ed. cit., III, pág. 65).
mozo de golpe: «el que en la mancebía cuidaba de la cerradura o
golpe» (Hill). «Frecuentemente estarían señalados con heridas de
esta clase» (Millé).

[51] *Montesinos.* Alude al romance que empieza: «Por el rastro de
la sangre / que Durandarte dejaba, / caminaba Montesinos / por
una áspera montaña» (Lucas Rodríguez, *Romancero historiado,* 1582,
ed. A. Rodríguez Moñino, Madrid, 1967, págs. 140b-141a). El
romance parece ser obra del propio Lucas Rodríguez, aunque se
conservan glosas manuscritas distintas de la que se incluye en el
Rom. historiado (pág. 163), y Luis Alonso de Carvallo lo consideraba, en 1600, «romance viejo» *(Cisne de Apolo,* ed. 1602, f. 189). De

el palacio del sobrino Barberino [52], diciendo entre mí:
—Agora que estoy libre, ande el pleito [53].

Llegó mi amo a esta ocasión, halló al pobre dando
sollozos, la casa llena de vecinos y la puerta de meque-
trefes [54]. Dijéronle la causa del rumor y lo mal parado
que estaba el herido, y él, apartando la gente, se llegó
al caballero cruzado, y, viéndole la cara tan llena de
pegatostes [55] que parecía niño con viruelas, perdió el
enojo y, rebozándose con la capa, no se atrevía a
acudir al remedio, por no descubrir el chorro de la
risa; la cual se le aumentó mucho más cuando vio que
al ruido había acudido la mujer de aquel sin ventura,
que era vecina nuestra, y que, dándole el pésame las
demás, decía que sin duda se burlaban, porque aquel
hombre no era su esposo ni ella había estado [56] tan
dejada de la mano del Señor que había de haber
escogido tal monstruo por marido.

Dio mi amo fin a sus gorgoritas de alegría y,
desembarazándose del ferreruelo, le zurció el jeme [57]
de abertura; y por no ser hombre que reparaba en

---

su popularidad son indicio las versiones vueltas a lo divino de
López de Úbeda y Valdivielso, y las que perviven en la tradición
oral moderna.

[52] *sobrino Barberino:* el Cardenal Francisco Barberini, sobrino de
Urbano VIII —papa desde agosto de 1623 (Millé)—. Para Jones
(Dissert., págs. 152-153) podría tratarse tan solo de un juego de
palabras, aunque serviría para datar el suceso a partir de 1624, año
en que se construye el palacio. Cf. *infra,* sin embargo, nota 143.

[53] *ande el pleito.* Locución usada también por Lope de Vega *(El
enemigo engañado,* II, ed. Acad. N., V, pág. 131).

[54] *mequetrefe:* «entremetido, bullicioso y de poco provecho»
(Dicc. Auts.).

[55] *pegatoste:* «emplasto de pez u otra cosa pegajosa» *(Dicc.
Auts.).*

[56] *estado.* La 1.ª edición, *estada,* por posible italianismo.

[57] *jeme* «es género de medida [...] Lo que se alcanza desde el
dedo pulgar al índice» (Covarr.).

puntos [58] le dio docena y media dellos. Echó toda la gente fuera y, quedándose solo con el herido y con su mujer (que ya lo había conocido por señas que le había dado y por el metal de la voz), envió a llamar a mi padre, el cual, imaginando que lo llamaba para remediar alguna travesura mía, de que no se engañaba, acudió al momento, y viendo aquel espectáculo horrible, con ser hombre muy severo, no dejó de sonreírse un poco. Trataron los dos de quietar y contentar aquella figura de león de piedra [59] que tenían delante, por que no se querellase y diese queja a la justicia; y saliendo mi maestro a curarlo y darlo sano, y ofreciéndole mi padre diez escudos, quedó muy contento y se retiró a su casa. Supo mi maestro adónde yo estaba, y trayéndome a la suya, después de haberme reñido muy bien, me dio por castigo, como al fin mi juez competente, suspensión de oficio en el desbarbar por tiempo de un mes; en cuyo término estudiaba algunas veces en los libros de cirugía, tiniendo de los correspondientes [60] de la tienda algunos provechos de limpiarles los sombreros (para lo cual había comprado una escobilla a mi costa) y quitarles los pelos de las capas, echándoselos [61] yo muchas veces encubiertamente para obligarlos a ofrecer.

Acaeció traer a la tienda, antes que se acabase el mes de la suspensión, un muchacho, hijo de un mercader, para que le cortaran un poco del cabello y le empareja-

---

[58] *reparar en puntos.* Juego de palabras con la frase aún usual.

[59] *león de piedra.* Cf. «Para llamar a uno feo / le dicen que es león de piedra» (*La mayor dicha en el monte,* III, atribuida a Lope de Vega, ed. Acad. N., II, pág. 392); Marcos Fernández, «Lo primero que me dijo aquella cara de león de piedra, remedio contra lujuria...» (*Olla podrida,* ed. cit., pág. 156).

[60] *correspondientes:* 'clientes'. No hemos encontrado esta acepción en ningún otro texto.

[61] *echándoselos.* Así desde la 4.ª edición; 1.ª, 2.ª y 3.ª, *echandoselas,* que parece errata.

sen las guedejas. Díjele a mi amo que, pues no estaba aquel arte en la suspensión de oficio, que decretara en darme licencia y facultad. Vino en ello y quiso hallarse presente, temeroso de lo pasado. Y para poder adestrarme empecé con lindo aire[62] a correr la tijera por encima de la dentadura de un terso y bien labrado marfil, y a echar en tierra escarchados hilos de oro, acabando con tal presteza y velocidad que mi amo me dio el parabién de ser tan buen oficial; y apenas se apartó de mí, satisfecho de que ya no erraría en nada, cuando metiendo todo el cuerpo de las tijeras en una guedeja del tierno infante para despuntársela, no acordándome que tenía orejas y pensando que todo el distrito que cogían las dos lenguas aceradas era madeja de Absalón[63], apreté los dedos y dejélo hecho un Malco, un ladrón principiante y una harona posta[64].

---

[62] *con lindo aire.* Cf. Ginés Pérez de Hita, «Entraron de cuatro en cuatro con tan lindo aire y con tanta presteza, que era cosa de ver» *(Guerras civiles de Granada,* 1.ª parte, ed. P. Blanchard-Demouge, Madrid, 1913, pág. 59).

[63] *madeja* «por semejanza se llama el cabello» *(Dicc. Auts.).*

Absalón: príncipe hebreo que se rebeló contra su padre David y fue muerto al enredarse su cabello en las ramas de un árbol (II *Samuel,* 28: 9). Los cabellos de Absalón designaron además por antonomasia los de color rubio. Cf. Josseph de la Vega, «Semejándonos a Absalón en tener el oro en la cabeza» *(Confusión de confusiones,* Amsterdam, 1688, p. 288); «Absalón de España luminoso» llama también Gabriel de la Vega al Cardenal Infante *(FV* IV 34).

[64] *Malco:* servidor de Caifás a quien San Pedro cortó una oreja (Jn 18: 10).

ladrón principiante. Cf. Alfonso Velázquez de Velasco, «La primera vez cortan las orejas a los ladrones para que, tornando a hurtar, sean sin más información ahorcados» *(La Lena,* I, esc. 2.ª, ed. Menéndez Pelayo, NBAE XIV, pág. 393a).* J. E. Gillet, en nota a la com. *Soldadesca,* I, de Torres Naharro (III, pág. 402) precisa que tal castigo se aplicaba al reincidente, ya azotado por la primera vez.

harona posta: caballería de posta holgazana. «*Caballo harón:* poltrón, lerdo» (Galindo, *op. cit.,* ms. 9781 BN, f. 34r). Cf. cap.

Dio el muchacho una voz que atronó la tienda, y, tras de mil ayes, un millón de gritos.

Corríle la cortina del cabello, y viendo la oreja medio cortada dije:

—¡Cuerpo de tal!, ¿aquí estáis vos, y no habláis?

Preguntóme el maestro que qué era lo que había hecho. Yo le respondí que non era nada; que aquel rapaz se quejaba de vicio; que me dijera en qué parte tenía la cola con que pegaba la guitarra[65], para pegarle con ella media oreja que le había echado en tierra. Mi amo, oyendo esto y viendo la sangre que le corría, llegóse a él, y, considerando una tan gran lástima, cerró conmigo[66] y diome poco más de cien bofetadas y poco menos de cincuenta coces; y pienso que el no aumentar el número fue por dolerle los pies y haberse lastimado las manos. Curóle la oreja y, empapelando el retazo della, lo llevó de la mano a casa de su padre, al cual le satisfizo diciéndole que aquello había sido una desgracia, sin que se hiciese a mal hacer[67], y que ya me

VIII, nota 7, y Lope de Vega, «Una posta trotadora / no hay cosa que no merezca. / ¿Cortóle vueseñoría / alguna oreja? —¿Pues no? / Entrambas se las corté» (El poder vencido, II, ed. Acad. N., VIII, pág. 544).

[65] El tipo de barbero tañedor de guitarra era proverbial. Cf. L. Quiñones, «Mientras que viene el vinillo / ¿hay en casa una guitarra? / —¿Qué barbero está sin ella?» (Entremés del borracho, ed. Cotarelo, Colección..., pág. 564a); V. Suárez de Deza: «Tocar una guitarra es lo primero / que ha de saber hacer el buen barbero. / —¿No es mejor hacer barbas y sangrías? / —Eso ha de ser después de las folías» (Entremés del barbero, en Los donayres de Terpsicore, Madrid: Melchor Sánchez, 1663, f. 149r); Gracián, «Más les ofendió un sonsonete como de guitarra, instrumento vedado so graves penas de la Cordura, y así refieren que dijo el Juicio en sintiendo las cuerdas: —¿Qué locura es esta? ¿Estamos entre hombres o entre barberos?» (Criticón, II, 2, ed. cit., II, págs. 37-38, con nota que remite a pasajes de Góngora y Quevedo).

[66] cerrar con: «arremeter con denuedo» (Dicc. Auts.).

[67] «no lo hice a mal hacer [...] Excusa por buena intención» (Correas).

había castigado por ello tan bien que me dejaba medio muerto. El mercadante, viendo que ya aquello no tenía remedio y que era falta que se encubría con el cabello, y que el castigo que él merecía[68] lo había venido a pagar su hijo, despidió a mi amo con mucho agrado y a mí me concedió perdón.

Quedó tan escarmentado mi maestro de ver en mí tan malos principios que, temiendo que fuesen peores los fines, jamás me quiso ocupar en dejarme afeitar a ninguna persona de importancia; sólo me empleaba en los de gratis y en los peregrinos pobres, los cuales llegaron a ser pocos y a desminuirse, porque el que una vez se ponía en mis manos no volvía otra, aunque anduviese como ermitaño del yermo. Y con todos estos defetos me tenía yo por uno de los mejores cirujanos que había en Roma y por el mejor barbero de Italia; y fue tanta mi presunción y desvanecimiento[69] que me persuad[i]ó[70] a que yo solo, con lo que sabía, podría sus[t]entar mi persona y traerla muy lucida y aun servida de criados. Y por verme fuera de dominio, y enfadado del poco caso que se hacía de mí, cogiéndole a mi amo las mejores navajas y tijeras, y una bacía y los demás aderezos de pelar lechones racionales, me salí tercera vez de Roma[71] a la vuelta de Nápoles, en cuyo camino y posadas dél pasé plaza

---

68 *castigo que él merecía.* Cf. *supra,* nota 64. Estebanillo alude a la fama de ladrones de los comerciantes.

69 *desvanecimiento:* «vanidad, presunción» *(Dicc. Auts.).*

70 *persuadió.* Así en la edición de 1725; las ediciones antiguas, *persuado,* y *persuadí* desde 1795 hasta Millé. Es claro que E., contra lo que opinan SZ, enjuicia su vanidad desde el pasado; por otra parte, el «presente» desde el que escribe no le incita a sustentar criados, como se ve en el cap. XI, pág. 240.

71 Como indica Jones *(Dissert.,* pág. 134), en realidad es la segunda vez.

de barbero apostólico, examinado⟨me⟩[72] en la corte romana.

En efeto, trasquilando postillones y rapando percacheros[73], di fin a mi viaje. Llegué a aquella corte que, por ser primer Chipre y segundo Samos[74], le dan por renombre «la bella»[75]. Fuime derecho a Santiago de los Españoles, que estando a título de hospital es un ausilio y amparo de los desta nación y un edificio sumptuoso[76]. Hablé con el dotor dél acerca de acomodarme, el cual se llamaba Cañizares, de quien fui remitido a Juan Pedro Folla[77], que entonces ejercía el oficio de cirujano mayor; di a entender ser barbero y cirujano examinado, y no de los peores en aquel arte,

---

[72] *apostólico:* «a pie», según A. Zamora Vicente en su edición, pág. 759, aunque más bien parece chiste a propósito de los cargos de la corte papal.

examinadome. Así las ediciones 1.ª y 2.ª; desde la 3.ª a la de 1725, *examinándome;* desde 1795, *examinado.* Podría tratarse de un improbable italianismo. Para el examen de oficios cf. cap. IV, nota 144.

[73] *percacheros:* adaptación del it. *procaccia,* 'portador del *procaccio* o correo', *percacho* en el español de la época, como se ve en el *Viaje de Turquía* (II, pág. 64), cit. por Millé.

[74] Chipre y Samos son islas ponderadas en la antigüedad por su culto a Venus y Juno, respectivamente.

[75] *Nápoles la bella* era sintagma fijo. Cf. Lope de Vega, «En lo visto al pensamiento / suspende lo imaginado, / con razón llaman la bella / a Nápoles» *(El satisfacer callando,* I, ed. Acad. N., IX, pág. 265); «Aunque a Nápoles la bella / pasé con un capitán» *(id., La devoción del rosario,* II, ed. Acad. N., II, pág. 107).

[76] El hospital de Santiago de los Españoles, en Nápoles, anejo a la iglesia de la misma advocación, fue edificado entre 1534 y 1540. Se hallaba en la Vía Toledo, próximo al Largo del Castello, y tenía capacidad para 200 enfermos. Fue suprimido en 1809 por Gioacchino Napoleone, rey de las dos Sicilias. Cf. E. Borrelli, *Memorie storiche della chiesa di S. Giacomo dei nobili spagnuoli e sue dipendenze* (Napoli, 1903), en especial págs. 155-164.

[77] *Cañizares... Folla:* personajes no ficticios, como creen SZ, sino históricos. Cf. en el índice, documentación que confirma que eran, en efecto, médico el uno y cirujano mayor el otro, en el hospital real de Santiago, de Nápoles.

el cual me recibió para ser enfermero y uno de sus ayudantes.

Empecé a hacer las guardias a los dolientes conforme me tocaban, tanto de día como de noche, acudiendo a darles lo que les ordenaba el dotor y lo demás que necesitaban. Ofrecióse una sangría el mismo día que entré en la dignidad, y el cirujano, por hacer prueba de mí, me la encomendó. Yo, llegándome a la cama del enfermo, le arremangué el brazo derecho y, estregándoselo suavemente, le di garrote con un listón[78] de un zapato que había pescado a una moza de un ventorrillo en el discurso del camino. Saqué la lanceta, y por haber leído, cuando andaba trashojando los libros de mi postrer amo, que para ser buena la sangría era necesario romper bien la vena, adestrado de ciencia y no de esperiencia, la rompí tan bien que más pareció la herida lanzada de moro izquierdo que lanceta[da] de barbero derecho[79]. Al fin salí tan bien

---

[78] *listón:* «cierto género de cinta de seda» *(Dicc. Auts.).*

[79] *lanzada de moro izquierdo* «vale herida cruel» (Covarr.; también lo recogen Vallés, el ms. RM, Correas, etc.). Procede del romance de Albaniña (o La adúltera): «...Lanzada de moro izquierdo / le traspase el corazón» *(Primavera...,* núm. 136a), que en su versión amplia se publicó por primera vez en la *Flor de enamorados,* de 1562, varias veces reimpresa en el siglo XVII. Cf. L. Vélez de Guevara, «Si le juras, / o con jara berbisca / de moro zurdo le pases / el corazón y las tripas» *(El amor en vizcaíno,* I, ed. cit., pág. 67); Cubillo, «Mas que morirá el infiel / a la lanzada de un moro. —Y zurdo, que diz que son / peores, si bien me acuerdo; / lanzada de moro izquierdo / atraviese a Galalón» *(Hechos de Bernardo,* III, BAE XLVII, pág. 107).
lancetada, herida hecha con *lanceta:* «instrumento de acero muy agudo y delgado, de que usan los sangradores para romper la vena» *(Dicc. Auts.).* Cf. Tirso de Molina, «Un barbero, gran lanceta, / pide que aliviéis sus llamas» *(Santo y sastre,* I, ed. Cotarelo, NBAE IV, pág. 2). Las primeras ediciones, *lanceta;* desde 1795, *lancetada.* La enmienda se confirma en la imitación del pasaje por Marcos Fernández: «Los señores barberos injertos en cirujanos

della que solamente quedó el doliente manco de aquel brazo y sano del izquierdo, por no haber llegado a él la punta de mi acero, de que Dios libre a todo fiel cristiano.

Quejóse a Juan Pedro Folla, el cual, habiendo reconocido la sangría y visto que dejaba el brazo estropeado, me dijo que si me había examinado de albéitar [80] o de barbero. Respondíle que del cansancio del camino traía alterado el pulso, y que esto había sido la causa de no dar satisfación de mi persona, pero que a la segunda habría enmienda; porque, como decía el dotor Juan Pérez de Montalbán en su libro cómico, «de dos la una, no se yerra en el mundo cosa alguna» [81]. Mas perdóneme su cadáver, que él también se erró en escribir esto, porque a las diez y ochena [82] sangría hice

---

[...], dando lanzada en lugar de lancetada, tan de moro izquierdo que es imposible errar la vena...» *(Olla podrida,* cit., pág. 147).

[80] *albéitar:* «médico de bestias, *veterinarius, ii»* (Nebrija, en *TLex).*

[81] Juan Pérez de Montalbán (1602-1638), el amigo y discípulo de Lope de Vega. La cita, acaso fantástica, no la hemos localizado en las obras más conocidas de este autor, ni siquiera en *Sucesos y prodigios de amor,* donde SZ aseguran haberla encontrado —aunque sin citar página, y con razón, puesto que la seguridad les viene de un igualmente erróneo pero más cauto be» de Jones, *Dissert.,* pág. 134—. *Libro cómico* puede aludir a uno de sus tomos de comedias impresos en 1638. En cualquier caso, en el texto parece que subyace un refrán. Cf. Calderón, «Que yo sé que no lo errara / si agora a verme en la ocasión tornara; / porque de dos la una, / no se yerra en el mundo cosa alguna» *(Peor está que estaba,* I, BAE VII, pág. 95); Juan Vélez de Guevara, «De dos la una no puede / errarse ninguna cosa» *(Fin de fiesta para la comedia de Don Quijote de la Mancha,* ed. M. García, Salamanca, 1982, pág. 145); F. de Leyva, «Pues mira, que será feo / si de dos la una lo yerras» *(Cuando no se aguarda...,* II, BAE XLVII, pág. 345a).

[82] *a las diez y ochena.* Así en las ediciones 1.ª a 3.ª. La 4.ª, *a las deciochena.* Ya en 1725 se corrige la concordancia *ad sensum* en *a la d.* De parecido aprendizaje se jacta el gracioso Monzón en la comedia de Lope *Del mal lo menos,* II: «¿No te turbaste? —¿De qué, / yendo

lo mismo, sin haber acertado ninguna en las demás.

Había entrado un soldado de los adocenados de bravo y rumbo [83] a curarse de unas tercianas; y por que le asistiese con cuidado en su enfermedad me había dado un real de a cuatro, y quiso su pecado que me tocó estar de guardia el día de su purga. Viéndose fatigado de sed imploró mi auxilio, confiado en el plateado unto [84]. Yo, haciendo desvíos de sabio dotor y ademanes de ministro roto [85], me cerré de campiña [86] a su demanda, y él, representando conmigo el auto de Lázaro y del rico avariento [87], y sacando la lengua como jugador de rentoy y seña de malilla [88], me tenía

---

tan bien enseñado? / Trece mozos he sangrado / y a los catorce manqué» (ed. Acad. N., IV, pág. 462); por su parte el cirujano Quiterio Ventosilla, tío de don Gregorio Guadaña, cuando hacía sangrías después de haber bebido, «de cinco picadas apenas acertaba una» (A. Enríquez Gómez, *El siglo pitagórico,* ed. Ch. Amiel, París, 1977, pág. 71).

[83] *de los adocenados de bravo y rumbo,* es decir, que se hacía pasar por bravo; *adocenado* parece significar 'del montón'. Cf. Lope de Vega, «¿Tú poeta? —Adocenado, / de estos que por gruesas van» *(Con su pan se lo coma,* I, ed. Acad. N., IV, pág. 304).
«*echar rumbo:* jactarse de valiente o galán, vender alabanzas propias» (Galindo, *op. cit.,* ms. 9781 BN, f. 57v). Cf. Lope de Vega, «Que en viendo un hombre de rumbo / deseo verle en galeras» *(¡Ay, verdades, que en amor...!,* I, ed. Acad. N., III, página 503).

[84] *unto:* cohecho, soborno. «Untar la mano al juez o a otra persona de quien pretendemos algún emolumento o favor, es sobornarle con dineros o dádivas» (Covarr.).

[85] *ministro roto* tal vez signifique 'caído en desgracia', y, por tanto, sin potestad.

[86] «*cerrarse de campiña* es determinarse un hombre a no conceder lo que le piden o demandan, sino negarlo» (Covarr.).

[87] *auto de Lázaro y del rico avariento.* «La Barrera en su *Catálogo,* pág. 599, menciona tres autos de *El rico avariento* escritos por un cierto Padre Téllez (¿Tirso?), Mira de Amescua y Rojas Zorrilla» (Millé).

[88] *rentoy:* «juego de naipes que se juega de compañeros [...] La *malilla* es el dos de todos palos, y esta es la que gana a todas las

fatigadas las orejas; mas viéndome inmóvil a sus voces y endurecido a sus quejas, haciendo duelo lo que era piedad y pareciéndole descrédito de su persona no darle lo que pedía, habiéndome cohechado para que le asistiese y sirviese, me dijo:

—Señor estornudo de barbero[89] y remendón de cirujano, trate por su vida de mitigar mi sed, porque si no yo le prometo que, demás de que no me lo irá a penar al otro mundo[90], dé cuenta al mayordomo deste hospital de los sobornos que recibe a los que entran a curarse en él.

Yo le respondí que se reportara, que por mirar por su salud me había escusado, pero que yo le cumpliría de justicia. Bajé abajo, y subiéndole encubiertamente

---

demás cartas [...] Se juega [...] haciéndose señas los compañeros» *(Dicc. Auts.).* La seña de copas se hacía sacando la lengua. Cf. «Apretóle demasiado / de la golilla el asiento, / y con la seña de copas / jugó al rentoy con el pueblo» (Hill, *Poesías germanescas,* Bloomington, 1945, núm. LXV), texto ya recordado por Jones; Castillo Solórzano, «Casa entretenida / de juego quiere decir. / [...] —¿A qué juegos? —Al rentoy / y también a la malilla. / —¿Con la lengua o con los naipes?» *(El marqués del Cigarral,* I, en *Fiestas del jardín,* pág. 387).

[89] *estornudo.* Cf. Lope de Vega, «Pues advierta que no soy, / por intrincado abolengo, un estornudo de Porcia / y de Lucrecia un bostezo» *(Acertar errando,* I, ed. Acad. N., III, pág. 38); D. Duque de Estrada, «Yo le respondí que era estornudo de mí mismo, y que Júpiter lo podía ser mío» *(Comentarios,* ed. cit., p. 108).

[90] *no me lo irá a penar al otro mundo:* variante de algunas locuciones de las que la más cercana aparece en Sebastián de Horozco: «no me la iréis a pagar al otro mundo». Correas trae: *«no se me irá con ello al otro mundo.* Que se vengó, o vengará», y *«no os me iréis a la huesa con ello.* Amenaza de venganza». Sin embargo, la forma de E. es la única que usa el jesuita jerezano Pedro de León: «Guárdese del diablo de andar de noche (como dicen), que no se la irá a penar al otro mundo tan solamente, que acá también se la pagará de contado y de antemano» *(Compendio...,* 2.ª parte, ed. cit., pág. 348; otros ejemplos en págs. 375, 449 y 453).

un jarro con cuatro potes[91] de agua fría y metiéndoselo debajo de la cama, le dije:

—En acabándose ese recado[92] vuesa merced avise, que será servido en todo y por todo[93].

Tomó al proviso el cangilón[94] y, alzando a menudo los codos, a pocas idas y venidas le dio fondo y descubrió el suelo, mirando hacia la parte donde yo me estaba paseando y diciendo:

—¡Dios te consuele, pues me has consolado el alma!

Por cuya consolación dentro de media hora pasó la suya deste mundo al otro. Vive Dios que reviento por desbuchar[95] aquí los males que causa⟨n⟩ untar como brujas[96], pero allá se lo haya Marta con sus pollos[97].

---

[91] *pote:* «especie de vaso de barro alto [...] para beber o guardar los licores» *(Dicc. Auts.),* aquí tomado como medida de capacidad.

[92] *recado:* provisión.

[93] *«en todo y por todo.* Afirmando en bien o en mal y obligándose» (Correas).

[94] *al proviso:* «al instante, al punto, con gran priesa y celeridad» *(Dicc. Auts.).* Cf. Solís, «Pues ¿qué tienes? ¿Estás malo? / Dime tu achaque al proviso, / pues sabes que soy doctor» *(El doctor Carlino,* II, BAE XLVII, pág. 48).

cangilón: «cierto genéro de vaso y juntamente medida» (Covarr.).

[95] *desbuchar:* «sacar del buche, por declarar lo que uno sabe y es casi secreto» (Covarr.); «vomitar el secreto» (Galindo, *op. cit.,* ms. 9781 BN, f. 51r).

[96] *untar como brujas:* juego de palabras entre el sentido de 'sobornar' y el de 'aplicar a una superficie alguna materia grasa', como hacían las brujas (cf. Cervantes, *El casamiento engañoso,* ed. A. G. de Amezúa, Madrid, 1912, págs. 153-201 y 636-638). Cf. el mismo juego en Lope de Vega, «Si él se metiese en dibujos, / paciencia; a verte vendremos / después que untados estemos, / y vendremos como brujos» *(Los comendadores de Córdoba,* III, BAE CCXV, pág. 42).

[97] *«allá se lo haya Marta con sus pollos.* Dícese a desdén de la impertinente» (Correas y demás refraneros desde el siglo xv). Aquí viene mejor el sentido que da Cejador *(Fraseol.* III, pág. 71a): «no meterse en negocios ajenos».

Escondí el malhechor[98]; dije que había muerto de
repente, pero con todos sus sacramentos; diéronle
sepoltura, partió contento y yo quedé pagado[99].

Tenía por flor[100] que todas las veces que me tocaba
repartir los consumados, que de ordinariamente[101] se
dan a las doce de la noche, de tal modo me alegraba,
siendo pecador, que[102] de veinte que me entregaban
los multiplicaba en treinta, y con una santa caridad y
amor a los prójimos cobraba contribución de los diez.

Sucedióme una noche que estaba de guardia visitar
a menudo a un estudiante, por verlo que estaba muy
fatigado y lleno de bascas; y como mis ojos eran linces
y mis manos barrederas[103], al tiempo de alzarle la
cabeza para que arrimase el cuerpo a ella[104], por ver si
de aquesta suerte podía mitigar una tose que le ahoga-
ba, columbré una bolsa que tenía debajo del almohada,
con doce doblas por piedra fundamental y cincuenta
reales de a ocho por chapitel[105]. Reconocí que estaba

---

[98] *malhechor:* el jarro, naturalmente. No es errata por *malhecho,*
como suponen SZ, y como aparece en ediciones desde 1795.

[99] *pagado:* satisfecho. Hágase caso omiso del presunto doble
sentido que SZ asignan a esta expresión lexicalizada. Cf. Preliminares, nota 30.

[100] *tener por flor* «vale tener costumbre de hacer alguna cosa no
buena» *(Dicc. Auts.).*

[101] *consumados:* «ciertos caldos que se hacen en la botica con
diferentes ingredientes» *(Dicc. Auts.).*

de ordinariamente. Así las tres primeras ediciones. Desde la 4.ª, *que
ordinariamente.*

[102] *de tal modo me alegraba, siendo pecador, que...* Más comprensible
sería: «de tal modo me alegraba que, siendo pecador, etc.»

[103] *barredera:* «la [red] que lleva tras si cuanto topa» (Covarr.).
Cf. Lope de Vega, «Por eso, ¡alerta al dinero!, / que hay hermosura
gatesca, / red barredera que pesca / todo amante majadero» *(De
cosario a cosario,* II, ed. Acad. N., XI, pág. 649).

[104] *alzarle la cabeza para que arrimase el cuerpo a ella.* Forma algo
extraña de decir que le ayuda a incorporarse.

[105] *piedra fundamental.* Compara las monedas con un edificio o

alerta a la buena guardia, y así dilaté el lance para
mejor ocasión; y por que no se sospechase en mí
después de cumplida mi pretensión, me puse a lo largo
como compañía de arcabuceros [106]; y por sobrevenirle
unos desmayos mortales me dieron muchas voces los
enfermos que estaban más cercanos a su cama, diciéndome que acudiera presto a ayudar a bien morir a
aquel licenciado y a traerle un confesor.

Yo, viendo que se llegaba la hora en que él diese
cuenta a Dios, y yo tomase cuenta a su bolsa, envié
con un compañero mío a que le trujese el capellán
mayor, y yo, haciendo del hipócrita, desalado, más por
el dinero que por el medio difunto, me eché de buces
sobre la cabecera y diciendo: «JESÚS, MARÍA, *en
manos tuas, Domine, encomendo espiritu meum*» [107], le iba
metiendo la mano debajo de la cabecera; y al instante
que agarré con la breve mina de tan preciosos metales
la fui conduciendo a mi faltiquera, volviendo a repetir:

—JESÚS, JESÚS, Dios vaya contigo.

Pensaban los circunstantes que el «Dios vaya contigo» lo decía al enfermo, siendo muy al contrario,
porque yo lo decía a la bolsa, por el peligro que corría
desde la cabecera hasta llegar a ser sepultada en mis
calzones. Llegó el confesor y, hallándome ronco de
ayudarle [108] a bien morir, me tuvo de allí adelante en

columna cuya base son las doblas y cuyo remate (chapitel) son los
reales.

[106] *a lo largo:* «a lo lejos y a distancia» *(Dicc. Auts.).* Los
arcabuceros no se acercaban al enemigo, sino que lo hostigaban a
cierta distancia.

[107] *in manus tuas, Domine, commendo spiritum meum.* Palabras de la
«Recomendación del alma» tomadas de Lc, 23: 46. Cf. Lope de
Vega, «Decid Jesús. —¡Qué rigor! / —¡Jesús, Jesús, Jesús pío! /
¡En vuestras manos, Señor, / pongo el espíritu mío!» *(El engaño en
la verdad,* III, ed. Acad. N., V, pág. 241).

[108] *hallándome ronco de ayudarle.* Así las ediciones 1.ª y 2.ª. La 3.ª y
siguientes, *hallándome muy ronco y fatigado,* etc.

buen concepto y agradecióme la caridad. Sentóse sobre la cama del enfermo a oírle de penitencia, porque aún tenía su alma en su cuerpo y sus sentidos muy cabales; porque yo solamente era el que apresuraba su vida, por dar muerte[109] a su dinero. Fue Dios servido que, estando en la mitad de la confesión, le dio un parasismo tan terrible que a un mismo tiempo lo privó de sentido y de vida.

Yo acudí con toda voluntad al difunto cadáver, mientras que lo mudaron de la cama de madera a la cuna de tierra, y después le hice decir un par de misas; y por ser, cuando di la limosna para ellas, después de haber almorzado y cargado delantero[110], mandé que fuesen de salud[111], que estas obligaciones me corrían por haber quedado su legítimo heredero, sin cláusula de testamento. Abrí aquella mañana la bolsa y, habiendo registrado las tripas della, la metí en el lado del corazón y di por bien empleadas las voces y la mala noche.

Viéndome, pues, con tanto dinero y en vida tan estrecha que apenas tenía hora de sosiego ni lugar de echar y derribar con gente de toda broza[112], pretendí

---

[109] *dar muerte.* Así las ediciones 1.ª y 2.ª. La 3.ª y siguientes, *dar fin y muerte.*

[110] *«cargar delantero,* haber bebido mucho»* (Covarr.). Cf. Pedro de León, «Estos dos acababan de salir de la taberna algo más cargados delanteros, como dicen, de lo que convenía» *(Compendio...,* ap. a la 2.ª parte, ed. cit., pág. 568); «Aquí es mi compañero, / que ha cargado delantero, / no acostumbrando a beber. / — ¿Habréle dañado el vino?» *(La difunta pleiteada,* II, atribuida a Lope de Vega, ed. Acad. N., IV, pág. 565).

[111] *de salud.* Aparte el sentido recto, E. debe de tener presente el dicho *«misas son de salud:* dícese por las maldiciones y deseos de que alguno muera, porque antes vive y dura más» (Correas).

[112] *echar y derribar:* variante de *«echa y derrueca,* término de borrachos en la taberna»* (Covarr.), «del que dice mentiras y jactancias, y banqueteando pródigamente con placer, como que no hubiese otro día, y más de lo ajeno» (Correas).

comodidad con más ensanchas, y andando con este
presupuesto me salí una tarde a desenfadar al muelle
de aquella ciudad; y, estando despacio contemplando
tan lindo sitio, pasó a este tiempo por junto a mí mi
amo, el alférez don Felipe Navarro del Viamonte [113], a
quien serví en la embarcación de Levante. Conocíle al
punto y lleguéle a hablar y a ofrecerme de nuevo en su
servicio y a contarle en lo que me ocupaba en aquella
corte. Holgóse mucho de verme y díjome como era
alférez de la compañía del maestre de campo don
Melchor de Bracamonte, y que estaba de partida para
Lombardía, para cuyo efeto se había hecho aquel
tercio; que si quería volver a ser su segundo alférez y a
esguazar [114] como de primero, que me llevaría de
buena gana. Yo, por ver a Milán y por salir de la
clausura en que estaba y no ser atalaya de muertos [115] y
centinela de enfermos, y pareciéndome mucho mejor
el son de las cajas que el de las flautas o jeringas [116],

———

«de toda broza significa que hace a todas manos, y que no es de
lo muy fino» (Sánchez de la Ballesta). Cf. Lope de Vega, «Pues
gente de toda broza / ¿qué nos ha de dar? Ochavos» (*Virtud,
pobreza y mujer,* II, BAE LII, pág. 223).

[113] El alférez D. Felipe de Biamonte y Navarra pasó de Sicilia a
Nápoles en enero de 1623. Su nuevo encuentro con E. se produce
a fines de junio, o a principios de julio de ese año, pues consta
que, en efecto, «passó a Milán en 7 de julio del 23 por alférez de la
compañía de infantería española del Maestro de campo D. Melchor
de Bracamonte, en que sucedió D. Juan Claros de Guzmán, que
desembarcó en bahía de Saona, y iba por alférez della y con la
bandera el suplicante» (Relación de servicios cit. en cap. II,
nota 16).

[114] *esguazar.* Cf. cap. II, nota 19.

[115] *ser atalaya,* o estar en atalaya, además de su sentido militar,
tiene el de «estar en vela toda la noche; estar a la mira» (Correas).

[116] *caja* «significa también el tambor» (Ayala, en *TLex).* Cf.
Pérez de Hita, «Nos sobra el bélico son de nuestras claras trompetas y el de las resonantes cajas, que su temeroso rugido es bastante
a desmayar otros diez mil enemigos» *(Guerras civiles de Granada,* 2.ª
parte, ed. cit., pág. 130).

dejé el oficio de arrendajo [117] de cirujano y tomé el de abanderado. Embarcámonos en una escuadra de galeras y sin suceso adverso ni cosa memorable llegamos a Lombardía [118].

Estuvimos alojados en una villa que se llama La Costa comiendo a costa del patrón y diciendo aquello de

> huéspede, máteme una gallina,
> que el carnero me hace mal [119].

Eché de ver que aquella vida era mejor que la de cirujano, si durase siempre estar sobre el villano. Mandaron a mi tercio que marchase a los Países Bajos [120], cuya nueva me dejó sin aliento por ser camino tan largo y que lo habíamos de caminar en mulas de

---

jeringa «se toma particularmente por la que se usa para limpiar y purgar el vientre» (*Dicc. Auts.*). Hay, además, juego de palabras con remisión a la leyenda de Siringa, origen de la flauta.

[117] *arrendajo:* «la persona que remeda y contrahace las acciones o palabras de otro» (*Dicc. Auts.*), tomado de *arrendajo*, «cierto pájaro conocido que [...] remeda el canto e imita la voz de los otros» (*ibíd.*). Cf. Cubillo, «...Sois las criadas / como arrendajos o sombras, / que seguís a vuestras amas» (*El señor de noches buenas,* III, ed. cit., pág. 190).

[118] El desembarco del tercio de Bracamonte tuvo lugar en Saona el 7-VII-1623 (v. nota 113, *supra,* y la Relación de servicios de Alonso de Verdugo, en AHN, E., legajo 1361³, núm. 12). Es errónea la cronología de este movimiento de tropas propuesta por Moore (pág. 31), a quien siguen SZ (págs. 88-89).

[119] *huéspede, máteme una gallina,* etc. Se canta en la 1.ª jornada de *El alcalde de Zalamea,* de Calderón, y se varía burlescamente en dos entremeses de Luis Quiñones (ed. Cotarelo, págs. 513*ab* y 591*a*). En todos los casos aparece *huéspeda,* por lo que el masculino puede ser adaptación al contexto.

[120] El antiguo tercio de Bracamonte, mandado ya por D. Juan Claros de Guzmán, fue enviado a Flandes, a donde llegó en octubre de 1623. Cf. la relación de servicios de A. de Verdugo, cit. *supra.*

san Francisco [121]. Estaba en mi compañía un soldado
que había servido en aquellos Estados en tiempo de
treguas, y para informarme dél qué tierra era adonde
nos mandaban ir lo convidé a beber dos frascos de |Λ
vino en una ermita del trago [122]; y después que estaba
como el arco de Noé [123], habiéndole yo dicho como

---

[121] «*ir o venir en la mula de San Francisco.* Por andar a pie»
(Correas). Cf. J. de Alcalá Yáñez, «Salí de Toledo para Madrid con
harto poco dinero, y a pie, que siempre en esto fui gran dicípulo
del seráfico padre san Francisco» *(Alonso, mozo de muchos amos,* I,
cap. 4, ff. 62v-63r).

[122] Cf. Lope de Vega, «Hamete, no encuentro ermitas, / que acá
tabernas llamamos» *(El Hamete de Toledo,* II, ed. Acad. N., VI,
pág. 186); «¿Dónde ibas a ser sol / de los dulces feligreses / de
Baco, que a tales horas / a sus ermitas se ofrecen?» *(¡Ay, verdades
que en amor...!,* II, ed. Acad. N., III, pág. 520).

[123] *arco de Noé.* Así todas las ediciones, hasta la de 1778 y ss.,
que leen *arca.* Creemos, rectificando la nota de nuestra edición
anterior, que en este pasaje y en otro del cap. V («me había puesto
como el arco del iris») el autor recurre, para designar la borrachera, a una creencia mítica y folklórica según la cual el arco iris es un
gigantesco animal (serpiente o dragón) o bien una enorme bomba
o manguera que aspira y bebe del mar, los ríos, lagos o fuentes
para alimentar las nubes. No hallamos en la literatura clásica
española ningún otro testimonio de esta creencia que, sin embargo, se documenta ampliamente en textos griegos y latinos (por
ejemplo, Virgilio: «et bibit ingens arcus», *Georg.,* I 380-381) y
Plauto la aplica ya humorísticamente para aludir a una mujer
beoda: «Ecce autem bibit arcus: pluet, credo, hodie» *(Curculio,* I
2). La creencia de que el arco iris bebe perdura en el folklore de
varios pueblos europeos y africanos, y la denominación «arco de
Noé» es general en Sicilia y se ha documentado en otras áreas
románicas, incluida España. Cf. H. Gaidoz y E. Rolland, «L'Arc-
en-ciel», *Mélusine* II (1884-1885), cols. 9-18, y otras aportaciones de
F. S. Krauss, L. Decombe, E. Adaievsky, etc., en la misma revista,
y P. Sébillot, *Le Folk-lore de France,* I (París, 1904), págs. 69-70.
Para datos sobre la península ibérica cf. J. Caro Baroja, *Estudios
vascos,* I (S. Sebastián, 1973), pág. 23, y P. García Mouton, «El arco
iris: Geografía lingüística y creencias populares» *(RDTP* XXXIX,
1984), pág. 179. Según M. Alinei *(Atlas linguarum Europae,* I,
Assen, 1983), en italiano se encuentra la denominación *arco bevente,*

estaba de camino para ir a ver la gran corte de Bruselas, me dijo lleno de váguidos [124] de cabeza y de
abundancia de erres [125]:

—Camarada del alma, tome mi consejo, y haga lo
que quisiere [126]; pero a Flandes, ni aun por lumbre [127],
porque no es tierra para vagamundos, pues hacen
trabajar los perros como aquí a los caballos; y tan
helada y fría [128], que estando yo un invierno de guarnición en la villa de Gueldres tuve una pendencia con
un soldado, de nación [129] albanés, sobre cierta matre-

---

mientras que en áreas eslavas *beber como un arco iris* equivale a
'beber como una esponja'.

[124] *váguido:* vahído. La acentuación esdrújula, confirmada por el
Dicc. Auts., no ofrece dudas. Cf. los testimonios alegados por
Corominas.

[125] *estar erre, hacer erres* son frases recogidas por Correas para
designar la borrachera. Cf. Lope de Vega, «Cuando muchas erres
junta / bien borracho está quien bebe» *(El amigo hasta la muerte,* II,
ed. Acad. N., XI, pág. 331; más ejemplos en *La vida de S. Pedro
Nolasco,* I, y en Matos, *El yerro del entendido,* III, y *El príncipe
prodigioso,* II); Quevedo, «La voz bebida, las palabras erres, / y
hasta los moros se volvieron Pierres» *(Orlando...,* I 383-384, ed.
cit., III, pág. 422); en *El semejante a sí mismo,* III, Ruiz de Alarcón
reproduce esta pronunciación en boca de un gracioso borracho y
soñoliento: «No será malo acostarme, / que se anda alrerrerror /
cuanto mirro. Cerrarré / los ojos. Sueño enemigo, / ¿qué tienes
que hacer conmigo?» *(OC* I, ed. cit., pág. 360).

[126] «toma mi consejo y haz lo que quisieres» (Correas).

[127] *«ni por lumbre:* dícese negando y vedando hacer algo» (Correas). Se aplicaba sobre todo a la cárcel. Cf. Lope de Vega, «Que
es refrán viejo y usado / que a la cárcel ni aun por lumbre» *(El
amigo por fuerza,* II, ed. Acad. N., III, pág. 273); «¿Ir a Flandes? Ni
aun por lumbre, / pues el rayo que le alumbra / guarda el pan y da
del palo / deshaciendo nuestra furia» *(Sátira contra los monsiures de
Francia,* cit.).

[128] Cf. Góngora, «Dejé al fin guerras y Flandes / porque era
tierra tan fría, / y yo, triste, andaba enfermo / de cámaras cada día»
(ed. cit., núm. 26); también M. Herrero, *Ideas de los españoles...,*
págs. 419-420.

[129] *nación:* «fam. nacimiento» *(Dicc. Acad.).* Cf. Diego de Torres, «En aquellos días aportaron en aquella tierra dos cristianos

sa [130]; y habiendo salido los dos en la campaña y metido mano a nuestras lenguas de acero, ayudado yo de mi destreza, le hice una conclusión [131], y con una espada ancha de a caballo que yo traía entonces le di tal cuchillada en el pescueso, que, como quien rebana hongos, di con su cabeza en tierra. Y apenas lo vi de don Álvaro de Luna [132] cuando quedé turbado y arrepentido, y viendo que palpitaba el cuerpo y que la cabeza tremolaba [133], la volví a su acostumbrado asiento, encajando gaznate con gaznate y venas con venas; y helándose de tal manera la sangre que, sin quedar ni aun señal de cicatriz, como aún no le había faltado el aliento, volvió el cuerpo a su primer ser y a estar tan bueno como cuando lo saqué a campaña, y la cabeza aún más firme que antes [134]. Yo, atribuyéndolo más a

---

espaderos, griegos de nación» *(Relación del origen y suceso de los Xarifes*, ed. cit., pág. 200).

[130] *matresa*. Así hasta la edición de 1725, inclusive; las demás, *metresa*: del fr. *maîtresse*, amante.

[131] *concluir* «en la esgrima es ganarle la espada al contrario por el puño o guarnición de suerte que no puede usar de ella» *(Dicc. Auts.)*. Cf. Lope de Vega, «Cuando vi que el tudescón / cuchilladas le tiraba, / dije: de esta vez le clava / cerrando de conclusión» *(Los yerros por amor*, I, ed. Acad. N., X, pág. 556).

[132] *lo vi de*. Así las tres primeras ediciones. La 4.ª y siguientes hasta 1778, *lo vide*, lectura acaso preferible. Desde 1795 hasta la BAE, *lo vido*. Don Alvaro de Luna, valido de Juan II de Castilla, como se sabe, fue degollado en Valladolid el 2-IV-1453, hecho cantado en varios romances nuevos. Cf. A. Pérez Gómez, *Romancero de don Alvaro de Luna* (Cieza, 1953), págs. 107, 136, 147 y 161.

[133] *tremolar* (< it. *tremolare*): «trembler, retembler» (Oudin, *Le thresor des trois langues*, 1617).

[134] Hay en el *Quijote* un pasaje que ilustra la tradicionalidad de estos relatos, que debían de ser antiguos y fueron recogidos en libros de caballerías: «...Cuando vieres que en alguna batalla me han partido por medio del cuerpo [...], la parte del cuerpo que hubiere caído en el suelo, y con mucha sotileza, antes que la sangre se hiele, la pondrás sobre la otra mitad que quedare en la silla, advirtiendo de encajallo igualmente y al justo» (I 10). M.ª Rosa

milagro que a la zurjidura [135] y brevedad de la pegadu-
ra, lo levanté de tierra, y haciéndome su amigo, lo
volví a la villa y llevé a una taberna, donde, a la
compañía de un par de fogotes [136], nos bebimos teta a
teta [137] media docena de potes de cerveza, con cuyos
estufados humos y bochornos de los fulminantes y
abrasados leños se fue deshelando muy poco a poco [138]
la herida de mi compañero; y yendo a hacer la razón [139] a un brindis que yo le había hecho, al tiempo
que trastornó la cabeza atrás para dar fin y cabo a la
taza, se le cayó en tierra como si fuera cabeza de
muñeco de alfeñique, y se quedó el cuerpo muy sosegado en la misma silla, sin hacer ningún movimiento;
y yo, asombrado de ver caso de tanta admiración, me
retiré a una vecina iglesia. Diéronle sepultura al dos
veces degollado, y yo, viendo el peligro que corría si
me prendiesen, me salí de Gueldres en hábito de fraile,
por no ser conocido de la guardia de la puerta; y
pasando muchos trabajos llegué a este país, que aunque es frío no tiene comparación con el otro, como

---

Lida aduce otros similares en *El cuento popular hispano-americano y la
literatura* (Buenos Aires, 1941), págs. 28-29.

[135] *zurjidura*. Mantenemos esta forma, que aparece en todas las
ediciones del siglo XVII, teniendo en cuenta que hay variantes
dialectales de *zurcir*, con palatal. A partir de la edición de 1720 se
corrige *zurcidura*.

[136] *fogote*: «el leño o carbón encendido» *(Dicc. Auts.)*.

[137] *teta a teta*: galicismo festivo por *tête-à-tête*, 'al alimón, mano a
mano'.

[138] *muy poco a poco*. Se omite el *muy* desde la edición de 1795.

[139] *hacer la razón* «dícese por beber cuando a uno le hacen
brindis y responde: haré la razón» (Correas). Cf. Lope de Vega,
«Pues bebo, / y bríndole a la salud / de su guitarra o laúd. / —
Haré la razón» *(El mejor mozo de España,* II, ed. W. T. McCready,
Salamanca, 1967, pág. 133); Quevedo, «Estaba una artesa en el
suelo llena de vino, y allí se echaba de buces el que quería hacer la
razón» *(Buscón,* III 10, ed. cit., pág. 277).

vuesa merced echará de ver en lo que en buena amistad le he contado.

Agradecíle el aviso, y di tanto crédito a su fábula de Isopo [140] que incité a la mitad de mi compañía a que fuésemos a buscar tierra caliente; y cargando con quince tornillos, novillos amadrigados [141] del cuartel de Nápoles, los llevé la vuelta de Roma a que hiciesen confesión general y a que ganasen indulgencia plenaria y remisión de todos sus pecados. Llegamos a ella, unas veces pidiendo y otras tomando, y las más cargados de *Monsiur* de la Paliza [142]. Apartéme de la tal compañía, y

---

[140] *Isopo* o *Esopo:* «el autor de las fábulas, tan conocido» (Covarr.). Cf. Lope de Vega, «¡Linda fábula! —De Isopo» *(La sortija del olvido,* I, ed. Acad. N., IX, pág. 592).

[141] *tornillo:* «fuga que hace el soldado de su regimiento» *(Dicc. Auts.).* Aquí *tornillos* podría ser errata por *tornilleros.* Se describen sus tretas en *El caballero de Illescas,* I, de Lope de Vega (ed. Acad. N., IV, pág. 111).

amadrigados o *madrigados:* «los que son experimentados y recatados en negocios» (Covarr.). *Novillos* está atraído por la otra acepción de *madrigado:* «el toro que ha sido padre» *(ibid.);* «toro que reside con las vacas; astuto, malicioso, escarmentado» (Galindo, *op. cit.,* ms. 9781 BN, f. 93r); quiere decir que eran expertos en deserciones. Cf. la nota de M. Herrero al *Viaje del Parnaso,* de Cervantes, VII 135 (ed. cit., pág. 807).

[142] *monsiur de la Paliza.* Según Millé así llamaban los españoles al general francés Jacobo de la Palisse, muerto en la batalla de Pavía en 1525, y cuyo apellido se prestaba al floreo verbal. Cf. Calderón, «Decid presto a quien buscáis / o haré que por atrevido / mil palos, villano, os den / dos esclavos. —No harán bien / en darme lo que no pido. / Mi conciencia acomodada / corre, porque desto gusta, / siempre abierta y nunca justa, / por no verse empalizada, / y tanto se sutiliza / el temor, que de mi casa / no salgo el día que pasa / por ella mons. de Paliza, / y así, por que revoquéis, / diosa Palas, la paluna / sentencia...» *(Con quien vengo, vengo,* I, BAE IX, pág. 234); L. Quiñones de Benavente, «Porque si una razón se les desliza / vendrá a verlos monsieur de la Paliza» *(Entremés de la hechicera,* ed. Cotarelo, pág. 684a). Dado que es una cuadrilla de quince, parece más lógico suponer que daban y no recibían los palos a que alude el transparente juego de palabras.

encontrando con un amigo mío me informé como mi
padre había ido a Palermo a cobrar un poco de dinero
que le debía un criado del Duque de Alburquerque,
que en aquella ocasión era Virrey de Sicilia [143]. Celebré

---

[143] El Duque de Alburquerque tomó posesión como virrey de
Sicilia en noviembre de 1627 (cf. G. di Blasi e Gambacorta, *Storia
cronologica de' Vicerè... di Sicilia,* 1790, y el fragmento de un libro-
registro de la correspondencia real con el virreinato de Sicilia en
AHN, E., legajo 2360; las primeras cartas que se dirigen a Alburquerque en funciones de virrey son de agosto de ese año).

Esta alusión y las siguientes suponen un salto de, al menos,
cuatro años en la cronología de la obra, puesto que E. acaba de
mencionar su deserción del tercio que pasaba de Lombardía a
Flandes (en agosto de 1623, como muy tarde). El desajuste cronológico se agrava porque a continuación E. vuelve a «retroceder»
en el tiempo: el alistamiento en la compañía de D. Diego Manrique de Aguayo (cf. *infra,* pág. 163) hubo de tener lugar, con casi
total seguridad, en 1624, y en el capítulo siguiente se relatan
sucesos datables en 1625 (prevenciones en Lisboa contra la armada
inglesa) y 1626 (riada de Sevilla). Es muy posible que al hablar de
sus andanzas en Roma, Nápoles y Palermo, E. anticipe la narración de hechos que encajarían bien después de lo que denomina su
«cuarta» vuelta a Roma tras intervenir en la guerra de Monferrato
(1629), en donde pasa a relatar sin transición su embarque de
Nápoles a España (julio de 1632); es decir, se abre ahí otro hueco
de tres años como mínimo (cf. cap. V., págs. 260-263).

Estos vacíos en la autobiografía, y la casi segura anticipación de
sucesos que se produce en este pasaje, son la quiebra más importante en la cronología de la novela. Dada la habitual exactitud del
autor en el recuerdo y ajuste de hechos datables, lugares y personajes históricos, es obligado pensar que el «error» o el olvido no es
casual. Cuatro años olvidados o trastrocados en una autobiografía
que abarca el relato de poco más de veinticinco es un intervalo
demasiado largo. Es muy posible que deliberadamente se haya
evitado aquí aludir al virrey de Sicilia que de hecho gobernaba en
el momento en que se interrumpe la secuencia cronológica esperable. En 1623 era virrey Emmanuel Filiberto de Saboya, de quien se
hacían grandes elogios en el capítulo anterior. Resulta, además,
que a la muerte de este príncipe era servidor suyo («mozo entretenido de la panatería») un «Esteban González», que seguía recibiendo en 1646 (y todavía en 1654) su salario íntegro en virtud de una
manda testamentaria de E. Filiberto en favor de sus criados

la buena nueva y entréme con mucho desembarazo en mi casa, haciéndome absoluto señor della.

Recibiéronme mis hermanas muy tibiamente, mirándome las dos con caras de probar vinagre [144], dándome cada día en cara mis travesuras y los cien ducados que habían pagado por mí a mi segundo maestro. Hacíame regalar como mayorazgo de aquella casa, estimar como heredero de aquella hacienda, y respetar por haber nacido varón. Tenía con ellas mil encuentros y rebates [145] cada día, particularmente porque me aguaban el vino, bebiéndolo ellas puro.

Llegó el rompimiento a tal estremo que, no viendo en su boca enmienda, me resolví a que oliese la casa a hombre, echando el bodegón por la ventana [146]. Y una tarde que me dieron una folleta de vino, bebí del bautizado [147] en una vecina fuente, estando la mesa con

---

(cf. AHN, E., legajo 2.125). Creemos que se trata del mismo personaje, y que, por alguna razón, se prefirió ocultar esa parte de su biografía.

[144] Cf. Lope de Vega, «Cara de probar vinagre / se le ha puesto. —Y es muy buena / la comparación» (*Obras son amores*, I, ed. Acad. N., VIII, pág. 175).

[145] *rebate:* «reencuentro, pendencia o desazón» (*Dicc. Auts.*).

[146] *oler la casa a hombre:* «cuando el que la gobierna procede varonil. Aunque de ordinario se pronuncia irónico» (L. Galindo, *op. cit.,* ms. 9776 BN, Ca 228).

«*echar la casa por la ventana*» da a entender que uno riñendo alborota la casa y parece que todo lo quiere echar por la ventana» (Correas). Cf. Cervantes, «Solo digo / que no se me malogre mi justicia, / que echaré el bodegón por la ventana» (*La elección de los alcaldes de Daganzo,* ed. cit., CyE IV, pág. 49); Tirso de Molina, «A eso voy, que es cosa llana, / si le damos ocasión, / que ha de echar el bodegón / don Sancho por la ventana» (*El celoso prudente,* II, BAE V, pág. 621).

[147] *folleta:* «medida de vino que corresponde al cuartillo» (*Dicc. Auts.*).

bebí del bautizado. Así las primeras ediciones. A partir de 1720, *bebí de él,* que también hace sentido.

la vianda y todos sentados a ella; dándole a la mayor
con los platos y a la menor con el frasco, y echando a
rodar la mesa, las dejé a las dos descalabradas y yo me
volví a mi hospital de Nápoles, donde haciendo la gata
muerta [148] y dando por disculpa de mi ausencia cuatro
mil enredos, fui segunda vez admitido. Y tiniendo
nuevas a los primeros días de mi ejercicio de que mi
padre había muerto en la ciudad de Palermo, por no
meterme en costa de lutos ni dar que murmurar a mis
superiores, me embarqué para Sicilia con más intención de aprovecharme de la herencia que de hacer bien
por su alma. Llevéme bien con los albaceas, y viendo
el testamento hice yo mi negocio y ellos su agosto [149].
Vendíles algunos muebles [150] que había dejado, y con
el dinero que saqué dellos empecé a ser imán de los de
la hoja y norte de la hampa [151], los unos yesca para
galera y los otros pajuelas para la horca, y todos
juntos tea para el infierno [152]. Viendo que me comían

---

[148] «*hacer de [...] la gata muerta,* es fingir santidad y humildad,
flaqueza y necesidad» (Covarr.). También lo traen Vallés, Correas
(«fingir y disimular, mostrarse manso»), etc.

[149] «*hacer su agosto:* aprovecharse» (Correas).

[150] *Vendíles algunos muebles.* Todas las ediciones, *vendilos, y algunos...* Aceptamos la conjetura de Millé, puesto que el pronombre
evidentemente se refiere a los albaceas, a pesar de una incompren-
sible nota de SZ (pág. 210). *Muebles* son bienes muebles o movi-
bles.

[151] «*ser de la hoja* [...] Por valiente y de la carda» (Correas).
Cf. Tirso de Molina, «¿Hay tal donaire de paje? / ¡Vive Dios que es
de la hoja!» (*La mujer por fuerza,* II, ed. Cotarelo, NBAE IV,
pág. 253); Rojas Zorrilla, «Si esta vez salgo yo desta congoja / nunca
más mancebito de la hoja» (*Abre el ojo,* III, BAE LIV, pág. 143).
«*ser del hampa y pendón verde* significa modo galante, rufo y
valiente» (Correas). Cf. «Pero tiene su galán, / de los valientes
guzmán, / de aquestos de hampa y hoja, / y presume de arrogante,
/ sombrero, valón calzado, / de bigote almidonado / y bravo coleto
de ante» (*El sufrimiento de honor,* I, atribuida a Lope de Vega, ed.
Acad. N., IX, pág. 633). Desde 1795, *de los de la hampa.*

[152] *yesca para galera,* etc. El sentido de estas frases puede ser

de polilla[153] y que eran carcomas de mi corta herencia, los dejé con la miel en los labios, por ver que mi bolsa iba dando la hiel[154].

Traté de acomodarme en casa del Virrey y, por haber sido mi padre muy conocido de todos los criados de aquella casa, fui recibido por mozo de plata en ella[155]. Acudían a verme y darme el parabién toda la amontonada valentía[156], y yo, por darles a entender lo sobrado que estaba, les sacaba a todos el vientre de mal año[157]. Fueron tan a menudo estas visitas, que —con andar yo cuidadoso, como aquel que conocía la gentecilla de aquel arte— que en menos de tres meses me faltaron algunos talleres[158] de plata, y aun anduvieron conmigo comedidos, pues no se llevaron los demás.

'chusma para galeras, carne de horca y leña para el infierno', o bien, como interpreta Gasparetti, 'unos podrían alumbrar el camino hacia las galeras, otros el de la horca y todos el del infierno'. En cap. XI, pág. 275, llama a otros «cuadrilla de pretendientes de galeras y solicitadores de horcas».

[153] *comer* «metafóricamente se toma también por gastar, destruir y desbaratar. Úsase con especialidad hablando de la hacienda» *(Dicc. Auts.)*.

es polilla «dícese de lo que trae costa y gasto de hacienda» (Correas).

[154] *con la miel en los labios.* Modo adverbial que el *Dicc. Auts.* define a partir de este pasaje.

«dar la hiel: echar la hiel, fatigar» (Correas).

[155] *mozo de plata:* el que tenía a su cargo la vajilla.

[156] *valentía.* Así desde la 4.ª edición. Las tres primeras, *valencia. Valentía amontonada* se halla en una jácara atribuida a Quevedo (ed. cit., núm. 863).

[157] *«sacar el vientre de mal año.* Por darse una hartazga» (Correas). Cf. J. de Alcalá Yáñez, «Quise probar ventura y sacar el vientre de mal año, ahorrando la costa de aquel día» *(Alonso, mozo de muchos amos,* II, cap. 3, pág. 111).

[158] *taller:* «pieza como una salvilla de plata u oro que se pone en los aparadores de las mesas» *(Dicc. Auts.)*.

Sabiendo su Excelencia la buena cuenta que había
dado de lo que se me había entregado, y que a aquel
paso presto daría fin de toda su vajilla, habiéndose
satisfecho no ser yo el que había hecho el tiro [159] sino
aquellos honrados que me venían a visitar, y que yo
no tenía con que satisfacer la pérdida, mandó despedirme y que me aconsejaran que me apartara de la
compañía de gente tan perniciosa. Salí de palacio muy
bien puesto, por los grandes provechos que tenía, y
por tirar [160] plaza de soldado en una compañía que
tenía sesenta soldados efetivos para entrar [161] la guardia, y ciento y cincuenta para el día de la muestra [162].
Harto pudiera decir acerca desto, pero me dirán que

---

[159] *tiro:* «hurto» *(Dicc. Auts.);* «*hacer tiro:* por hacer engaño.
Hízome tiro; yo le pagaré el tiro» (Correas).

[160] *tirar:* sentar, ocupar.

[161] *entrar.* Así la 1.ª edición y las posteriores a 1720; 2.ª, 3.ª y 4.ª,
entregar. Pero E. usa *entrar* con complemento directo en el cap. V
(«lo entró de la mano», pág. 233) y en el XII («entráronme en el
cuarto de Su Excelencia», pág. 342), lo cual era posible también
para otros verbos normalmente intransitivos, según Keniston *(The
Syntax...,* 2.51).

[162] «*muestra de soldados:* reseña, alarde; *pasar muestra,* reconocer el
número de gente alistada» (L. Galindo, *op. cit.,* ms. 9781 BN,
105r). Gasparetti anota que no era raro que un capitán hiciese
figurar en sus listas más efectivos de los que disponía para embol-
sar así sus pagas, contratando a unos hombres a fin de presentar
completa la compañía el día de la revista, y dándolos de baja a
continuación. Menciona tal artimaña el *Viaje de Turquía,* I, pág. 73,
como advirtió Millé, y, en fecha más próxima al *Estebanillo,* la carta
del secretario Miguel de Salamanca al Cardenal Infante: «No acaba
de ponderar Beck el engaño de las muestras, y me ha asegurado
que tenía 40 hombres efectivos una compañía de más de 140 de pie
de lista, y dice que con el pan solo que se hurta se pueden
mantener casi los soldados» (27-II-1641, AHN, E., libro 961,
f. 263v). Todavía un año después Felipe IV encargaba al gobernador
Melo «el reparo de los fraudes que suele haber en las muestras»
(AGS, E., legajo 2249).

quién me mete en esto, ni en gobernar el mundo, tiniendo dotores la Iglesia[163].

En este tiempo estaba de partida un delegado desta corte a hacer una ejecución[164] sobre cierta cantidad de dinero dentro del reino, y, viéndome tan bien adornado y que había sido criado de un Virrey, me nombró por su alguacil y llevó consigo, saliendo de la ciudad y caminando, hasta que llegamos adonde íbamos, a caballo, con botas y espuelas, y armas ofensivas y defensivas y vara alta de justicia, que parecía en mí de varear bellota[165]. Iba delante del tal juez, y de tal suerte llevaba el Rey en el cuerpo[166] que daba a todos una voz y un «ven acá»[167], y pagaba en las hosterías no más de aquello que me parecía.

---

[163] «dotores tiene la Iglesia que lo sabrán declarar» (Correas, que lo toma del Catecismo).

[164] *ejecución:* «ejecutar en los bienes, sacarlos del poder de su dueño y venderlos, guardando sus plazos, y esto se dice hacer ejecución» (Covarr.).

[165] Cf. «¡Qué fácil que lo halláis! ¿Pensáis que es vara / de varear bellotas la que tiene, / o la vara del Rey?» *(El alcalde de Zalamea,* II, atribuida a Lope de Vega, BAE CCXXV, pág. 204).

[166] *tener el Rey en el cuerpo:* «el que presume de juez» (Correas). Cf. Lope de Vega, «¿Eres valiente? —¡Oh qué gracia! / Llevando el Rey en el cuerpo» *(El guante de doña Blanca,* II, BAE XLI, pág. 27); «¿Hay fuego, hay furia que sea / como un villano, si tiene / el Rey en el cuerpo?» *(El galán de la Membrilla,* III, BAE CCXI, pág. 358); «¡Oh sandio y descomunal alguacil! [...] Si no fuera porque tengo miedo de ti y dese rey que tras en el cuerpo...» *(Quijote* de 'Avellaneda', cap. XXIV, ed. cit., II, pág. 216).

[167] *a todos una voz y a un.* Así las primeras ediciones, y no sólo la 1.ª, como creen SZ. Millé corrige *un vos,* dado que este era tratamiento reservado a inferiores (cf. cap. XI, pág. 247: «el *vos* que dan los señores»). Es posible que sea *una voz y aun [un] ven acá,* o bien *una voz y a un[o un] ven acá,* por haplografía. No entendemos las razones por las que disienten de esta explicación SZ, quienes se apartan de la 1.ª edición que dicen seguir, y descubren en el pasaje criados y animales inexistentes.

Para *ven acá* como expresión de superioridad, cf. «Como sabes tú, / sirvo a Lucindo / diez años hace hoy o poco menos / y de él no he

Habiendo fenecido nuestro viaje, prendí el primer
día que llegamos tres labradores en virtud de mi
comisión, con ayuda de vecinos[168] y porque ellos
gustaron de dejarse prender; y con ser su causa civil,
les hice echar grillos y cadena y meter en calabozo
hasta tanto que pintaron[169] y pidieron misericordia.
Banqueteáronme un día los parientes destos prisione-
ros por que intercediese por ellos con el legado. Hice
en el convite tantas razones[170] que quedé sin ella,
prometiéndolos soltar dentro de una hora; y dando
muchos traspiés, con ser la tierra llana, me fui a la
posada y le pedí a mi juez competente que soltase
aquellos desdichados porque no tenían con que pagar,
y que el que no tiene, el Rey le hace libre[171].

Echó de ver el mal que traía y preguntóme, por
verme inquieto, que si me había picado la tarántula.
Yo le respondí que aprendiese a hablar bien o que yo
le enseñaría; que él solo era el ta⟨ra⟩rantulero y el
atalantado y el hijo de Atalanta[172]. Él, riyéndose de

recibido una palabra / menos que *ven acá, haz esto, hola*» (*El esclavo
fingido,* II, atribuida a Lope de Vega, ed. Acad. N., V, pág. 382).

[168] «*con ayuda de vecinos.* Para decir que uno no hizo solo una
cosa» (Correas y varios paremiólogos más). Cf. Lope de Vega,
«Unas coplas que hemos hecho / con ayuda de vecinos» (*El rústico
del cielo,* II, BAE CLXXXVI, pág. 441).

[169] *pintaron,* esto es, 'se pusieron maduros, se ablandaron'.

[170] *hacer la razón.* Cf. *supra,* nota 139.

[171] «al que no tiene, el rey le hace franco» (Correas, y otros
desde el *Seniloquium*). Cf. J. de Alcalá Yáñez, «Me hubieron de dar
por libre, pues a quien no tiene el rey le hace franco» (*Alonso,
mozo de muchos amos,* I, cap. 8, f. 134r).

[172] *tarántula* «es un género de insecto ponzoñoso, que de su
picadura se sigue temblar el paciente con movimiento descompuesto de todo el cuerpo» (Covarr., *s. u. atarantado*). SZ definen la
tarántula como baile italiano confundiéndola con la tarantela, no
mencionada por E.

atalantado o *atarantado:* el picado por la tarántula.

Atalanta. Cf. cap. VIII, nota 34, aunque en este caso es mera
atracción fonética.

mí, se me acercó y, alargando la mano, me tomó la barba [173] y hizo en ella presa. Yo, agraviado de aquello, pareciéndome que era menosprecio y atrevimiento grande a un alguacil real, agarréle de los cabezones, y pidiendo favor a la justicia y dándole recios enviones [174] para llevarlo a la cárcel, le hice tiras la valona y le desabotoné la ropilla [175]. Él al principio lo llevó en chanza, por ver que no obraba yo sino mi criado [176]; mas después, viéndose ultrajar delante de mucha gente que ocurrió [177] a mis voces, se enojó como un Satanás y, quitándome la vara, me hizo pedazos el Rey en los cascos [178]. Tuve dicha en que fuese delgada, que a no serlo daba fin de su nuevo ministro.

---

[173] *me tomó la barba.* En contra de lo que suponen SZ, que, copiando una vez más a Jones, se remontan a la barba del Cid, Estebanillo no se describe nunca como barbado, por lo que *barba* estará usado en el sentido normal de 'barbilla'.

[174] *«llevar a uno de los cabezones,* llevarle contra su voluntad afrentosamente, como hacen los porquerones de la justicia cuando traen a la cárcel algún hombre de poca suerte» (Covarr.). Cf. J. Méndez Nieto, «Asiólo por los cabezones y, haciendo fuerza para se desasir y soltar el preso, fuele forzado acudir con la otra mano y largar las calzas» *(Discursos medicinales,* 1608, ed. G. del Ser Quijano y L. E. Rodríguez San Pedro, Salamanca 1989, p. 225). Cf. cap. VII, nota 301.

envión: «empujón» *(Dicc. Acad.).*

[175] *ropilla:* «vestidura corta con mangas y brahones ["ciertas roscas o dobles plegados que caen encima de los hombros...", Covarr.] y se viste ajustadamente al medio cuerpo sobre el jubón» *(Dicc. Auts.).*

[176] *no obraba yo sino mi criado.* Expresión acaso relacionada con las siguientes frases proverbiales: *«obrará el vino y perderá el tino.* El que lo bebió y habla alegre» (Correas); «no habla Gonzalo sino su criado» (S. de Horozco).

[177] *ocurrir:* acudir, concurrir. Cf. cap. I, nota 117.

[178] *el rey en los cascos.* La vara del alguacil era el símbolo de la autoridad real (cf. Covarr., *s. u. vara).* Cf. A. Enríquez Gómez, «¿Qué insignia trae el ministro? / —La insignia es sola una vara, / esta representa al Rey / y se tiembla de mirarla» *(Fernán Méndez Pinto,* 1.ª parte, II, ed. L. G. Cohen, F. M. Rogers y C. H. Rose,

Volvíme a pie y apelando[179] a Palermo a acomunar-
le resistencia[180], y advirtiendo, cuando se pasaron los
terremotos de la cabeza, haber sido yo el culpado, me
quité de historias y me volví a juntar con mis valientes. Hiciéronme salir una noche en su compañía, cosa
que jamás había hecho, en la cual uno dellos, haciendo
el oficio de san Pedro[181], abrió una puerta, y por
aligerar de ropa a su dueño lo dejaron sin baúles.
Fueron sentidos de las centinelas de unos gozques[182],
y, saliendo toda una familia en su seguimiento, les
obligaron a dar con la carga en tierra[183] y a darles a

Cambridge, Mass., 1974, pág. 120); Tirso de Molina, «Los alcaldes
solicitan / prendelle; mas él, quebrando / las varas en sus cabezas, /
les metió el Rey en los cascos» *(El rey don Pedro en Madrid,* I, BAE
V, pág. 594).

[179] *a pie y apelando:* 'huyendo', por juego de palabras entre el
sentido forense del término y el de *apeldar,* 'huir', como en
Quevedo: «El alguacil puso la justicia en sus pies, y apeló por la
calle arriba dando voces» *(Buscón,* III 10, ed. cit., pág. 279). Similar
juego de palabras entre el sentido genérico de 'recurrir a' y el
jurídico aparece en Calderón para una situación análoga: «Llegó la
justicia luego, / y yo, apelando a los pies / de la ejecución que
hicieron / las manos, me puse en salvo» *(Mañanas de abril y mayo,* I,
BAE IX, pág. 278).

[180] *acomunar,* con confusión de alveolares, por *acomular,* que «es
término forense, cuando a un delito le acumulan y juntan otros
que el delincuente ha cometido» (Covarr.). Esta forma es andalu-
cismo, según el *Dicc. histórico.*

resistencia es el delito de resistirse a la autoridad. Cf. Quevedo,
«Acomúlanme heridas / y algunas caras con hondas, / dos resisten-
cias del *sepan* [escribano], / y del árbol seco [vara del alguacil]
otras» (ed. cit., núm. 853).

[181] Era tópico recordar a San Pedro festivamente cuando se
trataba de abrir algo ajeno. Así aparece en una jácara de Quevedo
bien conocida por el autor («...aquel que sin ser San Pedro / tiene
llave universal»). Cf. cap. XII, nota 162.

[182] *gozque:* «perro pequeño que solo sirve de ladrar a los que
pasan o a los que entran en alguna casa» *(Dicc. Auts.).*

[183] *«dar con la carga en el suelo,* además del sentido recto, por
traslación significa echar a perder el negocio o dependencia que se
iba disponiendo y tratando» *(Dicc. Auts.).*

los que los seguían un refresco de cuchilladas. Yo, que estaba temblando de miedo antes del hurto y en el hurto y después del hurto[184], y siempre apartado dellos y pesaroso de no haber conocido su modo de vivir antes de salir de mi posada, para no haberme puesto en aquel riesgo, viendo a mis compañeros huir y a los heridos volverse a sus casas a curar metiendo los lamentos en el cielo, por no hacerme hechor[185] no lo siendo, me estuve quedo y tan cortado[186] que, cuando[187] me quisiera ir, es cierto que no pudiera.

Acudió al ruido de las voces la justicia, y hallando tres baúles en la calle, y cuatro hombres bien heridos, y yo no muy lejos, me llegaron a reconocer; y confiriendo de mi turbación que era de los que habían hecho el daño, sin valerme el alegar haber servido al Virrey ni sido alguacil ejecutor del legado, me llevaron por mis pies (que aun no tuve ventura que fuese en volandas) a donde hice experiencia de amistades y prueba de amigos, saliéndome todo como yo merecía. Tomáronme otro día la confesión y, por variar en las preguntas que me hicieron y contradecirme en los descargos, me sentenciaron a *sursun corda* y encordación de calabaza[188]. Mas antes que cantase aquello del

---

[184] *antes del hurto,* etc. Paráfrasis irreverente del dogma de la virginidad de María tal como lo define el Catecismo: «...antes del parto, en el parto y después del parto». Cf. Moreto, «Pues, gran señora, / la quiere, quería y quiso / antes y después del parto / por los siglos de los siglos» *(El poder de la amistad,* III, ed. D. E. Dedrick, Valencia, 1968, pág. 96).

[185] *«hacerse hechor:* el que contra sí levanta presunciones del delito que otro ha cometido, o en juicio lo confiesa, o con la fuga se condena»* (L. Galindo, *op. cit.,* ms. 9777 BN, D 379).

[186] *cortado:* amedrentado, aturdido.

[187] *cuando* concesivo: aunque (Keniston, *The Syntax...,* 29.721).

[188] *sursum corda:* 'arriba los corazones', palabras que se dicen antes del prefacio de la misa, aquí empleadas para aludir al trato de cuerda, según Gasparetti, o más propiamente a la horca, como la frase «encordación de calabaza».

Acudió al ruido de las voces la justicia (pág. 161. Grabado
de Ortega, 1844)

potro rucio[189], por tener atención que había servido al Duque mi señor, me condenaron a salir desterrado, poniéndome en libertad; y sacándome fuera de las puertas de Palermo, encaminéme a Nápoles y, escarmentado de la causa de mi destierro, me junté así que llegué con otra tropa aun peor que la referida.

Fuímonos a bañar una noche al muelle, y a la vuelta, quiriendo dar garrote a una reja[190], pasaron dos ciudadanos, y por quererlos descobijar y dejar sin nubes[191] dieron gritos: «¡guardia, guardia!» Desmayó toda la gavilla y, viendo venir al socorro una escuadra de soldados de la Garita de don Francisco[192], huyó la

---

[189] *aquello del potro rucio* recuerda el romance nuevo «Ensíllenme el potro rucio / del alcalde de los Vélez», de Lope de Vega según Millé (e impreso desde 1589), para aludir al potro del tormento, o, mejor, a la cabalgadura en que los reos eran llevados al patíbulo. Cf. «El potro, si bien no rucio, / le ensillaron por probarle» (J. M. Hill, *Poesías germanescas,* núm. 74, vv. 37-38). Dan indicio de su popularidad el verso de Cervantes: «Muy más que el potro rucio eres famoso» *(El rufián viudo,* ed. cit., CyE IV, pág. 35), y algún pasaje del propio Lope: «Sale [...] un villano con gorra cantando *Ensíllenme el potro rucio»* (*El lacayo fingido,* III, ed. C. Bravo Villasante, Madrid, 1970, pág. 142); otro en *Amor secreto hasta celos,* III.

[190] *dar garrote a una reja,* para entrar a robar. Cf. «Dando garrote a una reja / de un ginovés, con escala, / trasladé ciertos talegos / desde su casa a mi casa» (Hill, «Four Poesías germanescas», núm. 2, *HR* XXVII, 1959); Lope de Vega, «Si quisiere algún ladrón / tomar esta poca plata / de aquesta gente que trata / de escalar cualquier balcón / y dar garrote a una reja, / ¿qué remedio nos quedaba?» *(Quien ama no haga fieros,* III, ed. Acad. N., XIII, pág. 429).

[191] *descobijar y dejar sin nubes:* desabrigar y dejar sin capas *(nubes,* en germanía).

[192] *la garita de don Francisco,* según Millé, puede ser o la «garitta della guardia spagnuola», frente a Castelnuovo, o la actual calle de Sta. Brígida, cerca de la cual estaba el palacio de don Francisco de Tovar, y a la que entonces se llamaba «Galitta di don Francesco». Creemos más probable esta segunda posibilidad; cf. Croce, *La Spagna nella vita italiana durante la Rinascenza,* Bari, 1917, pág. 265,

gente de la carda [193], y yo en manguardia [194] de todos.
Fuímonos a la posada; hallámosla abastecida de pavos
de Indias [195], que había traído otra patrulla que había
salido del mismo cuartel. Comí con ellos con sobresalto, dormí sin ellos con desasosiego, y a la mañana
echéles la bendición [196]; y por verme libre de justicia,
que cada instante pensaba que me venían a prender
para que escotase [197] los pavos, senté plaza de soldado
de a caballo en la compañía de don Diego Manrique
de Aguayo [198].

Estábame siempre muy de asiento en Nápoles, buscaba soldados para mi compañía, dábame mi capitán a
dobla por cada uno, los cuales embaucaba y daba a

---

cit. por Millé, y G. Doria, *Le strade di Napoli. Saggio di toponomasti-
ca storica*, Napoli, 1943, pág. 424.

[193] *«de la carda:* los de vida libre» (L. Galindo, *op. cit.,* ms. 9781
BN, f. 29v). El uso metafórico y burlesco de términos como *tropa,
manguardia, patrulla* y *cuartel* ha descarriado una vez más a SZ, que
toman a los de la carda por soldados que «fuera de la hora de
servicio» se dedican al pillaje.

[194] *manguardia:* variante que se documenta ampliamente en
textos del siglo XVII.

[195] *el pavo,* «que por otro nombre se llama gallo de las Indias»
(Covarr.), es el pavo común.

[196] *echar la bendición:* «dejar del todo alguna cosa con ánimo de
no volver jamás a ella» *(Dicc. Auts.).*

[197] *escotar* «vale pagar su parte» (Covarr.).

[198] Suárez de Figueroa recordaba, en texto aludido por Croce a
otro propósito, «las tremendas calamidades padecidas por la gente
que habrá cinco años vino de España [a Nápoles], a orden del
capitán don Diego Manrique de Aguayo; murieron de incomodi-
dades passados de setecientos del número poco más de dos mil»
(Pusilipo, 1629, págs. 290-291). Las nuevas reclutas a que E. alude
a continuación se hicieron para suplir las bajas en este cuerpo de
infantería española que poco después fue enviado en defensa de
Génova contra Saboya (AHN, E., legajo 1285[1], núm. 54). Estamos, pues, a fines de 1624, o muy a principios de 1625, ya que la
compañía de Manrique de Aguayo combatió en varias acciones de
la guerra «del Zucarello» en los primeros meses de ese año.

entender, para conducirlos, dos mil embelecos, y otros tantos al capitán para encarecerle la cura [199] y el trabajo y gastos aun no imaginados del oficio de la correduría, con que, demás de quedar agradecido, añadía nuevos socorros a lo capitulado. Íbame los viernes y los sábados a la marina [200], adonde por aprendiz de valiente estafaba [201] a la mayor parte de sus pescadores; traía alborotado el cuartel con trapazas y enredadas sus damas con tramoyas [202], cansadas sus tabernas con créditos y el Chorrillo y guantería [203] con fianzas, de suerte que de todos me hacía conocer y con todos campaba y a todos engañaba. Y temiendo que se "descornase la flor" [204] y se acabase el crédito y dinero,

[199] *«encarecer la cura.* Lo que es poco, encarecerlo como si fuera mucho» (Correas).

[200] *marina:* «la parte de tierra inmediata al mar» *(Dicc. Auts.).* Cf. cap. II, nota 152.

[201] *estafar:* «obligar por miedos a que dé alguno lo que no hiciera de voluntad libre» (L. Galindo, *op. cit.,* ms. 9781 BN, f. 65v).

[202] *trapaza:* «un cierto modo ilícito de comprar y vender, en que siempre va leso el comprador» (Covarr.).
tramoya: «enredo hecho con ardid y maña o apariencia de bondad» *(Dicc. Auts.).*

[203] *el Chorrillo:* «celeberrima taverna napoletana del tempo vicereale» (G. Doria, *Le strade di Napoli,* págs. 116-117, que remite al poema *Lo Cerriglio 'ncantato,* de G. C. Cortese, y a la égloga *Talia, o vero Lo Cerriglio,* de Basile. Cf. también B. Croce, *La Spagna nella vita italiana...,* pág. 226).
guantería, como *gualtería,* significa 'burdel'. Cf. I. Arellano, «La abadesa de la guantería de Burgos. Acotación a Bernardo de Quirós *(Aventuras de don Fruela)»,* Criticón, 41 (Toulouse, 1988), págs. 139-143. Las formas *guanta* o *gualta* ya las enumeraba Rodríguez Marín en su ed. de *Rinconete y Cortadillo* (Madrid, 1920), pág. 109.

[204] *descornar la flor:* «descubrir las tretas falsas del contrario que se llaman *flores* en el juego y otras cosas» (Correas). Cf. Lope de Vega, «Y yo estoy temblando aquí; / quiero escurrirme por que / no me descuerne la flor» *(El truhán del cielo,* II, BAE CLXXXVII, pág. 380).

dejando a muchos llorando por mí, y no por finezas de voluntad[205], hallando embarcación para España, me embarqué secretamente y di con mi cuerpo en Barcelona.

[205] Chiste poco original. Cf. Quevedo, «Al fin, yo salí tan bienquisto del pueblo, que dejé con mi ausencia a la mitad dél llorando, y a la otra mitad riéndose de los que lloraban» *(Buscón,* II 1, ed. cit., pág. 98); «El bendito del huésped era un hombre que no tenía cosa suya (todo era hurtado); dondequiera que entraba siempre quedaban llorando por él» *(El hijo de Málaga,* 1639, atribuido a S. J. Polo de Medina, y publicado en sus *Obras completas,* ed. A. Valbuena, Murcia 1948, pág. 494).

Capítulo IV*

De cómo llegó a España, y viaje que hizo a Zaragoza y Madrid, y peregrinaje a Santiago de Galicia, y otros ridículos sucesos que le pasaron en Portugal y Sevilla, hasta que entró a ser mozo de representantes.

Después de haber llegado a Barcelona estuve en ella algunos días por descansar de la larga embarcación, y al cabo dellos fui acompañando hasta Zaragoza a una dama, con quien había hecho conociencia por haber posado los dos en una misma posada, la cual era en sí tan generosa y tan amiga de agradar a todos y de no negar cosa que le pidiesen, que en virtud de los regalos y mercedes que me hizo por el camino comí dos meses de balde en el hospital[1] de Nuestra Señora de Gracia, que es uno de los más ricos de España, y

corrupción de la ciudad?

---

* [1624 ó 1625-1626].

[1] Lo mismo le ocurre a un personaje de Cervantes: «Salgo de aquel hospital, de sudar catorce cargas de bubas que me echó a cuestas una mujer que escogí por mía, que non debiera» *(El casamiento engañoso,* ed. cit., NE III, pág. 132). El hospital de Nuestra Señora de Gracia, que E. vuelve a visitar veinte años después por distinta dolencia (cap. XII), se describe en un prolijo romance de Luis Antonio *(Nuevo plato de varios manjares,* Zaragoza: Juan de Ybar, 1658, págs. 59-68).

adonde con más amor y cuidado se asiste a los enfermos y adonde con más abundancia se les regala.

Después de salir de la convalescencia me metí en un
carro cargado de frailes y de mujeres de buen vivir,
carga de que jamás han ido ni van faltos[2]. Fuime con
él a Madrid, por la noticia que tenía de ser esta villa
madre de todos[3]. Llegué a la que es corte de cortes,
leonera del real león de España[4], academia de la
grandeza, congregación de la hermosura y quinta
esencia de los ingenios. A el segundo día que estuve
en ella me acomodé por paje de un pretendiente, tan
cargado de pretensiones como ligero de libranzas.
Dábame diez cuartos de ración y quitación[5], los cuales

---

[2] El refranero documenta efectivamente la asociación: «con
putas ni frailes, ni camines ni andes»; «putas y frailes andan a
pares» (Correas).

[3] *Madrid... madre.* Paronomasia que era lugar común. Cf. V.
Espinel, «Luego que, por mi desgracia, salí de aquella reina del
mundo, Madrid, o madre universal...» *(Marcos de Obregón,* III 19,
ed. cit., II, pág. 240); Tirso de Molina: «Yo espero en Dios que ha
de ser / madre Madrid de mi honor» *(La villana de Vallecas,* I, ed.
A. Bonilla, Madrid, 1916, pág. 41); «Yo vengo / de Madrid, corte
de España, / patria y madre de extranjeros» *(El castigo del penséque,*
I, BAE V, pág. 75); Andrés Sanz del Castillo, «Flora, natural de
Madrid, madre y amparo de todos» *(La mogiganga del gusto,* ed.
E. Cotarelo, Madrid, 1908, pág. 19).

[4] Cf. Gabriel de la Vega: «Dice: ¡Guarda el león, guarda la
fiera!, / que España le soltó de su leonera» *(FC* IV 60).

[5] *ración:* «la parte que se da a cada uno de los criados por cada
día» (Covarr.) para su alimento. «Esta ración no se les daba en
comida o especie, sino en dinero, esto es, que ordinariamente los
criados (pajes, escuderos, lacayos, etc.) no comían en casa de su
señor, sino que con la ración que este les señalaba (real y medio
por día, dos cuando más), acudían a los figones, tiendas y casas de
comidas, de donde, una vez hecha la suya, volvían a las de sus
amos» (nota de A. G. de Amezúa en su edición de *El casamiento
engañoso,* de Cervantes, pág. 477).

quitación: «el salario que se da; y así decimos ración y quitación»
(Covarr.). Cf. Lope de Vega, «Pues no penséis que es ración / sola
de pan, vino y vaca, / berzas, nabos y carnero, / que hay quitación.

gastaba en almorzar cada mañana, y lo demás del día estaba a diente, como haca de bohonero[6], siendo, a más no poder, paño veinticuatreno[7]. Comía mi amo tarde, por ser costumbre antigua de pretendientes, y era tan amigo de cuenta y razón, peso y medida, que comía por onzas y bebía por adarmes[8], y tan amigo de limpieza que pudo blasonar no tener paje que fuese lameplatos, porque los dejaba él tan lamidos y escombrados[9] que ahorraba de trabajo a las criadas de la posada.

Viéndome sin esperanza de librea y con posesión de sarna y las tripas como trancahilo[10], traté de ponerme en figura de romero, aunque no me conociese Gal-

---

—¡Cosa rara! / —Un real le da a cada uno» (El rústico del cielo, II, BAE CLXXXVI, pág. 429).

[6] «a diente, como haca de atabalero, o cominero [o buldero o buhonero]. *Estar a diente* es estar sin comer, tener gana y no lo tener» (Correas). También se decía «...como haca gallega» (ms. RM).

[7] *a más no poder* «dícese conformándose con lo que sucediere» (Correas).

paño veinticuatreno («llámase así porque se compone de dos mil cuatrocientos hilos que hacen veinticuatro centenares», *Dicc. Auts.*). Quiere decir que no comía más que una vez cada veinticuatro horas. Cf. cap. XI, pág. 241: «Era el tal señor veinticuatreno en sus comidas, y no en el paño de su capote». El retruécano se aplicaba también a otros propósitos: «Su amor veinticuatreno es en las horas, / pues día y noche en tus umbrales pasa» (Salas Barbadillo, *Entremés de doña Ventosa,* ed. Cotarelo, pág. 286).

[8] *comer por onzas,* beber por onzas «se dice de los que son nimiamente reglados y limitados en su modo de vida» (*Dicc. Auts.*).

por adarmes: «en cortas porciones o cantidades, con mezquindad» (*Dicc. histórico*).

[9] *escombrado:* «lo que está limpio y desembarazado» (Covarr.).

[10] *trancahilo:* «nudo o lazo sobrepuesto para que estorbe el paso del hilo o cuerda por alguna parte» (*Dicc. Auts.*). Acaso se haya omitido *con* antes de *trancahilo*. Desde 1795, *tranchahilo*.

ván[11], por ir a ver a Santiago de Galicia, patrón de España, y por ver la patria de mis padres, y principalmente por comer a todas horas y por no ayunar a todos tiempos. Dejé a mi amo, vestíme de peregrino con hábito largo, esclavina cumplida[12], bordón reforzado y calabaza de buen tamaño. Fui a la imperial Toledo, centro de la discreción y oficina de esplendores, adonde, después de haber sacado mis recados y licencia[13] para poder hacer el viaje, me volví por

---

[11] *Galván.* Cita burlesca, bastante común entonces en refraneros (Horozco y Correas) y textos literarios, del comienzo del segundo romance de la infancia de Gaiferos: «Vámonos, dijo, mi tío, / a París, esa ciudad, / en figura de romeros, / no nos conozca Galván» *(Primavera..., núm. 172)*, impreso en pliegos sueltos del siglo xvi y en el *Canc. de romances* sin año. Sobrevive en la tradición oral moderna de los sefardíes de Marruecos, en la península y en Canarias. Cf. Lope de Vega, «Por que en forma de hortelano / no le conozca Galván» *(Al pasar del arroyo,* II, ed. Acad. N., XI, pág. 265); Tirso de Molina, «Y con cualquier capitán / pudieras ir disfrazado, / que a un distraído soldado / no le conoce Galván» *(Marta la piadosa,* I, ed. cit., pág. 97).

[12] *cumplida:* larga.

[13] *recado:* «todo lo que se necesita y sirve para formar o ejecutar alguna cosa» *(Dicc. Auts.).*

licencia. Después del *Rituale Romanum* de Paulo V, en 1614, se hizo obligatoria la aprobación episcopal para emprender peregrinaciones (L. Vázquez de Parga, J. M.ª Lacarra, J. Uría, *Las peregrinaciones a Santiago de Compostela,* Madrid, 1948, I, págs. 141-142). Pero ya en 1590 una premática de Felipe II disponía que «cualquier persona que quisiere ir a alguna romería vaya en el hábito ordinario que tuviere y suele y acostumbra llevar por los que andan de camino. Y que no pueda ir a hacer las dichas romerías si no fuere llevando licencia para ello de la justicia ordinaria del lugar de donde fuere vecino [...], y demás de las dichas licencias, hayan de llevar y lleven dimisorias firmadas y selladas con la firma y sello del perlado en cuya diócesi estuviere el lugar de donde fueren vecinos» (F. Gil Ayuso, *Noticia bibliográfica de textos y disposiciones legales de los reinos de Castilla impresos en los siglos XVI y XVII,* Madrid, 1935, núms, 446 y 447, y págs. 425-426).

Illescas a visitar a aquella divina y milagrosa imagen [14], y dando la vuelta a Madrid me partí en demanda del Escurial, adonde se suspendieron todos mis sentidos viendo la grandeza incomparable de aquel sumptuoso templo, obra del segundo Salomón [15] y emulación de la fábrica del primero, olvido del arte de Corinto, espanto de los pinceles de Apeles y asombro de los sinceles de Lisipo [16]. Diéronme sus reverendos frailes limosna de potaje y caridad de vino, piedad que en ellos hallan todos los pasajeros.

Partí de allí a Segovia y, habiendo descansado tres días en su hospital, pasé a la ciudad de Valladolid; juntéme en ella con dos devotos peregrinos que hacían el propio viaje y eran, cuando no de mi cantidad, por lo menos de mi calidad y costumbres. Era el uno francés, y el otro ginovés, y yo gallego romano, y todos tan diestros en la vida poltrona que podíamos dar papilla [17] al más entendido gitano, y en efeto

---

[14] La imagen de Nuestra Señora de la Caridad, «que es una de las que San Ildefonso tenía en su oratorio», según Madoz. Illescas aparece mencionado como lugar de peregrinación en *La entretenida* de Cervantes: «La primera estación fue a Guadalupe, / y a la imagen de Illescas la segunda» (ed. cit., CyE III, pág. 236); cf. también Lope de Vega, «Vamos a Illescas los dos. / [...] —¿No hay una imagen aquí / de gran devoción y fama? / —De la Caridad se llama / [...] —¿Cómo vino aquí? —Ilefonso / de Toledo, pastor santo, / la tenía en su oratorio / por un celeste regalo» *(Las paces de los reyes,* III, BAE XCI, págs. 585-586).

[15] *segundo Salomón:* expresión acuñada por Góngora para rematar su célebre soneto al monasterio de El Escorial *(Sonetos,* ed. B. Ciplijauskaité, Madrid, 1975², pág. 58).

[16] *Apeles... Lisipo.* Antonomasias comunes de pintor y escultor (cf. Cervantes, *Quijote,* II 32, Luis Antonio, *Nuevo plato...,* ed. cit., pág. 1), etc. La misma mención con idéntico seseo aparece en Gabriel de la Vega: «Que don Miguel llegó (y no lo anticipo) / a merecer sinceles de Lisipo» *(FV* I 37); otro ejemplo en *FC* II 54.

[17] *dar papilla:* «engañar a otro como a bobo» (Correas). Góngora había usado el mismo símil: «¡Oh Coridón, Coridón! / Ella en

trinca[18] que se escaparon muy pocos de nuestras garatusas[19]. A las primeras vistas nos conocimos los humores, como si nos hubiéramos criado juntos, y, a el fin, por conformidad de estrellas o concordancia de inclinaciones, hicimos liga y monipodio[20] de ir a pérdida y ganancia en todos lances que nos podían suceder en esta jornada, guardando las leyes de buena compañía; y para que mejor las observásemos, el ginovés, como hombre más experimentado, con tono fraternal nos informó en las ceremonias y puntos de la

---

tierra y él en mar / papillas pudieran dar / a un gitano» («Diálogo entre Coridón y otro», impreso en hoja suelta en 1620, ed. cit., núm. 157); cf. también «Cuenta hecha, mula muerta; escudero, íos a pie, pues a mí me quiere dar papilla, señora huéspeda: no sabe que cuando ella nació ya yo comía pan con corteza» (Pleasant and Delightfull Dialogues..., IV, pág. 37).

[18] trinca: «la junta de tres cosas de una misma especie o sujetos de una misma clase» (Dicc. Auts.). Cf. «Rochelí, José y Veleta, / [...] trinca que a su mismo rey / le dan chacho y garatusa» (Sátira contra los monsiures de Francia, ed. J. A. Cid, en prensa).

[19] garatusa: «lance del juego que llaman del chilindrón [...] En la esgrima es una treta» (Dicc. Auts.). El sentido metafórico de garatusa es muy frecuente en el siglo de oro, aunque también muy variable, a juzgar por los contextos en que se utiliza. Cf. Tirso de Molina, «Albricias, que ha parecido / una mina toda llena / de garatusas de amor» (Por el sótano y el torno, III, ed. A. Zamora Vicente, Buenos Aires, 1949, pág. 186, y nota, con otras referencias y la definición que podría serles común: 'trampa, engañifa, treta').

[20] liga: «amistad» (Hidalgo).

monipodio: «convenio o contrato de algunas personas, que unidas tratan algún fin malo» (Dicc. Auts.). Liga y monipodio son términos asociados desde antiguo: «Las ligas, los monipodios, pasiones por propios intereses, las usuras, cambios, tráfagos de mercaderes y merchanes...» (El Crotalón, canto 12, ed. A. Vian, Madrid, 1982, II, pág. 364); «...Haciendo entre sí liga y monipodio de ayudarse y testificar unos por otros que son hidalgos» (doc. cit. por A. Domínguez Ortiz, La sociedad española en el siglo XVII, I, Madrid, 1963, pág. 177).

vida tunante. Doróla con tantos epitectos[21] y atributos, que por gozar de sus excepciones y libertades dejara los títulos y grandezas del mayor potentado de la Europa. Acabó el Cicerón[22] a lo pícaro su compendiosa oración[23], que además de ser gustosa penetró de tal manera nuestros corazones que no hubo punto, por delicado que fuese, que no nos obligásemos a repetirlo y ejercitarlo; y principalmente cuando en lugar de *quan mihi & vobis*[24] nos encargó aquella santa

---

[21] *epitectos* (y no *epictetos,* pese al *sic* de SZ, pág. 78; así hasta la edición de 1725) es forma atestiguada en el siglo XVII. Cf. L. de Valdés, «Jamás oí mentar su nombre sin grandioso epitecto» (Elogio a M. Alemán, *Guzmán de Alfarache,* 2.ª parte, ed. F. Rico, Barcelona, 1967, pág. 470); J. de Alcalá Yáñez, «Cuando sale un moçuelo traviesso mal inclinado y de depravadas costumbres suele llamarse por epitecto: vos, hermano, potrico soys de Cordoua» *(Alonso, moço de muchos amos,* I, cap. 5, f. 69v). M. Romera-Navarro *(Criticón* de Gracián, III, pág. 218), anota que «por lo común era voz esdrújula, pero abundan los casos en que está empleada como llana, particularmente en las obras de Lope de Vega». A ellas pueden añadirse otros textos en verso: Quevedo, «Si el de benigno en un rey / es el más noble epiteto, / ¿quién da al mundo, como tú, / beninos de ciento en ciento?» (ed. cit., núm. 780); Pérez de Montalbán, «Convertibles epitetos / son el morir y el nacer» *(La deshonra honrosa,* III, en *Parte II,* Madrid, 1638, f. 128r); más claro en Tirso de Molina: «¿Quieres ver los epitetos / que de la comedia he hallado? / De la vida es un traslado, / sustento de los discretos» *(El vergonzoso en palacio,* II, ed. A. Castro, Madrid, 1922², pág. 101).

[22] *Cicerón:* antonomasia por 'orador elocuente'. Cf. Lope de Vega, «Cicerón no le iguala en la eloçuencia / ni en persuadir la lengua de Demóstenes» *(El caballero del milagro,* II, ed. Acad. N., IV, pág. 164), entre muchos más ejemplos.

[23] *oración,* naturalmente, en el sentido retórico de 'arenga, discurso'.

[24] *quam mihi et uobis praestare dignetur Dominus noster Iesus Christus:* fórmula habitual entonces en la conclusión de los sermones; cf. M. Herrero García, *Sermonario clásico* (Madrid, 1942), págs. 63, 80 y 172. En tono burlesco aparece también en el *Entremés de la sacristía de Mocejón:* «Dándonos Dios aquí gracia / y después su gloria

palabra de «quémese la casa y no salga humo»[25], con que quedó tan pagado como nosotros contentos.

Proveídas las calabazas a discreción, dimos principio a nuestra romería con tal fervor que el día que más caminábamos no pasaban de dos leguas, por no hacer trabajo lo que habíamos tomado por entretenimiento[26]. En el camino vendimiábamos las viñas solitarias y cogíamos las gallinas hu[é]rfanas, y con estas chanzas y otras salimos cargados de dineros y limosnas, de las cuales comíamos los canterones[27] y rebanadas de pan blanco, y lo negro, quemado y mal cocido vendía-

---

siempre, / *cuan miquis bobis* prestaré dineros» (ed. Cotarelo, pág. 61*b*); Calderón, *«Quam mihi et vobis | praestare* se te ha olvidado, / para acabar el sermón / con todos sus aparatos» *(Guárdate del agua mansa,* I, BAE IX, pág. 382).

[25] *quémese la casa y no salga humo.* Esta locución, que el *Dicc. Auts.* parece definir con no mucha propiedad sobre este pasaje, expresa un caso más general que la otra: «antes mártir que confesor» (cap. I, nota 89). Cf., sin embargo, la registrada por L. Galindo: *«fuego de ladrones:* [...] fuego sin humo, que sale arrebatado» *(op. cit.,* ms. 9781 BN, f. 72r).

[26] Concuerda con esta visión del peregrinaje, o más bien de la guitonería, el refrán recogido por Hernán Núñez: «bordón y calabaza, vida holgada», o «vida holgazana» (Galindo, que comenta: «contra los peregrinos y romeros cuyas son estas alhajas se dice este vulgar cuando la romería no se hace por celo de religión sino por vagar mendigando», *op. cit.,* ms. 9780 BN, núm. 443). «Muchos hombres así naturales destos reinos como de fuera dellos andan vagando sin querer trabajar, [...] y andan hurtando, robando y haciendo otros delitos y excesos en gran daño de nuestros súbditos y naturales; y para poder hacer con más libertad lo susodicho fingen que van en romería a algunas casas de devoción, diciendo haberlo prometido, y se visten y ponen hábitos de romeros y peregrinos, de esclavinas y sacos de sayal y otros paños de diversos colores, y sombreros grandes con insignias y bordones, por manera que con esto engañan a las justicias» (F. Gil Ayuso, *op. y loc. cit.,* pág. 425*a).*

[27] *canterón,* cantero: «el extremo de la cosa dura, como cantero de pan» (Covarr.).

mos en los hospitales, para sustento de gallinas y
aumentación de alejux [28].

Con esta malaventura con coles [29] pasamos por
Benavente y llegamos a Orense, adonde mis compañeros, como cosarios [30] de aquel camino, me dijeron que
allí los peregrinos de toda broza [31] lavaban los cuerpos
y en Santiago las almas; y es la enigma que hay en esta
ciudad unas fuentes, cuyas aguas salen por todo estremo cálidas, que sirven de baño a los moradores della [32]. Aquí los peregrinos pobres lavan sus cuerpos y
hacen colada de su ropa; y en Santiago, como se
confiesan y comulgan, lavan sus almas. Nosotros, por
gozar de todo, nos echamos en remojo como abade-
jos [33], y dando envidia nuestras ropas a las de Inesilla,

---

[28] *alejux*. Así la 1.ª edición. Podría ser errata por *alejur*, pero
existen formas con sibilante final (cf. *Dicc. histórico*). A partir de la
2.ª edición, *alajú*: «dulce hecho con una pasta de almendras, nueces
y a veces piñones, pan rallado y tostado» *(ibid.)*, «*Alajú*: alfajor,
turrón» (Galindo, *op. cit.*, ms. 9781 BN, f. 9r).

[29] *«¿qué cuecen las que no tienen hombre? —Malaventura con coles.*
Responde la viuda con duelo, y tiene llena la olla de carne y
tocino» (Correas). Desde la 4.ª edición hasta Millé, *pasábamos*.

[30] *cosario*, «en buena parte, el que es muy versado y ordinario en
ir y venir algún camino o trajinar y tener trato de alguna cosa»
(Covarr.).

[31] *«hombres de toda broza*, mescuglio d'huomini, buoni e cattivi,
richi e poveri, nobili e ignobili» (Francios.). Cf. cap. III, nota 112.

[32] «Las Burgas, que llaman, son con mucha razón tan famosas y
tan celebradas, siendo tres caños de agua dentro de la ciudad en la
ladera como se deciende al río. El caño más alto echa tanta agua
como la pierna, y más estrañamente clara, y sin ningún olor de
piedra sufre ni de otra cosa, y tan caliente que no se puede tener la
mano media Avemaría en el agua que se coge dél. En este caño se
vienen a hacer las coladas de paños de toda la ciudad» (Ambrosio
de Morales, *Viage a los reynos de León y Galicia...*, 1572, Madrid:
Antonio Marín, 1765, págs. 150-151).

[33] Cf. Calderón, «Todo mortal abadejo / que agora en remojo
muere / salga a tierra si pudiere, / tome de mí este consejo»
(Lances de amor y fortuna, II, BAE VII, pág. 43).

sin gran daño del jabón [34], sacamos nuestras túnicas trasparentes.

Llegamos a la ciudad de Santiago, que, por que no me tengan por parte apasionada por lo que tengo de gallego, me excuso de decir lo mucho que hay en ella que poder alabar. Ajustamos nuestras conciencias, que bien anchas las habíamos traído; y cumpliendo con las obligaciones de ser cristianos y de ir a visitar a aquella santa casa, quedamos tan justificados [35] que por no usar de nuestras mercancías andábamos lacios y desmayados. Por cuya causa y por ser muchos los peregrinos que acuden a la dicha ciudad, y pocos los que dan limosna, me despedí de mis camaradas; y con deseo de ver y vivir "con capa de santidad" caminé a la vuelta del reino de Portugal.

Llegué a Pontevedra, villa muy regalada de pescado, adonde, siendo ballena racional [36], hice colación con medio cesto de sardiñas [37], dejando atónitos a los

---

[34] *dando envidia nuestras ropas a las de Inesilla.* N. A. Cortés, consultado por Millé, aclara que alude al siguiente romance de Juan de Gamarra: «Con sus trapos Inesilla, / con gran daño del jabón, / teñido dejaba el río, / manchado dejaba el sol» (BAE XVI, núm. 1737). No obstante, J. F. Montesinos sugiere que Gamarra podría ser el refundidor de otro, con igual comienzo, obra de A. Hurtado de Mendoza *(Primavera y flor de los mejores romances,* de Pedro Arias Pérez, ed. de 1636, Valencia 1954, pág. 271). Del pliego de Gamarra, publicado en Valladolid, 1632, hay ejemplar en la Bibl. Real de Copenhague. Cf. Moreto, «Muriendo de hambre y de frío, / ando, sin bajar al río, / con más trapos que Inesilla» *(El defensor de su agravio,* III, BAE XXXIX, pág. 504).

[35] *«justificar* significa también hacer al hombre justo, por la infusión de la gracia» *(Dicc. Auts.).*

[36] *ballena racional:* sintagma análogo a *lechón racional* (cap. III), *lobo racional* (cap. XI), *sanguijuela racional* (Lope de Vega, *Antonio Roca,* II, ed. Acad. N., I, pág. 681), *racional salamandra* (Calderón), *racional muralla* (Matos), *racional escollo* (Enríquez Gómez), *racional remo* (F. de Zárate), etc.

[37] *colación:* «el bocado que se toma por la tarde el día que es de ayuno» (Covarr.), aquí con uso obviamente irónico, igual que en

circunstantes. Pasé de allí a Salvatierra, solar esclarecido de los Muñatones [38] y patria de mis padres, que no oso decir que es mía [39] por lo que he referido de mi nacimiento, y porque todos mis amigos, llegando a adelgazar este punto, me dicen: «antes puto que gallego» [40]. Informéme del nombre de un tío mío, y en creencia de una carta [41] que fingí de mi padre, contrahaciendo su firma, fui ocho días regalado dél, y a la desp[ed]ida me dio cincuenta reales y respuesta de la carta, por haberle asegurado que me volvía a Roma.

Proseguí el camino de Portugal, y pasando por Tuy y llegando a Valencia [42], alcancé en ella la carta de misericordia que se da a todos los pasajeros pobres,

---

Correas: «la colación de la Luisa, siete panes y una sardina». Pero podía significar 'refrigerio' sin más. Cf. Diego de Torres, «Yo les respondí [...] que estábamos en nuestras oraciones, que se sentasen y que acabando entrarían. Ellos lo hicieron así. Y para entretenerlos les mandé sacar colación» (*Relación del origen y suceso de los Xarifes*, ed. cit., pág. 211).

sardiñas. Así la 1.ª edición por galleguismo deliberado. Desde la 2.ª, *sardinas.*

[38] *Muñatones.* Cf. cap. I, nota 43.

[39] *que es mía.* Desde 1725 hasta la BAE y derivadas, *que es mío.*

[40] «Por metáfora decimos *adelgazar un punto o cuestión,* ventilándola con sutileza» (Covarr.); «examinar, ponderar, apurar en consideración subtil» (Galindo, *op. cit.,* ms. 9781 BN, f. 4v).

antes puto que gallego: «matraca contra gallegos, porque la gente baja suele encubrir su tierra por haber ganado descrédito» (Correas).

[41] *carta de creencia:* «la que lleva uno en nombre de otro para tratar alguna dependencia y que se le dé crédito a lo que dijere y tratare» (*Dicc. Auts.*). Cf. Pérez de Hita, «Para esto se le dio al Habaquí una carta de creencia, firmada y sellada de la mano de Abenabó» (*Guerras civiles...,* 2.ª parte, ed. cit., pág. 343); Lope de Vega, «...Que le sirva de señal / y de carta de creencia» (*La venganza piadosa,* II, ed. Acad. N., I, pág. 501).

[42] *Valencia:* Valença do Minho, ciudad portuguesa enfrente de Tuy.

con cuya carta se puede marear[43] muy bien por todo
aquel reino, pues en cualquier ciudad o villa que la
muestran, juntan y dan con que puede comer cualquier hombre honrado; y como yo lo era, y con más
quilates que hierro de Vizcaya, comía a dos carrillos y
hacía dos papadas[44]. Diome en Coimbra[45] el Obispo
della un tostón[46], que es su acostumbrada limosna, y
llegando a Oporto me desgradué de peregrino; y por
no colgar los hábitos, los di a guardar a la huéspeda de
la posada en que estaba, y con los dineros de mi
peregrinaje, y con los que me había dado mi tío,
compré una cesta de cuchillos, rosarios, peines y
alfileres y otras bohonerías. Forméme[47] de peregrino
en bohonero; íbame tan bien en mi mercancía que iba
el caudal adelante, con menudear[48] en visitar las tabernas y mamarme a cada comida un par de tajadas de
raya, con que se me pudiera atribuir aquel vocablo
placentero de mama raya[49]. Encontróme una tarde el
alguacil de vagamundos y preguntóme cómo podía

---

[43] *carta... marear;* expresión tomada del campo semántico 'navegación'.

[44] Cf. S. de Horozco: «tenéis cara con dos haces y coméis a dos
carrillos» (ms. cit., f. 213v).

[45] Según Moore, yerra Estebanillo el orden de su itinerario al
mencionar antes Coimbra que Oporto. Acaso confunde Coimbra
con Braga, ciudad también episcopal.

[46] *tostón:* «moneda portuguesa de plata que correspondía a 100
reis» *(Dicc. Auts.),* unos dos reales de Castilla.

[47] *forméme.* Así todas las ediciones hasta la de 1725. A partir de
1778, *transforméme.* Lo esperable sería *reforméme,* en su acepción
militar que aparece algo después, pero puede tratarse de un juego
de palabras.

[48] *con* + infinitivo, con valor concesivo: 'a pesar de' (Keniston,
The Syntax..., 28.44).

[49] *mama raya.* La expresión más cercana que conocemos es *mama
callos,* «hombre simple, mentecato, y que no tiene habilidad para
nada» *(Dicc. Auts.).* Desde 1725 hasta la BAE y derivadas, *moma
raya.*

pasar con tan poca mercancía. Yo le respondí: «señor mío, vendiendo mucho y comiendo poco»; cuya razón le agradó y no trató de molestarme.

Llegó a esta sazón un bajel de aquella ciudad que es flor del Andalucía, gloria de España y espanto del África, y en efeto la pequeña Sevilla y la sin segunda Málaga. Saltaron en tierra una docena de bravos de sus Percheles [50], que venían a cargar de arcos de pipas [51], y, como siempre he sido inclinado a toda gente de heria y pendón verde [52], al punto que vi esta

---

[50] *Málaga.* Cf. A. de Rojas Villandrando, «Viene de aquel paraíso (que, si alguno hay en la tierra, lo es, sin duda, Málaga), porque es el lugar de mayor recreación y más vicioso que tiene el mundo» *(Viaje entretenido,* ed. J. García Morales, Madrid, 1964, pág. 166).

Percheles: nombre con que se designaba al barrio pesquero de Málaga. Se cita en el *Quijote,* I 3, como uno de «los principales parajes a que solía concurrir la gente perdida y vagabunda» (Clemencín). Según Rodríguez Marín, «eran un sitio, fuera de aquella ciudad, en donde estaban establecidos el adobo y salazón de pescados, y llamóse así por las perchas en que se colgaban a orear [...] A ocuparse en tales tareas acudían los pícaros de veinte leguas a la redonda, porque allí a poco esfuerzo se sacaba el vientre de mal año [...] Y entre los pícaros ropirrotos no faltaba otra variedad de esta copiosa fauna: la de los lengüisueltos, valentones, matasietes y espantaochos que presumían de decir y hacer» *(Quijote,* ed. cit., apéndice VIII, vol. IX, pág. 117, documentado con varios textos).

[51] *arco:* «aro que ciñe y mantiene unidas las duelas de pipas, cubas, etc.» *(Dicc. Acad.).*

[52] *«los de la heria y pendón verde.* Rufianes, jaques, valentones» (Hill).

«del hampa y pendón verde. Significa modo galante, rufo y valiente» (Correas). Rodríguez Marín trata del origen de este dicho en nota al *Diablo cojuelo,* X, de L. Vélez de Guevara (Madrid, 1918), págs. 221-222. Cf. Rojas Zorrilla, «...Y no que a todo valiente / de los del verde pendón / los trae el diablo a la sombra / y los pone Dios al sol» *(Los bandos de Verona,* II, BAE LIV, pág. 374); «Pues que la gente ha venido / del pendón verde y la heria / todos esperad atentos» *(Obligados y ofendidos,* I, ed. cit., pág. 41); «No

cuadrilla de bravos hice camarada[53] con ellos, y como
no son nada lerdos convidábanme a beber y llevándome a la taberna hacían quitar el ramo[54]. Colábamos
hasta tente bonete[55], sin que yo echase de ver, hasta el
fenecer de las aceitunas[56], que era el tal convite el de
Cordobilla[57]. Al fin, unas veces gastando por mi gusto

---

cante Diego de Camas, / ni garle Escamilla el fuerte, / Pedro de
Alanís se esté / en su heria y pendón verde» (rom. «Cante la fama
mi nombre», en *Romances varios de diversos autores,* Zaragoza: Pedro
Lanaja, 1640, pág. 1).

[53] *hice camarada.* Así las cuatro primeras ediciones. Desde 1720,
me hice camarada.

[54] «Desde mediados del siglo XVI, cuando menos, hasta nuestros
propios días se viene poniendo el ramo a la puerta de las tabernas,
como anuncio que todos pueden *leer* [...] El ramo servía de señal
también en las tabernas de Italia [...] Allá se usaba por lo común el
ramo de laurel, y en España, en unas comarcas el de laurel, y en
otras el ramo de pino» (M. Romera-Navarro, nota al *Criticón* de
Gracián, ed. cit. II, págs. 39-40). Cf. P. de León, «Les podríamos
decir que si no venden vino que para qué tienen el ramo a la
puerta» *(op.* y ed. cit., apéndice a la 2.ª parte, pág. 437). «Probablemente indica que, quitada la enseña, quedaban dueños absolutos de
la taberna» (Millé). Cf. Marcos Fernández, «Son los principales
jaques del Arenal y de Triana; en entrando en cualquiera ermita
del trago el mismo ermitaño quita el ramo» *(Olla podrida,* ed. cit.,
pág. 44). Cf. también *infra,* pág. 210.

[55] *colar* «por alusión vale beber vino, y en abundancia» *(Dicc.
Auts.).*

«*hasta tente bonete.* Hasta tírame esas mangas. Encarecen lo
mucho que comieron o bebieron, y ansí de otras cosas» (Correas).
Cf. Matos Fragoso, «¿Y come? —A tente bonete. / —¿Cena de
buen gusto? —Y ¡cómo!» *(El yerro del entendido,* III, BAE XLVII,
pág. 280). Según el *Dicc. Auts.* se dice *tente bonete* porque al apurar
la copa se levanta la cabeza «de suerte que se quiere caer el bonete
o sombrero».

[56] *«llegar a las aceitunas:* fràse familiar con que se da a entender
que la comida, cena o banquete está para fenecerse, y así cuando
uno llega tarde al tiempo de comer se dice que llegó a las
aceitunas, esto es, que llegó a los postres» *(Dicc. Auts.).*

[57] *convite de Cordobilla.* Debe de aludir a uno de estos dichos
registrados por Correas: «el convite del cordobés: ya habréis

y otra[s] por los ajenos, di al través con toda mi
bohonería y perdí la amistad de mis rajabroqueles [58],
pues así que me vieron descaudalado huían de mí
como si tuviera peste.

Viéndome pobre y bohonero reformado me volví a
embanastar mi vestido de peregrino, y con mi carta de
misericordia me fui a la ciudad de Lisboa, donde
quedé fuera de mí viendo la grandeza de su habitación, lo sumptuoso de sus palacios, la generosidad y
valor de sus títulos y caballeros, la riqueza de sus
mercadantes [59] y lo caudaloso de su sagrado Tajo,
sobre cuyas espaldas se veía una copiosa selva de
bajeles, tan a punto de guerra que atemorizando el
tridente hacían temblar el caduceo [60]. Era la causa del

---

comido, no querréis comer» (variantes en Horozco y H. Núñez), y
«el barato de Cordobilla. Uno que se llamaba Cordobilla alumbró
toda una noche a unos que jugaban, por que le diesen barato
[propina], y después tuvieron enfado y diéronle con el candelero».

[58] *rajabroqueles:* «el que afecta valentía y se jacta de pendenciero,
guapo y quimerista» *(Dicc. Auts.).* El tipo cómico del capitán
español pasó al teatro italiano con los nombres de Cocodrilo,
Matamoros, Cortarrincones, Rajabroqueles, etc., y de allí a las
ediciones de *Rodomontadas españolas* o castellanas, de Nicolas Bau-
douin, de las que A. Cioranescu enumera 18 en el siglo XVII
(Estudios de literatura española y comparada, La Laguna, 1954,
págs. 121-125). Pero un enemigo de España, Traiano Boccalini, cit.
por B. Croce *(La Spagna nella vita italiana...,* pág. 207) opinaba que
tal tipo se correspondía mal con la realidad. Estebanillo atribuye
aquí la jactancia a unos valientes de oficio, y en el cap. XI a un militar «medio alemán» (pág. 245).

[59] *«mercante* y *mercadante* es poco usado en España por el mercader; y también *merchán,* que es nombre francés» (Covarr.).

[60] *tridente... caduceo:* metonimias para expresar que atemorizaba al
mismo Neptuno y hacía peligrar a Mercurio, símbolo de la paz y el
comercio. Cf. Gabriel de la Vega, «...A quien rindió el tridente el
dios Neptuno / y a quien Mercurio dio su caduceo» *(FV* II 25);
«Por que tuviese el conde por trofeo / el surcar el tridente y
caduceo» *(FC* II 68). Para *tridente* = 'mar', cf. también Lope de
Vega: «Sin tocar en el puerto de Saona / a Génova llegué, que

apercibimiento y junta desta armada estar con recelo
que el Inglés venía sobre esta ciudad[61]. Empeñé, el
segundo día que me ocupé en su admiración, mi
vestido de peregrino por un frasco lleno de agua
ardiente, por ver si daba mejor cuenta deste trato[62]
que del de bohonero. Ganaba cada día dos reales, y,
pareciéndome poco por ser mucho el gasto, me iba a
los bajeles de la dicha armada todas las mañanas, y en
ellos trocaba brandavín[63] por bizcocho y a veces por
pólvora y balas, que aunque era cosa defensiva[64],

---

quise en ella / tomar refresco; mas el día siguiente / vuelvo a
surcar el húmedo tridente» *(La lealtad en el agravio,* I, BAE
CXCVIII, pág. 299); «Yo fui la luz más clara y refulgente / por
quien fuiste a esta tierra conducido / contra el furor del húmedo
tridente» *(Fábula de Perseo,* II, ed. M. D. McGaha, Kassel, 1985,
pág. 100).

[61] En Lisboa se concentró una poderosa armada entre abril y
octubre de 1625 para prevenir el ataque de Inglaterra, que acababa
de romper hostilidades con España, a la flota de Indias, «que trae
el mayor tesoro que nunca se ha traído» (consultas del Consejo de
Estado, de julio y septiembre de 1625, AHN, E., libro 737, ff. 534-
7 y 652-3). Ya en una consulta de abril de 1625 algunos votos
proponían «que los navíos de la armada vayan a Lisboa porque en
Cádiz no estarían seguros» (AHN, E., libro 740), y a Cádiz en
efecto fue a dar finalmente la escuadra de ingleses y holandeses, ya
en noviembre. Cf. C. Fernández Duro, *Armada española,* IV (Madrid, 1898), págs. 66-79, y relaciones de sucesos citadas en
págs. 469-470. A los testimonios de contemporáneos aducidos por
Millé (I, págs. 164-165) añádase otro publicado por J. Palanco
Romero en *Relaciones del siglo XVII* (Granada, 1926), págs. 93-101,
y el extenso relato de Almansa y Mendoza *(Cartas,* Madrid, 1886,
págs. 310-313).

[62] *trato:* «la negociación y comercio de géneros y mercaderías»
(Dicc. Auts.).

[63] *brandavín* o *brandevín* (< neerland. *brandewijn,* a través del fr.
brandevin): aguardiente.

[64] La pólvora estaba controlada (F. Gil Ayuso, *Textos y disposiciones legales...,* cit., núm. 492) y estancada (cf. las consultas sobre la
conveniencia de suprimir el estanco, AHN, E., libro 737, marzo y
mayo de 1624), por lo que sería susceptible de contrabando,

como la ganancia sufría ancas[65], dábales parte della a los cabos de escuadra y derrengábanse y ensordecían[66]. Aquí me hacen coxquillas[67] mil cosas que pudiera decir tocantes a lo que pueden las dádivas y a lo que mueve el interés, y lo presto que se convencen los interesados, y los daños que resultan por ellos y las penas que merecen; pero como es fruta de otro banasto y no perteneciente a Estebanillo no doy voces, porque sé que sería darlas en desierto[68].

Apliquéme de suerte a trabajar, cebado en la ganancia, que, después de haber hecho mil trueques al alba y revendídolos en tierra a las once del día, en dando las doce, horas en que nadie me daba provecho y yo me hallaba ocioso, me iba al tronco[69] de los castellanos, que es la cárcel dellos, donde porque les hacía algunos servicios y mandados me daban muy bien de comer y algunos dineros, con lo cual ahorraba el gasto de la

---

aunque parece improbable que en fecha tan temprana se hicieran ya preparativos con vistas a una insurrección. Pocos años más tarde, a propósito de un posible motín en Lagos, «Filipe IV mandou inquirir quantas armas se tinham descoberto e quem as possuia» (J. Verissimo Serrão, *História de Portugal*, IV, Lisboa, 1978, pág. 122).

[65] *sufrir ancas* «dícese del que tolera el gravamen justo y además la sobrecarga [...] Se acomoda este modo de decir al caudal que sufre gastos ordinarios y extraordinarios» (L. Galindo, *op. cit.*, ms. 9780 BN, núm. 306).

[66] *derrengar,* «en lenguaje antiguo castellano militar, vale desviarse o apartarse de la ordenanza sin mandado de su capitán» (Covarr. 1612, en *TLex*).

[67] *coxquillas:* «deseo y apetencia de alguna cosa. En este sentido se usa regularmente junto con el verbo *hacer*» *(Dicc. Auts.).*

[68] «dar voces en desierto» o «predicar en desierto» (Vallés, ms. RM, Correas, con diversos comentarios).

[69] *tronco,* según nos advierte el profesor A. J. Saraiva, en portugués del siglo XVI significaba 'cárcel', lo que corrobora el mismo Estebanillo. Es por tanto errata la lectura *tranco* de todas las ediciones.

comida y llevaba para pagar la cama y cena en la posada, y me quedaba libre la ganancia del agua ardiente.

Dividióse el armada[70], y por ver que ganaba muy poco en la ciudad por haber tantos deste trato, dejándome el hábito de peregrino, empeñado que estaba, vendí los frascos y caudal de que había hecho provisión, y con lo que saqué de la venta y lo demás que yo tenía compré una buena cantidad de tabaqueras, y con ellas me fui camino de Setúbar[71]. Llegué a Montemoro, donde, aficionados los vecinos dellas, por ser curiosas y bien labradas y a moderado precio, en tres días di fin de todas y doblé mi dinero.

Juntéme en esta villa con un mozuelo de nación[72] francés, que andaba bribando[73] por todo el reino y era uno de los más taimados y diestros en aquel oficio; que, aunque es tan humilde y tan desdichados los que lo usan, tiene más malicias y hay en él más astucias y

---

[70] La armada española se dividió en octubre de 1625 a fin de interceptar la flota enemiga (H. G. Reade, *Sidelights on the Thirty Year's War*, London, 1924, cit. por Jones). Todavía en septiembre los votos del Consejo de Estado insistían en la necesidad de que la armada «no se saque de Lisboa ni se divida» (cf. AHN, E., libro 737 cit.).

[71] *Setúbar*. Corregimos, según la 4.ª edición, la lectura de las primeras, *Setular,* pero manteniendo la -r, que está bien documentada. Cf., por ejemplo, Pedro de Medina, *Libro de las grandezas de España,* cap. LXIII (ed. González Palencia, Madrid, 1944, págs. 97*b*-98*a),* y memorial de Luis de Mendoza (AHN, E., legajo 1312²).

[72] *nación:* nacimiento. Cf. Torres Naharro: «Casé con una doncella, / y es Orphea el hombre d'ella, / de nación italiana» (com. *Seraphina,* III, ed. cit., II, pág. 38); G. Pérez de Hita, «Luego el Ochalí tuvo cuidado de buscar doscientos turcos de nación, buenos soldados...» *(Guerras civiles...,* 2.ª parte, ed. cit., pág. 8).

[73] *«bribiar,* o bribar, andar a la vida mendicante [...] Bribión o bribón, el tal mendigo» (Correas, en *TLex)* .

ardiles y engaños que en un preñado Paladión [74].
Descubrióme, por habérsele ido un Acates [75] suyo, el
modo de su gandaya [76], el provecho que sacaba della y

---

[74] *ardiles*. Forma original (de las ediciones 1.ª y 2.ª) cuya conservación nos censuran SZ, pero que existe en portugués y en castellano dialectal de Andalucía, según documenta Corominas.

Paladión. Todas las ediciones, incluida la nuestra de 1971, *paladino*, que ha de ser errata, como advirtió Gasparetti. E. se refiere al Paladión, caballo de madera repleto de aqueos con que se remató la toma de Troya *(Eneida*, II 14 y ss). Otras veces E. alude a Sinón, primo de Ulises, encargado de convencer a los troyanos de que el caballo era un exvoto a Palas Atenea, de donde puede proceder el término. Un «paladión [...] preñado de caballeros» se menciona en el *Quijote* de Cervantes, II 41; otros en el de 'Avellaneda', cap. VIII (ed. cit., I, pág. 165), en *El diablo cojuelo,* tranco IV, de L. Vélez de Guevara, *La fantasma de Valencia,* I, de Castillo Solórzano (en *Fiestas del jardín,* ed. cit., pág. 223), Quevedo (ed. cit., núm. 707) y Gabriel de la Vega *(FC* IV 137), aunque el Paladión propiamente dicho, como se sabe, era otra cosa.

[75] *Acates*. Las ediciones antiguas, *alates;* desde 1725, *alatés,* forma incluida en el *Diccionario* académico de 1925 y que ha pasado al espléndido *Diccionario histórico,* así como al mucho menos admirable *Léxico del marginalismo* de J. L. Alonso Hernández (Salamanca, 1977), con la única autoridad de este pasaje, avalada por la etimología *a latere* propuesta por S. Gili Gaya *(NRFH* VII, 1953, pág. 113). Creemos que se trata de un ejemplo más de palabra fantasma, definida («criado de un rufián o ladrón») a partir de una errata por *Acates,* amigo de Eneas convertido en arquetipo de fidelidad. Cf. Lope de Vega, «En todo estuve y todo lo agradezco / como amigo, y ofrezco / seros siempre un Acates» *(Querer más y sufrir menos,* III, ed. Acad. N., IX, pág. 60); «No fue Achates tan leal, / ni pudo quereros tanto» *(La contienda de D. Diego García de Paredes,* I, BAE CCXV, pág. 303). La reminiscencia virgiliana no era desconocida a Gabriel de la Vega: «Todas las veces que el Excmo. Sr. D. Francisco de Melo ha venido a estos Estados ha sido v.s. crepúsculo de su día y precursor de su sol y Acates de su persona» *(FC,* dedicatoria a D. Jacinto de Vera).

[76] *gandaya*. Al parecer es E. el primero que documenta esta voz, cuya etimología más probable es el port. *gandaia,* 'vida ociosa de birbantes' *(ap.* Corominas, que prefiere un origen catalán). Cf. Moreto y Matos Fragoso, «Buscar la gandaya es ir / quien no tiene ocupación / ni oficio ni pretensión, / ni modo con que vivir / a

de la suerte que disponía su enredo; pidióme que le ayudase, prometióme el tercio de lo que se adqueriera, después de pagados los gastos, y al fin me redució a su gusto.

Llegamos cerca de Évora Ciudad[77] en tiempo que hacía muy grandes fríos, y antes de entrar en ella se desnudó mi Juan francés[78] un razonable vestido que llevaba; y quedándose en carnes abrió una talega de motilón mercenario[79], sacó della una camisa hecha pedazos, la cual se puso, y un juboncillo blanco con dos mil aberturas y banderolas, y un calzón con ventanaje de alcázar, con variedad de remiendos y diferencias de colores, y entalegando sus despojos quedó como Juan Paulín en la playa[80], entrándose de aquella suerte en la ciudad, habiéndome dejado antes la cumplida talega y advertídome que entrase por otra puerta y le esperase en el hospital. Obedecíle y hice lo que me

---

buscar con qué comer, / y todo el lugar andado, / anochece este cuitado / como suele amanecer. / Y el que cuando le desmaya / el hambre, se va a acostar / sin comer y sin cenar, / es quien halla la gandaya» (*El mejor par de los doce, ap.* Cejador, *Fraseol.,* II, pág. 576).

[77] *Évora Ciudad.* Designación habitual para distinguirla de Évora Monte. Cf. «En la pérdida de Évora Ciudad perdió sus papeles» (Relación de servicios de Felipe de los Santos, AHN, E., legajo 1337², núm. 47); Pedro de Medina, *Libro de grandezas [...] de España* (ed. cit., pág. 94a).

[78] *Juan francés,* como Juan español, o Juan soldado, formas de designar a uno cualquiera. Cf. el *Entremés del gabacho: «(Sale un francés con manto).* —Yo, Juan francés...» (ed. Cotarelo, *Colección...,* pág. 186).

[79] *motilón:* «el fraile que está todo motilado [rapado] por igual, sin señal de corona, por no tener ni aun prima corona» (Covarr.). *Mercenario* es 'mercedario'.

[80] *como Juan Paulín:* «hallarse desnudo, pobre y derrotado» (Millé, el cual da ejemplos de clásicos que emplean esta expresión en una nota excelente). «Quedóse de la galla como Juan de la playa» (Horozco, f. 161v). Cf. también cap. X, nota 80.

mandaba, reconociendo superioridad[81], por ser él autor de aquella máquina picaril[82].

Iba por las calles mi moderno camarada haciendo lamentaciones que enternecerían a las piedras, dando sombreradas a los pasantes, haciendo reverencias a las puertas y cortesías a las ventanas, y dando más dentelladas que "perro con pulgas." Descubría los brazos, echaba al aire las pechugas, y mostraba los desnudos pies. Unas veces lloraba, otras suspiraba y jamás cesaba de referir su miseria y desnudez. Dábanle los caritativos lusitanos limosna de dineros, las piadosas portuguesas camisas viejas y vestidos antiguos y zapatos desechados; y él, haciendo unas veces la guaya y otras la temblona[83], y tendiéndose en tierra haciendo rosca y fingiendo el súbito desmayo, iba recogiendo alhajas[84], juntando pitanzas y agregando china[85].

Cargó con todo a boca de noche[86] y vínome a buscar al hospital, adonde tuvimos una mesa de prín-

---

[81] *superioridad.* No creemos que falte el posesivo, añadido por Millé: existía el sintagma *conocer* o *reconocer superioridad* con el sentido de 'darse por vencido' (Correas, ed. cit., pág. 427*b*).

[82] *máquina:* traza.

[83] «Cuando ellos [los hebreos] lloran decimos que hacen la guaya» (Covarr.). *Guayar,* para Galindo, es «lamentarse miserablemente» (*op. cit.,* ms. 9781 BN, 76r).
hacer la temblona: «fingirse tembloroso un pordiosero para mover a lástima» (*Dicc. Acad.*). Cf. Quevedo, «Y el Ronquillo a su lado / fingiendo la temblona» (ed. cit., núm. 872).

[84] *alhajas.* Así desde la 2.ª edición. La 1.ª, *alagas,* como unas líneas después, que será errata por *alaja,* grafía censurada en el *Dicc. Auts.* Aquí en el sentido general de «pertenencia, cosa que se posee» u «objeto de valor» (*Dicc. histórico*); «presea de casa para servicio y adorno» (Galindo, *op. cit.,* ms. 9781 BN, f. 11r).

[85] *china:* «dinero» (*Dicc. Acad.*). Cf. cap. VIII, nota 16.

[86] *boca de noche:* «tarde» (Sánchez de la Ballesta). Cf. C. Pérez de Herrera, «...Salgan a pedir limosna para ellos propios por las calles y casas del tal pueblo, y a boca de noche vuelvan a dormir a los dichos albergues» (*Discursos...,* ed. cit., pág. 206).

cipes y nos dimos una calda[87] de archiduques. Madru-
gamos muy de mañana y, saliendo ambos bien arropa-
dos del hospital y ciudad, marchamos a buscar nuevos
ignorantes. Hacía cada día el tal tunante su compasiva
representación, y a la noche vendíamos la variedad de
alhajas sin reparar en precios, y esto no en las partes
donde se habían juntado.

Con esta guitonería[88] provechosa anduvimos doce
días haciendo lamentationes y enajenando muebles[89],
hasta tanto que al último dellos, estando mi gabacho
en la plaza de una villa dando más voces que un
morábito[90] al dar los buenos días, llegó a él a darle
limosna un ropavejero de otra villa cercana, a quien la
noche pasada habíamos vendido y traspasado una
carga de baratijas; y habiendo venido aquel día a esta
villa a negocios de sus mercancías, nos había visto a la
entrada en diferente hábito del que de presente tenía, y
habiéndolo reconocido despacio dio parte a la justicia;
lo cual trocando en ira la piedad[91] que hasta entonces

---

[87] *darse una calda:* «regalarse o lisonjearse con el gusto de gozar
por algún tiempo de cualquier cosa agradable» *(Dicc. Auts.).*
[88] *guitonería:* lo propio del *guitón,* «pordiosero que, con sombra
de romero que va a visitar las casas de devoción y santuarios, se
anda por todo el mundo vago y holgazán» (Covarr.).
[89] *muebles:* «hacienda o bienes que se pueden mover y llevar de
una parte a otra» *(Dicc. Auts.).*
[90] *morábito:* almuédano. Cf. Diego de Torres: «Para que la gente
acuda a la mezquita, en lugar de campanas, llaman desde las torres
unos cacizes, que llaman almuédenes, a gritos, y están tan entona-
dos en aquel oficio que se oyen muy lejos» *(Relación del origen y
suceso de los Xarifes,* ed. cit., pág. 203); «Venía adelante en un asno
un moroabito *[sic],* que ellos dicen, como acá nosotros ermitaño,
el cual los había absuelto a ellos de culpa y a ellos de pena» *(Vida
y costumbres de don Alonso Enríquez de Guzmán,* ed. H. Keniston,
Madrid, 1960, pág. 11). Era palabra esdrújula (cf. Corominas-
Pascual).
[91] *piadad.* Cuando la hay respetamos esta forma de la primera
edición, que parece arcaica y no está registrada en los diccionarios

le habían tenido, lo llevaron a la prisión con más voces y algazara que alma de sastre en poder de espíritus[92].

Hallóse en el prendimiento cierto gorrón[93], que a título de ir a proseguir sus estudios a Salamanca ocupaba de día las porterías y las noches los hospitales, el cual me dio aviso dello, ignorando ser yo cómplice de aquel delito. Yo, por la esperiencia que tenía de barbero, viendo aquella barba pelar eché la mía en remojo[94]; pues sin reparar en que estaba lloviendo a cántaros o a botijas, cargando con toda la mochila y ropa del que sin ser Escarramán habitaba calabozo obscuro[95], y saliéndome de la ciudad a la

---

consultados. Se encuentra en Berceo, *Fundaciones* de Santa Teresa, *Tragedia de Mirrha* (1536) de Villalón, *Lugares comunes de conceptos,* de J. de Aranda (1593), Gabriel de la Vega, etc., y es, además, la única usual en el judeo-español de Oriente.

[92] Cf. Quevedo: «Como al ánima de sastre / suelen los diablos llevar, / iba en poder de corchetes / tu desdichado jayán» (ed. cit., núm. 849); los primeros versos se citan en dos pasajes concomitantes de Tirso de Molina: «Un sastre conocí yo / que tuvo por nombre Herbías, / y al tiempo del espirar / le llevoren para lastre / como al ánima del sastre / suelen los diabros llevar» *(La mujer que manda en casa,* II, ed. cit., pág. 117); «Mira que te han de agarrar / cuando la muerte te arrastre, / como el ánima del sastre / suelen los diablos llevar» *(Santo y sastre,* I, ed. Cotarelo, NBAE IV, pág. 4).

[93] *gorrón* «se llama al estudiante que en las universidades anda de gorra, y de esta suerte se entremete a comer, sin hacer gasto» *(Dicc. Auts.).*

[94] *«cuando la barba de tu vecino vieres pelar, echa la tuya a remojar,* o echa la tuya en remojo» *(Seniloquium,* H. Núñez, Horozco, Ballesta, Vallés, Correas).

[95] *Escarramán,* como indica Millé, alude a la famosa jácara de Quevedo («Ya está guardado en la trena / tu querido Escarramán», ed. cit., núm. 849), que el autor parece haber recordado líneas antes, y que, en efecto, era cita común para hablar de una prisión en tono festivo (cf. Castillo Solórzano, «...Que tienes a tu mandado, / más preso que Escarramán, / un papagayo truhán», *Huerta de Valencia,* ed. cit., pág. 220). Pero también podría tener presente otra, imitada por Estebanillo en el cap. XI («Zampuzado en un

hora que peinaban el aire morciégalos y que mochuelos fatigaban las selvas [96], y habiéndome informado del camino de Yelves, empecé a marchar a lo de soldado de Orán [97]; y después de haber caminado hasta dos leguas sirviéndome de norte una luz que estaba algo apartada, y pensando que fuera algún pastoral albergue [98], apresuré el paso a ella con deseo de enjugar mi mojada ropa y tener un poco de descanso; y al cabo de un rato, hollando lodos y enturbiando charcos [99], llegué, en traje de alma en pena, a donde aligerando mi conciencia pagué todos mis pecados.

---

banasto / me tiene Su Magestad», *ibid.*, 856), que insiste en la oscuridad del calabozo donde está encerrado un jaque anónimo.

[96] *morciégalo:* como *morciélago, murciélago* o *murceguillo (Dicc. Auts.).*

mochuelos. Todas las ediciones, *moçuelos* (o *mozuelos,* desde 1725). Corregimos, siguiendo a Millé. SZ dicen que E. sale «durante las primeras horas de la mañana, cuando los jóvenes cazaban», a pesar de haber anotado que los *moçuelos* del texto son mochuelos y no mozuelos. Es claro que sale al anochecer, pues más adelante dirá «caminé toda la noche».

peinaban el aire... fatigaban las selvas. Alusión a la dedicatoria que Góngora hace del *Polifemo* al Conde de Niebla: «Si ya los muros no te ven de Huelva / peinar el viento, fatigar la selva», según ya se anota en la ed. Michaud. Cf. Gabriel de la Vega, «El aire peinan, fatigando el llano / Bucéfalos u indómitos frisones» *(FV* III 12).

[97] *a lo de soldado de Orán* debe de querer decir 'deprisa', aludiendo al romance de Góngora «Servía en Orán al rey / un español con dos lanzas» (ed. cit., núm. 23), o, más probablemente, al recordado en cap. IX, nota 166.

[98] *pastoral albergue.* De nuevo la referencia es un poema gongorino, en este caso el comienzo del «Romance de Angélica y Medoro», al que también pertenecen los versos: «y el humo de su cabaña / les va sirviendo de norte». Sobre su fortuna literaria cf. J. B. Avalle Arce, «Tirso y el romance de A. y M.», *NRFH* II (1948), págs. 275-281. Añádase Gabriel de la Vega, «Y de fuegos los aires coronaban / el pastoral albergue y la cabaña» *(FC* VI 19).

[99] *hollando lodos y enturbiando charcos.* Así la 4.ª edición. Las tres primeras, *hallando.* Es evidente que el endecasílabo bimembre es nuevo eco gongorino.

Hallé debajo de la clemencia de un desollado alcornoque (que demás de servir de pabellón el verano servía de resguardo y chimenea el invierno) una cuadrilla de gitanos más astuta en entradas y salidas que la de Pedro Carbonero [100], los cuales aquella misma noche habían hecho, extramuros de la dicha ciudad, un hurto de dos mulas y cinco borricos, y, por no poder caminar por el rigor de la noche y parto de las nubes, habían hecho alto en aquel despoblado sitio y hecho lumbre para enjugar sus mal "ganadas vestiduras". Saludélos de tal manera que excedí los límites de la cortesía, más por temor de haber dado en sus manos que por amor ni afición que jamás les tuve; porque, «¿quién es tu enemigo?: el que es de tu oficio» [101]. Recibiéronme con el mayor agrado que se puede significar, y compadecidas las taimadas gitanas de verme de la suerte que estaba, aun antes de informarse de la causa de mi llegada ni de lo que me había obligado a venir a tales horas a su morada campesina, me empezaron a "desplumar" como a corneja a título de enjugar en su gran lumbre mi muy mojada ropa, por librarme de algún catarro o resfriado; y aunque me quise escusar de dársela, por hacer su robo con rebozo [102] de tenerme compasión me dejaron en pelota,

---

[100] «*muchas entradas y salidas tiene este muchacho:* multiplex est huius pueri ingenium» (Henríquez, en *TLex*).

Pedro Carbonero: personaje que había pasado a ser proverbial como jefe de banda que entra en lugares de salida dificultosa. Sobre él escribió Lope de Vega su comedia *El cordobés valeroso Pedro Carbonero,* en la cual entra en Granada para liberar cautivos cristianos, y sale de ella mediante diversas argucias. Se ocupa del personaje folklórico M. Bataillon en *Varia lección de clásicos españoles* (Madrid, 1964), págs. 310-328.

[101] Refrán aún usual que registran H. Núñez, Horozco, P. Vallés y L. Galindo, con variantes.

[102] *rebozo:* «simulación, pretexto» *(Dicc. Acad.).*

dándome para cubrir mis desnudas carnes una capa vieja de un gitano mozo.

Yo enternecía la soledad de aquel monte y sus robustos árboles con los suspiros que daba de ver mi hacienda en monte tan sin piedad y en banco tan roto, no quitando los ojos de mi amado jubón, compañero en mis trabajos y depositario de mi caudal. Temí que por el peso reconociesen sus colchadas [103] doblas y sus emboscados reales. Parecíame que, aun siendo insensible, sentía el apartarse de mí, y que me decía con muda lengua: «¡adiós, Estebanillo, que ya no nos hemos de ver más!»

Estaba ocupado todo el rancho [104] en enjugar mis funestos despojos, teniendo para este caso cercado todo el fuego y sitiada toda la hoguera. Tenían entre ellos una algazara como gitanos, una alegría como gananciosos, y un temor como salteadores, pues cada instante volvían las cabezas por si llegaban en su siguimiento los dueños de su botín y cabalgada. Estando todos de la suerte que he dicho, y yo del modo que he pintado, llegaron de repente a vistas del rancho hasta veinte hombres que, a lo que pareció y después supe, eran escribas o ministros de justicia, y a la voz de decir «¡favor al Rey!», como si fuera nombrar el nombre de Jesús entre legiones de demonios, se desapareció toda esta cuadrilla de Satanás con tanta velocidad que imaginé que había sido por arte diabólica.

---

[103] *colchado:* «lo embutido o basteado entre dos telas» *(Dicc. Auts.).*

[104] *rancho:* «toda clase de viviendas provisionales o simplemente lugares donde se alojaban o acomodaban con carácter pasajero toda clase de gente nómada o viajera: soldados [...], gitanos, pastores y vagabundos. Era sobre todo una palabra de soldados» (Corominas y Pascual, DCECH, *s. u.,* que en la excelente entrada que dedican a esta voz documentan su aplicación a gitanos desde Cervantes).

Yo, hallándome solo, y pensando que venían en busca mía para que acompañase al triste francés en la soledad de su prisión, por saber que tanta pena tiene el ladrón como el encubridor [105], y hallarme ligero de ropas y desembarazado de vestido, atravesando y saltando pantanos me libré de sus uñas, no habiendo podido de las de los gitanos, y como fui el postrero y la capa [106] era corta, y por debajo de sus harapos daba reflejos la jaspeada camisa, seguían por estrella la que era palomar [107]; iban todos tras mí implorando el favor de la justicia, y yo con el de mis talones, después de haber corrido más de media legua, los dejé muy atrás, quedando tan rendidos como yo cansado.

Caminé toda la noche por temer la voz del pregonero y por no quedarme helado en aquella desabrigada campaña. Anduve dos días fuera de camino asombrando pastores y atemorizando ermitaños, y al cabo dellos llegué a Yelves, frontera de Estremadura; y valiéndome del poder del corregidor y de la caridad del cura, y contándoles haber sido robado de gitanos, el uno mandó echar un plato y el otro un guante [108], con que de veras se hizo el juego de «quién viste al solda-

---

[105] «al hechor y encubridor, pena por igual»; «hacientes y consintientes, pena pagan por igual» (ms. RM).

[106] *capa.* Enmendamos, siguiendo la edición de 1778, la lectura *culpa* de las primeras ediciones, porque se trata de la «capa vieja de un gitano mozo» de que habló poco antes.

[107] *palomar:* aquí, 'lugar donde hay *palominos',* «aquellas manchas de excremento que suelen quedar en las camisas» *(Dicc. Auts.),* por lo que acaba de llamar a la suya jaspeada, es decir, salpicada con los colores del jaspe. Jones (pág. 151), a quien SZ plagian por enésima vez, cree que hay juego de palabras entre *estrella* (especie de lienzo) y *palomar* (especie de hilo bramante), cosa harto improbable.

[108] *echar un guante:* «pedir limosna entre personas honradas y conocidas para socorrer a algún sujeto» *(Dicc. Auts.).* Cf. Tirso de Molina, «Quedese Bruno por bruto, / y pues es pobre, eche un guante» *(El mayor desengaño,* I, ed. Cotarelo, NBAE IV, pág. 99).

do»[109], quedando yo agradecido y algo remediado. Contáronme ambos como los dichos gitanos habían hecho un hurto junto a [É]vora[110], y que había salido la justicia en su seguimiento, y que, habiéndolos hallado a todos en la campaña al amparo de un gran fuego, se les habían huido sin poder coger a ninguno; mas que al fin habían dejado el hurto que habían hecho.

Llegóse a mí un labrador y preguntóme que si quería detenerme allí a coger aceituna, que me daría cada día medio tostón y de comer, con lo cual me podía remediar y tener para hacer mi viaje. Parecióme que era buena conven[ien]cia y así tuve por bien de

---

[109] *el juego de quién viste al soldado:* «fingen un soldado que viene de la guerra destrozado y desnudo, y cada uno le manda una pieza de vestir, como camisa, sayo, calzón, etc. [...] El que trae un palo, que es el soldado, anda variando y pidiendo lo que cada uno mandó, y en no respondiendo a tiempo, o errando lo que cada uno mandó, le da el castigo que quiere el que trae el soldado» (R. Caro, *Días geniales o lúdicros,* ed. J.-P. Étienvre, Madrid, 1977, II, pág. 212). Cf. Lope de Vega, «Beso la liga derecha / del rey que juega al soldado, / pues viste de todas piezas» *(La merced en el castigo,* I, ed. Acad. N., VII, pág. 549); «Bien dices, juéguese luego / [...] —Yo os diré. Demos librea, / como se suele, al soldado / [...] Ea, pues, este cayado / es, señores, el soldado / que de vestirle excusaba» *(El verdadero amante,* I, BAE CLXXXVII, pág. 432). Lo vuelve a lo divino A. de Ledesma en los *Juegos de Nochebuena moralizados* (Barcelona: Sebastián Cormellas, 1611), f. 6: «El juego de vestir al soldado». Según G. I. Dale, es una variante rústica del juego del *cavalier* («Games and Social Pastimes in the Spanish Drama of the Golden Age», *HR* VIII, 1940, págs. 236-237). Dale enumera varias alusiones al juego en autores dramáticos del siglo XVII. Pueden añadirse aún Lope de Vega, *La esclava de su hijo,* II (ed. Acad. N., II, pág. 174), y *Don Pedro Miago,* I, atribuida a Rojas Zorrilla (BAE LIV, pág. 530).

[110] *Évora.* Las ediciones 1.ª y 2.ª, *junto Alvora.* Desde la 3.ª, *junto a Alvora.* Aunque para Millé podría ser La Albuera, al SE de Badajoz, la identidad de circunstancias parece indicar que se trata de la misma ciudad, Évora, extramuros de la cual los gitanos cometieron el hurto antes mencionado.

servirle y estar con él más que [111] veinte días, donde en
cada uno dellos hacía tres comidas a toda satisfación;
mas por hallarme afligido de la soledad del campo, de
la frialdad del tiempo y falta de tabernas, y parecerme
cargo de conciencia llevar de jornal más que valía la
aceituna que cogía, pues antes servía de estorbo y
embarazo a los que me ayudaban, cobré un día de
fiesta lo que me debía mi amo, con lo cual me fui a la
vuelta de [112] Sevilla después de haberme fardado [113]
conforme a la posibilidad del dinero.

Llegué a Mérida, puente y pasaje del memorable río
de Guadiana, adonde se acababa de fabricar un convento de monjas de santa Clara [114]; y por causa de

---

[111] *más que.* Así las ediciones 1.ª, 2.ª y 3.ª. Desde la 4.ª, *más de.*

[112] *la vuelta de:* hacia. En la época se construía con esta frase
preposicional cualquier verbo o expresión de movimiento que
significara 'dirigirse a', e incluso 'venir de'. Cf. Pérez de Hita,
«Luego el valeroso Maleh se puso en camino la vuelta de Canto-
ria» *(Guerras civiles...,* 2.ª parte, ed. cit., pág. 51); «Al punto mandó
que se levantase el campo una tarde bien tarde la vuelta de Félix»
(ibid., pág. 77); «Las galeras se fueron con las suyas la vuelta del
Levante» *(ibid.,* pág. 101); «Abenhumeya se partió de las Alpujarras la vuelta del río de Almanzora» *(ibid.,* pág. 139); «Mandaron
que las mujeres y las criaturas salieran del lugar tomando la vuelta
de la sierra» *(ibid.,* pág. 306); «El campo comenzó luego a marchar
la vuelta del río de Almanzora» *(ibid.,* pág. 310); «El enemigo
atemorizado y espantado se retiró huyendo la vuelta de Tíjola»
(ibid., pág. 311). A veces se complicaba la frase con una preposición o expresión redundante, como hace en este y otros casos
Estebanillo: «Yéndome un día paseando hacia la vuelta del muelle»
(cap. VI, pág. 281), «Tomamos la derrota la vuelta de Bretaña»,
«Nos volvimos la vuelta de Flandes» (cap. XIII, págs. 359 y 360;
«Allí se rehízo de mucha gente venida de la vuelta de Almuñécar»
(Pérez de Hita, *ibid.,* pág. 69); «Los cristianos [...] se fueron a la
parte que iba la vuelta de Lorca» *(ibid.,* pág. 115); Diego de
Torres, «Se fueron a la vuelta de Argel» *(Relación...,* ed. cit.,
pág. 219).

[113] *fardar:* «surtir y abastecer a uno, especialmente de ropa y
vestidos» *(Dicc. Auts.).*

[114] Sobre el convento de Santa Clara, de Mérida, cf. Millé, I,

haber falta de peones para su obra, y por ir yo algo despeado[115], me puse a peón de albañil. Dábanme cada día tres reales de jornal, y por juzgarme no tener malicia no consentía la priora que ninguno sino yo entrase en el convento a sacar la cal que estaba dentro dél para que se fuese trabajando. Ocupaba en esto algunos ratos, y todas las veces que entraba en el dicho convento iba delante de mí la madre portera tocando una campanilla para que se escondiesen y retirasen las religiosas; pero yo imagino que no estaban diestras en el son, pues antes parecía llamada que retirada, pues sin bastar cencerrear, todas, compadecidas de mi gran trabajo y de mi poca edad y de mi agudeza, en lugar de retirarse se acercaban a mí y me daban algunas limosnas, aconsejándome que me volviese a mi tierra y no anduviese tan perdido como andaba.

Sucedióme en esta villa un gracioso caso, y fue que un domingo de mañana me llevó un labrador honrado a una bodega suya a henchir en ella un pellejo de vino para llevar a su casa. Entramos los dos a hacer prueba del que fuese mejor, y, habiendo hecho a puras candelillas un cirio pascual[116], me hizo tener la empegada[117]

pág. 174, y Moore. Desde la 4.ª edición se abrevia: *un convento de Santa Clara.*

[115] *despearse:* «no poder caminar por haber maltratado los pies en el camino el hombre» (Covarr.). Cf. Diego de Torres, «Unos decían que se aprovecharían mejor dellos dejándolos entrar en la tierra adentro, porque del largo camino vendrían despeados y cansados» *(Relación...,* ed. cit., pág. 242). El chiste con *peón,* es, una vez más, poco lucido.

[116] *a puras candelillas.* «*Muchas candelitas hacen un cirio.* Que muchos pocos hacen un mucho, y del que en el día bebe muchas veces, y se le antoja ver candelitas y a la noche muy grande llama de cirio» (Correas). Sin embargo, aquí la frase podría entenderse también literalmente: bajar a la bodega con un cirio encendido era usual para alumbrarse y precaverse contra el peligro de asfixia.

[117] *empegar:* «cubrir alguna vasija con pez o por de dentro o por de fuera» (Covarr.)

vasija, con un gran embudo que había metido en ella, agarrada con ambas manos. Iba sacando de la tinaja cántaras de vino y vaciándolas en el cóncavo de botanas y engendrador de mosquitos [118]; y mientras él volvía la cara a ir escudillando me echaba yo de buces [119] en el remanso que hacía el embudo, y en el ínter que él henchía su pellejo yo rehenchía el mío. Atólo muy bien y echómelo a cuestas, para que gozara la bodega de ver cuero sobre cuero y pellejo sobre pellejo [120]; y apenas lo tuve sobre mí cuando me derrengué y eché con la carga, cayendo en tierra a un mismo tiempo dos líos [121] de vino o dos cargas de mosto.

Probó el labrador a levantarme, pero cansóse en balde porque sola la cabeza me pesaba cien quintales, demás de ser mi barriga segunda cuba de Sahagún [122].

---

[118] *botana:* «el ombliguillo de boj o de otra madera que se echa en la rotura de la bota o el cuero» (Covarr.)

mosquitos. «Bien se sabe cuántos mosquitos se crían en las bodegas, aficionados al vino dellas» (Noydens, *ap.* Covarr., ed. cit., pág. 815*b*).

[119] *de buces: de bruces,* como se lee desde la 2.ª edición.

[120] *«cuero* [como *pellejo]* significa la odre del pellejo del cabrón, y por alusión el borracho, por estar lleno de vino» (Covarr.). «Al borracho que pasa de este estado y esta mediana disposición, de modo que ya pierde el tino y el juicio, dando consigo en el suelo, ya no le llaman mona sino cuero y zaque, pues que se cay de su estado como el cuero lleno de vino» (G. Lucas Hidalgo, *Diálogos de apacible entretenimiento,* III 3). Cf. Castillo Solórzano, «Señor, ya yo estoy desnudo, / porque siempre anduve en cueros / desde que supe beber» *(Los encantos de Bretaña,* I, en *Fiestas del jardín,* ed. cit., págs. 58-59), y cap. VII, nota 25.

[121] *lío,* aparte su acepción de 'fardo', podría remitir, si no es errata, a *lía,* 'heces de la uva', y a la frase *estar hecho una lía* (cf. cap. XI, nota 218).

[122] *cuba.* La 1.ª edición, *cava;* 2.ª y 3.ª y las del siglo XVIII, *cuba:* 4.ª, *cueua.* «Tuvo nombre la cuba de San Segundo [San Facundo], vulgo Sahagún, la cual cabía tantas mil cántaras, y dicen que hoy sirve de echar trigo en ella» (Covarr.). *«La cuba de Sahagún. La cuba*

Salió a la calle, buscó un hombre que le sacase el pellejo, y cuatro que me sacasen a mí. Pusiéronme, a pura fuerza de brazos, de patas en la calle y, no pudiendo sostenerme sobre ellas por haberme sacado de mi centro [123], como atún a la puerta de la bodega [124], adonde no bastando inquietudes de muchachos, burlas de barbados y socorros de calderos, dormí como un lirón [125] todo aquel día y toda aquella noche, y tuve a gran milagro despertar el lunes a las once, hallándome lavado de fregados [126] y espulgado de faldiqueras. Levantéme como pude y, seguido de estudiantes mínimos [127] y de muchachos de escuela, me salí al campo medio avergonzado, preguntando a los que me encontraban y se reían de mí:

—Camaradas, ¿por dónde va la danza? [128].

de Oña. Fueron de notable grandeza» (Correas). La referencia era tópica. Cf. Quevedo, «Salen de blanco de Toro, / hechos reto de Zamora, / ceñidas de Sahagún / las cubas, que no las hojas» (ed. cit., núm. 873); Calderón, «Ilustre nobleza y plebe / que al brindis de mi salud / agotárades ahora / aun la cuba de Sahagún» *(Céfalo y Pocris,* II, BAE XII, pág. 500).

[123] «Decimos, cuando uno está contento, que no se acuerda de nada ni desea más de aquello de que está gozando, que está en su centro» (Covarr.). Cf. Gracián, «Fuera de su centro, todo lo natural padece violencia, y todo lo artifical desconcierto» *(El discreto,* ed. M. Romera-Navarro y J. Furt, Buenos Aires, 1960, pág. 157).

[124] *como atún.* Cf. Lope de Vega, «No importa, que cuando entréis, / tendido como un atún / sobre el catre me veréis» *(La prisión sin culpa,* I, ed. Acad. N., VIII, pág. 604); J. Ruiz de Alarcón, «¡Ah, conde! Como un atún / está tendido en el suelo» *(El tejedor de Segovia,* III, en *OC* II, ed. cit., pág. 645).

[125] *«dormir como un lirón.* Por: mucho dormir» (Correas).

[126] *lavado de fregados,* por los calderos de agua sucia que le han arrojado.

[127] *mínimo:* «segunda clase de Gramática, en que se enseñan y perfeccionan las primeras oraciones y las reglas de los géneros de los nombres» *(Dicc. Auts.).*

[128] *«¿Por acá va la danza?* [...] Habíase quedado dormido en una casa do bebieron y buscaba la danza esotro día que despertó»

Volví a proseguir el camino de Sevilla; detúveme [129] una semana en Cazalla [130] ayudando a cargar vino a unos arrieros de Costantina, adonde cada día cogía una zorra por las orejas y un lobo por la cola [131]. Desde allí fui a Alcalá del Río, que está a dos leguas de Sevilla, y al pasar una barca que hay en su rivera [132],

---

(Correas). El cuento se recoge en la *Floresta española* de Santa Cruz de Dueñas *(Floresta general,* ed. cit., núm. 582). Según Covarrubias, los lugareños cercanos a Orgaz daban matraca a sus habitantes situando allí la danza. Cf. M. Chevalier, *Cuentecillos tradicionales...,* págs. 175-177; y añádase Tirso de Molina, «Por adónde va la danza / iba el otro pescudando, / el Corpus, después que había / día y medio que dormía» *(El pretendiente al revés,* I, BAE V, pág. 21).

[129] *Detúveme.* Así las tres primeras ediciones. La 4.ª, seguida por Millé y SZ, *detuvíme.*

[130] *Cazalla.* 1.ª y 2.ª ediciones, *Cazalta;* 3.ª y 4.ª, *Calzata.* Aceptamos la lectura de 1720. «El trato más grueso de los vecinos [de Cazalla] es en viñas, que las hay muchas y muy fértiles, con bodegas y caserías [...] El vino es de los más generosos que se hacen en España» (Rodrigo Caro, *Antigüedades y Principado de... Sevilla,* Sevilla: Andrés Grande, 1634, f. 197r).

[131] *zorra* «suele tomarse por la borrachera» (Ayala, en *TLex).* Cf. «No me aseguro que deje de volverse alguno en zorra. —De buen vino, quienquiera se caza una en el año» *(Pleasant and Delightfull Dialogues...,* III, págs. 18-19); Lope de Vega, «Por eso le despedí / y también porque allá a solas / ciertas zorrillas cogía / que todo el día tenía / agarradas por las colas» *(La ilustre fregona,* I, ed. Acad. N., VI, pág. 433); Quevedo, «Diréis, por disculpar lo que bebistes, / que son las opiniones como zorras, / que uno las toma alegres y otro tristes» (ed. cit., núm. 545).

lobo «se llama en estilo festivo la embriaguez o borrachera» *(Dicc. Auts.).* Cf. A. de Claramonte, «...De cuando en cuando tomo, / hartándome de beber, / con mil tragos importunos, / ciertos lobatos, que son / éxtasis de la oración / o arrobos de los ayunos» *(Púsoseme el sol,* II, ed. A. Rodríguez, Kassel, 1985, págs. 116-117); Francisco de Castro, «Válgante trescientos santos, / el borracho del vejete / qué fuerte lobo ha pescado» *(¿Quién masca ahí?,* en *Siete entremeses,* Barcelona, 1957, pág. 29).

[132] *rivera* entendemos que es el río, como más adelante en Sevilla («el margen de aquella celebrada rivera»), y en cap. XII,

me preguntó un labrador si quería estar con amo; y
por responderle que sí me llevó a media legua de allí y
me entregó a un cabrero suyo para que le ayudase a
guardar un hato de cabras que tenía, y al despedirse de
mí me dijo que tuviera buen ánimo y que sirviese
bien, que con el tiempo podría ser que llegase a ser
cabrero. Y pienso que ya lo hubiera sido muchas
veces, si Dios no me hubiera guardado mi juicio y
quitádome de la cabeza el no haberme casado [133].
Comimos al mediodía un gazpacho que me resfrió las
tripas y a la noche un ajo blanco que me encalabrinó
las entrañas [134], y lo que más sentí fue que teníamos un
pollino por repostería, el cual, debajo de los reposte-
ros [135] de dos pellejos lanudos, nos guardaba y conservaba dos botijas, cuyo licor, no siendo ondas de
Ribadavia, eran olas del Betis [136]. Y como yo estaba
enseñado a diferentes licores y a regalados manjares,
me hallé arrepentido de haber vuelto media legua atrás
de mi derecho camino; y así, dejando dormido a mi

---

pág. 294 («pescados así de su cercana mar como de su convecina
rivera»), aunque en este caso *ribera* también haría sentido.

[133] *el no haberme casado*. El *no* es pleonástico, y el infinitivo
perfecto no muy apropiado.

[134] *ajo blanco*: «guiso andaluz [...], especie de gazpacho que se
hace con ajos crudos machacados», o condimento «fuerte, áspero y
picante» *(Dicc. histórico)*.

encalabrinar: «turbar el sentido y casi trastornarle por lo fuerte
del hedor» *(Dicc. Auts.)*.

[135] *repostero*: «paño cuadrado con las armas del príncipe o señor,
el cual sirve para poner sobre las cargas de las acémilas» *(Dicc.
Auts.)*.

[136] El vino de Ribadavia, «con humos de rey alternó entre los
buenos vinos de España», dice M. Herrero en *La vida española en el
siglo XVII.* I, *Las bebidas,* págs. 53-54, con abundantes referencias,
entre ellas otra del *Estebanillo,* cap. XII, pág. 348. Cf. Lope de
Vega, «San Martín y Ribadavia / son testigos de que soy / rancio
enemigo del agua» *(Ya anda la de Mazagatos,* III, ed. Acad. N., X,
pág. 535).

compañero y madrugando dos horas antes del alba, pesqué el mejor cabrito de la manada, y echándomelo a cuestas me hallé avergonzado de que me viesen sólo aquel día con pitones sobre la cabeza, a causa de ser el animalejo de buen tamaño.

Dime tan buena diligencia que llegué muy temprano a Sevilla, aunque en mala ocasión por ser en tiempo de la gran avenida de su río, aunque ya había dos días que era pasada [137]. Vendí mi hijo de cabra en cuatro reales, aplaqué el cansancio con ostiones crudos y camaroncitos con lima [138], fuime a dormir a la calle de la Galera, donde de ordinario hospedan la gente de

---

[137] *la gran avenida* tuvo lugar entre enero y febrero de 1626, llamado «año del diluvio» en toda España, y sus efectos en Sevilla fueron especialmente desastrosos: pérdida de 3.000 almas y el valor de tres millones, según Céspedes y Meneses *(ap.* Jones, pág. 155). Un analista precisa más las fechas: «Había llovido mucho desde 17 de enero. Jueves 22 salió el río, y continuando la lluvia y el viento, y creciendo el río, sábado 24 a media noche se rompió el reparo de tablas en la puerta del Arenal, entróse el agua y se fue extendiendo y subiendo hasta emparejar con la altura del río, y estuvo así abierta dos días sin poder antes cerrar [...] Domingo 25 de enero amaneció anegada intra muros la ciudad» *(Memorias de Sevilla,* ed. cit., pág. 51). «Miércoles 18 se destaparon los husillos [las cloacas] y fue saliendo el agua hasta viernes 20 de febrero en la noche, que quedó la ciudad sin agua, aunque con media vara de lama, y los sótanos llenos todavía. De manera que estuvo el agua en la ciudad desde el 21 de enero en que se taparon los husillos hasta 20 de febrero» *(ibid.,* pág. 54). Según eso, Estebanillo llega a la ciudad hacia el lunes, 23.

[138] *«ostias* y ostiones y ostras, pescados, del latín *ostrea»* (Rosal, ms. 6929 BN). Cf. Liñán y Verdugo, «Se gastaron en el día de su examen espadachil algunos tragos, roscas y ostiones crudos» *(Guía y avisos de forasteros,* ed. cit., pág. 152).

lima: fruta parecida al limón, usada como condimento. Para *camarón con lima,* como plato sevillano, cf. Lope de Vega, «Adiós, Sevilla soberbio, / [...] sábalos del Alamillo / ostiones en cárcel presos / [...] lampreas, barbos, cangrejos, / camarón con lima, vino / de Cazalla, blanco y negro...» *(Los Vargas de Castilla,* I, BAE CCXIII, pág. 378).

mi porte [139]. A la mañana visité las Cuevas [140]; diéronme sus santos monjes potaje de frangollo [141] y ración de vino, y, dándome demás desta limosna dos reales cada día, me entretuve algunos en sacar cieno, y de[l] hondo de su cantina [142] de lo que había traído la creciente. Y cansado de andar en bodegas vacías y de

---

[139] La antigua calle Muñoces tomó su actual nombre de la Galera o Castillo de las Arrecogidas, es decir, correccional de mujeres. Se halla extramuros de la Puerta de Triana, en el arrabal de la Cestería, entre las calles Almansa y López de Arenas (J. M.ª de Mena, *Antigüedades y casos raros de la historia de Sevilla,* Antequera, 1974, pág. 53). La mancebía de Sevilla estaba en sus inmediaciones.

[140] «Los monjes de la cartuja de las Cuevas [...] pudieron salir del inundado monasterio y refugiarse en su heredad de Esteban Arones, o Cartujilla, cerca de Tomares, y desde allí contemplar la ruina de los caseríos y pueblecitos de la vega» (F. de Borja Palomo, *Historia crítica de las riadas... en Sevilla,* Sevilla, 1878, pág. 260). «Todos los más conventos fueron anegados, como San Pablo, la Merced, el Carmen, y los de monjas, y todo lo que estaba en baja, alimentos y ornamentos, se perdió, y cayeron algunos aposentos y paredes. Las bóvedas y sepulturas se hundieron, y muchos cuerpos anduvieron nadando» *(Memorias de Sevilla,* ed. cit., pág. 51). «El destrozo causado en el monasterio fue muy grande, pues la tapia construida después de la inundación del año 1618 fue derribada por muchas partes, así como también lo fueron varias paredes de las celdas, de las oficinas y todo un lienzo del claustro de los conversos [...] Las ondas del Guadalquivir sepultaron todo el ganado de la isla, sin salvarse ninguna vaca, yegua ni oveja del convento» (B. Cuartero y Huerta, *Historia de la cartuja de Santa María de las Cuevas, de Sevilla...,* Madrid, 1950, I, págs. 616-617).

[141] *frangollo:* «el trigo cocido que se suele comer en caso de necesidad en lugar de potaje» *(Dicc. Auts.).*

[142] *y del hondo.* Las ediciones 1.ª y 2.ª, *y de ondo.* Desde la 3.ª, *hediondo,* con acierto probable. El texto citado por B. Cuartero en nota 140 dice que el monasterio quedó «inhabitable ante las cenagosas inmundicias que el río dejó en todas las dependencias».

«A la bodega / le llaman cantina acá [en Italia]» (Torres Naharro, *Tinellaria,* IV; II, pág. 253 de la ed. Gillet, quien anota en III, pág. 521, que *cantina* era un italianismo luego incorporado al léxico militar).

sacar ruinas aguadas di la vuelta a Sevilla, y encontrando un día un aguador que me pareció letrado, porque tenía la barba de cola de pato[143], me aconsejé con él para que me adestrase cómo tendría modo de vivir sin dar lugar que los alguaciles me mirasen cada día las plantas de las manos[144], sin decirme la buenaventura. Él, sin revolver libros, me dijo que, aunque era verdad que el vino que se vendía era sabroso, oloroso y sustancioso, que no por eso dejaba de marearse[145] muy bien la venta del agua, por ser muy calurosa aquella tierra y haber tanta infinidad de gente en ella; y que era oficio que con ser necesario en la república no necesitaba de examen[146] ni había menester caudal.

---

[143] *barba de cola de pato*, es decir, redondeada y no puntiaguda. Cf. Quevedo, «barba cola de pato juguetona» (ed. Astrana, Verso, pág. 587a); Marcos Fernández, «Los embajadores aventureros, [...] con manteo y loba arrastrando, [...] barba cola de pato...» *(Olla podrida*, ed. cit. pág. 27). La barba era distintivo propio de letrados o abogados, al menos en la literatura satírico-burlesca; cf. S. J. Polo de Medina, «Por lo grandes y bermejas / parecía con las barbas / un letrado del infierno / todo barbado de llamas» *(Obras completas*, ed. cit., pág. 228).

[144] *me mirasen* [...] *las plantas de las manos*, para ver si estaban encallecidas o averiguar, en caso contrario, de qué vivía. Cf. P. de León, «No hay quién les pregunte de dónde les vienen todos aquellos aderezos sin trabajar, ni tener oficio ni beneficio, ni de dónde les vengan tantas galas; que ya no se usa mirarles a las manos, ni si tienen señales en ellas de algún oficio, que luego se conocen en la blandura o aspereza de ellas y en los callos, como lo solían hacer los jueces celosos y de buena vida» *(op.* y ed. cit., 2.ª parte, cap. 28, pág. 371). No parece tener relación esta frase con otra, *«mirar a las manos»,* que Correas explica: «mirar con cuidado a uno no hurte; y lo que hace».

[145] *marear* «se toma [...] por vender en público o, frecuentemente, despachar las mercaderías» *(Dicc. Auts.,* que ejemplifica solo con otro pasaje del *Estebanillo).* Podría ser metáfora náutica. Cf. *supra,* pág. 178, «con cuya carta se puede marear muy bien por todo aquel reino».

[146] *examen:* «averiguación y prueba [...] que se hace de la calidad, capacidad, idoneidad y partes convenientes que son nece-

Di por bueno su parecer y, comprando un cántaro y
dos cristalinos vidrios, me encastillé en el oficio de
aguador y entré a ser uno de los de su número.
Empecé a vender agua fría de un pozo que había en
casa de un portugués, en cuyo sencio [147] parecía, según
su frialdad, o que usurpaba los ampos al Ampo [148] o
que robaba los copos al Apenino. Costábame cada vez
que lo llevaba no más de dos maravedís y sacaba dél
dos reales. Hacía creer a todos los que acudían al
reclamo del agua fría que era agua del Alameda [149], y
para apoyar mejor mi mentira ponía en el tapador un
ramo pequeño, que hacía provisión para toda la semana, y con él daba muestras de venir donde no venía:
siendo la mercancía falsa y sus armas contrahechas [150],

---

sarias para el ejercicio y profesión de alguna facultad [...] de las
artes liberales o mecánicas, u de los oficios públicos y precisos para
el bien común de la república» (Dicc. Auts.).

[147] *sencio*: ¿seno? El *Dicc. Acad.* registra *cencío,* 'viento frío,
escarcha, niebla', como voz salmantina. Y el *Tesoro abreviado,* del
s. XVII, define *cenión,* «el agua helada que cuelga de los tejados»
(*TLex*). «Tiene Sevilla otra gran multitud [...] de pozos de tan
dulce y regalada agua, que en muchas casas no se bebe otra, aunque
la hay con tanta superabundancia a todas horas y en todas las calles»
(Rodrigo Caro, *Antigüedades...,* f. 26v).

[148] *«ampo* es el mucho color y resplandor de la nieve» (Correas).
El *Ampo* debe de ser errata por *Alpe,* que en singular aparece en
varios textos para encarecer la frialdad de algo. Cf. Pérez de
Montalbán, «Con más trabajo que arroyos / cuaja el Apenino en
perlas, / disimula el Alpe en copos» (*La más constante mujer,* III,
BAE XLV, pág. 507); Gabriel de la Vega, «El Alpe más nevado lo
encendía» (*FC* VI 62).

Los *copos del Apenino* se mencionan en el *Quijote,* I 18, y como
símbolo de frialdad aparecen en *Los españoles en Flandes,* II, de
Lope.

[149] Las aguas de la Alameda eran «muy estimadas y los médicos
las mandaban beber a los enfermos por más saludables y medicinales» (Millé, que remite a Alonso Morgado, *Historia de Sevilla,*
1887).

[150] *armas*: aquí 'enseña'; *contrahechas*: fingidas.

servía el tal ramo de acreditar el trato[151], adorno,
garzota[152] y penacho de mi carambanado cántaro.
Algunos curiosos me preguntaban la causa de tenerla
yo más fría que los que la traían de la misma parte; y
satisfacíales con decirles que por vender más la tenía
toda la mañana en nieve, y que a la tarde, mientras
vendía un cántaro, dejaba otro resfriando, y que la
ganancia suplía el gasto; con cuyo engaño vendía yo
más en un día que los demás desta profesión en una
semana, teniendo menos trabajo y más opinión.

Íbame todas las tardes al corral de las comedias[153], y
todos los caballeros, por verme que era agudo y
entremetido, me inviaban, en achaque[154] de dar de
beber a las damas, a darles recados amorosos. Bebían
ellos por agradarme y hacían lo mismo ellas por
complacerme, de manera que usaba a un mismo tiempo dos oficios, tirando del uno ración y del otro
gajes[155], pues demás de pagarme diez doblada el agua

---

[151] *trato:* «la negociación y comercio de géneros y mercaderías»
(Dicc. Auts.).

[152] *garzota* «vale también plumaje o penacho que se usa para
adorno de los sombreros, morriones o turbantes, y en los jaeces de
los caballos» *(Dicc. Auts.).*

[153] *corral de las comedias.* Probablemente el Coliseo, reconstruido
en 1620 por Vermondo Resta y Andrés de Oviedo, aunque a la
llegada de E. se estaba terminando otro corral, proyectado por el
mismo Resta, junto al Alcázar: «Lunes 25 de mayo [de 1626] se
representó la primera comedia en la Montería» *(Memorias de Sevilla,*
ed. cit. pág. 56). Reproduce una copia tardía de su planta y alzado
A. Pleguezuelo Hernández, al enumerar los sucesivos teatros que
funcionaron en Sevilla en el siglo XVI; dos de ellos, el de doña
Elvira y el primer Coliseo, habían llegado hasta 1620 (VVAA,
Sevilla en el siglo XVII, Sevilla 1984, pág. 147; fotografía del
Coliseo, en pág. 123). Cf. también Rodrigo Caro, *Antigüedades...,*
f. 25v.

[154] *achaque:* «la excusa o pretexto» (Ayala, en *TLex).*

[155] *tirar:* «devengar, adquirir o ganar: como tirar sueldo, salario, etc.» *(Dicc. Auts.).*

gajes: «salario, estipendio, emolumento, interés, obvención, que

me gratificaban el ser corredor de oreja [156]. Hallábame
tan bien en este comercio que jamás lo hubiera dejado,
si el cántaro no pesara y fuera verano todo el año.
Quejábanse cada día mil perroquianos [157] de que pade-
cían dolor de tripas y mal de ceática, y, atribuyéndolo
a otras desórdenes, echaba yo de ver que lo causaba la
gran frialdad del pozo.

Vendían algunos aguadores por las mañanas, por no
ser tiempo de tratar su mercancía, naranjas secas [158], en
cuyo trato ganaban razonablemente. Y yo, o ya fuese
de envidia o por que ninguno dellos me echase el pie
delante [159], trabajé de un golpe tres diferentes mercancías provechosas para la bolsa y ocasionadas [160] a tener
entrada en todas partes, con cuyo achaque daba recados a las doncellas más recatadas y muecas a los
maridos más celosos: eran jaboncillos para las manos y

---

corresponde a la ocupación, servicio, ministerio o empleo» *(Dicc.
Auts.)*.

[156] *corredor de oreja:* «alcahuete, espía, chismoso, correveidile»
(L. Galindo, *op. cit.,* ms. 9781 BN, f. 42v). Cf. Rojas Zorrilla, «El
traidor de Camachuelo / ha dado tan mala cuenta / de sí, que ha
dado... —Di en qué. / —En ser corredor de oreja / —¿Qué oficio
es? —Un zurcidor» (cf. *zurcidor de ajenos gustos,* Prels., nota 51; *El
Caín de Cataluña,* II, BAE LIV, pág. 283).

[157] *mil perroquianos.* Así las tres primeras ediciones; desde la 4.ª,
mil parroquianos; la de Millé, *mis parroquianos.* La cómica interpretación de SZ («animalización juguetona de parroquianos que al
quejarse suenan o ladran como perros»), que repite la de cap. III
(pág. 195 de su edición), se deshace con solo acudir a Covarrubias:
«*perroquiano,* el que es de aquella perroquia. *Aperrocharse* en ella,
venirse a vivir a aquella parroquia».

[158] *seco* «se aplica también a las frutas [...] a las que se quita parte
de la humedad para que se conserven» *(Dicc. Auts.)*. En aquella
época se hacían conservas de naranjas, que solían comerse al
desayuno, y también de limones. Cf. cap. XIII, pág. 353, «dando
en los limones como si estuvieran en conserva».

[159] «no me echará el pie adelante» (ms. RM, f. 164r; también en
Correas, que comenta: «Por: aventajarse»).

[160] *ocasionadas:* apropiadas.

palillos y polvos para limpiar los dientes. Hacía los
jaboncillos de jabón rallado, de harina de chochos [161] y
de aceite de espliego, y daba a entender que eran
jaboncillos de Bolonia [162]. Cogía raíces de malvas,
cocíalas en vino y sangre de dragón [163], tostábalos en
el horno y despachábalos por palillos de Moscovia [164].
Formaba los polvos de piedras pomes cogidas en el
margen de aquella celebrada rivera, y habiéndolos bien
molido los mezclaba con pequeña cantidad de polvos
veminios [165], en cuya virtud se volvían rojos y pasaban
plaza de polvos de coral de Levante.

Puse mi mesa de montambanco [166] y, ayudándome

---

[161] *chochos* se llama «a los altramuces y otras especies de garban-
zos» (Rosal, en *TLex*).

[162] *Bolonia.* «—¿Es bien proveída? —Tanto que la llaman Bolonia la grasa [...] Lo que por acá se trae de allí y se lleva en toda Italia son jabonetes de manos» (*Viaje de Turquía,* ed. cit., II, pág. 98).

[163] *sangre de dragón:* la savia del drago, usada para la limpieza de
la boca, como dice E. poco después. Cf. «Del árbol drago una
redoma grande / de aquella roja sangre que destila / buena para los
dientes y las muelas, / que los conserva, guarda y fortifica» (*La
difunta pleiteada,* I, atribuida a Lope de Vega, ed. Acad. N., IV,
pág. 552).

[164] *palillos de Moscovia.* No hemos localizado tal producto, si no
es un embeleco más como los que narra en Pamplona, acotando
con Polonia o Alemania (cap. XII, pág. 344).

[165] *veminios.* Así en las ediciones antiguas. Desde 1720 se corrige
venimios. Millé restituía conjeturalmente *de minio,* que hace buen
sentido. Aunque *veminio* o *venimio* no esté documentado, podría ser
un derivado de *veneno,* «el color de que usan los tintoreros y
pintores, por componerse las más veces de minerales venenosos; y
también se llama así aquel con que suelen afeitarse las mujeres»
(*Dicc. Auts.*). Aportan datos sobre este tipo de baratijas, y ejemplos de su aparición en obras literarias, las copiosas notas de A.
Zamora Vicente a *Por el sótano y el torno,* de Tirso de Molina, ed.
cit., págs. 122-131, en especial un pasaje de *Quien no cae no se
levanta,* I, del mismo autor.

[166] *montambanco,* «saltaenbanca, el chocarrero o charlatán que en
las plazas se sube en las bancas y de allí hace sus pláticas para
vender las medicinas y drogas que trae» (Covarr. *s. u. vanca*).

del oficio de charlatán, ensalzaba mis drogas y encarecía la cura[167] y vendía caro; porque la persona que quisiere cargar en España para vaciar en otros reinos ha de vender sus mercancías por bohonerías de Dinamarca y invenciones de la Basalicata[168] y curiosidades del Cusco, y naturalizarse el dueño por grisón o esguízaro[169], porque desestimando los españoles lo mucho bueno que encierra su patria sólo dan estima a raterías estranjeras[170]. Vendíalo todo tan caro y tan por sus cabales[171] que a los compradores obligaba a que lo estimasen y a los que se hallaban presentes a que lo comprasen. Y como todas estas mercancías son cosas pertenecientes a la limpieza de la boca y a la blancura de las manos, eran las damas las que más las despachaban, por ser las que menos las conocían, y particularmente las representantas, por salir cada día a vistas en la plaza del mundo.

Hallábase en esta ocasión entreteniendo en esta ciudad una de las mejores compañías de toda España. Era su autor, cuando no de los doce pares de Francia,

---

[167] *encarecer la cura*: «lo que es poco, encarecerlo como si fuera mucho» (Correas).

[168] *la Basalicata* ha de referirse a la Basilicata, provincia del reino de Nápoles, que comprende la mayor parte del actual territorio de la Lucania, cuya capital es Potenza.

[169] *esguízaro* («del a. alem. med. *swizzer»*, según Corominas, tal vez a través del it. *svizzero): suizo. Cf. cap. XII, nota 187.

[170] Cf. Gracián, «Los mismos castellanos alaban sus cosas con algún recelo, por excelentes que sean, yendo con tiento en celebrarlas» *(Criticón,* III 8, ed. cit., III, pág. 248). «Los españoles [...] abrazan todos los extranjeros, pero no estiman los propios [...] Son poco apasionados por su patria, y transplantados son mejores» *(ibid.,* II 3, ed. cit., II, págs. 101-102); Marcos Fernández, «De la España no digo, pues es madre de forasteros y madrastra de naturales» *(Olla podrida,* págs. 25-26).

[171] *por sus cabales*: «por todo lo que vale una cosa» (Correas), dicho aquí con ironía.

por lo menos uno de los doce de la fama [172]. Tuve, en
virtud destos badulaques [173], conociencia con sus rei-
nas fingidas y príncipes de a dos horas, y como en
ellas no reina la avaricia ni aun han conocido a la
miseria, yo cargaba de reales y ellas de piedras pomes,
que puedo añadir por blasón al escudo de los Gonzales haber engañado a representantas, habiendo salido
los que más presumen de entendidos engañados dellas [174]. Había una que, por razón de prenderse [175] bien,
prendía las más libres voluntades. Tenía un marido a
quien no tocó las tres virtudes teologales, sino las tres
dichas de los de su arte, que son tener mujer hermosa,
ser pretendida de señores generosos y estar con autor
de fama. Era esta diosa, con tener partes [176] sobrenatu-

---

172 Las compañías con licencia real se limitaban a ocho, número
aumentado a doce en 1615, según H. A. Rennert, cit. por Jones
(*Dissert.*, págs. 156-157), quien además identifica a este autor de
comedias con el célebre Roque de Figueroa (1587-1667), amigo de
Lope de Vega, que representó en Sevilla en 1626. Sin embargo,
otro autor «de fama», Juan Jerónimo Valenciano, tuvo su compañía en Sevilla entre 1625 y 1627 (cf. J. Sánchez-Arjona, *Noticias
referentes a los anales del teatro en Sevilla*, Sevilla, 1898, págs. 254-255,
para 1626).

173 *badulaque*: «con que se afeitan las mujeres» (Requejo, en
TLex). Cf. Tirso de Molina, «¡Qué curiosas lavanderas! / —A lo
menos, señor, limpias, / libres de los badulaques / que allá a las
damas empringan» (*El melancólico*, I, ed. Cotarelo, NBAE IV,
pág. 68a).

174 *engañados dellas. Había*. Aceptamos la puntuación adoptada ya
en alguna ed. del siglo XVIII. Las anteriores: *engañados. Dellas había*,
con menor coherencia sintáctica.

175 *prender* «vale también adornar, ataviar y engalanar las mujeres» (*Dicc. Auts.*). Cf. Lope de Vega, «Pasea por esta calle / a una
dama de Sevilla, / bien prendida y de buen aire» (*El desprecio
agradecido*, I, ed. Acad. N., XII, pág. 2); Solís, «Es pícara de buen
arte, / poco porte, buen despejo, / bien prendida, no mal talle» (*El
amor al uso*, I, BAE XLVII, pág. 3).

176 *partes*: «prendas y dotes naturales que adornan a alguna
persona» (*Dicc. Auts.*). Hay juego de palabras con *parte*: «entre los
comediantes [...], cualquiera de los papeles» (*ibid.*).

rales, medio motilona o picaseca de la compañía [177], porque no hacía en ella más de una parte, que era cantar, pero con tanto estremo que era sirena destos siglos y admiración de los venideros. Tenía la edad de los versos de un soneto y caminaba a tener conterilla [178]. Era su posada patio de pretendientes, sala de chancillería y lonja de mercadantes, porque siempre estaba llena de visitas y sobrada de letras [179] y memoriales. Yo, que todo lo tracendía, apenas vi el ramo [180] cuando me entré en la taberna. Iba siempre apercebido y cargado de mis jaboncillos, polvos y raíces, y sobre quién se los había de feriar [181] se alborotaba todo el conclave; [ve]ía, el que después de la competencia salía elegido, el no muy rico gasto, muy bien su bolsa [182], y quedando ufano partía yo satisfecho.

---

[177] *motilón:* fraile lego, sin órdenes.

picaseca: soldado sin paga, según el *Dicc. Auts.* Para J. Almirante es el soldado de infantería sin armadura completa, por oposición al *pica armada* o coselete *(Dicc. militar).* Cf. Lope de Vega, «Si fuérades capitán, / soldado fuera con vos. / —[...] Pero ¿qué plaza queréis?, / porque conmigo tendréis / coselete o picaseca» *(El asalto de Mastrique,* I, BAE CCXXV, pág. 14). Tanto *motilona* como *picaseca* aluden a que la actriz era de escasa categoría o graduación dentro del conjunto.

[178] *contera:* «lo que se añade al fin de alguna cosa no material» *(Dicc. Auts.),* en este caso 'estrambote'.

[179] *«letra* se toma muchas veces por carta» (Covarr.). Pero a juzgar por el contexto, puede haber juego de palabras con 'letra de cambio'.

[180] *ramo.* Empleo metafórico de la enseña de las tabernas. Cf. *supra,* nota 54.

[181] *feriar* es 'ofrecer obsequios', o, como se dice hoy, 'regalar'. Cf. Mariana de Caravajal, «Mírame alegre, muchacha, / y te feriaré unos guantes, / que en la tienda el otro día / me costaron cuatro reales» *(Navidades de Madrid..,* ed. A. Prato, Milán, 1988, pág. 164). En *sobre quién* no se alude para nada al narrador, contra lo que creen SZ, sino a los pretendientes.

[182] *veía el que después...,* etc. En las ediciones 1.ª y 2.ª: *ya el que después... gasto.* 3.ª, 4.ª y siguientes: *y al que después... gastó.* El pasaje

Díjome la tal dama una tarde que se había aficionado de mí por verme muchacho, entremetido, agudo y
desenfadado; que si quería servir, que me recibiría de
mil amores, y que no era uso dar salario a los mozos
de comedia, porque no necesitaban de nada por los
provechos que tenían; que si éstos faltaran en su casa,
que ella alcanzaría con el autor que tocara la caja en las
villas o que pusiese los carteles. Yo, pareciéndome ser
aquella una vida descansada, y que a costa ajena podía
ver las siete partidas del mundo como el Infante de
Portugal [183], no quise hacerme de pencas [184] ni que me
rogasen lo que yo deseaba. Díle el dulce *fiat* [185] y

---

está estragado, según advirtió Millé; acaso el símil con la elección
de papa sea responsable de la deficiente sintaxis. Contrariamente a
nuestra anterior enmienda *(iba el...)*, ahora nos inclinamos por
corregir suponiendo haplografía en *conclave [ve]ya,* y considerando
gasto sustantivo y no verbo, dada la sistemática acentuación gráfica
de los pretéritos indefinidos fuertes en la 1.ª edición, y la existencia
del sintagma «gasto rico», documentado en un texto andaluz de
1616: «...Hasta que haya quien los fíe para que se vayan a hacer el
gasto rico a las tabernas» (Pedro de León, *Compendio...,* ed. cit., 1.ª
parte, cap. 14, pág. 80).

[183] Aunque la referencia era lugar común *(«ha andado las siete
partidas.* Para decir que uno ha andado muchas tierras y visto
muchas cosas», Correas), por un pasaje del cap. XI (pág. 235), se
ve que el autor del *Estebanillo* conocía el *Libro del Infante don Pedro
de Portugal. El cual anduvo las cuatro partidas del mundo* (Salamanca:
Juan de Junta, 1547), que en sucesivas ediciones, portuguesas y
españolas, amplía a *siete* o a *todas* las partes del mundo recorridas.
Cf. C. Fernández Duro, *Viajes del Infante D. Pedro de Portugal en el
siglo XV* (Madrid, 1903). Un resumen crítico y pormenorizado de
los viajes del infante constituye el cap. IV de *Os filhos de D. João I,*
de J. P. Oliveira Martins (Lisboa: Impr. Nacional, 1891), cuyo
apéndice B, págs. 369-378, compara las versiones castellana y
portuguesa del relato atribuido a Gomes de Santo Estévão.

[184] *hacerse de pencas:* «lo que de rogar» (Correas).

[185] *el dulce fiat:* fórmula para indicar en tono festivo cualquier
aceptación, recordando el *fiat* de María (Lc 1: 38). Cf. una loa
anónima, «Otorgadle el dulce *fiat* / de esas lenguas cortesanas»
(ed. Cotarelo, *Colección...,* pág. 417*b*).

pedíle dos días de término para deshacerme de mi
botica y vender los cántaros y vasos, lo cual me
concedió muy afablemente, y encomendándome el no
faltar a mi palabra me dio un real de a dos para que
refrescase. En este plazo hice baratillo [186] de mis drogas y almoneda de mis pocos trastes [187], y, no viendo
la hora de ser solicitador [188] de tanto pretendiente, me
fui a casa de mi ama, la cual me ocupó en cuatro
oficios, por verme hábil y suficiente para todos ellos.
Era el primero cansado, el segundo fastidioso, el
tercero flemático, el cuarto peligroso. Servíale de
camarero en casa, doblando y guardando todos sus
vestidos; de faquín [189] en la calle, llevándole y trayén-
dole la ropa a la casa de la comedia; de escudero en la
iglesia y en los ensayos; de embajador en todas partes.

Tenía cada noche mi amo mil cuestiones con ella
sobre que yo la descalzaba, por presumirse que no era
yo eunuco, y por verme algo bonitillo de cara y no tan
muchacho que no pudiera antes calzar [190] que descal-

------

[186] *hacer baratillo,* como *hacer barato:* «dar las cosas a menos
precio por despacharlas y salir de ellas» *(Dicc. Auts.).*

[187] *traste:* «el vaso de vidrio pequeño [...] Es voz provincial de
Andalucía» *(Dicc. Auts.).*

[188] *solicitador* «es oficio público en las chancillerías y consejos»
(Covarr.), análogo al actual procurador.

[189] *faquín:* «ganapán, esportillero, mozo de cuerda» *(Dicc. Auts.).*

[190] *calzar.* El evidente sentido erótico de este verbo, no registrado en los diccionarios (salvo Correas, que trae *«dar botín cerrado:*
hacer con mujer»), se documenta ampliamente en la época. Cf. la
Floresta de poesías eróticas del siglo de oro, ed. P. Alzieu, R. Jammes e
Y. Lissorgues (Toulouse, 1975), págs. 131-133, entre ejemplos de
otros géneros: «Hay maridos de diferentes maneras: unos son
calzadores, que los meten para calzarse la mujer con más descanso
y sacarlos fuera a ellos» (Quevedo, *Sueño de la muerte,* ed. cit.,
pág. 210); «En siendo casada es para mí un infierno. Bonito soy yo
para oír «que viene mi marido» [...] No quiero placeres penados,
sino cosa tan ancha que me la calce sin calzador» *(Diego Moreno,*

zar, por lo cual andaba en busca de un criado para despedirme a mí.

Eran tantos los que acudían al galanteo de mi ama, picados de su resistencia y estimación o celosos de verse desdeñados y juzgar a otros por favorecidos, que el aposento, que era catreda de representantes, se había transformado en cuarto de contratación. Contábanme todos sus penas, referíanme sus ansias y dábanme parte de sus desvelos. Unos me presentaban dádivas, otros me ofrecían promesas y otros me notificaban amenazas, y otros me daban billetes en verso, los cuales amanecían flores del Parnaso y anochecían biznagas del Pegaso [191]; y yo, como privado de Rey o secretario de Estado y guerra, recebía los dichos memoriales y la untura [192] que venía con ellos por el buen informe y brevedad del despacho. Unas veces los consultaba, y otras veces, por ver la detención de mi ama, los decretaba en esta forma: a los de los miserables o pobres, «no hay lugar»; a los de hijos de familia en vísperas de herencia, «acuerde adelante»; y a los ricos y generosos, «désele lo que pide» [193]. Íbalos a

---

1.ª parte, atribuida a Quevedo, *ap.* E. Asensio, *Itinerario del entremés,* págs. 260-261); «Con el forastero me alzo, / lo que se usa quiero hacer, / ¿para qué soy yo mujer / si el criado no me calzo?» (Matos Fragoso, *El galán de su mujer,* I, BAE, XLVII, pág. 246a).

[191] *biznaga* debe de tener aquí relación con el significado conservado en Hispanoamérica: «papel o paño que sirve para limpiarse después de defecar» *(Enc. Espasa),* pues la acepción habitual de 'mondadientes' no parece hacer sentido. Cf. «He de hacer victoria de todos cuantos papeles ha compuesto y descompuesto, que pues los tiene por tan supremos, es razón que el fuego material los haga subir más arriba del elemental, por si acaso los animales celestes los hubieren menester para bisnagas» *(Vida y costumbres de la madre Andrea,* ed. J. A. van Praag, *Rev. de literatura,* XIV, 1958, pág. 135). También Góngora, ed. cit., núm. 100.

[192] *untura:* soborno, cohecho. Cf. cap. III, nota 84.

[193] *no hay lugar,* etc. «Parodia de las fórmulas administrativas de la época» (nota de la ed. Michaud).

todos dilatando el pleito, y a ninguno desconfiaba, antes los cargaba de esperanzas. Fingía muchas veces estar mi ama acatarrada de achaque del sereno de un particular[194], por hartarme de caramelos y azúcar cande[195], y otras les hacía creer que tenía convidadas, con que me daba un verde[196] de confituras, empanadas y pellas de manjar blanco[197]. El día que jugaba y perdía, porque de pícaro es dificultoso el sentar baza[198], al tiempo de abrir los baúles para sacar los

---

[194] *un particular:* «la comedia que se representa por los farsantes fuera del teatro público» *(Dicc. Auts.).* Sánchez-Arjona transcribe una petición de la actriz María de Cáceres, que en 1625, un año antes de la llegada de E., se encontraba en Sevilla, «donde he estado y residido de cuatro meses a esta parte [...] y habemos representado en algunas casas particulares que han tenido gusto de oírnos». Hacer particulares, anota el autor, «era costumbre muy general en esta época», y así se llamaba «a las representaciones que en las casas de los caballeros se hacían por comediantes» *(Anales del teatro en Sevilla,* cit., pág. 240). Cf. Guillén de Castro, «Una comedia esta noche / veremos, si vos gustáis, / Hipólita y yo; no os vais; / irémonos en mi coche. / —Muy bien; y el particular / ¿adónde tiene que ser? / —En casa del mercader» *(Los malcasados de Valencia,* II, ed. L. García Lorenzo, Madrid, 1976, págs. 216-217).

[195] *«azúcar piedra* o *cande,* el que se endurece y pone más blanco cociéndole cuatro o cinco veces hasta que quede como cristal» *(Dicc. Auts.).*

[196] *darse un verde:* «holgarse en banquetes y placeres» (Covarr.). «Del que bestialmente se empapa en alguna acción de su deleite se dice esta comparación; tomada de lo que en la primavera usamos con los caballos y otros animales de la labor, en que se les da hasta hartar de la nueva hierba» (L. Galindo, *op. cit.,* ms. 9777 BN, D 115). Más ejemplos en Cejador, *Fraseol.,* IV, pág. 653.

[197] *pella:* «trozo cortado [...] de la masa que llaman manjar blanco» *(Dicc. Auts.).*

«manjar blanco, por ser de leche, azúcar y pechugas de gallinas, plato de españoles; antiguamente se guisaba en casa de los príncipes o señores» (Covarr., *s. u. blanca).* Cf. A. Castro, «Manjar blanco», *RFE* VIII (1921), pág. 406.

[198] *sentar baza:* equívoco entre 'fundamentar el crédito o el prestigio' y «levantar, el que gana, las cartas de cada jugada y ponerlas de su lado» *(Dicc. Acad.).*

vestidos o para meterlos, me henchía la faldiquera de
cintas y listones[199], y, dándolos a los amantes por
favor y en su nombre, me satisfacían de suerte que
había con que comprar la cantidad de lo que había
sacado y con que probar la mano toda la semana[200].

Quiso Bercebú, que dicen que jamás duerme[201], que
habiéndose ido mis amos un día que no se representaba a pasear al Arenal en un coche que había[n] pedido
prestado, y habiendo quedado yo solo en la posada a
limpiar y doblar todos los vestidos, porque estábamos   S
en víspera de partirnos, entraron a llamarme dos
mozos de la comedia y el guardarropa para que nos
fuésemos a holgar, por ser día de vacación. Salí con
ellos, entramos en una taberna, bebímonos seis cuarti-
llos de lo caro[202], jugamos a los naipes quién había de
pagar el escote, y, por ser yo el condenado en costas,
quedé tan picado[203] que desafié al guardarropa a jugar
a las pintas[204], el cual, no siendo escrupuloso y tenien-

---

[199] *listón:* «cierto género de cinta de seda» *(Dicc. Auts.).*

[200] *probar la mano:* «ponerse a jugar» (Correas); «tentar fortuna»
(Galindo, *op. cit.,* ms. 9779 BN, M 165).

[201] *«el diablo, que no duerme:* cuando se refiere algo y algún azar y
mal que sucedió, y parece que el diablo ayudó en él» (Correas).

[202] *de lo caro:* «entre los vulgares y bebedores se entiende el vino
puro y bueno, que se vende al precio más subido» *(Dicc. Auts.).*
Cf. la nota de Rodríguez Marín al *Quijote,* II 24 (ed. cit., V,
págs. 198-199).

[203] *«quedar picado.* El que perdió al juego»; «¿pícase? A él le
costará caro. Cuando uno se pica en el juego le adivinan su
pérdida. *Picarse* es: tomar enojo y cólera de perder, y porfiar a
jugar por desquitarse» (Correas). Cf. Lope de Vega, «Juegan dos,
pícase el uno, / juega el vestido y el cuello; / pícase más, va a su
casa / y descuelga cuanto hay dentro, / desnuda a su mujer misma,
/ que hay muchas Evas del juego, / cuyos maridos, Adanes, /
andan por su culpa en cueros. / ¿Ves como es malo el picarse?»
(El mejor maestro, el tiempo, I, ed. Acad. N., VII, pág. 509).

[204] *pintas:* «juego de naipes, especie del que se llama del parar»
(Dicc. Acad.).

do más de negro que de blanco, a cuatro paradas [205]
me dejó sin blanca. Yo, abrasado de ver mi poca
suerte, le dije que si me quería aguardar iría por
dineros. Y diciéndome que sí, partí de carrera a mi
posada, y sacando un manteo [206] cubierto de pasamanos de oro que tenía mi ama lo llevé a casa de un
pastelero conocido mío, al cual pedí veinte ducados
prestados diciendo que eran para mi ama, que le
faltaban para acabar de pagar una joya que había
comprado, y que al instante que mi amo viniera se los
volvería, demás de darle su ribete [207] por el trabajo del
contar el dinero. El pastelero, viendo la prenda de
tanta satisfación, me dio la cantidad que le pedí, con la
cual volví a jugar y a perder como de primero. Toméle dos reales de a ocho al gananciso, por vía de
alicantina [208] y con rebozo de préstamo, con los cuales
me salí a la calle, y viéndome desesperado y lleno de
congojas de haber perdido, por dar gusto a las manos,
oficio tan provechoso para el cuerpo, me fui a mi posada antigua de la calle de la Galera, adonde cené y dormí aquella noche con harta inquietud y desasosiego.

---

[205] *«blanco* llaman al sano de malicia y bueno como el pan, y
negro al que deja en blanco sus diligencias» (Quevedo, *Buscón,* III
10, ed. cit., pág. 274).

parada: «la porción de dinero que se expone de una vez, o a una
suerte, al juego» *(Dicc. Auts.).*

[206] El *manteo* es una falda exterior de paño o bayeta, a veces
abierta por detrás, que suele ir adornada con trencilla de terciopelo, seda, oro o plata.

[207] *ribete:* «añadidura, aumento, acrecentamiento» *(Dicc. Acad.).*
Pero E. acaso piensa también en otra acepción del término: «entre
jugadores, interés que pacta el que presta a otro una cantidad de
dinero en la casa de juego para que continúe en él» *(ibid.).*

[208] *alicantina:* «treta, ardid o artimaña con que se procura engañar o no ser engañado» *(Dicc. histórico,* con varios ejemplos).
Cf. Lope de Vega, «¡Esta es muy gran chilindrina! / —Hícelo de
alicantina / y levantéme con él» *(En los indicios la culpa,* III, ed.
Acad. N., V, pág. 289).

CAPÍTULO V *

En que hace relación de la ausencia que hizo de Sevilla a ser soldado de leva, y los varios acaecimientos que le sucedieron en Francia y Italia, y de cómo estuvo en Barcelona sentenciado a muerte.

Así que[1] por unas pequeñas celosías[2] de la mesma morada descubrí los reflejos de luz del venidero día, cuando me vestí tiniendo el corazón lleno de pesares y los ojos llenos de ternezas de ver la coz galiciana[3] que le había dado a mi ama, en satisfación del buen tratamiento que me había hecho. Y considerando el daño que me podía venir en echando menos[4] el manteo, me salí de aquella ciudad, única flor del Andalucía, prodigio de valor del orbe, ausilio de todas las naciones y erario de un nuevo mundo; y tomando el camino de

TA
S

TA

---

* [1626-1632 ó 1633].
[1] *así que... cuando:* apenas... cuando.
[2] *celosías.* Así la 1.ª edición; 2.ª, 3.ª y 4.ª, *celugias.*
[3] *coz galiciana.* Cf. cap. II, nota 137.
[4] *echar menos:* echar de menos. Cf. la nota de Romera-Navarro (*Criticón* de Gracián, ed. cit., I, pág. 125), que ya remite a L. Spitzer, *RFE* XXIV (1937), págs. 27-30, donde se discute la etimología portuguesa «achar menos» propuesta por Cuervo, y se propone otra a partir del sentido 'contar, calcular' del verbo *echar.*

Granada a gozar de su apacible verano, di alcance a
dos soldados destos que viven de tornillo[5], siendo
siempre mansos[6] y guías de todas las levas que se
hacen. Dijéronme, después de haber platicado con
ellos, que iban a la vuelta de la villa del Arahal, por
haber tenido noticia que estaba allí un capitán haciendo gente[7], y que era villa que no perecerían los que
militaran debajo de su bandera. Yo, mudando de
propósito y de viaje, los fui acompañando, pagando
todos el gasto que se hacía a rata por cantidad[8].

Llegamos segundo día a la dicha villa y, siendo bien

---

[5] *tornillo:* «fuga que hace el soldado de su regimiento» *(Dicc.
Auts.).* Sobre el modo de hacer las levas y la frecuencia de las
deserciones, cf. las notas de A. G. de Amezúa en su edición de *El
casamiento engañoso,* de Cervantes, págs. 567-573. Los *Capítulos
Generales de las Cortes de Madrid que se comenzaron en el año de
MDLXXXVI y se acabaron en el de MDLXXXVIII* (Madrid,
1590), incluyen una súplica, la núm. XXII, acerca de los soldados
que se hacen alojar y dar las pagas de enganche, huyendo para
entrar en otras banderas *(Actas de las Cortes de Castilla,* IX,
Madrid, 1885, pág. 407). Cf. cap. III, nota 141.

[6] «¿No se llama *manso* | una res que va | guiando el ganado?»
(Entremés del sacristán Soguijo, ed. Cotarelo, pág. 157a). Se refiere a
los tornilleros o desertores que acaba de mencionar.

[7] *hacer gente,* del it. *fare gente:* 'assoldare milizia' (J. E. Gillet,
nota a la com. *Soldadesca,* V, de Torres Naharro, III, pág. 448). «Se
usaban y se usan las locuciones *hacer, levantar gente»* (J. Almirante,
Dicc. militar). Cf. Diego de Torres, «Iba por capitán un judío
llamado Samuel Valenciano, porque a su costa había hecho aquellos soldados» *(Relación del origen y suceso de los Xarifes,* ed. cit.,
pág. 121; cf. Lope de Vega, «Es menester hacer alguna gente. |
—¿Tan poca le parece que está hecha, | sin la que van haciendo cada
día? | —¡Bestia! Es lenguaje de la guerra» *(El galán de la Membrilla,*
III, BAE CCXI, pág. 354).

[8] *rata por cantidad:* «con proporción en la distribución de las
cosas» *(Dicc. Auts.),* a prorrateo. Cf. Lope de Vega, «Todos
coman sosegados, | sin que haya mayoridad, | que a rata por
cantidad | se han de ir tomando bocados» *(Santa Casilda,* I, ed.
Acad. N., II, pág. 565).

admitidos del capitán y sentado[9] la plaza, gozamos quince días de vuelo[10], pidiendo a los patrones empanadas de pechugas de fénix y cazuelas de huevos de hormigas[11]. Vino orden de que marchásemos; y saliendo de la villa una mañana, hacía nuestro capitán la marcha del caracol[12], dejando el tránsito a la mano

---

[9] *sentado.* Así la 1.ª edición. Más fácil sería leer *sentando,* o *sentada,* pero puede haberse interpretado el gerundio precedente como auxiliar *haber.*

[10] *de vuelo.* En otros textos donde aparece este modo adverbial, su sentido es 'al pasar', o 'con rapidez', que no es pertinente; cf. Cejador, *Fraseol.* IV, pág. 686. Aquí podría ser errata por *de bureo.*

[11] *pechugas de fénix,* y *leche* o *huevos de hormigas,* eran expresiones usuales como ponderación de comidas exquisitas. Cf. Lope de Vega, «¡Bravo convite será!, / pues el fénix asan ya, / siendo uno solo» *(La burgalesa de Lerma,* III, ed. Acad. N., IV, pág. 65); J. de Alcalá Yáñez, «Mis compañeros empezaron a alborotarse pidiéndole ave fénix empanada o si no que los guisase los higadillos de sus hijos, y las orejas de su mujer» *(Alonso, mozo de muchos amos,* I, cap. 2, f. 14v); Matos Fragoso *et al.,* «...Y está tan enamorado / de ti, que todos los días / se come cinco o seis platos / de las pechugas del Fénix, / de su amor indicio extraño» *(Amor hace hablar los mudos,* II, suelta s. l. ni a., f. 8v); Gil de Armesto y Castro, «¿Qué os piden, por mi vida? —Disparates: / los átomos del sol, el ave fénix / y leche de todas las cabrillas» *(Mogiganga... de don Quijote de la Mancha,* en *Verdores del Parnaso,* Pamplona: Juan Micón, 1697, s. fol.). Correas registra «leche de las cabrillas; leche de hormigas. Por: pedir imposibles».

[12] *hacía... la marcha del caracol,* es decir, 'daba rodeos' evitando los poblados (tránsitos) cuyos concejos lo habían cohechado para que no alojase en ellos la tropa. La costumbre venía de muy atrás, y se documenta en el reinado de Carlos V: «Fue avisado el Emperador que los capitanes de Italia resgataban los pueblos, dándoles a los capitanes uno y dos por ciento, como eran los pueblos, aposentando a los soldados en caserías y malas posadas, a cuya causa envió a mandar al Marqués del Vasto que degollase o ahorcase media docena de ellos» *(Floreto de anécdotas y noticias diversas,* ed. cit., pág. 105). Un bando del virrey de Nápoles, fechado el 30 de enero de 1603, se refiere al abuso de «rescatar las cartelas que se destribuyen para hospedar los dichos soldados haciéndose dar los dichos oficiales más de las que han menester

izquierda y volviendo sobre la mano derecha. Prosiguió tres días con esta disimulada cautela[13]; pero a el
cuarto, enfadados todos los soldados que tenía, que
éramos cerca de cincuenta, a la pasada de un bosque lo
dejamos con sólo la bandera, cajas, alférez y sargento,
y con cinco mozas que llevábamos en el bagaje; que
mal puede conservar una compañía quien, siendo
padre de familia della, trata sólo de adquirir para sí a
costa de "sudor ajeno", sin advertir que es cosa muy
fácil hallar un capitán y muy dificultosa juntar cincuenta soldados.

HA

Marché con esta compañía sin oficiales a la ciudad
de Alcalá la Real, a juntarnos con la gente de la flota
que de presente estaba en ella alojada, estando por
cabo don Pedro Osúa, caballero del hábito de Santiago, adonde, demás de ser bien recibidos, gozamos de
buenos alojamientos y socorros[14]. Andaba cada día
con una docena de espadachines a caza de corchetes[15],
en seguimiento de soplones y en alcance de fregonas.

---

para rescatar en dinero las que sobran [...] Los capitanes y otros
oficiales que llevan las dichas compañías a su cargo han solido y
suelen pasar los tránsitos de algunas tierras rescatándolas en
notables sumas de moneda con mucho trabajo y daño de los
soldados, haciéndolos caminar jornadas dobladas y algunas veces
dormir en la campaña» (Servicios de Francisco López, AHN, E.,
leg. 1410²). Estebanillo aprende muy bien la estratagema y la pone
en práctica poco después haciéndose pasar por aposentador de una
compañía.

[13] *cautela:* «astucia, maña, sutileza para engañar» *(Dicc. Auts.).*

[14] *socorro:* «la parte o porción de dinero que se da anticipada-
mente del sueldo o salario que alguno ha de devengar» *(Dicc.
Auts.).* Cf. Lope de Vega, «Y habiéndole al Rey comido / cien
socorros, y gozado / las franquezas de soldado...» *(El caballero de
Illescas,* I, ed. Acad. N., IV, pág. 111).

[15] «Se llamaron los ministros de justicia, que llevan agarrados a
la cárcel los presos, *corchetes,* porque asen como estos ganchuelos»
(Covarr.)

Hacíamos de noche cacarear las gallinas, balar a los corderos y gruñir a los lechones.

Llegó el tiempo de la embarcación, y siendo langostas de los campos, raposas de los cortijos, garduños de los caminos y lobos de las cabañas, pasamos a Monturque, Puente de don Gonzalo, Estepa y Osuna. Íbamos yo y mis camaradas media legua delante de la manguardia; embargábamos recuas de mulos, cáfilas de cabañiles [16] y reatas de rocines; y fingiendo ser aposentador de compañía a falta de bagaje [17], cogía los cohechos, alzaba los embargos y partía la presa, aconsejando a los despojados se apartasen del camino por el peligro de otros aposentadores, a fin que no llegase queja a mi capitán.

Llegamos a Cádiz; y al tiempo del embarcarnos me pareció ser desesperación caminar sobre burra de pa-

---

[16] *cáfila:* «troupe d'ânes ou de mulets de voiture» (Sobrino, en *TLex*).

cabañiles: «borricos de las cabañas» *(Dicc. Auts.),* entendiendo por cabaña «el número de borricos que pasa de ciento, y sirven para acarrear trigo y otras cosas» *(ibid.).* Aunque ni el *Dicc. Auts.* ni E. Ibarra («Aportaciones al futuro Diccionario», *BRAE* XVI, 1929, pág. 108) conocen más ejemplo que el del *Estebanillo,* el fichero lexicográfico de la Real Academia, según nos comunica P. Álvarez de Miranda, registra otros tres usos del término, uno de ellos también sustantivado: «asnos cabañiles» *(Ordenanzas de Lorca,* 1528), «ganados cabañiles» *(Copilación de leyes capitulares de la orden de caballería de Santiago,* 1605) y «sogas de cabañiles» *(Ordenanzas de Murcia,* 1695, publicado por J. García Soriano, quien define: «bestia de carga y su aparejo»). Corregimos, siguiendo las ediciones del siglo XVIII, la lectura *cabaniles* de las primeras.

[17] *bagaje* «se toma también por las bestias de carga que conducen y llevan sobre sí el bagaje, o que se les da a los soldados en los lugares cuando van de una parte a otra» *(Dicc. Auts.);* en general, es el equipaje, la impedimenta de un ejército; todo carruaje o animal que «no entra en combate o formación táctica» (J. Almirante, *Dicc. militar).* Cf. Pérez de Hita, «Vídose una bala disparada de una resurtida dar en lo llano de la huerta y matar dos bagajes que estaban juntos» *(Guerras civiles...,* 2.ª parte, ed. cit., pág. 321).

lo[18], con temor de que se echase con la carga[19] o se
volviese patas arriba, por cuya consideración me escondí a lo gazapo y me zambullí a lo de jabalí seguido.
Partió la flota al golfo y yo al puerto, pues en el ínter
que ella pasó el de las Yeguas[20] yo senté plaza en el de
Santa María. Y, como mi natural ha sido de quebrantar el séptimo y de conservar el quinto, tuve a dicha
ser soldado de la galera *Santo Domingo*[21] en la escuadra
de España y debajo del gobierno del Duque de Fernandina, por razón de ser esta galera de las más
antiguas, y de ser hospital, cuyo nombre siempre
reverencié por la comodidad que continuamente hallé
en ellos, y tan agüela de las demás que estaba sin
dentadura de remos y jubilada por ser viejos; con que
pensé ser cuervo de la tierra y no marrajo de la mar[22].

---

[18] *burra de palo:* la galera, a la que Góngora había llamado
«acémila de haya», mostrando idéntica desconfianza *(Sonetos,* ed.
cit., pág. 204). Cf. Eugenio de Salazar, «Pues si queréis proveeros,
provéalo Vargas: es menester colgaros a la mar [...] y asiros bien a
las crines del caballo de palo, so pena que, si soltáis, os derribará
de manera que no cabalguéis más en él» *(Carta 3.ª,* ed. cit.,
pág. 76); López de Zárate, «Los jinetes animosos / troqué en caballos
de pino, / las galas de amante y corte, / en acero terso y limpio»
(La galeota reforzada, II, ed. cit., pág. 99). Correas registra el dicho
«Reniego de caballo que se enfrena por el rabo. Es: la nave».

[19] *echarse con la carga* es frase hecha, atraída por la metáfora
anterior, y sin el habitual sentido moral de 'perder la paciencia'
que registran los paremiólogos.

[20] *el de las Yeguas.* «Entre Sanlúcar de Barrameda y las Canarias
el mar es muy temido por bravosidad y vientos, que se altera más
que otros, y así le llaman, sin ser golfo, el de las Yeguas» (Pedro
Ordóñez de Ceballos, *Viaje del mundo,* NBAE II, pág. 423, cit. por
Millé).

[21] *Santo Domingo* puede aludir a los hospitales construidos en la
ruta jacobea a imitación del de Santo Domingo de la Calzada; a
no ser que la galera de ese nombre ejerciera funciones de hospital, como la deficiente sintaxis del párrafo podría dar a entender.

[22] *pensé ser cuervo,* etc.: 'me propuse quebrantar el séptimo
mandamiento (hurtar, como cuervo) y guardar el quinto (no

Serví en ella de tercero al capitán, de despensero al alférez y de mozo de alguacil[23]. Enviábame el alférez a comprar carne a la carnicería desta villa, donde continuamente abundaba la gente, sobraban las voces y faltaba la carne; acercábame al tajón, daba señor[24] al carnicero y atronaba las orejas a los oyentes; recebía la carne, metía las manos en las faldriqueras y los ojos en el rostro del contador[25]; y en viéndolo ocupado en llamamientos de alguaciles o en partición de tajadas, bajaba todo el cuerpo, encubríame entre la bulla, fingía haber perdido algún dinero, y agachándome,

---

matar, no ser marrajo)', como ha dicho antes, aprovechando que la galera no está en condiciones de combatir. Cf. Lope de Vega, «Anda, que no matarás, / guardando el quinto preceto» *(San Nicolás de Tolentino,* I, BAE CLXXVIII, pág. 81). En frases como ésta, el ordinal sin más aludía a un precepto del decálogo. Cf. Alonso Alvarez de Soria, «Pluviera a Cristo que él guardara así / el sexto como el quinto, que yo sé / que tuviera su miembro más cabal» (J. Lara Garrido, *A. A. de S., ruiseñor del hampa,* Málaga, 1987, pág. 68); Tirso de Molina, «Pues ¿por qué tú no le matas? / —Nunca en el quinto pequé» *(Las quinas de Portugal,* I, ed. Cotarelo, NBAE IX, pág. 575).

marrajo. Cf. Bartolomé de las Casas, «Los tiburones e marrajos, que son dos espcies de bestias marinas crudelísimas, que tragan un hombre entero...» *(Brevísima relación...,* BAE CX, pág. 163); S. de Escabias (?), «Cada uno de los que se habían salvado contaba el modo que había tenido para salir; los cuerpos muertos que encontraban, pensando que eran marrajos o tiburones que se los venían a tragar» *(Casos notables de la ciudad de Córdoba,* ed. cit., pág. 222).

[23] «Los *alguaciles* de galera, y sus auxiliares, el *sota-alguacil* y el *compañero* [...] en cada galera, incluso la capitana, tienen a cargo la custodia, herraje y desherraje de los forzados y esclavos» (Olesa Muñido, *op. cit.,* pág. 741).

[24] *dar señor. Dar,* por 'tratar de', según Millé, constituye un italianismo.

[25] *contador* (alterado en *cortador* desde la edición de 1720): «el que tiene por empleo llevar la cuenta y razón de la entrada y salida de algunos caudales [...] Entre la gente vulgar y baja se llama así al bodegonero» *(Dicc. Auts.).*

como quien andaba a caza de luganos [26], salía a lo raso
y ganaba los perdones del que hurta a ladrón [27]. Que-
dábame con el dinero, sisaba en el camino la tercia
parte de la carne y a mediodía me comía la mitad de la
que llevaba al alférez.

Entré un día con un amigo, soldado de la galera
Santa Catalina, a refrescar en su rancho [28], y hallé
amarrado a un banco y arrimado a su ballestera [29] a mi
buen amigo Juan francés, el inventor de la temblona y
el autor de los tunantes [30], que dejé en prisión en la
ciudad de Évora cuando salí a hurga [31] a dar en manos
de gitanos. Conocióme así que me vio y, dándome
tiernos abrazos al son de duras cadenas [32], me dijo
cómo, después de haberse hecho de pencas [33] y dádole

---

[26] *lugano:* «pájaro pequeño de jaula, del tamaño de un pardillo»
(*Dicc. Auts.*).

[27] «quien hurta al ladrón cien días gana de perdón» (Vallés,
Correas, etc.). El número de días era variable. Cf. D. Salucio del
Poyo, *«Grismas:* ¿Búrlaste de mí, ladrón? / *Barrabás:* ¿No me tengo
de burlar / cuando acabo de ganar / treinta días de perdón? /
Grismas: ¿Hasme hurtado tú a mí / la bolsa que yo hurté?» (*Vida y
muerte de Judas,* III, ed. M. C. Hernández, Murcia, 1985, pág. 227).

[28] *rancho:* «paraje determinado en las embarcaciones, donde se
aloja a los individuos de la dotación» (*Dicc. Acad.*).
Una galera *Santa Catalina* se menciona en una relación de galeras
surtas en el Puerto de Santa María en 1642. Cf. J. I. Buhigas,
«Notas para la historia de las galeras...» (*Revista de Historia de El
Puerto [de Santa María],* I, 1988), pág. 36.

[29] *ballestera.* Cf. cap. II, nota 40. La 1.ª edición *balestera.*

[30] *autor de los tunantes,* o sea 'maestro de tunantes', inventor de la
«máquina picaril» de que habló en cap. IV, pág. 186.

[31] *a hurga* (?). Podría ser errata por *a hurta,* «como a hurto, a
escondidas» (*Dicc. Auts.*). E. Zerolo, *ap.* Jones, pág. 162, lo
define: «con movimiento rápido».

[32] *dándome... cadenas:* par de octosílabos que pueden pertenecer a
alguna composición no localizada.

[33] *haberse hecho de pencas* es ironía por 'haberse hecho de rogar'
antes de confesar el delito, por el que fue sentenciado a *tocinos*
(azotes) y galeras. Quevedo usa el mismo juego de palabras con

ciertos tocinos a traición [34], le habían echado toda la ley a cuestas; mas que estaba consolado, que ya no le faltaban más de ocho años [35], y que saldría de aquel trabajo en la flor de su edad para poder proseguir con su industria. Favorecíle con lo que pude, y volviéndome a mi galera supe como había enviado a pedir don Antonio de Oquendo al Duque de Fernandina dos compañías prestadas, como libras [36], para salir a rece-

---

penca, «pedazo de cuero o vaqueta con que el verdugo azota a los delincuentes» *(Dicc. Auts.):* «Venía una procesión de desnudos, todos descaperuzados, delante de mi tío, y él [el verdugo], muy haciéndose de pencas, con una en la mano, tocando un pasacalles públicas...» *(Buscón,* II 3, ed. cit., pág. 133). Para *tocino,* 'azote', cf. Tirso de Molina, «Esas serán tus hazañas, / que eres de Olías, borracho, / y te dieron cien tocinos / por vender por palominos / grajos cocidos» *(La villana de la Sagra,* I, BAE V, pág. 311).

[34] *a traición,* porque los azotes se los dieron, naturalmente, en la espalda; y así, queda agraviado pero no afrentado, según la puntual explicación de don Quijote: «Está uno vuelto de espaldas; llega otro y dale de palos, y en dándoselos huye y no espera, y el otro le sigue y no alcanza; este que recibió los palos, recibió agravio, mas no afrenta, porque la afrenta ha de ser sustentada» (II 32). Cf. Quevedo, «No hubo en todos los ciento / azote que echar a mal; / pero a traición me los dieron: / no me pueden agraviar» *(afrentar,* en algún ms.; ed. cit., núm. 849).

[35] Sobre la costumbre de echar a galeras por diez años («que es como muerte cevil», aclara el guarda de los galeotes en el *Quijote* cervantino, I 22), cf. el siguiente pasaje de Suárez de Figueroa: «Es indecible de cuánta consideración fuera pasar todos los que habían de ser jueces, siquiera una vez, en galeras a Italia, o haber navegado algún tiempo en las españolas, para templar por instantes aquellas cuatro letras horribles, aquel tremendo término de diez» *(El pasajero,* alivio IV, ed. M.ª I. López Bascuñana, Barcelona, 1988, pág. 345).

[36] *libras* (=diez reales). Así las ediciones 1.ª y 2.ª y 3.ª; la 4.ª, *liberas,* corregido por Millé en *libreas,* aunque mejor sentido haría *libros; libra* no aparece entre las monedas mencionadas por Estebanillo.

la flota, por antonomasia, es la que cada año venía de Indias con el tesoro.

bir la flota; y que sin que me preservara a mí aquella
siguidilla que dice

> que quien no fue hombre en la tierra
> menos lo [s]erá en la mar[37],

había tocado a mi compañía ir por una de las llamadas
y yo por uno de los escogidos[38]. Embarcámonos en
doce bajeles[39] de Nueva España y, apartándonos de la
Vieja, seguimos el rumbo de Colón y el camino de la
cudicia[40].

---

[37] *será.* 1.ª, 2.ª y 3.ª edición, *era;* 4.ª, *seirà;* desde 1720 hasta
Millé, *sería.* Nuestra corrección parte de la lectura de la 1.ª y no de
la 4.ª, como dicen SZ cuando nos reprochan pasar por alto el «uso
arcaico del imperfecto» en canciones populares. El texto se refiere
claramente a una acción futura, la de embarcar en la galera, y la
enmienda viene confirmada por la fuente directa de la cita: «Don
Juan se quiere embarcar, / las damas dicen que yerra, / que el que
no es hombre en la tierra / menos *lo será* en el mar» *(ap.* Valladares
de Sotomayor, que aduce estos versos como composición antigua,
en *Colección de seguidillas,* 1799, ed. por J. M. Sbarbi, *El refranero
general español,* IV, Madrid, 1875, pág. 49).

[38] *escogidos.* La frase evangélica (Mt 22: 14) se había hecho
proverbial, como atestiguan Horozco, Ballesta y Correas. Cf. Gabriel de la Vega, «Unos llamados y otros escogidos, / unos vencidos
y otros vencedores» *(FC* I 54).

[39] *bajel* es el nombre común con que se designó a varios tipos de
navío de gran porte: naos, carracas, galeones, urcas, fragatas;
solían aparejar cuatro palos e iban fuertemente artillados (Olesa
Muñido, *op. cit.,* pág. 267).

[40] Con *el camino de la cudicia* sintetiza el autor una visión poco
«imperial» de los descubrimientos y conquistas, que surge con
fuerza en textos tempranos como *El Crotalón* («Estas malditas [la
riqueza y la mentira] bastaron en tiempo a juntar gran parte de
gentes que, por industria de una dueña pariente suya que se llama
la Cobdicia, los persuadieron ir a descubrir aquellas tierras de las
Indias, donde vosotros decís que ibades caminando, de donde
tanto tesoro salió», canto 18, ed. cit., II, págs. 544-545) y en el
Auto de las Cortes de la Muerte, de 1557. En forma esporádica se
manifiesta en Lope de Vega *(Los guanches de Tenerife,* III; cf. M. A.

En el poco tiempo que duró esta embarcación no eché menos la Mancha[41], pues por ser aguados mis camaradas y haberse todos mareado⟨z⟩ fue siempre mi barriga caldero de torresnos y candiota[42] de vino. Hallábame "gordo y sucio", en blanco la bolsa y en oscuro la camisa, los cabellos emplastados con pez y los calzones engomados con brea.

Sobrevínonos una fiera tormenta, y apareciéndosenos san Telmo después de pasada[43] nos volvió al puerto derrotados y sin flota. Y como de los escarmentados se hacen los arteros[44], pedí licencia a mi

---

Moríñigo, *América en el teatro de Lope de Vega,* Buenos Aires, 1946, págs. 35-63), y alcanza su expresión poética más rotunda en el epilio de la *1.ª Soledad* (vv. 366-502), censurado así por Salcedo Coronel: «No dejaré de culpar a don Luis, pues atribuye a la codicia, y no a una ambición prudente, la dilación de la monarquía española» *(Soledades de don Luis de Góngora comentadas,* Madrid: Imprenta Real, 1636, f. 97r). Cf. también las silvas a una mina y a una nave, de Quevedo (ed. cit., núms. 136 y 138).

[41] *La Mancha.* El chiste, poco feliz, del que hay otra variante en cap. XII, pág. 345, no se funda en que la Mancha sea tierra seca, como anotan SZ, sino fértil en vinos (cf. M. Herrero, *La vida española del siglo XVII...,* págs. 38-47), al tiempo que alude a la suciedad padecida en el bajel —y de la que hablan muchos relatos de navegaciones (Antonio de Guevara, *Viaje de Turquía,* Eugenio de Salazar, etc.). Pero también es posible que juegue con la pronunciación española del it. *mangea,* «manducatoria»; cf. Ruiz de Alarcón, «¿É cualque cosa / que manchar? —Aceite es proprio / para manchar. —¿No me entiendes, / venterico de mis ojos, / que te hablo en italiano?» *(El tejedor de Segovia,* III, en *OC* II, ed. cit., pág. 621).

[42] *candiota:* «vasija grande de barro» *(Dicc. Auts.).* Otros diccionarios anteriores la hacen igual a bota, cántara o tonel.

[43] Los fuegos de san Telmo, trasunto cristiano de las luces benéficas de Cástor y Pólux, aparecen en los extremos de los mástiles, y debido a su naturaleza eléctrica son más frecuentes tras las tempestades, por lo que en cierto modo anuncian su fin. Cf. *Dicc. Auts., s. u. Helena.*

[44] «de los escarmentados se hacen (salen, nacen o se levantan) los arteros», refrán registrado desde el siglo XV.

capitán para ir a cumplir un voto que le di a entender había hecho en la tormenta referida; y atribuyéndolo a chanza se sonrió y calló como en misa [45]. Yo, como había oído decir que quien calla otorga [46], me juzgué por licenciado y me determiné como bachiller. Fuime entrando en el Andalucía, y, apartándome de los tránsitos de la venida por no pagar en alguna siesta [47] lo que hice en muchas semanas, llegué a Córdoba a confirmarme por Angélico de la calle la Feria [48] y a refinarme en el agua de su Potro; porque, después de haber sido estudiante, paje y soldado, sólo este grado y caravana [49] me faltaba para dotorarme en las leyes

[45] «callar como en misa», frase hecha recogida por Correas y Covarrubias.

[46] «quien calla otorga». Refrán todavía actual que aparece en todas las colecciones importantes del siglo XVI.

[47] *siesta*. Así la 1.ª edición, con *ese* alta, que desde la 2.ª se confunde con *efe* y llega hasta Millé.

[48] *Angélico*. Puesto que E. habla de doctorarse (arrastrando el juego de palabras con *licenciado* y *bachiller*) en el Potro de Córdoba, cátedra de hampones, suponemos que hay alusión desenfadada a *Doctor Angélico*, renombre de Santo Tomás. Otras ediciones escriben *angelico*, cuya definición no deja de ser apropiada por irónica: «dícese por semejanza por el niño vestido de ángel o por el que lo es en la candidez de las costumbres» *(Dicc. Auts.)*.

calle la Feria. Aunque existe en Córdoba una calle de ese nombre, el célebre centro de la picaresca es la de Sevilla, donde Estebanillo estuvo antes. Cf. la nota de Rodríguez Marín al *Quijote,* I 17 (ed. cit., II, pág. 21).

[49] Cf. P. Liñán de Riaza, «Ninfas de Esgueva y del famoso Potro / de Córdoba la llana, que gradúa / con borlaje picaño, y no con otro» *(La vida del pícaro,* 1601, ed. crít. de A. Bonilla, *RHi* IX, 1902, págs. 306-307), texto aducido, con varios más, en el «Mapa de la picaresca» de Rodríguez Marín *(Quijote,* ed. cit., IX, págs. 145-153), donde se reproduce un dibujo del potro y se aclara que «fue el mesón y no la fuente quien dio nombre a la plaza, a una calle y al barrio a que ambas corresponden; la fuente se hizo el año de 1577». Puede añadirse otra página de Alcalá Yáñez *(Alonso, mozo de muchos amos,* I, cap. 5, ff. 69r-70r), en que ya se recuerda la conocida letrilla de Góngora cuyo estribillo es «Busquen otro, /

que profeso. Y acordándome de lo bien que lo pasaba
con mis tajadas de raya y colanas [50] de vino cuando era
bohonero, me determiné de volver al trato, mas por
hallarme escaso de caudal lo empleé en solas mil
agujas [51] y me salí de la ciudad a procurar aumentarlo.
Y, después de haber corrido a Hernán Núñez y otras
dos villas, llegué a la de Montilla a tiempo que con un
numeroso senado [52] y un copioso auditorio estaba en
su plaza, sobre una silla sin costillas [53] y con sólo tres
pies como banqueta, un ciego de *nativitate* con un
cartapacio de coplas harto mejores que las famosas del
perro de Alba [54], por ser ejemplares y de mucha dotri-

---

que yo soy nacido en el Potro» (ed. Jammes, IX). Cf. también
Lope de Vega, «Bien Córdoba te refina, / lucido se te ha el pasar»
(La villana de Getafe, II, ed. Acad. N., X, pág. 384).
caravanas: «las diligencias que uno hace para lograr alguna
pretensión» *(Dicc. Auts.).*
[50] *colana:* «trago» *(Dicc. Acad.); colaina:* «vez de vino» (Chaves,
en *TLex).* Cf. Tirso de Molina, «El ventero, que era honrado, / de
por medio se ha metido, / con tajadas y colainas / a los dos nos
hizo amigos» *(La madrina del cielo,* I, ed. Cotarelo, NBAE IX,
pág. 735).
[51] *en solas mil agujas.* Para el adjetivo concertado en función de
adverbio, cf. Keniston, *The Syntax...,* 25.412.
[52] *senado:* forma habitual de designar al público en el teatro
clásico y, por extensión, a los oyentes de los ciegos cantores.
[53] Por *silla sin costillas* entiéndase *silla de costillas* (o barrotes en el
respaldo) estropeada. Cf. Rojas Zorrilla, «Raras son cuantas alhajas
/ hay en su cuarto; una mesa / como mula de alquiler, / que por
puntos se derrienga, / una silla de costillas / amarilla y aguileña / y
tan fácil que se abre / con todos cuantos la ruegan» *(Lo que quería
ver...,* II, BAE LIV, pág. 328).
[54] Fueron célebres unas coplas acerca del perro de Alba de
Tormes, que olfateaba y perseguía a los judíos. «Las coplas son de
lo más ramplón que puede imaginarse [...] Por eso dice Correas
que estas coplas son vulgares y la frase *las coplas del perro de Alba* se
emplea para designar 'una cosa de poco valor'» (nota de J. Puyol a
La pícara Justina, de López de Úbeda, Madrid, 1911, III, págs. 286-
288). Trae más ejemplos el art. de J. H. Terlingen, «Un hispanista
neerlandés del siglo XVII, Guilliam de Bay», en *Homenaje a J. A. van*

Un ciego de *nativitate* con un cartapacio de coplas (pág. 229.
Dibujo de Pedro Sobrado)

na, y ser él autor; el cual, chirriando como carrucha [55]
y rechinando como un carro y cantando como un
becerro, se rascaba el pescueso, encogía los hombros y
cocaba [56] a todo el pueblo. Empezaban las coplas de
aquesta suerte:

> Cristianos y redimidos
> por JESÚS, suma clemencia,
> los que en vicios sois metidos,
> despertad bien los oídos
> y examinad la conciencia [57].

TA

Praag (Amsterdam, 1956), págs. 124-129, que ya remite a J. E.
Gillet, «The Coplas del perro de Alba», *Modern Philology* XXIII
(mayo, 1926), págs. 417-444. Añádase el «Postscript», *ibid.*, XXVI
(1928), págs. 123-128, y, entre otros, un ejemplo más de Pérez de
Montalbán, «El *Gobernador cristiano* / eres, y en tu competencia /
son coplas del perro de Alba / los *Comentarios* de César» *(Como
padre y como rey,* II, BAE XLV, pág. 538).

[55] *carrucha:* garrucha, roldana.

[56] *«cocar* o hacer cocos: far paura o far gesti straordinari»
(Francios.). Cf. M. Sandman, «El coco y el mono», *RFE* XXXIX
(1955), págs. 80-104. Cf. una descripción semejante en boca de un
ciego cantor de coplas: «Soy poeta de obra gruesa, / hago en verso
lo que rezo, / canto y alargo el pescuezo / sobre la más alta mesa»
(Pedro de Urdemalas, II, atribuida a Lope de Vega, ed. Acad. N.,
VIII, pág. 411), pasaje ya recordado por J. Caro Baroja en el
Ensayo sobre la literatura de cordel (Madrid, 1969), pág. 43.

[57] La «copla» es la primera quintilla de *El apartamiento del cuerpo
y el alma,* composición varias veces impresa en pliegos sueltos y
atribuida, en ediciones de 1628 y 1652, a Mateo Sánchez de la
Cruz. En el siglo XVII llegó a editarse en México (BNM, V. E., caja
108, núm. 4), se continuó imprimiendo en el XVIII (cf. F. Aguilar,
Romancero popular del siglo XVIII, Madrid, 1972, núm. 1031) y XIX
(pliego reproducido en BAE XXXV, núm. 913), y pervive en la
tradición oral (versión recogida por J. A. Cid y Ana Vian en
Gomezserracín, Segovia, el 15-XII-1982). El pasaje del *Estebanillo*
ha sido aducido para ilustrar la difusión de los pliegos vulgares
cantados por ciegos. Cf. E. M. Wilson, *Some Aspects of Spanish
Literary History* (Oxford, 1967), págs. 20-21, J. Caro Baroja, *Ensayo
sobre la literatura de cordel,* págs. 44-45, y A. Rodríguez Moñino,
Dicc. bibliogr. de pliegos sueltos poéticos (Madrid, 1970), págs. 98-99.

Eran tantas las que vendía que a no llegar la noche diera fin a todas las que traía. Fuéronse todos los oyentes encoplados y gustosos del dicho autor, y él, apeándose del derrengado teatro, por verse dos veces a escuras y cerradas las ventanas, empezó a caminar a la vuelta de su casa. Tuve propuesto de ser su Lazarillo de Tormes, mas por parecerme ser ya grande para mozo de ciego me aparté de la pretensión, y llegándome a él le dije que, como me hiciera conveniencia en el precio de las coplas, que le compraría una gran cantidad, porque era un pobre mozo estranjero que andaba de tierra en tierra buscando dónde ganar un pedazo de pan. Enterneción, y no de verme, y respondióme que la imprenta le llevaba un ochavo por cada una, demás de la costa que le tenían de traerlas desde Córdoba; y que así, para que todos pudiésemos vivir, que se las pagara a tres maravedís. Yo le respondí que se había puesto en la razón y en lo que era justo, que fuésemos adonde su merced mandara, para que le contasen el dinero de cien pares dellas y para que me las entregasen con su cuenta y razón. Díjome que le siguiera a su casa, y alzando el palo y haciendo puntas a una parte y a otra como ejército enemigo[58], aporreando puertas y descalabrando paredes, llegamos con brevedad a ella[59].

Tenía una mujer de tan mal arte y catadura que le

---

[58] *hacer puntas* es frase usual en cetrería, donde significa 'desviarse el halcón', y en el lenguaje militar, 'amagar o hacer maniobra de diversión frente al enemigo'. Cf. «Después que el enemigo resolvió levantarse de Alejandría, como V. E. habrá entendido, se detuvo algunos días haciendo punta a diferentes partes» (carta del Marqués de Velada al de Castel Rodrigo, 11-VIII-1643, AHN, E., libro 96); Gabriel de la Vega, «Quiso el conde que fuesen los primeros / que haciendo puntas algo separadas / dividiesen a Francia sus armadas» *(FC* II 91).

[59] «El ciego invitó a Estebanillo a que lo siguiera. La pintura de la vida de aquél con su mujer, vieja sorda y horrorosa, es goyesca» (J. Caro Baroja, *Ensayo...,* cit., pág. 45).

había Dios hecho a él infinitas mercedes de privarle de vista por que no viera cosa tan abominable; y sobre todas estas gracias tenía otras dos, que era ser vieja y muy sorda. La cual, así que vio a su marido, lo entró de la mano adestrándolo hasta la cocina, quitóle el ferreruelo [60] y el talego de las coplas, y sentólo en una silla. Díjole en alta voz que sacase del arca dos legajos que había de su obra nueva [61], que era cada uno de cincuenta pares, y me los diese y recibiese el dinero a razón de seis maravedís cada par⟨s⟩; mas todo su quebradero de cabeza era dar voces al aire, porque, demás de ser sorda, al punto que lo dejó sentado había salido al corral a traer leña para hacerle fuego. Yo, reventándome la risa en el cuerpo, le di parte de la ausencia, el cual me rogó que le avisara cuando viniera, para que tratase de despacharme.

Llegó en esta ocasión, echó la leña en tierra; sintió él el ruido del golpe, y acercando la silla hacia la parte que le pareció estar, dio conmigo, y, tentándome el ferreruelo y pensando que eran faldas, volvió a dar él segundo pregón [62] dejándome atronados los oídos, y

---

[60] *ferreruelo*: «género de capa, con solo cuello, sin capilla y algo larg[a]» (Covarr.).

[61] *obra nueva*: modo de designar las composiciones impresas que cantaban los ciegos. Cf. la *Obra nueva llamada Las angustias de la bolsa,* pliego suelto de hacia 1580 (A. Rodríguez Moñino, *Dicc. bibliogr. de pliegos...,* núm. 71); Luis Gaitán de Ayala, «Obra nueva que en plaza vende ciego» *(Cancionero antequerano,* I, ed. J. Lara Garrido, Málaga, 1988, pág. 101); Lope de Vega, «¿Quién compra la obra nueva, / recién impresa y famosa, / della verso y della prosa? / ¿Quién la compra? ¿Quién la lleva?» *(Servir a señor discreto,* I, ed. cit., pág. 108).

[62] *volvió a dar él segundo pregón.* Todas las ediciones que introducen acentuación moderna consideran artículo *el* en esta frase. El texto tiene sentido, pero creemos más propio del estilo del autor (cf. «volvió a referir tercera vez», *infra,* pág. 234, «fui segunda vez admitido», cap. III, pág. 154) que se trate del pronombre, en contraste con el femenino que sigue.

ella mirándonos a los dos estaba como suspensa. Hícele señas de que llegase a oír a su marido y advertíle[63] a él el engaño, y descolgando ella un embudo grande de hoja de lata se metió la punta en el oído, y puniendo la boca dél en la del relator de coplas le preguntó que quién era yo y que para qué me había traído a su casa. Él, después de haberle satisfecho, en tono de predicador de mandato[64], por el cañón de su embudada corneta, volvió a referir tercera vez lo que dos veces había mandado. Sacó ella los legajos y después de haber recibido el pagamento hízome el entrego dellos; y yo, cargado de agujas falsas y de coplas de ciego, me fui a dormir a el hospital.

Salí al amanecer de la villa y, estando algunos[65] en la de Aguilar, pasé a las de Cabra y Lucena. Vendía las agujas a las mozas y cantaba las coplas a las viejas; y como se dice que «al andaluz, hacerle la cruz»[66], a las andaluzas, para librarse de sus ingenios, les habían de hacer un calvario dellas. Hurtábanme las redomadas de aquellas ninfas, mirándome muy a lo socarrón, mis agujas, haciendo ayuntamiento de bellezas y tratos de gitanas. Andaban mis papeles de mano [en mano][67],

---

[63] *advertíle.* Hemos corregido la lectura de todas las ediciones, *advertirle,* porque no tendría objeto la redundancia que supone *a él* con infinitivo. De esta manera señala el cambio de personaje.

[64] *en tono de.* Enmendamos, siguiendo a la 3.ª edición, la lectura de la 1.ª, *entonò,* que tenemos por errata.

mandato (del lavatorio, Jn. 13) «llaman comúnmente al evangelio y sermón del jueves santo» (Rosal, ms. 6929 BN).

[65] *algunos.* Así, en las ediciones antiguas y primeras del siglo XVIII. Desde 1778 se suple *días.*

[66] *«al andaluz, hacelle la cruz;* al sevillano, con toda la mano; al cordobés, con el envés, o con manos y pies» (o «al cordobés hacelle tres», Correas). Cf. Gracián, «A Granada también la hizo la cruz, y a Córdoba un Calvario» *(Criticón,* I 10, ed. cit., I, pág. 292).

[67] *de mano en mano, haciendo.* Así, desde la 4.ª edición; 1.ª, 2.ª y 3.ª, *de mano, haciendo.*

haciendo con mis puntas aceradas dos mil modos de pruebas, que yo reniego de tantas probadas[68]. Quedaba pasmado de oír lo donairoso de su ceceo[69] y de ver el brío de su desgarro, y mientras tenía cuenta con las unas, las otras me empandillaban[70] la vista y las agujas, pues jugando con ellas al escondite, unas me las quitaban y otras me las dezmaban, emboscándolas en los tocados y ocultándolas en las bocamangas; de manera que, después de haber cobrado dacio, feudo y tributo[71] de este pobre bohonero de poquito[72], des-

[68] *probada* (sustantivo no registrado en el *Dicc. Auts.*): prueba. Cf. Solís, «Esto es juego. —Pues si es juego / no quiero probar la mano. / —Excusar esa probada / no es posible» (*El amor al uso*, III, BAE XLVII, pág. 17).

[69] *su ceceo*, en el segundo sentido que Galindo atribuye a *cecear*: «pronunciar equívocamente las letras *çe* y en su lugar sonar *s*, o por contrario» (*op. cit.*, ms. 9781 BN, f. 36r), ya que Lucena era y es zona de seseo.

[70] *empandillar*: «saltear, quitar arrebatadamente de delante alguna cosa, haciendo ademanes para engañar y encubrir el hurto» (*Dicc. Auts.*), definición claramente conjeturada a partir de nuestro pasaje. Sin embargo este verbo aparece utilizado en el mismo diccionario como equivalente de *pandar*, «empandillar el naipe, lo mismo que juntarle y componerle para una trampa o fullería» (= *empanadilla*, en lenguaje de germanía, según Hill). Cf. Corominas y Pascual, DCECH IV, pág. 368a. Viene a ser igual que *hacer pala*, definido así por Chaves: «cuando se pone un ladrón delante de uno a quien quiere robar, para ocupalle la vista, y aquesto se dice hacer pala». Cf. Pérez de Montalbán, «Pues yo llego / a empandillarles la vista / y a dalles con la de Rengo» (*De un castigo dos venganzas*, en *Para todos*, Madrid, 1632, f. 93).

[71] *dacio*: impuesto aduanero sobre la introducción o extracción de géneros de consumo. Cf. «Despacho que se le dirigió para que los géneros de estofa y armas que enviaba un mercante de Liorno fuesen libres de dacios...» (AHN, E., lib. 690).

feudo: carga sobre una determinada renta.

[72] *de poquito*: 'de pacotilla, de tres al cuarto' se diría hoy. «Ícaro de poquito» llama Clarín al criado que Segismundo arroja por una ventana en *La vida es sueño*, III, de Calderón, autor que usa mucho la expresión: «parladores de poquito, faraona de poquito, fantasmi-

Oían las coplas las viejas, y después de haberme roto los cascos y secado los gaznates... (pág. 237. Dibujo de Julio Caro Baroja)

pués de regatear dos largas horas me compraban un cuarto dellas, y de cosario a cosario me dejaban sin barriles[73]. Oían las coplas las viejas, y, después de haberme roto los cascos y secado los gaznates, con aquello de a las más maduras[74], con sus boquitas papandujas[75] me las alababan y entre todas las vecinas de un barrio apenas me compraban un par dellas. Por lo cual, y por ser tierra de buenos vinos, llevé tan adelante mi caudal que en pocos días pudiera jugar las hormas[76]. En efeto, di al traste con todo y quedé hecho mercadante de banco roto[77].

Encaminéme a la vuelta de Gibaltar[78] con intención

---

ta de poquito, don Esplandián de poquito, Circecillas de poquito», etc.

[73] *«de cosario a cosario.* Cuando el maltrato, el engaño o el hurto fue hecho por uno a otro ladrón y semejante en las mañas, decimos vulgarmente que no se lleva más de los barriles» (L. Galindo, *op. cit.,* ms. 9778 BN, H 528; similar en los demás refraneros, desde el siglo xv). Desde la 3.ª edición, *vales,* por *barriles,* errata que llega a Millé, y deja rastro en la nota de SZ.

[74] *a las más maduras* (?): eufemismo por 'viejas' que podría formar parte del pregón que precediera a las coplas. Jones ofrece otra interpretación poco verosímil (adaptada por SZ, como de su minerva), según la cual sería expresión de las mujeres que en el mercado retrasan la compra de fruta con la excusa de no encontrarla aún madura.

[75] *papandujo:* «lo que está flojo, o pasado de puro maduro» *(Dicc. Auts.).* Aquí se aplica a las bocas desdentadas de las viejas. Cf. Cubillo, «Y que tartamuda sea / la lengua que lo pronuncie, / fáltenle dientes y muelas / por que hable papanduja / y no se oiga ni entienda» *(Las muñecas de Marcela,* II, ed. A. Valbuena, Madrid, 1928, pág. 68); *Entremés del duende,* «—¿Qué sabe vuesarced si yo soy vieja? / —No puede ser, que hablaras papandujo / y sorbieras las babas como caldo» (ed. Cotarelo, *Colección...,* pág. 19).

[76] *jugar las hormas,* el zapatero al que ya no queda otra cosa, se supone. Correas registra *«arriba, caudal.* Y jugaba las hormas».

[77] *mercadante de banco roto.* Cf. cap. XI, nota 76.

[78] *Gibaltar.* Conservamos esta forma, más cercana a su etimología, que aparece también en la canción [LII] de los «Chansonniers musicaux espagnols du xviie siècle», publ. por Ch. V. Aubrun

de ser pícaro de costa, y estando a vista de sus muros me dieron nuevas de como prendían a todos los vagamundos y los iban llevando a la Mamora[79] para que sirviesen en ella o de soldados o de gastadores[80]. Yo, por ser uno de los comprehendidos en aquel bando y por no ir a tierra de alarbes a comer alcuzcuz[81], me fui a la Sabinilla a ser gentilhombre de jábega[82] y corchete de pescados. Concertéme con un armador por dos panecillos cada día y dos reales cada semana; volví los calzones, eché las piernas al aire y púseme en lugar de banda un estrobo[83], insignia y arma de aquella reli-

(BHi LII, 1950), pág. 365, y en otros muchos lugares (AHN, E., legs. 2017[1], de agosto de 1624, 1336[2], de 1638, y 1315[1], de 1655).

[79] *La Mamora,* hoy Mehdiya, en la costa atlántica de Marruecos, conquistada en 1614 y siempre difícil de defender.

[80] «En el ejército se dicen gastadores la gente que trabaja con la pala y el azadón y traen piedra y fagina y lo demás que es menester para hacer fosos, trincheas, rebellines, caballeros, plataformas y todo lo demás, porque gastan aquellos materiales» (Covarr.). Hoy se llaman zapadores. Cf. Lope de Vega, «*(Soldados con azadones...)* No hay / un solo gastador en todo el campo. / ¿Cómo, señor, pretende vuestra Alteza / abrir estas trincheas?» (*El asalto de Mastrique...,* II, BAE CCXXV, pág. 32). De un gastador, de los enviados precisamente a la Mamora a raíz de su conquista, se había burlado Góngora en un soneto: «Allanó alguno la enemiga tierra / echándose a dormir; otro soldado, / gastador vigilante, con su pico / biscocho labra» (ed. cit., pág. 196).

[81] *alarbe:* moro.
alcuzcuz: «vianda morisca de sémola de trigo» (L. Galindo, *op. cit.,* ms. 9781 BN, f. 10r). Cf. Lope de Vega, «¿Es bueno que ande convertido en moro / y comiendo alcuzcuz todos los días?» (*El favor agradecido,* II, ed. Acad. N., V, pág. 495); Rojas Zorrilla, «Sin ley, razón ni decoro, / faciendo a moros el buz, / fartándome de alcuzcuz / me fingí que estaba moro» (*Nuestra Señora de Atocha,* II, BAE LIV, pág. 483).

[82] *jábega:* «la red de pescadores en el mar con la cual van trayendo poco a poco el pescado hasta la orilla, adonde están esperando unos pícaros para tirar [halar] la cuerda» (Covarr.).

[83] *estrobo:* aquí, trozo de maroma unido por sus extremos, que dispuesto en torno al cuerpo servía para hacer fuerza al tirar de la red.

gión[84], y a el tiempo de tirar la red hacía que echaba todo el resto de la fuerza, y la tiraba con tanto descanso y comodidad que antes era divertimiento que trabajo. Y al tiempo que salía el copo a ser celogía de bogas, jaula de sardinas y zaranda[85] de caballas, por ver el armador con bastón de general de jabegueros mirando a las manos y sacudiendo en las cabezas, haciendo yo oficio de escribano contrahecho[86], la causa perteneciente a las manos la remetí[a] a los pies[87], porque donde no alcanzan las fuerzas es menester valerse de la industria[88]. Hacíame Clicie[89] de aquel sol de bodegón[90] de la cara de mi amo, y haciendo reverencias

---

[84] *religión:* entiéndase la 'orden' de los pícaros jabegueros.

[85] *celogía:* «lo mismo que *celosía»* (*Dicc. Auts.*), como se lee desde la ed. de 1720.

boga: «pez [...] del tamaño de un palmo» *(ibid.).*

zaranda: «la criba agujereada para limpiar el trigo» (Covarr.).

[86] *contrahecho:* 'fingido', y también 'lisiado'. E., siguiendo el tópico de entonces, dice que imita al escribano venal remitiendo la causa de un tribunal a otro.

[87] Parece eco de esta frase proverbial: «hay [o "a"] jueces galicianos con los pies en las manos» (ms. RM, f. 5v, Correas).

[88] *industria:* aquí en su sentido latino de 'habilidad, destreza'; «arte, ingenio, sutileza» (Galindo, *op. cit.,* ms. 9781 BN, f. 86r).

[89] *Clicie* se denominaba el heliotropo o girasol en que fue convertida esta ninfa por Apolo, a quien seguía continuamente (Ovidio, *Metam.* IV 190-270). Cf., entre los múltiples ejemplos del siglo de oro, Mira de Amescua, «Clicie soy, que al sol adora, / a buscar sus rayos voy» *(El palacio confuso,* III, atrib. a Lope de Vega, ed. Acad. N., VIII, pág. 352); L. Belmonte, «Como Clicie o girasol / que va entre amantes congojas / encaminando sus hojas / a las vueltas que da el sol» *(El sastre del Campillo,* III, ed. F. A. de Armas, Valencia 1975, pág. 120). Estebanillo gira «alrededor de su amo, dándole frente siempre a fin de que no le descubriese las mañas» (Millé), explicación correcta que sin embargo no han entendido SZ («procuraba granjearme el favor de mi amo...»).

[90] *sol de bodegón.* Debe de aludir a las enseñas de las hosterías; en cualquier caso la comparación se usaba en descripciones burlescas del rostro humano. Cf. «La nariz como este pomo, / muy torcida y con un lomo. / [...] El encaje de la cara / como un sol de bodegón,

con los pies, sin haber en aquel distrito persona que mereciese hacerle cortesía, retiraba con los dedos de los cuartos bajos angelotes[91], y con los talones rayas. Tenía un camarada detrás de mí, el cual recogía los despojos; sirviéndole⟨s⟩[92] unos de estomaguetes y otras de ventosas de mal de madre[93], los alojaba entre la camisa y la barriga, y otras veces les daba fondo por el resquicio de los zaragüelles, de modo que llegué a tiempo que ejercitaban los pies el oficio de las manos; y, en faltándome sacristán que me ayudase a dejar al armador de *requiem*[94] y dar sepulcro a sus pescados, escarbaba con un pie sobre la arena, como toro en coso, y, formando anchurosa fosa, daba con el otro sepultura a la presa, y con ambos cubría a los difuntos para sacarlos en quedando en soledad. Venían los arrieros, compraban el lance[95] y, en corriendo por su

/ redondo y largo» (*La hermosura y la desdicha,* III, atrib. a Rojas Zorrilla, BAE LIV, pág. 463).

[91] *angelote:* tipo de pez aplastado de color azul y blanco. Según Zerolo, *ap.* Jones, es del orden del cazón.

[92] *sirviéndoles.* Así todas las ediciones hasta la de 1844, que suprime la -*s*.

[93] *estomaguete,* voz no registrada, debe de ser lo mismo que *estomaguero:* «pedazo de bayeta [...] que se pone a los niños sobre el vientre o boca del estómago para abrigo y reparo» (*Dicc. Auts.*).
mal de madre: mal de matriz o histerismo. El camarada de E. escondía los peces bajo la ropa, yendo a parar unos al estómago, otros a la ingle, de manera que debían de parecer fajas y emplastos para curar afecciones de esas partes. Para los procedimientos que usaban los pícaros al hurtar en las pesquerías, cf. P. Antón Solé, *Los pícaros del Conil y Zahara* (Cádiz, 1965), apéndice I, «Segunda parte de La vida del pícaro», atrib. a Félix Persio Bertiso.

[94] *de requiem* forma parte de un símil alegórico, que se encuentra en otros autores. Cf. Tirso de Molina, «Este luto servirá / de ornamento para mí, / porque soy de requiem ya / desde el entierro primero» (*Cómo han de ser los amigos,* II, ed. Cotarelo, NBAE IV, pág. 18).

[95] *lance* «es la suerte en arrojar la red o en la mar o en el río» (Covarr.).

cuenta, descansaban los pies y trabajaban las manos; que si es desdicha verse en poder de muchachos [96], harta desdicha será hallarse cercado de pícaros. Dígolo porque, al instante que no corría el lance por el armador y que volvía las espaldas y desamparaba el montón de escamas plateadas, a bien librar [97] les hurtábamos a los arrieros más de la tercia parte, por más bellacos que fuesen y por más cuidadosos que se mostrasen.

Con el provecho destos percances [98], ración y salario que ganaba, comía con sosiego, dormía con reposo, no me despertaban celos, no me molestaban deudores [99], no me pedían pan los hijos, ni me enfadaban las criadas, y así no se me daba tres pitos que bajase el Turco [100], ni un clavo que subiese el Persiano ni que se cayese la torre de Valladolid [101]. Echaba mi barriga al

---

[96] *en poder de muchachos*. La expresión más cercana que conocemos es «líbrenos Dios de ira de muchachos» (Horozco).

[97] *a bien librar:* «el que escapa del peligro con menos pérdida» (L. Galindo, *op. cit.*, ms. 9781 BN, f. 90v).

[98] *percance:* «el provecho o utilidad que los criados u oficiales adquieren o perciben, además de sus gajes y salarios» *(Dicc. Auts.).*

[99] *deudores:* aquí 'acreedores'. Cf. cap. VII, nota 116.

[100] Acerca de esta expresión, cf. la nota de M. Herrero García al *Viaje del Parnaso,* de Cervantes, págs. 385-6. Añádase, entre otras muchas referencias, Lope de Vega, «¿Han de tratar, por ventura, / si baja el Turco o no baja?» *(El genovés liberal,* II, ed. Acad. N., VI, pág. 122); «Parece que de verdad el Turco baja, como dicen los muchachos y las viejas; yo confieso que, regulando los avisos, temo que sea el intento sobre Sicilia» (carta del Marqués de Velada al de Castel Rodrigo, Milán, 5-IV-1645, AHN, E., lib. 96).

[101] *la torre de Valladolid:* frase proverbial que procede de una composición cantada. Cf. Rojas Zorrilla, «Ea, canten, por vida mía, / la letrilla. —Ya cantamos: / Que se caiga la torre / de Valladolid, / como a mí no me coja / ¿qué se me da a mí?» *(Lo que son mujeres,* III, BAE LIV, pág. 211); y la *Mogiganga cantada de la renegada de Valladolid:* «Que se caiga la torre de Valladolid, / como

sol, daba paga general a mis soldados y me reía de los puntos de honra y de los embelecos del pundonor, porque, a pagar de mi dinero [102], todas las demás son muertes y sola es vida la del pícaro [103].

Habiéndome asegurado que en la ciudad de Málaga hacían levas de mozos de jábega unos pescadores antiguos con patentes de armadores, y que daban cincuenta reales a cualquier bisoño que se alistase debajo de sus redes, dejé la Sabinilla y me fui al promontorio de la pasa y almendra y al piélago de la patata [104]. Senté plaza de holgazán, cobré paga de

a mí no me coja, qué, qué, qué, / qué se me da a mí» (en *Verdores del Parnaso*, 1667, ed. R. Benítez Claros, Madrid, 1969, pág. 134).

[102] *a pagar de mi dinero:* «frase adverbial que se usa para afirmar, asegurar y ponderar que alguna cosa es cierta, como afianzándola con su caudal» *(Dicc. Auts.).* Cf. Lope de Vega, «¡Por la fe de caballero, / que también yo dije allí / a pagar de mi dinero!» *(La nueva victoria del marqués de Santa Cruz,* II, BAE CCXXXIII, pág. 225); F. de Zárate, «Mas, ¿qué dudo? Es mi señor, / a pagar de mi dinero» *(Quien habla más obra menos,* III, BAE XLVII, pág. 562).

[103] «Es tanta la golosina que algunos tienen de esta vida picaresca, que algunas veces se van a ella algunos mozos, hijos de gente principal, y de allí los han sacado algunas veces, mas no aprovecha, porque luego se vuelven y son ciertos el año siguiente» (P. de León, *Compendio...,* 1.ª parte, cap. 13, ed. cit., p. 76). Cf. Lope de Vega, «Decía un gran cortesano / que el mejor oficio era / ser pícaro, y que él lo fuera / si siempre fuera verano» *(Sin secreto no hay amor,* II, ed. Acad. N., XI, pág. 153); «¡Ay, dichosa picardía! / ¡Comer provechoso en pie! / ¿Cuándo un pícaro se ve / que muera de apoplejía? / ¡Ah, dormir gustoso y llano / sin cuidado y sin gobierno, / en la cocina el invierno / y en las parvas el verano! / Vida de rey fuera risa / con esta vida ligera / si un pícaro se pusiera / cada día una camisa» *(El gran duque de Moscovia,* III, BAE CXCI, pág. 383).

[104] *promontorio de la pasa y almendra,* etc. Entonces abundarían, como ahora, los almendros y viñedos en los montes de Málaga, y la patata —o quizá la batata— en su parte llana, al oeste de la ciudad. Cf. «En Motril la caña dulce / y en Málaga la patata» (Hill, *Poesías germanescas,* núm. 83, vv. 48-49; otro ejemplo en la *Colección de entremeses...,* ed. Cotarelo, pág. 788a), versos que ya Lope de

mandria [105]; pero cansado de andar atrás sin ser cabestrero [106], fingiendo haberle dado a un chulo una mohada con la lengua de un jifero [107], me retiré a sagrado y

---

Vega daba como tradicionales: «De Motril soy. —¿De Motril? /
Huélgome que de allí seas. / —Motrileño soy, señor, / donde el
azúcar se engendra. / "En Motril la caña dulce, / —cantaba
siempre mi abuela—, / y en Málaga la patata"» *(Guerras de amor y
de honor,* II, ed. Acad. N., VI, pág. 159).

Expresiones parecidas son frecuentes en Gabriel de la Vega:
«Promontorios y golfos de gigantes» *(FC* V 73), «Promontorios y
piélagos de espumas» *(FC* VI 91).

[105] *mandria:* 'perezoso, holgazán', según acepciones dialectales
conservadas en Portugal y Aragón (cf. Corominas, *s. u.*).

[106] *cabestrero:* «el que hace cabestros y generalmente gasta toda la
obra que se hace de cáñamo» (Covarr.). Los cabestreros andaban
hacia atrás al torcer las sogas. Cf. Lope de Vega, «¿Dónde habrá
estado esta mula? / [...] Sin duda fue cabestrera, / que anda hacia
atrás» *(Amar sin saber a quién,* III, ed. C. Bravo, Salamanca, 1967,
pág. 148); Matos *et al.,* «...Y solo embestí / con un tercio de
soldados / y hacia atrás se me volvieron. / —¿Cómo hacia atrás, si
eran tantos? / —Eran todos cabestreros» *(Amor hace hablar los
mudos,* II, suelta s. l. ni a., f. 8v). De igual manera retrocedían los
pícaros que sacaban a tierra la red. Según la peregrina explicación
de SZ, «Estebanillo no quiere ser como las caballerías que se dejan
llevar del cabestro».

[107] *mohada* o mojada: «herida con arma punzante. Algunos la
llaman mohada, como son los andaluces y valentones» *(Dicc.
Auts.).* Cf. Lope de Vega, «Vive Dios que si conmigo / fregoniza a
lo lacayo, / que la he de dar al soslayo / dos mojadas. —Quedo,
amigo, / no se haga fanfarrón» *(La gallarda toledana,* II, ed. Acad.
N., VI, pág. 89); «Llegue el barbado, y daréle / dos mohadas a la
usanza / de mi tierra, por la panza, / y hará el puñal lo que suele»
(La moza del cántaro, III, ed. Acad. N., XIII, pág. 667).

jifero: «el cuchillo con que matan y descuartizan las reses»
(ibid.). Cf. P. de León, «Empezaron los unos y los otros a porfía a
rendir armas diciéndome: "Tome este jifero". Estos son unos
cuchillos de cachas amarillas con que se matan por ahí la gente
perdida» *(op.* y ed. cits., 1.ª parte, cap. 3, pág. 34); Francisco
Manuel de Melo, «Pendiente a un lado un jifero / cuyas amarillas
cachas / a más de cuatro vecinos / sus colores les pegaban» *(Obras
métricas,* I, Lyon: H. Boessat y G. Remeus, 1665, pág. 113).

pedí iglesia[108]. Y cuando el armador venía a pedirme el dinero dábale largas, diciéndole que el herido había ya pasado del seteno[109] y que, en habiendo declarado los cirujanos, volvería a trabajar y esquitar[110] lo que había recebido y gastado. Pero viendo que hacía diligencia para buscar al doliente, y que por no hallar rastro ninguno me quería echar en la prisión, y que me andaba acechando para cogerme fuera de sagrado, me fui una tarde al muelle y, hallando de partida un bajel francés que iba a Francia de Poniente[111] y haciéndole creer al capitán que tenía unos parientes muy ricos en Burdeos y que me habían enviado a llamar, llevándome cosa muy poca por el flete, me embarqué en su navío; porque es de hombres como yo el urdir una mentira y es muy fácil de engañar un hombre de bien[112].

Pasamos el estrecho de Gibaltar, que en lo borras-

---

[108] *pedí iglesia.* Cf. *infra,* nota 213.

[109] *había pasado del seteno* «día, sin riesgo para su salud [...] Sabido es que por aquel tiempo se creía que el setenario, período o espacio de siete días, tenía influjo en el curso de las dolencias» (Millé). Cf. Liñán y Verdugo, «...En los días que llaman los médicos días de juicios, como son en las enfermedades agudas el seteno, el onceno o catorceno, con la observancia de sus cuentos y sucesos, conforme a sus entradas o salidas, hacen juicio de la enfermedad» *(Guía y avisos de forasteros,* ed. cit., pág. 215); «El labrador era hombre de bien, y de corrido y apesarado se lo llevó a la otra vida al seteno un tabardillo» *(ibid.,* pág. 242).

[110] *esquitar:* «rescontrar, compensar» (L. Galindo, *op. cit.,* ms. 9781 BN, f. 85v). Desde la 3.ª, *desquitar.*

[111] *Francia de poniente:* la costa atlántica de Francia.

[112] «el hombre bueno es fácil de engañar» (L. Galindo, *op. cit.,* ms. 9778 BN, E 220). Cf. Gregorio González, «Se suele decir que el que más fácilmente se deja engañar es un honrado» *(El guitón Honofre,* ed. cit., pág. 176); Pérez de Montalbán, «Que siempre un hombre de bien / fue muy fácil de engañar» *(La toquera vizcaína,* I, BAE XLV, pág. 514).

coso y apretado parece título moderno[113], corrimos una tormenta hasta el cabo de San Vincente, y desde allí, ayudados de un viento fresco y favorable, llegamos a San Malo de Lilia[114], puerto de Francia y provincia de Bretaña. Hay en esta villa veinte y cuatro perros de ayuda asalariados, los cuales están a cargo de un soldado que los asiste y cuida dellos; que, como hay soldados particulares[115], hay también soldados perreros. Este tal tocaba cada día, al querer anochecer, una media luna o llave de Medellín o madera de tinteros[116], a cuyo horrendo son acudían todos los

---

[113] *«apretado* llamamos al muy miserable y avariento, que guarda con estrecheza el dinero y la hacienda» (Covarr.).

título moderno, es decir, orgulloso y poco liberal como persona recién ennoblecida.

[114] *Saint-Malo* (<Maclovius) *de Lilia,* en el departamento de Ille-et-Vilaine, era primitivamente una isla pequeña, y por ello se le solía llamar en la antigüedad *Saint-Malo-de-l'Ile,* y no de l'Ille (afluente del Vilaine, que desemboca en el golfo de Gascuña y no en el canal de la Mancha), como conjeturaba Millé (rectificación debida al P. Ch. Lemarié).

[115] *soldados particulares.* Cf. cap. II, nota 98.

[116] *llave de Medellín* designa sencillamente un cuerno, dado que las dehesas de Medellín, como las del Jarama, eran célebres por su ganadería de toros bravos. Cf. «Toquen en vez de campanas, / zumbas, ginebras, cencerros, / clarines de Medellín, / que son flautas de vaqueros» (del *Romance gracioso, entretenido, que refiere el testamento que hizo el maldito Judas,* pl. s. del siglo XVII, s. l. ni a., de la colección de A. Rodríguez Moñino); Quevedo, «Casóse la linterna y el tintero, / Jarama y Medellín fueron padrinos» (ed. cit., núm. 594); «La lira de Medellín / es la cítara que traigo» *(ibid.* núm. 715); cf. también H. N. Bershas, «Three expressions of cuckoldry in Quevedo» *HR* XXVIII (1960), págs. 121-135.

madera de tinteros era también eufemismo frecuente por «cuernos», que servían de tinteros hasta no hace mucho. Cf. notas de E. S. Morby a *La Dorotea,* de Lope de Vega, págs. 91 y 280; añádase Castillo Solórzano, «No he de tratar en tinteros, / que es madera con esquinas. / Esto de los casamientos / concertados por ensalmo, / dichos apenas y hechos, / en la frente echan raíces / y es

perros a una puerta sola que tiene la dicha villa, y, echándolos fuera, hacían tal guardia y ronda toda la noche que cualquiera persona forastera que llegase, ignorante de tales centinelas, lo hacían dos mil pedazos, con que estaba asegurada de cualquier antepresa [117] y de cualquiera cautela enemiga; y sin pretender esta escuadra perruna avanzamientos, ventajas [118] ni ayudas de costa, entraban cada noche de guardia, y estando siempre alerta jamás estaban quejosos.

Tocaban caja en esta villa, levantando gente para ir en corso [119] contra el Inglés, y daban a cada soldado

---

cornucopia su peso» *(Los encantos de Bretaña,* I, en *Fiestas del jardín,* ed. cit., pág. 64).

[117] *antepresa* es voz que sólo aparecía registrada en el *Estebanillo,* según nos comunica P. Álvarez de Miranda, redactor del *Diccionario histórico.* Su sentido es el de 'ataque por sorpresa', como corrobora su frecuente uso en *La feliz campaña,* de Gabriel de la Vega: «Salióle a Holanda su antepresa vana, / pues pensando cogerlo descuidado / a Liera intentó dar escalada, / mas hallóla advertida y avisada» (VII 50); «Mirando el Holandés que nad[a] acierta, / en ninguna antepresa que propone / por estar el marqués y el campo alerta, / que aun al menor peligro se antepone, / a Lieu de Brabante muro y puerta / a tomar de antepresa se dispone, / mas hallando la plaza vigilante / volvió vencido, con llegar triunfante» (VII 58). No creemos que sea «castellanización del fr. *entreprise,* con la acepción de operación militar», como piensa R. A. Verdonk *(RFE* LXVI, 1986, pág. 102), sino creación léxica, al parecer exclusiva del autor, a partir del prefijo *ante.* Cf. también cap. VII, nota 79.

[118] *avanzamientos:* anticipos sobre la paga.

ventaja: «el sueldo sobreañadido al común que gozan otros» *(Dicc. Auts.).* Según J. Almirante se concedía por tiempo de servicio o por méritos de guerra. Cf. la nota de J. E. Gillet a la com. *Soldadesca,* III, de Torres Naharro (ed. cit., III, pág. 426).

[119] «El *corso* constituye, ante todo, un método de agresión al tráfico, aunque haya también un corso antipirático o anticorsario [...] El corsario hace la guerra por cuenta y en interés propio, pero al servicio del Estado [...] Se diferencia del asiento al no ser una actividad a sueldo del monarca, dado que el corsario tan sólo hace

una dobla. Yo, viéndome necesitado y en tierra estraña, y por gozar de todo y dejar en todas partes mi memoria eterna, cogí la dobla, senté la plaza, y levantando los talones amanecí a el tercero día en Lan, puerto y provincia de Normandía, adonde por ser tiempo de guerra[120], juzgándome por espía del Inglés, me hicieron una salva de horquillazos y puntillones[121] que fue poco menos que la de Borbón sobre Roma[122], y por hallar entre tantos malos algunos buenos me dejaron pasar libre y me escapé de una larga prisión. Y valiéndome de mi acostumbrado oficio, y arrepentido de haber dejado en la ciudad de Lisboa mi socorrido hábito de peregrino, llegué a Ruán, cabeza de Normandía, a quien la caudalosa Sena, después de haber sido cinta de plata de la gran corte de París, es tahalí escarchado desta rica y poderosa villa[123]; y en una de sus primeras posadas me previne de una poca de ceniza, en achaque de ser para secar unas cartas, y

uso de una licencia que le da éste, remunerándola, y aun no siempre, con una parte de los beneficios del corso: el llamado quinto real» (Olesa Muñido, *op. cit.,* pág. 534).

[120] *tiempo de guerra,* es decir, en fecha posterior a julio de 1627 en que comenzaron abiertamente las hostilidades entre Francia e Inglaterra.

[121] *horquillazos y puntillones:* golpes de horquilla (=horca, vara con dos ganchos), y puntapiés.

[122] Se refiere al saco de Roma por las tropas del Condestable de Borbón en 1527. La expresión era tópica; Correas trae «Vandoma por Vandoma, Borbón sobre Roma». Cf. Lope de Vega, «Sobre Roma con Borbón / me hallé en aquella ocasión» *(El galán Castrucho,* I, ed. Acad. N., VI, pág. 38); Gabriel de la Vega, «Después que recelosa del estrago / hizo cual Roma salva de Borbones, / el Conde con su armada se retira» *(FC* I 45).

[123] *a quien... desta...* La frase, que comienza con un latinismo sintáctico, cambia luego de régimen gramatical.

Cf. la misma metáfora de este párrafo en G. de la Vega, «Y el murmurante arroyo lisonjero / en roja banda que el cristal dilata / convierte el tahalí que era de plata» *(FV* III 13; otros casos en cap. I, pág. 34 y nota 12).

metiéndola en un poco de papel y aposentándola en el
lado del corazón me fui a la Bolsa, que es la parte del
contratamiento y junta de todos los asentistas [124] y
hombres de negocios. Y hallando un agregamiento de
mercadantes portugueses, metiéndome en su corro, y
no a escupir en rueda sino a hacellos escupir en
corrillo [125], les hablé con la cortesía y sumisión que
suele tener el que ha menester a otro, y en su misma
lengua por que no escusasen la súplica, porque como
mis padres se habían criado en la raya de Portugal la
sabían muy bien y me la habían enseñado; y, después,
de haberles dado a entender ser lusitano, les pedí que
me amparasen para ayuda a poder llegar a la ciudad de
Viena adonde iba en busca de unos deudos míos, y
por venir pobre y derrotado, huyendo de familiares a
quien no bastaban conjuros ni compelimientos de
redoma [126], y que por lo que sus mercedes sabían

---

[124] *asentista:* «el que hace contrato con el Rey o con la República
sobre las rentas reales u otras cosas como provisiones de ejércitos,
armadas, plazas y otros negociados» *(Dicc. Auts.).* Acerca de los
asentistas portugueses establecidos en Rouen, cf. J. Caro Baroja, *La
sociedad criptojudía en la corte de Felipe IV* (Madrid, 1963), cap. VII.
De la comunidad de judíos portugueses de Rouen era miembro
conspicuo João Pinto Delgado, que publicó en esa ciudad, precisamente en 1627, su *Poema de la Reina Ester* (cf. la ed. de I. S. Révah,
Lisboa, 1954, y J. Caro Baroja, *Los judíos en la España moderna y
contemporánea,* I, Madrid, 1962, págs. 258-9).

[125] *«escupir en corro:* del ya hombre y que puede hablar en las
juntas y dar su parecer y razón en lo que se conversa» (L. Galindo,
op. cit., ms. 9780 BN núm. 606). El *Dicc. Auts.* define *escupir en
rueda* a partir de este pasaje. Lo que parece frase hecha es *entrar* o
ponerse en rueda. Cf. Salas Barbadillo, «Cuando algún escuderazo /
a un grande señor remeda / y con él se pone en rueda, / ¿negaréisme
que es monazo?» *(Entremés del caprichoso en su gusto,* 1629, ed. Cotarelo, *Colección...,* pág. 252).

[126] *familiar:* «ministro de la Inquisición que asistía a las prisiones
y a otros encargos», y también «demonio que se supone tener trato
con una persona y acompañarla y servirla» *(Dicc. Acad.).* «Era
cosa general creer que los hechiceros solían tener un demonio

habían quemado a mi padre, cuyas cenizas traía puestas sobre el alma y al lado del corazón [127].

Ellos con semblantes tristes, algunos con preñeces de ojos que sin ser medos esperaban partos de agua [128], me llevaron a la casa del que me pareció el más rico y respetado. Pidiéronme la ceniza y, habiéndosela dado, sin ser primer día de Cuaresma [129], fue cada uno besando el papelón [130] por su antigüedad. Pidiéronme licencia para repartir entre ellos aquellas reliquias de mártir [131], y yo, mostrando un poco de sentimiento, les di

familiar metido en una redoma» (nota de F. Rodríguez Marín a *El diablo cojuelo,* de Vélez de Guevara, tranco I, donde se encuentra el mismo equívoco). Cf. Salas Barbadillo, «Sírvase de ministros de redoma, / destos que llama el mundo familiares» *(Entremés del mal contentadizo,* 1622, ed. Cotarelo, *Colección...,* pág. 280). Sobre esta creencia cf. J. Caro Baroja, *Vidas mágicas e Inquisición,* 2.ª parte, cap. II, 3, 7 y 8.

a quien no bastaban conjuros... «Los demonios familiares habrían de asustarse de los conjuros o de los compelimientos de redoma (acto por el cual el exorcista obligaba al diablo a salir del poseso para quedar encerrado en una redoma u otro recipiente); pero ni conjuros ni compelimientos eran bastantes a detener a otros terribles familiares: los de la Inquisición» (Millé). Cf. Gabriel de la Vega, «Cerró el fuerte Drueta, que es lo mismo / que decir que cerraron mil legiones / contra quien no aprovecha el exorsismo» *(FC* IV 103).

[127] SZ desvarían aquí imaginando que el cadáver del padre de Estebanillo fue quemado por la Inquisición «al averiguar que el entierro había sido al modo judío».

[128] El juego de palabras, algo traído por los pelos, se establece entre *preñeces / partos,* y *partos / medos.*

[129] *primer día de cuaresma.* El chiste sobre el miércoles de ceniza no es de lo más logrado.

[130] *papelón:* «un cornet de papier à mettre de l'espice ou autre chose» (Oudin).

[131] Esta es la primera de varias ocasiones en que E. engaña o maltrata a judíos. W. K. Jones *(RHi* LXXVII, 1929) lo interpreta como síntoma del posible origen hebreo del autor, que pretendería ocultarlo mediante la exhibición de crueldades hacia los de su raza, lo que no era raro en aquella «edad conflictiva», según ha probado

amplia comisión, como se reservasen algunas para mí,
pues en virtud de unos polvos que había echado al
mar me había librado de una gran tormenta que había
corrido en el estrecho de Gibaltar. Suspiraban todos
por el trágico suceso que les había hecho creer, y
decían con tiernas lágrimas:

—El Dios de Israel te dé infinita gloria, pues mere-
ciste corona de mártir.

Repartieron las cenizas de la dicha posada o bodegón y, mostrándome todo amor y benevolencia, me
volvieron a la referida Bolsa; y echando un guante [132]
en todos los de su nación me juntaron veinte y cinco
ducados, los cuales me dieron, y una carta de favor
para un correspondiente suyo, mercadante en la corte
de París, para que me socorriese para ayuda a
proseguir mi viaje. Y, después de haberme encargado
que procediese como quien era, y que jamás pusiese en
olvido la muerte de mi padre y mi felicidad en haber
merecido ser su hijo, me despedí de ellos alegre de
haber salido tan bien de gente que siempre engañan y
jamás se dejan engañar.

Tomé el camino de París, comiendo a pasto y a

Américo Castro más tarde (cf., por ejemplo, *La realidad histórica de España,* México, 1966², pág. 54). Sobre ello somos hoy más escépticos que en nuestra edición anterior. M.ª G.ª Chiesa dedica un trabajo, poco o nada convincente a nuestro juicio, al estudio de episodios y rasgos de la obra que, según ella, probarían claramente el origen judío, e incluso el grupo o tendencia conversa, a que pertenecía E. («Estebanillo González e gli ebrei», *Rassegna Iberisti-ca,* 11, Venecia, 1981, págs. 3-20).

Acerca de este engaño de Estebanillo escribe J. Caro Baroja: «No puede darse ejemplo de mayor bajeza contada en tono festi-vo» (*Los judíos en la España moderna y contemporánea,* I, pág. 237). I, pág. 237).

[132] *echar un guante:* «juntar entre amigos» (Galindo, *op. cit.,* ms. 9781 BN, f. 57v). Cf. cap. IV, nota 108.

tabla de patrón [133], y apenas llegué a verlo y reconocerlo cuando empecé a dar voces, diciendo:

Cata Francia, Montesinos,
cata París la ciudad [134].

Halléme corrido y avergonzado, cuando entré y atravesé sus espaciosas calles, de la vaya que me daban [135] algunos remendones y desculadores de agujas [136], diciendo a voces:

—Señor don Diego, daca la borrica [137].

---

[133] *comer a pasto:* «término de las hosterías, que por un tanto dan a un hombre de comer en abundancia, coma mucho, coma poco» (Covarr.).

tabla de patrón (< fr. *table d'hôte*): mesa servida a horas fijas y a tanto por persona.

[134] Comienzo del segundo romance de «Las mocedades de Montesinos» *(Primavera...,* núm. 176), impreso en varios pliegos sueltos del siglo XVI y en colección desde el *Canc. de romances* sin año *(ca.* 1547), y que pervive aún en la tradición oral del norte de España. Los primeros versos, muy conocidos, los registra Correas.

[135] *«darle vaya:* hacer mofa con gritería del que es ridículo y que dijo o que hizo alguna necedad» (L. Galindo, *op. cit.,* ms. 9777 BN, D 126). Cf. el *Baile del ¡Ay, ay, ay! y el Sotillo:* «¡Qué corrido está Beltrán / por la vaya que le dan!» (ed. Cotarelo, pág. 477*b).*

[136] *desculadores de agujas.* Descular es «romper las agujas por la parte más gruesa, que es el ojo» (J. Mir y Noguera, *Rebusco de voces castizas,* Madrid, 1907). Debe de referirse a los sastres.

[137] «Don Gonzalo, don Diego y don Alonso eran al parecer los nombres preferidos de los que, siendo plebeyos en España, se confirmaban como caballeros en tierras de Italia o Flandes» (nota de M. Romera-Navarro al *Criticón* de Gracián, II, pág. 321). «La burla contenida en la frase es doble: a Estebanillo le llaman don Diego para satirizar la manía nobiliaria tan difundida en España [...] en el seiscientos, y por otra parte el atribuirle una caballería humilde como la borrica era por sí ofensivo» (Gasparetti). La burla y la fórmula recuerdan muy de cerca la que sufrió el dr. Carlos García a su entrada en París, como ya anotó Jones *(Dissert.,* págs. 170-1): «Comencé a pasear las calles con la gravedad, sosiego y donaire español, pero me fue forzoso perdella y apresurar el paso

Compré al pasar por una botica unas cantáridas [138] y otros requisitos tocantes a mi oficio de cirugía, y yéndome a posar a el burgo [139] de San Germán, a la posada de uno de los espelidos de España que se llamaba⟨n⟩ Granados [140], aquella misma noche me eché en el pescuezo dos emplastos o vejigatorios; y a la mañana, por haber amanecido muy hinchado, me puse cantidad de paños sobre él y me fui a el palacio del embajador de España, que era el Marqués de Miravel, y, diciendo venir de Galicia a curarme del mal de los lamparones [141], me dio su limosnero tres

[...], cuando comenzó a despertarse una gritería y zumbido de muchachos tras de mí, diciendo: —"¡Señor, señor de la burrica, pan y rabanillos!", y otros mil motes» *(La oposición y conjunción... o la antipatía de franceses y españoles, 1617,* ed. M. Bareau, Edmonton, 1979, pág. 208).

[138] *cantáridas* «son unas moscas salvajes de color verde azul y de figura de pequeños escarabajos [...], las cuales nacen de ciertos gusanos que se encierran en las vejiguillas del fresno. Son tan calientes y corrosivas que si se aplican con un poco de masa o enjundia sobre alguna parte del cuerpo luego levantan ampollas» (Dr. Laguna, *Dioscórides* II 54, ed. 1555, pág. 155).

[139] *burgo:* «arrabal, faux-bourg de ville» (Oudin).

[140] *uno de los espelidos.* Un judío portugués, opinan Millé y M. G. Chiesa, sin advertir que E. da la carta de favor de los judíos de Rouen después de hospedarse. Su nombre y la frase «uno de los espelidos de España» hacen pensar más bien en uno de los moriscos, cuya expulsión, mucho más reciente, tuvo lugar de 1609 a 1615. Ello se confirma —pese a las reticencias de SZ, que tergiversan distintos lugares del texto— con el poema de 1638, obra del mismo autor del *Estebanillo:* «A monsur Lope, que estaba / sentado en el suelo en clucas, / que es cerca de Rochelí / gentilhombre de la bufa, / *por espelido de España,* / *por decendiente de Muza,* / que de vender haba cocha / es hoy en París un Fúcar...» *(Sátira contra los monsiures de Francia,* ed. J. A. Cid, en prensa). Sobre Alonso López, o de Lope, cf. J. Caro Baroja, «El último Abencerraje», en *Vidas poco paralelas* (Madrid, 1981), págs. 51-68.

[141] *lamparones* o escrófulas: «enfermedad conocida que nace en la garganta [...] Los reyes de Francia dicen tener gracia de curar los lamparones» (Covarr.). Lo propio dicen A. de Torquemada *(Jardín*

cuartos de escudo por la llegada, y uno cada semana, hasta que fui sano sin llegar a pies reales. Di la carta de favor, y tuve por ella otro socorro harto razonable.

En esta corte o confusa Babilonia, olvido del gran Cayro [142] y lauro de todo el orbe, gastaba como mayorazgo y comía como recién heredado, con que di fin a la limosna del tribu de Abraham y a la caridad de los lamparones. Y, por no volver a ser seguido de gozques y de andar dando aldabadas, me quité los emplastamientos y trapos del pescuezo y me acomodé por paje de un caballero natural de Roma, dándole a entender ser su paisano y hijo de un caballero romano, caballero de honor de su Santidad, de los que llaman del Esperón [143]. Tratóme a los principios como a hijo de tal, pero en muy poco tiempo conoció del pie que cojeaba, y, descubriendo toda la tramoya [144], me quitó las calzas folladas y la procesión de agujetas [145], y me despidió de su servicio.

---

de flores curiosas, 1570, ed. A. G. de Amezúa, Madrid, 1943, pág. 189) y otros muchos textos. Cf. M. Bloch, Les Rois thaumaturgues, Strasbourg, 1924.

[142] Ya en 1512 fray Diego de Mérida comentaba de «el Cayro nuevo que dicen que será como París y Milán» (Viaje a Oriente, ed. A. Rodríguez Moñino, Barcelona, 1946, pág. 33).

[143] Esperón. Sperone d'oro significa, claro es, 'espuela de oro', y no «milicia dorada» (SZ). Se trata de la Equestris Aurata Militia, que era título latino de esta orden papal (cf. Jones, Dissert., pág. 171).

[144] tramoya: «enredo hecho con ardid y maña o apariencia de bondad» (Dicc. Auts.).

[145] calzas folladas o follados: «especie de calzones o calzas que se usaban en lo antiguo muy huecas y arrugadas a manera de fuelles» (Dicc. Auts.).

agujeta: «la cinta que tiene dos cabos de metal, que como aguja entra por los agujeros» (Covarr.). Estebanillo denomina humorísticamente a la librea «procesión de agujetas».

Viéndome desamparado y pobre y tan apartado de
mi patria, por tener algún refrigerio para ayuda de
llegar a ella, pues ya tenía de ayuda de costa el haber
aprendido la lengua francesa, compré seis mil agujas
de lo que había buscado [146] en el oficio pajeril, sin
acordarme de lo bien que me fue con las andaluzas. Y
saliéndome de París tomé el camino de León de Francia, y vendiendo mi mercancía y gastando lo que
sacaba della en los mejores vinos que hallaba, por
tener valor y esfuerzo para poder hacer tan largas
jornadas, hallé cerrados los pasos de aquella villa por
causa de la contagión [147]; y así me fue forzoso buscar
nuevas trochas [148] y seguir modernos rodeos.

Pasé por Montelimar y por Orange, y queriendo
entrar por Aviñón me tiraron dos mosquetazos las
guardias de sus puertas y me hicieron volver atrás, por
no llevar boleta de sanidad. Viéndome imposibilitado
de remedio, y que sin ser avestruz [149] me había comido
toda la acerada mercancía, y habiendo hecho voto de
no comer ni comprar ni aun carne de agujas [150], por no

---

[146] *buscar:* «hurtar rateramente o con industria» *(Dicc. Auts.).*
[147] *contagión:* «lo mismo que contagio» *(Dicc. Auts.).* La epide-
mia a que se refiere Estebanillo empezó en 1628 y continuó el año
siguiente (cf. Jones, *Dissert.,* pág. 172 y Moore, art. cit., pág. 36).
Es la misma peste que alcanzó a Milán y se refleja en *I promessi
sposi* y la *Storia della colonna infame,* de Alessandro Manzoni.
[148] *trocha:* «vereda o camino angosto que [...] sirve como de
atajo» *(Dicc. Auts.).*
[149] *avestruz:* «traga todo cuanto le arrojan y lo digiere»
(Covarr.). Cf. Tirso de Molina, «Vamos, pues, que los caballos / se
están comiendo los frenos, / que piensan ser avestruces / para
digerir los hierros» *(La joya de las montañas,* III, ed. Cotarelo,
NBAE IX, pág. 535). Era referencia muy tópica.
[150] *agujas* también «se llaman las costillas que corresponden al
cuarto delantero del animal, y así se dice carne de agujas» *(Dicc.
Auts.).*

cordarme de tan ruin bohonería, me encomendé a
Dios y, sin ser potro de Gaeta [151], me aparté reculando
de la villa y me volví por el mismo camino que había
raído.

Hallé en un villaje [152] un sargento que estaba levantando gente, el cual me preguntó que si quería ser
soldado y servir al Cristianísimo Rey de Francia. Yo,
viendo que me apretaba la hambre y que en aquella
ocasión, por sólo mitigarla, serviría al Mameluco [153], le
respondí que sí. Llevóme a su cuartel, que era en una
villa llamada Sabaza; entregóme a su capitán, cuyo
nombre era *Monsieur* Juny, del regimiento del Barón
de Montème. Hízome con él [154] y, puniéndome un
cuarto de escudo en la mano, me hizo sentar plaza en
su compañía, dándome por nombre *Monsieur* de la
Alegreza; porque como el capitán era más fino que un
coral [155], y me vio en la comida alegre de cascos y me
conoció el humor, me confirmó sin ser obispo dándome nombre conforme a mi sujeto.

Marchamos por el Delfinado haciendo buena che-

---

[151] *potro de Gaeta*. Cf. cap. II, nota 92. Y Tirso de Molina,
«Celos, espuelas de amor, / aunque pican al amante, / andan, según
un poeta, / como rocín de Gaeta, / más hacia atrás que adelante»
(*Desde Toledo a Madrid*, I, BAE V, pág. 486).

[152] *villaje:* «población corta y abierta» *(Dicc. Auts.).*

[153] *Mameluco:* el sultán de Egipto, designado por extensión del
nombre dado a los mercenarios de su milicia.

[154] *hízome con él.* Según Millé debe de faltar alguna palabra como
hablar. Pero *hacerse* es 'apartarse', y aquí podría ser uso transitivo
en tal sentido. Cf. 'Avellaneda', «Habiéndolo hecho con el Archi-
pámpano, le dijo sobremesa don Carlos como ya tenía el sí de
Sancho» *(Quijote,* cap. XXXV, ed. cit., III, pág. 196).

[155] *más fino que un coral:* locución ponderativa registrada por S.
de Horozco y otros. Cf. Lope de Vega, «Tu pensamiento adivino /
[...] —Como un coral eres fino» *(El blasón de los Chaves...,* I, BAE
CCXV, pág. 239).

ra [156], y en cada tránsito [157] había avenidas de brindis
al tenor de «*a bu, Monsieur* de la Fortuna, *a bu* [158]
Monsieur de la Esperanza». Hallábame más contento
que una Pascua de flores [159], juzgaba aquella vida por
la mejor que había tenido, y llamaba a aquella provin
cia la tierra del Pipiripao [160]. Fuimos a guarnición a la
villa de Román, adonde a costa de los patrones comía
mos a dos carrillos y pedíamos a discreción [161], y había
libertad de conciencia, siendo rey chico Juan solda
do [162]; adonde persuadidos de los oficiales, por hacer

---

[156] *hacer buena chera* o *jira*: probable galicismo por «faire bonne
chère», 'comer bien' (Oudin, 1675). *Gira* es «compañía de amigos
que comen juntos alegremente y con vocería confusa» (Galindo,
op. cit., ms. 9781 BN, f. 75r). Para el posible origen castellano de
esta expresión, cf. Cascales, *Cartas filológicas*, década I, epístola
VIII, cit. por Millé; Dr. Laguna, «Habiendo hecho aquella noche
muy buena chera, y cenado en gran regocijo, amaneció ahogado»
(Dioscórides, Anvers 1555, IV, 75).

[157] *tránsito*: «pueblo, lugar en que la tropa en marcha hace noche
o largo descanso» (J. Almirante, *Dicc. militar)*.

[158] *a bu*. Millé, para mayor claridad, moderniza la ortografía en
à vous.

[159] *pascua de flores*: la pascua florida, que cae en primavera.

[160] *la tierra del Pipiripao* «se llama festivamente aquel lugar o
casa donde hay opulencia y abundancia» *(Dicc. Auts.)*. Cf. Suárez
de Figueroa, «Asegurábales ser [...] las comidas siempre en forma
de grandes banquetes, y todo como se finge pasa en la tierra del
Pipiripao, donde los ríos son de miel y los árboles producen
tortadas» *(El pasajero*, VII, ed. cit., pág. 489).

[161] *«comer a dos carrillos*. Por: comer con mucha gana» (Correas).
pedíamos: probable errata por *bebíamos*.

[162] Según S. Montoto y Rautenstrauch *Juan soldado* «es el soldado por antonomasia» *(Personajes, personas y personillas que corren por
las tierras de ambas Castillas*, Sevilla, 1911-1913) y la expresión
aparece, entre otros sitios, en cuentos populares y en el entremés
El dragoncillo atrib. a Calderón: «Y con una ensalada, / un jamón,
una polla, una empanada, / unos rábanos, y unas / rajas de queso y
unas aceitunas, / pan y vino, y de dulce algún bocado, / como
quiera lo pasa Juan soldado» (BAE XIV, pág. 615). En el siglo
XVIII se imprimió en Córdoba un pliego suelto titulado *Nueva*

llos mejor su negocio, molestábamos los vecinos, gastábamos cada día cien cubas de vino y cada noche un bosque de leña en los fuegos disformes que hacíanos en nuestras posadas y en el cuerpo de guardia.

Vino el unto[163] a los mayores, recibieron el soborno, y echando rigurosos bandos nos hicieron ayunar hartos meses lo que comimos pocos días. Mucho paño enía aquí adonde poder cortar[164], pero se embotaran[165] mis tijeras y pensando ganar amigos cobraré enemigos. Diéronnos un tapaboca Bartholo[166] con darnos cada día medio cuarto de escudo, que para henchir los oficiales las bolsas es necesario que los soldados aflojen las barrigas.

Embarcámonos al cabo de una temporada en una villa del Duque de Guisa llamada Mondragón, y conducidos de las soberbias corrientes del caudaloso

---

relación de los chistosos lances ocurridos a Juan soldado, que narra burlescamente las penurias del oficio.

rey chico es obvio juego de palabras con referencia a Boabdil, rey de Granada; cf. cap. X, nota 73.

[163] *unto:* cohecho, soborno.

[164] *«paño hay cortado,* que hay tela de que cortar: se dice vulgarmente cuando la materia [en este caso crítica] de que se trata es abundante, y que hay paño cortado, cuando el negocio que se trae entre manos parece que será dilatado y largo de acabar» (L. Galindo, *op. cit.,* ms. 9779 BN, P 80).

[165] *embotaran.* A partir de la edición de 1720, *embotarán,* pero se trata del uso arcaico del pretérito de subjuntivo con valor potencial.

[166] *tapaboca Bartolo:* expresión fija, de origen estudiantil según Jones, que la relaciona con el jurista Bartolo de Sassoferrato, aunque la acentuación del nombre no coincide. Como palabra llana aparece también en la otra única cita que conocemos: «El tapaboca Bartolo / es primor bien socorrido» (A. Hurtado de Mendoza, *Obras poéticas,* ed. R. Benítez Claros, Madrid, 1948, III, pág. 161). *«Darle un tapa-boca.* Cuando con reprehensión áspera hacemos callar al que habla descomposturas o lo que no conviene, se dice que le dimos un tapa-boca» (Galindo, *op. cit.,* ms. 9777 BN, D 123).

Rin[167] llegamos a desembarcar en la Provenza, adond
nos agregamos a una armada[168] que tenía el dich
duque para socorrer el Casar de Monferrat, a cuy
oposición estaban en Villafranca de Niza las galeras d
Nápoles, y por general dellas don Melchor de Borj

Enfadábame ya de oír tanto *alón, alón*[169] sin habe
algunos de gallinas ni de capones, y el gastarme todo
el nombre[170] con *Monsieur* de la Alegreza acá, *Monsieu*
de la Alegreza allá; y, sobre todo, estaba temeroso d
ver que algunas veces que me había puesto como e
arco del iris[171] cantaba en fino español, por lo cual die
ron en tenerme por sospechoso y llamarme espión[172]
que el hombre que llega a beber más de aquell
que es menester no solamente no guarda sus secretos
pero descubre los ajenos[173].

---

[167] *Rin.* Evidente confusión con el Ródano (Rhône), que pas
por Montdragon.

[168] *armada:* ejército de tierra. Cf. cap. IX, pág. 195.

[169] *alón, alón.* Las primeras ediciones, *allon, allon.* «En realida
sería *allons, allons;* pero hay que escribir *alón* [como ya desde l
edición de 1795] si se ha de conservar el equívoco (con alón d
gallina)» (Millé). «*Alón* dice el francés moviendo a otro que s
levante y camine» (Rosal, en *TLex*). Cf. Lope de Vega, «Si hay
vino, basta un alón, / porque los alones son / con lo que vuela una
mesa. / Por eso dice el gascón / alón, que pinta la uva / porque no
hay en una cuba / para pasar un alón» *(Los comendadores de Córdoba,*
III, BAE CCXV, pág. 51). Sobre la popularidad de la expresión.
cf. la nota de J. E. Gillet a la com. *Tinellaria,* V, de Torres
Naharro (III, pág. 535).

[170] *«No me gaste el nombre.* Cuando a uno le nombran muchas
veces» (Correas).

[171] *como el arco del iris.* Cf. cap. III, nota 123.

[172] *espión:* «espía, exea, espión, aguaytador, oteador, atalayador»
(Oudin, *Le thresor des trois langues,* 1617).

[173] *«no hay tal testigo como el buen moduelo de vino.* Porque hace al
que lo bebe descubrir la verdad. Moduelo o moyuelo es medida de
moyo, o modio, o medio»; «no hay tormento como el vino»
(Correas). Cf. Lope de Vega, «¿Qué os cuesta? —El no beber
vino, / o diré lo mío y lo ajeno» *(El rey fingido,* I, ed. Acad. N., I,

Dieron a toda el armada una paga, que es la estremaunción[174] de los franceses cuando entran en países
straños, la cual cogí con ambas manos, y apresurando
mbos pies fui a resollar a Villafranca. Hablé a la
uardia de la puerta en italiano, por lo cual me dejaron
ntrar; fui a ver a don Melchor de Borja, y contándole
odo mi suceso lo celebró mucho, y por parecerle
oldado entretenido[175] me mandó dar dos doblas y
ue acudiese a comer a su casa.

Vínole orden del Duque de Saboya para que mar-
hase con los españoles y dejase los saboyardos y otras
aciones que estaban a su orden, y que dejase a los
ranceses a que siguiesen su camino[176]. Embarcóse así

TA?

ág. 425); Alonso Vázquez, «Al que no se embriaga dicen que es
raidor y enemigo de la patria, que [...] no osa beber por no perder
l juicio, porque cuando están sin él dicen lo suyo y lo ajeno»
Comentarios de la rebelión y guerras civiles de Flandes, CODOIN
XXII, pág. 33).

[174] El improbable «juego desenfadado» entre sacramento y
oborno que SZ suponen en este pasaje es indiferente a que la
alabra *estremaunción* se escriba con sus lexemas juntos o separados.

[175] *soldado entretenido.* Juego de palabras entre el sentido hoy
abitual de 'divertido' y el de 'soldado distinguido'. Cf. cap. VII,
ota 215.

[176] El asedio a Casal de Monferrato fue el episodio decisivo en
a guerra por la sucesión de Mantua. España intervino en esta
ampaña como aliada del duque de Saboya, quien luego cambió de
olítica y se concertó con Francia, según se manifiesta claramente
n una instrucción secreta de abril de 1629 dada por el gobernador
e Milán, don Gonzalo de Córdoba, a su secretario: «A S. M. y el
eñor Conde-Duque hará relación de la poca suerte con que se
cabó el sitio de Casal, y que el ejército se levantó dél, hallándose
uy deshecho de gente con la necesidad y los trabajos, y tres
jércitos [franceses] ya en Italia para venirle a socorrer, y sobre
odo el duque de Saboya resuelto a no estorbarles el paso por no
oder más, como él dice, o por haberse concertado con los
ranceses, como todos lo entienden» (CODOIN LIV, pág. 487).
f. R. Quazza, *La guerra per la successione di Mantova e del Monferrato*
Mantova, 1926), y M. Fernández Álvarez, *Don Gonzalo Fernández*

que la recibió y, fatigados de una procelosa borrasca
llegamos a Mónaco, y de allí zarpamos a la ciudad de
Génova, desde adonde envió nuestro general dos
galeras de su escuadra por bastimentos a la villa de
Liorna. Embarquéme en una dellas y, habiendo tenido
un feliz viaje, al desembarcar en el muelle de la dicha
villa supe como su Alteza el Gran Duque de la Tosca
na levantaba gente para enviar al estado de Milán
Alistéme al instante, por no perder el tiempo ni la
ocasión; diéronme ocho ducados de contado y tuve
cuatro meses desvedada la bellota en casa de patrones
adonde daba de puntillazos [177] al sol y me burlaba de la
fortuna. Envió el gobernador de Milán a dar aviso a
su Alteza de que al presente no necesitaba de aquella
gente, por lo cual dieron licencia a muchos soldados
siendo yo uno de los primeros por ser pequeño de
cuerpo y por costarle [178] a mis superiores no ser gran
de de virtudes.

Púseme en camino a la vuelta de Sena y, pasando
por Viterbo del Papa, llegué cuarta vez a la gran

---

de Córdoba y la Guerra de Sucesión de Mantua y del Monferrato (1627-
1629), Madrid, 1955.

[177] puntillazo: «el golpe que se da con la punta del pie»
(Covarr.). Cf. Matos y Moreto, «Le he de dar cincuenta coces / y
otros tantos puntillazos» (El príncipe prodigioso, III, ed. suelta,
Valencia: Orga, 1777, pág. 28).

[178] costarle. Así, las ediciones 1.ª, 2.ª y 3.ª; la 4.ª cõstarle: constarle
como se imprime desde 1720. Cf. infra, pág. 278, «y por constarle
que tenía iglesia». El verbo constar con grupo culto reducido está
largamente documentado en la lengua del siglo XVII: «Yo diré la
verdad, que de ella costa / que yo no tengo culpa en el negocio»
(El esclavo fingido, III, atrib. a Lope de Vega, ed. Acad. N., V,
pág. 396); «Sebastián de Morales dice que habiendo costado a V. Md.
por la información que el Conde de Lemos [...] hizo el año de
1600...» (AHN, E., leg. 1315¹, de 20-IV-1617); Gabriel de la Vega,
«Y hace muy bien en ser tan rigurosa, / pues que sabe y le costa
que es hermosa» (FV III 28). SZ creen desatinadamente que se
trata del verbo costar, equivalente de valer.

:iudad de Roma. Fui a ver a mis hermanas, de quien
ui muy mal recibido; y queriendo hacer del esmarcha-
:o [179], llamaron un vecino suyo, barrachel [180] de justi-
:ia, el cual cantándome aquel verso de

Mira, Zaide, que te aviso [181],

ne puso en la calle, tomando a su cargo el amparo de
nis hermanas.

Fuime a el palacio del Conde de Monterrey, que
:staba entonces por embajador de España, adonde me

---

[179] *esmarchazo* (< it. *smargiasso*): «valentón, jayán, perdonavidas»
Francios.). La construcción *hacer de* seguida de adjetivo sustantiva-
lo (Keniston, *The Syntax...* 25.448), en opinión de F. Rico (NPE I,
ág. 39), es italianismo sintáctico. A. G. de Amezúa, en nota a *El
:asamiento engañoso,* de Cervantes, pág. 558, había defendido su
:arácter autóctono.

[180] *barrachel* (< it. *bargello*). Cf. M. Alemán, «En esto llegó un
argelo, que es como alguacil en Castilla, pero no trae vara»
(*Guzmán de Alfarache,* 2.ª, II, 6, ed. cit., pág. 661). La 1.ª edición,
verachel; la 2.ª, 3.ª y 4.ª, *verrachel;* sin embargo, los abundantes
ejemplos reunidos por J. E. Gillet en nota a la com. *Soldadesca,* I,
de Torres Naharro (III, págs. 394-5), no presentan ese vocalismo.
Desde 1720, *barrachel.*

[181] «Mira, Zaide, que te aviso / que no pases por mi calle».
Romance de la primera época de Lope de Vega, según J. F.
Montesinos *(Estudios sobre Lope,* Salamanca, 1969², pág. 139, nota),
impreso en *Las guerras civiles de Granada,* 1.ª parte, de Pérez de
Hita, y muy difundido a juzgar por las citas. Cf. Rojas Zorrilla, «Si
solicitáis mis puertas, / si por mi calle pasáis... / —¿Oís? De aquesa
manera / le amenazaban a Zaide / en el libro de las Guerras» *(La
traición busca el castigo,* I, BAE LIV, pág. 236); F. de Leyva, «Diote
con el *mira Zaide»* (referido a una dama que despide a un galán; *El
socorro de los mantos,* I, BAE XLVII, pág. 310b). Entre otras
muchas citas da idea de su celebridad el siguiente pasaje del
entremés de *Los mirones* alguna vez atrib. a Cervantes: «Mandóme
mi agüela en una noche de invierno que tomase la alcuza y trajese
medio cuartillo de aceite de la tienda. Al ir, fui muy alegre,
cantando el romance "Mira Zaide que te aviso", que entonces
dábamos en él como en real de enemigos los muchachos» (ed.
Cotarelo, *Colección...,* pág. 164b).

junté con un portugués, que era criado de don Juan
de Eraso, y volviendo a continuar la vida de los
temerarios estafábamos cortesanas y agotábamos tabernas. Abríle trinchea[182] a un pintor en la cara sobre
ciertos arrumacos que hacía a una conocida mía, por
cuyo delito fue fuerza retirarme a el palacio del dicho
embajador[183]; y viendo mi pleito en mal estado y que
mis hermanas aun no me daban un «¡Dios te ayude!»
cosa que se da cada instante a uno que estornuda[184]
me ayudé de mi hacienda, trocando secretamente una
casa que me había dejado mi padre en la calle Ferratina[185] por una gran suma de pinturas, las cuales envié
por la conduta[186] a Nápoles. Y yendo yo después a
tratar de su enajenación, di tan buena cuenta dellas
que en menos de un mes la mayor parte me la chupa-
ron damas y me la comieron rufianes; y algunas cincuenta que me habían quedado las perdí una noche al
juego de las pintas, parando a pintura y pintura, y diez
en la quinta[187].

---

[182] *abrir trinchea,* o trinchera, aquí 'dar una cuchillada'.

[183] Que tales palacios solían servir de sagrado para delitos de
menor cuantía parece demostrarlo el siguiente pasaje de Ruiz de
Alarcón: «¡Bien hayan, amén, / los primeros inventores / de casas
de embajadores / para bellacos de bien!» *(El tejedor de Segovia,* I, en
OC II, ed. cit., pág. 569).

[184] Cf. Gabriel de la Vega, «Mas a mi pluma en Flandes no le
han dado / un "Dios te ayude" toda su milicia, / tosiendo su
cansancio y su quebranto» *(FC* I 103); Lope de Vega, «Hermano,
pide y acude. / —Creo que si estornudase, / que apenas un hombre
hallase / que dijese "¡Dios te ayude!"» *(Lo que pasa en una tarde,* I,
ed. Acad. N., II, pág. 294).

[185] *la calle Ferratina* es, según Millé, la calle Frattina, «una de las
que conducen a la Piazza di Spagna».

[186] *conduta:* «transporte de una parte a otra [...] Hállase muchas
veces escrito sin *c*» *(Dicc. Auts.).* Para su origen, cf. la nota de
Millé, I, pág. 221.

[187] *parar* «en los juegos de envite y otros vale determinar o
señalar la cantidad de dinero que se expone o apuesta al lance o
suerte» *(Dicc. Auts.).*

Viendo que se me había caído la casa por haber perdido, no por falta de ciencia sino por haber encontrado con otro más diestro que yo, senté plaza en una leva que se hacía para España, en la compañía sin caballos, y con esperanza de rocines[188], del Prior de la Rochela, y volví de nuevo a escandalizar con embustes el cuartel, a alborotar los cuerpos de guardia y a inquietar los bodegones[189], cargado más de miedo que de hierro y con una letanía de valentía amontonada[190]. | H

---

a pintura y pintura parece un juego de palabras entre «cuadro» y «lance de las pintas».

quinta «se llama en el juego de los cientos cinco cartas de un palo seguidas en orden» *(Dicc. Auts.).* Tal vez quiera indicar que ha perdido cuarenta cuadros a las pintas y diez a los cientos.

[188] *con esperanza de rocines.* Efectivamente, en esta expedición, junto a las tropas de infantería y artillería, se embarcaron 700 hombres para formar ocho compañías de caballería que esperaban conseguir caballos en España (J. Raneo, *Libro donde se trata de los virreyes lugartenientes del reino de Nápoles,* 1634, CODOIN XXIII, ya cit. por Moore). Mayores precisiones aún da R. M. Filamondo: «Fra Francesco Carafa [prior della Roccella] fu dichiarato colonnello di settecento corazze smontate della medesima natione [napolitana], conducendo quaranta sei mila cinquecento scudi per provederle di cavalli in Ispagna» *(Il genio bellicoso di Napoli,* 1694, pág. 385). Cf. también Parrino, *Teatro eroico...,* II, pág. 234, la «Aggiunta... Guerra», pág. 787, y Aedo, *Viaje...,* cit. *infra.*

Se produce en este pasaje, como ya advertimos *(supra,* pág. 152) un salto de tres años en la cronología de la obra, puesto que E. acaba de narrar sucesos de la guerra del Monferrato (principio de 1629), y su alistamiento en la leva de Nápoles hubo de tener lugar en mayo o junio de 1632. Ni los cuatro meses que estuvo alistado en Toscana ni los sucesos ocurridos en Roma permiten cubrir el hueco. Como apuntábamos, es posible que deba situarse aquí una parte de la biografía anticipada en el cap. III.

[189] *alborotar... los bodegones.* Cf. Tirso de Molina, «Andaba la chirinola, / hasta que ventura quiso / que el bodegón se alborota» *(La madrina del cielo,* ed. Cotarelo, NBAE IX, pág. 735).

[190] *«cargado de hierro, cargado de miedo; otros dicen cagado de miedo»* (H. Núñez).

valentía amontonada. Cf. cap. III, nota 156.

Metióme en prisión mi capitán por cabeza destos
banderizos, porque temía que me huyese con ellos, y
diome en lugar de castillo el alcázar del Tarazanal,
porque a gran río, gran puente[191].

Embarcámonos en una fuerte armada para ir a
España[192], yendo por generales della el Marqués de
Campolataro y el de Santo Luchito, y por general de la
caballería mi capitán, y por comisario general don
Jusepe de Palma[193]. Arriméme todo el tiempo que
duró la embarcación, por tener razonable pluma y por
saber algo de cuenta, a la despensa del bajel adonde
iba embarcado, para ayudar a dar ración a la gente de
mar y guerra, y por andar al uso y no querer asentar
en oficio que todos yerran. Daba el despensero el
bizcocho más menudo a los soldados[194], preservando
siempre las costras mayores y enteras. Íbales dando
raciones de atún de lo que se iba pudriendo, y guardaba lo que estaba bueno. Metía un punzón en el tocino,
y el que estaba oloroso lo iba ocultando, y distribu-
yendo lo que no lo estaba, haciendo lo mismo con el
vino y con lo demás que estaba a su cargo; porque ya
es plaga antigua ser lo peor para el soldado. Tenía
cuidado de regalar al cabo de la guardia y al capitán

---

[191] *a gran río, gran puente:* variante de otros refranes recogidos
por Correas. Formulado «a gran puente, gran río» aparece en una
loa anónima *(Col. de entremeses, loas...,* ed. Cotarelo, pág. 406*a).*

[192] Puede precisarse con exactitud la fecha en que E. sale de
Nápoles: «Alli 5 di luglio partirono li soldati che stavano nell'Arse-
nale, guidati dal Principe di Caspuli [Campolataro], e partì ancora
il Prior della Roccella con la sua cavalleria» («Aggionta alli diurnali di Scipione Guerra», *Archivio storico per le provincie napoletane* XXXVI, 1911, pág. 787).

[193] *comisario general.* Cf. cap. VII, nota 16.

[194] *el bizcocho más menudo,* o galleta quebrantada, se llamaba
mazamorra, y, para evitar abusos como el descrito por E., hacia
1598 se dio orden de que en cada comprobación de bastimentos se
pesara en presencia de autoridades y se arrojara al mar (Olesa
Muñido, *op. cit.,* pág. 698).

que venía por cabo del bajel, con que todos callaban y amorraban [195], y al compás que lo pasaban mal los soldados triunfábamos nosotros.

Llegamos a dar fondo en Rosas, adonde se [des]-embarcó [196] toda la infantería, salimos del puerto la caballería desmontada y tomamos tierra a seis leguas de Barcelona. Quedamos aquella noche en la playa escribiendo sobre el socorrido papel de su arena la pena de quedarnos sin patrón y hechos lobos marinos de la playa [197]; a la mañana nos alojaron donde tuvimos dello con ello [198], pues detrás de un regalo oíamos un ¡cap de Déu! y veíamos media docena de pistoletes [199].

Estaba muy mal mi capitán conmigo por haberme retenido una paga y haber yo dado queja sobre la restitución. Era yo siempre su ceja, pues que me tenía sobre su ojo [200]; que el soldado que no se dejare pasar por cima en materia de interés y tratare de dar quejas

---

[195] *amorrar:* «no responder a lo que se dice y pregunta bajando la cabeza» *(Dicc. Auts.).*

[196] *se desembarcó.* Todas las ediciones, *se embarcó.* Creemos acertada la enmienda que propone Gasparetti, por concordar el desembarco con la relación de Aedo y Gallart: «La infantería mandó su Alteza alojar en el Condado de Ruisellón, y la caballería en el campo de Tarragona» *(op. cit.,* ed. Madrid, 1637, pág. 10). Acaso fuese mejor corregir *adonde [de]sembarcó.*

[197] Según el *Dicc. Auts.,* el lobo marino «sale a tierra a dormir y a tomar el sol».

[198] *«dello con dello.* Cuando comparten las cosas, y se toma y se deja, y se entremete bueno con malo, chico con grande, y en algo se pasa trabajo con provecho» (Correas).

[199] *pistolete:* «arma corta de fuego; hoy se toma regularmente por la pistola de faltriquera» *(Dicc. Auts.).* Debe de aludir al bandolerismo catalán más que a «movimientos de resistencia contra los desmanes de las tropas», como pensaba Millé remitiendo a R. Altamira, *Historia de España,* III (Madrid, 1906), pág. 144.

[200] *«traer sobre ojo:* andar con sospechas de alguno, mirando lo que hace» (Correas).

o capitular [201] a sus oficiales, su verdad será mentira y, demás de no avanzar, será malquisto y aborrecible, y en achaque [202] del servicio del Rey le darán con que no quede de servicio [203]. Pasábalo yo mejor que todos los de mi compañía por estar alojado en una taberna y ser intérprete con los catalanes y napolitanos, pagándome el corretaje [204] en ponerme a veces que por hablar catalán hablaba caldeo y por hablar napolitano hablaba tudesco.

Tuve un día una pendencia con un soldado sobre un mentís por la gola [205], y dándole por debajo della una estocada di con él patas arriba, por haberse él mismo, no haciendo caso de mí, entrado por los filos de mi espada [206]; de manera que le hirió su gran

---

[201] *capitular:* «delatar, acusar, poner capítulos de crímenes o de excesos contra [...] persona que ejerce oficio público» *(Dicc. Auts.).*

[202] *achaque:* «la excusa o pretexto» (Ayala, en *TLex).*

[203] *con que no quede de servicio,* es decir, lo declararán inhábil para el servicio de las armas. Cf. «...Por haber perdido cuatro dedos de la mano derecha en la batalla de Rocroi peleando con mucho valor y no estar de servicio...» (Memorial de Pedro de Neira, AHN, E., leg. 1325).

[204] *corretaje:* «el estipendio que se da al corredor por su diligencia y trabajo» *(Dicc. Auts.).*

[205] *«mentire per la gola* [= garganta] equivale en italiano a mentir descaradamente» (Millé). Cf. Alonso de Contreras. «El hostelero le dijo que mentía por la gola, con que sacó una daga y le dio de suerte que no se levantó» *(Vida,* cap. II, ed. cit., p. 62); J. Ruiz de Alarcón, «Lacayo vil, ¿tu lengua niega sola / lo que afirman conformes tantas gentes? / —Tú, como infame, mientes por la gola» *(El examen de maridos,* III, en *OC* II, ed. cit., pág. 975).

[206] *por haberse él mismo... entrado por los filos de mi espada.* Aunque E. habla en tono desenfadado, tal cosa no era imposible. Cf. Pedro de León, «El otro se vino a él como un perro dañado, y el Bartolomé Rodríguez sacó su espada, y él mismo se metió por ella; y sin pretenderlo matar, lo mató, porque no pretendió más que estorbarle que no lo matara» *(Compendio...,* ap. a la 2.ª parte, ed. cit., pág. 550); S. de Escabias (?), «Tratando cosas pasadas y

soberbia y no mi mucha modestia. Y por no dar
venganza a mi capitán ni dar lugar a que satisfaciese su
rencor con hacerme prender y castigar, o querer él
mismo abrirme de grados y corona[207], me fui a la
ciudad de Barcelona, adonde de presente estaba el que
nació Infante y gobernó Cardenal y murió Santo[208].
Tomé tierra del Papa y, por no estar a merced de la
justicia, me amparé de la piadad del convento de la
Merced[209]. Mi capitán, como si yo le hubiera muerto a

---

presentes, se vinieron a enojar de suerte que, según me afirmó el
racionero, de dos cuchillos que tenía en la mesa, tomó el uno el
sobrino y el otro tomó el tío, para defenderse; y al tiempo que el
tío le fue a dar al racionero, extendió el racionero la mano,
estándose sentado en su silla, y el tío venía tan ciego que se fue
entrando por el cuchillo, de suerte que dándole por el corazón se
lo atravesó por medio y cayó muerto sobre la mesa» (*Casos notables
de la ciudad de Córdoba*, ed. cit., pág. 127).

[207] *abrirme de grados y corona*: equívoco entre la ceremonia de dar
el grado de bachiller con corona de laurel (Covarr.), o bien los
grados u órdenes menores que se daban después de la primera
tonsura, y el abrirle la cabeza a Estebanillo su capitán. Correas
registra «*hacer de corona*. Por: descalabrar. Y *hacer de epístola:*
descalabrar y aporrear». Cf. Lope de Vega, «Denme de noche por
detrás un tajo / que sin serlo me hagan de corona» (*El mármol de
Felisardo*, I, BAE CCXLVI, pág. 356); Tirso de Molina, «¡En mi
persona / las manos! ¡A un licenciado / en Gramática, ordenado /
de grados y de corona!» (*Marta la piadosa*, III, ed. cit., pág. 175).

[208] *y murió Santo*. Estebanillo se refiere al Cardenal Infante don
Fernando de Austria (1609-1641), hermano de Felipe IV y de la
emperatriz María, arzobispo de Toledo desde los diez años, nombrado gobernador de los Países Bajos tras la muerte de Isabel Clara
Eugenia. Es llamativa la coincidencia de los itinerarios del Infante,
desde su salida de Madrid en abril de 1632, y de Estebanillo: lo
encuentra ahora en Barcelona (agosto de 1632), más tarde en Milán
y Nördlingen, y finalmente en Bruselas, donde será su criado
(caps. VIII y IX).

[209] Cf. Lope de Vega, «A quien me dejó la capa / y huyendo de
mí se escapa, / ¿qué le pude yo hacer / si con infame poder / se
puso en tierra del papa?» (*El enemigo engañado*, I, ed. Acad. N., V,
pág. 116); otro ejemplo en *El cerco de Santa Fe*, II, BAE CCXIV,

su padre [210], robádole su hacienda o quitádole su
dama, envió tras mí a hacerme prender en Barcelona, y
anduvo tan diligente un quitapelillos suyo, abanillo de
la compañía y hijo de güevo [211] de la armada, que sin
valerme antana ni defensa de motilones [212], ni aquello
de «iglesia me llamo» [213], me hizo, con una cuadrilla de
alguaciles y corchetes, sacar de sagrado y meterme en
la cárcel del Tarazanal; que hay soldado que por

---

pág. 431). Como todo lo que sigue, con el retruécano entre *merced,
piadad* y *Merced,* significa que se acoge a sagrado.

[210] Cf. Gabriel de la Vega, «Yo le dije: —¿Qué tienes?, y él con
ceño / como si yo a su padre hubiese muerto / me dijo: —Estoy
cargado de desvelos» *(FC* V 43).

[211] *quitapelillos.* Cf. Quevedo, «Estos, dijo, son los quitapelillos,
aduladores de poquito, lisonjeros de pelusa» *(Desvelos soñolientos,*
Zaragoza, 1627, *ap. Las zahúrdas de Plutón,* ed. crít. de A. Mas,
Poitiers, 1956, pág. 53); Lope de Vega, «No escucharás en corrillos
/ de hombres, que mirar podrían / sus cosas, que al vulgo fían /
vinagres, quitapelillos, / sino Fulano es un tal, / y una tal por cual
Fulana» *(La villana de Getafe,* III, ed. Acad. N., X, pág. 398).

abanillo: 'abanico' y, figuradamente, 'soplón'. Cf. Quevedo, «Un
abanico de culpas / fue principio de mi mal» (ed. cit., núm. 856).

hijo de güevo de la armada. Desconocemos el origen y significado
concreto de este giro que aparece en uno de los romances de
germanía: «Y voto al hijo del huevo, / si por vos no hubiera
sido...» (Hill, *Poesías germanescas,* núm. 96).

[212] *antana:* «voz que solo tiene uso en la frase vulgar *llamarse
antana* (que otros dicen *andana),* y se da a entender con ella que
alguno niega con tenacidad lo que ha dicho u ofrecido» *(Dicc.
Auts.).*

motilones: frailes.

[213] *iglesia me llamo:* «frase que usan los delincuentes cuando no
quieren decir su nombre, y con que dan a entender que tienen
iglesia, o que están asegurados con ella» *(Dicc. Auts.).* Cf. Chaves,
«Si le prende a uno por muerte, y pasó una legua del cementerio, y
a la entrada le preguntan su nombre, no lo sacará el papa desta
palabra: —Iglesia. Dícenle luego los porteros: —Cuando se
baptizó ¿qué nombre le pusieron? Responde: —Iglesia. —¿De
dónde es? —Iglesia. Y lo mesmo cuando lo sacan en presencia del
juez para que conteste, que piensa que en esto está su libertad»
(Relación de la cárcel de Sevilla, ap. Gallardo, *Ensayo...,* I, col. 1350).

agradar a su capitán prenderá al mismo que le dio el
ser, con razón o sin ella.

Echáronme grillos y cadena y una argolla al pescuezo, con un virote[214] que siempre señalaba al norte y
apuntaba [a] las vigas. Fulmináronme un proceso de
soldado huido y alborotador del armada; y sin reparar
en el dolor que le costé a mi madre cuando me parió,
el trabajo que tuvo en envolverme, ni el molimiento
que pasó en columpiarme, me dieron un susto con el
«debo condenar y condeno», por ser a cosa que tenía
con que pagarla, que a echarme la ley de la *innumerata
pecunia*[215] fuera irremediable[216] el dar satisfación.

En efeto, como quien no dice nada o como quien
no quiere la cosa[217], me sentenciaron a oír sermonci-
to de escalera[218], a santiguar el pueblo con los talo-

---

[214] *virote:* «hierro largo injerido en una argolla» (Covarr.), cuya
función era impedir que el reo llegase con las manos a la cabeza.
Cf. la nota de Rodríguez Marín al *Quijote* II 22 (II, pág. 178).

[215] *innumerata pecunia.* Así las ediciones 1.ª y 2.ª. La 3.ª, *inumera-
ta;* la 4.ª y siguientes, *numerata.* La fórmula jurídica aparece
también en Quevedo (ed. cit., núm. 682) y Lope de Vega: «Y
renunciamos las leyes / [...] Solamente mientras trata, / la de la *non
numerata* / *pecunia* queda en su fuerza» *(El anzuelo de Fenisa,* I, BAE
CCXLVII, pág. 272). Quiere decir que si lo hubiesen condenado a
pagar en moneda no habría tenido con que satisfacer.

[216] *irremediable:* aquí, 'imposible'. Es decir, que E., como lo
condenan a pagar con la vida, podría hacerlo, pero no si lo
condenaran en dinero.

[217] *«como quien no dice nada.* Quejándose de lo que otros quieren,
o hacen demasiado» (Correas).

«como quien no quiere la cosa. Es decir, que la quiere y requiere»
(ibid.).

[218] *escalera,* que se arrimaba a la horca, y desde la que el verdugo
arrojaba al reo. Cf. Quevedo, «Llegó a la N de palo, puso el un pie
en la escalera, no subió a gatas ni despacio, y viendo un escalón
hendido volvióse a la justicia, y dijo que mandase aderezar aquél
para otro, que no todos tenían su hígado [...] Y viendo que el
teatino le quería predicar, vuelto a él le dijo: —Padre, yo lo doy

nes[219] y a bambolearme con todos vientos, como si yo
tuviera otra vida al cabo de un arca[220], o como si la que
yo tenía me la hubiera dado el Pilatos que dio la sentencia. Notificómela un notario, tan buen cristiano que
no me pidió albricias por la buena nueva ni derechos
de lo procesado. Hice algunos pucheros cuando la oí
[y] atragantéme algunos suspiros, echando por los ojos
ciertos borbotones de lejía de panilla[221]. Díjome el
carcelero que me pusiera bien con Dios, sin haberme
dado para aquel último trance con que ponerme bien
con Baco; y acordándome del tránsito[222] que había de
pasar, para probar si era como los que había hecho
siendo *Monsieur* de la Alegreza, me apretaba con la

por predicado; vaya un poco de Credo, y acabemos presto, que no
querría parecer prolijo» *(Buscón,* I 7, ed. cit., págs. 91-2).

[219] *santiguar al pueblo.* Uno de los varios eufemismos por 'ser
ahorcado'. Cf. Lope de Vega, «Vive Dios, que a todos cinco / os
cuelgue de aquel ciprés. / —¿Dar bendición con los pies? / ¡Dios
nos libre de tal brinco!» *(El soldado amante,* I, ed. Acad., N., IX,
pág. 562); Tirso de Molina, «Que estabas ya perdigado / [...]
sentenciado a dar cabriolas / por esos aires de Dios» *(Privar contra
su gusto,* III, BAE V, pág. 359); L. Quiñones, «Así le vea colgado
de una entena / dando la bendición con los talones» *(Entremés de
los órganos,* ed. Cotarelo, pág. 651b); Enríquez Gómez, «No permi-
tas, sin gracia y con donaire, / hacer seis cabriolas en el aire, /
echando con perdones / al pueblo bendición con los talones» *(El
siglo pitagórico,* ed. cit., pág. 261).

[220] *al cabo de un arca:* de repuesto, disponible en el fondo de un
arca. Cf. Cubillo, «La vida que arriesga un hombre / ¿es algún
trasto de casa? / ¿Hallaráse otra en el cofre?» *(El invisible príncipe
del baúl,* III, BAE XLVII, pág. 192a); Tirso de Molina, «¡Sí!
¡Bonita es la prisión / y bonico es el mancebo! / ¡Ahí tenemos en el
arca / otra vida!» *(Cómo han de ser los amigos,* II, ed. Cotarelo,
NBAE IV, pág. 12).

[221] *lejía de panilla.* Desconocemos el origen de esta expresión,
cuyo significado es claro. Panilla es una medida de aceite.

[222] *tránsito.* Juego de palabras entre los sentidos militar
(cf. *supra,* nota 157) y religioso del término.

mano el gaznate, y, con ser sobre peine [223], no me
agradaban aquellas burlas, diciendo entre mí: «si esto
hace la mano siendo de carne blanda, ¿qué hará la soga
siendo de esparto duro?» Hincándome de rodillas
pedía misericordia al cielo; prometíale, si me viera en
libertad, hacer penitencia de mis pecados y mudar de
vida; mas al cabo vino a ser el juramento de Pelaya [224].

Pasó la voz por toda la ciudad y acudieron muchos
amigos a verme y vecinos della a censurarme. Los
amigos me consolaban diciéndome que me animara,
que aquel era camino que lo habíamos de hacer todos,
que sólo les llevaba la delantera; y en lo último se
engañaron, porque yo me he quedado de retaguardia y
ellos han llevado la delantera perdonando verdugos,
pidiendo misas y haciendo alzar dedos [225]. Decían
algunos catalanes que era compasión, por cosa tan
poca, privarme de la vida en lo mejor de mi edad;
otros, que tenía cara de grandísimo bellaco; otros, que
no por bueno estaba en tal aprieto.

Entró a este tiempo un fraile francisco muy trasuda-
do y fervoroso, preguntando:

—¿Dónde está el sentenciado?

Yo le respondí:

—Padre mío, yo lo soy, aunque no tengo cara dello.

Díjome:

---

[223] «*sobre peine*. A sobre peine. Hacer algo levemente» (Correas).

[224] *juramento de Pelaya*. Se alude a la siguiente composición
recogida por Correas: «Pariendo juró Pelaya / de no volver a parir,
/ y luego volvió a decir / jura mala en piedra caya», etc. Aunque
alguna vez se atribuyó a Góngora, el cuarto verso figura ya en el
Auto del Repelón, de J. del Encina (ed. E. Kohler, Straßburg, 1914,
pág. 119). No obstante haberse explicado todo esto previamente,
SZ creen que «aquí se alude al rey de Asturias y su peregrinaje a
Jerusalén» (!).

[225] *alzar dedos* puede referirse a la absolución del reo, como la
que E. recibe más adelante, o bien a la costumbre de los frailes de
señalar el cielo al reo para exhortarlo a no pensar en otra cosa.

—Hijo, agora es tiempo de tratar de su salvación, pues ha llegado la intemerata[226], y así, esto poco de vida que le queda es menester emplearla en confesar sus culpas y en pedir a Dios perdón de sus pecados.

Respondíle:

—Padre mío, si un buen amigo es espejo del hombre[227], uno que tuve en Sicilia, tan intrínseco[228] que me hizo medio cardenal a costa de un ojo, me decía que antes mártir que confesor[229], demás que, por cumplir los mandamientos de la santa Madre Iglesia, no me confieso sino una vez en el año, y esa por la Cuaresma. Pero si es ley humana que pague con la vida el delito que he cometido, vuestra reverencia advierta, pues es tan docto, que no hay mandamiento ni precepto divino que diga: «no comerás ni beberás»; y así, pues no voy contra lo que Dios ha ordenado, vuestra paternidad trate de que se me dé de comer y beber, y después trataremos de lo que nos está bien a los dos, que en tierra de cristianos estoy y iglesia me llamo.

---

[226] *la intemerata*. No hemos encontrado ningún otro texto clásico donde se designe así a la muerte.

[227] «el buen amigo es espejo del hombre» (Horozco, Galindo; formas similares en los otros paremiólogos). Cf. F. Godínez, «Mas si el amigo ha de ser / espejo del hombre, digo / que el arroyo era su amigo, / pues en él se suele ver» (*La traición contra su dueño*, III, ed. T. C. Turner, Valencia, 1975, pág. 114).

[228] *uno que tuve en Sicilia,* es decir, el valentón de Palermo que le propina un puñetazo (cap. II, pág. 105). Ya señaló Jones que el consejo proviene, en cambio, de uno de los jugadores que conoce en Siena (cap. I, pág. 52).

«hombre *intrínseco,* el callado, que no manifiesta su pecho a nadie» (Covarr.), aunque aquí es preferible el sentido de 'íntimo'. Cf. Lope de Vega, «Ha usado grandes crueldades con su sangre y con sus más intrínsecos amigos» (*Pastores de Belén,* lib. II, ed. S. Fernández Ramírez, Madrid, 1930, pág. 189).

[229] *«antes mártir que confesor:* que sea uno firme en negar lo que daña y crimen de que le acusan, y no lo diga» (Correas). «E meio eser martire che confessor» (ms. RM, f. 123v). Cf. cap. I, nota 89.

El padre, algo enojado de oírme decir chilindrinas[230] en tiempo de tantas veras, sacó de su manga un crucifijo pequeño y empezóme a predicar aquello de la ovejuela perdida y lo del arrepentimiento del buen ladrón; y esto dando tantas voces que atronaba todo el Tarazanal, y derramando tantas lágrimas que inundaba aquel pequeño retrete[231]. Yo, que más gana tenía de comer que de oír sermones, por haber veinte y cuatro horas que no me había desayunado, decía entre mí viendo las crecientes de llantos que desistía[232] por sus ojos:

Aunque más lágrimas deis,
en vano las derramáis[233].

Mas viendo que alguna razón tenía, pues daba tantas voces, y que sin ser víspera de san Esteban me querían colgar como racimo de uvas[234] [y] alargarme

---

[230] *chilindrina:* «burla, chanza, gracejo, o sainete en el dicho o hecho» *(Dicc. Auts.).* Cf. Castillo Solórzano, «¿Venís, señor, a burlaros? / —¿Cómo a burlar? Por la línea / del patriarca mi abuelo, / que olvidando chilindrinas / son cuantas digo verdades» *(El marqués del Cigarral,* I, en *Fiestas del jardín,* ed. cit., pág. 391); «Y me llaman Chilindrón / porque chilindrinas digo» *(Los encantos de Bretaña,* II, *ibid.,* pág. 87).

[231] *retrete:* «el aposento pequeño y recogido» (Covarr.), aquí 'celda de la cárcel'.

[232] *desistía:* arrojaba. Desde la 4.ª edición se enmienda *destilaba.* El uso transitivo de este verbo con el significado de 'disipar, arrojar' es anómalo en español y parece calco latino. En el *Estebanillo* se dan otros tres casos en coincidencia con varios más en Gabriel de la Vega: «Lluvias desiste, rayos los arroja» *(FV* II 13); «Desistiendo a racimos las estrellas / y arrojando los soles a manojos» *(FV* III 35).

[233] *aunque más lágrimas deis,* etc. Son los versos finales de una redondilla glosada por E. en cap. IX, pág. 176.

[234] *colgar:* «regalar, dar o enviar alguna alhaja o presente a alguna persona en celebración del día de su nombre o de su

el gaznate [235] como si fuera ganso, despejé el rancho y, hincando una rodilla y puniéndome en postura de ballestero, desembuché la talega de culpas y dejé escueto el almacén de los pecados. Y habiendo recebido la bendición y el *ego te absolvo* quedé tan otro que sólo sentía el morir, porque juzgaba, según estaba de contrito, que se habían de tocar de su mismo motivo todas las campanas [236] y alborotarse toda Barcelona y dejar de ganar su jornal la pobre gente por venirme a ver.

---

nacimiento» *(Dicc. Auts.).* Cf. Quevedo, «La víspera de tu santo / por ningún modo parezcas, / pues con tu bolsón te ahorcan / cuando dicen que te cuelgan» (ed. cit., núm. 726); Lope de Vega, «¡Muera el perro renegado / [...] Colgalde! [...] / —Sin ser día de mi santo / ¿por qué colgarme, mujer?» *(La mayor desgracia de Carlos V*, III, BAE CCXXIV, p. 42). Otro ejemplo en la *Segunda parte de la vida del pícaro*, atrib. a F. Persio Bertiso, ed. cit., pág. 65.

como racimo de uvas. Cf. Prels., nota 47.

[235] *alargarme el gaznate.* Cf. Lope de Vega, «Ah, bellaco golosmero, / que os alargue mal cordel / ocho dedos el pescuezo» *(Los muertos vivos*, III, ed. Acad. N., VII, pág. 673); «Porque a su padre y a él, / bárbaro, torpe, infiel, / [...] espera alargar el cuello / de una almena en un cordel» *(El soldado amante*, II, ed. Acad. N., IX, pág. 567).

[236] En el folklore las campanas tocan solas para anunciar la muerte de un bienaventurado, como prueba el romance de la penitencia de don Rodrigo en varias versiones: «Ya se tocan las campanas, / y nadie las atañía, / pol alma del ermitaño / que pa los cielos camina» (R. Menéndez Pidal, RTLH, I, Madrid, 1957, págs. 66-77); es lugar común en las comedias de santos: Lope de Vega, «Todas estas selvas llanas / de gente de toda suerte / se cubren, que ya su muerte / se sabe, por las campanas, / que se tañeron. *(Dentro):* —El santo / nos dejen ver. ¡Viva! ¡Viva!» *(El santo negro Rosambuco*, III, BAE, CLXXVIII, pág. 177); «¡Ya expiró! —Ya el alma santa / al cielo parte y camina / [...] —Ya la casa se alborota / y las campanas se tañen» *(San Segundo*, II, *ibid.*, pág. 270); Quevedo lo aplica burlescamente: «La vieja, que oyó decir *Santoyo* y *murió,* asiendo del *santo,* dijo con la voz oleada: —Y cuando murió ese bendito santo, ¿se tocaron las campanas?» *(Perinola*, en *Obras festivas,* ed. cit., pág. 190).

Mas por conservar y alargar la vida, como [237] es prenda tan amable, hice dar un memorial en mi nombre al Marqués de Este, que ejercía el puesto de general de la caballería por haber muerto el Prior de la Rochela [238], alegando en él ser hijo de algo, y que, conforme los fueros de los que eran [239], me tocaba morir en cadahalso degollado como carnero [240], y no en horca ahogado como pollo. Pensaba que me pediría información dello y que me daría término para enviar a hacer las pruebas a Roma y a Salvatierra, y que en el ínter no me faltaría una lima sorda [241] para limar la cadena y grillos o una ganzúa para abrir las puertas de la prisión; pero salióme todo vano, porque el Marqués respondió que él no pretendía otra cosa sino que yo muriese ajusticiado, que en lo demás escogiera yo la muerte que quisiera.

Agradecíle la cortesía, y, tomando una piedra y pareciendo un penitente Jerónimo [242], me daba con ella infinidad de golpes en los pechos, pero con tanto

---

[237] El *como* causal, que hoy va siempre en cabeza de enunciado, podía entonces ir en medio sin adquirir valor modal.

[238] Estamos, pues, a fines de agosto o en septiembre de 1632. El prior della Roccella murió el 22-VIII-1632 (cf. Filamondo, *Il genio bellicoso...*, pág. 385, donde transcribe su epitafio).

[239] *los que eran.* Así las tres primeras ediciones; desde la 4.ª, *los que lo eran,* que mejora la sintaxis.

[240] *degollado como carnero.* Sobre este privilegio, cf. cap. XI, nota 130.

[241] *lima sorda:* «la que está cubierta de plomo y tiene unos cortes tan sutiles que hace poco o ningún ruido al partir o limar el hierro» *(Dicc. Auts.).*

[242] *penitente Jerónimo.* «Era muy frecuente en la pintura y en la estatuaria renacentista la representación de san Jerónimo penitente, golpeándose el pecho con una piedra» (Millé). Cf. Lope de Vega, «A Jerónimo, que estaba / a sus inclemencias puesto, / [...] aquel que con una piedra / dando golpes en su pecho / le abriera Dios en el suyo / si no le tuviera abierto» *(El cardenal de Belén,* II, BAE XLI, pág. 599).

tiento y con tanta blandura que no se rompiera aunque fuera de mantequillas[243]. Perdí el color, faltóme el aliento y trabóseme la lengua cuando oí que en mis tristes oídos clamoreaban los ecos de los esquilones y campanillas de la Santa Caridad[244].

Estando con este susto, que se lo doy de barato[245] al que lo quisiere, entraron acaso[246] en el dicho Tarazanal don Francisco de Peralta, secretario de cámara de su Alteza, y Jusepe Gómez, su barbero[247], y habiéndose informado de todo, mostrando algún sentimiento, llegaron a darme el pésame de mi desgracia. Pero viéndome que, como si me hubieran de sacar a bodas, hablaba bernardinas y echaba chiculíos[248], y que había convertido la piedra, sin ser domingo de

---

[243] *rompiera... fuera.* Así las tres primeras ediciones; alude, naturalmente, a la piedra, y no al pecho, como aseguran SZ. La 4.ª edición, *rompieran... fueran.*

[244] *la Santa Caridad:* cofradía que, entre otros cometidos, tenía el de asistir a los condenados a muerte hasta el patíbulo, como ya indica Gasparetti.

[245] *barato:* propina, regalo.

[246] *acaso* o *a caso:* «lo que sucede sin pensar ni estar prevenido» (Covarr. *s. u. caso*).

[247] *Don Francisco de Peralta* aparece documentado como secretario del Cardenal Infante en Barcelona, en mayo de 1632. Cf. dos cartas en AHN, E., lib. 93.
Jusepe Gómez de Arratia, barbero de cámara del Cardenal Infante, es mencionado en AGS, E., leg. 2053 y AHN, Ordenes, Santiago, exp. 4483.

[248] *decir bernardinas:* «lo que chanzas, palabras vanas, adulaciones, casi mentiras» (Correas). *Bernardina* es una expresión de apariencia lógica y sentido disparatado o inconcluso con que se pretende entretener o embelesar a alguien. Para los usos y posibles orígenes de la palabra, cf. G. Sobejano, «Bernardinas en textos literarios del siglo de oro», *Homenaje a Rodríguez Moñino* (Madrid, 1966), II, págs. 247-259. Y también cap. XII, nota 55.
decir chicolíos: «por decir cosas de gracia y deporte» (Correas). Cf. Lope de Vega, «El viejo su chiculío / arroja como los mozos» *(El príncipe melancólico,* III, ed. Acad. N., I, pág. 363).

tentación[249], en dos libras de pan que me había enviado el carcelero, y que haciendo monipodios[250], por haber venido acompañadas con un jarro de vino, me estaba saboreando con ellas, volvieron el sentimiento en alegría y me dijeron que cómo no sentía el haber de morir.

Respondíles que harto lo había sentido mientras no me habían dado de beber, pero que tenía para comigo el vino tal virtud que al instante que lo bebía me quitaba y desarraigaba toda la melancolía. Y que advirtiendo que aquel día salía de poder de soplones, alguaciles y escribanos daba por bien empleada la muerte; pero que si sus mercedes pudieran alcanzar con mi general que, debajo de mi palabra, me diese licencia por tres meses para ir a Roma a confesar ciertos pecados reservados a su Santidad, para descargo de mi conciencia y salvación de mi alma, me haría muy grandísima merced y favor; y que yo les haría pleito homenaje[251], como infanzón gallego, de volver, en cumpliéndose el término, a ofrecerme al funesto suplicio y a entregar al trinchante de gargueros[252] la mejor cabeza que jamás ciñó garzota[253].

---

[249] *domingo de tentación*, como señala Millé, se refiere al evangelio de ese día, que narra las tentaciones de Cristo: «Y llegándose a él el tentador dijo: si eres Hijo de Dios di que estas piedras se hagan pan» (Mt., 4: 3). Jones *(Dissert.*, pág. 180) cree que se alude a pasajes de la vida de santo Domingo (!).

[250] *monipodio* es 'unión, alianza', generalmente para fin ilícito. Aquí puede estar aplicado a la unión de pan y vino, atraído por la frase hecha implícita *liga y monipodio* (cf. cap. IV, nota 20), aunque confesamos no entender la agudeza, si la hay.

[251] «*hacer pleito homenaje:* prometer a fuer de noble» (L. Galindo, *op. cit.*, ms. 9781 BN, 113v). Cf. Lope de Vega, «Pleito homenaje / hago de irme a la torre. —¿Tienes seso? / ¿Pleito homenaje tú siendo un villano?» *(El aldegüela*, II, BAE CCXXIV, pág. 150).

[252] *trinchante de gargueros:* humorísticamente, 'verdugo'.

[253] *garzota* «vale también plumaje o penacho que se usa para adorno de los sombreros, morriones o turbantes y en los jaeces de

Cayóles tan en gracia mi demanda que, habiendo conocido mi buen humor y el buen tiempo que gastaba [254], me prometieron ayudar y le fueron a informar de todo a su Alteza Serenísima a el mismo instante, por el peligro que corría en la tardanza; el cual, como príncipe tan piadosísimo y por constarle que tenía iglesia [255], mandó que se suspendiese la ejecución y que se revocase la sentencia de muerte y que me echasen por diez años en galeras.

Estaba tan de mi parte el Marqués de Este, como si yo le hubiera hecho alguna sangría estando con resfriado, que replicó a la gracia que se me había concedido y dijo que era muy tierno y delicado para traspalar sardinas [256], y que así era mucho mejor, para que fuese un ejemplar [257] a toda la armada, quitarme de este mal mundo, y que cuando se hubiera hecho tres o cuatro años antes no se hubiera perdido nada. Mas de tal manera abogaron por mí mis dos defensores y abogados, y de tal suerte encarecieron a su Alteza mi despe-

---

los caballos» *(Dicc. Auts.)*. Cf. Pérez de Montalbán, «Iré contento al suplicio / y a la espada cortadora / daré la mejor cabeza / que de plumas y garzotas / se vio coronada en Francia» *(El mariscal de Biron,* III, *Parte I,* Alcalá, 1638, f. 127r).

[254] *gastar buen tiempo* aquí ha de significar 'mostrarse despreocupado'. Cf. Lope de Vega, «Tenéis buen tiempo y coméis / la mitad de lo que dais» *(La prueba de los amigos,* III, ed. J. M.ª de Cossío, Madrid, 1963, pág. 161). En italiano *avere buon tempo* es 'stare in alegria' («Haver bel tempo. Tener buena vida», Francios. Cf. J. E. Gillet, nota a *Propalladia,* de T. Naharro, III, pág. 566).

[255] *tenía iglesia.* Cf. *supra,* nota 213.

[256] *traspalar sardinas:* uno de los eufemismos usados para designar la condena a galeras. «Apaleador de sardinas: galeote» (Chaves, en *TLex).* Cf. Quevedo, «Para batidor del agua / dicen que me llevarán, / y a ser de tanta sardina / sacudidor y batán» (ed. cit., núm. 849); Rojas Zorrilla, «Que no seré yo Ganchuelo / o no ha de palmear el charco»*(Obligados y ofendidos,* III, ed. cit., pág. 87).

[257] *«ejemplar* o dechado, esempio, mostra che s'immita» (Francios.).

jo y tarabilla de donaire[258], que le dio deseo de verme y mandó sacarme de la prisión libre y sin costas, y que yo le fuese a besar los pies por la merced que me había hecho.

Lleváronme la buena nueva y mandamiento de soltura, y dejando burlado a el pueblo, cansados los campanilleros y sin provecho el verdugo, me fui contoneando a Palacio, recibiendo parabienes y haciendo pagamento dellos con una pluvia de gorradas[259]. Echéme a los pies de su Alteza Serenísima, dile las gracias por la recebida, y, después de haberme oído algunas agudezas y contádole algunos chistes graciosos, quiso premiar mis servicios haciéndome grande de España, pues mandó que me cubriese, prometiéndome que con el tiempo me haría de la llave dorada de las despabiladeras[260]. En efeto, me trató como a bufón y me mandó dar de beber como a borracho. Pero, aunque estuve a pique de cubrirme[261] y de tomar posesión de tal oficio, lo dejé de hacer por ciertos

---

[258] *tarabilla:* la cítola o tablilla «pendiente de una cuerda sobre la rueda del molino, que sirve de que la tolva vaya despidiendo la cibera, y también de avisar que se para el molino cuando deja de golpear» *(Dicc. Auts.).* «*Tarabilla:* la del molino. Y ansí llaman al que mucho parla. "¡Qué tarabilla tiene!, ¡Qué tarabilla mete!"» (Correas).

[259] *gorrada,* como gorretada: «la cortesía hecha con la gorra» *(Dicc. Auts.).*

[260] *de la llave dorada.* Los gentileshombres con cargo en palacio llevaban como distintivo una llave de oro colgada al cuello.

despabiladeras: tijeras para cortar el pabilo de una vela o candil. Es muy probable la alusión a *despabilar* en el sentido de 'darse buena maña', aquí en beber, como en cap. VIII, pág. 117, pero téngase en cuenta que hubo un bufón de Felipe IV a quien se llamaba «despabilador de palacio». La promesa del infante se cumple siete años más tarde (cap. VIII).

[261] *cubrirse:* «tomar posesión de Grande de España, cuyo acto consiste en ponerse el sombrero delante del rey con cierta solemnidad» (Ayala, en *TLex).*

sopapos y pescozadas que me dieron sus pajes con
manos pródigas, y por la grande afición que tenía al
hábito de soldado; por lo cual me salí de palacio, y me
fui a dar dos sangrías para atajar el daño que me
pudiera venir del susto que había pasado[262].

[262] La práctica de la sangría, flebotomía o venesección, desde
los tiempos de Hipócrates, y a pesar de polémicas acerca del lugar
y conveniencia de su aplicación, se fue haciendo cada vez más
extensiva hasta considerársela poco menos que la panacea universal. Según unos versos latinos muy repetidos en el siglo XVI, la
sangría «alarga la vida, regula la salud, / [...] quita las penas,
refuerza la memoria, limpia la vejiga, tranquiliza el cerebro»
(Robin Fåhraeus, *Historia de la medicina,* trad. esp., Barcelona, 1956,
págs. 269ss y 380). Cf. Lope de Vega, «Sangrarme pueden del
susto, / acogióseme a sagrado» *(Lanza por lanza,* I, BAE CCXII,
pág. 70); «¡Ay qué susto! ¡Jesús! Sangrarme quiero / [...] —Calla,
que vino a sangrar / a mi marido, a mi dueño, / por un susto que
le di / pidiéndole unos dineros» *(Entremés del fariseo, ap.* J. Huerta,
Teatro breve de los siglos XVI y XVII, Madrid, 1985, pág. 210).

Capítulo VI *

En que da cuenta del presidio que tuvo en Rosas; el viaje que hizo a Milán, y cómo pasó a la Alsacia y se halló en la batalla de Norlingue.

Después de haber desistido [1] el temor y olvidado el peligro en que me vi, y recuperado en una taberna la sangre que me había hecho sacar [2], yéndome un día paseando hacia la vuelta del muelle supe como el Duque de Cardona levantaba un tercio para enviarlo a

---

* [1632 ó 1633-1634].

[1] *desistir:* disipar. Cf. cap. V, nota 232.

[2] «El vino cómodamente usado es eficaz auxilio para que el estómago cueza bien la comida y se distribuya por las venas, se engendre loable sangre y se sustente regaladamente el cuerpo» (Juan Sorapán de Rieros, *Medicina española contenida en proverbios...*, 1616, ed. A. Castillo de Lucas, Madrid, 1949, pág. 352). También existió en francés el refrán «au matin bois le vin blanc, le rouge au soir pour faire sang» (Lorenzo Palmyreno, *El estudioso cortesano,* Valencia, 1573, pág. 68). Cf. Sebastián Fernández, «¿Digo algo, Salucio? El buen vino hace buena sangre» *(Tragedia Policiana,* 1547, ed. Menéndez Pelayo, NBAE XIV, pág. 9a).

Lombardía[3] y que era maestre de campo don Filipe de Cardona su hijo; y por coger ciertos reales que daban, con que se engañaban muchos bobos, senté plaza de soldado; pero apenas mi capitán me vio tan mozo y nada pesado cuando me metió en galera con los demás de sus soldados, temiendo que me perdería y que necesitase que me pregonasen.

Zarpamos de allí a estar de presidio[4] en Rosas, hasta tanto que el tercio se acabase de hacer, adonde teníamos cada tarde un pequeño socorro[5]; mas, porque era menos que moderado y nada bastante para aplacar mis buenos apetitos al cortar la cólera[6], procuré de valerme de uno de tantos oficios como sabía y había ejercitado. Y después de haber estado entre mí toda una siesta procurando, sin estar en conclave, hacer una buena eleción, elegí el de cocinero por cogerles con suavidad los socorros a los soldados y por socorrer con ellos mis necesidades; para cuyo efeto armé un rancho[7], que ni bien era bodegón ni bien casa de posadas, pero un bodegoncillo tan humilde que pudiera la guerra dejarlo por escondido o

---

[3] Aedo y Gallart informa sobre los reclutamientos que se hacían en España para formar un ejército de 14.000 hombres que había de pasar a Flandes con el Cardenal Infante. El Duque de Cardona, entre otros, hacía levas de infantería «en la corona de Aragón», en noviembre o diciembre de 1632, a juzgar por las fechas inmediatas que se mencionan en el *Viaje...*, ed. de Barcelona, 1637, págs. 21-23.

[4] «comúnmente llamamos *presidio* el castillo o fuerza donde hay gente de guarnición» (Covarr.).

[5] *socorro*. Cf. cap. V, nota 14.

[6] *«cortar la cólera:* por desayunarse con algo a la mañana» (Correas).

[7] *rancho:* «choza o casa pobre con techumbre de ramas o paja fuera de poblado» *(Dicc. Acad.).*

perdonarlo por pobre[8]. Estaba hecho a dos aguas[9] y no tenía defensa para ninguna; era todo él ventanaje, y necesitaba de ventanas; y con tener mil entradas y salidas, usos y costumbres, veredas y servidumbres, y libre de censo y tributo[10], no tenía puerta ni cerradura ninguna; eran sus mesas retazos viejos de tajones de cortar carne, sus asientos de grandes y torneadas losas, que habían servido de tapaderos de caños[11], sus ollas y cazuelas de cocido y no vidriado barro, y su vajilla de pasta del primer hombre. Pusiéronle por nombre la Plaza de Armas[12], por su poco abrigo y menos limpieza, pues no había en toda ella más rodilla[13] para lavar los platos que mi falda de camisa.

Hacía cada día un potaje que aun yo mismo ignoraba cómo lo podía llamar, pues ni era jigote francés ni almodrote castellano, mas presumo que, si no era hijo legítimo, era pariente muy cercano del malcocinado de

---

[8] *dejarlo por escondido,* etc. Como ya anota Millé, es una nueva alusión al romance de Angélica y Medoro, de Góngora. Cf. cap. IV, nota 98, y Belmonte Bermúdez, «Que el puesto donde yo asisto / en mi vocación constante, / el sol, general registro, / o le perdonó por pobre / o dejó por escondido» *(El diablo predicador,* I, BAE XLV, pág. 332); Solís, «...Que no ha de decir que yo / le dejé por escondido / o le perdoné por pobre» *(El amor al uso,* II, BAE XLVII, pág. 13); Gabriel de la Vega, «Te ofrezco, amigo letor, esta pequeña obra que es la quinta campaña que he escrito en estos Estados. Si las demás ha dejado tu censura por escondidas, perdona esta que ha salido en público, por pobre» *(FC,* prólogo «al letor»).

[9] *a dos aguas:* expresión que parece enigmática a SZ, y que designa, también hoy, la doble vertiente del tejado.

[10] Parodia de los formulismos usados en los documentos de compraventa.

[11] *caño:* «albañal de aguas inmundas» *(Dicc. Acad.).*

[12] *plaza de armas:* «el puesto de reunión, de formación de alarma, en cualquier pueblo, campo, posición o cantón» (J. Almirante, *Dicc. militar).*

[13] *rodilla:* «el paño vil, regularmente de lienzo, que sirve para limpiar alguna cosa» *(Dicc. Auts.).*

Valladolid[14], porque tenía la olla en que se guisaba
"tantas zarandajas"[15] de todas yerbas y tanta variedad de
carnes, sin preservar animal por inmundo y asqueroso
que fuese, que sólo le faltó jabón y lana para ser olla
de romance[16], aunque lo fue de latín, pues ninguno
llegó a entenderla, ni yo a explicarla con haber sido
estudiante. Con esto engrasaba a los soldados y, despa-
chando escudillas de contante y platos de fiado, ellos
cargaban con todo el brodio[17] y yo con todos los
socorros.

Después de haber durado algunos días esta industria
o disimulado robo, prueba de mi buen ingenio y
remedio de mi necesidad, nos embarcamos en un bajel
y fuimos a dar fondo junto a bahía de Génova, adonde
aun no hube puesto los pies en tierra cuando traté de
escurrirme sin ser anguila; mas por andar mis oficiales
alerta, por saber la retirada que había hecho a Barcelona, no pude salir con mi intento. En efeto, marchamos

---

[14] *jigote* «es la carne asada y picada menudo, y particularmente la
de la pierna de carnero» (Covarr.).

almodrote: «cierta salsa que se hace de aceite, ajos, queso y otras
cosas» (Covarr.); según Ruperto de Nola, consta de ajos asados,
queso, manteca, yemas de huevos y caldo de carnero *(Libro de
guisados...,* 1529, Madrid-Palma de Mallorca, 1959, pág. 128).

El *malcocinado* era, efectivamente, un guiso típico de Valladolid,
según N. A. Cortés, consultado por Millé.

[15] *zarandajas* «o son cribaduras de zaranda, o vejeces y desechos»
(Rosal, en *TLex).*

[16] Aunque en nuestra edición anterior suponíamos que se alude
a «la mezcla de cosas heterogéneas como las ensaladas de romances», explicación en la que coinciden Jones y SZ, hoy no estamos
tan seguros de ello, ya que *jabón y lana* parecen cita de algún texto
que desconocemos.

[17] *brodio:* «el caldo con berzas y mendrugos que se da a la
portería de los monesterios, de los relieves de las mesas» (Covarr.).
Para la historia de la palabra y sus acepciones, cf. nota de J. E.
Gillet a la com. *Tinellaria,* II, de Torres Naharro (ed. cit., III,
pág. 488).

la vuelta de Lombardía teniendo siempre tapa al son del tapalapatán, y, descubriendo tapaderos de cubas a la sombra de la sábana pintada[18], llegamos a Alejandría de la Palla, adonde por ir derrotados[19], y no de batallas ni encuentros, nos dieron vestidos de munición[20], que en lengua latina se llaman vestidos mortuorios y en castellana mortajas[21].

Yo, temiendo vestirme de finado y de hacer mis obsequias[22] en vida, y por no parecer bisoño siendo

---

[18] *tapa* (< it. *tappa*): alojamiento o «porción de alimento» (Almirante) de soldados en marcha. Cf. Diego de Aedo y Gallart, «Vinieron letras de su Alteza para pagar las tapas o alojamientos en tierra de grisones» (*El memorable viaje del Infante Cardenal D. Fernando de Austria*, Amberes: Juan Cnobbart, 1635, pág. 14).

tapalapatán: onomatopeya por el son del tambor; cf. J. de Valdivielso, «¡Tápala patán, tan tan tan! / ¡Guerra, guerra, guerra / al cielo y a la tierra!» (*La locura*, en *Teatro completo*, ed. cit., I, pág. 96). Lope de Vega registra las variantes *tapatán, taratán, tapatatán, taratántara* y *taparatán* («Yo os juro, Sancha, ¡por san!, / que me alboroto si siento / el son del taparatán», *Vida y muerte de Bamba*, I, BAE CXCV, pág. 301), a las que el *Dicc. Auts.* agrega *taparapatán*. Pero hubo varias más; cf. nota de Gillet a la com. *Soldadesca*, I, de Torres Naharro (ed. cit., III, pág. 397), que ya remite a otra de Rodríguez Marín a *La Gatomaquia*, de Lope de Vega (Madrid, 1935), págs. 97-98.

sábana pintada: la bandera.

[19] «*derrotar* se suele usar también por 'arribar arruinado y destruido a algún lugar'» *(Dicc. Auts.)*.

[20] *de munición* «dícese de lo que el estado suministra por contrata a la tropa para su manutención y equipo, a diferencia de lo que el soldado compra de su bolsillo» *(Dicc. Acad.)*. En un decreto de concesión de mercedes a Bartolomé Rodríguez, el rey Felipe IV acota: «désele un vestido de munición» (AHN, E., lib. 230).

[21] *mortajas.* Gasparetti anota que, debido a la penuria de medios, se repartían uniformes de los soldados muertos, costumbre que parece avalar el siguiente pasaje de Lope: «Hidalgo, no vas lucido / como ha de ir un buen soldado. / —En viendo el primer finado, / me endonaré su vestido» *(El primer rey de Castilla,* II, BAE CXCVII, pág. 217). También es posible que los soldados les llamaran mortajas presintiendo la proximidad del combate.

[22] *obsequias:* «las honras que se hacen a los difuntos» (Covarr.),

soldado viejo y habiendo hecho servicios particulares[23] (que si es necesario me darán certificaciones y
fees por ser mercancía que jamás se ha negado a
ninguno), me fingí enfermo y me fui a un hospital,
valiéndome del ardid del diente de ajo[24], gustando
más de estar en carnes vivas que en vestidos difuntos.
Repartieron toda la gente en castillos y guarniciones,
y, al punto que supe me habían dejado solo, que era lo
que yo deseaba, saqué la cabeza como galápago de mi
santo retiro, y saliendo como caracol en verano con
toda la casa a cuestas[25], cuyo peso era bien ligero, me
fui a la ciudad de Milán. Y viéndome que por causa de
ser soldado estaba con más soldaduras que una caldera
vieja[26], arrimé a una parte, como a gigante[27], la

es decir, 'exequias'. Cf. F. de Moncada, «Levantáronle un sepulcro
de mármol y honráronle con grandes obsequias, pues solo para
cumplir con su memoria se detuvieron ocho días» _(Expedición de
catalanes y aragoneses..._, ed. S. Gili, Madrid, 1924, pág. 112).

[23] _servicios particulares:_ servicios distinguidos. Cf. D. de Toral y
Valdés, «Yo guardaba cautamente una fee suya de ocho servicios
particulares que había hecho por órdenes suyas» _(Relación de la
vida..._, ed. M. Serrano y Sanz, NBAE II, Madrid, 1905, pág. 506).

[24] _ardid del diente de ajo:_ «haciéndose artificiosamente una llaga»,
según Millé. Gasparetti cree que puede haberse puesto un diente
de ajo en la axila [o en el recto] para hacer subir la temperatura.

[25] «como el caracol, que cuanto tiene trae a cuestas» (ms. RM,
Vallés, Correas).

[26] La palabra _soldado_ se prestaba a fáciles retruécanos. Cf. Góngora, «Pensó rendir la mozuela / el alférez de mentira, / soldado
por cien mil partes / y rompido por las mismas» _(OC,_ ed. cit.,
núm. 26); Lope de Vega, «Yo pienso hacerme soldado / y sueldo
de rey tirar. / —Yo no me pienso soldar, / porque nunca fui
quebrado» _(El anzuelo de Fenisa,_ I, BAE CCXLVI, pág. 274); «Soy
soldado por mil partes / y descosido en un tiempo / por otras mil,
porque hilo / aun de vergüenza no tengo» _(Entremés de los sordos,_
en _Vergel de entremeses,_ ed. cit., p. 203); Ovando y Santarén,
«Ligóle a un niño lisiado / la rotura en un instante, / que, con no
haber militado, / advirtió que siendo infante / había de ser soldado» _(Ocios de Castalia,_ ed. cit. pág. 326).

[27] _arrimar:_ dar de lado, abandonar, arrinconar. «Gigantes se

milicia, y siguiendo la malicia [28] de la corte reconocí su ventaja y asenté el pie, volviendo de muerte a vida y de pobre a rico.

Salí, el día que llegué, a ver de espacio aquella famosa ciudad, y me pareció una de las buenas de todas cuantas había andado, y que, a gozar de mar como muchas dellas, no sufriendo igualdad, les llevara conocidas ventajas. Vi que sus templos competían con los de Roma, que sus palacios aventajaban a los de Sevilla, que sus calles excedían a las de Lisboa, sus sedas a las de Génova, sus brocados y cristales a los de Venecia, y sus bordaduras y curiosidades a las de París. Visité el palacio y corte, habitación de su Alteza Serenísima el señor Infante Cardenal, que había acabado de llegar de Barcelona [29] a gobernar tan hermosísima ciudad y a defender tan inexpugnable estado. Hablé con todos los conocidos y dime a conocer a los

---

llaman también los gigantones que se suelen sacar en la procesión del Corpus» *(Dicc. Auts.)*. «*Arrimarse como gigante*. Arrímanlos para descansar, y de aquí se toma por echarse al rincón, como inútil y viejo, cosa o persona» (Correas). Cf. V. Espinel, «¿Han de estar todo el día arrimados a la pared como ánima de gigantón en puerta de taberna?» *(Marcos de Obregón,* I 8, ed. cit., I, pág. 172).

[28] *milicia / malicia*. Célebre juego paronomástico que se encuentra en multitud de textos. Cf. Tirso de Molina, «Pues si entre ausencias y olvidos / de la honra no hay noticia / y de milicia a malicia / va tan poco / ¿quién se parte a la milicia?» *(El Aquiles,* I, ed. E. Cotarelo, NBAE IV, pág. 117); Salas Barbadillo, «Está vuesa merced muy bisoño en la milicia o malicia cortesana» *(Entremés de las aventureras de la corte,* 1622, ed. Cotarelo, *Colección...,* pág. 276); Gracián, «No es otro la vida humana que una milicia a la malicia» *(Criticón,* ed. cit., II, pág. 282); «Milicia es la vida del hombre contra la malicia del hombre» *(Oráculo manual,* aforismo 13, ed. M. Romera-Navarro, Madrid, 1954, pág. 35).

[29] E. se refiere a una fecha inmediata al 25 de mayo de 1633, día en que D. Fernando de Austria entró en Milán (Aedo, *Viaje...,* ed. de Barcelona, pág. 109). El Infante ejerció como gobernador de Milán hasta fines de junio de 1634.

que no lo eran, y enfadado de los oficios pasados, por
haber medrado tan poco en ellos, sabiendo cuán agradable es el *tropo variar* [30], me hice padre de damas [31],
defensor de criadas y amparador de pobretas. Vendíme
por natural de Alcaudete [32], picaba a todas horas como
alguacil y cantaba a todos ratos como alcaudón [33];

---

[30] *troppo variar:* alusión a una frase muy difundida entre los
clásicos españoles («e per tal variar natura è bella») que otras
veces aparece como *tal variar,* o *molto variar* o *bel variar.* El
primero en ocuparse de ella fue A. Farinelli, para quien no se
trataba de un verso sino de una frase proverbial (cit. por Schevill y
Bonilla en su ed. de *La Galatea,* de Cervantes, Madrid, 1914, II,
pág. 289). Notó su presencia en el *Estebanillo* A. Morel-Fatio
(RFE III, 1916, pág. 66), y en el mismo tomo de esa revista (págs.
169-170) E. Díez Canedo transcribe el soneto XLVIII de Serafino
Aquilano, de donde procede. Otras huellas las señalan A. Reyes
(RFE IV, 1917, pág. 208) y J. G. Fucilla *(Estudios sobre petrarquismo,* Madrid, 1960, pág. 246). Consta ya como proverbio en un
refranero del siglo XVI (ms. RM): «per el bel variar natura e
bella».
[31] *padre de damas* «es alcaide —con perdón, / señor—, de la
mancebía» (Cervantes, *El rufián dichoso,* I, ed. cit., CyE, II, pág. 40).
Diserta sobre la expresión Rodríguez Marín al hablar del Compás
de Sevilla *(Quijote,* ed. cit., IX, págs. 129-137).
[32] *Alcaudete.* Cf. cap. XI, pág. 276, «postillón de Alcalá a
Güete».
[33] *picaba a todas horas como alguacil.* «A cierto género de araña
ponzoñosa, que hace una tela donde se enredan las moscas y se
mantiene dellas, [...] llaman comúnmente alguacil de moscas»
(Covarr., *s. u. alguacil).* Cf. J. de Aranda, «Otras [arañas] hay que
dicen alguaciles de matar moscas, que las cazan sin tener alas como
ellas, porque cuando están las moscas paradas se llegan por las
espaldas poco a poco, cuando la mosca se menea la araña le hurta
la vista con gran ligereza, y así se va acercando, hasta que,
viéndose cerca, de un salto la caza, lo cual da mucho gusto a los
que miran esto» *(Lugares comunes...,* Madrid, 1613, f. 210). Como
indica más abajo, E. se ocupa de atrapar la mosca (dinero) de sus
clientes.
alcaudón: «ave [...] Los pajarillos acuden a su chillido y así usan
de él los cazadores por señuelo para cogerlos» *(Dicc. Auts.).* Igual
que *Alcaudete* es claro juego de palabras con *alcahuete.*

tenía aposentos de congregación de ninfas de cantón,
salas de busconas, palacios de cortesanas y alcázares de
tusonas [34]. Vendía sus mercancías a todos precios,
vivía siempre con el adelantado [35], por tener esculpido
en la memoria aquellos versos concetuosos que dicen:

> que quien no paga tentado
> mal pagará arrepentido [36];

señalaba horas sin ser mano de reloj, hacía amistades
sin ser valiente y llevaba cada instante a vistas sin ser
casamentero [37].

---

[34] *ninfas de cantón* (=esquina): cantoneras. Cf. Francisco de
Castro, «Véense ya rameras, / no estas cantoneras / que están sin
alcahuetas / en tienda abierta, y venden la persona» («Canción del
Chaos», en *Metamorfosis a lo moderno, 1641*, ed. K. R. Scholberg,
México, 1958, pág. 74).

tusona: «ramera o dama cortesana» *(Dicc. Auts.)*.

[35] *vivía con el adelantado*: juego de palabras entre 'cobrar por
adelantado' y el cargo de adelantado, 'presidente, justicia mayor o
juez de alzada'. Góngora hace un chiste análogo al quejarse de que
su apoderado en Córdoba no quiere adelantarle dinero: «Ya me
contento con al fin del mes cobrar lo corrido, pues los Heredias
tienen poco deudo con el adelantado» (carta, 68, *OC*, ed. cit.,
págs. 1051-1052); también Quevedo: «Usé el oficio de adelantado,
que es mejor serlo de un cachete que de Castilla, y metile a uno media
pretina en la cara» *(Buscón*, III 4, ed. cit., pág. 195).

[36] *No fíes en prometido, | pues que pecas de contado; | que quien no
paga*, etc. Procede de *Las Seiscientas Apotegmas* de Juan Rufo (1596,
ed. A. Blecua, Madrid, 1972, pág. 69). Era expresión popularizada
(cf. L. Quiñones, *Las burlas de Isabel*, ed. Cotarelo, pág. 621a), y ya
en vida de su autor se atribuyó a otros poetas (cf. el apotegma 92
del mismo Rufo, y C. Gaillard, «Un inventario de las poesías
atribuidas al Conde de Salinas», *Criticón* 41, 1988, pág. 42).

[37] *hacer amistad*. Aquí con doble sentido: 'reconciliar' y 'urdir
amancebamientos'.

«*ir a vistas* es propio de los que tratan casamiento, para que el
uno se satisfaga del otro» (Covarr.).

Era, cuando me hallaba a solas con ellas, el Píramo
de su aldea[38], en habiendo visitas era su criado, en
habiendo pendencias su mozo de golpe, y en hacerles
los mandados su mandil[39]. Incitábalas a ser devotas de
san Roque y aconsejábales que siempre que lo visita-
sen se acercasen al ángel y huyesen del perro[40]. Campaba como mercader," vivía como Gran Turco[41] y

---

[38] *El Píramo de su aldea* es aquí sinónimo de 'amante', pues no
guarda otra relación con la fábula, igual que ocurre en el romance
de Góngora al cual pertenece este verso, con distinto valor del
posesivo («En el baile del ejido», *OC,* ed. cit., núm. 60).

[39] *mozo de golpe* «es el que en la mancebía cuidaba la cerradura o
golpe» (Hill). Cf. *El rufián viudo* de Cervantes. «Y a las horas / que
se echa el golpe»: 'a las horas que se cierra la mancebía' (Hazañas y
la Rúa, *Los rufianes de Cervantes,* Sevilla, 1906, pág. 258). Cf. cap.
III, nota 50.

mandil: «criado de rufián o de mujer pública» (Hill).

[40] *se acercasen al ángel,* etc. En la iconografía de san Roque,
abogado de los apestados, suele verse un perro con un pan en la
boca, o sin él en actitud de lamer la llaga de la pierna izquierda del
santo, y en ocasiones también un ángel que, según se creyó hasta
los *Acta Sanctorum,* se le habría aparecido para anunciarle su
curación y después la muerte (cf. *Encicl. Cattolica,* Vaticano, 1953,
vol. X, *s. u.).* En esta forma figura descrito en *Galán, valiente y
discreto,* I, de Mira de Amescua: «¿Quién es un santo varón / con
esclavina y bordón / que trae un perro consigo / con un pan, sin
que le asombre / el verle una llaga aquí?» (BAE XLV, pág. 23). E.
aconseja a sus pupilas huir del perro porque *dar perro* es «engañar
con promesa a una mujer» (L. Galindo, *op. cit.,* ms. 9781 BN, 47v).
«Dar perro muerto dícese en la corte cuando engañan y burlan a una
dama enamorada, dándole a entender que uno es un gran señor»
(Correas). Cf. Castillo Solórzano, «Por temerse de perros muertos,
como las damas de placer» *(La niña de los embustes,* ed. E. Cotarelo,
Madrid, 1906, pág. 59). Cf. J. Alonso Maluenda, «Cuando te ve
interesada, / San Roque es todo galán: / el pan esconde de ti / y
solo el perro te da» («Romance a una tomajona», *ap.* I, Arellano, *J.
A. M. y su poesía jocosa,* pág. 116).

[41] *campar.* Cf. cap.VII, nota 298.

como gran Turco, no por ser «gran comilón», como piensan SZ,
sino por algo elemental y bien distinto.

comía a dos carrillos como mona [42]. Llegábame siempre a los buenos por ser uno de ellos [43], acercábame a
los ricos y huía de los pobres, tratando muy ordinariamente con gente de naciones [44] sin necesitar de aprender lenguas.

Confirmé este oficio por uno de los mejores que
han inventado los hombres, si no hubiera decendi-
mientos de manos [45], rasguños de navajas y sopetones
de machetes [46]; pero viendo que por ciertos estelionatos del signo de Virgo [47] me querían dar colación de la

---

[42] «comer a dos carrillos» (Correas). Cf. cap. IV, nota 44, y V,
nota 161.

[43] «llégate a los buenos y serás uno de ellos» (H. Núñez,
Horozco, Correas, etc.).

[44] *gente de naciones:* extranjeros, y más específicamente 'soldados
extranjeros'. Acaso equívoco entre este sentido y el de 'personas
relacionadas con partos'.

[45] *decendimiento de manos:* «cuando uno las ha puesto a otro»
(Covarr.). Cf. «Señora Bárbara, ¿jugamos al escondite o hace burla
de mí? Porque si es ansí, habrá un decendimiento de manos que
deshaga todas estas quimeras» *(Entremés primero de Bárbara,* atribuido a Quevedo, *ap.* E. Asensio, *Itinerario del entremés,* pág. 342);
J. de Alcalá Yáñez, «Un día fueron tantas las voces que dio, y
palabras descomedidas que dijo al pobre marido, que por evitar
algún descendimiento de manos tuvo por bien de bajarse al patio y
dejarla decir» *(Alonso, mozo de muchos amos,* II, cap. 3, pág. 135).

[46] *sopetón:* «golpe fuerte y repentino dado con la mano» *(Dicc.
Auts.),* aquí 'machetazo'.

[47] *estelionatos del signo de Virgo.* La 1.ª edición, *esterlionatos,* por
errata. *Estelionato* es «venta fraudulosa» (Sobrino, en *TLex),* «la
cosa o hacienda que yo he vendido, volverse a vender a otro,
siendo la verdad que ya no es mía» (Liñán, *Guía y avisos de
forasteros...,* ed. cit., pág. 170). Se trata de algún manejo de E.
respecto a la recompuesta virginidad de sus pupilas. Cf. Pérez de
Montalbán, «Que las damas de Madrid / cada momento cometen /
estelionato en los nombres, / pues venden lo que no tienen» *(Para
todos,* Madrid, 1632, f. 15); 'Antolínez de Piedrabuena' (*i. e.,*
Gastón Delisco de Orozco, S. J. Polo de Medina o fray Benito
Ruiz; cf. Entrambasaguas, *RFE* XXVIII, 1944, págs. 1-14): «Delante del signo de Virgo está en el cielo el de Libra, que es un peso

referida, me amparé del palacio de don Marco Antonio de Capua, hermano del Príncipe de Roca Romana,
caballero napolitano, y, por habérsele ido el cocinero,
entré en el reinado de la cocina y empuñé el cetro de la
cuchara. Y después de haber estado algunos días en
quietud y regalo, complaciendo a mi amo y haciendo
alarde de mis estofados y reseña de mis aconchadi-
llos[48], marchó su Excelencia el Duque de Feria con un
lucido aunque pequeño ejército para dar socorro a la
Alsacia[49], yendo mi amo por capitán de una compañía,
y yo por su soldado y cocinero. Pasamos los dos tan
dilatado camino con muchísimo descanso y regalo,
abundando siempre de truchas salmonadas y diferencias de muy suaves y odoríferos vinos, porque como
llevaba pella de doblones hallábamos aun mucho más
de aquello que queríamos.

Pasamos el Tirol y juntáronse nuestras fuerzas españolas con las imperiales, que estaban a cargo del

con dos balanzas; y poner el virgo junto al peso es por que
entiendan que se vende, y así señala que habrá muchas doncellas
que de vendidas quedarán rematadas, aunque algunas en vender lo
que no tienen cometerán estelionato» (*Universidad de amor y escuela
del interés,* Madrid, 1636, f. 13). Idéntico estelionato, cometido por
una «mohatrera de doncellazgos», se menciona en *El diablo cojuelo,*
de L. Vélez de Guevara, tranco I (ed. cit., pág. 17).

[48] *reseña... alarde* significan lo que *muestra,* jugando con el
sentido militar y genérico de estos términos. Cf. Lope de Vega,
«Acudir a la reseña, / a la lista y al alarde / donde el soldado se
empeña, / suele ser donde el cobarde / más oro que acero enseña»
(*El honrado hermano,* III, BAE CXCI, pág. 45).

aconchadillo (< it. acconciato, 'preparación, aderezo'): «condimento, adobo, preparación culinaria» (*Dicc. historico,* que señala que es
palabra solo registrada en este pasaje).

[49] La expedición partió de Milán el 22 de agosto de 1633. Su
misión era preparar el paso del Cardenal Infante desde Italia a
Flandes. Aedo *(op. cit.,* ed. de Barcelona, págs. 89 y ss.) evalúa su
ejército en 10.000 soldados de infantería y 1.500 de caballería.
Cf. F. Weinitz, *Der Zug des Herzogs von Feria nach Deutschland im
Jahre 1633* (Heidelberg, 1882).

Entré en el reinado de la cocina y empuñé el cetro de la
cuchara (pág. 292. Dibujo de Julio Caro Baroja)

mariscal Aldringer, y hecho de todas un cuerpo, soco-
rrimos a Costanza y a Brisaque, y volviendo a separarse nos fuimos a hibernar a la Borgoña[50], adonde me
fue fuerza reformarme del oficio de la cocina[51], por
hallarla en todas las visitas que le hacía hecha un juego
de esgrimidor[52], sus ollas vagamundas, sus cazuelas
holgazanas y sus calderos y asadores rompepoyos[53],
siendo causa deste daño la destruición de la tierra y la
falta del dinero[54].

---

[50] El duque de Feria, después de hacer plaza de armas en
Fiessen, en el condado del Tirol (18-IX-1633), continuó su campaña «echando al enemigo de sobre Constancia, y luego, con la
misma felicidad [...], socorrió a Brisack [...], y habiéndose después
juntado con el ejército del conde Alderingen presentó al enemigo
la batalla en Sults a 29 de Octubre. [...] Después, habiéndose
apartado Alderinge, y encaminádose a la Baviera, [...] trató el
duque de encaminarse a Borgoña» (Aedo y Gallart, *op. cit.,* ed. de
Barcelona, pág. 93).

[51] *oficio de la cocina.* Así las ediciones 1.ª y 2.ª. Desde la 3.ª, *oficio
y cargo que me habían dado de la cocina.*

[52] *juego,* o *«casa de esgrimidores:* por casa revuelta, desaliñada y
sin alhajas» (Correas). La expresión era ya proverbial a comienzos
del siglo XVI. Cf. Torres Naharro, «No sé cómo, por mejor, / alcé
los ojos por casa; / a la fe, estaba más rasa / que la d'un esgremi-
dor. / ¿Quieres saber, por mi amor, / qué era toda su vajilla? / Dos
jarros y un escodilla / y un peine y un asador» *(Comedia Seraphina,*
II, ed. J. E. Gillet, II, pág. 36, y nota en vol. III, pág. 277); J. de
Alcalá Yáñez, «Acabóse el pan de boda, andando nuestra casa
como la de un esgrimidor, o escudero el más pobre, que aun pan
no teníamos ni con qué comprarlo» *(Alonso, mozo de muchos amos,* I,
cap. 4, f. 45r).

[53] *rompepoyos:* «el ocioso que se anda sentado en los poyos de los
barrios» (Correas). Expresión equivalente se encuentra en un
refranero del siglo XVI: «¿Qué oficio ha? Rompebancos» (ms. RM,
f. 199v).

[54] El duque de Feria se había alejado «con su ejército tan
adentro de Alemania, y tan lejos de donde su Alteza lo había
menester; habiéndose deshecho considerablemente, por haber
marchado en lo áspero del invierno y por la grandísima falta de
mantenimientos que padeció» (Aedo y Gallart, *op. cit.,* ed. de
Madrid, pág. 60).

Viéndome, pues, cocinero reformado[55], busqué otro modo y otra novedad de trato[56]; y haciéndome merchante de hierros y clavos de herrar caballos, y marchando a la vuelta de la Baviera, en pocas jornadas quedé desenclavado y conocí el yerro que había hecho en emplear mi caudal en cosa que no podía acertar[57]; de modo que lo que fiaba no me pagaban, lo que me estafaban aun no lo agradecían, y lo que me hurtaban jamás me lo restituían; con que al cabo de la jornada hallé el carro de mi capitán, adonde yo llevaba la indigestible mercancía, muy vacío y mi bolsa muy anublada[58].

Fuese en esta ocasión mi amo a Italia, a cosas que le importaban, dejándome a mí desherrado y desollado, pues quedaba sin el amparo de sus ollas y perdido el trato de los hierros. Hallóse al presente sin cocinero don Pedro de Ulloa, capitán de caballos, y, por haberle informado que yo era el mejor de todo el ejército, me recibió para que le sirviese en el dicho oficio, porque en la tierra de los ciegos el que es tuerto es rey[59]. Contóme mi amo, el pretendiente a quien yo serví de paje en Madrid, que hallándose en una aldea cercana a él una víspera de Corpus, llegó una tropa de infantería representanta, que ni era compañía ni farándula, ni mojiganga ni bolulú[60], sino un pequeño y despeado

---

[55] *reformado* «se toma por el oficio militar que no está en actual ejercicio de su empleo» *(Dicc. Auts.).*

[56] *trato:* «la negociación y comercio de géneros y mercaderías» *(Dicc. Auts.).*

[57] *cosa que no podía acertar,* por ser hierro, homófono de *yerro,* escrito igualmente con la grafía *hierro* en la 1.ª edición.

[58] *anublarse:* «marchitarse, ponerse mustia, seca e inútil alguna cosa» *(Dicc. Auts.).*

[59] «en la tierra de los ciegos el tuerto es rey» (Correas; similar en Vallés, H. Núñez y ms. RM).

[60] «En la *bojiganga* van dos mujeres y un muchacho, seis o siete compañeros [...] Estos traen seis comedias, tres o cuatro autos,

ñaque [61] tan falto de galas como de comedias, el cual, a título de compañía de a legua [62], pretendió hacer la fiesta del día venidero, ofreciendo satisfación de muestra [63], y que, habiéndose juntado todo el concejo,

---

cinco entremeses, dos arcas, una con hato de la comedia y otra de las mujeres; alquilan cuatro jumentos, uno para las arcas y dos para las hembras, y otro para remudar los compañeros a cuarto de legua, conforme hiciere cada uno la figura y fuere de provecho en la chacota. Suelen traer entre siete dos capas, y con estas van entrando de dos en dos como frailes. Y sucede muchas veces, llevándosela el mozo, dejarlos a todos en cuerpo. Estos comen bien, duermen todos en cuatro camas, representan de noche y las fiestas de día, cenan las más veces ensalada, porque como acaban tarde la comedia, hallan siempre la cena fría» (A. de Rojas Villandrando, *El viaje entretenido,* 1603, ed. J. García Morales, Madrid, 1964², págs. 161-162).

«El *bululú* es un representante solo, que camina a pie y pasa su camino, y entra en el pueblo, habla al cura y dícele que sabe una comedia y alguna loa; que junte al barbero y sacristán y se la dirá, por que le den alguna cosa para pasar adelante. Júntanse éstos, y él súbese sobre una arca y va diciendo: "Agora sale la dama y dice esto y esto", y va representando, y el cura pidiendo limosna en un sombrero; y junta cuatro o cinco cuartos, algún pedazo de pan y escudilla de caldo que le da el cura, y con esto sigue su estrella y prosigue su camino hasta que halla remedio» (A. de Rojas, *op.* y ed. cits., pág. 159).

[61] *despeado:* maltratado de pies.

«*Ñaque* es dos hombres [...]; estos hacen un entremés, algún poco de un auto, dicen unas otavas, dos o tres loas, llevan una barba de zamarro, tocan el tamborino y cobran a ochavo, y en esotros reinos a dinerillo [...], viven contentos, duermen vestidos, caminan desnudos, comen hambrientos y espúlganse el verano entre trigos, y en el invierno no sienten con el frío los piojos» (A. de Rojas, *op.* y ed. cits., págs. 159-160). Nótese que para Estebanillo parece constar de más de dos actores.

El mismo Rojas Villandrando describe también *compañía* y *farándula.*

[62] *de a legua.* Así todas las ediciones, aunque probable errata por *de la legua.* Cf. *cómico de la legua:* «el que anda representando en poblaciones pequeñas» *(Dicc. Auts.).*

[63] *muestra.* «Antes de conceder el permiso para representar en los corrales de comedias a las compañías [...] debían representar

gustaron de oírlos para ver si eran tales como ellos presumían. Llamáronlos en casa del alcalde, y delante de mi amo y de los jurados representaron el auto de *La locura por el alma*[64], adonde el que hacía a Luzbel, por dar más voces que los demás, pareció mejor que todos, siendo todos harto malos. Acabóse la muestra, salió mi amo a la plaza con todo el ayuntamiento, adonde hallaron al cura, que por haber estado diciendo vísperas no se había hallado en la representación, el cual preguntó a el alcalde que qué tales eran los representantes; satisfízole con decirle que no le habían parecido mal, pero que uno que representaba el diablo era el mejor de todos. A lo cual le respondió el cura:

—Si el diablo es el mejor, ¿qué tales serán los demás?

Por lo cual aplico y digo que si yo pasaba plaza del mejor cocinero del ejército, no sabiendo lo que me hacía, ¿qué tales serían los demás? En efeto, a falta de buenos, me hizo mi amo alcalde[65] de su cocina y soldado de su compañía.

Prosiguiendo la dicha marcha llegamos a alojar a las sierras de Baviera[66], adonde nos dieron por patrón

---

una comedia en el Ayuntamiento para dar a conocer el personal, y a esto se llamaba *dar la muestra*» (J. Sánchez-Arjona, *Anales del teatro en Sevilla*, cit. pág. 255).

[64] *La locura por el alma*. Con este título aparece en un ms. el auto de Lope de Vega *La locura por la honra* (cf. J. Alenda, «Catálogo de autos sacramentales...», *BRAE* V, 1918, págs. 379-380); en él figura un «príncipe de las tinieblas» a quien otros personajes llaman Luzbel (BAE CLVIII, págs. 216 y 220).

[65] «a falta de hombres buenos hicieron a mi padre alcalde» (Correas). «¿Quién te hizo alcaide? Falta de hombres buenos» (Vallés).

[66] «Con grande trabajo por el mal tiempo, camino asperísimo y gran falta de bastimentos [...] llegaron a Starenberg, en Baviera» (Aedo y Gallart, *op. cit.*, ed. de Barcelona, pág. 93). Poco después de llegar a Starnberg enfermó el duque de Feria, que murió en Munich el 11-I-1634.

uno de los más ricos dellas, aunque, por tener retirado todo su ganado y lo mejor de sus muebles, se nos vendió por pobre; mas no le valió nada su fingimiento, porque sus mismos criados me dieron aviso dello, porque demás de ser enemigos no escusados[67] son los pregoneros de los defectos de sus amos.

Hablaba nuestro patrón tan cerrado alemán y ignoraba tanto el lenguaje español que ni él nos entendía lo que nosotros decíamos ni nosotros entendíamos lo que él hablaba. Pedíamosle por señas lo que habíamos menester, y él, aunque las entendía, como no eran en su provecho, se daba por desentendido y encogíase de hombros. Díjome el criado que me había advertido de lo demás, y entendía un poco la lengua italiana, que su amo era muy buen latino; que si había alguno entre nosotros que hubiera sido estudiante le daría a entender lo que le pedíamos. Alegráronseme las pajarillas[68], por ver que yo solo quedaba señor absoluto de la campaña y que podía hacer de las mías sin que nadie me entendiera. Acerquéme a el patrón y díjele muy a lo grave que yo era furriel[69], mayordomo y cocinero de mi amo, y que así le advertía que tenía un capitán de ⟨a⟩ caballos del Rey de España en su casa, y persona de mucha calidad; que tratase de regalarle muy bien a él y a sus criados, y que porque venía cansado y era ya hora de comer, que hiciese traer todo lo que era necesario. Respondióme que le dijera la provisión que había de hacer en la cocina, y que haría a sus criados que lo trujesen al punto. Díjele que era

---

[67] «criados son enemigos no excusados» (Horozco, etc.).

[68] *alegrársele la pajarilla:* «frase con que se pondera el gusto y satisfacción grande que se tiene de la consecución de alguna cosa o de la esperanza de ella» *(Dicc. Auts.).* Cf. Quevedo, «Alegrósele la pajarilla al alguacil y dijo: —Yo los meteré en pretina, o podré poco» *(Cuento de cuentos,* en *Obras festivas,* ed. cit., pág. 164).

[69] *furriel* «dicen que vale lo mismo que aposentador» (Covarr.).

menester para la primer mesa de los gentileshombres de la boca, y para la segunda de los pajes y meninos, y para la tercera de lacayos, estaferos[70] y mozos de cocina, una vaca, dos terneras, cuatro carneros, doce gallinas, seis capones, veinte y cuatro palominos, seis libras de tocino de lardear[71], cuatro de azúcar, dos de toda especia, cien huevos, cincuenta libras de pescado para escabeche, medio pote de vino para cada plato y seis botas de respeto[72].

Él, haciéndose más cruces que hay en el Monte Santo de Granada[73], me dijo:

—Si para las mesas de los criados es menester lo que vuesa merced pide, no habrá tanta hacienda en este villaje para la del señor.

Respondíle:

---

[70] *gentileshombres de boca:* «oficio en la casa del rey en clase de caballeros [...] Su legítimo empleo es servir a la mesa del rey» *(Dicc. Auts.),* aunque aquí parece referirse más bien al cargo militar de gentilhombre, «u oficial a las inmediatas órdenes» (Almirante). Cf. Góngora, «Gentileshombres sólo de sus bocas» *(Sonetos,* ed. cit., pág. 164); otro ejemplo en la *Colección de entremeses...,* ed. Cotarelo, pág. 821*b*.

menino: «el caballerico que entraba en palacio a servir a la reina o a los príncipes niños» *(Dicc. Auts.).*

estafero: «criado de a pie o mozo de espuelas» *(Dicc. Auts.).*

[71] *lardear,* lardar: «untar lo que se asa con el lardo [lo gordo del tocino]» (Covarr.).

[72] *de respeto:* de repuesto.

[73] *más cruces...,* etc. Cf. Lope de Vega, «¡Qué de reliquias se hallan / en Granada y otras tierras, / santos despojos de guerras / en que mártires batallan!» *(La tragedia del Rey D. Sebastián,* III, BAE CCXXV, pág. 167); Simón Aguado, «¡Válgate con treinta cruces! —Y a ti con todo el monte de Granada» *(Entremés del Platillo,* ed. Cotarelo, pág. 226*b*). Este monte fue tenido por sagrado después del hallazgo de reliquias y plomos con textos evangélicos cuya falsedad fue comprobada posteriormente. Cf. A. Castro, *La realidad histórica de España,* ed. cit., págs. 200-202, y «El *Quijote,* taller de existencialidad», *Rev. de Occidente,* 2.ª época, V, núm. 52 (julio 1967), págs. 22 y ss.

—Mi amo es tan gran caballero que más quiere tener contentos a sus criados que no a su persona; y así él y sus camaradas no hacen de gasto al día a ningún patrón si no es un relleno imperial aovado.

Preguntóme que de qué se hacía el tal relleno. Respondíle que me mandase traer un huevo y un pichón recién nacido y dos carros de carbón, y mandase llamar a un zapatero de viejo, con alesna [74] y cabos, y un sepolturero con su azada, y que sabría todo lo que había de buscar para empezar a trabajar en hacerlo.

El patrón, medio atónito y atemorizado, salió en busca de lo necesario al tal relleno, y a el cabo de poco espacio me trujo todo lo que le había pedido, excepto los dos carros de carbón. Toméle el huevo y el pequeño pichón, y abriéndolo con un cuchillo de mi sazonada herramienta, y metiéndole el huevo, después de haberle sacado las tripas, le dije desta forma:

—Repare vuesa merced en este relleno, porque es lo mismo que el juego del gato al rato [75]: este huevo está dentro deste pichón, el pichón ha de estar dentro de una perdiz, la perdiz dentro de una polla, la polla dentro de un capón, el capón dentro de un faisán, el faisán dentro de un pavo, el pavo dentro de un cabrito, el cabrito dentro de un carnero, el carnero dentro de una ternera, y la ternera dentro de una vaca. Todo esto ha de ir lavado, pelado, desollado y lardeado, fuera de la vaca, que ha de quedar con su pellejo; y cuando se vayan metiendo unos en otros, como cajas

---

[74] *alesna:* lezna, «la aguja con que el zapatero pasa la suela del zapato y el cuero, antes de los cabos de cáñamo encerotados con que cose» (Covarr.).

[75] *juego del gato al rato.* Rodríguez Marín, ya citado por Millé, en una larga nota al *Quijote* I 16, menciona varios cuentos y juegos acumulativos para explicar la frase de Cervantes: «Y así, como suele decirse, el gato al rato, el rato a la cuerda, la cuerda al palo» (ed. cit., I, págs. 435-437).

* Petronius:
Satyricon

de Inglaterra [76], por que ninguno se salga de su asiento los ha de ir el zapatero cosiendo a dos cabos, y en estando zurcidos en el pellejo y panza de la vaca, ha de hacer el sepolturero una profunda fosa, y echar en el suelo della un carro de carbón, y luego la dicha vaca, y ponerle encima el otro carro, y darle fuego cuatro horas, poco más o menos; y después, sacándola, queda todo hecho una sustancia y un manjar tan sabroso y regalado que antiguamente [lo] comían los emperadores el día de su coronación; por cuya causa, y por ser el huevo la piedra fundamental de aquel guisado, le daban por nombre relleno imperial aovado [77].

El patrón, que me estaba oyendo la boca abierta y

---

[76] *cajas de Inglaterra* (?). Jones traduce «nesting boxes», es decir, cajas contenidas en otras *(Dissert.,* pág. 189). Podría ser errata por *calzas de Inglaterra,* mencionadas por el secretario de Piccolomini («Due pari di calsette d'Inghilterra per S. Eccza., f[lorini] 22,30», A. S. Siena, carte Useppi, núm. 28, f. 212), aunque ignoramos si su hechura tiene aplicación al pasaje.

[77] Esta escena se reproduce casi literalmente en el *Entremés de los chirlos mirlos,* de Francisco de Castro (m. en 1712): «Oigan atentos, que es guisado nuevo. / Cogeráse una vaca, no muy flaca / y ha de abrirse por medio aquesta vaca; / sácasele el bandullo de manera / que en su cóncavo quepa una ternera; / ábrese la ternera y luego, entero, / en su barriga métese un carnero; / abriráse el carnero, y queditito / al punto ha de meterse allí un cabrito; / el cabrito también se abre hasta el cabo, / y luego dentro se le mete un pavo...», y así hasta terminar en un gorrión *(Cómico festejo,* Madrid: Gabriel del Barrio, 1742, I, vv. 113-147). Sobre el tema de los rellenos, aparte el famoso de que habla Petronio *(Satiricón,* XLIX-L), cf. el «Segundo coloquio del convite», en los *Coloquios,* de Pero Mexía (1547), y, del mismo, la *Historia imperial y cesárea...:* [Heliogábalo] «hacía dar a comer animales muy grandes, rellenos de mollejas, de higadillos de pavos y sesillos de pájaros, y de huevos de perdices, y de cabezas de papagayos y faisanes» (Sevilla, 1564, fol. 80r). Fray Prudencio de Sandoval, en obra sin duda conocida por el autor del *Estebanillo* (cf. cap. XIII, nota 58), al narrar la coronación de Carlos V en Aquisgrán, se refiere a otro buey «que lo habían asado entero en la plaza y relleno de muchas aves» *(Historia de la vida y hechos del Emperador Carlos V,* Amberes: G. Verdussen, 1681, t. I, pág. 371). Añádase el texto de Thomas

hecho una estatua de piedra, lo tuvo tan creído y se
persuadió tanto a ello, viendo mi entereza y la priesa
que le daba a la brevedad de traer todos los requisitos
que le había ordenado, que tomándome la mano, harto
sin pulsos la suya, me le apretó[78] y me dijo:

—*Domine, pauper sum.*

A lo cual, entendiendo la seña, le respondí:

—*Nihil timeas.*

Y llevándolo a la cocina nos concertamos de tal
modo que, restaurando la pérdida de los hierros, me
sobró con que poder comprar dos pares de botas,
haciéndole a mi amo creer que era el patrón muy
pobre y que le habían robado todo el ganado gente de
nuestras tropas, por lo cual lo habían dejado destruido; por cuya causa, teniéndole compasión, me mandó,
por saber que yo sólo lo entendía, que me acomodase
con él lo mejor que pudiera de suerte que no le hiciese
mucha costa en el gasto de la comida. Pero, viendo los
criados que me abundaba el vino en la cocina y que
me sobraban los regalos que el patrón me enviaba,
dieron cuenta a mi amo, recelosos de la cautela[79], el
cual hizo diligencia de saber si era verdad lo que yo le
había asegurado; y hallando ser todo al contrario y
que estaba alojado en la casa más rica de aquel villaje,
llamó al patrón y, con un intérprete borgoñón que
entendía las dos lenguas, supo dél la contribución que
me había dado y que le había dicho que era su furriel,

Nashe alegado por Jones (*Dissert.*, págs. 188-189): «...That ever
at the Emperours coronation there is an oxe roasted with a stag in
the belly and that stag in his belly hath a kid, and that kid is stuffed
full of birds» (*Unfortunate Traveller, or Life of Jack Wilton*, 1594,
ed. London, 1914, pág. 253).

[78] *me le apretó.* Así, las ediciones 1.ª y 2.ª; desde la 3.ª, *me la
apretó.* Mantenemos la lectura original por estimar que puede
referirse al «pulso», es decir, la muñeca.

[79] *cautela:* «el engaño que uno hace a otro ingeniosamente»
(Covarr.).

mayordomo y cocinero, y lo demás que he referido.

Bajó mi amo a la cocina y, tomando un palo de los más delgados que había en ella, me limpió tan bien el polvo que más de cuatro días comió asado y fiambre por falta de cocinero. Yo le dije, viéndome más que aporreado, que si quería servirse de hombre de mi oficio que fuese fiel que lo enviase a hacer a Alcorcón [80], y que se persuadiese a que no había cocinero que no fuese ladrón, saludador que no fuese borracho [81], ni músico que no fuese gallina [82].

---

[80] *Alcorcón:* «pueblo dos leguas de Madrid, conocido por las ollas que allí se labran y otras vasijas» (Covarr.). E. quiere dar a entender que lo había de encargar de su gusto, como puchero. Correas trae el dicho *«hágalo de barro. Lo que quieren a gusto».* Cf. L. Quiñones de Benavente, «Pues si quiere marido tan perfecto, / en Alcorcón le harán de capa y gorra» *(Entremés del examen de maridos,* ed. Cotarelo, pág. 758b); Antonio de Silva (?; el poema parece ser obra de Calderón), «No hallaré mujer más bella / en cuanto circunda el sol. / —Aunque la mandéis hacer / en la villa de Alcorcón» *(Poesías varias de grandes ingenios...,* por Josef Alfay, 1654, ed. J. M. Blecua, Zaragoza, 1946, pág. 204).

[81] El maestro Ciruelo, que distingue cuidadosamente entre ensalmadores, que curan con la palabra, y saludadores, que curan la rabia con su saliva y aliento, tiene a estos en opinión de «borrachones viciosos» *(Reprobación de las supersticiones y hechicerías...,* Salamanca: Pedro de Castro, 1538, parte III, cap. VII). También para Covarrubias «muchos de los que dicen ser saludadores son embaidores [embaucadores] y gente perdida». Cf. Calderón, «¡Ay de mí! Ve volando como un trueno, / antes que al corazón corra el veneno, / por un saludador que me salude. / —Yo la taberna sé donde uno acude» *(Entremés de la rabia,* BAE XIV, pág. 720); Enríquez Gómez, «Mi bisagüelo por parte de padre era saludador; llamábase Estefanio Ensalmo [...] Nació con tal gracia [...] que dende la barriga de su madre venía soplando [...] Ninguno le llevó ventaja en soplar hacia dentro; era la destruición del vino» *(El siglo pitagórico,* ed. cit., pág. 77); Rojas Zorrilla, «¿Es muy malo ser borracho? / ¿Es ser borracho bajeza? / [...] Un saludador verás / que da soplo de salud: / no es del soplo la virtud, / sino del tufo no más» *(También la afrenta es veneno,* III, BAE LIV, pág. 600).

[82] «Se culpaba a los músicos que acompañaban a todos los que

Salimos de allí y fuimos a hacer plaza de armas[83] general en la campaña, llevando yo por la obligación de ser soldado una carabina con braguero, por habérsele rompido caja y cañón, y un frasco lleno de pimienta y sal para despolvorear los habares[84]; y por armas tocantes a la cocina, un cuchillo grande, cuchillo mediano y cuchillo pequeño; que, a tomar trasformación y convertirse en perros, se pudiera decir por mí que llevaba *perri chiqui, perri grande, perri de tuti maneri*[85].

Pasamos de la plaza de armas a juntarnos con el ejército que traía su Alteza Serenísima del Infante Cardenal para pasar a los Estados de Flandes, y,

---

por ello les pagaban, en las rondas y aventuras nocturnas, de abandonarles a la primera señal de que iba a haber cuchilladas» (Millé, que autoriza con un pasaje de *La desdicha por la honra,* de Lope de Vega; *Novelas a Marcia Leonarda,* ed. F. Rico, Madrid, 1968, pág. 81). Cf. Calderón, «¿Así os vais? —¿De qué te espantas? / Que a los músicos no toca / reñir, pues es cosa clara / que su oficio es hacer fugas, / y el valerse de las plantas / cumplir con su obligación, / pues son, usando su gracia, / las gargantas de los pies / también pasos de garganta» *(La fiera, el rayo y la piedra,* I, ed. cit., pág. 56).

[83] *plaza de armas,* «que así se llama a la parte en que se va juntando un ejército» (F. Dávila Orejón, *Política y Mecánica militar para sargento mayor de tercio,* Madrid: J. de Paredes, 1669, pág. 123).

[84] *despolvorear:* aquí, 'espolvorear'.

habares. Cf. «En algunas partes comen las habas tiernas con sal, como fruta nueva» (Correas, ed. cit., pág. 443). E. recuerda una práctica picaril descrita por G. A. de Herrera: «Deben de guardar los habares cuando están con su fruto verde, que entonces es el tiempo cuando muchos no hallan mozos, a causa que se andan muchos baldíos, holgazanes y vagamundos, con su cañuto de sal de habar en habar, comiendo y holgando» *(Agricultura general,* ed. cit., pág. 79).

[85] *perri chiqui,* etc.: jerigonza que parece adaptación burlesca de un pregón de charlatán o vendedor callejero, oficio que practica el mismo Estebanillo en Viena (cap. VII, pág. 91 y ss.) y describe en Nápoles (cap. XI, pág. 266).

habiéndonos agregado a él[86] siguiendo la dicha derrota, ganamos algunas villas cuyos nombres no han llegado a mi noticia, porque yo no las vi ni quise arriesgar mi salud ni poner en contingencia mi vida, pues la tenía yo tan buena que mientras los soldados abrían trinchea abría yo las ganas de comer, y en el ínter que hacían baterías[87] se las hacía yo a la olla, y los asaltos que ellos daban a las murallas los daba yo a los asadores. Y después de ponerse mi amo a la inclemencia de las balas y de venir molido me hallaba a mí muy descansado y mejor bebido, y tenía a suerte comer quizá mis desechos, y beber, sin quizá, mis sobras[88].

Fuimos prosiguiendo nuestra jornada hacia la vuelta de la villa de Norlingue, juntándose en el camino nuestro ejército con el del Rey de Hungría[89], con lo cual se doblaron las fuerzas y nos determinamos a ir a ganar la dicha villa. Y a el tiempo que la teníamos

---

[86] Los restos del ejército del duque de Feria se unieron al del Infante a fines de julio de 1634 en Rattenberg, Austria (cf. Aedo, *Viaje...*, ed. de Barcelona, págs. 136-137). D. Martín de Idiáquez, a quien luego se elogiará como artífice de la victoria de Nördlingen, era maestre de campo en el ejército de Feria.

[87] *trinchea:* «lo mismo que trinchera» *(Dicc. Auts.).* Cf. Lope de Vega, «Soy soldado e ingeniero, / hago fosos, trincheas, cavas» *(La contienda de García de Paredes,* III, BAE CCXV, pág. 318).

hacer baterías. «Batir *los muros* es dispararles la artillería, y *batería* el estrago que en ellos se hace con ella y con los asaltos» (Covarr.).

[88] *«quizá, y sin quizá.* Iba a decir una cosa en duda, y corrígese y afírmala» (Correas).

[89] *Rey de Hungría:* Fernando de Habsburgo (1608-1657), rey de Hungría en 1625 y de Bohemia en 1627. Elegido Rey de Romanos en la navidad de 1636, sucedió como emperador a su padre, Fernando II, al morir éste el 15 de febrero de 1637. Se había casado en 1631 con María Ana de España, hermana de Felipe IV. La unión del ejército español y el imperial, y el encuentro entre los dos primos, tuvo lugar el 2-IX-1634; al día siguiente se empezó a batir con la artillería la ciudad de Nördlingen (Aedo, *op. cit.,* ed. de Barcelona, págs. 165-169).

volqueando[90] y esperando cura, cruz y sacristán[91], el
ejército sueco, opuesto al nuestro, pensando darnos un
pan como unas nueces[92], vino por lana y volvió
trasquilado[93]. Yo, si va a decir verdad[94], aunque no es
de mi profesión, cuando lo vi venir me acoquiné y
acobardé de tal manera que diera cuanto tenía por
volverme Ícaro[95] alado o por poder ver la batalla
desde una ventana.

Cerró el enemigo con un bosque sin necesitar de
leña ni carbón, y ganándolo a pesar de nuestra gente
se hizo señor absoluto dél[96]. Llegó la nueva a nuestro

---

[90] *volqueando.* Así, las primeras ediciones. Según Millé equivale a
'revolcándose como en trance de muerte', interpretación avalada
por el siguiente pasaje que cita el *Dicc. Auts.:* «arder y bramar y
volquearse en aquel tan estrecho aposento hasta morir» (fr. Luis de
Granada). A partir de la edición de 1720 se lee *bloqueando.*

[91] *cura, cruz y sacristán.* Cf. «No hay gascón vende-rosarios / que
mi muerte no pronuncia, / ni minuto que no espere / la cruz,
sacristán y tumba» *(Sátira contra los monsiures de Francia,* cit.).

[92] *«dar un pan como unas nueces.* Por palos, golpes y pesadumbres»
(Correas). Cf. Lope de Vega, «Vuélvete, tabernero mentecato, /
que te darán un pan como unas nueces» *(La serrana de Tormes,* III,
ed. Acad. N., IX, pág. 466); Cristóbal de Monroy y Silva, «Bien le
he dicho yo a mi amo / que es un botarate, pues / se fía de quien le
engaña / a peligro que nos den / un pan, no como unas nueces, /
sino un pan como una nuez, / pues la nuez ha sido agora / la que
ha peligrado en él / y en mí» *(No hay amor donde no hay celos,* III, ed.
M. R. Bem Barroca, Valencia, 1976, pág. 194).

[93] «fue por lana y vino trasquilado» *(Seniloquium,* siglo XV).
Hay variantes en todos los refraneros.

[94] *«si va a decir verdad.* Cuando uno se determina a decirla ante
otros» (Correas).

[95] *Ícaro:* hijo de Dédalo que huyó de Creta volando con alas
construidas por su padre (Ovidio, *Ars amandi,* II 21-96, *Metam.*
VIII 183-235).

[96] Se alude al bosque de Hesselberg: «Penetraron por cuatro
distintos puntos en el bosque tres mil suecos y se hicieron por fin
dueños de él, con muerte de muchos de sus defensores y prisión de
su jefe» (A. Cánovas del Castillo, *Estudios del reinado de Felipe IV,*
Madrid, 1888, II, pág. 76. Cf. también Aedo y Gallart, *op. cit.,*

ejército, y exagerando algunos de los nuestros la pérdida pronosticaban la ruina; que hay soldados de tanto valor que, antes de llegar a la ocasión, publican contentarse con cien palos [97]. Yo, desmayado del suceso y atemorizado de oír los truenos del riguroso bronce y de ver los relámpagos de la pólvora y de sentir los rayos de las balas, pensando que toda Suecia venía contra mí y que la menor tajada sería la oreja [98], por ignorar los caminos y haberse puesto capuz la señora doña Luna [99] me retiré a un derrotado [100] foso cercano a nuestro ejército, pequeño albergue de un esqueleto rocín, que patiabierto y boca arriba se debía de entretener en contar estrellas. Y viendo que aviva-

---

cap. XIII, con descripción minuciosa de las operaciones militares el primer día de la batalla).

[97] Cf. «Con mil palos me contento» (J. Pérez de Montalbán, *Los amantes de Teruel*, I, ed. C. Iranzo, Valencia, 1983, pág. 47); Calderón, «Ya en la calle estoy, protesto / que tomara de partido / cien palos, real más o menos» (*Entremés del desafío de Juan Rana*, BAE XIV, pág. 631).

[98] *la menor tajada sería la oreja*. Otras veces se decía «la mayor tajada»; cf. ejemplos en nota de Rodríguez Marín al *Quijote*, I 43 (ed. cit., III, pág. 271). Añádase J. de Alcalá Yáñez, «Como rabiosos perros arremetieron para él con chuzos y aijadas, y derribándole en tierra, la menor tajada vino a ser la oreja» (*Alonso, mozo de muchos amos*, I, cap. 2, f. 19v); Pérez de Montalbán, «Porque si juntos nos hallan / la mayor tajada pienso / que será la oreja» (*D. Florisel de Niquea*, III, *Parte II*, Madrid, 1638, f. 59r).

[99] *capuz:* «capa cerrada larga» (Covarr.). Abundan las descripciones burlescas de la luna oculta entre nubes, que en último término pueden remontar a *La Tisbe* de Góngora, vv. 317-320: «Cintia caló el papahigo / a todo su plenilunio, / de temores velloríes / que ella dice que son nublos» (también vv. 373-376; *OC*, ed. cit., núm. 74); cf. Lope de Vega, «En todo el campo del cielo / no quedó lumbre nocturna, / mirando entre nubes negras / mal rebozada la luna» (*Nunca mucho costó poco*, II, *Parte XXII*, Zaragoza, 1630, f. 19v); Gabriel de la Vega, «Bramó la mar, sacó monjil la luna, / tapizóse el celeste pavimento» (*FV* I 53).

[100] *derrotado:* ¿abandonado?

ban las cargas de la mosquetería, que ribombaban [101]
las cajas y resonaban las trompetas, me uní de tal
forma con él, habiéndome tendido en tierra aunque
vuéltole la cara por el mal olor, que parecíamos los
dos águilas imperiales sin pluma [102]. Y pareciéndome
no tener la seguridad que yo deseaba, y que ya el
contrario era señor de la campaña, me eché por colcha
el descarnado babieca; y aun no atreviéndome a soltar
el aliento lo tuve más de dos horas a cuestas, contento
de que pasando plaza de caballo se salvaría el rey de
los marmitones.

Llegó a esta ocasión al referido sitio un soldado de
mi compañía, poco menos valiente que yo pero con
más opinión de saber guardar su pellejo (que presumo
que venía a lo mismo que yo vine), y, viendo que el
rocín se bamboleaba por el movimiento que yo hacía y
que atroné todo el foso con un suspiro que se me
soltó del molimiento de la carga, se llegó temblando al
centauro al revés, preguntando a bulto:

—¿Quién va allá?

Yo, conociéndolo en la voz, le llamé por su nombre
y le supliqué me quitara aquel hipogrifo de encima,
que por ser desbocado había dado comigo en aquel
foso y cogídome debajo. Hizo lo que le rogué; mas

---

[101] *ribombaban.* Así, todas las ediciones antiguas y del siglo
XVIII. Esta forma, con vacilación vocálica, parece confirmada por
Gabriel de la Vega («Rebombaban las cajas vitoriosas / [...]
resonaban las trompas animosas», *FC* IV 129; «Rebumba el parche
y la trompeta advierte / que el socorro se viene ya acercando», *FV*
II 31), y Lope de Vega (Rodríguez Marín, *Dos mil quinientas voces
castizas...*, Madrid, 1922, pág. 313).

[102] *águilas imperiales.* El referente visual inmediato es heráldico.
Cf. Lope de Vega, «—¿Cómo te parece a ti / que en una cama
estarán / dos que igualmente se están / aborreciendo hasta allí? / —
Tendrán los cuerpos iguales / y en distintas almohadas / las
cabezas apartadas, / como águilas imperiales» *(En los indicios la
culpa,* I, ed. Acad. N., V, pág. 262).

reconociendo que el rocín era una antigua armadura de güesos, no pudiendo detener la risa, me dijo:

—Señor Estebanillo, venturosa ha sido la caída, pues el caballo se ha hecho pedazos y vuesa merced ha quedado libre.

Respondíle:

—Señor mío, cosas son que acontecen y aun se suelen premiar; calle y callemos, que sendas nos tenemos[103], y velemos lo que queda de la noche a este difunto, por que Dios le depare quien haga otro tanto por su cuerpo cuando deste mundo vaya.

Concedió con mi ruego, y tomó mi consejo; y al tiempo que el Aurora, tropellando luceros, daba muestras de su llegada, despidiéndome de mis dos camaradas de cama, me fui a una montañuela apartada del campo enemigo, por parecer curioso y no tener que preguntar, y por confiarme en mi ligereza de pies y tener las espaldas seguras.

Empezáronse los dos campos a saludar y dar los buenos días con muy calientes escarmuzas[104] y fervo-

---

[103] Cf. Sebastián Fernández, «Cosas son que acontescen, hijos, por mi vida» *(Tragedia Policiana,* ed. cit., pág. 18*b).*

«cállate y callemos, que sendas nos tenemos: si diciendo uno a otro una libertad le paga con otra tal, no tienen que ir ante la justicia, pues están pagados y quitos» (Covarr.). «En ocasión que alguno dice por oprobio defectos a otro, que él mesmo también padece, o le pone vicio en que él es comprehendido, se le pone silencio y hace callar con este refrancillo, como si el manco se burlase del cojo, o el tuerto del calvo» (L. Galindo, *op. cit.,* ms. 9775 BN, C 69). El refrán se registra desde el *Seniloquium.* Cf. Calderón, «Si ambos culpados, Benito, / somos, cállate y callemos» *(El postrer duelo de España,* III, BAE XIV, pág. 143). Una vez más, la interpretación que SZ maltraducen de Jones, «que no tomen la suerte por sentada ya que todavía no están a salvo [...] ("sendas" equivale "millas" *[sic]),* es decir, no hablemos porque nos queda mucho camino», es un dislate.

[104] *escarmuzas.* Así, en la 1.ª edición, como en cap. IX, pág. 154; esta forma sin la vocal anaptíctica, aunque no parece documentada

A /

rosas embestidas en lugar de chocolate y naranjada [105],
y, al tiempo de cerrar [106] unos regimientos del Sueco
con uno de alemanes, empecé a dar voces diciendo:
—¡Viva la casa de Austria! ¡Imperio, Imperio!
¡Avanza, avanza!

Pero viendo que no aprovechaban mis exhortatio-
nes, y que en lugar de avanzar iban volviendo las
espaldas [107], volví yo las mías y, con menos ánimo que
aliento y con más ligereza que valor, llegué a nuestro
ejército. Encontré en su vanguardia con mi capitán, el
cual me dijo que por qué no me iba a la infantería
española a tomar una pica para morir defendiendo la
fe o para darle al Rey una vitoria.

Yo le respondí:

—Si su Majestad aguarda a que yo se la dé, negocia-
da tiene su partida; demás que yo soy corazo o coraza [108] y no infante, y por estar desmontado no cumplo
con mi obligación.

---

en otros textos, es más próxima al francés y a la etimología
propuesta por Corominas y Pascual.

[105] «Esta naranjada no era el jugo de naranja que actualmente se
llama así; era una confitura de cascos de naranja en miel. A esto se
le llamaba letuario» (M. Herrero, *La vida española del siglo XVII*. I,
Las bebidas, pág. 134). Por la letrilla «Ándeme yo caliente», de
Góngora, se ve que la naranjada, con aguardiente (o chocolate),
era habitual como desayuno.

[106] *cerrar... con:* «arremeter con denuedo» *(Dicc. Auts.).*

[107] Más exactamente, en el amanecer del 6 de septiembre el
ejército sueco, mandado por Gustavo de Horn, hizo retroceder a
dos regimientos de alemanes, que se desbandaron (Cánovas,
op. cit., II, pág. 80). Cf. también Aedo y Gallart: «El enemigo [...]
rompió los dos regimientos del conde de Salma y de Wormes; los
cuales [...] volvieron las caras, y cortándolos por detrás la caballería del enemigo, se pusieron en huida [...] Volvió así mismo luego
a cargar a los mismos alemanes de Salma y Wormes [...] y los
apretó de manera que los desbarató de todo punto» *(op. cit.,* ed. de
Barcelona, págs. 194-195).

[108] *corazo* o *coraza* «se llama también los soldados o tropa de
caballería armada de corazas» *(Dicc. Auts.).*

Díjome que fuese adonde estaba el bagaje y tomara un caballo de los suyos, y que volviese presto, porque quería ver si sabía tan bien pelear como engañar villanos con rellenos imperiales.

Fuime al rancho[109], metíme debajo del carro de mi amo, cubríme todo el cuerpo de forraje sin dejar afuera otra cosa más que la cabeza, a causa de tomar aliento, por que al tiempo de la derrota, que ya la tenía por cierta, me sirviera de cubierta, por ser desierto todo aquel distrito de la campaña. Llegó a mí un capitán que estaba de guardia a el bagaje y me dijo que, pues tiraba plaza[110] de soldado, que por qué me hacía mandria[111] y me cubría de yerba, y no acudía a mi tropa. Respondíle que, por haber hecho más de lo que me tocaba, me había el enemigo muerto mi caballo y metídome dos balas en un muslo, y que por que no se me resfriase la herida me había metido en aquel montón de forraje. Con esta satisfación se fue adonde estaba su compañía, prometiéndome de enviarme un gran cirujano amigo suyo para que me curase, y yo me quedé cubierto el cuerpo de esperanza[112] y de temor el corazón.

---

[109] *rancho:* «término militar, vale compañía que entre sí hacen camarada en cierto sitio señalado en el real» (Covarr.). Aquí parece designar el campamento, sin más.

[110] *tirar plaza:* cobrar paga. Cf. A. de Solís, «Que ya sabes que yo tiro / el salario de su casa» *(El doctor Carlino,* II, ed. M. Sánchez Regueira, Madrid, 1984, pág. 495).

[111] *mandria.* Cf. cap. V, nota 105.

[112] *esperanza,* es decir, yerba, cuyo color la simboliza.

Cf. una situación similar para pintar la cobardía de un soldado: «¿Adónde me esconderé? / Temblando y sin sangre estoy. / Al diablo la guerra doy, / pues de él su principio fue. / ¿Es ésta cueva? Sí es; / quiérome meter aquí [...] / *(Sale D.ª María)* —Esta cueva es buen lugar. / ¿Quién va allá? —¿Quién ha de ser? / —¡Mataréte! —Ten la mano, / que soy un soldado herido, / que aquí a morir me he metido. / —¿De Aragón o castellano? / —Castella-

Al cabo de un rato, temiendo que viniese el cirujano a curarme estando sin lisión o que mi capitán enviase a buscarme viendo mi tardanza, y me hiciese ser inquieto siendo la misma quietud, me volví a mi montañuela a ser atalaya ganada y a gozar del juego de cañas [113]. Y estando en ella haciendo la consideración de Jerjes [114], aunque con menos lágrimas y más miedo, vi que un trozo [115] del contrario ejército cerró tres veces consecutivamente con el tercio de don Martín de Idiáquez, y que todas tres veces los invencibles españoles lo rechazaron, lo rompieron y pusieron en huída [116].

---

no. —¿Y dónde tienes / la herida? —Aquí. —¿Dónde? —Aquí. / —Castellano infame, di, / ¿a morir sin honra vienes? / ¡Vuélve, perro, a pelear!» (Lope de Vega, *La varona castellana,* III, BAE CXCVIII, pág. 64).

[113] «En España es muy usado el jugar las cañas, que es un género de pelea de hombres a caballo» (Covarr.); aquí en obvio sentido burlesco.

[114] Jerjes, al ver su ejército reunido en Abydos, se puso a llorar considerando que, por la brevedad de la vida humana, ninguno de sus numerosos hombres sobreviviría después de cien años. La anécdota, transmitida por Heródoto VII 45-46, Valerio Máximo IX 13, y Séneca, *De breuit. uit.* XVII, se trajo frecuentemente a colación en pasajes de filosofía doméstica. Cf. *El Crotalón,* canto 15 (ed. cit., II, pág. 447); Lope de Vega, «Celio, si Jerjes lloraba / viendo en su ejército vivo, / porque el tiempo fugitivo / todo cuanto vive acaba...» *(La fe rompida,* III, ed. Acad. N., V, págs. 575-576); «No vio llorando Jerjes / sobre la inmensidad de sus soldados...» *(La lealtad en el agravio,* III, BAE CXCVIII, pág. 335). No trata de este asunto el romance de J. de la Cueva al que remiten SZ —a la zaga de Jones, para no variar.

[115] *trozo:* «el cuerpo de tropas de caballería que hoy se llama regimiento» *(Dicc. Auts.).*

[116] La batalla de Nördlingen, librada en la tarde del 5 y mañana del 6 de septiembre de 1634, fue decidida en gran parte por la defensa que hizo el tercio de Idiáquez en la colina de Albuch, en las inmediaciones de la ciudad asediada. Cf. Aedo y Gallart, *op. cit.,* ed. de Barcelona, cap. XIII y en especial págs. 196-216: defendieron «sus puestos seis horas enteras sin perder pie, acometidos dieciséis veces, con una furia y tesón no creíble; tanto que decían

El Cardenal Infante y el Rey de Hungría en Nördlingen.
Grabado de Th. van Thulden sobre composición de Rubens. C. Gevartius, *Pompa introitus...* (1641)

Animóme esta acción de tal manera que arrancando
de la espada y sacando la mohosa a que le diese el aire,
con estar a media legua de ambos campos, me puse el
sombrero en la mano izquierda para que me sirviese
de broquel[117] y, dando un millón de voces a pie
quedo, empecé a decir:

—¡Santiago, Santiago! ¡Cierra, España! ¡A ellos, a
ellos! ¡Cierra, cierra![118].

Y presumo que acobardado el enemigo de oírme o
atemorizado de verme comenzó a desmayar y a poner
pies en polvorosa[119]. Empezó todo nuestro campo a
apellidar[120]: «¡Vitoria, vitoria!»

Yo, que no me había hallado en otra como la
presente, imaginando que llamaban a mi madre, que se
llamaba Vitoria López, pensando que estaba conmigo
y que la había traído en aquella jornada, les respondí
al tenor de las mismas voces que ellos daban que

---

los alemanes que los españoles peleaban como diablos y no como
hombres, estando firmes como si fueran paredes» (pág. 216). Al
final de la batalla «su Alteza [el Cardenal Infante] abrazó en
público a los Maestres de campo don Martín de Idiáquez y don
Gaspar de Torralto, premio y honra debido a tan valerosos
caballeros, pues sustentaron con tanto valor en sus puestos todo el
peso de la batalla, y conociendo todos que a ellos se les debía la
vitoria, la gente del Emperador gritaba a voces: ¡viva España, que
nos ha dado la vitoria, y el Imperio. Viva la valentía de los
españoles y italianos!» (págs. 214-215).

[117] *broquel:* «escudo pequeño» (Covarr.).

[118] Cf. Gabriel de la Vega: «Aquí se estremeció toda la tierra, /
aquí afiló la muerte su guadaña / porque oyó al de Asumar:
"¡Avanza, cierra! / ¡Santiago, que huyen, cierra, España!"» *(FC*
IV 124).

[119] *«poner los pies en polvorosa.* Dícese por: huir a acogerse»
(Correas).

[120] *apellidar:* «aclamar, proclamar, levantar la voz por alguno»
(Dicc. Auts.). El chiste que sigue con la polisemia de *vitoria,*
podría ser reminiscencia del *Buscón,* I 2 (ed. cit., pág. 29), según
Millé.

dejasen descansar los difuntos, y que si alguno la había menester que la fuese a buscar al otro mundo. Y contemplando desde talanquera [121] cómo sin ninguna orden ni concierto huían los escuadrones suecos, y con el valor y bizarría que [122] les iban dando alcance los batallones nuestros, rompiendo cabezas, cortando brazos, desmembrando cuerpos y no usando de piedad con ninguno [123], me esforcé a bajar a lo llano, por cobrar opinión de valiente y por raspar a río vuelto [124].

---

[121] *talanquera:* «lugar levantado en alto en las orillas de las plazas, desde el cual se ven correr los toros y otras fiestas de plaza» (Covarr.). «Miráis de talanquera» (Ballesta); «hablar de talanquera puédelo hacer cualquiera» (Horozco); «hablar de la mar desde la tierra. A que alude en general del que habla puesto en seguro. Otro modo común que decimos, *hablar de talanquera*» (Galindo, *op. cit.,* ms. 9777 BN, D 233). Cf. Lope de Vega, «Yo voy a mi talanquera / y desde allí pienso ver / aquestos toros correr, / que lo demás es quimera» *(El mérito en la templanza,* II, ed. Acad. N., VII, pág. 582).

[122] *y contemplando... con el valor y bizarría que.* En la lengua clásica es usual anteponer al antecedente la preposición que acompaña al relativo (Keniston, *The Syntax...,* 41.23). Cf. Lope de Vega, «Y diga al Rey tirano / con el intento y el poder que vengo» *(D. Lope de Cardona,* III, ed. Acad. N., IV, pág. 668); «Presto verás en mi fe / con la lealtad que nací» *(La necedad del discreto,* I, ed. Acad. N., VIII, pág. 37); «En medio de las armas os prometo / que imaginaba yo con la prudencia / que se mostraba senador perfeto» *(El castigo sin venganza,* III, ed. Kossof, Madrid, 1970, pág. 337, que ya remite a Rodríguez Marín, *Quijote,* ed. cit., II, págs. 67-68, para más ejemplos); Pérez de Montalbán, «Bien sé con el desengaño / que la vanidad y el daño / de la ambición conocéis» *(Ser prudente y ser sufrido,* II, BAE XLVIII, pág. 575); Matos Fragoso, «¿No tengo razón / si he visto con la afición / que Roberto te ha mirado?» *(Ver y creer,* I, BAE XLVII, pág. 286).

[123] «Fue cargándolos y siguiéndolos la mayor parte de la caballería de su Alteza, del Rey, de la Liga y todos los croatos con increíble mortandad por todo el camino, particularmente por donde huyeron los más camino de Ulma en un barranco pantanoso que estaba en lo bajo de las colinas», etc. (Aedo y Gallart, *op. cit.,* ed. de Barcelona, págs. 209-210).

[124] *raspar:* «hurtar y quitar alguna cosa» *(Dicc. Auts.).*

Y después de encomendarme a Dios y hacerme mil
centenares de cruces, temblándome los brazos y azo-
gándoseme las piernas [125], habiendo bajado a una apacible llanada a quien el bosque servía de vergel, hallé
una almadraba de atunes [126] suecos, un matadero de
novillos arrianos y una carnecería de tajadas calvinas [127]. Y diciendo «¡qué buen día tendrán los diablos!», empecé con mi hojarasca a punzar morcones [128],
a taladrar panzas y a rebanar tragaderos, que no
soy yo el primero que se aparece después de la tormenta ni que ha dado a moro muerto gran lanzada [129].

«a río vuelto ganancia de pescadores» (H. Núñez y demás
paremiólogos).

[125] Está implícita la frase hecha «tiembla como azogado», ya
documentada en un refranero del siglo XVI (ms. RM, f. 237r).

[126] *almadraba* «vale pesquería de atunes [...] Después de encerra-
dos los atunes en el almadraba pelean con ellos desde las barquillas
para herirlos y matarlos» (Covarr.). Cf. «Apenas había salido,
cuando el que estaba tendido, como pescado de las almadrabas,
compezó de gritar» *(Vida y costumbres de la madre Andrea,* ed. cit.,
pág. 130).

[127] *calvinas* por 'calvinistas', y *arriano* aplicado a protestantes
aparecen también en Gabriel de la Vega: «Pues de modo en
seguirlo persevera / que si algún Rochelés no le amparara, / a
pesar de calvinos luteranos / el infierno colmara de arrianos» *(FC
VII* 44).

[128] *hojarasca* «se llama entre los guapos y espadachines la espada»
(Dicc. Auts.). Cf. Lope de Vega, «Sacamos las hojarascas, / tiró,
tiréle, entendí / [...] y dejéle haciendo bascas» *(La octava maravilla,*
II, ed. Acad. N., VII, pág. 269).

morcón: «la morcilla hecha de tripa grande» (Covarr.).

[129] *«aparecer como San Telmo en la gavia.* Cuando aparece de
repente, o pasado el peligro» (Correas). Cf. Gracián, «Olían los
males de cien leguas y huían de ellos otras tantas; pero, pasada la
borrasca, se aparecían como Santelmos» *(Criticón,* III 5; III,
pág. 173 de la ed. Romera-Navarro, que rastrea en nota el origen
del dicho.

«a moro muerto gran lanzada» *(Seniloquium,* Vallés, y Sánchez de
la Ballesta, quien comenta: «que todos se atreven al que está de
capa caída»). Cf. Lope de Vega, «Que no quiere Dios, es cierto, /

Fue tan grande el estrago que hice, que me paré a imaginar que no hay hombre más cruel que un gallina cuando se ve con ventaja, ni más valiente que un hombre de bien cuando riñe con razón.

Sucedióme (para que se conosca mi valor) que llegando a uno de los enemigos a darle media docena de morcilleras [130], juzgando su cuerpo por cadáver como los demás, a la primera que le tiré despidió un ¡ay! tan espantoso, que sólo de oírlo y parecerme que hacía movimiento para quererse levantar para tomar cumplida venganza, no teniendo ánimo para sacarle la espada de la parte adonde se la había envasado [131], tomando por buen partido el dejársela, le volví las espaldas y a carrera abierta no paré hasta que llegué a la parte adonde estaba nuestro bagaje [132], habiendo vuelto mil veces la cabeza atrás por temer que me viniese siguiendo.

Compré de los que siguieron la vitoria [133] un esto-

---

como eres ya moro muerto, / darte, Luzbel, gran lanzada» *(San Isidro labrador,* III, BAE CLXXVIII, pág. 428).

[130] *morcilleras:* estocadas con que hiere al enemigo pinchándolo como se hace a las morcillas para sacarles el aire. Cf. cap. XI, pág. 285: «me punzaban con alfileles sin ser morcilla».

[131] *envasar a uno* «es herirle metiéndole la espada hasta el puño, pasándole y penetrándole el cuerpo» *(Dicc. Auts.).*

[132] *bagaje:* «todo aquello que es necesario para el servicio del ejército, así de ropa como de vituallas, armas escusadas y máquinas» (Covarr.). Cf. Lope de Vega, «Llaman bagajes las cargas / de armas, ropas y sustento» *(La mocedad de Roldán,* II, BAE CCXXXIV, pág. 45).

[133] *seguir la victoria,* como *seguir el alcance,* «es perseguir los vencedores a los vencidos o a los enemigos que huyen y se retiran para acabarlos de deshacer y extinguir» *(Dicc. Auts.).* Cf. Francisco de Moncada, «Nuestra gente siguió el alcance poco rato, por no tener la tierra conocida» *(Expedición de los catalanes y aragoneses contra turcos y griegos,* ed. cit., pág. 92); «Con el buen suceso que tuvieron, no trataron de pasar adelante ni seguir la vitoria» *(ibid.,* pág. 94); Sebastián de Horozco, «Y pues tan bien se le da, / bien es seguir la vitoria» *(Cancionero,* ed. J. Weiner, Bern u. Frankfurt

que de Solingues [134] y algunos considerables despojos,
para volvellos a revender, blasonando por todo el
ejército haberlos yo ganado en la batalla y haber sido
rayo de la campaña [135]. Encontré a mi amo, que lo
traían muy bien desahuciado y muy mal herido, el cual
me dijo:

—Bergante, ¿cómo no habéis acudido a lo que yo
os mandé?

Respondíle:

—Señor, por no verme como vuesa merced se ve;
porque, aunque es verdad que soy soldado y cocinero,
el oficio de soldado ejercito en la cocina y el de
cocinero en la ocasión. El soldado no ha de tener, para
ser bueno, otro oficio más que ser soldado y servir a
su rey; porque si se emplea en otros, sirviendo a
oficiales mayores o a sus capitanes, ni puede acudir a
dos partes ni contentar a dos dueños [136].

Lleváronlo a la villa, adonde, por no ser tan cuerdo

a. M., 1975, pág. 114); Diego de Torres, «El moro siguió la vitoria
todo el día matando y hiriendo en ellos» (Relación..., ed. cit.,
pág. 69).

[134] *Solingues:* «Solingen, cerca de Düsseldorf (Alemania), centro
aún hoy de una gran fabricación de cuchillería» (Millé). Cf. Aedo,
«Prendieron todo su bagaje, sin escapar un solo carro, todas las
municiones y los papeles de Veymar, y toda su recámara del de
Horren, Gratz y de todos los demás, en que había mucha riqueza,
coches, caballos y muchas damas; lo más de todo lo cual se vendió
después en el cuartel de los croatos, que fue una almoneda rica de
mucha variedad y entretenimiento» (op. cit., ed. de Barcelona,
pág. 212).

[135] *rayo de la campaña.* Frase que recuerda la expresión *belli*
fulmen, con que Lucrecio designa a Escipión (De rer. nat. III 1034).
Cf. Gabriel de la Vega, «El uno defensor del reduto, y ganador de
la artillería y municiones, y el otro rayo de la campaña» (FV,
Prólogo al letor); «Este que aplaudes rayo de la guerra, /este que
admiras sol de la campaña» (FC VIII 36).

[136] Adaptación de la frase evangélica «nadie puede servir a dos
señores» (Mt., 6: 24; Lc., 16: 13), que se registra con variantes en
los refraneros desde el siglo XVI.

como yo, dio el alma a su Criador. Dejóme, más por ser él quien era que por los buenos servicios que yo le había hecho, un caballo y cincuenta ducados; que cincuenta mil años tenga de gloria por el bien que me hizo, y cien mil el que me diere agora otro tanto por el bien que me hará [137].

<hr>

[137] La muerte del amo de Estebanillo en la batalla de Nördlingen la atestiguan varias fuentes. Según una *Relación de los socorros de gente y dinero...,* redactada por orden del virrey de Nápoles y copiada por Raneo *(op. cit.,* pág. 463) y Filamondo (pág. 263), entre otros, «quedaron muertos, de los capitanes de la caballería de Nápoles, D. Pedro Ulloa Ribadeneyra, caballero de la orden de Sant Iago, que fue el primero que cerró con las tropas del enemigo...» Aedo y Gallart cuenta a Ulloa como uno de los heridos «que después murió» *(op. cit.,* ed. de Barcelona, pág. 213).

como yo, dio el alma a... Conde... Dolores, más por
el quien era que por los buenos servicios que ya le
hubo hecho... ... halla... a cincuenta... jucador, que
echaran mil años la gracia gloria que él bien que me
pinó... cien mil el que me dicen era pinciante por el
bien que me hace...

...la mujer de emocio Lesland... o brio... bañ... de vida
... por la atuuquau v... la fica... como uta Recauda e... devarascu...
corra... ...arru, ...dessa... alla por orden del... arrev de la...... la... y
corpes... por kamos... ... co ...por .... Ellonando .... a
que... brik... apodero... ...... de los españas en ... cruz ... ...
...suvolo... Di, Pedro ...... Ricardensjo... castillos ... de la ....
... . que ... Chranicro que ...... que ... las ... de... d l
...... al... .... a... ... ... B... en comunino de lo...
... ... demes re... ...y... ... el l ....

ÍNDICE DEL PRIMER VOLUMEN

Tabla de los capítulos que se contienen en este libro